20
23
SEXTA
EDIÇÃO

CHRISTIANO
CASSETTARI
COORDENAÇÃO

PAULO ROBERTO GAIGER **FERREIRA**
FELIPE LEONARDO **RODRIGUES**
AUTORES

TABELIONATO DE NOTAS

EDITORA FOCO

2023 © Editora Foco
Coordenador: Christiano Cassettari
Autores: Paulo Roberto Gaiger Ferreira e Felipe Leonardo Rodrigues
Diretor Acadêmico: Leonardo Pereira
Editor: Roberta Densa
Assistente Editorial: Paula Morishita
Revisora Sênior: Georgia Renata Dias
Capa Criação: Leonardo Hermano
Diagramação: Ladislau Lima e Aparecida Lima
Impressão miolo e capa: FORMA CERTA

Dados Internacionais de Catalogação na Publicação (CIP) (Câmara Brasileira do Livro, SP, Brasil)

R696t Rodrigues, Felipe Leonardo
Tabelionato de Notas / Felipe Leonardo Rodrigues, Paulo Roberto Gaiger Ferreira ; coordenado por Christiano Cassettari. – 6. ed. - Indaiatuba, SP : Editora Foco, 2023.
552 p. ; 17cm x 24cm. – (Coleção Cartórios)
Inclui índice e bibliografia.
ISBN: 978-65-5515-709-3
1. Direito notarial e registral. 2. Tabelionato de Notas. I. Ferreira, Paulo Roberto Gaiger. II. Cassettari, Christiano. III. Título.

2023-13 CDD 341.411 CDU 347.961

Elaborado por Vagner Rodolfo da Silva - CRB-8/9410

Índices para Catálogo Sistemático:
1.Direito civil 347 2. Direito civil 347

NOTAS DA EDITORA:

Atualizações e erratas: A presente obra é vendida como está, atualizada até a data do seu fechamento, informação que consta na página II do livro. Havendo a publicação de legislação de suma relevância, a editora, de forma discricionária, se empenhará em disponibilizar atualização futura.

Erratas: A Editora se compromete a disponibilizar no site www.editorafoco.com.br, na seção Atualizações, eventuais erratas por razões de erros técnicos ou de conteúdo. Solicitamos, outrossim, que o leitor faça a gentileza de colaborar com a perfeição da obra, comunicando eventual erro encontrado por meio de mensagem para contato@editorafoco.com.br. O acesso será disponibilizado durante a vigência da edição da obra.

Impresso no Brasil (01.2023) – Data de Fechamento (01.2023)

2023

Avenida Itororó, 348 – Sala 05 – Cidade Nova
CEP 13334-050 – Indaiatuba – SP
E-mail: contato@editorafoco.com.br
www.editorafoco.com.br

Sumário

Apresentação

A Coleção Cartórios foi criada com o objetivo de permitir aos estudantes, tabeliães, registradores, escreventes, juízes, promotores e profissionais do Direito acesso a estudo completo, profundo, atual e didático de todas as matérias que compõem o Direito Notarial e Registral.

A obra sobre o Registro de Imóveis contém: a parte geral do registro imobiliário, os atos ordinários e os procedimentos especiais que tramitam no ofício imobiliário. No livro de Tabelionato de Notas trata da teoria geral do Direito Notarial e dos atos praticados neste cartório, como as escrituras, os reconhecimentos de firma e a autenticação dos documentos. Já o de Registro Civil divide-se em duas obras: um volume sobre o Registro Civil das Pessoas Naturais, que contém a parte geral do registro civil das pessoas naturais, o registro de nascimento, a habilitação e o registro de casamento, o óbito e o Livro "E"; já o outro volume se refere ao Registro Civil de Pessoas Jurídicas, que trata dos atos em que se registram as pessoas jurídicas que não são de competência das juntas comerciais estaduais.

Em Tabelionato de Protestos encontram-se todas as questões referentes ao protesto de títulos e documentos da dívida, estabelecidas nas leis extravagantes, dentre elas a de protesto. No livro sobre Registro de Títulos e Documentos, estão reunidas todas as atribuições desse importante cartório e, ainda, análises de outros pontos importantes para serem estudados.

Há, ainda, um volume dedicado a quem se prepara para a 2ª fase do Concurso de Cartório, contendo os modelos dos atos praticados em todas as especialidades, de maneira comentada.

A coleção terá um volume sobre Teoria Geral do Direito Notarial e Registral, que está sendo preparado, e que pretende abordar os aspectos da Lei dos Notários e Registradores (Lei n. 8.935/94).

Reconhecidos no cenário jurídico nacional, os autores possuem vasta experiência e vivência na área cartorial aliando teoria e prática, por isso esperamos que esta Coleção possa ser referência a todos que necessitam estudar os temas nela abordados. Preocupamo-nos em manter uma linguagem simples e acessível, para permitir a compreensão daqueles que nunca tiveram contato com esse ramo do Direito, reproduzindo todo o conteúdo exigido nos concursos públicos e cursos de especialização em Direito Notarial e Registral, além de exemplificar os assuntos sob a ótica das leis federais e com as posições dominantes das diversas Corregedorias-Gerais de Justiça dos Estados e dos Tribunais Superiores.

Minhas homenagens aos autores dos livros desta Coleção, que se empenharam ao máximo para que seus livros trouxessem o que de mais novo e importante existe no Direito Notarial e Registral, pela dedicação na divulgação da Coleção em suas aulas, palestras, sites, mídias sociais, blogs, jornais e diversas entidades que congregam, o que permitiu que ela se tornasse um sucesso absoluto em todo o país, logo em suas primeiras edições. Gostaria de registrar os meus mais sinceros agradecimentos a todas as instituições que nos ajudaram de alguma forma, especialmente a ANOREG BR, ENNOR, ARPEN BR, COLÉGIO NOTARIAL DO BRASIL, IRIB, IEPTB e IRTDPJ, na figura de seus presidentes e diretores, pelo apoio irrestrito que nos deram, para que esta Coleção pudesse se tornar um grande sucesso. Qualquer crítica ou sugestão será bem-vinda e pode ser enviada para o meu e-mail pessoal: contato@professorchristiano.com.br.

Salvador, fevereiro de 2020.

Christiano Cassettari

www.professorchristiano.com.br

Instagram: @profcassettari

Nota dos Autores

Um manual para estudos é uma ferramenta que deve ser precedida de suas próprias instruções de uso.

A grande dificuldade do estudo do Direito Notarial no Brasil é a falta de normas legais e a grande quantidade de procedimentos que decorrem dos costumes da prática notarial e de normas administrativas lançadas pelas Corregedorias de Justiça dos tribunais estaduais. Com isso, há uma diversidade de procedimentos que podem variar de um Estado para outro.

Não raro, também, as normas administrativas contêm desajustes graves, como a inconformidade com a lei ou com os princípios de direito notarial.

Este livro foi pensado para ser um resumo do Direito Notarial, disponível para estudos de concursos públicos em todos os Estados do Brasil, bem como para a rotina do dia a dia dos notários e prepostos. É importante alertar que os fundamentos normativos são os legais e quando houver necessidade de referência a normas estaduais serão utilizadas as Normas de Serviço dos Cartórios Extrajudiciais da Corregedoria-Geral da Justiça de São Paulo.

Outro alerta é sobre a confusão existente entre Direito Notarial e os registros públicos, problema que aflige os operadores do Direito e as comissões de concursos. Nos editais, é frequente a indicação do tema "registros públicos" e, dentro dele, as matérias de direito notarial. Assim, se as próprias comissões não têm clareza de distinções tão essenciais, toda prudência é indicada ao candidato.

Optamos por apresentar este trabalho em tópicos curtos, feitos para uma primeira abordagem da matéria, ou para uma revisão de quem já a estudou. A bibliografia sugerida contém obras que permitem aprofundar os temas aqui expostos.

É importante que o candidato faça e refaça as perguntas de concursos passados. Nesta edição incluímos novos modelos de atos notariais.

Uma última sugestão: o candidato deve buscar conhecer as normas administrativas do Estado que organiza o concurso, os membros da banca, seus artigos e suas origens (use a internet para buscas). Este conhecimento pode definir a decisão a tomar em questões controversas que, com frequência, são apresentadas aos candidatos.

Bom estudo!

1
Antecedentes Históricos

A origem do notariado é muito remota. A Bíblia, em inúmeros versículos, cita o papel de escribas que eram incumbidos da redação, da instrumentação, dos atos na Antiguidade.

Em Deuteronômio, 16, 18, temos a seguinte ordem divina:

"Estabelecerás juízes e notários em todas as cidades que o Senhor, teu Deus, te tiver dado".

A primeira compra e venda que narra a Bíblia está relatada no Gênesis, capítulo 23, quando Abraão compra de Efrom uma terra para poder sepultar a sua mulher, Sara[1].

1.1 UMA INSTITUIÇÃO PRÉ-JURÍDICA

É provável que a atividade notarial seja uma instituição que antecede a própria formação do Direito e do Estado[2]. A necessidade de documentar e registrar certos fatos da vida, das relações e dos negócios deve ter propiciado o surgimento de pessoas que detinham a confiança dos seus pares para redigir os negócios. Surgia assim o notário.

Há registros deste profissional desde as **civilizações suméria** (de 3.500 a 3.000 a.C.) e **egípcia** (de 3.200 a 325 a.C.).

Existem contratos imobiliários de terras da Suméria cuja formalização foi feita em uma espécie de pele animal. Posteriormente, quando a região foi conquistada pelos gregos, foi necessária a legalização destes contratos por um profissional com atividade semelhante à notarial.

Os egípcios do Império Antigo e do Império Médio (entre 3.100 e 1.770 a.C.) possuíam uma forma documental conhecida como "documento caseiro", que servia para regular os convênios privados. Após a sua lavratura, o escriba mencionava o nome de três testemunhas. O documento era então conduzido a um sacerdote – funcionário da hierarquia egípcia – que colava um selo de encerramento, de modo que nada mais se poderia alterar no documento caseiro[3].

Enquanto os hebreus possuíam os escribas do rei, da lei, do Estado e do povo, na Grécia havia a figura do *mnemon*, que se caracterizava por ser um técnico da memori-

1. Versículo 20: Assim o campo e a caverna que nele há foram transferidos a Abraão como propriedade para a sepultura.
2. ERPEN, Décio Antonio. A atividade notarial e registral: uma organização social pré-jurídica. *Revista de Direito Imobiliário*, São Paulo, Revista dos Tribunais, n. 35/36, p. 37-39, jan./dez. 1995.
3. Eduardo Pondé, na obra *Origen e historia del notariado*. Buenos Aires, Depalma, 1967, citado por Juliana Follmer, *A atividade notarial e registral como delegação do poder público*. Porto Alegre: Norton Editor, 2004, p. 27.

zação, encarregado de formalizar e registrar os tratados, os atos públicos e os contratos privados[4].

Até este estágio da história, esse profissional que redigia e conservava os contratos não tinha ainda as feições do notário como o conhecemos hoje.

Foi durante o Império Romano que os contornos atuais se formaram.

1.2 IMPÉRIO ROMANO

As conquistas que conformaram o Império Romano impuseram alguns desafios para Roma e seus cidadãos. Como as campanhas militares eram prolongadas, o direito preocupou-se em integrar os povos conquistados, documentar as conquistas e os negócios que se efetivavam e permitir a circulação controlada de pessoas e documentos.

Roma conhecia alguns profissionais com características do atual tabelião, ou seja, pessoas que desempenhavam atividades conhecidas sob mais de 20 denominações, dentre as quais destacamos *tabellios, notarius, argentarius, tabullarius*. A seguir, um sumário de cada uma destas profissões.

Tabullarius: era o oficial público que se encarregava do censo e da guarda de documentos oficiais. Teria precedido o *tabellios*, profissional que realizava as solenidades para a validade dos atos jurídicos, como é exemplo a entrega da coisa no contrato de direitos reais.

Notarius: era o profissional que escrevia notas e sinais em forma gráfica de modo tão rápido quanto pronunciadas as palavras, o equivalente ao nosso atual taquígrafo. Fazia as atas das assembleias e reuniões políticas.

Argentarius: era um "banqueiro" que, ao fornecer o crédito, encarregava-se de redigir os seus contratos e demais instrumentos.

Tabellios: era o profissional que redigia e conservava testamentos e outros instrumentos privados, o que mais se assemelhava ao notário, ou tabelião de hoje.

1.3 SURGIMENTO DA FÉ PÚBLICA NOTARIAL

Vista como atributo humano, a fé é a evidência ou credibilidade de algo em decorrência da razão e sua percepção da realidade[5]. A fé é a certeza dos fatos da vida e de além dela.

No Estado de Direito, fé pública é crença imposta pela lei[6]. A subjetividade pessoal é afastada pela abstração da objetividade legal. Não importa a crença do indivíduo, se a lei atribui fé, o documento (ou qualquer coisa) está dotado de certeza jurídica.

---

4. FOLLMER, Juliana. *A atividade notarial e registral como delegação do poder público*, p. 28.
5. NERI, I. Argentino. *Tratado teórico y práctico de derecho notarial:* instrumentos. Buenos Aires: Depalma, 1980, v. 2, p. 446.
6. GATTARI, Carlos Nicolás. *Práctica notarial:* donación dación en pago el notario, creador de derecho. 2. ed. Buenos Aires: Depalma, 1996, v. 4, p. 76.

A fé pública decorre da administração. O serviço notarial é uma delegação da fé pública do Estado a um particular, o notário, para que ele, intervindo nos atos e negócios privados, revista-os da qualificação técnica e da fé pública estatal.

A fé notarial decorre de um processo cuja meta é a autenticidade, destinada a resguardar a veracidade, a segurança e a eficácia social e jurídica.

A fé pública notarial não é *imperium*. É um atributo que reveste o procedimento notarial e seu resultado, o instrumento público (ata e escritura).

São elementos da fé pública:

1) lei autorizadora;

2) competência do profissional;

3) valor social.

A história é imprecisa quanto ao surgimento da fé pública notarial. Parece-nos que estamos diante de uma prolongada construção pragmática, de usos e costumes do povo tendentes à documentação de seus atos privados e em busca da adequada eficácia probatória.

Esta construção parece ter se iniciado após o Código de Teodósio II, no ano 450, já que lá não há qualquer referência ao *tabellios* romano.

É, portanto e provavelmente, no reinado de Justiniano I a época em que podemos situar o nascimento do notariado atual. O Código de Justiniano regulamenta o documento notarial por meio das Novelas XLIV, do ano 536, e 47, do ano 537, e dispõe sobre o valor documental na Novela LXXIII, do ano 538.

Segundo o Código de Justiniano (C.J. 4-21-17, ano 528), "os outros contratos que se haja convencionado fazer por escrito – assim como as transações que devam fazer por escrito –, não sejam válidos, a não ser que o documento se passe a limpo e seja subscrito com as firmas das partes e, se o fizerem por meio do tabelião, que seja por ele completado e, ao final, a absolvição das partes".

Podemos concluir, daí, que o tabelião era uma alternativa para as partes que poderiam a ele recorrer para os contratos que necessitassem da forma escrita, que era, em alguns casos, requisito de validade das transações.

Portanto, entre os anos 450 (Código de Teodósio) e 528, surge a figura do *tabellios* no direito romano. Parece certo que o profissional já existisse antes dessa época, mas é fato que as novelas são os primeiros textos que regulamentam a sua atividade.

Pela Novela XLIV do Código de Justiniano, do século VI (ano 536), sabemos do caso de uma mulher analfabeta que informa e reclama que a escritura que lhe foi lavrada não reflete a sua vontade. A Novela trata, na verdade, de norma destinada aos tabeliães, que na época já se valiam de escreventes para lhes auxiliar, determinando-lhes que estivessem presentes ao menos no instante em que se finalizasse o ato.

Ainda que não se fale da fé pública, há menção explícita das causas e efeitos dos atos notariais, ou seja, do que se esperava dos instrumentos notariais.

No prefácio, lemos que se não houvesse testemunhas se "correria certamente o perigo de se perder por completo o conhecimento do negócio", o que nos permite deduzir que, nesta época, era causa e efeito dos atos notariais dar a conhecer os termos dos atos e negócios privados cuja instrumentação fosse requerida ao tabelião.

O capítulo I da Novela refere que os tabeliães devem dispor de "meios para conhecer o negócio, e quando interrogados por juízes possam saber o que aconteceu e responder", principalmente quando se tratar de partes analfabetas.

Este trecho demonstra que o documento notarial não tinha ainda a fé pública intrínseca, *per se*. Dependia da confirmação de testemunhos e relatos do tabelião, das partes ou das testemunhas.

Adiante, lemos que os documentos "se façam eles mesmos excelentes, e justos", passagem que demonstra a expectativa e o zelo com a qualidade do documento (redação e memória), e que também exige que sejam justos. Sem dúvida, parece-nos que naquele tempo já eram esperados do tabelião os conhecimentos das leis para que ele pudesse, ao redigir os documentos, afeiçoá-los a elas (o justo).

No parágrafo IV do capítulo I, diz a norma que "então ficará sujeito à pena o tabelião, que tem a autoridade por nós antes definida, sem que, entretanto, tenham de ser invalidados os documentos por razão de conveniência dos contratantes".

Isso indica que os atos lavrados pelo tabelião que viesse a ser apenado permaneceriam válidos, para preservação dos interesses dos contratantes, para a segurança jurídica. Vê-se que há aí um princípio de autenticidade, este efeito esperado do instrumento notarial, que faça prova por si, sem a necessidade de testemunhos ou quaisquer outras provas de convalidação.

Nesta época, a autenticidade engatinhava nos documentos notariais, mas já tinham eles **autoridade**, posto que eram lavrados por funcionários públicos que o Estado indicava para o exercício da função, merecendo fé dessas autoridades e do povo, que redigiam documentos que tinham, na época, a máxima presunção de legalidade e justiça: "Possuir conhecimentos de direito lhe permitia atuar como assessor em negócios exclusivos entre particulares, redigindo os documentos; a eventualidade de ser depositário da documentação para conservá-la, e também, estar totalmente desvinculado da administração pública, permite-nos considerar o tabelião como antecessor do que ao longo dos séculos veio a ser o notário"[7].

Mais tarde, a Novela LXXIII encerra a evolução valorativa do documento notarial, destinando-lhe força probatória especial. Os instrumentos lavrados por tabelião distinguem-se dos contratos de mútuo – e de quaisquer outros –, pois têm força probatória equivalente à do ato público. Surge a fé pública notarial, como a temos hoje.

Houve aí radical mudança da presunção probatória dos negócios privados formalizados perante o tabelião, com a presunção de autenticidade do documento notarial.

1.4 CÓDIGO DE JUSTINIANO – OS REQUISITOS DOS ATOS NOTARIAIS

O Código de Justiniano contém as primeiras normas tipicamente notariais. Nele se fixam o acesso à função, a obrigação de prestar um serviço profissional, a permissão e a

7. PONDÉ, Eduardo Bautista. *Tríptico notarial*: naturaleza jurídica de la fe notarial, fe de individulización, y no fe de conocimiento el notario no es funcionario público. Buenos Aires: Depalma, 1977, p. 231.

forma como os tabeliães deveriam se auxiliar por colaboradores (escreventes), o lugar onde poderiam exercer seu trabalho, as características dos papéis nos quais deveriam ser lançados os atos, a necessidade de haver uma solicitação da parte ao tabelião sobre o serviço a prestar, as anotações prévias captadoras das vontades, a redação do documento, a subscrição e a autorização, o número de testemunhas e as declarações indispensáveis ao ato válido.

Desde o Código de Justiniano, estão fixados os requisitos extrínsecos dos atos notariais, normas que seguem – com poucas alterações! – orientando os notários no mundo inteiro.

O caso descrito na Novela XLIV gera normas que fixam a estrutura do ato notarial até hoje seguidas. Vejamos.

A lavratura do ato tinha as seguintes fases:

Rogatória: momento em que as partes solicitam ao tabelião a prestação do serviço, indicando suas necessidades e informando-o quanto à situação fática a motivar o ato.

Initium e Speda: o tabelião deve orientar as partes, anotando o resultado dessa consulta inicial. Após, escreve a *speda*, uma minuta do ato para aprovação das partes.

Protocolum: aprovada a *speda* pelas partes, o tabelião deve então redigir o texto final em seu protocolo, isto é, no livro de seus atos, que deve ser encadernado (aparentemente já naquela época não havia confiança em folhas soltas). Era a lavratura do ato notarial nas folhas próprias.

Completio: a assinatura final do tabelião, encerrando o ato.

Segundo a Novela XLVII, os documentos deveriam começar assim: "No ano tal do Império, de tal sagrado Augusto Imperador, e de tal nome do cônsul que rege no ano, no mês tal e no dia tal, na cidade tal (...)", seguindo-se o nome das partes e os demais elementos do ato.

A presença do tabelião era indispensável, ao menos encerrando o ato.

1.5 EVOLUÇÃO EM PORTUGAL

No século XIII, D. Diniz edita o primeiro estatuto com atribuições específicas destinadas ao tabelião português. As disposições foram baseadas na compilação denominada Lei das Sete Partidas (ano de 1263) feita por D. Afonso X, na Espanha, que, por sua vez, muito pouco acrescia às disposições de Justiniano.

Após, seguiram-se as Ordenações Afonsinas (Dom Afonso V, "O Africano", ano de 1446), as Ordenações Manuelinas (Manuel I, ano de 1521) e, finalmente, as Filipinas (Felipe II, Rei de Espanha e Portugal, ano de 1603), textos que reproduzem o estatuto de D. Diniz, acrescentando ao longo dos séculos poucas modificações. Resume este longo período, a edição de leis que penalizam o notário por falta de fiscalização da "sisa"[8] do reino.

8. Sisa vem do dente siso. É a mordida do monarca.

2
Fontes do Direito Notarial

São poucas as leis que tratam da atividade notarial, situação que dificulta a compreensão de uma matéria largamente fundada em costumes e perigosamente confundida ou relegada a apêndice dos registros públicos.

A seguir, compilamos as fontes atuais do direito notarial brasileiro.

2.1 FONTES CONSTITUCIONAIS

Dentre as fontes constitucionais, temos as fontes diretas e indiretas. As fontes diretas são aquelas que tratam especificamente da atividade notarial. As indiretas informam princípios de grande influência na atividade. Vamos relacioná-las conforme esta classificação, pois esta é a sequência no texto constitucional.

2.1.1 Fontes constitucionais diretas

Direito de receber informações e certidões:

Art. 5º, inc. XXXIII – todos têm direito a receber dos órgãos públicos informações de seu interesse particular, ou de interesse coletivo ou geral, que serão prestadas no prazo da lei, sob pena de responsabilidade, ressalvadas aquelas cujo sigilo seja imprescindível à segurança da sociedade e do Estado.

Este inciso, que trata das certidões, foi regulamentado pela Lei n. 12.527/2011.

Art. 5º, inc. XXXIV – são a todos assegurados, independentemente do pagamento de taxas: (...) *b*) a obtenção de certidões em repartições públicas, para defesa de direitos e esclarecimentos de situações de interesse pessoal.

É vedado recusar fé aos documentos públicos:

Art. 19. É vedado à União, aos Estados, ao Distrito Federal e aos Municípios:

(...) II – recusar fé aos documentos públicos;

Competência para legislar é privativa da União:

O direito notarial é um sub-ramo do direito civil. Não se confunda a previsão do inciso I com a previsão do inciso XXV do mesmo art. 22, que trata de registros públicos.

Art. 22. Compete privativamente à União legislar sobre:

I – **direito civil**, comercial, penal, processual, eleitoral, agrário, marítimo, aeronáutico, espacial e do trabalho; (destaque nosso)

Poder fiscalizatório do Conselho Nacional de Justiça:

Art. 103-B. (...)

§ 4º **Compete ao Conselho** o controle da atuação administrativa e financeira do Poder Judiciário e do cumprimento dos deveres funcionais dos juízes, cabendo-lhe, além de outras atribuições que lhe forem conferidas pelo Estatuto da Magistratura: (...)

III – **receber e conhecer das reclamações contra** membros ou órgãos do Poder Judiciário, inclusive contra seus serviços auxiliares, **serventias e órgãos prestadores de serviços notariais** e de registro que atuem por delegação do poder público ou oficializados, sem prejuízo da competência disciplinar e correicional dos tribunais, podendo avocar processos disciplinares em curso e determinar a remoção, a disponibilidade ou a aposentadoria com subsídios ou proventos proporcionais ao tempo de serviço e aplicar outras sanções administrativas, assegurada ampla defesa; (destaques nossos)

Previsão constitucional da delegação estatal, da lei orgânica, da lei geral de emolumentos, da fiscalização pelo Poder Judiciário e do ingresso na atividade mediante concurso público:

Art. 236. Os serviços notariais e de registro são exercidos em caráter privado, por delegação do Poder Público.

§ 1º Lei regulará as atividades, disciplinará a responsabilidade civil e criminal dos notários, dos oficiais de registro e de seus prepostos, e definirá a fiscalização de seus atos pelo Poder Judiciário.

§ 2º Lei federal estabelecerá normas gerais para fixação de emolumentos relativos aos atos praticados pelos serviços notariais e de registro.

§ 3º O ingresso na atividade notarial e de registro depende de concurso público de provas e títulos, não se permitindo que qualquer serventia fique vaga, sem abertura de concurso de provimento ou de remoção, por mais de seis meses.

Regulamentam o art. 236 a Lei n. 8.935/94, sobre a estrutura orgânica do notariado e dos registros públicos, e a Lei n. 10.169/2000, que estabelece normas gerais para a fixação de emolumentos.

2.1.2 Fontes constitucionais indiretas

A atividade notarial é exercida em caráter privado por delegação do Poder Público. Assim, há dois artigos que são complementares, um informando a ampla liberdade de ação dos particulares que pode ser formalizada nos atos notariais e outro impondo ao notário os princípios gerais que norteiam a administração pública. Trata-se dos arts. 5º, II, e 37, *caput*, da CF.

Segundo o art. 5º, é permitido aos particulares fazer tudo o que a lei não vede:

Art. 5º Todos são iguais perante a lei, sem distinção de qualquer natureza, garantindo-se aos brasileiros e aos estrangeiros residentes no País a inviolabilidade do direito à vida, à liberdade, à igualdade, à segurança e à propriedade, nos termos seguintes: (...)

II – ninguém será obrigado a fazer ou deixar de fazer alguma coisa senão em virtude de lei;

Ainda no art. 5º, outro princípio tem reflexos importantíssimos na atividade notarial. Segundo o inciso X, são invioláveis a intimidade, a vida privada, a honra e a imagem das pessoas. Como a atividade notarial destina-se primordialmente às pessoas e suas relações e negócios, autenticando fatos e formalizando juridicamente a vontade delas, obviamente os atos notariais devem resguardar a intimidade e a vida privada das partes. Esta proteção está consagrada na Lei n. 8.935/94, art. 30, VI.

Em face do poder público, o notário está adstrito aos princípios da administração pública:

> Art. 37. A administração pública direta e indireta de qualquer dos Poderes da União, dos Estados, do Distrito Federal e dos Municípios obedecerá aos princípios de legalidade, impessoalidade, moralidade, publicidade e eficiência (...)

2.2 FONTES LEGAIS DA ATIVIDADE NOTARIAL

São poucas as fontes legais do direito notarial. Não existe no Brasil um Estatuto Notarial, como existe na Espanha e França há mais de 100 anos. É importante salientar que a Lei n. 6.015/73 não é fonte de direito notarial, pois trata de registros públicos. São raros os preceitos da lei que se aplicam ao notário[1] e estes são apenas fontes subsidiárias do labor notarial.

Dentre as fontes legais da atividade notarial, podemos citar:

- **Lei n. 7.433/85** e seu regulamento, o **Decreto n. 93.240/86**: tratam dos requisitos das escrituras públicas. A lei e o regulamento informam que se aplicam a toda e qualquer escritura pública, mas o espírito é o de regular as escrituras imobiliárias.
- **Lei n. 8.935/94**: apesar de se tratar de uma lei orgânica notarial e registral, inclui diversos dispositivos sobre a competência notarial, direitos e deveres profissionais.
- **Lei n. 11.441/2007**: está tacitamente revogada pelo novo Código de Processo Civil (Lei n. 13.105/2015). Disciplinava a separação, o divórcio, o inventário e a partilha por escritura pública. Era uma lei sucinta que foi regulamentada pelo Conselho Nacional de Justiça, pela Resolução n. 35/2007 e por provimentos de diversas corregedorias das justiças estaduais (em São Paulo, o Prov. CGJ n. 33/2007, derrogado pelo Prov. n. 40/2012, atualizado pelo Prov. n. 56/2019).
- **Lei n. 13.105/2015**: o novo Código de Processo Civil, em vigor desde 18-3-2016, contém regras de direito probatório de relevância para a atividade notarial. Ademais, pela primeira vez, tipifica a ata notarial, em nosso direito.

A presunção de autenticidade dos documentos notariais se insere na previsão do art. 374, pois os fatos com presunção legal de existência ou veracidade independem de prova (inciso IV). Em outras palavras, fazem prova plena, a mais sólida em nosso direito.

A prova decorrente do reconhecimento de firma está prevista no art. 411, I. Também importa conhecer que o documento particular de cuja autenticidade não se duvida prova que o seu autor fez a declaração que lhe é atribuída (art. 412). Ao inverso, se houver controvérsia, adquire relevo a autenticação notarial da firma.

A fé pública notarial aplicada às cópias de documentos está prevista no art. 422: "Qualquer reprodução mecânica, como a fotográfica, a cinematográfica, a fonográfica

1. Arts. 3°, parágrafo único, 192, 216-A, I, 222, 224, 225, 276 e 292.

ou de outra espécie, tem aptidão para fazer prova dos fatos ou das coisas representadas, se a sua conformidade com o documento original não for impugnada por aquele contra quem foi produzida".

Quanto a traslados, cópias e certidões, temos o art. 425, II e III.

Concluindo o arcabouço probatório do documento particular, que pode receber o aporte da fé pública notarial pela autenticação da cópia ou pelo reconhecimento de firma, é importante conhecer as disposições dos arts. 428 e 429.

Como dissemos, a ata notarial agora está tipificada como meio de prova em nosso direito: "Art. 384. A existência e o modo de existir de algum fato podem ser atestados ou documentados, a requerimento do interessado, mediante ata lavrada por tabelião. Parágrafo único. Dados representados por imagem ou som gravados em arquivos eletrônicos poderão constar da ata notarial".

O novo Código de Processo Civil permite, ainda, a demarcação e a divisão imobiliária, bem como o penhor legal por escritura pública (arts. 571 e 703).

- **Lei n. 13.140/2015**: trata da mediação entre particulares como meio de solução de controvérsias. O art. 42 informa que suas disposições se aplicam, no que couber, às outras formas consensuais de resolução de conflitos, tais como aquelas levadas a efeito nas serventias extrajudiciais.
- **Lei n. 10.257/2001 (Estatuto das Cidades)**: contém alguns dispositivos que exigem a escritura pública.
- **Código Civil**: inúmeros dispositivos tratam dos requisitos dos atos notariais ou da obrigatoriedade da forma pública. O Código Civil contém normas de direito objetivo e direito adjetivo. A totalidade das normas são fontes da atividade notarial. Destacamos algumas:
- Arts. 5º, I, 62, 107, 108, 109, 166, IV, 215, 217, 223, 226, parágrafo único, 288, 292, 490, 541, 655, 657, 807, 842, 911, parágrafo único, 923, §§ 1. e 2º, 998, § 1º, 1.128, parágrafo único, 1.334, § 1º, 1.361, § 1º, 1.369, 1.417, 1.418, 1.438, 1.448, 1.452, 1.453, 1.458, 1.494, 1.536, II, 1.537, 1.542, § 4º, 1.609, II e III, 1.640, parágrafo único, 1.649, parágrafo único, 1.653, 1.711, 1.729, parágrafo único, 1.793, 1.801, IV, 1.806, 1.818, 1.848, 1.857, 1.864, 1.865, 1.866, 1.867, 1.868, 1.869, 1.870, 1.871, 1.872, 1.873, 1.874, 1.875, 1.893, 2.015, 2.042.

3
Função Notarial

A filosofia do direito, por meio da teoria da justiça reguladora, sustenta a necessidade de o Estado deter uma função que se dedique à aplicação do direito para os fins da normalidade. O fulcro dessa teoria é a necessidade social de dar ao direito uma atuação que facilite a sua evolução natural e normal.

Para tanto, o Estado tem de dispor de uma função diferente da judicial, destinada à conservação, ao reconhecimento e à garantia do direito em estado normal: a função notarial.

A função notarial tem os seguintes caracteres:

1. A **autenticação** e a **legitimação notarial** referem-se ou aplicam-se aos atos que se realizam na esfera das **relações de direito privado**. O tabelião autentica, apondo sua fé pública a fatos de interesse das partes, mas o foco da atividade notarial é mais amplo: busca legitimar um negócio privado em face não somente destes interesses, mas também para certeza do Estado e da sociedade.
2. A atuação notarial desenrola-se na fase de **normalidade do direito**, ficando fora de seu âmbito as relações que se manifestam em fase contenciosa ou de perturbação. A **vontade das partes** e o **acordo** entre elas compõem o elemento primordial. Por isso, nem mesmo uma decisão judicial pode obrigar ao ato notarial. O elemento volitivo não pode ser suprido[1].

Por vezes, a atividade notarial envolve perfazer o consenso entre as partes, de modo a realizar a escritura pública. A Lei de Conciliação e Mediação, que permite aos notários estes atos bem destaca as funções de busca de consenso pelos notários para a composição do litígio que, afinal, redundará na escritura de transação, aí sim, com expressa vontade de todas as partes.

3. Os documentos notariais têm natureza **declaratória e autenticatória**. Por vezes, podem ter também natureza **constitutiva, modificativa** ou **extintiva**.

O documento notarial é sempre uma declaração do tabelião que autentica fatos, como a data, a hora, a presença das partes, a identidade e a capacidade delas, a vontade manifestada etc.

Quanto à natureza constitutiva, podemos citar a realização do negócio pretendido, por exemplo, uma compra e venda, uma doação, o mandato.

1. Exceto quando houver supressão judicial do consentimento de uma das partes (p. ex.: outorga marital, adjudicação compulsória etc.).

A natureza modificativa resulta da retirratificação de um ato notarial, pelo qual as partes modificam os termos de um negócio anteriormente feito.

Finalmente, é extintiva a ação do tabelião quando partilha os bens e direitos do inventário ou extingue o casamento por meio do divórcio ou a união estável por meio da dissolução.

4. **Função assessora**. O tabelião funciona como assessor, instruindo as partes sobre as possibilidades legais, requisitos e consequências de seus atos, bem como sobre os meios jurídicos mais adequados para os fins lícitos que se propõem a atingir. Nesta assessoria, o tabelião deve adequar a vontade dos interessados ao ordenamento jurídico e redigir um documento público que cumpra os requisitos exigidos pela legislação vigente, a fim de lograr os efeitos desejados.

O assessoramento é decorrência do princípio da legalidade a que está adstrito o fazer notarial. O controle da legalidade no assessoramento, ressalte-se, tem duplo significado: primeiro, a consecução do interesse público de conservar os direitos na normalidade jurídica e a estabilidade jurídica dos direitos adquiridos; segundo, garantir que as partes cumpram todos os requisitos legais e tributários no ato que realizam, para que obtenham seus efeitos jurídicos plenos.

O assessoramento (também a consultoria) jurídico deve ser prestado por meio de informações e de esclarecimentos objetivos, particularmente sobre o melhor meio jurídico de alcançar os fins desejados pelas partes, os efeitos e as consequências dos fatos, dos atos e dos negócios jurídicos a serem documentados, e visar à tutela da autonomia privada e ao equilíbrio substancial da relação jurídica, de modo que minimize as desigualdades materiais e proteja os hipossuficientes e os vulneráveis, como as crianças e os adolescentes, os idosos, os consumidores, as pessoas com deficiência e as futuras gerações[2].

5. **Função legitimadora**. Ao documentar os atos dos particulares submetidos ao seu ofício, o tabelião trabalha com a qualificação notarial em três momentos: inicialmente, admite o ato dando-se por requerido; após, verifica a identidade e capacidade das partes para o ato solicitado, bem como todos os demais elementos substantivos das partes, do objeto e do próprio ato; e, finalmente, dota-o de uma forma reconhecida pelo direito, redigindo o instrumento público adequado.

6. **Função autenticatória**. O tabelião, como delegado estatal, impõe aos atos nos quais intervém a presunção de veracidade, convertendo-os em documentos fidedignos com a característica de prova plena sobre as relações jurídicas ali descritas (CPC/2015, art. 405 e CC, art. 215).

A função autenticatória tem aspectos decorrentes do *imperium* do Estado, muito além da certeza de fatos.

O ato notarial envolve e ampara a necessidade ritualística da sociedade. Ele é dramático, é litúrgico, ele existe para legalizar um ato ou um fato no mundo jurídico, como exige o Estado. As técnicas notariais, as formalidades até hoje existentes, as

2. Normas de Serviço de São Paulo, Cap. 16, item 2.2 (Prov. CGJ-SP n. 32/2016).

minutas anciãs que teimam em repetir o mantra "nos melhores termos de direito", dentre outras fórmulas. A abertura dos atos notariais, um clássico aliás universal: Saibam todos os que virem esta escritura pública... Saibam todos os desta cidade, deste Estado, deste país. O tabelião poderia extrapolar e dizer, sem erro, saibam todos os do planeta Terra, inclusive os extraterrestres, não deixem de respeitar o que aqui escrevo e proclamo!

O ritual, a liturgia, visando a conferir a maior certeza prevista pelo direito para as pessoas, as relações e os objetos da vida.

Acostumamo-nos ao espírito científico e não o conjugamos com rituais e liturgias; os juristas disfarçam e se envergonham de admitir que o Direito, muitas vezes, se escora exatamente nisso.

Após a sua constituição, o documento notarial circula, produzindo seus efeitos *inter partes* e em face de terceiros e entes do Estado.

O tabelião segue adstrito ao ato porque deve conservá-lo perenemente. Busca-se da autenticação notarial a máxima eficácia, presente ou futura, sempre que necessária.

A conservação do instrumento público, com todas as garantias, provê também a autenticidade corporal, isto é, o instrumento notarial tem existência no protocolo em poder do tabelião. Assim, podem ser expedidas ao longo do tempo, quando requeridas, certidões do conteúdo do ato (art. 6º, II, parte final, Lei n. 8.935/94).

3.1 A FUNÇÃO COMO PROFISSÃO

No planeta, existem três sistemas de notariado: 1) notariado de base judicial e administrativa; 2) notariado de tipo latino; 3) notariado de tipo anglo-saxão.

Antes de distinguir cada um deles, é importante ressaltar alguns caracteres que permeiam os três:

1. **Acesso livre ou restrito:** o acesso à profissão pode ser livre, dependendo somente de uma solicitação à autoridade delegante. Em geral, ocorre nos sistemas de direito anglo-saxão, no qual basta ao interessado solicitar ao secretário da justiça, demonstrando ter bons antecedentes. Em alguns países, além do requerimento, exige-se curso superior de Direito.

O acesso restrito se caracteriza por duas situações: primeira, as delegações notariais são em número restrito (*numerus clausus*); segunda, a lei prevê certas condições para o acesso, por exemplo, curso superior de Direito, aprovação em concurso público ou certo tempo de experiência em profissões jurídicas.

2. **Preços prefixados por lei ou preços livres:** Normalmente, nos sistemas de base judicial e administrativa e no notariado de tipo latino, os emolumentos dos serviços notariais são prefixados em lei ou por tabela da autoridade judiciária. No notariado de direito anglo-saxão e dos países nórdicos, os preços são, em geral, de livre competição.

Vamos, agora, distinguir cada um dos notariados existentes.

3.1.1 Notariado de base judicial e administrativa

O notariado de base administrativa é constituído por funcionários do Estado, exercendo as funções após acesso à carreira pública. A profissão é exercida por funcionários públicos que atendem em repartições administrativas ou mesmo em cartórios específicos da atividade. Exemplos: Cuba; e o notariado da extinta União Soviética, que também se revestia desta característica. Hoje, as repúblicas do leste europeu optaram pelo notariado do tipo latino.

O notariado de base judicial é composto por membros da magistratura. Exemplos: Estado de Baden, na Alemanha, e Estado da Bahia, no Brasil, até 2011. Neste caso nacional, os notários não eram juízes, mas funcionários concursados do Tribunal de Justiça.

3.1.2 Notariado de tipo anglo-saxão

Os notários que atuam nos países de direito anglo-saxão, notadamente os do Reino Unido, Estados Unidos, Canadá (exceto Quebec), Austrália, Nova Zelândia e alguns países da África, têm características bem modestas. Não há requisito de conhecimento jurídico ou de qualquer curso superior. O interessado comparece perante uma autoridade, usualmente o secretário de estado ou da casa civil, apresenta seu requerimento e atestado de boa conduta pregressa, obtendo assim autorização para atuar.

A função notarial é usualmente restrita à autenticação de firmas e de cópias de documentos. É frequente que funcionários de bancos, prefeituras e hospitais sejam notários, vez que é nestes ambientes que a limitada atuação profissional é requerida pela lei. O notário de tipo anglo-saxão não redige documentos, ainda que disponha das minutas de atos mais usuais, para comodidade de seus clientes; estes são sempre os autores dos documentos que, por isso, são particulares.

Como a atuação profissional é livre, os notários desses países podem cobrar livremente os preços de seus serviços, bem como podem atuar em qualquer localidade do âmbito estadual sob cujo império atuam. Por isso, os EUA têm o maior número de profissionais do planeta e criaram o *notary to go*, ou seja, o notário itinerante, que comparece onde seja requerido.

3.1.3 Notariado de tipo latino ou da *Civil Law*

De início, é importante esclarecer que a expressão "tipo latino" não se refere aos povos latinos, e sim às instituições jurídicas oriundas do Direito Romano. Este tipo de direito e notariado está presente, hoje, em 91[3] países do mundo. É o sistema notarial presente no Brasil e nos seguintes países:

3. Atualização disponível em https://www.uinl.org/member-notariats.

Europa (41 países): Albânia, Alemanha, Andorra, Armênia, Áustria, Bélgica, Bielorússia, Bósnia e Herzegovina, Bulgária, Croácia, Eslováquia, Eslovênia, Espanha, Estônia, França, Grécia, Geórgia, Hungria, Itália, Kosovo, Letônia, Lituânia, Londres (Inglaterra), Luxemburgo, Malta, Moldávia, Mônaco, Montenegro, Países Baixos, Polônia, Portugal, República Tcheca, Macedônia, República de São Marino, Romênia, Rússia, Sérvia, Suíça, Turquia, Ucrânia e Vaticano.

América (22 países): Argentina, Bolívia, Brasil, Quebec (Canadá), Chile, Colômbia, Costa Rica, Cuba, República Dominicana, El Salvador, Equador, Guatemala, Haiti, Honduras, México, Nicarágua, Panamá, Paraguai, Peru, Porto Rico, Uruguai e Venezuela.

África (19 países): Argélia, Benin, Burkina Faso, Camarões, República Centro-Africana, Chade, Congo, Costa do Marfim, Gabão, Guiné, Madagáscar, Mali, Marrocos, Ilhas Maurício, Mauritânia, Nigéria, Senegal, Togo e Tunísia.

Ásia (7 países): China, Cazaquistão, Coreia do Sul, Indonésia, Japão, Líbano, Mongólia, Uzbequistão e Vietnã.

O notariado de tipo latino está congregado na União Internacional do Notariado, que estatui princípios institucionais e profissionais que caracterizam este profissional[4].

3.1.3.1 O notário e a função notarial

O notário é um profissional do direito titular de uma função pública nomeado pelo Estado para conferir autenticidade aos atos e negócios jurídicos integrantes dos documentos que redige, assim como para aconselhar e assessorar as partes que lhe requerem os serviços.

A função notarial é uma função pública e, portanto, o notário tem autoridade de Estado. É exercida de forma imparcial e independente, sem estar hierarquicamente entre os funcionários do Estado.

Esta função notarial se estende a todas as atividades não contenciosas, confere ao usuário segurança jurídica, evita possíveis litígios e conflitos, que podem ser resolvidos por meio do exercício da mediação jurídica. É um instrumento indispensável à administração de uma justiça eficaz.

3.1.3.2 Os documentos notariais

Os documentos redigidos pelo notário podem ter por objeto formalizar atos e negócios de qualquer espécie, ou autenticar fatos. Sua autenticidade compreende a autoria, as assinaturas, a data e o conteúdo[5]. Devem ser conservados pelo notário e classificados por ordem cronológica.

Ao redigir os documentos notariais, o notário deve atuar sempre conforme a lei, interpretando a vontade das partes e adequando-a às exigências legais. Dá fé da identidade e qualifica a capacidade e legitimidade dos outorgantes em relação ao ato ou negócio

4. Princípios da União Internacional do Notariado.
5. Tudo o que ocorre em sua presença, percepção e, inclusive, dedução.

jurídico que *in casu* pretendem realizar. Controla a legalidade e deve assegurar-se de que a vontade das partes, que é expressa na sua presença, é livremente declarada, sem importar o suporte em que conste o documento notarial.

O notário é o único responsável pela redação de seus documentos. Tem autonomia para aceitar ou recusar qualquer texto ou minuta que lhe seja apresentado ou sugerido, podendo sugerir e introduzir, em acordo com as partes, as modificações que entenda pertinentes (art. 6º, II, Lei n. 8.935/94).

Os outorgantes de um documento notarial têm direito a obter cópias do original, que fica em poder do notário. As cópias autênticas têm o mesmo valor que o original. O notário pode também expedir cópias para pessoas que, segundo cada legislação nacional, tenham legítimo interesse em conhecer o conteúdo do documento.

Os documentos notariais gozam de uma dupla presunção de legalidade e certeza de seu conteúdo e somente podem ser atacados pela via judicial. Estão revestidos de plena força probatória e executiva.

A atuação notarial se estende também ao reconhecimento de firmas de particulares postas em documentos privados, assim como à declaração de autenticidade de fatos e cópias de quaisquer documentos e demais previsões de sua respectiva legislação nacional.

Os documentos notariais que contenham tais princípios devem ser reconhecidos em todos os Estados e produzir em todos eles os mesmos efeitos probatórios executivos e constitutivos de direitos e obrigações previstos para o seu país de origem.

3.1.3.3 A instituição notarial

A lei nacional determina a área de competência de cada notário, bem como o número de profissionais, que deve ser suficiente para a eficaz prestação do serviço notarial. A lei determina também o lugar de instalação de cada delegação notarial, garantindo uma distribuição adequada em todo o território nacional.

Os notários devem pertencer a um organismo colegiado único, composto exclusivamente por notários, que representará o notariado de cada país.

A lei de cada país determina as condições de acesso à profissão notarial e de exercício da função, estabelecendo para tanto provas e concursos convenientes, exigindo sempre o título de graduação em direito e uma alta qualificação jurídica.

3.1.3.4 A deontologia notarial

A lei determina o regime disciplinar dos notários, que devem estar sob fiscalização das autoridades públicas e dos colégios notariais.

O notário está obrigado à lealdade e à integridade frente às partes que lhe solicitam os serviços, frente ao Estado e frente aos seus colegas de profissão.

O notário, conforme o caráter público de sua função, está obrigado a guardar segredo profissional.

O notário deve ser imparcial. Esta imparcialidade se expressa por meio de uma assistência adequada à parte que se encontre em situação de inferioridade perante a outra, para assim obter o necessário equilíbrio no contrato.

A eleição do notário deve ser uma escolha exclusiva das partes.

O respeito às regras deontológicas da profissão deve ser integral, tanto no âmbito nacional como no internacional.

3.2 O NOTARIADO NO BRASIL

Em nosso país, o notariado nasceu e cresceu à margem do poder judicial. Antigamente, "cartórios" eram dados aos amigos dos governantes e, depois, negociados por seus "proprietários" ou legados aos filhos. Com isso, a profissão atrofiou-se, situação que somente se alterou no século XX, com o aperfeiçoamento dos concursos públicos judiciais e, finalmente, específicos para as delegações notariais.

A Constituição Federal de 1988 fixou os princípios institucionais atuais:

1) Exercício em caráter privado, por delegação do Poder Público.
2) Lei federal que regula as atividades e disciplina a responsabilidade civil e criminal dos notários e de seus prepostos.
3) Fiscalização pelo Poder Judiciário.
4) Lei federal que fixa normas gerais de emolumentos pelos atos praticados.
5) Necessidade de concurso público de provas e títulos para ingresso na função.

A Lei federal n. 8.935/94 regulamentou a atividade e a Lei n. 10.169/2000 fixou os emolumentos de modo geral. Há leis estaduais e distrital que tratam dos concursos públicos e fixam os emolumentos para cada Estado e para o Distrito Federal.

Segundo a Lei n. 8.935/94, o notário, ou tabelião[6], é o profissional do Direito, dotado de fé pública, a quem é delegado o exercício da atividade notarial (art. 2º). Esta definição implica autonomia no exercício profissional (art. 3º) – obedecendo aos ditames legais e submetendo-se à fiscalização do Poder Judiciário – e responsabilidade civil, administrativa e penal pelos atos que realiza.

O serviço notarial é uma organização técnica e administrativa destinada a garantir a publicidade, autenticidade, segurança e eficácia dos atos jurídicos (art. 1º).

Não somente os atos notariais provêm tais requisitos. Há outras formas no direito brasileiro para obter a publicidade, ou a autenticidade, bem como a segurança e a eficácia dos atos jurídicos. O objetivo da lei foi tipificar uma intervenção estatal, a serviço dos particulares e da sociedade, que tem por finalidade o atendimento de todos estes caracteres.

A lei também fixa a competência notarial. Compete aos tabeliães, **em geral**, segundo o art. 6º:

6. Notário e tabelião são sinônimos.

I – formalizar juridicamente a vontade das partes;

II – intervir nos atos e negócios jurídicos a que as partes devam ou queiram dar forma legal ou autenticidade, autorizando a redação ou redigindo os instrumentos adequados, conservando os originais e expedindo cópias fidedignas de seu conteúdo;

III – autenticar fatos.

O art. 7. relaciona as atribuições que **somente podem ser exercidas por tabeliães**, aqueles serviços cuja competência é exclusiva da atividade. São elas:

I – lavrar escrituras e procurações, públicas;

II – lavrar testamentos públicos e aprovar os cerrados;

III – lavrar atas notariais;

IV – reconhecer firmas;

V – autenticar cópias.

No exercício profissional, os tabeliães de notas podem realizar toda e qualquer gestão ou diligência, necessárias ou convenientes ao preparo dos atos notariais. O profissional tem uma representação legal para atuar no interesse do usuário, requerendo o que for necessário, sem, porém, poder cobrar emolumentos por este trabalho. Somente tem direito ao preço devido pelo ato.

A lei fixa também dois princípios basilares do notariado de tipo latino:

a liberdade de escolha do tabelião de notas, qualquer que seja o domicílio das partes ou o lugar de situação dos bens objeto do ato ou negócio (art. 8º);

o limite territorial da competência, vedando ao tabelião a prática de atos fora do Município para o qual recebeu a delegação (art. 9º).

A garantia de escolha do tabelião pelas partes limita o poder da autoridade pública, seja federal, estadual ou municipal, que não pode impor em suas leis o monopólio para os tabeliães de seus limites. É raro, porém, que um tabelião seja chamado para lavrar atos de negócios em território diverso do seu. Veja que a Lei n. 8.935 não informa a sanção para o tabelião que lavra o ato fora do município para o qual recebeu a delegação. Sem sanção, essa norma coexiste com o sistema legal. Assim, entendemos que se aplica o art. 407 do novo Código de Processo Civil, sem prejuízo da averiguação de ilícito administrativo. Aliás, não podemos tratá-lo como ato nulo, pois o elemento defeituoso é atinente à autoria do ato; *ipso facto*, incide sobre a forma, e não sobre os elementos substanciais e volitivos do ato.

Segundo o Código Civil, art. 490, salvo cláusula em contrário, as despesas de escritura e registro ficam a cargo do comprador, e a cargo do vendedor, as da tradição. Em outras palavras, se o contrato não dispuser diferentemente, o comprador tem o direito de escolher o notário que lavrará a escritura, pagando também pelo registro.

3.3 DIREITOS E DEVERES DOS NOTÁRIOS

A lei é muito sumária quanto aos direitos de notários, mas garante o principal: independência, **autonomia** no exercício de suas atribuições. Têm também direito à percepção dos emolumentos integrais pelos atos praticados na serventia e só perderão a delegação nas hipóteses previstas em lei.

Além disso, podem: I – exercer opção, nos casos de desmembramento ou desdobramento de sua serventia, e II – organizar associações ou sindicatos de classe e deles participar.

A autonomia notarial é plena quanto ao gerenciamento administrativo e financeiro de seu tabelionato, sendo de sua responsabilidade exclusiva as despesas de custeio, investimento e pessoal. Compete exclusivamente ao tabelião estabelecer normas, condições e obrigações relativas à atribuição de funções e de remuneração de seus prepostos de modo a obter a melhor qualidade na prestação dos serviços (art. 21).

É importante salientar, porém, que os tribunais de justiça estaduais fazem desta norma "letra morta". Não a cumprem, ou a cumprem parcialmente, imiscuindo-se e pretendendo fiscalizar a administração do serviço notarial. Portanto, cuidado! **Quando as perguntas versarem sobre o poder fiscalizatório do tribunal, acredite mais nas normas administrativas peculiares do que na lei.**

Para exercício de suas funções, o notário pode contratar auxiliares e escreventes, dentre estes escolhendo os substitutos, como empregados, com remuneração livremente ajustada e sob o regime da legislação do trabalho (art. 20).

Em cada tabelionato haverá tantos substitutos, escreventes e auxiliares quantos forem necessários, a critério do tabelião titular.

O tabelião contrata, em verdade, auxiliares, dentre eles autorizando, por portaria interna, a prática de atos de escrevente. O auxiliar que se torna ou, como se diz habitualmente, é elevado a escrevente pode, assim, praticar somente aqueles atos para os quais recebeu autorização, via de regra, a autenticação de fatos e a redação de escrituras públicas.

Em alguns Estados, o notário pode ainda indicar escreventes autorizados, ou seja, escreventes que têm também a autorização para subscrever atos, traslados e certidões. Tal autorização parece-nos excesso, vez que somente o tabelião ou seus substitutos devem deter tais atribuições.

Esta autorização pode ser suspensa ou mesmo revogada, a critério do tabelião. É ato de confiança de total e ampla discricionariedade do titular.

Dentre os escreventes, o tabelião pode escolher substitutos, quantos quiser, para simultaneamente com ele praticar todos os atos que lhe sejam próprios, inclusive lavrar testamentos[7]. Apenas para efeito de controle da administração judiciária, os notários devem encaminhar ao juízo competente os nomes dos substitutos.

Um dos substitutos é designado pelo notário para responder pelo respectivo serviço nas ausências e nos impedimentos do titular. Este é o profissional[8] eleito para responder em caso de ausências temporárias (doenças, viagens, reuniões externas) ou

7. A parte final do art. 20, § 4º, está revogada pelo Código Civil, art. 1.864, inciso I.
8. Lei n. 8.935/94, art. 20, § 5º.

impedimentos, ou, ainda, afastamentos prolongados (como tratamento de doenças, férias, candidatura ou diplomação em cargo eletivo ou posse em qualquer cargo, emprego ou função pública, ainda que em comissão)[9]. Isso não significa que os demais substitutos não possam também, ordinariamente, praticar atos e responder eventualmente pelo tabelionato. Todos os substitutos têm iguais atribuições; um deles tem a representação plena.

Os notários, oficiais de registro, escreventes e auxiliares são vinculados à Previdência Social, de âmbito federal, e têm assegurada a contagem recíproca de tempo de serviço em sistemas diversos.

Os tabeliães têm direito a férias e podem fixar livremente o período de trabalho a que se submetem. Têm a obrigação de se vincularem à previdência oficial, podendo obter os benefícios previdenciários previstos em lei (seguros e pensões por doença, invalidez, morte, aposentadoria etc.).

Outro direito dos notários permite-lhes praticar, independentemente de autorização, todos os atos previstos em lei necessários à organização e execução dos serviços, podendo adotar sistemas de computação, microfilmagem, disco ótico e outros meios de reprodução (art. 41). Exige-se que os papéis referentes aos serviços notariais sejam arquivados mediante utilização de processos que facilitem as buscas. Esta é outra norma legal desprezada por muitos tribunais. **Por isso, prefira as respostas que se coadunem com as normas administrativas do Estado que realiza o concurso.**

Finalmente, os livros, fichas, documentos, papéis, microfilmes e sistemas de computação devem permanecer sempre sob a guarda e responsabilidade do tabelião, que zelará por sua ordem, segurança e conservação (art. 46). Se houver necessidade de serem periciados, o exame deve ocorrer na própria sede do serviço, em dia e hora adrede designados, com ciência do titular e autorização do juízo competente (art. 46, parágrafo único).

3.4 SUBSTITUTOS – PERDA OU EXTINÇÃO DA DELEGAÇÃO

A delegação é extinta pelas causas citadas no art. 39 da Lei n. 8.935/94: morte, aposentadoria facultativa, invalidez, renúncia e perda, nos termos do art. 35. Ocorrendo a extinção da delegação, o substituto mais antigo na data da declaração de vacância deve responder pela delegação. Caso o cartório tenha mais de um substituto, deverá ser esgotada a lista de substitutos antes da aplicação do Provimento CNJ 77/2018[10]. Por esta nova decisão do CNJ, a nova ordem preferencial de nomeação de interinos de serventias vagas passa a ser a seguinte:

a) a designação deverá recair sobre o substituto mais antigo (art. 2º, do Provimento CNJ n. 77/2018);

9. Em São Paulo, o tabelião deve comunicar à Corregedoria-Geral da Justiça e à Corregedoria Permanente.
10. CNJ, Processo n. 0009640-90.2019.2.00.0000.

b) em caso de o substituto mais antigo ser parente do antigo titular e incorrer na regra do nepotismo ou em qualquer das proibições estabelecidas no art. 3º, do Provimento CNJ 77/2018, terá que ser esgotada a lista de substitutos da serventia (PCA 0007971-65.2020.2.00.0000; 0002720-32.2021.2.00.0000) ou poderá ser indicado pelo interino um escrevente que tenha exercido a interinidade esporadicamente (PCA 0009640-90.2019.2.00.0000);

c) não havendo substituto mais antigo e esgotado a lista de substituição ou de escrevente que tenha exercido a interinidade, temporariamente, aí sim, se passaria a aplicar o Provimento CNJ n. 77/2018, designando delegatário em exercício no mesmo município ou no município contíguo que detenha uma das atribuições do serviço vago.

O indicado responderá pelo expediente até o provimento da titularidade por concurso público de provas e títulos ou de remoção. Segundo o § 2º do art. 39 da Lei n. 8.935/94, extinta a delegação, a autoridade competente designará o substituto mais antigo para responder pelo serviço.

Esta matéria está regulamentada pelo Prov. n. 77/2018 da Corregedoria Nacional de Justiça, do CNJ. Este ano (2022) o entendimento foi reformulado, estando pendente a edição destas alterações ao Prov. n. 77/2018[11].

Segundo a norma, a designação de substituto para responder interinamente pelo expediente deverá ser realizada pelos Tribunais Estaduais e não poderá recair sobre cônjuge, companheiro ou parente em linha reta, colateral ou por afinidade, até terceiro grau do antigo delegatário ou de magistrados do tribunal local.

Esta vedação, sem claro amparo legal, impede uma tradição das notas e registros públicos brasileiros de terem, como empregados, familiares na estrutura de sua operação que, com a morte do titular, o sucediam, precariamente, até a posse do novo concursado.

A designação não pode recair também sobre pessoa condenada em decisão com trânsito em julgado ou proferida por órgão jurisdicional colegiado em hipóteses como atos de improbidade administrativa, crimes contra a administração pública, contra a fé pública, eleitorais, entre outros.

Também polêmica foi a imposição de um teto remuneratório ao interino designado, que não poderá receber mais do 90,25% dos subsídios de ministro do Supremo Tribunal Federal. O excedente deverá ser recolhido aos cofres dos Tribunais Estaduais.

3.5 DEVERES DOS NOTÁRIOS

O art. 30 relaciona os deveres a que estão obrigados os tabeliães. Sobre eles, fazemos alguns comentários.

O tabelião deve manter em ordem os livros, os papéis e os documentos de sua serventia, guardando-os em locais seguros. O arquivo deve manter-se em ordem e orga-

11. https://www.anoregsp.org.br/noticias/77753/cnj-muda-ordem-de-nomeacao-de-interinos-de-serventias, acessado em 01.11.2022, às 17 horas.

nizado, e o acesso deve ser franqueado somente aos colaboradores responsáveis por tais tarefas. É de se ressaltar que o arquivo eletrônico deve espelhar fielmente as informações do arquivo físico, inclusive a reciprocidade das anotações entre um e outro.

Também é dever dele atender as partes com eficiência, urbanidade e presteza, em especial as pessoas com deficiência, os idosos com idade igual ou superior a 60 (sessenta) anos[12], as gestantes, as lactantes, as pessoas com crianças de colo e os obesos (art. 1º da Lei n. 10.048/2000). O atendimento prioritário da pessoa com deficiência é extensivo ao seu acompanhante ou atendente pessoal[13].

Deve haver prudência no atendimento e na lavratura de atos notariais com a participação de idosos (art. 108 da Lei n. 10.741/2003 – Estatuto do Idoso e Recomendação CNJ n. 46/2020[14]) e de pessoas com deficiência[15] (arts. 83 e 95 da Lei n. 13.146/2015 – Estatuto da Pessoa com Deficiência).

A Lei n. 10.741/2003, art. 15, § 5º, prevê, ainda, que é vedado exigir o comparecimento do idoso enfermo perante os órgãos públicos, hipótese que impõe o seguinte procedimento: I – quando de interesse do poder público, o agente promoverá o contato necessário com o idoso em sua residência; ou II – quando de interesse do próprio idoso, este se fará representar por procurador legalmente constituído.

O tabelião deve atender prioritariamente as requisições de papéis, documentos, informações ou providências que lhes forem solicitadas pelas autoridades judiciárias ou administrativas para a defesa das pessoas jurídicas de direito público em juízo[16].

O tabelião deve proceder de forma a dignificar a função exercida, tanto nas atividades profissionais como na vida privada, hipótese de grande subjetividade[17].

O dever de guardar sigilo sobre a documentação e os assuntos de natureza reservada de que tenham conhecimento é, infelizmente, grandemente temperado em nosso País. O princípio do sigilo profissional do notário, expresso claramente nesta norma, é praticamente *letra morta*. O princípio que impera é o da ampla publicidade dos atos notariais.

Por força de nossa tradição cartorial, cuja gênese se confunde com a atividade jurisdicional, notários, registradores, juízes e demais operadores do direito simplesmente não garantem o sigilo da vida privada das partes que recorrem ao tabelião para formalizarem os seus negócios. Confunde-se a feição pública da atividade com a publicidade.

12. Dentre os idosos, os maiores de 80 anos têm prioridade especial – Lei n. 13.466/2017.
13. Normas de Serviço de São Paulo, Cap. 13, item 80.1 Lei n. 14.364/2022.
14. Dispõe sobre medidas preventivas para que se evitem atos de violência patrimonial ou financeira contra pessoa idosa, especialmente vulnerável no período de Emergência em Saúde Pública de Importância Nacional (ESPIN), no âmbito das serventias extrajudiciais e da execução dos serviços notariais.
15. O Conselho Nacional de Justiça publicou a Resolução n. 230/2016, que orienta a adequação das atividades dos órgãos do Poder Judiciário e de seus serviços auxiliares às determinações exaradas pela Convenção Internacional sobre os Direitos das Pessoas com Deficiência e seu Protocolo Facultativo e pela Lei Brasileira de Inclusão da Pessoa com Deficiência por meio – entre outras medidas – da convolação em resolução à Recomendação CNJ n. 27, de 16-12-2009, bem como da instituição de Comissões Permanentes de Acessibilidade e Inclusão. Em especial, estudar os arts. 8º, parágrafo único, 14, 17, 20, 21 e 33.
16. Art. 30, III, da Lei n. 8.935/94.
17. Art. 30, V.

Em consequência, somente quanto ao testamento público há o sigilo, enquanto vivo o testador. Esta situação foi inicialmente recepcionada pelas normas das Corregedorias de Justiça dos Estados do Rio Grande do Sul, Santa Catarina, Paraná, Minas Gerais, Rio de Janeiro, Ceará e Pernambuco. Nos demais Estados, não havia norma. Em São Paulo, havia ato da presidência do Tribunal de Justiça declarando a ampla publicidade dos testamentos públicos, mesmo enquanto vivo o testador. Contudo, o Processo n. 162.132, que atualizou, em 2012, as Normas de Serviço da Corregedoria-Geral da Justiça do Estado de São Paulo para os tabeliães de notas, alterou a postura anterior e restringiu a publicidade dos testamentos públicos. Enquanto vivo, somente ao testador pode se fornecer cópia do ato; após a morte, há publicidade ampla do testamento.

Com a edição do Provimento CNJ n. 134/2022, o regramento passou a ser em nível nacional, informando que a certidão de testamento somente poderá ser fornecida ao próprio testador ou mediante ordem judicial (art. 32). Após o falecimento, a certidão de testamento poderá ser fornecida ao solicitante mediante a apresentação da certidão de óbito (parágrafo único).

As provas de concursos passados têm utilizado como gabarito da publicidade notarial o previsto na Lei de Registros Públicos, art. 17, segundo o qual qualquer pessoa pode requerer certidão do registro sem informar ao oficial ou ao funcionário o motivo ou interesse do pedido. Uma lamentável confusão de registros públicos com notas e suas respectivas normas ocorreu, por exemplo, no concurso do Maranhão.

Em São Paulo, o Prov. CG 23/2020 que regulamentou o tratamento e proteção de dados pessoais pelos responsáveis pelas delegações dos serviços extrajudiciais[18], dispõe que na expedição de certidão ou informação restrita ao que constar nos indicadores e índices pessoais dos tabelionatos e registros poderá ser exigido o fornecimento, por escrito, da identificação do solicitante e da finalidade da solicitação. O pedido poderá ser negado, se for o caso, expedindo a nota de recusa fundamentada.

A mudança de paradigma da sociedade brasileira, a partir da multiplicação de bases de dados eletrônicas configurada, especialmente, nas redes sociais, consagra-se em 2022, com a aprovação da EC n. 115/2022, que incluiu o inciso LXXIX ao artigo 5º da Constituição Federal. É assegurado a todos, nos termos da lei, o direito à proteção dos dados pessoais, inclusive nos meios digitais.

O tabelião deve afixar em local visível, de fácil leitura e acesso ao público, as tabelas de emolumentos em vigor e observar os emolumentos fixados para a prática dos atos do seu ofício e dar recibo dos emolumentos percebidos[19].

O inciso X determina que o tabelião deve observar os prazos legais fixados para a prática dos atos do seu ofício. É importante ressaltar que não há tais prazos na atividade. Como a Lei n. 8.935/94 destina-se tanto a notários como a registradores, esta norma, hoje em dia, somente é recepcionada pela Lei n. 6.015/73 e outras leis com caracteres registrais, que fixam prazos para os registradores.

18. Lei 13.709, de 14.08.2018.
19. Art. 30, VII e VIII.

Em suma, não há prazo para fazer uma autenticação, um reconhecimento de firma, lavrar uma procuração, uma escritura ou um testamento. O tabelião deve ter em conta que seus serviços devem ser prestados de modo eficiente e adequado (art. 4º). Portanto, prolongar o tempo de um ato como o reconhecimento de firma, levando a existência de filas e demora no atendimento permite a ação do poder fiscalizador.

Via de regra, os atos autenticatórios (de cópias ou firmas) são feitos na hora, exceto quando a parte comparece com grande volume de documentos. Os atos de procuração são feitos na hora ou para o dia seguinte. As escrituras dependem grandemente do preenchimento da legalidade (certidão da matrícula, apresentação de certidões fiscais, pagamento de tributos), podendo levar dias para serem lavradas.

Os testamentos devem ser lavrados com o prazo de dias, permitindo ao tabelião e ao testador e seu advogado a indispensável reflexão sobre seu conteúdo. Se o testador, porém, correr risco de vida, o tabelião deve buscar atendê-lo prioritariamente e com urgência, deslocando-se, caso necessário, ao hospital ou à residência para a lavratura do testamento.

Em testamentos e atas notariais urgentes, não há período vedado para a prática dos atos, que podem ser lavrados em quaisquer horários, mesmo que o tabelionato esteja fechado.

O tabelião deve fiscalizar o recolhimento dos impostos incidentes sobre os atos que praticar. Lembramos a jurisprudência pacífica do STF e do STJ, segundo a qual a transmissão do imóvel somente ocorre com a transferência efetiva da propriedade no cartório de registro de imóveis, quando se consuma o fato gerador do ITBI[20].

Deve ele facilitar, por todos os meios, o acesso à documentação existente às pessoas legalmente habilitadas, por exemplo, peritos, desde que devidamente autorizados pelo corregedor permanente[21].

O inciso XIII prevê que o tabelião deve encaminhar ao juízo competente as dúvidas levantadas pelos interessados, obedecida a sistemática processual fixada pela legislação respectiva. É importante notar que a lei não prevê a suscitação de dúvida pelo tabelião de notas. Somente os registradores e os tabeliães de protestos têm tal previsão nas Leis ns. 6.015/73 e 9.492/97, respectivamente.

Deve o tabelião, ainda, observar as normas técnicas estabelecidas pelo juízo competente.

3.6 RESPONSABILIDADE ADMINISTRATIVA, CIVIL E CRIMINAL

Os notários respondem civilmente pelos danos que, pessoalmente ou por seus prepostos, causem a terceiros, na prática de atos notariais. O notário tem assegurado o direito de regresso no caso de dolo ou culpa dos prepostos (art. 22).

---

20. STF: AgRg no AgI 448.245/DF, rel. Min. Luiz Fux; STJ: REsp 1.066, 253.364, 12.546, 264.064, 57.641; AgRg no Ag 448.245; ROMS 10.650.
21. Art. 46, parágrafo único, da Lei n. 8.935/94.

A Lei n. 13.286/2016 alterou substancialmente os efeitos do art. 22 da Lei n. 8.935/94[22]:

a) a responsabilidade decorrente da atividade típica do notário passa a ser **subjetiva**, ou seja, a vítima terá que provar o dolo ou a culpa;

b) o prazo de prescrição é de **3 (três) anos** a partir da data de lavratura do ato notarial;

c) retirou interinos ou designados e interventores de unidades vagas como agentes responsáveis pelos danos causados a terceiros[23];

d) retirou os danos decorrentes de direitos e os encargos trabalhistas[24], em especial aqueles não contratados pelo notário;

e) permanece o direito de regresso do notário contra o preposto causador do dano.

A responsabilidade civil independe da criminal, que será individualizada, aplicando-se a legislação relativa aos crimes contra a administração pública (art. 23).

Além da responsabilidade civil e criminal, os notários estão sujeitos às penalidades administrativas fixadas pela lei, que podem ser: I – repreensão; II – multa; III – suspensão por noventa dias, prorrogável por mais trinta; IV – perda da delegação. As penas são aplicadas pelo juízo competente, independentemente da ordem de gradação, conforme a gravidade do fato.

A pena de repreensão será aplicada no caso de falta leve. A lei não indica o que é falta leve, ou grave, de modo que isto fica sob a discricionariedade do juízo competente.

A pena de multa é aplicada em caso de reincidência ou de infração que não configure falta mais grave. A pena de suspensão, em caso de reiterado descumprimento dos deveres ou de falta grave.

A pena de perda da delegação depende de sentença judicial transitada em julgado ou de decisão decorrente de processo administrativo, instaurado pelo juízo competente e assegurado o amplo direito de defesa (art. 35).

3.7 INCOMPATIBILIDADES E IMPEDIMENTOS

A atividade notarial é incompatível com o exercício da advocacia, com a intermediação dos próprios serviços notariais ou com o exercício de qualquer cargo, emprego ou função públicos, ainda que em comissão. Nestes casos, a diplomação, do mandato eletivo, ou a posse, nos demais casos, implica no afastamento da atividade.

O notário pode ser sócio e administrador de empresa, desde que não seja atividade de advocacia ou que implique em intermediação dos próprios negócios. Em

22. Havendo relação de consumo entre o notário e o usuário, parece-nos que se aplicam as regras do Código de Defesa do Consumidor (por exemplo, o usuário cai da cadeira e se machuca dentro do tabelionato).
23. Redação da Lei n. 13.137/2015, revogada e posteriormente modificada pela Lei n. 13.286/2016.
24. Redação da Lei n. 13.137/2015, revogada e posteriormente modificada pela Lei n. 13.286/2016.

concursos, porém, tenha cautela sobre isso, verificando as disposições normativas estaduais.

O que é, afinal, a intermediação dos próprios serviços? Entendemos que se trata de agir em negócios correlacionados com a atividade, como exemplos a corretagem imobiliária, ou o serviço de despachante de atos de autenticação ou, ainda, de documentos necessários às escrituras públicas.

A lei não é clara se o impedimento pode ser temporário ou se é definitivo. Parece-nos que é temporário, pois a hipótese não está elencada entre os motivos para extinção da delegação. Assim, se o tabelião se candidatar a cargo eletivo, observará os prazos de desincompatibilização divulgados pela Justiça Eleitoral, bem como na hipótese de diplomação ou posse para o exercício de cargo, emprego ou função pública, ainda que em comissão, solicitará ao juízo competente (Corregedoria) seu afastamento temporário, com indicação do substituto para responder pela delegação enquanto durar o afastamento. Cessado o exercício do cargo eletivo ou público, reinicia o exercício da delegação, com a comunicação aos referidos órgãos correcionais. Seria uma hipótese de suspensão da delegação.

No serviço onde é titular, o notário não pode praticar, pessoalmente, qualquer ato de seu interesse, ou de interesse de seu cônjuge ou de parentes, na linha reta ou na colateral, consanguíneos ou afins, até o terceiro grau. Bem assim, quanto aos prepostos, sejam auxiliares ou escreventes.

Esta é outra *letra morta* da lei. Notários e seus juízos competentes para fiscalizar toleram e aceitam que, desde que não haja assinatura do notário como parte e como delegado, o ato seja lavrado. Neste caso, um escrevente lavra o ato que é subscrito por um substituto. Parece-nos uma incoerência, pois a delegação é atribuída ao notário que, autorizado pela lei, delega-a em certos atributos para seus prepostos. Assim, todos os prepostos contratados detêm a fé pública do tabelião delegado e não poderiam atuar em qualquer ato com interesse deste ou de qualquer preposto, inclusive parentes até o terceiro grau.

4
Princípios da Atividade Notarial

Os princípios funcionam como alicerce e revelam o conjunto de preceitos que traçam a conduta a ser tida em qualquer operação jurídica. Assim, os princípios exprimem e têm mais relevância do que a própria norma ou regra jurídica. Mostram a razão de ser das coisas jurídicas, convertendo-as em perfeitos axiomas[1].

Princípios não se confundem com normas jurídicas, mas podem consagrar-se nelas. Mesmo quando sejam normas, os princípios são superiores a elas, pois são preceitos fundamentais. Os princípios são a causa e o fim do direito. Do mesmo modo, não se confundem com procedimentos técnicos: o operador do Direito não deve confundir ou denominar princípios meros procedimentos técnicos.

Os princípios também não se confundem com a natureza ou com os efeitos jurídicos. A identificação da natureza jurídica, muitas vezes, deriva do princípio, mas não se trata dele. Os efeitos jurídicos do ato realizam o princípio, mas são menos que ele: são a sua manifestação concreta.

4.1 PRINCÍPIOS APLICÁVEIS AOS SERVIÇOS NOTARIAIS

O tabelião é um delegado do Estado operando em caráter privado a serviço dos particulares. O tabelião é o Estado a serviço dos particulares. O tabelião não trabalha para o Estado. Essa dualidade, similar ao mitológico deus romano Jano, pode ser representada por duas faces unidas com olhares opostos: uma fixando o interesse do Estado e outra buscando realizar o interesse do particular.

O fundamento da atividade notarial, bem como do direito, é a segurança jurídica. É por conta desse objetivo que o Estado impõe a profilaxia notarial. A profilaxia é uma prevenção em face do potencial, mas concreto, mal. Se a prevenção não for feita, o mal se realizará. O tabelião é, pois, o Estado protegendo os interesses particulares com relevância e reflexos para a sociedade e para o próprio Estado.

Como ente estatal, o tabelião está sujeito aos princípios da administração. E, como agente a serviço dos particulares, o tabelião deve operar em obediência aos princípios do direito privado.

Não há contradição: as duas faces da atividade harmonizam princípios oriundos do direito público em face daqueles do direito privado. Ademais, a própria atividade notarial constitui princípios sob os quais o tabelião deve operar.

---

1. DE PLÁCIDO E SILVA, O. J. *Vocabulário jurídico*. 21. ed., atual. por Nagib Slaibi Filho e Gláucia Carvalho. Rio de Janeiro: Forense, 2003, p. 639.

Classificamos os princípios notariais em atípicos – decorrentes de outras áreas – e típicos – aqueles que são próprios da natureza da atividade.

4.1.1 Princípios atípicos

Os princípios atípicos da atividade notarial classificam-se em: a) princípios constitucionais da administração pública; b) princípios de direito privado; e c) princípios de direito registral.

4.1.1.1 Princípios constitucionais da administração

O tabelião deve observar os princípios constitucionais da administração, que estão condensados no art. 37 da Constituição Federal, quais sejam: legalidade, impessoalidade, moralidade, publicidade e eficiência.

4.1.1.1.1 Princípio da legalidade

O princípio da legalidade, para o tabelião, significa agir conforme a lei e fiscalizar rigorosamente o cumprimento da lei nos atos que instrumentaliza. Os requisitos formais dos atos estão claramente previstos – ainda que incompletos – no art. 215 do Código Civil. A Lei n. 7.433/85 e seu regulamento acrescem requisitos documentais somente para os atos relativos a imóveis, apesar de pretenderem ir além.

É frequente, na atividade, o tabelião enfrentar situações em que a lei está descumprida e os usuários buscam o ato notarial para sanar a ilegalidade ou irregularidade, no todo ou em parte. Entendemos que é possível a intervenção nestes casos, cumprindo e buscando atender justamente ao princípio da legalidade e à segurança jurídica, base de todo o direito.

Profissionalmente, o tabelião não pode fazer qualquer coisa. Mas pode e deve agir no estrito cumprimento das competências previstas na Lei Notarial e Registral, a Lei n. 8.935/94 (arts. 6º e 7º).

A forma dos atos é de responsabilidade exclusiva do tabelião, profissional do Direito com competência e autonomia (art. 3º) para escolher o instrumento adequado dentre aqueles previstos no art. 7º da Lei n. 8.935/94. Mesmo vinculado ao princípio da legalidade, o tabelião tem ampla discricionariedade para a escolha da forma mais adequada (art. 6º, II) de instrumentalizar o ato. O tabelião não está restrito aos atos e negócios tipificados no Código Civil ou nas demais normas postas, podendo formalizar atos ou negócios atípicos.

Usualmente, os atos notariais são praticados sobre o papel. A lei não determina, porém, que assim seja; logo, entendemos possível ao notário adotar o suporte eletrônico. Aliás, o revogado Código de Processo Civil de 1973, em seus arts. 383 e 384, já previa a possibilidade de qualquer espécie de reprodução.

O novo Código de Processo Civil é mais enfático e, no art. 193, informa que *os atos processuais podem ser total ou parcialmente digitais, de forma a permitir que sejam produzidos, comunicados, armazenados e validados por meio eletrônico, na forma da lei*[2], o que se aplica à prática de atos notariais e de registro.

A Lei n. 8.935/94 permite a execução dos serviços listados nos arts. 6º e 7º, em sistemas de computação, microfilmagem, disco ótico e outros meios de reprodução (art. 41).

Há, portanto, ampla liberdade e sólida previsão legal para a execução de qualquer ato notarial em meio eletrônico[3].

O Conselho Nacional de Justiça, em ação correicional das atividades notariais no Espírito Santo, caracterizou as imagens constantes de atas notariais como "irregularidades técnicas"[4]. Finalmente, em maio de 2012, o CNJ, na revisão do relatório inicial, considera as atas como imagens regulares porque foi editada norma local autorizando-as[5].

O fato é que são lavradas, mensalmente, centenas de atas notariais contendo imagens em todo o País. Estas atas têm sido levadas à apreciação jurisdicional e estão consagradas como um meio de prova legítimo por inúmeros juízes e tribunais.

Tanto é assim que, em decisões inteiramente opostas a esta do CNJ, ata de nossa autoria contendo imagens dos sítios eletrônicos verificados na internet foi considerada válida e plenamente eficaz pelo juiz que a apreciou judicialmente e, posteriormente, pelo juízo corregedor. Segundo este, "não obstante a lacuna legal e normativa, tenho que não há óbice para a lavratura das atas notariais na forma concebida nos autos, de sorte que a reprodução fotostática das imagens não se reveste de ilegalidade"[6]. As normas de São Paulo, Provimento n. 40/2012, atualizado pelo Provimento n. 56/2019, admite a impressão de imagens nas atas notariais (itens 50.1 e 140).

Esta polêmica, hoje em dia está sepultada pelo novo CPC que dispõe (art. 384, par. único): Dados representados por imagem ou som gravados em arquivos eletrônicos poderão constar da ata notarial.

O princípio constitucional da legalidade, aplicado à atividade notarial, implica também no respeito à delimitação territorial (Lei n. 8.935/94, art. 9º). O tabelião não pode agir fora dos limites de sua jurisdição, ou seja, do território para o qual recebeu a competência. Tal princípio, muito desrespeitado em vista da concorrência existente, pode, de fato, ser mitigado quando o objeto ou o sujeito do negócio ou ato tem um vínculo com o território do tabelião.

---

2. Já há previsão legal: Medida Provisória n. 2.200-2/2001 (perenizada pela EC n. 32/2001) e Lei n. 8.935/94, art. 41.
3. Inclusive testamento público.
4. "Não há como transformar o livro de notas num álbum fotográfico ou de imagens, que são meios de provas diversos, que não se inserem na atividade notarial. A competência dos notários está inscrita no art. 6º, I, II e III, da Lei Federal 8.935, de 18 de novembro de 1994, que não contempla a reprodução de imagens para que sejam impressas nos livros de notas" (CNJ, Corregedoria, Auto Circunstanciado de Inspeção Preventiva, Justiça Estadual do Espírito Santo, Portaria n. 127, de 5 de junho de 2009).
5. CNJ, Relatório da Revisão de Inspeção n. 0002449-43.2009.2.00.0000 (200910000024490): "(...) 2) Itens do serviço mencionados na inspeção anterior: 2.1) Atas notariais: na inspeção anterior realizada pelo CNJ foi mencionada a existência de atas notariais contendo reprodução de imagens. Foi verificado que, após a referida inspeção, a matéria veio a ser regulamentada pela CGJES por meio da inserção de norma a respeito no art. 670 do Código de Normas local (conforme cópias anexas a esta ata). Assim, continuam a ser lavradas atas notariais contendo imagens juntamente com o respectivo texto, de modo a reproduzir situações fáticas concretas constatadas pelo tabelião".
6. 2ª Vara de Registros Públicos de São Paulo, juiz Márcio Martins Bonilha Filho, processo CP 06/04-TN, 26-3-2004.

Uma situação paradoxal do princípio da legalidade pode ocorrer quando o tabelião, ao proceder à verificação de um fato para narrá-lo por meio da ata notarial, depara-se com a prática de um ilícito pelo usuário ou por terceiro[7]. Não há dúvidas de que ao tabelião não é dado participar ou apoiar qualquer infração legal. Nesse caso, o tabelião deve assessorar, informando os efeitos cominatórios da ação ilícita. Porém, nada impede que a ata notarial contenha a descrição de um ilícito presenciado pelo tabelião. Ao contrário, o tabelião deve descrever minuciosamente o que presencia, sem prejulgar e sem valorar. A competência para julgar é do juiz. O notário não deve se configurar num juízo sumário, oficioso, devendo limitar a sua qualificação ao que lhe compete. As normas de São Paulo preveem expressamente esta possibilidade, permitindo a lavratura de ata notarial quando o objeto narrado constitua fato ilícito (Normas da Corregedoria-Geral, item 141.1, Capítulo 16).

Os atos notariais não podem retratar ilícitos, em tese. Isto porque o tabelião é o autor do instrumento e não pode captar e instrumentalizar vontades que constituam atos ou negócios não admitidos pelo direito. É possível, porém, que o ato contenha ações e declarações tendentes à regularização ou legalização de situações, como é exemplo a escritura de transação.

O princípio da legalidade tem uma função econômica tão importante quanto a profilaxia legal que visa a segurança jurídica. A atividade notarial previne litígios e, desta forma, assegura os investimentos.

O tabelião tem o dever de informar às partes sobre as leis incidentes nos atos ou negócios que realizam. Por isso, é conveniente lançar no ato a indicação da lei quando as partes queiram ressaltá-la, bem como indicar as orientações notariais dadas, como é exemplo um alerta sobre uma ação potencialmente arbitrária, ou até mesmo ilegal, que a parte realiza.

Neste sentido, a qualificação legal da ata é bem distinta da qualificação legal da escritura pública. Esta não pode ser lavrada se, a critério do tabelião, há um ilícito ou, até mesmo, alguma irregularidade administrativa (por exemplo, a parte que apresenta documento de identidade replastificado[8]). A ata notarial, ao contrário, deve ser lavrada, até mesmo, para se constituir em prova do ilícito.

Por isso, ocorrendo uma infração perante o tabelião, esta deve, necessariamente, integrar o ato notarial, posto que a ata é típico instrumento pré-constitutivo de prova e pode servir, como tal, para a imposição legal.

Outras vedações legais, essas decorrentes do princípio da impessoalidade, estão no art. 25 da Lei Notarial, que impede o exercício da advocacia, da intermediação dos próprios serviços ou o de qualquer cargo, emprego ou função públicos, seja em comissão, seja por sufrágio popular[9]. Disso já falamos (item 3.7).

---

7. Não se trata de ilícitos penais de ação pública incondicionada de competência da Polícia Judiciária e do Ministério Público, p. ex., crimes contra a vida (homicídio), o patrimônio (roubo, furto) etc.
8. Vedado pela melhor técnica notarial e por algumas normas administrativas. Em São Paulo, Normas de Serviço da Corregedoria-Geral da Justiça, Cap. XVI, item 180.2.
9. A lei não veda a participação em sociedades empresariais, exceto se tiverem como objeto uma das atividades vedadas pelo art. 25.

4.1.1.1.2 Princípio da impessoalidade

O princípio da impessoalidade está previsto no art. 27 da Lei n. 8.935/94. O tabelião não pode praticar, pessoalmente, qualquer ato de seu interesse, ou de interesse de seu cônjuge ou de seus parentes, em linha reta ou colateral, consanguíneos ou afins, até o terceiro grau.

O vocábulo "pessoalmente" causa confusão. Ocorre que a fé pública é delegada ao tabelião, que, por sua vez, como permitido desde o Império Romano, contrata e subdelega a funcionários a execução das tarefas. O tabelião, ou seu substituto, deve completar o ato, ao final, com a sua assinatura[10].

A fé pública notarial é exclusiva do tabelião de notas, admitindo a lei, excepcionalmente, que o substituto autorize os atos com a sua assinatura. A prática corrente de alguns tabeliães realizarem atos em que eles próprios são parte, por intermédio de funcionários, ofende o princípio da impessoalidade e da moralidade[11].

4.1.1.1.3 Princípio da moralidade

O princípio da moralidade também sofre mácula com a prática anteriormente descrita. Por este princípio, os agentes públicos devem buscar, além da própria lei, fundamentos morais e éticos para a sua atuação. O tabelião deve agir e demonstrar a boa-fé de sua conduta em relação aos próprios atos.

Definir a moral e sua aplicação concreta no direito é um desafio. Toda norma jurídica tem um conteúdo moral, mas nem todo preceito moral integra o direito.

A moral é o conjunto de costumes e regras de convívio que podem estar tipificadas em normas concretas, mas seu espectro é muito mais amplo. Ademais, a moral muda no espaço e no tempo, bem como envolve a subjetividade individual e de certos grupos. Há um século, escarrar em público era um costume aceito; hoje, esse hábito demonstra pouca educação. Há países em que arrotar após uma boa refeição é o melhor elogio ao anfitrião. Não no Brasil, hoje.

Assim, o tema é tormentoso: é difícil distinguir o moral e o imoral. É questão de senso comum, aferida pela sensatez do tabelião.

O princípio da moralidade tem muitos reflexos na atividade tabelioa. Desde a postura pessoal e profissional até o dever de resguardo e respeito à intimidade dos fatos e coisas que ouve dos usuários, a moralidade e a subjetividade de sua compreensão são deveres do tabelião e da instituição notarial. Segundo o art. 30, V, da Lei n. 8.935/94, é dever do tabelião proceder de forma a dignificar a função exercida, tanto nas atividades profissionais como na vida privada.

---

10. Também o substituto tem competência para encerrar o ato (Lei n. 8.935/94, art. 20, § 4º). A vedação para o substituto lavrar testamentos foi revogada tacitamente pelo art. 1.864, I, do Código Civil.
11. Em sentido contrário, as Normas de Serviço de São Paulo, item 40: "Nos serviços de que são titulares, o notário e o registrador não poderão funcionar nos atos em que figurem como parte, procurador ou representante legal nem praticar, pessoalmente, qualquer ato de seu interesse, de seu cônjuge, ou de parentes, na linha reta ou colateral, consanguíneos ou afins, até o terceiro grau". E subitem 40.1: "O ato incumbirá ao substituto legal do titular da delegação quando este ou algum parente seu, em grau que determine impedimento, for o interessado".

Esse preceito legal impõe ao tabelião o respeito à moral de seus concidadãos e de sua região, sob risco de pena disciplinar a ser imposta pelo juízo competente.

Contudo, o tabelião não deve arvorar-se em ser o dono ou defensor da moral e dos bons costumes, especialmente quando tratar de atas notariais. Se o fato a ser constatado é contra a moral vigente, mais uma razão para o tabelião lavrar a ata, não devendo negar-se ao mister sob esse pretexto. Isso porque a ata pode ser o instrumento de prova da conduta imoral constatada e, nesse sentido, recusar-se a lavrar o ato significa omitir-se[12] em face da violação.

Tomemos como exemplo a pornografia. Com frequência, ouvimos tabeliães dizerem que os livros notariais não podem conter imagens pornográficas. A pornografia é, certamente, um aspecto imoral de nossa sociedade. O comércio e o uso de objetos pornográficos devem ser feitos com discrição, no âmbito da intimidade. No entanto, quando chamado a documentar fatos com tais conteúdos, o tabelião não deve negar seu trabalho posto que, mesmo tendo âmbito restrito, a pornografia é admitida como meio de expressão.

Quanto aos livros, esses não têm qualquer vergonha, o tabelião não deve tratá-los como filhos sensíveis e castos. O problema é a publicidade decorrente deles. É natural, portanto, que o solicitante de uma ata notarial que retrate seus momentos íntimos requeira ao tabelião que preserve a ata reservada, fornecendo cópias somente a ele, ou, por ordem judicial, a quem mais deseje saber do conteúdo da ata.

Em São Paulo, o Prov. CG nº 44/2021, disciplinou o fornecimento de informações e a expedição de certidões de atas notariais que contenham a descrição ou a reprodução de imagem de ato de sexo ou cena pornográfica envolvendo criança ou adolescente. Veremos o tema no capítulo das atas notariais.

Esse paradoxo, o ato público reservado, trataremos a seguir.

4.1.1.1.4 Princípio da publicidade

O princípio da publicidade indica que todo ato realizado pela administração deve ser de conhecimento geral, ou seja, deve ser público. Esta publicidade, porém, não é ilimitada. O Estado e os particulares têm seus segredos, e esses não devem ser revelados.

A lei garante ao Estado o sigilo de certas informações[13]. Também ao particular se garante o direito à intimidade e à vida privada. Este é um direito constitucionalmente previsto[14]; mas, ainda assim, falar em confidencialidade e proteção dos direitos individuais quando tratamos de atos notariais parece uma afronta que gera opiniões adversas e iradas.

12. O Tabelião de Notas, cuja atuação pressupõe provocação da parte interessada, não poderá negar-se a realizar atos próprios da função pública notarial, salvo impedimento legal ou qualificação notarial negativa (item 1.2, Cap. XVI das Normas de Serviço de São Paulo).
13. Lei n. 8.159/91, art. 23, regulamentada pelo Decreto n. 4.553, de 27-12-2002.
14. Constituição Federal, art. 5º, inciso X.

O tabelião, no exercício de sua atividade, recepciona informações e documentos de natureza reservada dos usuários. Essas informações não podem ser públicas, ainda que formalizadas por instrumento público.

Há que se distinguir a forma pública da publicidade. A forma pública é solenidade que a lei exige, ou faculta, para garantir ou ampliar a segurança jurídica dos atos ou negócios. A forma pública decorre da intervenção do notário com sua fé pública (art. 7º da Lei n. 8.935/94).

A publicidade *inter partes* é efeito da lavratura do ato notarial. Ela pode ser mitigada quando envolva a intimidade do usuário ou para proteger sua família[15]. O fundamento legal, neste caso, não é o art. 189 do novo Código de Processo Civil, que somente se aplica aos processos judiciais. O direito à intimidade e à vida privada tem amparo na Constituição Federal (art. 5º, X) e também merece guarida quando as pessoas elegem a forma pública para alcançar maior segurança jurídica para os seus interesses. Ao Estado, bem como a terceiros, estará assegurada a informação, seja pelos meios legalmente previstos, seja por ordem judicial.

A Lei n. 12.527/2011, que regula o acesso a informações previsto no inciso XXXIII do art. 5º, no inciso II do § 3º do art. 37 e no § 2º do art. 216 da Constituição Federal, prevê o sigilo de determinados atos. As informações pessoais relativas à intimidade, vida privada, honra e imagem das pessoas, bem como às liberdades e garantias individuais: I – terão seu acesso restrito, independentemente de classificação de sigilo e pelo prazo máximo de 100 (cem) anos a contar da sua data de produção, a agentes públicos legalmente autorizados e à pessoa a que elas se referirem; e II – podem ter autorizada sua divulgação ou acesso por terceiros diante de previsão legal ou consentimento expresso da pessoa a que elas se referirem[16].

Há quem argumente que quem deseja preservar a intimidade não deve formalizar seus atos por instrumento público. Tal argumento equivale a negar o direito à forma pública; ele implica em impedir que certas pessoas possam eleger o instrumento público como o mais adequado à proteção de seus direitos, o que se agrava quando sabemos quão sensíveis podem ser os assuntos de família, de sucessão, do direito à própria imagem e da proteção da honra.

É vedado negar a prestação do serviço público notarial, salvo quando seja negativa a qualificação. O interessado tem direito à forma pública, ressalvada a publicidade do ato, como previsto pela lei.

Segundo a lei, o acesso aos documentos sigilosos referentes à honra e à imagem das pessoas será restrito por um prazo máximo de cem anos, a contar da sua data de produção.

A despeito de o notariado brasileiro atual desconhecer este fundamental papel na proteção dos direitos individuais e as autoridades públicas, incluídos juízes e promoto-

15. Assim, entendemos que o testamento, enquanto vivo o testador, somente pode ser divulgado ao próprio testador, bem assim as atas notariais com conteúdo pornográfico ou pedófilo etc. Dessa forma, também com os assuntos decorrentes de separações, divórcios, inventários e partilhas, assuntos de exclusivo interesse dos interessados e, portanto, somente a eles se deve prestar informações sobre os atos.
16. Lei n. 12.527/2011, art. 31.

res, igualmente recusarem a ideia da publicidade restrita dos atos notariais, defendemos a mudança do paradigma da publicidade pura e simples, buscando a proteção da vida privada do cidadão.

As hipóteses de publicidade dos atos notariais são exclusivamente aquelas previstas em lei, que, diga-se, são raras. Para o Estado, o notário está obrigado, em âmbito federal, a enviar a Declaração de Operações Imobiliárias, a DOI, instituída pela Lei n. 10.426/2002, art. 8º, por exemplo.

Há hipóteses também da publicidade do ato notarial ser possível pela renúncia expressa ou tácita da parte. O exemplo mais claro da renúncia tácita é o ingresso do ato notarial no registro, o que pode ser feito pela própria parte ou pelo notário, a seu pedido. Como o efeito do registro público é a publicidade *erga omnes* geral e irrestrita, não há por que o notário manter reserva sobre o ato.

Evidentemente, também o Poder Judiciário pode determinar a exibição reservada de qualquer documento sigiloso, sempre que indispensável à defesa de direito próprio ou esclarecimento de situação pessoal da parte em qualquer instância, inclusive administrativa[17].

Assim, entendemos que a publicidade dos atos notariais está condicionada à proteção da intimidade, da honra e da vida privada das pessoas, somente podendo ocorrer a publicidade quando haja expressa previsão legal, ordem judicial ou pedido motivado, neste caso, a critério do tabelião.

O Prov. CNJ n. 134, de 24.08.2022, ressalta a independência e qualificação do notário e registrador ao fornecer as certidões de seus atos. Em primeiro lugar, o profissional deve verificar a adequação da informação solicitada informando o conteúdo "adequado e proporcional" ao pedido feito (art. 21)[18].

Também se preconiza que o notário e o registrador verifiquem a adequação, necessidade e proporcionalidade do conteúdo em relação à finalidade da certidão solicitada por via telemática, mandamento de complexa interpretação (art. 22).

O provimento baliza o tráfego de informações entre os tabeliães e registradores e as novas centrais de serviços, sugerindo limites para o compartilhamento, uso de criptografia e canais protegidos de invasão e, finalmente, o intercâmbio de informações com outros órgãos públicos. Em complemento, o provimento prevê a geração de estatísticas dos atos e sua divulgação à sociedade e ao Estado, ação que pode impulsionar os agentes privados em seus investimentos e os governos nas suas políticas públicas (arts. 23 a 26).

Um assunto polêmico há tempos recebeu tratamento normativo, qual seja, o fornecimento de certidão da ficha de firmas e dos documentos depositados para a abertura de

17. Lei n. 12.527/2011, art. 31, § 3º, inciso III.
18. O tema iniciou-se com polêmica nacional em razão de uma certidão solicitada por um jornal pedindo cópia de uma compra e venda do filho do presidente. O tabelião, verificando os critérios da LGPD, omitiu itens que considerou privativos das partes, o que foi criticado pela imprensa. O assunto foi para a Corregedoria do DF e, posteriormente, ao Conselho Nacional de Justiça resultando na decisão seguinte: Processo n. 0703690-47.2021.8.07.0015. Consulta – Expedição de Certidão Notarial – Dados Pessoais – LGPD – Interpretação sistêmica que busque priorizar a norma constitucional, como fundamento a dignidade da pessoa humana – Tema sensível que gera interpretações diversas – Necessidade de regulamentação por parte da Corregedoria Nacional de Justiça. DJe: 25 de agosto de 2021.

firma nos cartórios de notas. Agora, definiu-se que eles somente podem ser fornecidos ao titular ou seus representantes ou, ainda, mediante decisão judicial (art. 28).

O provimento inova quando informa quais são os itens de qualificação pessoal para os atos notariais: o nome completo de todas as partes, o documento de identificação, ou, na sua falta, a filiação, o número de CPF, a nacionalidade, o estado civil, a existência de união estável, a profissão e o domicílio, sendo dispensada a inserção de endereço eletrônico e número de telefone.

Parece-nos, então revogado o art. 20 da Res. CNJ n. 35, que exige, nas escrituras de inventário, partilha, separação e divórcio, a indicação da idade das partes, exigência esdrúxula seguida por poucos.[19]

Ao final, o ato da Corregedoria Nacional de Justiça informa que as Corregedorias de Justiça estaduais poderão editar normas complementares, o que nos parece uma brecha à segurança jurídica, posto que poderão ser editadas normas que dificultem ao cidadão e operadores do Direito o conhecimento destas particularidades locais. Melhor seria termos um entendimento uniforme em todo o território brasileiro.

> **ATENÇÃO**: trate com cautela este **assunto** em concursos. Veja o que dizem as normas administrativas estaduais sobre o assunto e, na dúvida, crave a publicidade dos atos como prevista na Lei de Registros Públicos, art. 17.

4.1.1.1.5 Princípio da eficácia

O princípio da eficácia também se aplica aos atos notariais. Somente com atos eficazes juridicamente, é evidente, obter-se-á pretendida segurança jurídica.

Todavia, o ato notarial pode ser apenas válido com sua eficácia pendente de outra providência, situação presente em muitos atos notariais[20].

A escritura pública, ou outro ato notarial, não ofende o princípio da eficácia pelo fato de estar no plano da validade, pendente de providência extra para a eficácia. O tabelião de notas é responsável pela qualificação eficaz, ressalvada a alteração de situação fática ou legal ocorrida após a lavratura do ato.

O princípio da eficácia significa também, para o notário, buscar a via mais econômica, seja para a administração da serventia, para consecução do ato notarial, ou, ainda, para os usuários que buscam o seu serviço.

4.2 PRINCÍPIOS DE DIREITO PRIVADO

Os princípios clássicos do direito privado são a liberdade e a autonomia da vontade e a obrigatoriedade do contrato ou *pacta sunt servanda*. O direito atual acresce a ele mais alguns princípios: o da supremacia da ordem pública; o da probidade e da boa-fé; e o da

19. Resolução CNJ n. 35/2007, art. 20.
20. Como acontece no caso da propriedade imóvel, que no Brasil somente é atribuída com o registro. A escritura pública relativa a direito real constitui apenas direito obrigacional, ou seja, é válida e eficaz *inter partes*, mas sua eficácia real, *erga omnes*, somente é obtida após o registro.

função social do contrato. Nessa outra face da atuação notarial, o tabelião atende aos interesses privados dos usuários trabalhando em face do direito material contratual, *in casu*.

A ampla liberdade de contratação privada foi mitigada ao longo do século XX para, em rápida e concisa conclusão, equilibrar as partes, protegendo o consumidor, ou a parte mais frágil. O crescimento exponencial das relações e dos contratos e o surgimento da economia de serviços, em substituição à economia de produtos, criaram o contrato de adesão, peça unilateral.

O instrumento notarial não permite tais desvios. O tabelião é um agente imparcial, a serviço da paz contratual e social. O tabelião deve ter em vista todos os princípios de direito privado para assegurar, no ato notarial, o equilíbrio contratual.

4.2.1 Liberdade de contratar ou autonomia da vontade

Esse princípio está constitucionalmente previsto e é um dos pilares do Estado Democrático de Direito. Segundo a Constituição Federal, em seu art. 5º, II, ninguém será obrigado a fazer ou deixar de fazer alguma coisa senão em virtude de lei.

Em outras palavras, é permitido fazer qualquer coisa que não seja proibida. As pessoas maiores e capazes são soberanas para decidir sobre seus desejos, consolidando-os em contratos privados, quando queiram, até o limite da lei. O tabelião, igualmente, pode recepcionar essas vontades, redigindo os instrumentos adequados (art. 6º, II, da Lei n. 8.935/94).

Esses contratos podem ser típicos ou atípicos[21]. A criatividade, fomentada pelo saber jurídico e pelo espírito prático, é um instrumento indispensável ao bom notário. Dentre a liberdade das partes e os caminhos legais, o tabelião deve saber escolher o melhor, mais eficaz e mais econômico para os usuários.

Nesse sentido, a despeito de estar vinculado ao princípio da legalidade quanto aos atos que pode praticar, o tabelião pode formalizar a vontade das partes em consonância com a ampla liberdade contratual basilar de nosso Estado de Direito.

4.2.2 Princípio da obrigatoriedade – *pacta sunt servanda*

O contrato faz lei entre as partes. Esse é o princípio que dá segurança às relações contratuais e que, portanto, proíbe a retratabilidade pura e simples de uma das partes, e mesmo a revogação unilateral das obrigações contraídas nas cláusulas estipuladas.

Inicialmente atenuado pela teoria da imprevisão, que possibilita a revisão do contrato e suas cláusulas em face de fato imprevisto, o princípio da obrigatoriedade está hoje abrandado por novos princípios, como o da boa-fé e o da função social dos contratos.

21. Típicos ou nominados são aqueles negócios jurídicos que têm um tipo previsto e regulado por lei, e atípicos ou inominados são aqueles não disciplinados, que normalmente resultam de uma mistura de tipos. De acordo com Marcos Bernardes de Mello em *Teoria do fato jurídico:* plano da existência. 12. ed. São Paulo: Saraiva, 2003, p. 212.

Além disso, as normas do direito do consumidor preveem, expressamente, a possibilidade de revisão das cláusulas contratuais quando contenham prestações desproporcionais ou em decorrência de fatos supervenientes que tornem o contrato excessivamente oneroso para uma das partes.

O legislador protege o consumidor, buscando o equilíbrio contratual. O tabelião deve fazer o mesmo, recusando-se a redigir cláusulas que imponham excessos a um dos usuários. Nessa atuação, os tabeliães não podem prejulgar as relações contratuais, vedando a lavratura ou impondo cláusulas ou a supressão de outras. Entendemos que o liame jurisdicional notarial é a própria jurisprudência. Em outras palavras, quando haja decisões de tribunais superiores a respeito de um dado tema, elas devem orientar a atividade notarial.

4.2.3 Supremacia da ordem pública

A supremacia da ordem pública é outro fator limitador do princípio da autonomia da vontade. As convenções dos particulares devem respeitar a moral, a ordem pública e os bons costumes, interesses que a sociedade e o Estado prezam e têm como essenciais.

A lei prevê esses limites tratando de temas específicos em leis próprias, sendo exemplos a Lei do Inquilinato e o Código de Defesa do Consumidor[22].

Quanto aos serviços notariais, a supremacia da ordem pública impõe também uma limitação: ao delegado do serviço é vedado negar a prestação do serviço. A doutrina denomina esta situação "contrato coativo"[23], pois o tabelião é obrigado a prestar o serviço[24]. A discricionariedade do tabelião limita-se a verificar a identidade e a capacidade das partes, bem como as condições legais para o ato. A identidade deve ser aferida pelos documentos oficiais de identidade, podendo, em caráter excepcional, o tabelião dispensá-los quando conheça pessoalmente o usuário (CC, art. 215, § 5º)[25].

As condições legais para o ato são impostas pela lei ou pelos costumes notariais. O tabelião de notas não pode, por capricho, negar-se a prestar o serviço; situação que pode configurar, até mesmo, crime de prevaricação, previsto no Código Penal, em seu art. 319.

22. Nas relações de consumo de massa, a supremacia da ordem pública e a existência de uma parte mais forte e outra mais fraca (o prestador de serviço e o consumidor, respectivamente) criaram o contrato de adesão. Nessa nova realidade, o contrato terá as vontades da parte mais forte dispostas de modo unilateral, limitadas pelos preceitos da ordem pública, sejam legais, sejam os da entidade fiscalizadora setorial. Ao consumidor resta somente aderir, contratar como oferecido ou negar-se a ter o serviço ou produto quando a parte apresentar-se com as condições legais para tanto.

23. VENOSA, Sílvio de Salvo. *Direito civil:* teoria geral das obrigações e dos contratos. São Paulo: Atlas, 2004, v. 2, p. 386. É de ressaltar que há doutrinadores administrativistas que entendem não haver relação contratual (contrato) diante da prestação de um serviço público.

24. Nesse sentido, item 1.2, Cap. XVI, das Normas de Serviço de São Paulo: "O tabelião de notas, cuja atuação pressupõe provocação da parte interessada, não poderá negar-se a realizar atos próprios da função pública notarial, salvo impedimento legal ou qualificação notarial negativa".

25. A capacidade da parte é aferida com a verificação da idade legal e o senso ordinário do homem comum. O tabelião somente pode negá-la à vista de claros indícios da falta de sanidade ou aptidão para o ato. A verificação é objetiva quanto à idade e subjetiva quanto à capacidade.

A responsabilidade pela redação do ato notarial, escritura, ata ou certidão é do tabelião, que pode se recusar a adotar o texto de uma minuta e, assim, recusar a prestação do serviço público. Dessa forma, o notário não está adstrito às minutas que lhe são apresentadas[26].

Inconformado com a recusa da lavratura, o interessado pode solicitar e receber prova dela. Ao contrário da atividade registral, na atividade notarial não há nota devolutiva. Para transparência e esclarecimento do usuário e de terceiros, porém, é importante que, quando solicitado, sejam revelados e escritos em ofício os motivos da recusa, sempre fundamentados legalmente[27].

4.2.4 Princípio da probidade e boa-fé

Embora as partes estejam, normalmente, em posição dialeticamente oposta, os interesses são convergentes; de forma que deve prevalecer a confiança e o espírito de colaboração para que cada um dos contratantes obtenha do contrato o que espera.

O Código Civil define que "os contratantes são obrigados a guardar, assim na conclusão do contrato, como em sua execução, os princípios de probidade e boa-fé" (art. 422). Para Rogério Marrone de Castro Sampaio, o princípio da boa-fé é a evolução da regra de interpretação segundo a qual a expressão literal da linguagem não deve prevalecer sobre a intenção manifestada na declaração de vontade; como, aliás, estabelece o art. 112 do diploma civilista[28].

A opção pela forma pública, seja facultativa ou legal, indica o respeito pelo princípio da boa-fé subjetiva, isto é, que indica quais usuários têm conhecimento dos direitos e deveres que assumem e dos efeitos que o contrato produzirá. A assessoria notarial, os esclarecimentos prestados pelo tabelião, bem como a leitura integral do ato aos usuários, impedem que haja, no futuro, refutação do conteúdo por uma das partes[29].

O princípio da boa-fé objetiva implica deveres anexos, ou seja, o respeito e a atenção aos reflexos das normas contratuais, previsíveis e identificáveis em cada caso concreto, para cada um e ambos os contratantes, segundo um padrão de conduta estimado para eles pelo aplicador da lei. A malícia e os argumentos de captura do contratante, típicos da fase de negociação, devem ser revelados e expostos com clareza no momento da formalidade notarial.

---

26. A previsão do art. 1.864, I, parte final, do Código Civil é uma faculdade.
27. O tabelião de notas presta serviço público e é um profissional do Direito. Suas decisões são, pois, vinculadas e devem ser fundamentadas, especialmente, com a base legal.
28. SAMPAIO, Rogério Marrone de Castro. *Direito civil*: contratos. 5. ed. São Paulo: Atlas, 2004, v. 2, p. 29.
29. Aliás, a Novela XLIV do Código de Justiniano, de 537 d.C., primeiro texto conhecido que positiva a autenticidade notarial, é fruto de um caso em que as partes refutam o documento notarial: "Mas se contra isso se fizer alguma coisa, e fosse outro delegado, então ficará sujeito à pena o tabelião, que tem a autoridade por nós antes definida, sem que, entretanto, tenham de ser invalidados os documentos por razão de conveniência dos contratantes. Porque sabemos que por medo à lei guardarão também eles no sucessivo o que por nós foi decretado, e farão com cautela os documentos".

O tabelião deve buscar prever os deveres anexos e lançá-los no ato, como normas contratuais, sempre que possível, reduzindo a possibilidade de controvérsia entre os contratantes, buscando a paz contratual e evitando dissabores e surpresas.

O ato notarial recepciona declarações das partes e, portanto, a formação do título está sujeita à boa-fé dos declarantes. Eles têm, neste momento, o dever de probidade não somente entre si, mas também com a sociedade, posto que a escritura pública se destina, também, à publicidade notarial (*inter partes*).

As declarações das partes, recepcionadas pelo tabelião e lançadas no título, fazem a verdade notarial. As exigências documentais, quando possíveis, devem ser feitas para maior segurança, mas deve haver razoabilidade a esse respeito[30].

Dentre os deveres tradicionalmente previstos pela boa-fé está o de responder pela evicção e vícios redibitórios.

4.2.5 Função social do contrato

Determina o art. 421[31] do Código Civil que a liberdade de contratar será exercida em razão e nos limites da função social do contrato.

Os contratos civis e empresariais presumem-se paritários e simétricos até a presença de elementos concretos que justifiquem o afastamento dessa presunção, ressalvados os regimes jurídicos previstos em leis especiais, garantido também que: (Art. 421-A[32]) I – as partes negociantes poderão estabelecer parâmetros objetivos para a interpretação das cláusulas negociais e de seus pressupostos de revisão ou de resolução; II – a alocação de riscos definida pelas partes deve ser respeitada e observada; e III – a revisão contratual somente ocorrerá de maneira excepcional e limitada.

Essa mudança de paradigma privilegia a autonomia da vontade das partes, buscando conferir segurança jurídica aos negócios privados e limitando a cognição judicial, em oposição à "socialização" do contrato advinda do princípio da supremacia da ordem pública. Os limites e a função social serão aferidos pelo operador da lei, in casu, mas atento ao que foi contratado pelas partes.

O tabelião de notas não deve impor cláusulas ou condições antecipando e buscando estabelecer limites, ou impor a função social do contrato.

4.3 PRINCÍPIOS DO DIREITO REGISTRAL

O notário também deve operar com respeito aos princípios do direito registral, visto que os direitos reais sobre imóveis somente se constituem com o registro.

A propriedade imobiliária e os direitos a ela conexos constituem uma complexa cadeia de direitos com reflexos econômicos.

30. A Lei n. 7.433/85 serve de pouca referência, ficando ao talante do tabelião ou das normas administrativas de cada Estado, quando haja, a discriminação pormenorizada dos documentos indispensáveis.
31. Redação dada pela Lei n. 13.874/19.
32. Incluído pela Lei n. 13.874/19.

Para a segurança jurídica e social dos direitos, o Estado impõe como regra a forma pública do título (CC, art. 108) e o registro, para plenamente constituir o direito real e dar publicidade.

Há interesse do Estado em controlar e fiscalizar a propriedade imobiliária, seja para cumprimento de preceitos constitucionais (como a função social da propriedade ou a defesa do meio ambiente), seja para arrecadar tributos.

Os serviços notariais e registrais constituem um sistema público de garantia da propriedade e segurança jurídica, cujo fim é a estabilidade e o desenvolvimento econômico.

O sistema notarial e o registral brasileiro têm problemas, e talvez não pudesse ser diferente. Somos um país-continente, de constituição recente e atribulada, um país fundado no desleixo dominial e na obstinação extrativista. Capitanias hereditárias e sesmarias foram doadas com fins geopolíticos, sem planejamento e preocupação com o bem-estar da população e com o desenvolvimento autossustentável.

O notariado ressente-se, até hoje, de política semelhante: cartórios eram doados e, depois, negociados por pessoas, muitas vezes, desprovidas de interesse ou talento profissional. Somente nos últimos cem anos, em virtude de um tardio efeito da revolução burguesa e a par da criação dos ofícios de registro, buscou-se especializar notários e registradores para o qualificado cumprimento de suas atribuições e, portanto, a eficácia da segurança jurídica nos negócios imobiliários.

O subsistema de registros tem melhores instrumentos para tanto. A Lei n. 6.015/73, de registros públicos, é um marco instituidor de princípios para a atividade registral. Esta lei foi, e é até hoje, apesar de alguma senilidade, uma lei instituidora e principiológica.

Ao contrário, a Lei n. 7.433/85, que trata dos requisitos para a escritura pública, é norma composta por cinco artigos que buscam a desburocratização e pouco acrescentam à complexa atividade notarial. O próprio mercado imobiliário – e, por que não falar, também o mercado notarial – se encarregou de disciplinar, com os regramentos administrativos dos Tribunais de Justiça, o necessário para a segurança jurídica.

Assim, os princípios registrais se solidificaram, ao passo que os princípios notariais estão esquecidos e são desconhecidos até mesmo pelos tabeliães. É natural, portanto, que haja um desprezo solene, por parte de oficiais de registro, aos princípios de direito notarial e até mesmo à própria fé pública notarial.

O princípio de maior relevância registral é comum à atividade notarial e é da gênese e razão de ser do notariado e dos registros: o princípio da segurança jurídica. Esse princípio orienta cada um e todos os princípios do registro predial: a) o da instância e recepção do título; b) o da qualificação jurídica; c) o da inscrição; e d) o da publicidade[33].

O tabelião de notas está vinculado a esses princípios e deve trabalhar para respeitá-los, conferindo eficácia plena às suas escrituras.

Os conflitos existentes entre notários e registradores devem ser resolvidos pelo princípio da economia. Para Ricardo Dip, "a economia de tempo, esforços e gastos

33. Esta é a classificação do Professor Ricardo Dip. Dela derivam outros princípios adotados e tratados pela doutrina registral, como o da legalidade, da continuidade, da prioridade, da especialidade etc.

é princípio que deve presidir todos os procedimentos, quer aqueles em que se vise à distribuição heterônoma do justo, quer os que têm por escopo a administração dos interesses privados, a concessão de segurança jurídica, em antecipação acautelatória de conflitos"[34].

Esse princípio reflete também o mesmo objeto do princípio da eficiência, previsto na Constituição. É lógico que a administração deve pautar-se pela economia de tempo, esforços e gastos dela própria e dos particulares interessados. Portanto, o tabelião e o registrador devem operar em sintonia complementar: os atos e formalidades já atendidos perante o tabelião para lavrar a escritura não necessitam ser repetidos perante o oficial de registro. Da mesma forma, tudo que o tabelião atestar que ocorreu em sua presença, inclusive e especialmente quanto a documentos apresentados, têm fé pública. Não tem qualquer sentido impor ao particular a repetição de procedimentos ou a entrega de petições já feitas, expressa ou tacitamente, na escritura pública.

4.4 PRINCÍPIOS TÍPICOS DO DIREITO NOTARIAL

A atividade notarial é fruto de uma evolução histórica que antecede o período romano e chega aos nossos dias como um pequeno ramo do direito, com fundamentos científicos. A evolução do instrumento público procura firmar o direito das partes e a segurança da prova de sua existência[35]. O fazer notarial atende às partes nessa busca, sempre enfrentando as imperfeições e limitações da vida e conformando-a em instrumentos.

Essa evolução criou alguns princípios ou axiomas que veremos a seguir.

4.4.1 Princípio da segurança jurídica

Conforme referido, trata-se de princípio comum às atividades notarial e registral, constituindo a estrutura de todo o sistema notarial e registral. O notário existe por e para a segurança jurídica, seja pelo ângulo particular e privado das partes, seja para proteção da sociedade.

Instrumentos hígidos, redigidos por um especialista e com respeito à lei, permitem a executividade dos direitos e impedem litígios judiciais, sempre custosos, desgastantes e demorados. A segurança jurídica é a meta do tabelião na formação do ato, nas técnicas notariais, no atendimento, na relação pessoal com as partes, na boa redação instrumental, na guarda de documentos e no próprio ato.

O fazer notarial deve, portanto, utilizar técnicas que assegurem certeza sobre elementos subjetivos e objetivos das partes e do negócio que realizam, lançando-os num fiel resumo documental no ato.

34. DIP, Ricardo. Certidões integrais do registro imobiliário: da prevalência do meio reprográfico, *Revista de Direito Imobiliário*. Disponível em: <www.irib.org.br/rdi/rdi21-037.asp>. Acesso em: 1º jun. 2012.
35. NERI, I. Argentino. *Tratado teórico y práctico de derecho notarial:* parte general, v. 1, p. 370.

A qualificação notarial é carregada de subjetividade: a) da relação *inter partes*; b) da relação de cada parte com o notário; c) da relação das partes com o notário; e d) pelo caráter transformador e criativo da realidade em um documento escrito.

Assim, o notário deve agir como conselheiro das partes sobre o negócio que pretendem formalizar, bem como sobre os efeitos consequentes. Não é costume que o notário lance no ato estes aconselhamentos feitos, limitando-se à objetividade de suas conclusões.

Nada impede, porém, e em muitos casos pode ser de extrema importância para aclarar situações futuras, que o ato contenha as dúvidas, as decisões e os aconselhamentos feitos pelo tabelião.

A vontade das partes deve ser sempre foco da atenção do notário, até mesmo após a lavratura. Não é possível conceber um ato que não atenda à vontade das partes. É possível, contudo, que mesmo após as assinaturas das partes, o notário o encerre com a menção de que o ato não atendeu ao que se buscava[36].

O notário deve operar pensando nas duas faces: a particular e a pública. A segurança a buscar é para as partes, para a sociedade e para o Estado. Essa segurança é instrumental, ou seja, o notário não responde pelo fracasso de um negócio, tampouco fiscaliza tributos devidos por outros atos extranotariais anteriores, presentes ou futuros[37]. A cognição notarial é concentrada e limitada ao ato ou negócio que formaliza.

É possível que o ato seja lavrado ainda quando haja elementos suscitadores de dúvida? Sim, entendemos que é possível. Como exceção e confirmação do princípio da segurança jurídica, pode ocorrer que as partes desejem sacramentar negócio quando falte algum elemento material ou formal. São exceções que devem ser tratadas com extrema cautela, mas que devem ser admitidas, também, sob o princípio da segurança jurídica.

4.4.2 Princípio da economia

O fazer notarial deve buscar a opção mais econômica para as partes desde a escolha do ato a realizar, conformando-o às necessidades e às condições das partes, inclusive quanto aos aspectos tributários. O notário tem o dever de buscar escolher a forma pública tributariamente menos gravosa para as partes.

Não se trata de buscar elidir-se da tributação, mas, sim, de oferecer às partes as alternativas, quando existentes. É o caso, por exemplo, das leis tributárias que oferecem a alternativa de pagar o tributo relativo ao usufruto na sua constituição ou na sua extinção.

4.4.3 Princípio da forma

A forma é inerente a todo fato ou ato jurídico. A lei determina a forma exigida para o ato, e a forma que atende à segurança do ato notarial é a escrita. A forma é um

36. Nesse caso extremo, as partes devem assinar novamente. Se apenas uma das partes assinou o ato e a outra se opõe a assiná-lo por discordar do conteúdo (ou ter mudado de ideia, ou ter desistido do negócio), também neste caso o notário deve declará-lo insubsistente por não corresponder à vontade das partes.

37. Apesar de as leis tributárias de alguns municípios e Estados pretenderem e exigirem que o tabelião fiscalize tributos sobre atos particulares mencionados na escritura, situação que precisa ser evitada.

anteparo da segurança e, muitas vezes, não se concebe conteúdo sem forma. Na forma, os direitos adquirem solidez.

O art. 108 do Código Civil impõe a escritura pública notarial para os negócios jurídicos relativos a imóveis, salvo exceções previstas em leis próprias. O art. 215, por sua vez, dispõe sobre os requisitos técnicos da forma notarial.

Argentino Neri sintetiza a forma como uma consequência do princípio ativo que se traduz em ato, em realização. Consagrada pela experiência, é um elemento de rigor e precisão em toda a instrumentação jurídico-notarial. É, assim, um princípio real de direito notarial[38].

Em decorrência da forma, a lei confere eficácia e autenticidade ao documento notarial. Não dependem de prova os fatos em cujo favor milita presunção legal de existência ou veracidade (novo Código de Processo Civil, art. 374, IV). A força probante do ato notarial é a maior do ordenamento, tendo o efeito de "prova plena" *iuris tantum* (novo Código de Processo Civil, art. 405; Código Civil, art. 215).

4.4.4 Princípio da imediação

Imediação significa proximidade, o fato de estar imediato[39].

A imediação é a garantia do adequado e correto fluxo de ideias, segundo o qual o notário, próximo das partes, compreenderá a vontade delas e poderá oferecer-lhes o aconselhamento e os instrumentos adequados.

Como já dissemos, há grande subjetividade na qualificação notarial, decorrente da percepção e da cognição do notário e das partes e suas relações. O conceito de imediação se desenvolve sobre estas relações e também entre as partes e o instrumento público.

A atividade notarial sempre ocorreu com imediação. A captação da vontade das partes, a elaboração, a crítica e a reedição contínua de minutas para leitura, assim como a presença pessoal das partes perante o tabelião, exemplificam a ocorrência da imediação.

O contato, a imediação, não implica, nos dias de hoje, na presença física. As partes e os notários podem se relacionar por videoconferência, telefone, correio eletrônico e, até mesmo, por um sítio na internet que possibilite o fluxo de informações.

Hoje, as partes assinam qualquer ato notarial remotamente, sem a presença física delas, conforme prevê o Prov. CNJ n. 100/2020.

A imediação pode ocorrer, também, por meio dos prepostos, nos limites de sua autorização, como previsto no art. 20 da Lei n. 8.935/94. Não é essencial ao princípio que o próprio notário tenha contato com a parte, sendo bastante o atendimento dos prepostos que operam como uma *longa manus* do tabelião.

38. NERI, I. Argentino. *Tratado teórico y práctico de derecho notarial:* parte general, p. 377.
39. FERREIRA, Aurélio Buarque de Holanda. *Novo Aurélio século XXI:* o dicionário da língua portuguesa. 3. ed., totalmente revista e atualizada. Rio de Janeiro: Nova Fronteira, 1999.

4.4.5 Princípio da rogação

O tabelião não atua de ofício. A prestação do serviço notarial depende sempre de uma rogação, de um pedido. A rogação pode ser, e é, tradicionalmente, tácita e verbal. Alguns casos merecem cautela, e o tabelião deve pensar em solicitar um pedido formal, uma rogação assinada.

É conveniente a apresentação de pedido, assinado por uma das partes, em casos de atas notariais. Ocorre que a ata, uma vez solicitada e feita, prevalece, permanece válida, mesmo que o solicitante se recuse a assiná-la (no Estado de São Paulo, as normas preveem que a coleta da assinatura do solicitante, nas atas, é facultativa[40]). Nesse caso, o tabelião deve completá-la com a declaração de recusa e motivo, se for indicado pela parte, e assiná-la.

A rogação pode ser um ato complexo quando as partes compareçam para aconselhamento e postulações que podem não se conformar com a lei. O tabelião e as partes vão se aproximando – princípio da imediação – até o momento em que há convicção da vontade de formalizar o ato ou negócio jurídico.

4.4.6 Princípio do consentimento

O princípio do consentimento não diz respeito ao requisito essencial do contrato, mas à faculdade de concordar com o autor do ato notarial. Não se admite ato notarial sem consentimento, salvo a exceção dos atos extraprotocolares e à ata notarial, como já dito. O consentimento se aperfeiçoa com a assinatura da parte abaixo de todo o texto do ato notarial. É desnecessário, mas é praxe em alguns Estados que as partes assinem, ou rubriquem em cada folha do livro, ou assinem também as folhas do traslado.

Parece excessivo lembrar, mas é indispensável que o consentimento seja livre dos defeitos do negócio jurídico, especialmente de coação. É presunção legal que a atuação notarial elide a existência de erro ou ignorância, dolo, lesão ou manifesto estado de perigo nos atos jurídicos formalizados perante o tabelião.

A assinatura implica consentimento para o ato e o que nele contém, na sua totalidade, sem exceções ou condições. A leitura integral do ato, o questionamento às partes sobre sua compreensão e eventuais dúvidas, a cautela de esclarecê-las, mesmo que sejam tímidas ou banais, resguardam o ato notarial de ataques posteriores de quem consente com dúvidas ou má compreensão do ato.

4.4.7 Princípio da unidade formal do ato

O mais controvertido dos princípios notariais é o da unidade formal do ato. De acordo com ele, o ato notarial deve ter uma unidade de contexto, de tempo e de lugar.

40. Entendemos que a assinatura do solicitante, nas atas notariais, é requisito obrigatório. O CPC/2015, art. 384, informa que deve haver um requerimento do interessado. Admitir que o pedido seja tácito é prática temerária, contrária à segurança jurídica, um dos princípios basilares do Direito Notarial.

O atendimento do tabelião se inicia com a audiência notarial e prossegue com um encadeamento de procedimentos, visando o fim jurídico proposto.

A realidade cotidiana da atividade notarial demonstra justamente o oposto da unidade do ato, ao menos quanto ao tempo. A audiência é um primeiro contato – de aconselhamento, de esclarecimento de dúvidas e de conhecimento da lei e dos efeitos que decorrerão do ato ou negócio jurídico. A ela se segue um ritual de confirmação que, para muitos, pode prolongar-se por dias, ou até mesmo meses.

Após a lavratura, a atribulação da vida cotidiana tem imposto limitações também para a assinatura. Exceto para o testamento, ato que envolve um ritual solene e conjunto, os demais atos notariais podem ser assinados segundo a conveniência das partes quanto ao tempo e ao local, ideia que encontra resistência dos profissionais mais antigos, mas cuja prática é frequente[41].

Em São Paulo, as Normas de Serviço da Corregedoria preveem o prazo de até 30 dias para a coleta das assinaturas das partes, após a lavratura do ato notarial. Nessa hipótese, as partes deverão apor ao lado de sua firma a data e o local (o mesmo da lavratura ou o endereço completo se for diverso) onde foram coletadas[42].

A lavratura da ata notarial depende do desenrolar dos fatos. Eles podem ser sequenciais, mas também podem ocorrer em momentos distintos. O princípio da unidade formal do ato deve inspirar, portanto, o momento da redação do ato, quando os diversos fatos verificados devem ser lançados num único instrumento, com a caracterização de tempo e local pertinentes.

A ata notarial tem requisitos próprios. Não há unicidade de ato nem de redação. É possível que mais de um fato, ou um mesmo fato ocorrendo em momentos distintos, inspire um único ato notarial ou mais. O tabelião pode também, por conveniência instrumental, produzir atos distintos desses fatos, ou mesmo de um fato só.

Qual seria o prazo-limite para que a constatação de um fato fique pendente de lavratura?

Não há, não pode haver. Se o tabelião constatou fatos e deles tem memória ou anotações que permitam a sua fiel narrativa, poderá, no futuro, lavrar ata notarial de interesse do solicitante.

Há casos em que o solicitante aprova a minuta e aguarda o momento de utilização do documento notarial, ocasião em que o tabelião procederá à lavratura da ata. Optando pela lavratura, o tabelião deve consignar as datas de constatação e fazer expressa menção de que a lavratura decorre de fatos constatados e preservados no tabelionato.

O princípio da unidade, portanto, deve ser compreendido como elemento formal do instrumento. Em outras palavras, o ato é unitário porque a descrição daquilo que o tabelião verificou se conforma em um único instrumento.

41. E constitui um desafio impor limites a estas conveniências: quanto tempo um ato pode ficar pendente da assinatura das partes, todas elas, ou apenas uma? É possível que uma das partes assine em local diverso, fora do município de competência do tabelião?
42. Normas de São Paulo, item 53.2, Cap. XVI.

4.4.8 Princípio da notoriedade ou fé pública

A fé pública, como princípio e como efeito do ato notarial, ou princípio da notoriedade, implica em reconhecer que os fatos que o tabelião presencia e também os que não presencia, mas pela cognição indireta decide declarar no ato notarial como verdadeiros, têm a presunção de veracidade.

A notoriedade advém da convicção do notário sobre determinado fato ou situação jurídica. Decorre de um juízo de ciência ou valor que faz e assume como verdadeiro para o ato que redige. Independente dos meios utilizados para chegar a essa convicção, é um juízo de responsabilidade exclusivo do notário, que cria uma presunção de verdade somente suscetível de impugnação judicial.

Tal é o teor das conclusões 9 e 10 da Declaração de Princípios do Sistema de Notariado Latino, aprovadas pelo Conselho Permanente da União Internacional do Notariado (UINL) – entidade que congrega os notários do mundo todo –, em março de 1986, em Haia, Holanda:

9. Os documentos notariais gozam de uma dupla presunção: de legalidade e exatidão. A presunção de legalidade implica em que o ato ou negócio jurídico que o documento formaliza reúne as condições requeridas para sua validade e, em particular, que o consentimento das partes contratantes foi declarado livre e conscientemente em presença do notário. A presunção de exatidão significa que os fatos que o documento relata que tenham ocorrido em presença do notário ou que ele conheça por notoriedade são reputados verdadeiros.
10. As presunções de legalidade e de exatidão às quais se refere o artigo precedente não podem ser contestadas senão por via judicial.

O princípio da notoriedade no Brasil está expresso nos arts. 373, IV, 405 e 406 do novo Código de Processo Civil. Não dependem de prova os fatos em cujo favor milita a presunção legal de existência ou da veracidade, lançados na escritura ou na ata notarial sob fé pública e responsabilidade do notário. Ademais, o documento público faz prova dos fatos que o tabelião declarar que ocorreram em sua presença.

A fé do notário a propósito das declarações recebidas é absoluta quanto à existência delas e relativa quanto ao conteúdo. De todo modo, qualquer contestação a elas – existência ou conteúdo – somente pode ser feita na via judicial por parte com legitimidade ativa.

Temos, no Brasil, o defeito de desacreditar de terceiros. Construímos a nação dos suspeitos, condenados a provar com papéis, autenticações e reconhecimentos as suas situações de estado e de direito. É fato que a sanidade é regra e a patologia é exceção, mesmo numa sociedade com moral e ética fragmentada e esfacelada como a nossa. Não age mal ou é ingênuo o notário que aceita como verídicas certas situações de fato, independentemente de prova documental, escorado nas declarações das partes. Essas declarações devem ser creditadas à parte emissora, que terá o ônus de prová-las se eventualmente contestadas.

4.4.9 Princípio da matricidade

O princípio da matricidade indica que todo ato notarial é conservado nos livros, nos protocolos notariais. No Brasil, constituem exceções a esta regra o auto de aprovação de testamento cerrado, as atas notariais extra protocolares, as cartas de sentenças notariais e os atos de autenticação de cópias e reconhecimento de firma[43]. A conservação dos atos garante a segurança jurídica e permite a consulta a qualquer tempo sobre a exatidão do conteúdo notarial. Os atos podem ser consultados pelo próprio tabelião, pela parte, por terceiros interessados ou pelo Estado, por meio de certidões. De atos não são extraídas cópias, somente certidões.

O arquivamento incumbe ao tabelião, que pode utilizar sistemas de computação, microfilmagem, disco ótico ou qualquer outro meio de reprodução, buscando processos que facilitem as buscas (Lei n. 8.935/94, arts. 41 e 42).

Os livros de papel que forem armazenados em outra mídia podem ser levados ao arquivo público, ficando o tabelião responsável pela guarda, conservação, autenticidade e integridade dos bancos de dados eletrônicos.

A Lei n. 8.159/91, que dispõe sobre a guarda e conservação de documentos públicos e privados, aplica-se aos serviços notariais e registrais. Ela está regulamentada pelo Decreto n. 4.073/2002, que considera arquivo público o conjunto de documentos produzidos e recebidos por agentes do Poder Público, no exercício de seu cargo ou função, ou deles decorrentes (art. 15, II). Cumpridos os requisitos previstos no Decreto, o tabelião de notas pode encaminhar os livros para o Arquivo Nacional.

O art. 46 da Lei n. 8.935/94, por outro lado, impõe que livros, fichas, documentos, papéis, microfilmes e sistemas de computação devem permanecer sempre sob a guarda e a responsabilidade do titular de serviço notarial ou de registro, que zelará por sua ordem, segurança e conservação.

4.5 OUTROS PRINCÍPIOS NOTARIAIS

A doutrina enumera e classifica os princípios de formas distintas. Sem maior aprofundamento, citamos a existência de outros princípios da atividade notarial, que estão presentes sempre.

O **princípio da autoria** indica que o tabelião é o autor e responsável único pelo documento notarial. A menção de ser escrita sob minuta não o exime de responsabilidade, indicando apenas que ao menos uma das partes ofereceu minuta que foi aceita e subscrita pelo notário.

Há também o **princípio da independência**, previsto em nosso ordenamento por meio do art. 28 da Lei n. 8.935/94[44]. Os notários gozam de independência no exercício

43. No Estado de São Paulo é permitida a formação de cartas de sentenças notariais extraídas de decisões judiciais, dentre as quais os formais de partilha, as cartas de adjudicação e de arrematação, os mandados de registro, de averbação e de retificação (Provimento n. 31/2013).

44. "(...) Por fim, não me posso compadecer, *data venia*, com as ablações de competências legalmente demarcadas. A de primeiro grau, no registro público, é do registrador (*ou do notário*); segue-se, no Estado de São Paulo, em grau para-hierárquico imediato, a do juiz-corregedor permanente; por fim, a do Tribunal, segundo corresponda às disposições regimentais: em regra, a do Corregedor-Geral; nos recursos de dúvida, a do Conselho. Ao proferir-se o adendo de recomendação, orientação ou determinação, guardado o tributo de minha reverência ao entendimento da douta Maioria, malfere-se a ordem sobreposta de independências jurídicas (cf., a propósito, o art. 28 da Lei n. 8.935, de 18-11-1994: 'Os notários e oficiais de registro gozam de independência no exercício de suas atribuições'" (Conselho Superior da Magistratura de São Paulo, ApCv 0000350-67.2015.8.26.0614-SEMA, rel. Des. Ricardo Dip).

de suas atribuições, não se concebe tabelião a serviço de uma das partes. O tabelião, mesmo contratado por apenas uma das partes do negócio, está a serviço de todas, devendo orientar imparcialmente cada uma delas, alertando-as sobre os reflexos e efeitos do ato que pretendem realizar.

Finalmente, o **princípio do dever de exercício** importa na obrigação do tabelião exercer o seu *munus*, sem qualquer tipo de discriminação, exceto a decorrente e impeditiva da qualificação notarial (ato a que falte algum elemento essencial).

5
Classificação dos Atos Notariais

Nossa classificação dos atos notariais funda-se na distinção do ato em tipicamente autenticatório ou formalizador dos atos e negócios das partes. Este critério está previsto na Lei n. 8.935/94, art. 6º, dispondo que compete aos notários:

> I – formalizar juridicamente a vontade das partes;
>
> II – intervir nos atos e negócios jurídicos a que as partes devam ou queiram dar forma legal ou autenticidade, autorizando a redação ou redigindo os instrumentos adequados, conservando os originais e expedindo cópias fidedignas de seu conteúdo;
>
> III – autenticar fatos.

Assim, os atos notariais classificam-se em: a) autenticatórios de fatos, ou seja, atas notariais, ou b) formalização da vontade das partes em atos e negócios jurídicos, ou seja, escrituras públicas.

Seguimos no estudo destes dois instrumentos notariais.

5.1 ATAS NOTARIAIS

As atas notariais configuram todo e qualquer ato do tabelião cuja finalidade seja simplesmente autenticar certo fato, pré-constituindo prova (Lei n. 8.935/94, art. 6º, III). Podem ser subdivididas em:

- **Autenticações:** atos que determinam a identidade entre documentos ou entre uma assinatura e uma manifestação de vontade. Por sua vez, subdividem-se em:
- **Autenticações *stricto sensu*[1]:** ato que determina a identidade entre um documento e sua cópia fiel. Dois atos podem realizar esta finalidade. A pública-forma é a cópia fiel e integral de um documento que é, posteriormente, concertada por outro tabelião. Este ato caiu em desuso, pois a fotocópia de um documento substitui com vantagens a cópia de seus caracteres, possibilitando inclusive a impressão de imagens, o que não é possível com a pública-forma. A autenticação de cópia de documento é a declaração do tabelião de que a cópia corresponde ao original que lhe foi apresentado e com o qual conferiu.

1. No Estado de São Paulo, o Provimento n. 22/2013 regulamentou a materialização e a desmaterialização de documentos. Materialização é a autenticação de **cópia em papel** de um **documento eletrônico**, que significa declarar que a cópia em papel está igual ao documento eletrônico apresentado. Já a desmaterialização é a autenticação de **cópia eletrônica** de um **documento em papel**, que significa declarar que a cópia eletrônica está igual ao documento em papel apresentado.

- **Reconhecimento de firma:** ato que determina a autoria de uma assinatura, vinculando-a a certo e determinado documento particular. No reconhecimento de firma, ou assinatura, o tabelião afirma que o documento está assinado por certa e determinada pessoa. Subdivide-se em:

a) **Reconhecimento por autenticidade:** o tabelião declara que o documento foi firmado na sua presença[2]. É frequente, porém, que assim não seja, pois muitas vezes as partes comparecem com o documento já assinado, forçando o tabelião a solicitar que a parte assine novamente, em sua presença, um cartão de assinaturas que fica depositado no tabelionato. Alguns Estados exigem que o tabelião recolha em um livro de presenças a assinatura do signatário.

b) **Reconhecimento por semelhança:** o tabelião declara que a assinatura constante em um documento é semelhante a outra presente em uma ficha de assinaturas previamente depositada no tabelionato pela parte signatária. O tabelião, neste caso, não dá certeza da autoria, mas somente da semelhança da assinatura. É o reconhecimento de firma mais popular no Brasil, pois apresenta elevada confiabilidade ao tempo em que oferece conforto para as partes signatárias, que não necessitam comparecer perante o tabelião (apenas o documento é apresentado por portador).

c) **Reconhecimento por abono:** ato em vias de extinção, por oferecer pouca segurança. O reconhecimento da assinatura é feito pela cognição e fé de um terceiro, alheio ao tabelião, que declara, sob responsabilidade civil e penal, a autoria de certa e determinada assinatura em um documento. Admite-se ainda, excepcionalmente, para pessoas presas. O diretor da casa prisional funciona como abonador das assinaturas daqueles sob sua custódia.

- **Atas notariais *stricto sensu*[3]:** são instrumentos que verificam e descrevem a ocorrência de certo fato, pormenorizando-o com a finalidade de pré-constituir prova jurídica.

5.2 ESCRITURAS PÚBLICAS

Formalizam juridicamente a vontade das partes. O notário intervém nos atos e negócios jurídicos a que as partes devam ou queiram dar forma legal e autenticidade, redigindo o instrumento adequado para propiciar a plena eficácia (Lei n. 8.935/94, art. 6º, I e II). Algumas escrituras, por sua relevância e frequência na vida civil, podem subdividir este grupo:

- **Procurações:** formalizam o mandato, propiciando a representação para atos ou negócios.

2. O Código de Processo Civil atual não mais exige que a assinatura seja firmada na presença do tabelião (art. 411, inciso I), como fazia o código anterior. O tabelião tem autonomia para adotar o seu critério, mas a melhor técnica exige a presença da parte.
3. No Estado de São Paulo, dentre outros, é permitida a formação de cartas de sentenças notariais extraídas de decisões judiciais, as quais são instrumentalizadas por atas notariais extraprotocolares (art. 6º, III, da Lei n. 8.935/94).

- **Negociais:** formalizam atos exigidos por lei e atos e negócios em geral, via de regra imobiliários.
- **Não Negociais:** formalizam atos exigidos por lei e atos em geral, via de regra não negociais.
- **Testamentos:** ato de disposição da totalidade dos bens, ou de parte deles, ou de declarações de caráter não patrimonial, para produzir efeitos depois da morte da pessoa.

6
Forma Notarial

A vida se apresenta aos nossos sentidos pela forma. O som, o cheiro, a palavra, o gesto, o toque, a visão, são todos elementos de expressão e de cognição dos fatos da vida.

Forma dat esse rei, o brocardo latino para "a forma dá existência à coisa", demonstra que necessitamos, na vida jurídica, das formas, para que a cognição se faça perfeita e para que delas decorram efeitos.

O direito se vale da forma para prever e regular as relações jurídicas. A forma pode ser solene, se a lei prever e exigir o cumprimento de certos requisitos, ou não solenes, quando aceitar como bastante apenas a manifestação das partes. São aceitas as formas verbal ou oral, a forma escrita particular ou a forma pública.

A lei exige a solenidade apenas excepcionalmente. A validade da declaração de vontade não dependerá de forma especial, senão quando a lei expressamente a exigir (CC, art. 107).

A regra geral para a escritura pública é a prevista no art. 108: a escritura pública é essencial à validade dos negócios jurídicos que visem à constituição, transferência, modificação ou renúncia de direitos reais sobre imóveis de valor superior a trinta vezes o maior salário mínimo vigente no País, se a lei não disser o oposto. Você sabe quanto são 30 salários mínimos? **Saiba para o concurso.**

Há outros atos para os quais é indispensável a escritura pública. Os principais são a emancipação do menor, os pactos antenupciais, a instituição de fundação, as constituições de renda ou de bem de família[1], a cessão de direitos hereditários. Há outros atos em que a forma pública é facultada e cujo uso está consagrado pela sociedade: o testamento público, o reconhecimento de firmas em documentos de relativa importância, o mandato para fins bancários e, mais recentemente, a separação e o divórcio, o inventário e a partilha, a mediação e a conciliação.

A forma notarial reveste-se de aspectos de grande subjetividade, decorrentes da necessidade e do reconhecimento social da fé pública.

A atuação do tabelião é **ritualística**. As técnicas que utiliza compõem o seu próprio rito, derivado de sua autonomia e prudência. Os ritos podem envolver inclusive a tergiversação da realidade (em contrariedade à estrita descrição dos fatos que se deve esperar de um ato notarial). Damos alguns exemplos: o tabelião pode informar que todas as partes comparecem juntas, mas, na verdade, podem comparecer em horários

1. Execuções preexistentes não obstam a instituição. As dívidas anteriores à instituição são ineficazes. Nesse sentido, o Processo n. 0030394-64.2012.8.26.0100, da 1ª Vara de Registros Públicos de São Paulo.

diversos, até em dias diversos[2]. O tabelião pode informar, como padrão, que os valores foram pagos em "moeda corrente nacional", o que não significa pagamento em dinheiro, no ato, mas sim, pagamento em reais, seja em espécie, depósito bancário, TED, pix ou outro meio de pagamento. Finalmente, um terceiro exemplo neste rol exemplificativo, é o das declarações das partes que, quase sempre, não são feitas pelas partes, mas são, deveras, expressão da verdade e visam a cumprir as cautelas legais[3].

Há também uma **liturgia**, seja na narrativa, seja nos sinais exteriores lançados pelo tabelião, como rubricas, sinais, selos, carimbos. Tome-se como exemplo a expressão "saibam todos", que implica num anúncio que é, por um lado, específico ao leitor do ato e, por outro lado, generalista e ambicioso, clamando a todos da comunidade, ou mesmo a qualquer ser do universo, a existência e a fé pública do ato notarial.

Finalmente, a atuação notarial é **dramática**. Ela envolve o interesse das partes com sua humana subjetividade. Por trás das frias linhas da escritura ou da ata há emoções, a alegria de quem adquire a casa própria ou a dor de quem se divorcia da pessoa antes querida.

6.1 DOCUMENTO E INSTRUMENTO

Documento e instrumento são expressões utilizadas como sinônimas, mas não são idênticas no quanto definem. Ambas as palavras são oriundas do latim: instrumento vem de *instruere*, *instruo*, *instruis*, ou seja, algo que nos informa do passado, instrui-nos. Instrumento, hoje, serve para definir desde utensílios e ferramentas de trabalho até, genericamente, para denominar tudo aquilo que é apto para nos permitir alcançar uma determinada finalidade[4].

Para o direito, na definição de Paulo, instrumento é tudo aquilo com que se pode provar uma causa[5].

Documento deriva de *doceo*, *doces*, *doceres*, palavras que designam ensinar[6]. Documento é toda a representação de um fato[7]. Por seu turno, instrumento é uma espécie de documento constituído com a intenção deliberada de fazer prova no futuro[8], como a exigência da lei pátria para a compra e venda de bem imóvel, negócio que necessita da escritura pública.

2. As normas da CGJ de São Paulo determinam que, no caso de assinatura em dia diverso do indicado no ato, a data da efetiva assinatura deve ser aposta ao lado desta. Também, proíbem que esta dilação da assinatura se prolongue além de 30 dias.
3. Como para cumprir o Decreto n. 93.240/1986, art. 1º, § 3º: "A vendedora declara, sob responsabilidade civil e penal, que não existem ações reais e pessoais reipersecutórias relativas ao imóvel, assim como inexistem outros ônus reais incidentes sobre o objeto deste negócio.
4. PELOSI, Carlos A. *El documento notarial*. Buenos Aires: Astrea, 1997, p. 13-14.
5. Lei Primeira do Digesto, Livro 22, Título IV ou V, apud PELOSI, Carlos A. *El documento notarial*, p. 14.
6. PELOSI, Carlos A. *El documento notarial*, p. 14.
7. LOPES, João Batista. *A prova no direito processual civil*. 3. ed., rev., atual. e ampl. São Paulo: RT, 2007.
8. LOPES, João Batista. *A prova no direito processual civil*, p. 112.

Para Carnelutti, o documento é prova histórica real, visto que representa fatos e acontecimentos pretéritos em um objeto físico, servindo, assim, de instrumento de convicção[9].

Segundo Pontes, documento, como fonte de prova, é todo ser composto de uma ou mais superfícies portadoras de símbolos capazes de transmitir ideias e demonstrar a ocorrência de fatos[10].

É idêntica a visão de Dinamarco, para quem o documento, como meio de prova, é toda coisa em que se expressa por meio de sinais o pensamento[11].

Quanto à origem, os documentos podem ser públicos ou particulares, conforme seu autor seja um particular ou um ente público. Pontes classifica os documentos, quanto ao conteúdo, em constitutivos (por exemplo, a escritura de hipoteca, as folhas de contrato por instrumento particular) ou probatórios. Tanto os documentos constitutivos quanto os probatórios se prestam como meio de prova. Os constitutivos porque são a forma com a qual se revestem os atos jurídicos. Os probatórios porque são aqueles que refletem o conteúdo de um documento constitutivo e, portanto, provam-no. São exemplos: as certidões, as atas, os atestados e os jornais[12].

João Mendes Júnior leciona que o Código Civil distingue o instrumento do documento. Instrumento é a forma especial, dotada de força orgânica para realizar ou tornar exequível um ato jurídico; documento é a forma escrita, apenas dotada de relativa força probante, contribuindo para a verificação dos fatos[13].

O Código de Processo Civil, porém, abandona esse critério, fazendo largo uso da expressão "documento" para abranger também os que se constituam em instrumento de prova pré-constituída.

Assim, temos, na lei brasileira, certa confusão semântica, o que se reflete no tratamento dado à atividade notarial. Ora o resultado do ato notarial é tratado como documento (arts. 215 do CC e 405, 407 e 411 do CPC/2015, por exemplo), ora como instrumento (arts. 109 do CC e 406 do CPC/2015, por exemplo).

6.2 DOCUMENTO PÚBLICO NOTARIAL

Documento público é o documento expedido pelo Estado por meio de agente público no exercício de sua competência, fixada por lei ou regulamento[14].

---

9. Apud MARQUES, José Frederico. *Instituições de direito processual civil*. 1. ed., rev., atual. e comp. por Ovídio Rocha Barros Sandoval. Campinas: Millennium, 2000, v. 3, p. 355.
10. PONTES DE MIRANDA, F. C. *Comentários ao Código de Processo Civil*: arts. 282 a 443. 3. ed., rev. e aum. por Sergio Bermudes. Rio de Janeiro: Forense, 1997, t. IV, p. 357.
11. DINAMARCO, Cândido Rangel. *Instituições de direito processual civil*. 5. ed. São Paulo: Malheiros Editores, 2006, v. 3, p. 564.
12. PONTES DE MIRANDA, F. C. *Comentários ao Código de Processo Civil*: arts. 282 a 443, t. IV, p. 357.
13. MENDES JÚNIOR, João. *Direito judiciário brasileiro*. Rio de Janeiro: Freitas Bastos, 1918, p. 217 e 228, apud MARQUES, José Frederico. *Instituições de direito processual civil*. 1. ed., rev., atual. e comp. por Ovídio Rocha Barros Sandoval. Campinas: Millennium, 2000, v. 3, p. 358.
14. AMARAL, Sylvio do. *Falsidade documental*. 4. ed., rev., atual. e comp. por Ovídio Rocha Barros Sandoval. Campinas: Millennium, 2000, p. 10.

Todo documento lavrado por tabelião no exercício de sua competência é um documento público notarial ou, simplesmente, documento notarial.

Quando o documento for elaborado por agente sem a legal competência, ou sem as formalidades legais, e estiver subscrito pelas partes, terá a mesma eficácia probatória do documento particular (art. 407 do CPC/2015).

O Estado tem o dever de expedir o documento público quando haja sido regularmente solicitado por parte legítima, desde que preenchidas as condições de fato e de direito exigidas pela lei para a emissão do documento. O documento público não é favor ou arbitrária liberalidade do agente público competente; sua lavratura é direito que o Estado não pode deixar de atender, de nenhum modo, quando atendidos os requisitos da lei[15].

6.3 ASPECTOS DA FORMA NOTARIAL

A forma notarial obedece aos costumes decorrentes da secular liturgia profissional e a requisitos legais, em especial os fixados no art. 215 do Código Civil.

Podemos distinguir estes aspectos em extrínsecos ou intrínsecos.

6.3.1 Aspectos extrínsecos

Os aspectos extrínsecos se relacionam com a forma como se materializa o ato notarial, que pode ser:

1) **Protocolar ou extra protocolar:** *protocolum* é livro. O ato notarial pode ser lançado no livro de notas do tabelião (protocolar) ou em documento apartado, que é apresentado pela parte e no qual o tabelião realiza seu ato (extra protocolar).

O livro notarial pode ser de folhas soltas ou de folhas fixas, encadernadas. Já não há mais livro de folhas fixas (ou presas) na atividade notarial brasileira, sendo importante ressaltar que o tabelião recebe o livro em folhas soltas e, depois da lavratura de todos os atos, o livro é encadernado[16].

É costume que os livros sejam padronizados contendo sempre o mesmo número de folhas, geralmente 200 ou 300, que podem ser impressas em ambas as faces. As folhas são numeradas e insubstituíveis e devem ser mantidas no livro e, ao final, encadernadas, ainda que inutilizadas.

Em alguns Estados, a Corregedoria da Justiça impõe um determinado padrão de folhas, contemplando alguns itens de segurança, como a numeração indicativa do tabelião, a sequência de páginas, um código de barras, marcas d'água, dentre outros.

Os atos devem ser lançados no livro em ordem sequencial cronológica, vedada a infração a esta regra. É vedado também manter livro aberto sem escrituração desde

15. AMARAL, Sylvio do. *Falsidade documental*, p. 13-14.
16. No Estado de São Paulo, o livro de comparecimento de reconhecimento de firmas por autenticidade permanece em folhas fixas, encadernadas.

longa data, enquanto novos são abertos e escriturados, pois esta situação possibilita e até indica a prática de atos com datas anteriores à sua efetivação.

Quando for impossível concluir no mesmo livro um ato que se inicie nas últimas páginas, o tabelião pode deixar de utilizá-las, cancelando-as com a declaração "em branco". Assim, evita-se infração à unidade formal do ato notarial.

O espaçamento entre linhas deve ser rigorosamente igual, até o encerramento do ato; as entrelinhas, rasuras e ressalvas devem ser evitadas.

2) **Escrituração**: em geral, a escrituração e a assinatura são feitas exclusivamente em cor azul ou preta, sempre indelével. Algumas Corregedorias, escoradas na melhor técnica notarial, vedam a utilização de fitas corretivas, o uso de borracha, detergente ou raspagem por qualquer meio, mecânico ou químico. Como o tabelião e seus escreventes não são infalíveis, em algum momento devem fazer uso de algum expediente de correção, posto que os erros cometidos devem ser corrigidos.

O tamanho da fonte nos atos notariais não pode ser inferior ao corpo doze, de modo a facilitar sua compreensão[17].

O espaçamento entre as linhas deve ser cuidado para que o ato seja de leitura agradável, mantidas as tabulações iguais, até o encerramento do ato. Lembremos sempre: os atos notariais circulam servindo ao povo, do ministro ao cidadão iletrado ou não familiarizado com documentos legais. Facilitar a leitura significa ampliar a compreensão do instrumento notarial.

A frente e o verso dos papéis devem ser aproveitados para a escrituração dos atos, certidões e traslados. Na página não utilizada será apostada a expressão "em branco".

O texto dos atos deve ser corrido, mas é possível que o tabelião deixe espaços em branco em vista da utilização de estilos, por exemplo, títulos, subtítulos ou capítulos da estrutura do ato notarial.

Quando fotos integram o ato notarial, é possível e recomendável que sejam impressas em cores, buscando plena identidade com a imagem que reproduzem.

A escrituração dos atos deve ser feita sem abreviaturas nem algarismos, evitando-se erros, omissões, rasuras ou entrelinhas, e, caso ocorram, devem ser ressalvadas no final do instrumento, antes das assinaturas e subscrições, de forma legível e autenticada. São admitidas abreviaturas previstas no idioma, como a designativa dos Estados brasileiros ou de moedas, ou ainda de abreviaturas consagradas (como Ltda., Cia., CPF ou RG). A indicação de datas pode ser feita também no formato admitido pelo vernáculo, com dois algarismos para o dia, dois para o mês e dois ou quatro para o ano. **Em concursos**, é melhor que o candidato evite este formato. A numeração de documentos de identidade e CPF pode ser feita por algarismos, sem necessidade de sua colocação por extenso.

As novas Normas de São Paulo andaram bem neste aspecto, determinando claramente que os números relativos à data da escritura e ao preço devem ser escritos por

17. Lei n. 11.785/2008: destinada aos contratos de adesão atinentes ao Código de Defesa do Consumidor, na falta de outra norma, conveniente sua aplicação aos atos notariais.

extenso (item 48, Capítulo 16). Logo, os demais números e datas podem ser expressos em algarismos.

Devem ser evitadas entrelinhas que afetem elementos essenciais do ato, por exemplo, o preço, o objeto, as modalidades de negócio jurídico, dados inteiramente modificadores da identidade das partes e a forma de pagamento. Há Corregedorias, como a de São Paulo, que vedam tais modificações integralmente.

Na última página, o ato será assinado pelas partes e demais pessoas que compareceram, pelo escrevente que redigiu o ato e pelo tabelião, ou seu substituto, encerrando o ato. Em alguns Estados, as partes devem assinar ou rubricar cada uma das folhas do ato[18] e, por vezes, também do traslado, mas essas práticas não são generalizadas. É conveniente que o tabelião solicite às partes cujas assinaturas são ilegíveis que aponham o seu nome de modo legível ao lado da respectiva assinatura (em São Paulo o próprio tabelião pode lançar ao lado das assinaturas o nome correspondente das partes de forma legível).

Se alguma das partes não puder ou não souber assinar, outra pessoa capaz assinará por ela, a seu rogo. Algumas normas administrativas impõem ou recomendam que seja colhida a impressão digital, com coletores próprios. Em torno de cada impressão poderá ser indicado o nome da pessoa.

As assinaturas devem ser apostas ao final do ato, não se admitindo espaços em branco. Se houver, devem ser inutilizados com traços horizontais ou com uma sequência de traços e pontos.

O tabelião não deve permitir a prática, por seus escreventes, de permitir às partes a assinatura dos livros em branco, total ou parcialmente, ou em confiança, seja qual for o motivo alegado.

Após as assinaturas e o encerramento do ato, não são admitidas ressalvas, adições e emendas. É possível que se façam correções pelo denominado “Em tempo”, mas as partes devem novamente assinar o ato após esta adição. Este tipo de correção, utilizada desde sempre por notários do mundo inteiro – afinal, somos imperfeitos –, em São Paulo, foi alterada: as normas admitem a cláusula “Em tempo” somente se exarada **antes** da assinatura das partes e demais comparecentes e da subscrição da escritura pública pelo tabelião ou pelo seu substituto, e desde que não afete elementos essenciais do ato, como o preço, o objeto e a forma de pagamento[19] ou que derive de manifestação de vontade das partes.

3) **Sinal público**: o sinal público do tabelião é a respectiva assinatura revestida dos demais itens que “marcam” a sua identidade profissional, como carimbos, selos, etiquetas, rubricas e arabescos.

Sinal raso designa a assinatura pura e simples do tabelião. É consagrada na atividade a expressão “assino em público e raso”, significando a aposição da assinatura e dos demais signos de identidade profissional.

18. Com a ressalva de que, no testamento público, todas as páginas devem ser rubricadas pelo testador.
19. Provimento n. 40/2012, atualizado pelo Provimento n. 56/2019, item 50.1.

O tabelião deve enviar o seu sinal público para o Colégio Notarial do Brasil – Conselho Federal (CNB-CF), por meio da Central Notarial de Serviços Eletrônicos Compartilhados – CENSEC, que mantém imagem dos cartões com os autógrafos do tabelião e seus prepostos autorizados a subscrever traslados e certidões, reconhecer firmas e autenticar cópias reprográficas, para o fim de confronto com as assinaturas lançadas nos instrumentos que forem apresentados (algumas normas exigem ainda o envio para os oficiais de registro, como é o caso de São Paulo). Com o tempo, seus atos devem circular em muitos outros municípios e o seu sinal público será requerido por tabeliães. Daí, para que seja reconhecido e seus atos possam ter o *exequatur* fora de sua competência territorial, o tabelião deve remeter o sinal público para esses colegas.

Quando um tabelião necessita verificar o sinal público de outro tabelião, acessa a CENSEC, onde poderá visualizá-lo.

A União Internacional do Notariado criou um selo – para ser aposto nos atos notariais – chamado de Selo Notarial de Segurança (SNS), que possui marca e elementos de segurança e numeração própria que pode ser consultada no endereço www.uinlsns.com. O objetivo é agregar maior segurança aos atos notariais oriundos do estrangeiro. Por ora, participam do projeto[20] Argentina, Bélgica, Colômbia, Espanha, França, Itália, Lituânia, Macedônia, Mali, Portugal, Senegal, Suíça e Turquia.

O fundamento primordial do sinal público é agregar segurança aos atos notariais, é distinguir a origem e a autoria do instrumento. Não fosse assim, a falsificação e a adulteração dos atos notariais seriam facilitadas – é bom ressaltar que a segurança plena é inatingível –, o que ocorre desde sempre.

O costume da aplicação do sinal público faz com que o tabelião rubrique cada uma das páginas do ato e assine a última. Pode acrescer outros elementos de seu sinal público junto a estas rubricas e deve fazê-lo junto à assinatura.

4) **O apostilamento ou o reconhecimento do sinal público**: tecnicamente, reconhecer o sinal público é apostilar o documento, isto é, aplicar os meios necessários para legalizar um documento que necessita circular em regiões estranhas à competência do oficial que é autor do documento público. O apostilamento é uma técnica universal, reconhecida em todos os países do mundo, seja nos países de direito romano-germânico ou nos países do direito da *Common Law*.

Um ato notarial somente produz efeitos em cidade diversa da delegação do tabelião quando se haja reconhecido o seu sinal público por um tabelião da localidade onde deva produzir seus efeitos[21].

Há outras exigências de apostilamento quando se tratar de documento do estrangeiro (Convenção da Apostila). Se se tratar de documento que deva produzir efeitos no Brasil, o rito é o seguinte:

20. Lista atualizada disponível em: www.uinlsns.com.
21. As Normas de São Paulo contêm permissão sem lógica: permitem que o reconhecimento do sinal público seja feito pelo tabelião da localidade de origem do documento (item 154, Cap. XVI). Entendemos que o *exequatur* somente pode ser dado pela autoridade do local onde o ato deve produzir os seus efeitos.

a) Se documento particular, a assinatura das partes deve ser reconhecida (autenticada) pelo notário do país onde se tiver produzido o documento; a.1) Se documento público não notarial, a assinatura do agente deve ser confirmada pelo notário do país onde se tiver produzido o documento; a.2) Se documento público notarial, já constará a assinatura do notário.

b) Em todos os casos acima, a assinatura do notário deve ser apostilada, conforme a Convenção da Apostila, ou reconhecida (autenticada) pelo cônsul ou representante diplomático brasileiro, caso o país não integre a referida Convenção. Ao chegar ao Brasil, o sinal público do ente apostilante, do cônsul ou do diplomata não necessita de qualquer reconhecimento ou legalização[22].

c) Se o documento não estiver redigido em português, deve ser traduzido por tradutor público juramentado. É preciso ressaltar a dispensabilidade de tradução de documentos provenientes de países que integram a Comunidade dos Países de Língua Portuguesa (CPLP). Este tema (tão curial e inusitado) foi objeto do Pedido de Providências n. 0002118-17.2016.2.00.0000, no CNJ, onde se recomendou a não exigência de tradução de documentos estrangeiros redigidos em língua portuguesa, conforme os arts. 224 do Código Civil brasileiro e 162 do Código de Processo Civil, bem como da jurisprudência dos Tribunais Superiores.

d) O documento e sua tradução juramentada são levados ao ofício de registro de títulos e documentos, para registro. Após, está apto a produzir efeitos no Brasil, ou seja, pode ser apresentado e produzir efeitos perante qualquer autoridade do País.

Para exemplificar, citamos uma procuração de uma pessoa estrangeira residente em um país que não exija a forma pública. Escrita e assinada de modo particular pelo interessado terá reconhecida a firma pelo notário local. Logo após, apostila-se ou consulariza-se a firma do notário, ou seja, o consulado brasileiro reconhece que o notário tem autoridade para o reconhecimento feito. O documento é remetido para o Brasil, onde é traduzido para o português[23] e levado, com a tradução, para o registro no ofício de títulos e documentos. Após o registro, o documento e sua tradução são apresentados ao tabelião para a lavratura da escritura em nosso país[24]. Se, por outro lado, o país exigir a forma pública, a procuração será feita em notário público, seguindo o rito do apostilamento ou consularização do sinal público (do notário), tradução e registro. O cidadão brasileiro residente ou em trânsito no exterior pode solicitar o ato notarial no consulado ou embaixada ou no notário público local.

---

22. Com o apostilamento conforme a Convenção, o item "b" estará dispensado.
23. Atenção: o documento redigido em português, em outro país, não necessita tradução. Apesar de parecer absurda, a hipótese já foi objeto de consulta aos órgãos corregedores (Pedido de Providências n. 0002118-17.2016.2.00.0000, CNJ).
24. De notar que a Resolução n. 35/2007, da Corregedoria do CNJ, fixa o prazo máximo de 90 dias contados da data da procuração para a sua utilização em cartório de notas. O prazo não tem fundamento legal e não se repristina com novo registro ou nova certidão do ofício de títulos e documentos, como costumam fazer alguns tabeliães (Pedido de Providências, Processo n. 0020934-19-2013.8.26.0100, 2ª Vara de Registros Públicos, Foro Central, São Paulo, SP). Nos casos de procurações lavradas nos consulados brasileiros, o notário poderá solicitar a confirmação de vigência do ato por correio eletrônico (*e-mail*); tal prática tem se mostrado eficaz.

Há tratados e acordos que **dispensam** qualquer formalidade para o *exequatur*[25] dos atos notariais oriundos dos respectivos países aqui no Brasil. Apesar dos tratados dispensarem a tradução juramentada, ela pode ser exigida pelo notário que não domine o idioma estrangeiro, para a exata compreensão do documento.

Os instrumentos públicos emanados dos países abaixo terão no outro a mesma força probatória que seus próprios instrumentos públicos:

- Argentina, Paraguai e Uruguai: Decreto n. 2.067/96, art. 25, c/c o art. 103-B, III, da EC n. 45/2004 e art. 5º do Decreto n. 8.742/2016.
- Bolívia e Chile: Decreto n. 6.891/2009, art. 25, c/c o art. 103-B, III, da EC n. 45/2004 e art. 5º do Decreto n. 8.742/2016.
- Espanha: Decreto n. 166/91, art. 28, c/c o art. 103-B, III, da EC n. 45/2004 e art. 5º do Decreto n. 8.742/2016.
- França: Decreto n. 3.598/2000, art. 23, e art. 5º do Decreto n. 8.742/2016.
- Itália: Decreto n. 1.476/95, art. 11, c/c o art. 103-B, III, da EC n. 45/2004 e art. 5º do Decreto n. 8.742/2016.
- Bolívia: Decreto n. 5.541/2005, art. 4º. Bolívia e Brasil aceitam os respectivos documentos de identidade civil[26].

O Decreto n. 8.742, de 4 de maio de 2016, considera válidas as cópias dos atos notariais e de registro civil escriturados nos livros do serviço consular brasileiro, quando elas contenham a etiqueta ou a folha de segurança da repartição consular emitente, que leva o nome e a assinatura da autoridade consular brasileira responsável.

As assinaturas originais das autoridades consulares brasileiras têm validade em todo o território nacional, ficando dispensada sua legalização.

Havendo dúvida quanto à autenticidade ou à validade dos atos emitidos pelas autoridades consulares brasileiras, as consultas poderão ser dirigidas diretamente aos Consulados e às Embaixadas brasileiras que escrituraram esses atos em seus livros.

São dispensados de legalização consular, para terem efeito no Brasil, os documentos expedidos por autoridades estrangeiras encaminhados por via diplomática ao Governo brasileiro.

Igual tratamento têm os documentos expedidos por países com os quais a República Federativa do Brasil tenha firmado acordos bilaterais ou multilaterais de simplificação ou dispensa do processo de legalização de documentos.

5) **Redação em língua nacional**: a redação dos atos notariais se fará em português. Não está vedada a eventual utilização de expressões estrangeiras consagradas, ou outras sem palavra correspondente em português, ou, ainda, consagradas e aceitas usualmente. Exs.: internet, webmail, garage.

25. Os tratados e acordos exigem que os referidos documentos tenham o trâmite feito por intermédio da Autoridade Central, no Brasil, geralmente atribuído ao Ministério da Justiça ou das Relações Exteriores.
26. Art. 4º, item 4: Os nacionais das Partes poderão permanecer no território da outra Parte para realizar atividades oficiais, de turismo ou negócios, por um período de até 90 (noventa) dias prorrogáveis por outros 90 (noventa) dias no período de um ano.

Se qualquer comparecente não souber a língua nacional e o tabelião não entender o idioma em que se expressa, deve comparecer tradutor público para servir de intérprete, ou, não o havendo na localidade, outra pessoa capaz que, a juízo do tabelião, tenha idoneidade e conhecimento bastantes (CC, art. 215, § 4º).

6) **Traslados e certidões:** fazem a mesma prova plena do documento público notarial os traslados, as certidões extraídas dos instrumentos ou documentos lançados pelo tabelião em suas notas e as reproduções dos documentos públicos, desde que autenticadas pelo oficial público. O vocábulo *traslados*, ou *translados*, tem origem no latim *translatus*. É o instrumento produzido pelo oficial público que descreve tal e qual o documento original, para que seja entregue às partes e circule, permitindo a eficácia jurídica em face de terceiros[27].

Certidão deriva do latim *certitudo*, de *certus*, ou seja, certeza. É o documento no qual o oficial público descreve e dá certeza de fatos que constam de seus livros.

Traslado e certidão têm sentido igual, visto que ambos representam a reprodução do ato feito e conservado pelo oficial, com a declaração de fé deste, para que produza seus efeitos perante a sociedade ao circular[28]. A certidão notarial difere do traslado, pois pode ser parcial ou conter um extrato ou conjunção de dois ou mais atos notariais. Visa instrumentar o ato para circulação, como o traslado.

A reprodução, como o traslado e a certidão, é uma cópia do ato público ou de documento particular, para multiplicá-los instrumentalmente, permitindo a circulação e a produção de seus efeitos perante terceiros. A reprodução é uma fotografia que clona um documento; é conhecida popularmente como fotocópia ou "xerox". Autenticada pelo oficial público, produzirá os mesmos efeitos do original.

Os traslados, as certidões e as reproduções dos atos públicos e demais documentos arquivados pelo oficial fazem a mesma prova que os originais e têm a mesma força probante[29].

Como são documentos que representam o ato e circularão em face de terceiros, os papéis de traslados e certidões devem ter itens de segurança e a aposição do sinal público, dificultando a adulteração e falsificação do instrumento. No Estado de São Paulo, norma da Corregedoria obriga a utilização de papéis de segurança, que são controlados pelo Colégio Notarial do Brasil e pela Corregedoria-Geral da Justiça. Em alguns Estados, o traslado também é assinado pelas partes, mas isso não é regra, tampouco essencial em face da técnica notarial.

Há Estados, como Rio de Janeiro e Santa Catarina, que exigem do oficial registrador a confirmação do traslado alienígena, ou seja, de outro Estado. **Em concursos**, atente para isso.

---

27. Até hoje, há debate entre os tabeliães sobre assunto tão singelo. Há quem defenda ser traslado somente o primeiro instrumento copiado, os demais seriam certidões; há quem sustente que devem ser extraídos tantos traslados quantos sejam solicitados, mas somente no momento da entrega do serviço.
28. DE PLÁCIDO E SILVA, O. J. *Vocabulário jurídico*. 21. ed., atual. por Nagib Slaibi Filho e Gláucia Carvalho. Rio de Janeiro: Forense, 2003, p. 165.
29. PONTES DE MIRANDA, F. C. *Comentários ao Código de Processo Civil:* arts. 282 a 443, t. IV, p. 360.

As certidões ou os traslados podem ser fornecidos em papel e mediante escrita que permitam a sua reprodução por fotocópia ou outro processo equivalente ou sob a forma eletrônica[30].

A certidão somente é expedida dos atos que constem dos livros notariais. Excepcionalmente, podem ser fornecidas certidões de documentos arquivados, mas o melhor é que estes documentos sejam fornecidos por cópia autenticada[31].

7) **Chancela mecânica e selos de autenticidade**: o tabelião pode utilizar em seus sinais públicos a chancela mecânica, método de autorizar e assinar documentos com o uso de uma máquina que contém o *fac-símile* da assinatura.

Muitos tabeliães, de modo espontâneo ou por determinação das respectivas Corregedorias da Justiça, utilizam também selos, em papel ou meio eletrônico. Tais selos fazem parte do sinal público e prestam-se para segurança dos atos e controle e fiscalização por parte do juízo corregedor. Os selos não atribuem autenticidade; constituem-se em mero atributo do sinal público. Importante ressaltar, porém, que certas normas administrativas que obrigam ao uso do selo cominam a sua falta ou uso irregular com a nulidade do ato. **Em concursos**, atente para isso.

6.3.2 Aspectos intrínsecos

Os aspectos intrínsecos do ato notarial envolvem a presença e correção de elementos indispensáveis do ato, como a identidade das partes, capacidade, manifestação da vontade, objeto do negócio ou o próprio negócio etc. Para melhor compreensão do tema, lembramos os elementos do *lead* jornalístico: quem, quando, onde, o que, como e por quê.

Comecemos pelo *quem*, ou seja, as partes e demais intervenientes.

6.3.2.1 Partes e demais intervenientes da escritura pública

São partes os interessados no ato notarial. São outorgantes, se conferem direitos, ou outorgados, se recebem tais direitos.

A escritura pode conter também a presença de intervenientes, ou seja, pessoas que não fazem parte do negócio, mas cuja presença seja necessária para perfectibilizar a outorga como anuentes ou testemunhas. São exemplos de comparecentes: o cônjuge que comparece para simplesmente anuir (concordar) com a venda do bem imóvel de propriedade do outro, ou o credor hipotecário que se declara ciente do negócio, ou, ainda, as testemunhas instrumentais ou probatórias presentes em certos atos[32].

O tabelião, ou o escrevente, não é parte, é autor do ato.

30. Em São Paulo, o documento eletrônico deve ser em PDF/A, ou como informação estruturada em XML (Extensible Markup Language), assinados com Certificado Digital ICP-Brasil, tipo A3 ou superior.
31. Exceto para os documentos em cópia autenticada ou simples.
32. Art. 7º, § 2º, Lei nº 8.935/94: É vedada a exigência de testemunhas apenas em razão de o ato envolver pessoa com deficiência, salvo disposição em contrário.

É requisito essencial da atividade notarial o reconhecimento da identidade e capacidade das partes e de quantos hajam comparecido ao ato, por si, como representantes, intervenientes ou testemunhas (art. 215, II).

Além de verificar a identidade das partes, o tabelião deve realizar a sua qualificação jurídica.

No sentido processual, qualificação é tomada no conceito de identificação com os demais atributos que demonstrem as qualidades relevantes da pessoa para o ato a ser realizado[33]. Integram a qualificação o nome completo, o estado civil, a nacionalidade, a profissão, o domicílio, o número da carteira de identidade e seu órgão expedidor e o número do Cadastro de Pessoas Físicas do Ministério da Fazenda (CPF). Se a parte é uma empresa ou associação, a razão social, o nome fantasia, a origem nacional, o domicílio, o número no Cadastro Nacional de Pessoas Jurídicas do Ministério da Fazenda (CNPJ) e o número de inscrição na junta comercial ou no cartório de registro civil das pessoas jurídicas[34].

A pessoa jurídica é presentada por seu administrador, ressalvadas as hipóteses em que o contrato social disponha uma presentação qualificada para todos ou certos atos, o que costuma ocorrer para a alienação de bens imóveis. Esses presentantes devem ser qualificados como pessoas físicas, indicada sempre a cláusula contratual de mandato ou autorização especial societária que os legitima.

Muitos contratos sociais são mal redigidos, com cláusulas confusas, dificultando a compreensão da presentação qualificada para certos atos, em especial os de alienação de imóveis.

É indispensável o exame do objeto social e dos poderes de administração diante do ato que pretende praticar o administrador (art. 1.015 do Código Civil).

Se o contrato for silente quanto aos poderes ou houver cláusulas conflitantes, o tabelião deve exigir a adequação do contrato social ou o comparecimento de sócios com maioria do capital social. Se o ato é estranho ao objeto social, o tabelião deve solicitar especial aprovação em assembleia de sócios.

Nos incisos II e III, o art. 215 do Código Civil dispõe que o tabelião, ao lavrar escrituras públicas, deve reconhecer a identidade e a capacidade das partes e de todos quantos compareçam ao ato, por si, como representantes ou intervenientes, e qualificá-las.

Não é imprescindível que sejam reconhecidas as identidades e capacidades, ou requerida a qualificação, seja do solicitante, seja de terceiros presentes na ata notarial, mas na escritura pública é indispensável.

A identidade das partes é aferida pela apresentação do documento de identidade civil. Há inúmeros documentos oficiais de identidade em nosso ordenamento e qualquer um deles pode e deve ser aceito se previsto em lei. Dentre estes, destacam-se os documentos expedidos pelas secretarias da segurança pública ou pelos DETRANs de cada Estado, ou ainda os expedidos pelas ordens profissionais, como a OAB e o CREA.

33. DE PLÁCIDO E SILVA, O. J. *Vocabulário jurídico*, p. 664.
34. Veja o Prov. CNJ 134/2022, art. 33.

Já houve discussão sobre se o documento de identidade com data de validade vencida pode ser aceito como identificação. Uma só decisão do STJ resolveu o assunto: pode sim[35].

O concurseiro deve optar "sim" em face desta questão. O assunto foi controverso, mas hoje há consenso. Verifique, de qualquer modo, a regulamentação do Tribunal de Justiça local[36].

O nacional pode ser identificado pelo passaporte, que é documento de identidade destinado ao exterior. O estrangeiro também pode ser identificado por seu passaporte, que será apresentado com o visto de trânsito ou permanência válido. Excepcionalmente, pode o tabelião, a seu exclusivo juízo, identificar o estrangeiro por documentos oficiais de identidade de seu país de origem, hipótese que somente deve ser admitida para atos indispensáveis à cidadania (como um pedido de visto, de permanência, de asilo, o reconhecimento de filho, o testamento)[37].

A capacidade das pessoas é atestada pelo tabelião e eventuais testemunhas em função da percepção ordinária dos fatos da vida. Idade avançada ou dificuldade de se expressar não diminuem a capacidade de ninguém. Age mal o tabelião que se amedronta em face disso e deixa de atender as partes. A exigência de atestados médicos para estes casos é temerária. Em primeiro lugar, é uma condição não prevista em lei, logo, arbitrária. Em segundo lugar, a verificação da capacidade no âmbito da tutela notarial é feita exclusivamente pelo juízo do tabelião[38], que não age com culpa se uma apreciação judicial posterior concluir que a parte era incapaz ou não estava lúcida no momento do ato. Finalmente, a exigência de um atestado médico indicará para um futuro juiz que aprecie a regularidade do ato que havia dúvida quanto à capacidade das partes, antecipando uma suspeição futura que pode ferir de morte o ato.

Contudo, há decisões administrativas que privilegiam a apresentação de atestado médico como medida de cautela e prudência do tabelião[39].

Outro assunto em voga é a entrada em vigor da Lei n. 13.146, de 6 de julho de 2015, que instituiu a Lei Brasileira de Inclusão da Pessoa com Deficiência, chamada de Estatuto da Pessoa com Deficiência.

Este Estatuto visa a assegurar e a promover, em condições de igualdade, o exercício dos direitos e das liberdades fundamentais da pessoa com deficiência, visando à sua inclusão social e cidadania.

---

35. STJ, 1ª Turma, RMS 48.803, Relator Min. Napoleão Nunes Mais Filho. No mesmo sentido, o REsp 1.805.381, sob a relatoria do ministro Gurgel de Faria (1ª Turma) já havia firmado o entendimento de que o prazo de validade da CNH "deve ser considerado estritamente para se determinar o período de tempo de vigência da licença para dirigir, até mesmo em razão de o artigo 159, parágrafo 10, do Código de Trânsito Brasileiro condicionar essa validade ao prazo de vigência dos exames de aptidão física e mental".
36. As Normas de Serviço do Estado de São Paulo preveem a aceitação de CNH vencida (item 180, Cap. XVI).
37. O estrangeiro não residente no território nacional será identificado à luz de seu passaporte, salvo quando houver tratado internacional permitindo a aceitação do documento civil de identificação de seu país (Normas de Serviço do Estado de São Paulo, item 180.5, Cap. XVI).
38. No caso do testamento público, também de duas testemunhas.
39. Nesse sentido: Processo CG n. 2014/121895, Corregedoria-Geral da Justiça do Estado de São Paulo, e Processo n. 0026342-20.2015.8.26.0100, 2ª Vara de Registros Públicos de São Paulo.

Segundo a nova lei, pessoa com deficiência é aquela que tem impedimento de longo prazo de natureza física, mental, intelectual ou sensorial, a qual, em interação com uma ou mais barreiras, pode obstruir sua participação plena e efetiva na sociedade em igualdade de condições com as demais pessoas (art. 2º). A lei não faz mais a distinção entre deficiência física ou psíquica.

Foram revogados os seguintes dispositivos do Código Civil, Lei n. 10.406, de 10 de janeiro de 2002:

- os incisos I, II e III do art. 3º;
- os incisos II e III do art. 228;
- o inciso I do art. 1.548;
- o inciso IV do art. 1.557;
- os incisos II e IV do art. 1.767;
- os arts. 1.776 e 1.780.

Ao modificar as regras sobre capacidade civil, temos mudanças fundamentais nas relações familiares e negociais, especialmente sobre a curatela.

Exige, dos profissionais do Direito, estudo sobre a nova teoria da incapacidade em harmonia com os princípios da dignidade da pessoa humana. E mais, a sensibilidade e a lucidez para mudar velhas fórmulas sobre a capacidade civil.

Como a doutrina e os tribunais tratarão doravante o **art. 166, I** (é nulo o negócio jurídico quando celebrado por pessoa absolutamente incapaz), o **art. 171, I** (além dos casos expressamente declarados na lei, é anulável o negócio jurídico por incapacidade relativa do agente), ou, ainda, o **art. 1.860** (além dos incapazes, não podem testar os que, no ato de fazê-lo, não tiverem pleno discernimento) sob a perspectiva do Estatuto da Pessoa com Deficiência?

O art. 6º da Lei n. 13.146/2015 disciplina que a deficiência **não afetará a plena capacidade civil da pessoa**, inclusive para:

> I – casar-se e constituir união estável;
>
> II – exercer direitos sexuais e reprodutivos;
>
> III – exercer o direito de decidir sobre o número de filhos e de ter acesso a informações adequadas sobre reprodução e planejamento familiar;
>
> IV – conservar sua fertilidade, sendo vedada a esterilização compulsória;
>
> V – exercer o direito à família e à convivência familiar e comunitária; e
>
> VI – exercer o direito à guarda, à tutela, à curatela e à adoção, como adotante ou adotando, em igualdade de oportunidades com as demais pessoas.

A pessoa com deficiência tem direito a receber atendimento prioritário, sobretudo com a finalidade de atendimento em todas as instituições e serviços de atendimento ao público (art. 9º), incluindo os serviços notariais e de registro.

Os serviços notariais e de registro não poderão negar ou criar óbices ou condições diferenciadas à prestação dos serviços notariais e registrais em razão de deficiência do solicitante, **devendo reconhecer sua capacidade legal plena**, garantida a acessibilidade (art. 83).

O descumprimento do disposto anteriormente constituirá discriminação em razão de deficiência, e as penalidades estão tipificadas nos arts. 88 e seguintes.

A pessoa com deficiência **tem assegurado o direito ao exercício de sua capacidade legal** em igualdade de condições com as demais pessoas (art. 84).

Quando necessário, a pessoa com deficiência será submetida à curatela, conforme a lei. Será facultada à pessoa com deficiência a adoção de processo de tomada de decisão apoiada[40].

O art. 85, por sua vez, menciona que a curatela afetará tão somente os atos relacionados aos direitos de natureza patrimonial e negocial.

A curatela não alcança o direito ao próprio corpo, à sexualidade, ao matrimônio, à privacidade, à educação, à saúde, ao trabalho e ao voto. Constitui **medida extraordinária**, devendo constar da sentença as razões e as motivações de sua definição, preservados os interesses do curatelado.

Parece-nos que para a atividade notarial haverá pouca mudança. Chegamos a essa conclusão porque devemos fazer uma leitura sistêmica entre os arts. 83, 84, §§ 1º e 2º, 85, §§ 1º e 2º, do Estatuto da Pessoa com Deficiência c/c os arts. 3º, 4º, 215, II, e 1.767, I, do Código Civil. Os tabeliães deverão reconhecer capacidade plena às pessoas com deficiência (física ou psíquica) **somente quando elas puderem exprimir claramente a sua vontade sobre o ato notarial solicitado**, por força dos arts. 84, § 1º, e 85 do Estatuto e 215, II, do Código Civil.

Assim, se a pessoa com deficiência exprimir a sua vontade, os atos em geral deverão ser praticados. Contudo, se a pessoa não exprimir sua vontade com clareza ou não estiver acompanhada de curador (art. 1.767 do CC) ou de pessoa para a tomada de decisão apoiada prevista no art. 1.783-A do Código Civil, **o ato deverá ser negado** (art. 5º do Estatuto e art. 1.767, I, do CC).

Em conclusão: se o tabelião não estiver certo a respeito da capacidade da parte, deve recusar-se a lavrar o ato, sejam escrituras ou atas. Exigir prova extra da capacidade constitui indício antecipado de que as partes podem não estar capazes.

Em alguns Estados, como o Rio de Janeiro, há norma administrativa que exige a apresentação de uma certidão do distribuidor do cartório de interdições e tutelas. Com isso, sendo negativa a certidão, o tabelião tem a certeza de que a parte ou os intervenientes não estão interditados (ou são partes de processo tendente à interdição).

As pessoas jurídicas podem comparecer como partes ou intervenientes em atos notariais (nunca como testemunhas), presentadas ou representadas pelas pessoas físicas legitimadas. Para tanto, é indispensável a apresentação dos seguintes documentos: contrato empresarial ou estatuto, ata da assembleia ou reunião que indicou os presen-

40. A sentença que decretar a tomada de decisão apoiada será registrada no Registro Civil de Pessoas Naturais (Prov. CGJ-SP n. 32/2016).

tantes registrada no órgão próprio[41] e, quando houver, o instrumento de mandato do representante.

A lei não exige que a documentação seja atualizada, isto é, recente, com prazo fixo limitado, como 30, 90 dias, ou qualquer outro prazo. As Normas de São Paulo determinam que a documentação das pessoas jurídicas não poderá ser de prazo superior a um ano, permitindo que se obtenha a ficha cadastral atualizada da Junta Comercial, via internet, se possível. Há normas administrativas estaduais que fixam esses prazos, *ad cautelam*. Parece-nos que essa disciplina deve ser interpretada como recomendação ao fazer notarial, em respeito aos princípios de liberdade e legalidade insculpidos no art. 5º, II, da Constituição Federal. Cabe ao notário, no âmbito de sua autonomia profissional, adotar as cautelas pontualmente, sob sua responsabilidade[42]. **Em concursos**, a questão deve ser respondida à luz das normas administrativas do Estado onde se realiza o certame.

A procuração para representar pessoas físicas ou jurídicas deve atender ao princípio da atração da forma (art. 657 do CC)[43], devendo conter os poderes gerais de administração ou os poderes expressos e especiais para o ato notarial que se requer.

Não há prazo para a procuração, mas algumas normas administrativas requerem que seja apresentada uma certidão recente (90 dias ou menos), exigência sem suporte legal, mas de boa cautela. Para tanto, alguns tabeliães, antes de lavrar atos baseados em procurações, costumam consultar os colegas autores das procurações para certificarem-se de que ainda estão vigentes[44].

O inciso III do art. 215 do Código Civil exige para a qualificação o nome, a nacionalidade, o estado civil, a profissão, o domicílio e a residência. Quando necessário, também o nome do cônjuge e o regime de bens do casamento ou a filiação[45].

O nome, a filiação, a nacionalidade e o casamento com o respectivo regime de bens são atestados pelo tabelião de acordo com os documentos de identidade e certidão de casamento apresentados. Esses dados da qualificação e a fé da capacidade civil das partes e demais comparecentes fazem prova plena.

A apresentação de carteira de identidade emitida por órgão profissional (como as da Ordem dos Advogados e dos Conselhos Profissionais), quando legalmente previstas, confere presunção de autenticidade notarial também a este respeito[46].

41. Excepcionalmente, pode estar pendente de registro. Nesse caso, o tabelião deve indicar tal fato no ato notarial. O tabelião deve fazer uma análise técnica da documentação para verificar sua registrabilidade. Não é sua competência, mas vícios evidentes podem indicar querelas ou irregularidades insanáveis que podem comprometer a legitimidade da presentação ou representação.
42. Nesse sentido, em São Paulo, decisão da Corregedoria-Geral da Justiça, Processo 000.02.004824-6, publicada no *DOE* em 9-4-2002: "Aliás, a melhor leitura das Normas indica que o prazo não pode ser impositivo, sendo mera recomendação aos notários."
43. "Art. 657 do CC: A outorga do mandato está sujeita à forma exigida por lei para o ato a ser praticado. Não se admite mandato verbal quando o ato deva ser celebrado por escrito."
44. Essa consulta de vigência é obrigatória no Estado de Santa Catarina, por exemplo.
45. O Provimento CNJ n. 61 de 17-10-2017 exige constar a existência de união estável, filiação e endereço eletrônico (e-mail). A normativa é destinada aos atos judiciais, mas se expande para os atos notariais, causando dúvida na sua aplicação.
46. Simples carteiras classistas ou funcionais, cuja emissão e equivalência identificatória não tenham fundamento legal, não podem ser aceitas para identificação.

A certidão de casamento dá certeza do casamento ou da separação ou do divórcio, se estiverem averbados. Caso contrário, escrituras ou sentenças de separação ou divórcio podem ser aceitas, ainda que pendentes de registro, ressalvado o fato no ato notarial.

O óbito é provado pela certidão própria ou por outra em que conste a sua averbação. A viuvez é provada pela apresentação da certidão de óbito do cônjuge falecido. O estado civil indicado pelo tabelião à vista das certidões tem a presunção legal de autenticidade.

O estado civil de solteiro é provado pela certidão de nascimento atualizada ou decorre de declaração da parte, devendo a parte provar seu estado se houver contestação. O tabelião não é responsável pela declaração falsa e por seus efeitos, mesmo que eles causem prejuízos a terceiros de boa-fé, posto que o sistema não prevê outro tipo de certeza.

A nacionalidade é provada pelo documento de identidade ou registro empresarial. O CPF é provado com a mera indicação do número de inscrição perante a Secretaria da Receita Federal do Brasil, que será conferido pelo tabelião no sítio do órgão[47]. A situação irregular perante o CPF não obsta a lavratura do ato; a inexistência do número ou o seu cancelamento, sim, devem obstar a lavratura.

A residência e o domicílio das partes e demais comparecentes são declarados, segundo o princípio da boa-fé[48]. Não se requer a apresentação de uma conta de consumo para prová-los, posto que não há previsão legal. É conveniente, mas não há obrigatoriedade legal, que o tabelião agregue também o Código de Endereçamento Postal (CEP) das partes e comparecentes.

Apesar de o inciso III exigir a indicação da filiação das partes e demais comparecentes, esta norma caiu em desuso, pois a identidade é especializada à vista do número do documento, não mais por meio da filiação. Há casos, porém, em que a indicação pode ser indispensável, quando seja necessário identificar uma pessoa em face de sua descrição em antiga transcrição imobiliária.

A atividade profissional pode ser autenticada pela apresentação de documento de identidade oficial expedido pelo órgão de classe ou ser meramente declarada pela parte ou comparecente, também conforme o princípio da boa-fé. Aposentado não é profissão, mas indica a inatividade e presta-se para a qualificação.

A seguir, trataremos do momento do ato notarial, o *quando* do *lead* jornalístico.

6.3.2.2 Tempo do ato notarial

Os atos notariais devem conter a data e, se possível, a hora de sua realização (art. 215, I, do CC), conforme o calendário oficial do local[49]. O tempo deve ser preciso, às vezes até quanto aos segundos, quando se tratar de atas notariais. Para escrituras, basta indicar o dia, constituindo preciosismo a indicação da hora do testamento em vista da possibilidade de o testador morrer no dia em que realiza o ato.

47. O cartão de CPF foi extinto pela SRF. Não deve mais ser exigido.
48. De acordo com o art. 1º da Lei n. 7.115/83, a declaração destinada a fazer prova de residência presume-se verdadeira.
49. A data e a hora legal do Brasil são divulgadas pelo Observatório Nacional.

Os atos notariais sempre se prolongam no tempo. São solicitados, preparados, revisados, sopesados, refletidos, agendados e, finalmente, assinados, no mesmo momento ou em instantes diferentes.

Há, portanto, a incidência de inúmeras ações e seus respectivos tempos. Nas escrituras, não se exige a descrição pormenorizada destes momentos, nem mesmo quando se trata de precisar a data da assinatura. A melhor técnica notarial impõe que sejam os atos assinados na mesma data da lavratura, mas as atribulações e conveniências de nosso tempo permitem tolerar a assinatura em momento posterior. Quão posterior? Um ou dois dias, no máximo[50]. Além disso, ou mesmo dentro deste prazo, sujeita o tabelião à penalidade imposta pelo juízo corregedor. **Em concursos**, esta questão deve ser respondida ortodoxamente: o ato deve ser assinado no mesmo dia e na mesma hora por todas as partes e comparecentes.

Nas atas que verificam fatos que se prolongam no tempo, a redação deve mencionar com exatidão o dia e a hora de cada ação.

Os desenvolvedores de programas de informática têm uma expressão cuja aplicação sugerimos ao tabelião: *wysiwyg* ou *what you see is what you get*; em português, "o que você vê é o que você tem". Assim deve ser a narrativa do tabelião na ata.

Parece-nos dificultar a leitura e compreensão a indicação "aos dezesseis dias do mês de junho do ano de dois mil e doze da era de nosso Senhor Jesus Cristo".

É importante notar que, se o tabelião dispuser de sistema eletrônico de edição dos atos e a hora for lançada automaticamente pelo sistema, não prejudica o ato se a redação declarar um horário em que o cartório estava fechado ao público, mas os escreventes já trabalhavam, imprimindo os atos que seriam assinados pelas partes durante o dia[51].

Essas situações devem ser mencionadas expressamente no ato notarial (escrituras e atas), indicados os motivos do atendimento extraordinário.

Veremos, a seguir, *onde* são lavrados os atos notariais.

6.3.2.3 *Local dos atos notariais*

A regra é a lavratura do ato notarial no endereço do tabelionato, onde é assinado pelas partes e demais comparecentes.

---

50. Como dito anteriormente, no Estado de São Paulo o ato notarial pode ficar pendente de assinatura até 30 dias após sua lavratura.

51. Nesse sentido, em São Paulo, o eminente Juiz Corregedor Permanente da 2ª Vara de Registros Públicos, Dr. Márcio Martins Bonilha Filho, assim decidiu no processo CP 06/04-TN: "Por fim, a questão do alegado horário inusitado na lavratura das atas não configura, igualmente, conduta irregular, sujeita à adoção de providência censório-disciplinar em relação à unidade, em quadro onde o Tabelião demonstrou ter acessado aos sítios eletrônicos nos respectivos horários indicados. Pese embora a disciplina reinante (art. 4º da Lei n. 8.935/94 e Portaria CP 419/98), no tocante à jornada de trabalho e ao atendimento ao público, nada impede que o acesso aos sítios eletrônicos, como ocorreu na espécie, ocorra em horário diverso, sobretudo diante da natureza da ata, a justificar tal comportamento, devidamente transposto nos instrumentos públicos, traduzindo a efetiva realidade do fato". Após atualização das Normas de Serviço, passou a constar expressamente: "4.1. É facultado-lhe lavrar os atos notariais fora do horário e dos dias estabelecidos, na portaria, para o atendimento ao público, salvo expressa proibição motivada do Juiz Corregedor Permanente, a ser submetida à Corregedoria-Geral da Justiça".

O ato pode ser previamente lavrado no tabelionato e levado para outro local, onde são conduzidas as formalidades (leitura do ato e declaração de que todos estão concordes com o conteúdo) e o ato é assinado. Neste caso, o ato é "em diligência" e deve declarar como local o endereço onde é assinado[52].

Em São Paulo, as folhas dos livros não podem permanecer fora da serventia, de um dia para outro, ressalvadas as hipóteses de atos em diligência realizados fora do horário e dos dias estabelecidos para o atendimento ao público, mediante prévia autorização do Tabelião de Notas.

Excepcionalmente, o ato será lavrado integralmente confeccionado em diligência, quando as circunstâncias impuserem. Tal é o caso do testamento público, lavrado pelo tabelião no hospital ou na residência do testador.

O tabelião não pode deslocar a lavratura para área externa do município para o qual recebeu a delegação (Lei n. 8.935/94, art. 9º).

O que declaram e fazem as partes no ato notarial, a seguir.

6.3.2.4 Objeto do ato notarial

O objeto do ato notarial é autenticar um fato (ata notarial) ou formalizar um ato ou negócio jurídico (escritura pública).

Segundo o art. 215, IV, do Código Civil, é requisito do ato notarial a manifestação clara da vontade das partes e dos intervenientes. O tabelião deve narrar os fatos constatados com clareza e objetividade, com acuidade e precisão fática, linguística e gramatical. A escritura ou a ata deve distinguir com clareza o que é atestado pela fé do notário do que é percebido e declarado pelas partes ou por terceiros intervenientes.

Se o tabelião compreender os sinais e a forma como se manifestam os cegos, surdos, mudos ou pessoas portadoras de deficiências que dificultem a comunicação, não há obstáculo para que as atenda, redobrando o cuidado com o que fala ou comunica e o que percebe.

Se qualquer dos comparecentes não souber a língua nacional e o tabelião não entender o idioma em que ele se expressa, deve comparecer tradutor público ou, se não houver, qualquer outra pessoa que entenda o estrangeiro e, a juízo do tabelião, tenha idoneidade para servir de intérprete para a realização do ato (art. 215, § 4º, do CC).

Recepcionada a vontade das partes, o tabelião deve identificar o negócio mais adequado que as atenda, traduzindo esta manifestação em linguagem jurídica que produza os efeitos pretendidos.

Para tanto, deve ser claro na expressão, deve escrever com objetividade, utilizando-se da ordem direta (sujeito, verbo e predicado), evitando expressões e jargões inúteis (como é exemplo o clichê "nos melhores termos de direito").

52. Em São Paulo, os locais de coleta da assinatura devem ser expressamente lançados no ato notarial e as partes deverão apor ao lado de sua firma a data e o local (o mesmo da lavratura ou o endereço completo se for diverso) onde feita a subscrição.

Que negócio realizam as partes? Quem vende? Quem compra? Quem vende deve declarar na escritura que vende, e quem compra deve declarar que compra. O objeto do negócio deve ser especificado claramente, sem margem de dúvida, bem como o preço e a forma de pagamento.

Aspecto importante do fazer notarial é a análise da certidão imobiliária (matrícula ou transcrição), a qual deve ser feita com extrema acuidade e atenção, verificando o encadeamento dos atos registrais, os ônus e as partes envolvidas, na sua integralidade.

Se há condição ou termo, a narrativa deve indicar com clareza a quem cumpre observar estes requisitos e como se resolve o inadimplemento.

Os intervenientes devem declarar o que fazem no ato, não basta assinarem. Se comparece um cônjuge para anuir, a escritura deve conter, indispensavelmente, a declaração de que concorda com a venda segundo as condições ali descritas[53].

A escritura deve ser lida para ou pelas partes e demais comparecentes, devendo ser declarado que foi lida perante todos ou que todos a leram.

O tabelião deve consultar e declarar, dando fé, que as partes concordaram com todo o teor do instrumento. Ao final, as partes e demais comparecentes devem assinar.

O ato se perfectibiliza com a assinatura final do tabelião ou de um de seus substitutos.

Se algum comparecente não puder ou não souber escrever, outra pessoa capaz pode assinar por ele, a seu pedido (rogo).

Finalmente, a escritura deve indicar *por que* as partes comparecem ao ato, o que veremos adiante.

6.3.2.5 Fundamentação legal e motivos

Não se deve confundir a fundamentação legal do ato notarial com a do negócio ou ato jurídico que produzem as partes.

É indispensável que o tabelião informe o fundamento legal de sua atuação (CC, art. 215, V), que pode ser simplesmente indicado pela dação da fé pública notarial ou pela menção aos artigos de lei que preveem o ato (por exemplo, Lei n. 8.935/94, art. 7º, III, para as atas notariais).

Quanto às partes, é importante indicar o fundamento legal do negócio e, quando tiver relevância, a motivação.

6.3.2.6 Outros requisitos

A lei exige também que o tabelião declare se há o cumprimento das exigências legais e fiscais inerentes à legitimidade do ato.

Estas exigências estão indicadas na Lei n. 7.433/85, regulamentada pelo Decreto n. 93.240/86.

53. Por sinal, é frequente que o cônjuge seja indicado erroneamente como assistente. Não o é; é anuente.

Na escritura pública de imóveis urbanos, a descrição e a caracterização do objeto devem indicar o que contém a certidão do Cartório do Registro de Imóveis, repetindo apenas o número do registro ou da matrícula e a completa localização, com indicação do logradouro, número, bairro, da cidade e do Estado[54].

O tabelião deve consignar no ato notarial a apresentação do documento comprobatório do pagamento do Imposto de Transmissão *Inter Vivos* ou Imposto sobre Transmissão *Causa Mortis* e Doação de Quaisquer Bens ou Direitos, quando incidente sobre o ato, ressalvadas as hipóteses em que a lei autorize a efetivação do pagamento após a sua lavratura.

Deve indicar também a apresentação das certidões fiscais, dos feitos ajuizados e de ônus reais.

As certidões fiscais são as que atestam a situação do imóvel perante os órgãos da administração responsáveis pela imposição tributária. Trata-se de declaração da secretaria da Fazenda do município, para os imóveis urbanos, ou da secretaria do patrimônio da União, para os imóveis foreiros. Finalmente, a situação fiscal dos imóveis rurais é controlada pela Secretaria da Receita Federal do Brasil, que expede a certidão.

Ações reais são as que versam sobre o domínio, propostas pelos proprietários ou por detentores de direito real (art. 1.225 do CC). Ações pessoais reipersecutórias são as que podem afetar o imóvel levando-o a garantir a execução do autor. Citado por Sérgio Jacomino, Aureliano de Gusmão considera ações pessoais reipersecutórias as que, derivando de uma obrigação, têm uma direção real, recaindo sobre uma coisa certa (*rem sequuntur*) e podendo ser propostas ou contra a pessoa obrigada ou contra o possuidor da coisa[55].

A Lei n. 13.097/2015 disciplinou que os negócios jurídicos sobre imóveis somente têm eficácia em relação aos atos jurídicos precedentes nas hipóteses em que não tenham sido registradas ou averbadas na matrícula do imóvel as seguintes informações: a) registro de citação de ações reais ou pessoais reipersecutórias; b) averbação, por solicitação do interessado, de constrição judicial, de que a execução foi admitida pelo juiz ou de fase de cumprimento de sentença, procedendo-se nos termos previstos no art. 828 da Lei n. 13.105, de 16 de março de 2015 (Código de Processo Civil)[56]; c) averbação de restrição administrativa ou convencional ao gozo de direitos registrados, de indisponibilidade ou de outros ônus; e d) averbação, mediante decisão judicial, da existência de outro tipo de ação cujos resultados ou responsabilidade patrimonial possam reduzir seu proprietário à insolvência, nos termos do inciso IV do *caput* do art. 792 da Lei n. 13.105, de 16 de março de 2015 (Código de Processo Civil)[57].

---

54. Em São Paulo, também os imóveis rurais georreferenciados podem ser descritos pelo número da matrícula, exceto quando se trate de transcrição; neste caso, o imóvel deve ser descrito de forma integral e pormenorizada (item 60, *a*, *1*, cap. XVI).
55. In: PAIVA, João Pedro Lamana. Disponível em: <http://registrodeimoveis1zona.com.br/>. Acesso em: 12 jun. 2016.
56. Redação dada pela Lei n. 14.382, de 2022.
57. Redação dada pela Lei n. 14.382, de 2022.

Não poderão ser opostas situações jurídicas não constantes da matrícula no registro de imóveis, inclusive para fins de evicção, ao terceiro de boa-fé que adquirir ou receber em garantia direitos reais sobre o imóvel, ressalvados o disposto nos arts. 129 e 130 da Lei n. 11.101, de 9 de fevereiro de 2005, e as hipóteses de aquisição e extinção da propriedade que independam de registro de título de imóvel[58].

E para a validade ou eficácia dos negócios jurídicos a que se refere o *caput* deste artigo ou para a caracterização da boa-fé do terceiro adquirente de imóvel ou beneficiário de direito real, não serão exigidas[59]: I – a obtenção prévia de quaisquer documentos ou certidões além daqueles requeridos nos termos do § 2º do art. 1º da Lei n. 7.433, de 18 de dezembro de 1985; e II – a apresentação de certidões forenses ou de distribuidores judiciais.

O escopo do ordenamento é garantir segurança nos negócios imobiliários, informando claramente as situações que podem afetar os bens e como as informações devem estar registradas ou averbadas centralizadamente no registro imobiliário competente. O comprador de boa-fé não pode ser atingido por ação que desconheça, que não esteja inscrita no registro predial.

Isso significa que, se houver uma demanda e o autor não noticiar (averbar) a demanda na matrícula e o réu vier a vender o bem, esse negócio jurídico terá preferência sobre eventual demanda favorável, impossibilitando o autor de buscar a anulação do negócio por fraude contra credores ou à execução.

Assim, não poderão ser opostas situações jurídicas não constantes da matrícula do registro de imóveis, inclusive para fins de evicção, ao terceiro de boa-fé que adquirir ou receber em garantia direitos reais sobre o imóvel. São exceções a essa regra: a) em relação à massa falida, são ineficazes os atos de registro de direitos reais e de transferência de propriedade realizados após a decretação da falência, salvo se houver prenotação[60]; e b) as hipóteses de aquisição e extinção da propriedade que independem de registro, como a usucapião e a aquisição por acessão (art. 1.238 e 1.218 do CC)[61].

A alienação ou oneração de unidades autônomas integrantes de incorporação imobiliária, parcelamento do solo ou condomínio edilício, devidamente registrada, não poderá ser objeto de evicção ou de decretação de ineficácia, mas eventuais credores do alienante ficam sub-rogados no preço ou no eventual crédito imobiliário, sem prejuízo das perdas e danos imputáveis ao incorporador ou empreendedor, decorrentes de seu dolo ou culpa, bem como da aplicação das disposições constantes da Lei n. 8.078, de 11 de setembro de 1990. É uma garantia para o adquirente de unidade autônoma que registra o seu título e contrata com o incorporador/loteador o pagamento parcelado do imóvel. Os credores do alienante (incorporador, loteador, condomínio edilício) não alcançarão o imóvel, mas somente as prestações faltantes do contrato[62].

58. Redação dada pela Lei n. 14.382, de 2022.
59. Incluído pela Lei n. 14.382, de 2022.
60. Lei n. 13.097/2015, art. 56.
61. Nesse sentido, Comunicado CG n. 276, de 13-3-2015.
62. PAIVA, João Pedro Lamana. Disponível em: http://registrodeimoveis1zona.com.br/. Acesso em: 12 jun. 2016.

A averbação na matrícula do imóvel será realizada por determinação judicial e conterá a identificação das partes, o valor da causa e o juízo para o qual a petição inicial foi distribuída[63]. A averbação recairá preferencialmente sobre imóveis indicados pelo proprietário e se restringirá a quantos sejam suficientes para a satisfação do direito. A quantidade de registros averbados deve ser razoável, guardando relação de valor para satisfazer o objeto da demanda. Eventual abuso poderá ensejar indenização.

Após realizar a averbação, o oficial do registro deve comunicar o juízo no prazo de até dez dias. A qualificação registral, admitindo a averbação ou inadmitindo por nota devolutiva, será feita no prazo de 5 dias.

O disposto na Lei n. 13.097/2015 não se aplica a imóveis que façam parte do patrimônio da União, dos Estados, do Distrito Federal, dos Municípios e de suas fundações e autarquias.

O art. 59 alterou a Lei n. 7.433/85, e o § 2º do art. 1º passou a ter a seguinte redação:

> "§ 2º O Tabelião consignará no ato notarial a apresentação do documento comprobatório do pagamento do Imposto de Transmissão *Inter Vivos*, as certidões fiscais e as certidões de propriedade e de ônus reais, ficando dispensada sua transcrição".

O novo texto excluiu a menção "feitos ajuizados" e incluiu "certidões de propriedade e de ônus reais". Isso significa que os credores deverão ser diligentes na averbação de seus créditos ou direitos com relação às matrículas dos imóveis, pois sua desídia acarretará a sanção do § 1º do art. 54 da Lei n. 13.097/2015.

Os tabeliães de notas não necessitarão exigir a apresentação de certidões dos distribuidores judiciais para a lavratura de escrituras relativas à alienação ou oneração de bens imóveis[64], à luz da nova redação do § 2º do art. 1º da Lei n. 7.433/85 e dos incisos I e II do § 2º, do art. 54 da Lei n. 13.097/2015[65].

Como dissemos, as empresas em processo de falência ou recuperação judicial têm tratamento especial. Por isso, para maior segurança dos adquirentes de imóveis comercializados por pessoa jurídica ou pelo sócio de empresa, é importante solicitar certidão que ateste a existência ou não de processo de recuperação judicial ou falência[66].

Os registros e as averbações relativas a atos jurídicos anteriores à Lei n. 13.097/2015 deveriam ser ajustados aos seus termos até o dia 7 de novembro de 2016.

Como bem leciona Melhim Namem Chalhub, a disposição do art. 792, IV, do novo CPC, fomenta insegurança jurídica em relação ao sistema normativo de proteção do terceiro adquirente de boa-fé anteriormente consolidado e já vem dando causa à divergência jurisprudencial sobre a matéria. É com a atenção voltada para o princípio da segurança jurídica que se espera que os incisos do art. 792 do novo CPC venham a

63. JACOMINO, Sérgio. Processo e registro – a forma além do conteúdo, *Boletim Eletrônico*, n. 2.834, de 8-2-2007. Acesso em: 21 jun. 2016.
64. Também em relação às empresas em recuperação judicial ou liquidação.
65. Redação dada pela Lei n. 14.382, de 2022.
66. PAIVA, João Pedro Lamana. Disponível em: http://registrodeimoveis1zona.com.br/. Acesso em: 12 jun. 2016.

ser interpretados, em conformidade com as normas de proteção do terceiro adquirente de boa-fé.

As certidões fiscais são distintas conforme o imóvel seja urbano ou rural. Em relação aos imóveis urbanos, estas certidões são referentes aos tributos que incidem sobre o imóvel. Em relação aos imóveis rurais, devem ser apresentados o Certificado de Cadastro emitido pelo Instituto Nacional de Colonização e Reforma Agrária (INCRA) e o comprovante de quitação do último Imposto Territorial Rural lançado. Se o prazo para o seu pagamento ainda não estiver vencido, a parte vendedora deve apresentar a quitação do Imposto Territorial Rural correspondente ao exercício imediatamente anterior.

As certidões fiscais podem ser dispensadas pelo adquirente que, neste caso, responderá, nos termos da lei, pelo pagamento dos débitos fiscais existentes.

A certidão de ações reais e pessoais reipersecutórias, relativas ao imóvel, e a de ônus reais são expedidas pelo Registro de Imóveis competente. O Decreto n. 93.240/86 fixa o prazo de validade para esta certidão em 30 dias, limite que a lei não fixa. Em São Paulo, a Corregedoria-Geral da Justiça já decidiu que este prazo é meramente indicativo, não sendo obrigatório[67].

De qualquer modo, o alienante deve declarar na escritura, sob pena de responsabilidade civil e penal, se existem ou inexistem outras ações reais e pessoais reipersecutórias relativas ao imóvel ou outros ônus reais incidentes sobre ele (Decreto n. 93.240/86, art. 1º, § 3º).

Além destas certidões, quando o outorgante vendedor for empregador ou equiparado está sujeito às exigências da Lei n. 8.212/91, art. 47, I, *b*.

Persiste a obrigatoriedade da apresentação da Certidão Negativa de Débitos Relativos às Contribuições Previdenciárias e às de Terceiros (CND), expedida pela Secretaria da Receita Federal do Brasil, referente exclusivamente às contribuições devidas, por lei, a terceiros, inclusive às inscritas em dívida ativa do Instituto Nacional do Seguro Social (INSS), e a Certidão Conjunta Negativa de Débitos Relativos aos Tributos Federais e à Dívida Ativa da União, da Procuradoria-Geral da Fazenda Nacional e Secretaria da Receita Federal do Brasil (Portaria Conjunta PGFN/RFB, n. 1.751, de 2-10-2014).

O art. 17 da referida Portaria dispensa a apresentação de comprovação da regularidade fiscal nos seguintes casos:

> I – na alienação ou oneração, a qualquer título, de bem imóvel ou direito a ele relativo, que envolva empresa que explore exclusivamente atividade de compra e venda de imóveis, locação, desmembramento ou loteamento de terrenos, incorporação imobiliária ou construção de imóveis destinados à venda, desde que o imóvel objeto da transação esteja contabilmente lançado no ativo circulante e não conste, nem tenha constado, do ativo permanente da empresa;

67. Nesse sentido, em São Paulo, decisão da Corregedoria-Geral da Justiça, Processo n. 000.02.004824-6, publicada no *DOE* 9-4-2002: "Aliás, a melhor leitura das Normas indica que o prazo não pode ser impositivo, sendo mera recomendação aos notários". Lembramos que, em contradição, as Normas do Estado de São Paulo impõem o prazo de 30 dias para a certidão do Registro de Imóveis competente, bem como a de ações reais e pessoais reipersecutórias e de ônus reais (item 59, letra *c*).

II – nos atos relativos à transferência de bens envolvendo a arrematação, a desapropriação de bens imóveis e móveis de qualquer valor, bem como nas ações de usucapião de bens móveis ou **imóveis nos procedimentos de inventário e partilha decorrentes de sucessão *causa mortis***[68-69];

III – nos demais casos previstos em lei.

Se as partes não estiverem sujeitas a contribuições devidas à Seguridade Social, será indispensável a declaração dessa circunstância, sob as penas da lei.

É dispensada a transcrição do teor das certidões, que devem ser arquivadas, em original ou cópia autenticada, no tabelionato.

68. As Normas de Serviço da Corregedoria do Estado de São Paulo, item 118, letra *i*, do Cap. XVI, está contrária à referida Portaria, art. 17, II, merecem revisão. Em boa hora, houve a revogação dessa exigência (certidão negativa conjunta da Receita Federal do Brasil e PGFN) pelo Provimento n. 08/2021.

69. Após reiteradas decisões administrativas, o Provimento n. 40/2012 (atualizado pelo Provimento n. 56/2019), inseriu nas Normas de Serviço do Estado de São Paulo, o item 60.2 com o seguinte teor: "Nada obstante o previsto nos artigos 47, I, *b*, da Lei n. 8.212, de 24 de julho de 1991, e no artigo 257, I, *b*, do Decreto n. 3.048, de 6 de maio de 1999, e no artigo 1. do Decreto n. 6.106, de 30 de abril de 2007, faculta-se aos Tabeliães de Notas, por ocasião da qualificação notarial, dispensar, nas situações tratadas nos dispositivos legais aludidos, a exibição das certidões negativas de débitos emitidas pelo INSS e pela Secretaria da Receita Federal do Brasil e da certidão conjunta negativa de débitos relativos aos tributos federais e à dívida ativa da União emitida pela Secretaria da Receita Federal do Brasil e pela Procuradoria-Geral da Fazenda Nacional, tendo em vista os precedentes do Conselho Superior da Magistratura do Tribunal de Justiça de São Paulo no sentido de inexistir justificativa razoável para condicionar o registro de títulos à prévia comprovação da quitação de créditos tributários, contribuições sociais e outras imposições pecuniárias compulsórias". Em que pese referido teor normativo, não podemos desconsiderar a plena vigência do art. 47, I, *b*, da Lei n. 8.212/91. Enquanto não vier decisão sobre a constitucionalidade do referido artigo, é temerária a dispensa pelo tabelião, que pode sofrer a sanção insculpida no art. 48 da Lei n. 8.212/91. Há de se ressaltar decisões do Tribunal de Justiça de São Paulo ora provindo e ora não provindo mandados de segurança para a dispensa de tal certidão. A jurisprudência não é unânime sobre o assunto.

7
Serviços Notariais Eletrônicos

7.1 ASSINATURAS DIGITAIS

Hoje vivemos na era digital, uma realidade que se difundiu em todo o mundo.

51% da população mundial, ou seja, 3,8 bilhões de pessoas já estão conectadas na internet[1]. No Brasil, já temos 127 milhões de pessoas conectadas, mais de 70% de nossa população[2].

Em (2020), em meio à pandemia do Coronavírus, com a necessidade do cadastramento de milhões de pessoas para receberem os auxílios emergenciais do governo, estes números devem subir ainda mais.

É um caminho sem volta. O papel vai diminuir drasticamente, e toda a sociedade, inclusive os tabeliães, deverá se adequar a essa nova realidade.

Há séculos os atos notariais são feitos em papel e parece inimaginável a escritura sem o papel. Isso mudou. O desenvolvimento tecnológico fez surgir um "novo" tipo de instrumento público: o ato notarial eletrônico, em especial a escritura pública eletrônica.

A intervenção do tabelião para dar valor jurídico pleno e consequente proteção legal às partes envolvidas segue necessária no novo suporte.

O documento notarial, como regra, deve estar assinado (manuscritamente) como forma de confirmar a manifestação de vontade das partes. A assinatura, no caso dos documentos eletrônicos, deve – logicamente – ser digital, para que tenham plena validade e segurança, ajustando-se ao Direito.

O início da operação com o documento eletrônico trouxe a questão da "insegurança" desse tipo de suporte que representa o futuro da documentação. Um inovador arcabouço legal ter permitido segurança para o uso das novas tecnologias.

Duas leis recentes merecem destaque:

– Lei 14.063/2020, que dispõe sobre o uso de assinaturas eletrônicas em interações com entes públicos, em atos de pessoas jurídicas e em questões de saúde e sobre as licenças de softwares desenvolvidos por entes públicos.

1. Relatório anual da Broadband Comission, em https://broadbandcommission.org/Documents/StateofBroadband19.pdf, acessado em 26.04.2020, às 17h35.
2. Nic.br, em https://nic.br/media/docs/publicacoes/8/20200117094619/Assessing_Internet_Development_in_Brazil.pdf, acessado em 26.04.2020, às 17h40.

– Lei 14.129/2021, que é o marco legal para o novo governo eletrônico, dispondo sobre princípios, regras e instrumentos para o Governo Digital e para o aumento da eficiência pública.

A Lei 14.063/2020 melhor regulamenta a manifestação de vontade em meio eletrônico, somando-se à MP 2.200-2/2001. Ela tem um âmbito restrito de aplicação, limitado às relações com entes públicos e atos de pessoas jurídicas (as pessoas físicas podem atender aos requisitos, mas não estão obrigadas).

A principal novidade da lei, em relação à MP 2.200, é a definição de três tipos de assinaturas digitais, quais sejam:

I – assinatura eletrônica simples:

a) a que permite identificar o seu signatário;

b) a que anexa ou associa dados a outros dados em formato eletrônico do signatário;

II – assinatura eletrônica avançada: a que utiliza certificados não emitidos pela ICP-Brasil ou outro meio de comprovação da autoria e da integridade de documentos em forma eletrônica, desde que admitido pelas partes como válido ou aceito pela pessoa a quem for oposto o documento, com as seguintes características:

a) está associada ao signatário de maneira unívoca;

b) utiliza dados para a criação de assinatura eletrônica cujo signatário pode, com elevado nível de confiança, operar sob o seu controle exclusivo;

c) está relacionada aos dados a ela associados de tal modo que qualquer modificação posterior é detectável; e

III – assinatura eletrônica qualificada: a que utiliza certificado digital, nos termos do § 1º do art. 10 da Medida Provisória nº 2.200-2, de 24 de agosto de 2001.

Os três tipos de assinatura caracterizam o nível de confiança sobre a identidade e a manifestação de vontade de seu titular, sendo a assinatura eletrônica qualificada a que possui nível mais elevado de confiabilidade a partir de suas normas, de seus padrões e de seus procedimentos específicos.

Em outra perspectiva, a assinatura simples destina-se a manifestações de vontade de menor importância ou de impacto econômico pouco expressivo. As assinaturas avançadas, aceitas pelas partes, e as qualificadas segundo critérios da Infraestrutura de Chaves Públicas brasileira, ICP-Brasil, são mais fortes em termos tecnológicos e jurídicos. A lei, porém, peca em não informar se estas assinaturas se reputam autênticas, nos termos da legislação processual. Parece-nos que sim, são autênticas e, portanto, fazem prova plena.

A Lei 14.129/2021 é o marco normativo do governo digital. É uma lei robusta, ambiciosa e transformadora da governança de dados e da relação do Estado com os cidadãos e empresas. O artigo 3º, indica os princípios e diretrizes do Governo Digital e da eficiência pública, assim destacados:

I – a desburocratização, a modernização, o fortalecimento e a simplificação da relação do poder público com a sociedade, mediante serviços digitais, acessíveis inclusive por dispositivos móveis;

II – a disponibilização em plataforma única do acesso às informações e aos serviços públicos, observadas as restrições legalmente previstas e sem prejuízo, quando indispensável, da prestação de caráter presencial;

III – a possibilidade aos cidadãos, às pessoas jurídicas e aos outros entes públicos de demandar e de acessar serviços públicos por meio digital, sem necessidade de solicitação presencial;

IV – a transparência na execução dos serviços públicos e o monitoramento da qualidade desses serviços;

V – o incentivo à participação social no controle e na fiscalização da administração pública;

VI – o dever do gestor público de prestar contas diretamente à população sobre a gestão dos recursos públicos;

VII – o uso de linguagem clara e compreensível a qualquer cidadão;

VIII – o uso da tecnologia para otimizar processos de trabalho da administração pública;

IX – a atuação integrada entre os órgãos e as entidades envolvidas na prestação e no controle dos serviços públicos, com o compartilhamento de dados pessoais em ambiente seguro quando for indispensável para a prestação do serviço, nos termos da Lei 13.709, de 14 de agosto de 2018 (Lei Geral de Proteção de Dados Pessoais), e, quando couber, com a transferência de sigilo, nos termos do art. 198 da Lei nº 5.172, de 25 de outubro de 1966 (Código Tributário Nacional), e da Lei Complementar 105, de 10 de janeiro de 2001;

X – a simplificação dos procedimentos de solicitação, oferta e acompanhamento dos serviços públicos, com foco na universalização do acesso e no autosserviço;

XI – a eliminação de formalidades e de exigências cujo custo econômico ou social seja superior ao risco envolvido;

XII – a imposição imediata e de uma única vez ao interessado das exigências necessárias à prestação dos serviços públicos, justificada exigência posterior apenas em caso de dúvida superveniente;

XIII – a vedação de exigência de prova de fato já comprovado pela apresentação de documento ou de informação válida;

XIV – a interoperabilidade de sistemas e a promoção de dados abertos;

XV – a presunção de boa-fé do usuário dos serviços públicos;

XVI – a permanência da possibilidade de atendimento presencial, de acordo com as características, a relevância e o público-alvo do serviço;

XVII – a proteção de dados pessoais, nos termos da Lei 13.709, de 14 de agosto de 2018 (Lei Geral de Proteção de Dados Pessoais);

XVIII – o cumprimento de compromissos e de padrões de qualidade divulgados na Carta de Serviços ao Usuário;

XIX – a acessibilidade da pessoa com deficiência ou com mobilidade reduzida, nos termos da Lei nº 13.146, de 6 de julho de 2015 (Estatuto da Pessoa com Deficiência);

XX – o estímulo a ações educativas para qualificação dos servidores públicos para o uso das tecnologias digitais e para a inclusão digital da população;

XXI – o apoio técnico aos entes federados para implantação e adoção de estratégias que visem à transformação digital da administração pública;

XXII – o estímulo ao uso das assinaturas eletrônicas nas interações e nas comunicações entre órgãos públicos e entre estes e os cidadãos;

XXIII – a implantação do governo como plataforma e a promoção do uso de dados, preferencialmente anonimizados, por pessoas físicas e jurídicas de diferentes setores da sociedade, resguardado o disposto nos arts. 7º e 11 da Lei 13.709, de 14 de agosto de 2018 (Lei Geral de Proteção de Dados Pessoais), com vistas, especialmente, à formulação de políticas públicas, de pesquisas científicas, de geração de negócios e de controle social;

XXIV – o tratamento adequado a idosos, nos termos da Lei nº 10.741, de 1º de outubro de 2003 (Estatuto do Idoso);

XXV – a adoção preferencial, no uso da internet e de suas aplicações, de tecnologias, de padrões e de formatos abertos e livres, conforme disposto no inciso V do caput do art. 24 e no art. 25 da Lei 12.965, de 23 de abril de 2014 (Marco Civil da Internet); e

XXVI – a promoção do desenvolvimento tecnológico e da inovação no setor público.

Merecem atenção especial e imediata as disposições sobre digitalização de documentos e arquivos, a prestação de serviços públicos digitais, os direitos dos usuários, o governo como plataforma, a interoperabilidade de dados entre os órgãos públicos, os controles de risco e as auditorias.

Apesar das Leis 14.063/2020 e 14.129/2021 não se referirem expressamente a notários e registradores, entendemos que são plenamente aplicáveis aos serviços, quando mencionam a abrangência quanto ao Poder Judiciário, que é o ente delegante da atividade. Assim, é de se esperar que o Poder Judiciário regulamente os seus múltiplos aspectos de aplicação aos serviços notariais e registrais.

Vamos comparar as características do documento em papel, fadados ao desaparecimento, e dos documentos digitais, em ascensão.

A confidencialidade e a autenticidade são as características mais importantes do documento eletrônico. A primeira refere-se à possibilidade de manter um documento eletrônico inacessível a todos, exceto a uma lista de indivíduos autorizados. A autenticidade, por sua vez, é a capacidade de se determinar se um ou vários indivíduos o reconheceram como seu e se comprometeram com o conteúdo do documento eletrônico.

O problema da autenticidade num documento tradicional se soluciona mediante a assinatura de próprio punho. Com a assinatura feita de próprio punho, um indivíduo (ou vários) manifesta a sua vontade de reconhecer o conteúdo de um documento e, se for o caso, cumprir com as obrigações que o documento fixa.

Dúvidas relacionadas com a confidencialidade, a integridade e a autenticidade em um documento eletrônico se resolvem mediante a tecnologia de criptografia. Existem dois tipos de criptografia: a simétrica e a chave pública (assimétrica).

Os algoritmos da chave pública utilizam duas chaves distintas: a chave privada e a chave pública. Essas chaves são geradas simultaneamente e relacionadas entre si, o que possibilita reverter a operação feita por uma através da outra. A chave privada fica em poder da parte e a chave pública fica disponibilizada e acessível a qualquer pessoa (p. ex., numa lista pública).

A assinatura digital nos documentos eletrônicos mediante esse sistema de chave pública pode garantir de forma segura, efetiva e pormenorizada a validade desses documentos. Os algoritmos criptográficos da chave pública permitem garantir tanto a confiabilidade quanto a autenticidade das informações.

O procedimento de assinatura de um documento digital ocorre por meio de um programa de computador, no qual a parte prepara o documento, assina com sua chave privada (em tese, que só ela tem conhecimento) e o programa envolve o documento de tal forma que produz como resultado um resumo criptográfico denominado assinatura eletrônica, também conhecida como função *hash*. Juntos, o documento e a assinatura constituem o documento eletrônico, com plena validade e eficácia jurídica[3].

Cada documento eletrônico possui um valor único de resumo, até uma pequena modificação no documento, como a introdução de um ponto (.) ou uma vírgula (,), resulta em resumo (algoritmo) totalmente distinto – via de consequência, tornando o documento "inválido" e sem valor jurídico.

Assim, se um documento assinado corresponde com a chave pública de uma pessoa, então o documento será tido como autêntico, autorizado por ela.

Em razão disso, a parte deve cuidar de manter a sua chave privada totalmente secreta e não a revelar a ninguém, pois, se revelar, poderá ser responsável pelo seu mau uso. O sistema jurídico não permite o repúdio[4], ou seja, o usuário não pode negar a realização daquela operação.

Entendemos ser possível o repúdio de parte do conteúdo de um documento, por exemplo, uma cláusula abusiva, o que não pode ocorrer, em tese, nos atos e negócios jurídicos feitos por instrumento público, pois o tabelião faz a verificação e o controle da legalidade do ato.

O instrumento público eletrônico, com assinatura digital, tal como ocorre com o instrumento público tradicional, em papel, contém os mesmos atributos de presunção de veracidade e autenticidade (CPC/2015, art. 405 e inciso IV do art. 374).

3. Medida Provisória n. 2.200-2/2001.
4. O não repúdio não é absoluto. Certas correntes do direito eletrônico dizem que é possível repudiar uma cláusula de contrato, por exemplo, manifestamente contrária à lei.

O tabelião, como protetor e fiador da segurança jurídica, cumpre um papel estratégico na sociedade dotando de certeza as relações entre os particulares ao brindar-lhes com autenticidade, assessoria técnica e legal, ajustando as vontades ao estabelecido nas leis, sob a investidura estatal.

Para alguns, estamos ante a presença de uma nova criação, a "e-fé pública", pela qual o notário cumpre o papel de terceiro certificador imparcial, como dador de uma nova classe de fé pública. Além da fé pública tradicional, que ocorre sobre a base da autenticação da capacidade de pessoas, do cumprimento das formalidades nos instrumentos notariais ou da certificação dos fatos, o notário em meio digital atesta também todo o processo tecnológico que gera o ato notarial eletrônico: de resultados digitais, aplicativos, *softwares*, códigos e assinaturas eletrônicas.

Quando certifica processos tecnológicos, resultados digitais, códigos e assinaturas eletrônicas, o notário está autenticando, conferindo veracidade e certeza a fatos, circunstâncias ou atos que têm transcendência jurídica, está dotando-os de fé pública, tradicional ou digital, não importa. Segue como função estatal peculiar exercida sob a égide da imparcialidade e legalidade. Os documentos públicos eletrônicos, na sua forma, cumprem as exigências e os requisitos para a outorga, como estabelece a lei.

Maiores inquietudes giram em torno não da natureza da fé pública, senão dos princípios que fundamentam o Direito Notarial do tipo Latino, como imediação, permanência, matricidade ou protocolo, unidade de ato, que de certa forma se veem ameaçados pelo exercício de uma prática notarial eletrônica, com sua consequente repercussão.

Buscando adequar-se a esta nova realidade, algumas Corregedorias do Estado propuseram e normatizaram[5] a prestação dos serviços notariais e de registro no ambiente eletrônico, trazendo efetividade ao art. 41 da Lei n. 8.935/94 e a Medida Provisória n. 2.220-2/2001 (perenizada pela EC n. 32/2001).

7.2 ATO NOTARIAL DIGITAL (PROV. CNJ N. 100/2020)

Em São Paulo, por exemplo, foi editado e aprovado o Provimento CG n. 11/2013, que introduziu a seção "DOS SERVIÇOS NOTARIAIS ELETRÔNICOS", nominada Seção XI, com a Subseção I, denominada "Das Disposições Gerais", e Subseção II, denominada "Das Certidões e Traslados Digitais". A normatização foi tímida, regulamentou traslados e certidões eletrônicas. Poderia disciplinar o próprio ato notarial eletrônico, a exemplo das Normas de Serviço de Pernambuco (arts. 127 a 131)[6].

Enquanto não implementado o certificado de atributo[7], que autentica um conjunto de informações qualificativas da pessoa, tais como função, cargo, empresa, haverá um

5. Todos revogados pelo Prov. CNJ n. 100/2020, art. 38 "....ficando revogadas todas as disposições em contrário constantes de normas das Corregedorias-Gerais de Justiça dos Estados e do Distrito Federal que tratem sobre o mesmo tema ou qualquer outra forma de prática de ato notarial eletrônico, transmissão de consentimento e assinaturas remotas".
6. Provimento n. 20/2009, atualizado até o provimento nº 16/2019.
7. O certificado de atributo é um conjunto de informações ou estrutura de dados de segurança e identificação, constantes em campos de um certificado digital, ou anexadas a um outro certificado e assinados com a chave pública

banco de dados centralizado, contendo o cadastro atualizado com os dados de identificação dos titulares ou responsáveis pelas delegações, seus substitutos e prepostos autorizados a subscrever os atos notariais, com imagens dos respectivos sinais públicos.

A atualização do referido banco fica a cargo do tabelião, por meio de acesso à Central Notarial de Serviços Eletrônicos Compartilhados (CENSEC). Havendo suspensão ou extinção da delegação e de suspensão ou revogação da autorização para subscrição de atos, de substitutos e prepostos, o tabelião fará anotação no referido sistema, com a data da ocorrência, de forma que seja possível a verificação da legitimidade pretérita de atos subscritos por essas pessoas. Em nenhuma hipótese haverá exclusão das pessoas cadastradas no banco, mantendo a integridade do cadastro de ex-notários, prepostos e seus sinais públicos (ou chave pública).

Para averiguar a legitimidade da subscrição de traslados e certidões eletrônicas, os registradores de imóveis terão acesso, diretamente ou por interligação, com a Central Registradores de Imóveis com a CENSEC, para verificar se o titular do certificado digital utilizado para assinar o traslado (ou certidão) eletrônico é do tabelião, substituto ou preposto autorizado, ou que tinha essa condição à época da assinatura do documento, procedimento denominado verificação de atributo.

A referida consulta será dispensada caso o traslado ou a certidão eletrônica contenha o certificado de atributo, em conformidade com a ICP-Brasil.

Em Santa Catarina, a CGJ foi inovadora para atender a necessidade de atendimento dos serviços notariais durante a pandemia, editando o Prov. n. 22, de 31.03.2020[8], fixando a possibilidade de os tabeliães lavrarem escrituras sem a presença física das partes.

Esse expressivo avanço, foi sendo seguido por outros Estados[9], é fruto de dois atos normativos do CNJ, a Recomendação n. 45, de 20.03.2020, e o Prov. n. 91, de 22.03.2020.

No Provimento, o Corregedor Nacional de Justiça permite o atendimento remoto através de meio telefônico, ou por aplicativo multiplataforma de mensagens instantâneas e chamadas de voz, ou ainda por outro meio eletrônico disponível, respeitada a regulamentação da Corregedoria local, se houver (art. 1º, Parágrafo 1º).

Esses avanços puderam aproximar e aculturar o tabelião com as novas tecnologias e permitir a realização de atos à distância.

O Provimento n. 100, de 26.05.2020, regulamentou de forma definitiva a prática de atos notariais eletrônicos utilizando o sistema e-Notariado, desenvolvido e operado pelo Colégio Notarial do Brasil, sob estrita supervisão e vigilância do CNJ. Os serviços disponíveis são os seguintes:

– Realização de atos notariais eletrônicos;
– Emissão de certificado digital notarizado;

---

da autoridade que o emitiu. Esse certificado traz informações sobre seu titular, como cargo, função, profissão etc. O certificado de atributo também segue o padrão X.509, adotado pela ICP-Brasil na emissão de certificados de pessoa física, jurídica e de equipamentos.

8. Revogado pelo Prov. CNJ n. 100/2020.
9. Pernambuco já admitia a escritura com assinatura remota. O Rio Grande do Norte editou uma norma semelhante (Prov. CGJ 201, de 21.03.2020).

– Realização de reconhecimentos de firma eletrônica;

– Realização de autenticação de cópias eletrônicas;

– Emissão de certidões notariais eletrônicas;

– ATPV-e Digital: reconhecimento da firma eletrônica no documento de transferência automotor;

– AEV (Autorização Eletrônica para Viagem) de menores e adolescentes em território nacional e internacional.

Foi criada uma plataforma única para a prática dos atos, bem como dispõe a Lei 14.129/2021 com as seguintes características:

– Universalidade: abrange todos os atos notariais, todos os tabeliães de notas e oficiais de registro que pratiquem atos notariais, e todos os cidadãos interessados nos atos;

– Compulsória: a plataforma é obrigatória, não é possível o acesso aos serviços notariais digitais por outro meio. Os tabeliães somente podem prestar os serviços digitais por ali;

– Integrada: a plataforma é uma janela única, integra todos os tabeliães de notas num mesmo local, que prestam os seus serviços conforme as suas competências. As pessoas têm facilidade de acesso, pois um só local permite localizar os serviços em todo o país;

– Padronizada: Os serviços digitais são padronizados, obedecem a protocolos técnicos uniformes e tem uma forma única para todo o território nacional;

– Onerosa: o Colégio Notarial do Brasil está autorizado a cobrar, dos tabeliães, ressalte-se, por serviços ou pela manutenção da plataforma. A população não terá custos.

– Permanente: os serviços devem estar disponíveis sempre, no jargão tecnológico, 24 x 7, todas as horas de todos os dias. Este é o princípio de uma mudança radical no atendimento, que tende a ser contínuo e ininterrupto.

O Provimento 100/2020 inova com uma delegação de competência normativa para o Colégio Notarial do Brasil, Conselho Federal, entidade que congrega os profissionais. Agora, a entidade poderá estabelecer normas, padrões, critérios e procedimentos de segurança referentes a assinaturas eletrônicas, certificados digitais e emissão de atos notariais eletrônicos e outros aspectos tecnológicos atinentes ao seu bom funcionamento.[10]

A plataforma deve prover para que os dados dos atos notariais digitais sejam estruturados, ou sejam, contenham parâmetros e sintaxe técnica, para a interoperabilidade e conexão com outros sistemas, desnecessária a redigitação. Aí, reside a grande vantagem dos documentos digitais, representando economia de tempo e recursos.

Deve ser destacado que o banco de dados da plataforma é essencialmente dinâmico, tem atualização permanente com o ingresso ininterrupto dos atos notariais e seus

10. Art. 8º, § 1º, inc. III.

índices. Isto permite que as buscas sejam racionalizadas e com acesso único. Por uma só porta se obtém dados atualizados de todos os serviços notariais brasileiros.

O provimento estabelece normas gerais sobre a prática de atos notariais eletrônicos em todos os tabelionatos de notas do País.

O ato notarial eletrônico possui requisitos próprios para a sua prática, são eles:

a) realizar a videoconferência notarial para captação do consentimento das partes sobre os expressos termos do ato notarial eletrônico;
b) haver a concordância expressa das partes participantes do ato notarial eletrônico;
c) conter a assinatura digital das partes (certificado digital notarial ou ICP-Brasil), apostas exclusivamente através do e-Notariado;
d) conter a assinatura do Tabelião de Notas ou seu substituto legal com a utilização exclusiva de certificado digital ICP-Brasil;
e) uso de formatos de documentos de longa duração (PDF/A) com assinatura digital;

O tabelião ou seu preposto na gravação da videoconferência notarial por meio da plataforma do e-Notariado deverá se atentar para os seguintes requisitos:

a) informar a data e horário da prática do ato notarial eletrônico;
b) informar a indicação do livro, página e o tabelionato onde será lavrado o ato notarial eletrônico;
c) a identificação, a demonstração da capacidade e a livre manifestação das partes atestadas pelo tabelião de notas ou seu preposto;
d) provimento indica que se informe o objeto e o preço do negócio pactuado, contudo entendemos que o tabelião ou seu preposto leia o ato notarial eletrônico as partes ou certifique que as partes leram o ato, conforme exige o Código Civil (art. 215, inciso VI);
e) ao final, obter o consentimento das partes e a concordância com o ato notarial eletrônico;

Foi instituída a Matrícula Notarial Eletrônica – MNE, que servirá como chave de identificação individualizada de cada ato notarial eletrônico, facilitando a unicidade e rastreabilidade da operação eletrônica praticada.

A Matrícula Notarial Eletrônica será constituída de 24 (vinte e quatro) dígitos, organizados em 6 (seis) campos, observada a estrutura CCCCCC.AAAA.MM.DD. NNNNNNNN-DD.

Este número da Matrícula Notarial Eletrônica integra o ato notarial eletrônico, devendo ser indicado em todas as cópias expedidas.

Os traslados e certidões conterão, obrigatoriamente, a expressão "Consulte a validade do ato notarial em www.docautentico.com.br/valida".

Os atos notariais eletrônicos realizados pela plataforma do e-Notariado produzem os efeitos previstos no ordenamento jurídico quando observarem os requisitos necessários para a sua validade, estabelecidos em lei e no provimento.

As partes comparecentes ao ato notarial eletrônico aceitam a utilização da videoconferência notarial, das assinaturas eletrônicas notariais, da assinatura do tabelião de notas e, se aplicável, biometria recíprocas.

É importante que isso conste no próprio ato notarial eletrônico, em conformidade com o parágrafo segundo da MP n. 2200/01, que diz que é possível a utilização de outro meio de comprovação da autoria e integridade de documentos em forma eletrônica, inclusive os que utilizem certificados não emitidos pela ICP-Brasil, desde que admitido pelas partes como válido ou aceito pela pessoa a quem for oposto o documento.

A identificação, o reconhecimento da capacidade e a qualificação das partes, de forma remota, será feita pela apresentação de identidade eletrônica e pelo conjunto de informações a que o tabelião teve acesso, podendo utilizar-se, em especial, do sistema de identificação do e-Notariado, de documentos digitalizados, cartões de assinatura abertos por outros notários, bases biométricas públicas ou próprias, bem como, a seu critério, de outros instrumentos de segurança.

Os documentos de identidade eletrônicos disponíveis são a carteira nacional de habilitação, documento de identidade (RG), carteira expedidas por órgão de classe etc.

Caso a parte não possua documento eletrônico, o tabelião ou seu preposto podem consultar a base do CCN (Cadastro de Clientes do Notariado), e se não localizar, podem contatar o notário detentor do cadastro do cliente (ficha e identidade) para a obtenção dos dados de identificação.

A competência para a prática dos atos eletrônicos é absoluta e observará a circunscrição territorial em que o tabelião recebeu sua delegação, nos termos do art. 9º da Lei n. 8.935/1994.

O provimento trouxe algumas regras definidoras da competência para a lavratura dos atos à distância. A intenção é evitar a concorrência predatória no sistema.

A primeira regra: o tabelião de notas da circunscrição do imóvel ou do domicílio do adquirente é competente para, de forma remota e com exclusividade, lavrar as escrituras imobiliárias eletronicamente, por meio do e-Notariado.

Considera-se adquirente, o comprador, a parte que está adquirindo direito real ou a parte em relação à qual é reconhecido o crédito.

Quando houver um ou mais imóveis de diferentes circunscrições no mesmo ato notarial, será competente para a prática de atos remotos o tabelião de quaisquer delas.

Outra regra, amplia a competição, informando que, estando o imóvel localizado no mesmo estado da federação do domicílio do adquirente (o comprador, a parte que está adquirindo direito real ou a parte em relação à qual é reconhecido crédito), este poderá escolher qualquer tabelionato de notas da unidade federativa para a lavratura do ato. A competência para a lavratura de escrituras imobiliárias eletrônicas é, portanto, dirigida a qualquer tabelião do Estado em que se localiza o imóvel.

Para as atas notariais eletrônicas, é competente o tabelião de notas da circunscrição do fato constatado ou, quando inaplicável este critério, ao tabelião do domicílio do requerente.

A lavratura de procuração pública eletrônica caberá ao tabelião do domicílio do outorgante ou do local do imóvel, se for o caso.

Os demais atos notariais eletrônicos que não possuem bem imóvel, tais como testamentos, atos declaratórios (p.ex.: união estável), divórcios (sem bens imóveis), nomeação de inventariante, inventários e partilha (sem bens imóveis), não foram tratados expressamente pelo Provimento 100.

Quanto a estes, a doutrina se divide: uns entendem que será a livre escolha do notário para estes atos, como dispõe a Lei n. 8.935/94, art. 8º. Outros entendem que se deve seguir uma interpretação sistêmica em consonância com o art. 9º da Lei n. 8.935/94, sendo competente o tabelião do domicílio das partes.

Entendemos que é competente o tabelião do domicílio das partes.

Os brasileiros (inclusive seus cônjuges) domiciliados no exterior podem solicitar e praticar atos notariais eletrônicos, já que não pode haver distinção entre os aqui e lá domiciliados.

Neste caso, entendemos que qualquer tabelião do Brasil será competente para o atendimento.

As regras para a comprovação do domicílio são as seguintes:

- pessoa jurídica ou ente equiparado, pela verificação da sede da matriz, ou da filial em relação a negócios praticados no local desta, conforme registrado nos órgãos de registro competentes;
- pessoa física, pela verificação do título de eleitor, ou outro domicílio comprovado (imposto de renda, comprovante de endereço, declaração etc.).

Se não houver comprovação do domicílio da pessoa física, será observado apenas o local do imóvel, podendo ser estabelecidos convênios com órgãos fiscais para que os notários identifiquem, de forma mais célere e segura, o domicílio das partes.

Também os atos de autenticação foram regrados pelo Provimento 100. Os tabeliães poderão desmaterializar (autenticar) documentos no e-Notariado, por meio da CENAD, após conferir a cópia digitalizada de um documento físico com o documento original físico, eletrônico ou híbrido.

Os tabeliães de notas podem materializar, desmaterializar, autenticar e verificar a autoria de documento eletrônico, autenticar cópia em papel de documento original digitalizado e autenticado eletronicamente perante outro notário, reconhecer a assinatura eletrônica aposta em documentos digitais, e realizar o reconhecimento da firma como autêntica no documento físico, devendo ser confirmadas, por videoconferência, a identidade, a capacidade daquele que assinou e a autoria da assinatura a ser reconhecida.

Tratando-se de documento atinente a veículo automotor, será competente para o reconhecimento de firma, de forma remota, o tabelião de notas do município de emplacamento do veículo ou de domicílio do adquirente indicados no Certificado de Registro de Veículo – CRV ou na Autorização para Transferência de Propriedade de Veículo – ATPV.

O tabelião deverá arquivar o trecho da videoconferência em que constar a ratificação da assinatura pelo signatário com expressa menção ao documento assinado, observando: a) a data e horário da prática do ato notarial; b) indicação do livro, da página e do tabelionato onde será lavrado o ato notarial; c) a identificação, a demonstração da capacidade e a livre manifestação das partes atestadas pelo tabelião de notas; d) informar o objeto e o preço do negócio pactuado; e) o consentimento da parte e a concordância com o reconhecimento.

A identidade das partes será atestada remotamente.

Será consignado em todo ato notarial eletrônico de reconhecimento de firma por autenticidade que a assinatura foi aposta no documento, perante o tabelião, seu substituto ou preposto, em procedimento de videoconferência.

O provimento permite a realização de outros atos eletrônicos com a utilização do sistema e-Notariado, devendo ser observado as disposições gerais do provimento.

O provimento elege o Colégio Notarial do Brasil – Conselho Federal para manter o Cadastro Único de Clientes do Notariado – CCN, o Cadastro Único de Beneficiários Finais – CBF e o Índice Único de Atos Notariais, nos termos do Provimento n. 88/2019, da Corregedoria Nacional de Justiça.

Os dados para a formação e atualização da base nacional do CCN serão fornecidos pelos próprios notários de forma sincronizada ou com periodicidade, no máximo, quinzenal.

Os notários ficam obrigados a remeter ao CNB-CF, por sua central notarial de serviços eletrônicos compartilhados – CENSEC, os dados essenciais dos atos praticados que compõem o Índice Único, em periodicidade não superior a quinze dias.

Os atos notariais eletrônicos, cuja autenticidade seja conferida pela internet por meio do e-Notariado, constituem instrumentos públicos para todos os efeitos legais e são eficazes para os registros públicos, instituições financeiras, juntas comerciais, Detrans e para a produção de efeitos jurídicos perante a administração pública e entre particulares.

Está permitido o ato notarial híbrido, com uma das partes assinando fisicamente e a outra assinando à distância.

Também se admite o arquivamento exclusivamente digital de documentos e papéis apresentados aos notários, seguindo as mesmas regras de organização dos documentos físicos, implementando o que já dizia o art. 41 da lei 8.935/94.

A comunicação adotada para atendimento à distância deve incluir os números dos telefones da serventia, endereços eletrônicos de e-mail, o uso de plataformas eletrônicas de comunicação e de mensagens instantâneas como WhatsApp, Skype e outras disponíveis para atendimento ao público, devendo ser dada ampla divulgação.

Os dados das partes poderão ser compartilhados somente entre notários e, exclusivamente, para a prática de atos notariais, em estrito cumprimento à Lei n. 13.709/2018 (Lei Geral de Proteção de Dados Pessoais).

O provimento veda a prática de atos notariais eletrônicos ou remotos com recepção de assinaturas eletrônicas a distância sem a utilização do e-Notariado. Isto significa que os atos eletrônicos só podem ser realizados exclusivamente pela plataforma mantida pelo CNB. Os notários não podem, isoladamente, utilizarem outros sites ou meios para estes serviços.

Nos estados onde são exigidos selos de fiscalização, o ato notarial eletrônico deverá ser lavrado com a indicação do selo eletrônico ou físico exigido pelas normas estaduais locais. São considerados nulos os atos eletrônicos lavrados em desconformidade com o disposto acima. Parece-nos um excesso que ofende a segurança jurídica, pois o selo de fiscalização tem caráter administrativo e as partes não poderiam ser penalizadas por uma falta do notário ou seus prepostos.

O provimento revoga todas as disposições em contrário constantes de normas das Corregedorias-Gerais de Justiça dos Estados e do Distrito Federal que tratem sobre o mesmo tema ou qualquer outra forma de prática de ato notarial eletrônico, transmissão de consentimento e assinaturas remotas.

7.3 CERTIDÕES E TRASLADOS NOTARIAIS DIGITAIS

Os traslados e certidões eletrônicos podem ser emitidos em PDF/A[11] ou XML[12], assinados com certificado digital ICP-Brasil, tipo A3 ou superior. O formato XML ainda não está disponível.

As certidões e traslados notariais devem ser emitidos por meio da plataforma do e-Notariado.

Existem dois módulos: um para a emissão de certidões digitais de atos notariais em papel, outro para a emissão de certidões digitais para atos digitais ou híbridos.

Para o primeiro módulo (certidão de atos físicos), o tabelião deve gravar o conteúdo da certidão no formato PDF/A.

A seguir, no módulo certidão de atos físicos na plataforma do e-Notariado, deve fazer o carregamento (*upload*) da certidão em PDF/A, selecionando a pasta de armazenamento correspondente e lançando os dados do tabelião ou substituto que assinará o ato. Após, a assinatura conclui o procedimento.

Será necessário baixar a versão digital da certidão e a versão para impressão e enviar para o cliente.

O módulo certidão de atos digitais está integrado ao ato realizado no e-Notariado. Basta localizar o ato feito e clicar em "certidão". O procedimento é intuitivo, bastando a pasta de armazenamento correspondente e indicar o tabelião ou substituto que assinará o ato. A certidão poderá ser fornecida às partes na versão digital ou em papel.

11. Regulamentação de São Paulo. O PDF/A, também conhecido como ISO 19005-1, foi o primeiro padrão ISO que aborda a crescente necessidade de manter as informações armazenadas em documentos eletrônicos por longos períodos de tempo.
12. XML, do inglês *eXtensible Markup Language*, é uma linguagem de marcação recomendada pela W3C para a criação de documentos com dados organizados hierarquicamente, tais como textos, banco de dados ou desenhos vetoriais. A linguagem XML é classificada como extensível porque permite definir os elementos de marcação.

As Normas de Serviço de São Paulo exigem que as certidões e os traslados eletrônicos contenham metadados[13] em conformidade com o padrão e-PMG[14]. O conjunto semântico dos metadados será definido em portaria da Corregedoria-Geral da Justiça[15]. Até a definição do conjunto semântico, os tabeliães estão autorizados a emitir os traslados e as certidões eletrônicas sem a inclusão dos metadados. A ausência não traz insegurança ao documento eletrônico.

A utilização do XML para a estruturação de certidões e traslados digitais está condicionada aos modelos de estruturação também a serem definidos em portaria da Corregedoria-Geral da Justiça. Enquanto não definidos os modelos de estruturação, os tabeliães não podem enviar os traslados e as certidões aos registradores imobiliários em formato XML.

A definição da estruturação XML está em discussão pelo Grupo de Trabalho Interdisciplinar formado por tabeliães e registradores imobiliários, denominado Grupo de Trabalho do XML, criado em 1º-10-2013 pela Portaria n. 156 da Corregedoria-Geral da Justiça de São Paulo.

A estruturação XML trará benefícios à rotina de tabelionatos e registros de imóveis. Só para citar um exemplo, a estruturação permite a troca de informações das notas e registros, permitindo que as informações da escritura integrem diretamente os dados da matrícula do imóvel e, num processo inverso, as informações da matrícula integrariam diretamente os dados da escritura, evitando retrabalhos tanto por parte do tabelião quanto por parte dos registradores – criando uma linha de trabalho entre sistemas, célere e eficiente.

As certidões ou traslados digitais podem ser entregues ao solicitante mediante armazenamento em mídias portáteis, por e-mail ou pela plataforma do Colégio Notarial do Brasil, Conselho Federal.

As normas de São Paulo vedam o envio de certidões e traslados digitais aos solicitantes ou aos registros de imóveis por correio eletrônico (*e-mail*), por meios diretos de transmissão como FTP – *File Transfer Protocol*16 ou VPN – *Virtual Private Network*17, postagem nos sites das serventias, por serviços de despachantes, prestadores de serviços eletrônicos ou comerciantes de certidões. O Prov. CNJ n. 100/2020 não traz esta limitação de modo que esta vedação está derrogada..

Aliás, não entendemos a razão da vedação do envio por *e-mail*, FTP, VPN ou por meio de *download* em ambiente seguro no sítio do tabelionato. Parece-nos ser mais por padronização do que insegurança, pois, se houver alguma interferência nos pacotes do arquivo quando do seu envio pela internet, haverá a ruptura da assinatura e a consequente invalidação do documento.

---

13. Metadados são frequentemente definidos como dados sobre dados. Para os desenvolvedores de sistemas, os metadados referem-se às documentações necessárias para a identificação e a definição de dados contidos em um sistema de informação.
14. Derivado do Padrão Dublin Core elaborado pela DCMI – Dublin Core Metadata Initiative, foi determinado pelo e-PING – Padrões de Interoperabilidade, que define um conjunto mínimo de políticas e especificações técnicas para a interoperabilidade de tecnologia, dados e informações. A interoperabilidade é a capacidade de dois ou mais sistemas trocarem e usarem informações sem esforço especial por parte de cada sistema.
15. Ainda não foi definido.
16. Em português, Protocolo de Transferência de Arquivos.
17. Em São Paulo. Em português, Rede Privada Virtual.

As certidões e os traslados digitais podem ser apresentados ao registro imobiliário competente em mídias portáteis, por meio da Central de Serviços Eletrônicos Compartilhados dos Registradores de Imóveis – Central Registradores de Imóveis ou por empresas credenciadas, via API[18].

A apresentação em mídia eletrônica, dependendo do fluxo de envio, pode ser inviável. Primeiro, porque o tabelião deverá possuir inúmeras mídias para o fluxo e controle. Segundo, porque os registradores também deverão possuir um controle de fluxo e dos atos que cada mídia possui. Essa rotina para o envio de um pequeno número de atos é viável, mas para o tabelionato que possui um movimento um pouco maior fica inviável – uma mídia por ato.

O envio por meio da Central Registradores de Imóveis é mais cômodo e célere, mas ainda não é o ideal. A necessidade de preenchimento de inúmeros campos em formulários para cada escritura inviabiliza o envio pelo cartório.

O envio à Central de Registradores de Imóveis por meio de API é mais cômodo e célere e não necessita de preenchimento de inúmeros campos em formulários para cada escritura; tudo é feito de forma automatizada.

Antes de gerar o traslado (ou certidão) eletrônico em PDF/A, o tabelião deve lançar no ato a declaração de que "aquele traslado foi redigido e assinado digitalmente pelo (nome tabelião ou substituto), (cargo), sob a forma de documento eletrônico mediante processo de certificação digital disponibilizado pela ICP-Brasil, nos termos da Medida Provisória n. 2.200-2, de 24 de agosto de 2001, devendo, para sua validade, ser conservada em meio eletrônico, bem como comprovada a autoria e integridade". Em seguida, o tabelião ou substituto gera o PDF/A, confere e assina, com seu certificado digital. Documentos que integram a escritura, por exemplo, ITBI, certidões etc. devem ser digitalizados, salvos em PDF/A, conferidos e assinados pelo tabelião ou substituto. Recomenda-se que seja feito em um único arquivo multipáginas.

Apresentada a escritura eletrônica diretamente na serventia ou por meio da central de registradores de imóveis, será expedido o número do protocolo. Se houver eventual devolução, a serventia entregará a ND em papel ou eletrônica; pela central, somente eletrônica. O cumprimento da ND diretamente na serventia pode ser feito em papel ou eletrônica; na central, só eletrônica. Feito o registro da escritura, a serventia pode entregar a matrícula em papel ou digital; pela central, somente eletrônica.

O tabelião pode criar um classificador eletrônico de remessa e entrega de atos notariais eletrônicos para controle.

7.4 E-NOT ASSINA (RECONHECIMENTO DE FIRMA ELETRÔNICA)

É o novo módulo de reconhecimento de firma eletrônica na plataforma e-Notariado.

Requisitos

Cada signatário do documento deve possuir um certificado digital notarizado, emitido em um cartório credenciado do e-Not Assina.

18. Application Programming Interface.

Certificado Digital compatível

O documento deve ser assinado com certificado digital notarizado, outros tipos de certificados ou assinaturas não são aceitos. Por ex.: ICP-Brasil, Gov.br etc.

Como criar um fluxo de documentos

O usuário acessa o sistema e será apresentada a tela inicial do Fluxo de assinaturas do e-Not Assina.

Clica em + Novo documento e depois em e-Not Assina.

Em seguida inicia o preenchimento dos dados da criação de seu Fluxo de Assinaturas.

– Anexa o documento em formato PDF na área correspondente

– Preenche os dados dos participantes do fluxo

– Posiciona as assinaturas no documento

– Se desejar, é possível ordenar a atuação dos participantes. Por padrão, o sistema agrupa todos os participantes em uma única etapa.

O e-Not Assina permite que uma pessoa que não seja um dos signatários do documento, possa criar os fluxos de assinaturas, realizando o papel de orquestrador. Para isto, poderá acessar o sistema com seu certificado digital notarizado ou mesmo com o ICP-Brasil, desde que não seja um dos signatários dos documentos.

Pagamento

O pagamento pelo reconhecimento de assinatura eletrônica é feito na plataforma.

Assinatura dos documentos

Após a compensação do pagamento, os participantes serão notificados para as assinaturas digitais ou aprovações do documento.

Documento com as assinaturas eletrônicas reconhecidas

Após cada assinatura digital realizada, o tabelião do cartório emissor do certificado efetua o reconhecimento dela, em processo automatizado. O documento com os reconhecimentos pode ser baixado.

Esses documentos ficarão disponíveis no e-Not Assina por até 30 dias, sendo que, após esse período, não será mais possível baixá-los na plataforma.

No documento reconhecido, serão indicadas as assinaturas digitais das Partes, conforme a posição indicada pelo orquestrador do fluxo, além de uma última página acrescentada ao documento, contendo as representações dos reconhecimentos das assinaturas eletrônicas.

Validar autenticidade do documento

A qualquer momento é possível validar a autenticidade dos documentos do e-Not Assina. Para isto, deverá acessar a tela de validação e efetuar o upload do arquivo PDF com as assinaturas reconhecidas pelo cartório.

Há qualificação notarial dos documentos?

Não. Como o processo é automatizado, sem intervenção humana do tabelião, não há análise do documento, podendo ser reconhecida a assinatura em qualquer tipo e conteúdo de documento.

7.5 MATERIALIZAÇÃO E DESMATERIALIZAÇÃO DE DOCUMENTOS

Com a crescente necessidade de migração de documentos em papel para documentos eletrônicos, e vice-versa, houve a necessidade de que tais documentos se revistam de atributos que lhes deem confiabilidade por meio da autenticação notarial.

A Corregedoria-Geral da Justiça de São Paulo editou o Provimento CG n. 22/2013, que regulamentou a materialização e a desmaterialização de documentos.

Segundo a norma, materialização se define como a geração de documentos em papel, autenticados, a partir de documentos eletrônicos, públicos ou particulares, que apresentem assinatura digital ou outra forma de confirmação de integridade e autenticidade.

Entendemos que se o documento eletrônico não estiver assinado digitalmente ou não contiver elementos para confirmação de autenticidade e integridade, não será possível fazer a autenticação, ou seja, é condição haver um desses dois requisitos para realizar o ato.

Se o certificado digital estiver inválido, com a identidade desconhecida ou a assinatura não verificada (esses dois últimos casos indicam que a autoridade raiz não está instalada na máquina onde o documento está sendo aberto), não é possível fazer a autenticação. Com a indicação de *status* revogado, se se puder identificar que, na ocasião da assinatura do documento, o certificado era válido[19], é possível realizar a autenticação fazendo circunstância da revogação. Em relação aos elementos de confirmação da autenticidade e integridade do documento apresentado para autenticação, estes devem partir de uma fonte confiável, como os sítios de órgãos públicos, tais como Receita Federal, Prefeituras etc.

Apto o documento, ele será integralmente impresso (mas pode ser parcial, se não comprometer a sua compreensão), de preferência na serventia, e na impressão será lançado o texto da autenticação, com data, hora e endereço eletrônico de confirmação do documento ou, se for o caso, as informações do certificado digital, tais como nome, CPF, validade, autoridade emissora etc. Deverá ser aplicado o selo de autenticidade.

Define-se como desmaterialização a geração de documentos eletrônicos, com aplicação de certificado digital, a partir de documento em papel. O processo é o inverso.

Os conceitos (materialização e desmaterialização) buscaram indicar a transformação do papel para o eletrônico e vice-versa por um autor – o tabelião –, evitando palavras do dia a dia, tais como impressão e digitalização, expressões que podem confundir.

A cópia eletrônica do original em papel deve ser assinada mediante o emprego de certificado digital por meio da Central Notarial de Autenticação Digital (CENAD), módulo de serviço da CENSEC, mantida e operada pelo Colégio Notarial do Brasil, Conselho Federal, sob o domínio https://cenad.e-notariado.org.br/. Na cópia eletrônica, é gerado um código hash, que será arquivado no banco de dados da CENAD.

19. Há programas de armazenamento que fazem o controle e o gerenciamento da perenização de vigência do certificado.

Nesse sítio, o usuário faz o *upload* da cópia eletrônica e o sistema verifica a autenticidade e a integridade da cópia eletrônica autenticada. Isso é feito mediante recálculo do *hash* por aplicativo instalado no sítio.

O sistema tem problemas, pois a autenticação não integra o próprio documento, como ocorre com a autenticação de cópia em papel. Por esse modelo, a verificação de autenticidade é feita em reinserção (*upload*) do documento no sítio da CENAD, uma burocracia que poucos deverão compreender e adotar. Mais adequado seria se as normas previssem o emprego do certificado de atributo. A segurança do processo seria a mesma, ou até superior, pois o próprio documento verificaria a autenticidade quando fosse aberto[20].

Entendemos não ser possível a materialização de desmaterialização, por se tratar de cópia autenticada e as normas vedarem cópia autenticada de outra.

As cópias eletrônicas autenticadas podem ser armazenadas em mídias ou enviadas ao usuário por meio eletrônico. A norma não veda.

A mídia é custeada pelo usuário ou pode ser fornecida pelo tabelião, pelo valor de custo, até o limite de 0,5 UFESPs.

A CENAD passou a ter abrangência nacional por meio da plataforma do e-Notariado (Prov. CNJ n. 100/20), o que permite que todos os tabelionatos do país possam realizar estes atos.

7.6 LEI N. 14.382/2022 – REGISTROS ELETRÔNICOS

A nova Lei n. 14.382/2022 vai, finalmente, interligar todos os cartórios de registros e os demais operadores, como cartórios de notas, bancos, varas judiciais etc. Ela cria o Sistema Eletrônico dos Registros Públicos (Serp) com a participação de todos os ofícios de registros, sem exceção, e com o objetivo de promover:

I – o registro público eletrônico dos atos e negócios jurídicos;

II – a interconexão das serventias dos registros públicos;

III – a interoperabilidade das bases de dados entre as serventias dos registros públicos e entre as serventias dos registros públicos e o Serp;

IV – o atendimento remoto aos usuários de todas as serventias dos registros públicos, por meio da internet;

V – a recepção e o envio de documentos e títulos, a expedição de certidões e a prestação de informações, em formato eletrônico, inclusive de forma centralizada, para distribuição posterior às serventias dos registros públicos competentes;

VI – a visualização eletrônica dos atos transcritos, registrados ou averbados nas serventias dos registros públicos;

VII – o intercâmbio de documentos eletrônicos e de informações entre as serventias dos registros públicos e:

a) os entes públicos, inclusive por meio do Sistema Integrado de Recuperação de Ativos (Sira), de que trata o Capítulo V da Lei n. 14.195, de 26 de agosto de 2021; e

20. Operado por um sistema com a cadeia de certificação ou *on-line*.

b) os usuários em geral, inclusive as instituições financeiras e as demais instituições autorizadas a funcionar pelo Banco Central do Brasil e os tabeliães;

VIII – o armazenamento de documentos eletrônicos para dar suporte aos atos registrais;

IX – a divulgação de índices e de indicadores estatísticos apurados a partir de dados fornecidos pelos oficiais dos registros públicos, observado o disposto no inciso VII do caput do art. 7º desta Lei;

X – a consulta:

a) às indisponibilidades de bens decretadas pelo Poder Judiciário ou por entes públicos;

b) às restrições e aos gravames de origem legal, convencional ou processual incidentes sobre bens móveis e imóveis registrados ou averbados nos registros públicos; e

c) aos atos em que a pessoa pesquisada conste como:

1. devedora de título protestado e não pago;
2. garantidora real;
3. cedente convencional de crédito; ou
4. titular de direito sobre bem objeto de constrição processual ou administrativa; e

XI – outros serviços, nos termos estabelecidos pela Corregedoria Nacional de Justiça do Conselho Nacional de Justiça.

O CNJ tem prazo até 31.01.2023 para regulamentar a implantação do SERP e tem, a partir daí, poder regulamentar para eventuais especificações complementares. Finalmente, o envio de escrituras e documentos aos oficiais de registros poderá ser feito integralmente pela via digital.

A lei passa a aceitar o registro ou averbação de extratos eletrônicos de atos ou negócios jurídicos. A qualificação registral fica, naturalmente, muito mitigada quanto a estes documentos, tendo o apresentante do título responsabilidade sobre a correspondência dos dados apresentados em extrato com aqueles indicados nos títulos.

Outra importante inovação da lei é possibilitar o acesso às bases de dados de identificação civil, inclusive de identificação biométrica, dos institutos de identificação civil, das bases cadastrais da União, inclusive do Cadastro de Pessoas Físicas da Receita Federal e da Justiça Eleitoral, desde que previamente pactuado, por tabeliães e oficiais dos registros públicos, com as cautelas previstas na Lei n. 13.709, de 14 de agosto de 2018 (Lei Geral de Proteção de Dados Pessoais). Esta possibilidade, se e quando implementada, permitirá combater a principal sinistralidade das escrituras públicas: o furto ou a falsa identidade das partes. Com o cotejo das bases de dados, inclusive da biometria, será possível ao tabelião e oficial de registro cruzar informações e verificar a identidade das partes mais acuradamente. Como sabemos, as falsidades com documentos de identidade, mesmo com o uso de papéis e itens de segurança que deveriam ser restritos, é frequente e é operada com relativa facilidade por criminosos.

Buscando a simplificação, uma alteração na Lei 6.015/73 dispensa o reconhecimento de firma nos documentos submetidos à registro, exceto naqueles que contenham quitação de dívida ou exoneração de obrigação (art. 130, §§ 2º e 3º).

O novo art. 161 da LRP confere forte presunção de veracidade ao documento registrado: as certidões do registro de títulos e documentos terão a mesma eficácia e o mesmo valor probante dos documentos originais registrados, físicos ou nato-digitais, ressalvado o incidente de falsidade, oportunamente levantado em juízo. Equipara-se, portanto, à autenticação notarial da cópia de documentos. É importante ressaltar que há expressiva diferença de qualificação entre a autenticação notarial e o registro, mas a presunção legal é, agora, idêntica.

O art. 216-B inova a LRP prevendo a adjudicação compulsória extrajudicial, processada perante o ofício imobiliário da localização do bem. A possibilidade é mais uma ferramenta para enfrentar o expressivo manancial de irregularidades existente no Brasil, com milhares de contratos particulares de promessa de compra e venda quitados e não regularizados no registro imobiliário. A lei prevê a realização da ata notarial para verificação dos aspectos fáticos e documentais do negócio.

A lei altera a Lei 9.835/94 prevendo que os tabeliães de notas estão autorizados a prestar outros serviços remunerados, desde que previstos em convênio com órgãos públicos, entidades e empresas interessadas, respeitados os requisitos de forma previstos no Código Civil.

A destacar, finalmente, a simplificação dos meios de pagamento com adoção até do popular parcelamento. Tabeliães e oficiais de registro devem admitir pagamento dos emolumentos, das custas e das despesas por meio eletrônico, a critério do usuário, inclusive mediante parcelamento (Lei 8.935/94, art. 30, XV).

Muitas outras alterações foram feitas aos Registros Públicos com imenso impacto nos negócios e na atividade empresarial. Prazos foram mitigados, os meios eletrônicos são fortemente impulsionados, o mercado imobiliário deverá contar com um marco legal atual e com as ferramentas tecnológicas de nosso tempo, o que deverá reduzir custos, tempo, burocracia e fomentar a atividade econômica.

8
Correção de Erros nos Atos Notariais

Erro é um juízo falso, um desacerto, um engano, uma incorreção, uma inexatidão, um desregramento, uma falta[1]. O erro é a ação, ou omissão, que nos leva para o destino que não queríamos.

Errar é humano. No tabelionato de notas, podem ocorrer erros por ato ou omissão do tabelião, dos seus prepostos, das partes ou de terceiros que de algum modo intervenham na produção do ato notarial.

Se é da natureza humana errar, é também natural possibilitar a correção do erro, seja qual for a magnitude da falha. A Lei n. 8.935/94 não contém previsão explícita sobre a correção de erros, mas informa que o serviço notarial será prestado de **modo eficiente** e **adequado** (art. 4º). O ato correto é certamente o primeiro degrau desta exigência. A incorreção, o seu oposto.

As escrituras públicas são atos administrativos notariais formados exclusivamente em decorrência da vontade das partes, como declarada ao tabelião. Os erros, portanto, podem advir das partes, em face do que desejam ou do que declaram, de documentos que instruem o ato ou do próprio tabelião, ao formalizar o ato.

Distinguir o agente do erro pouco interesse tem, exceto para definir quem suporta o preço da correção. Mais importante é corrigir o erro para que o serviço notarial tenha a adequação e a eficiência pretendidas e determinadas pela lei.

Os erros constantes em atos notariais em papel ou eletrônico podem ser corrigidos das seguintes formas: 1) por ressalva final; 2) pela cláusula "em tempo", também ao final; 3) por aditamento ou ata notarial; e 4) por retirratificação.

1) **Ressalva final.** A forma mais frequente de corrigir erros é por ressalva final. Ao conferir o ato impresso durante a leitura, o tabelião percebe ou é alertado pelas partes sobre erros, rasuras, borrões ou riscaduras no ato. É possível também haver omissões ou imprecisões. Assim, antes das assinaturas, o tabelião escreve as emendas, fazendo as correções (também conhecidas por declaros e ressalvas). A ressalva deve indicar o local e a natureza do erro e será feita sempre antes da finalização do ato e, por óbvio, das assinaturas, das partes e do tabelião.

2) **Cláusula "em tempo".** É um texto inserido ao final do ato, quando o defeito, ou omissão, for verificado após as assinaturas das partes, sem que o ato tenha sido finalizado pela assinatura do tabelião. Deve ser escrito logo abaixo da última assinatura, se houver espaço, ou na página subsequente, introduzido

1. FERREIRA, Aurélio Buarque de Holanda. *Novo Aurélio século XXI:* o dicionário da língua portuguesa. 3. ed., totalmente revista e ampliada. Rio de Janeiro: Nova Fronteira, 1999.

pela expressão “em tempo”, no qual são declaradas as correções ou mudanças indispensáveis à correção do ato. Feito o acréscimo, deve ser lido às partes para aprovação, e, acordes quanto ao seu conteúdo, devem novamente assinar todos os participantes do ato, que será encerrado pelo tabelião com a sua assinatura.

Em tese, não há limite para as correções feitas por ressalva final ou pela cláusula “em tempo”. Tudo pode ser corrigido ou alterado antes da assinatura final do tabelião[2]. Na prática, porém, quando houver alteração da natureza do ato, substituição das partes ou do objeto do negócio, parece-nos mais adequado e consentâneo com os princípios da adequação formal e eficácia do ato notarial o abandono da redação imprópria em favor de um novo ato.

3) **Aditamento**. Os atos notariais também podem ser corrigidos por aditamento. Neste caso, em ato distinto e subscrito apenas pelo tabelião (ou seu substituto), sem necessidade da presença e assinatura das partes, erros e omissões banais, ou evidentes e comprovadas por documentos, podem ser sanados. A pedido das partes ou de ofício, pela mera constatação do erro ou da omissão pelo tabelião, ou à vista de documentos oficiais, o ato será corrigido. Quando houver retificação, o ato será um aditamento retificativo. Quando suprir omissão, o ato será simples aditamento. Em São Paulo, denominou-se ata retificativa.

O aditamento tem limites. As correções, os acréscimos ou as supressões devem restringir-se a elementos acessórios das partes, do objeto, do negócio ou de outras declarações do ato. Exemplificando, na qualificação das partes pode ser corrigido um número de CPF trocado e a correção se comprova documentalmente. Até mesmo correções ou omissões quanto à especialização do objeto podem ser corrigidas à vista da certidão apresentada. Se, por exemplo, houve a descrição do imóvel, mas há erro na indicação do número do registro, não há problema de corrigir-se também isto, desde que se evidencie o erro banal, de digitação.

Não há limite temporal para a correção por aditamento. Em nenhuma hipótese, as correções feitas por aditamento podem alterar a substância do ato. Somente com a assinatura das partes pode ser alterada a respectiva vontade.

Em São Paulo, as Normas de Serviço informam que tais correções somente ocorram por ata notarial[3].

2. As normas de São Paulo permitem a correção de erros evidentes por declaração “Em tempo” quando, na verdade, são tecnicamente “Ressalva final”.

3. “53. Os erros, as inexatidões materiais e as irregularidades, constatáveis documentalmente e desde que não modificada a declaração de vontade das partes nem a substância do negócio jurídico realizado, podem ser corrigidos de ofício ou a requerimento das partes, ou de seus procuradores, mediante ata retificativa lavrada no livro de notas e subscrita apenas pelo tabelião ou por seu substituto legal, a respeito da qual se fará remissão no ato retificado.
53.1. São considerados erros, inexatidões materiais e irregularidades, exclusivamente: a) omissões e erros cometidos na transposição de dados constantes dos documentos exibidos para lavratura do ato notarial, desde que arquivados na serventia, em papel, microfilme ou documento eletrônico; b) erros de cálculo matemático; c) omissões e erros referentes à descrição e à caracterização de bens individuados no ato notarial; d) omissões e erros relativos aos dados de qualificação pessoal das partes e das demais pessoas que compareceram ao ato notarial, se provados por documentos oficiais”.

4) **Retirratificação.** É a forma tradicional de correção de erros graves. Neste caso, temos uma nova escritura, denominada de retirratificação, para suprir ou corrigir elemento substancial, indispensável à eficácia plena do ato anterior, em vista de haver faltado ou estar errado, apesar das assinaturas das partes e do tabelião.

Esta escritura deve conter a assinatura de todos quantos compareceram ao ato, permitida a substituição em caso de falecimento, cessão de direitos ou, claro, mandato.

Não há limite temporal para a correção por retirratificação. É possível, por exemplo, a correção de uma escritura lavrada há décadas.

Também não há, em tese, limites quanto ao conteúdo do ato, indispensáveis a presença e a assinatura de todos quantos compareceram ao ato original, permitida a substituição nos casos legais.

Com a atualização das Normas de Serviço de São Paulo, vigentes a partir de 2013, passou-se a vedar as emendas, as entrelinhas, as notas marginais e as cláusulas em tempo, mesmo para correção de erros, inexatidões materiais e irregularidades sanáveis.

8.1 ERROS COMUNS

A experiência permite listar alguns erros frequentes, aqui lembrados para comunhão dos infortúnios e para prevenir a sua repetição.

Quanto às partes, erro na grafia dos nomes, erro na qualificação (divorciada, se declarou casada, p. ex.), erro nos números de CPF e carteiras de identidade etc. Evidentemente, estas situações todas devem ser consideradas em relação ao tempo do ato e, principalmente, documentadas.

Quanto aos imóveis, erro na grafia do nome ou numeração da rua, no número ou na data da certidão, em metragens, desde que a diferença seja pequena (p. ex., terreno 21 x 50,5, totalizando 1.060,60 m^2, quando é evidente, à luz da certidão, que são 1.060,50 m^2), na confrontação e todos os demais erros descritivos do imóvel que, à vista da certidão arquivada para a lavratura do ato, estejam em desacordo com as declarações da escritura.

Erros referentes ao imóvel são, por natureza, muito mais sensíveis. Portanto, ainda que evidentes, as retificações devem ser promovidas com cautela. Por exemplo, na certidão imobiliária consta "imóvel e respectiva vaga de garagem" tendo a escritura feito menção apenas ao imóvel. Como saber se o desejo das partes era realmente incluir a vaga? Não basta uma delas comparecer e reclamar o erro. Neste caso, e sempre que o erro envolver substancial distinção do objeto do negócio, é imprescindível a presença das partes para a sonora retirratificação.

Há ainda erros quanto à documentação ou outras formalidades da lei.

Quanto à documentação, o mais frequente é o desacordo de números, datas, siglas. Estes são erros evidentes que, via de regra, podem ser corrigidos de ofício pelo tabelião por meio de aditamento.

Há, contudo, uma zona cinzenta instigante. Por exemplo, a escritura foi lavrada com as certidões do INSS e da Receita Federal ou ainda com a matrícula após o prazo de validade declarado. Seria possível solicitar novas certidões e, com elas, aditar para retificar, de ofício?

Não vemos problema, mas entendemos que o assunto é controverso, pois envolve aspectos éticos.

Dentre as demais formalidades da lei, citamos, a título de exemplo, as declarações. A falta delas, ou o desacordo delas com a vontade do declarante, só pode ser corrigida por retirratificação. A exceção fica por conta da anuência do cônjuge que, em muitos atos, não é expressa, aceitando-se a presença e assinatura do casal como declaração de acordo. E ainda que houvesse exigência para que se suprisse, entendemos que esta seria possível mediante aditamento retificativo por solicitação das partes, com a declaração da anuência.

8.2 RETIFICAÇÃO POR ATA NOTARIAL

A ata notarial é um dos atos notariais mais antigos. Hoje, prevista na Lei n. 8.935/94, pode ser utilizada para corrigir erros materiais em escrituras?

Parece-nos que a lei pretendeu muito mais, e a doutrina já se encarrega de rechear as infindáveis possibilidades da ata como atividade notarial a serviço das necessidades da cidadania e da sociedade.

A ata notarial, contudo, não é a forma, a roupa feita sob medida para a correção de erros, ainda que em alguns notariados da América Latina e da Europa seja, por vezes, utilizada.

Vemos alguns óbices que tornam a correção de erros por ata notarial incompatível com a natureza deste ato.

Em primeiro lugar, a ata deve ter um solicitante. Se o tabelião perceber o erro ou se a parte se recusar a solicitar a correção, falta elemento essencial ao ato. E não se pense que o tabelião deve agir como solicitante, lavrando o próprio ato corretivo, pois esta solução representa infração ao princípio da impessoalidade, obstada expressamente pelo art. 27 da Lei n. 8.935/94.

Em segundo lugar, a ata notarial tem natureza de pré-constituição probatória, instrumento à disposição da sociedade. Utilizá-la para corrigir erros ou omissões parece-nos um desvio de finalidade que constitui infração ao art. 6º, II, da referida Lei n. 8.935/94.

Independentemente da titulação do ato, cremos que o imprescindível é corrigir os erros e as omissões, quando detectados, o quanto antes e da maneira mais simples e menos custosa.

Resta lembrar novamente que, em vista do princípio da unicidade da fé pública, decorrente da delegação estatal, qualquer tabelião pode corrigir erro ou omissão constante de ato feito por outro.

As Normas de São Paulo determinam que os erros, as inexatidões materiais e as irregularidades, constatáveis documentalmente e desde que não modificada a declaração de vontade das partes nem a substância do negócio jurídico realizado, podem ser corrigidos de ofício ou a requerimento das partes, ou de seus procuradores, mediante anotação à margem do ato notarial ou, não havendo espaço para tanto, por meio de ata retificativa lavrada no livro de notas e subscrita apenas pelo tabelião, a respeito da qual se fará remissão no ato retificado.

Ainda há a obrigatoriedade de fazer remissões do ato retificativo ou escritura de retificação-ratificação no ato rerratificado. Se praticado o ato em serventia distinta, o tabelião que lavrou o ato retificativo ou a escritura de retificação-ratificação comunicará o evento ao tabelião, para a remissão devida, no ato rerratificado[4].

4. Normas da CGJ, Cap. 16, itens 55 e s.

9

Obrigações Administrativas e Fiscais do Notário

Ao mesmo tempo que atende aos interesses dos indivíduos, garantindo a eficácia de seus atos e negócios, o notário colabora com a sociedade e o Estado cumprindo certas obrigações administrativas e fiscais previstas na lei.

Há normas tributárias que afetam os serviços notariais nos três planos administrativos do País: o federal, o estadual e o municipal. A concorrência para legislar sobre direito tributário, inclusive quanto às obrigações acessórias, é concorrente da União, dos Estados e dos Municípios. No âmbito da legislação concorrente, a atuação da União está limitada a estabelecer normas gerais, enquanto aos Estados toca a competência suplementar, que pode ser plena nas matérias em que a União se omitir.

Apesar da Constituição prever a edição de leis complementares com normas para a cooperação entre a União e os Estados, o Distrito Federal e os Municípios, tendo em vista o equilíbrio do desenvolvimento e do bem-estar em âmbito nacional, tais normas até hoje não existem[1].

O notário, obrigado a fiscalizar os tributos incidentes sobre os negócios que formaliza em seus atos e a muitas outras determinações acessórias (especialmente comunicações), fica, muitas vezes, confuso ao interpretar o emaranhado de normas, não raro antinômicas ou em contradição aparente.

Segundo a Lei n. 8.935/94, o notário deve fiscalizar o recolhimento dos impostos incidentes sobre os atos que pratica[2] e também facilitar, por todos os meios, o acesso das pessoas legalmente habilitadas à documentação existente. Além disso, deve atender prioritariamente às requisições de papéis, documentos, informações ou providências que lhe forem solicitadas pelas autoridades judiciárias ou administrativas para a defesa das pessoas jurídicas de direito público em juízo[3].

O acesso à documentação existente também pode ser efetuado de modo sistemático e continuado, por meio do fornecimento de informações que interessem às Fazendas Públicas e aos outros órgãos da administração ou ao Poder Judiciário.

1. CF, art. 22, parágrafo único, e art. 23, parágrafo único.
2. Art. 30, XI.
3. Art. 30, III e XII.

9.1 FISCALIZAÇÃO DE TRIBUTOS

O Código Tributário Nacional é a norma tributária geral aplicável em todo o País. Nos casos de impossibilidade de exigência do cumprimento da obrigação principal pelo contribuinte, os tabeliães respondem solidariamente com este nos atos em que intervirem ou pelas omissões de que forem responsáveis. Somente as penalidades moratórias podem ser aplicadas[4]. Ademais, mediante intimação escrita, os tabeliães são obrigados a prestar à autoridade administrativa todas as informações de que disponham em relação aos bens, negócios ou atividades de terceiros, ressalvado o direito ao sigilo profissional[5].

Estas normas gerais federais são replicadas irrestritamente com matizes idênticas em toda a legislação tributária, seja da União, dos Estados ou dos Municípios.

Nos atos que realizam, os notários devem verificar o recolhimento dos seguintes tributos:

1) **União**: 1.1) Imposto sobre a Propriedade Territorial Rural (ITR), incidente sobre os atos imobiliários rurais. Ademais, devem verificar a regularidade do Certificado de Cadastro dos Imóveis Rurais (CCIR); 1.2) Laudêmio ou foro incidente sobre os imóveis da União, devido à Secretaria do Patrimônio da União (SPU); 1.3) Contribuições devidas à Previdência Social (INSS) e demais tributos federais, inclusive da dívida ativa da União. Esta obrigação envolve a obrigação de exigir a Certidão Conjunta Negativa de Débitos Relativos a Tributos Federais e à Dívida Ativa da União; 1.4) Efetuar a Declaração sobre Operações Imobiliárias (DOI), mensalmente, indicando os dados relevantes de todos os atos relativos a negócios imobiliários; 1.5) Declaração sobre Operações Imobiliárias em Terrenos da União (DOITU); 1.6) Remeter ao IBGE informações de interesse estatístico presente nas escrituras de separação, divórcio, extinção de união estável, inventário e partilha.

2) **Estado**: 2.1) Imposto sobre a Transmissão *Causa Mortis* e Doação (ITCMD) incidente sobre os atos de transmissão de quaisquer bens ou direitos nos atos de doação ou inventário e partilha não onerosa. Previsto no art. 155, I, § 1º, da Constituição Federal, permite ao ente federativo fixar as suas alíquotas em conformidade com a permissão do Senado Federal, que editou a Resolução n. 9, de 5-5-1992, estabelecendo como alíquota máxima o percentual de 8% (oito por cento). No Estado de São Paulo, por exemplo, a alíquota é de 4%; 2.2) No Estado de São Paulo, remeter à Secretaria da Fazenda, por meio eletrônico, cópia de todas as escrituras em que haja incidência do ITCMD; 2.3) Remeter à Secretaria da Fazenda, por meio eletrônico, cópia de todas as transferências de veículos por ocasião do reconhecimento de firma por autenticidade[6].

4. CTN, art. 134.
5. CTN, art. 197.
6. No Estado de São Paulo é obrigatório.

3) **Município:** 3.1) Imposto sobre a Transmissão de Bens Imóveis (ITBI), incidente sobre os negócios imobiliários onerosos, previsto na Constituição Federal, art. 156, II; 3.2) Demais impostos municipais, de modo indireto, por exigência da Certidão Negativa de Débitos Tributários Municipais; 3.3) Comunicar a lavratura de atos cuja tributação é imune ou isenta de tributos[7]; 3.4) Emitir nota fiscal eletrônica dos próprios serviços prestados.

Em todos os casos, o notário deve verificar e arquivar a guia do recolhimento dos tributos fiscalizados.

Há conflito entre as normas municipais e a consolidada jurisprudência do STJ e tribunais estaduais quanto ao momento da ocorrência do fato gerador do ITBI. Na cidade de São Paulo, por exemplo, a lei impõe o pagamento do imposto no momento da lavratura da escritura. O tabelião de notas não pode lavrar o ato sem antes verificar a quitação da guia respectiva.

Em outras cidades, este momento é postergado em dias após a lavratura da escritura e, finalmente, em algumas, o recolhimento do ITBI deve ser realizado no momento do registro imobiliário.

Esta posição parece a mais correta, pois o fato gerador do imposto é a transmissão da propriedade, o quê, em nosso sistema, só ocorre quando há o registro (CC, art. 1.245).

A jurisprudência do STJ é firme e repetida:

> *TRIBUTÁRIO – RECURSO ORDINÁRIO – MANDADO DE SEGURANÇA – ITBI – FATO GERADOR – CTN, ART. 35 E CÓDIGO CIVIL, ARTS. 530, I, E 860, PARÁGRAFO ÚNICO – REGISTRO IMOBILIÁRIO. 1. O FATO GERADOR DO IMPOSTO DE TRANSMISSÃO DE BENS IMÓVEIS OCORRE COM A TRANSFERÊNCIA EFETIVA DA PROPRIEDADE OU DO DOMÍNIO ÚTIL, NA CONFORMIDADE DA LEI CIVIL, COM O REGISTRO NO CARTÓRIO IMOBILIÁRIO. 2. A COBRANÇA DO ITBI SEM OBEDIÊNCIA DESSA FORMALIDADE OFENDE O ORDENAMENTO JURÍDICO EM VIGOR. 3. RECURSO ORDINÁRIO CONHECIDO E PROVIDO". (STJ – 2ª T.; ROMS Nº 10.650-DF; REL. MIN. FRANCISCO PEÇANHA MARTINS; J. 16/6/2000; V.U.)*

Igualmente, o STF também já assentou:

> *AGRAVO REG. NO AGRAVO DE INSTRUMENTO AI 764432 – STF. PUBLICAÇÃO: 22/11/2013. AGRAVO REGIMENTAL NO AGRAVO DE INSTRUMENTO. IMPOSTO DE TRANSMISSÃO INTER-VIVOS DE BENS IMÓVEIS. ITBI. MOMENTO DA OCORRÊNCIA DO FATO GERADOR. REGISTRO DO IMÓVEL. ESTÁ ASSENTE NA CORTE O ENTENDIMENTO DE QUE O FATO GERADOR DO ITBI SOMENTE OCORRE COM A TRANSFERÊNCIA EFETIVA DA PROPRIEDADE IMOBILIÁRIA, OU SEJA, MEDIANTE O REGISTRO NO CARTÓRIO COMPETENTE. PRECEDENTES. AGRAVO REGIMENTAL NÃO PROVIDO.*

Por cautela, o tabelião deve cumprir a lei municipal enquanto vigente. Entretanto, em vista do sólido entendimento de nossas mais altas cortes, é possível ao tabelião buscar a dispensa de exigência do recolhimento por meio de ação própria.

Sem a certidão de ações reais e pessoais reipersecutórias e de ônus reais expedida pelo cartório imobiliário, o notário não pode lavrar a escritura. A pessoa alienante

---

7. Na Cidade de São Paulo é obrigatório.

também deve declarar a existência de outras ações reais ou pessoais reipersecutórias, ou de ônus reais, incidentes sobre o objeto do negócio. Isso implica em fiscalização de regularidade para toda a sociedade.

O notário também é responsável pela fiscalização do pagamento de cotas condominiais, pois deve verificar nas escrituras relativas aos bens imóveis em condomínio a quitação das parcelas ou a declaração da parte de que está quite com elas[8].

Há exigências que se referem ao aproveitamento racional da terra rural. Quando houver desmembramento de imóveis rurais, o notário deve verificar a fração mínima de parcelamento para a respectiva região, de acordo com as leis próprias.

Existem ainda diversas restrições impostas à propriedade da terra por estrangeiros.

Se o imóvel faz parte de zona de segurança nacional, é necessária uma autorização da Secretaria Executiva do Conselho de Defesa Nacional.

Para os imóveis urbanos, somente se veda a aquisição de imóvel ou terreno situado na faixa de 100 metros ao longo da costa marítima, mas o ato pode ser autorizado pelo Presidente da República ou pelo Ministro da Fazenda[9]. Essa restrição, todavia, não se aplica no caso de aquisição de unidade autônoma em condomínio, como em prédio de apartamentos situado em terreno de marinha, regulado pelo regime da Lei n. 4.591/64[10].

Quanto aos imóveis rurais, a disciplina é mais complexa e o notário desempenha papel relevante, pois é da essência do ato a escritura pública[11]. A aquisição de imóvel rural por pessoa física estrangeira não pode exceder a 50 módulos de exploração indefinida, em área contínua ou descontínua[12]. Estes módulos são definidos a partir dos critérios da Lei n. 4.504/64 (Estatuto da Terra) e fixados pelo Instituto Nacional de Colonização e Reforma Agrária (INCRA), na área média de 3 hectares. Desse modo, regra geral, a pessoa estrangeira somente pode adquirir uma propriedade rural limitada a 150 hectares.

O estrangeiro pode adquirir livremente área rural até três módulos, independente de qualquer autorização ou licença, ressalvadas as exigências gerais determinadas em lei (§ 1º do art. 3º da Lei n. 5.709/71) e exceto se for a segunda aquisição[13]. A área não pode ultrapassar 1/4 da área do território do município onde o imóvel se situe, nem pessoas da mesma nacionalidade podem ser proprietárias, em cada município, de mais de 40% do limite fixado (1/4 da área do município).

---

8. No Estado de São Paulo, a exigência da declaração de quitação dos débitos condominiais foi abrandada por decisões judiciais administrativas, cujo fundamento foi a revogação tácita do parágrafo único do art. 4º da Lei n. 4.591/1964 pelo artigo 1.345 do Código Civil.
9. Decreto-Lei n. 9.760/46, art. 205.
10. FIGUEIREDO, Ivanildo. Disponível em http://www.anoregms.org.br/index.php?p=detalhe_noticia&id=2029, acesso em 05.07.2012.
11. Lei n. 5.709/71, art. 8º.
12. Lei n. 5.709/71, art. 3º.
13. As Normas da Corregedoria-Geral da Justiça do Estado de São Paulo permitem a aquisição de mais de um imóvel rural desde que a soma das áreas não exceda a três módulos.

Para adquirir área entre 3 e 50 módulos, a pessoa física estrangeira necessita de autorização do INCRA. Acima de 50 módulos, a autorização deve ser do Congresso Nacional. O Presidente da República, ouvida a Secretaria Executiva do Conselho de Defesa Nacional, também pode aumentar o limite da área fixado no art. 7º do Decreto n. 74.965/74. Pessoa jurídica estrangeira para adquirir área de até 100 módulos deve possuir aprovação de projeto de exploração pelo Ministério do Desenvolvimento Agrário, ouvido o Órgão Federal competente responsável pelas respectivas atividades. E acima de 100 módulos, o Congresso deve autorizar, de modo especial.

10
Dever de Comunicação dos Tabeliães

Os tabeliães fazem parte de um sistema preventivo, no qual os atos e os negócios jurídicos se submetem a um controle prévio de legalidade.

O tabelião, ao formalizar e dar forma legal à vontade das partes, assegura não só a validade e a eficácia dos direitos e das obrigações encartados no ato notarial, mas também a convicção das partes em respeitá-lo.

Para tanto, o tabelião observa os princípios da legalidade e da imparcialidade, por meio da qualificação notarial, verificando e requerendo a apresentação dos documentos exigidos por lei para o ato notarial.

Além de conferir segurança jurídica e fé pública a atos e negócios daqueles que buscam seus serviços, o tabelião – sem qualquer ônus para os cofres públicos – cumpre relevante papel colaborativo com o Estado e a sociedade, ao prestar suas informações aos órgãos públicos, o que possibilita aos governos federal, estadual e municipal fazerem estatísticas e projetarem políticas públicas.

O tabelião, com essas comunicações, coopera na arrecadação fiscal, evita fraudes tributárias e ainda auxilia na investigação em casos de corrupção e lavagem de dinheiro.

A seguir, elencamos as comunicações indispensáveis[1].

10.1 CONSELHO NACIONAL DE JUSTIÇA – CNJ

Os notários devem atualizar semestralmente o sistema "Justiça Aberta", do CNJ. Até o dia 15 dos meses de janeiro e julho devem ser informados os dados referentes à produtividade, faturamento e despesas, bem como quaisquer alterações cadastrais, em até 10 dias após suas ocorrências[2].

10.2 CORREGEDORIA PERMANENTE E CORREGEDORIA-GERAL DE SÃO PAULO

Em São Paulo, o Tribunal de Justiça criou o Portal do Extrajudicial que, desde 2007[3], tem a finalidade de divulgar os comunicados e as decisões da Corregedoria--Geral da Justiça aos serviços extrajudiciais, bem como permitir o intercâmbio de informações padronizadas, em meio digital, entre a Corregedoria-Geral da Justiça

1. Especial atenção às Normas de São Paulo.
2. Provimento CNJ n. 24/2012, art. 2º, e Provimento CGSP n. 40/2012, atualizado pelo Provimento n. 56/2019, Cap. XIV, item 13.4.
3. Comunicado CG n. 1.032/2007.

e as unidades extrajudiciais do Estado de São Paulo. É um canal de comunicação eletrônica célere.

O acesso ao Portal, pelos responsáveis pelas unidades notariais e de registro, deve ser diário e obrigatório, e não desobriga o acesso ao *Diário da Justiça eletrônico*.

Cada serventia tem um código próprio que inicia a série da numeração dos papéis de segurança (fichas de assinaturas e traslados) e dos selos de autenticidade (há seis tipos de selos: firma 1 e 2 sem valor, firma 1 e 2 com valor, autenticação e autenticidade).

Os notários devem alimentar os seguintes dados dos selos e dos papéis de segurança: a) declaração de utilização de selos e papéis de segurança (exceto livros de notas); b) posição inicial no mês; c) séries de selos, papéis de segurança e cartões de assinatura que estavam em posse da unidade no início do mês a ser declarado; d) as séries de selos, papéis de segurança e cartões de assinatura que a unidade utilizou durante o mês, mesmo que entre estes existam eventuais selos extraviados, danificados, roubados etc.; e) séries de selos, papéis de segurança e cartões de assinatura que permanecem à disposição da unidade para o mês seguinte; f) declaração de ocorrência de selos e papéis de segurança; g) séries de selos, fichas e traslados incinerados, danificados, inutilizados, extraviados, furtados e roubados; h) declaração semanal de atos praticados e sua arrecadação, quando deve lançar os tipos de atos praticados na serventia, sua quantidade e valor arrecadado; i) valor do imposto municipal (ISS) e o valor destinado à Santa Casa. O sistema calcula automaticamente o valor devido ao Tribunal, bem como o valor de acréscimo, decorrente de atrasos. O valor a ser impresso na guia será a soma do valor informado no campo "Valor a recolher" com o valor de acréscimo (se houver); j) declaração mensal de despesas; k) as custas e contribuições devidas ao Estado, ao IPESP, ao Fundo do Registro Civil, ao Tribunal de Justiça, à Santa Casa, ao Ministério Público e o imposto municipal; l) despesas trabalhistas, com os valores devidos ao IPESP, ao INSS, ao IAMSPE, ao Fundo de Garantia, salários, convênio médico/odontológico, imposto de renda retido na fonte, seguro de vida e previdência, vale-transporte, vale-refeição/alimentação, verbas rescisórias e FGTS, 13. salário; m) outras despesas, como advogado e assessoria contábil, consumo de água, energia, gás, telefone e internet, aluguel de imóveis e bens móveis, assessoria, licenças de informática e manutenção, cursos e congressos, condomínio, IPTU e seguro do imóvel, conservação e reforma do imóvel, contribuição a entidades de classe, despesas com segurança e serviços terceirizados, ISS, livros e periódicos técnicos, locação de mobiliário, computadores e equipamentos, material de conservação e limpeza, material de escritório, material gráfico, selos, impressos e encadernações, postagem, intimação e publicação de edital, seguro de responsabilidade civil, tarifas bancárias, aquisição de mobiliário, computadores, equipamentos; e n) total arrecadado, recolhimentos, emolumentos líquidos do tabelião/oficial, despesas e saldo final.

O notário deve lançar informação sobre a admissão, afastamento, desligamento, alteração de salário e de função, bem como a frequência dele próprio, de prepostos não optantes pela CLT e do substituto do § 5º do art. 20 da Lei n. 8.935/94, neste último caso, mesmo que celetista.

Todo ato deverá ser enviado ao Sistema para Consulta e Controle de Selo Digital por meio do seu respectivo registro, sempre que possível de forma simultânea à prática do ato ou, então, no prazo máximo de até 24 horas a contar da sua emissão, uma vez que as informações do ato deverão estar disponíveis para a consulta e conferência do cidadão neste prazo (Prov. CGJ 30/2018 – Instituiu a implantação do Selo Digital).

O desaparecimento ou a danificação de qualquer livro deverá ser imediatamente comunicado ao Juiz Corregedor Permanente e à Corregedoria-Geral da Justiça[4].

Nos casos de ocorrências de furto, roubo ou extravio de selos, papel de segurança, cartão de assinatura e etiqueta devem ser comunicados à Corregedoria-Geral da Justiça[5].

O tabelião que, no exercício de sua atividade, vier a ter ciência de fundados indícios da efetivação de parcelamento irregular, deve informar o Juiz Corregedor Permanente, o Ministério Público e a Prefeitura Municipal. Nestes casos, deve se abster de lavrar atos notariais que tenham por objeto negócios jurídicos de alienação de frações ideais sempre que a análise de elementos objetivos revele a ocorrência de fraude à legislação disciplinadora do parcelamento do solo, inserindo no ato notarial, quando houver insistência dos interessados, expressa declaração das partes de que a transmissão de fração ideal para a formação de condomínio tradicional não implica na alienação de parcela certa e localizada de terreno[6].

Anualmente, até o décimo dia útil do mês de fevereiro, o tabelião deverá remeter ao Juiz Corregedor Permanente o livro diário de receitas e despesas[7].

Em caso de dúvida sobre a aplicação da lei e das tabelas de emolumentos, o notário ou o registrador poderá formular consulta escrita ao Juiz Corregedor Permanente[8].

O notário deverá fazer prévia comunicação ao Juiz Corregedor Permanente quanto ao tipo de sistema de informática, serviço de armazenamento e cronograma previsto para a formação das cópias de segurança[9].

Atendendo a LGPD, o plano de resposta a incidentes de segurança com dados pessoais deverá prever a comunicação ao Juiz Corregedor Permanente e à Corregedoria-Geral da Justiça, no prazo máximo de 24 horas, com esclarecimento da natureza do incidente e das medidas adotadas para a apuração das suas causas e a mitigação de novos riscos e dos impactos causados aos titulares dos dados[10].

Quando se afastar do cartório, o tabelião deve comunicar à Corregedoria-Geral da Justiça e à Corregedoria Permanente, indicando a data ou previsão de retorno e respectivo substituto[11].

4. Normas de São Paulo, Cap. XIII, item 41.
5. São Paulo, Comunicado CG n. 294/2009 – Processo n. 1.619/2004.
6. São Paulo, Processo CG n. 2.588/2000 – Parecer n. 348/2001-E.
7. Normas de São Paulo, Cap. XIII, item 52.
8. Normas de São Paulo, Cap. XIII, item 71.
9. Normas de São Paulo, Cap. XIII, item 82, letra L.
10. Normas de São Paulo, Cap. XIII, item 139.
11. Normas de São Paulo, Cap. XIV, item 17.

Se for candidato a cargo eletivo, o tabelião deve observar os prazos de desincompatibilização divulgados pela Justiça Eleitoral, se afastará da atividade quando necessário, e comunicará à Corregedoria-Geral e ao Corregedor Permanente. Igualmente, comunicará a ambos quando do reinício do exercício[12].

Atos praticados em serventias distintas devem ser comunicados pelo tabelião que lavrou a escritura de retificação-ratificação para aquele que lavrou o ato retirratificado, para a remissão devida[13].

Quando lavrar testamento que contenha disposições favoráveis a pessoas jurídicas com objetivos altruísticos, científicos, artísticos, beneficentes, religiosos, educativos, culturais, políticos, esportivos ou recreativos, o tabelião deve consultar o testador sobre a conveniência de cientificar, por escrito, as favorecidas. Idêntica consulta será formulada nas hipóteses de escritura pública de revogação de testamento ou de cláusulas testamentárias favoráveis àquelas pessoas jurídicas. As comunicações autorizadas devem limitar-se ao nome do testador, à data, ao número do livro e às folhas da escritura pública de testamento ou de revogação[14].

Em escritura pública de restabelecimento de sociedade conjugal, o tabelião deve comunicar o restabelecimento ao tabelião que lavrou a separação para anotação no ato, ou comunicar o restabelecimento ao juízo da separação judicial, se for o caso[15].

Quando o substabelecimento, a renúncia ou qualquer ato revocatório for lavrado a respeito de ato de outra serventia, o tabelião comunicará ao tabelião que lavrou o ato original, enviando-lhe cópia da escritura pública de substabelecimento, renúncia ou revogação de procuração[16].

O extravio e a subtração de etiquetas oficiais serão comunicados à Corregedoria Permanente, com a numeração[17].

Antes, em caso de extravio, inutilização ou incineração do papel de segurança da Apostila de Haia as autoridades apostilantes deveriam informar à Corregedoria-Geral de Justiça. Tal dever **não mais subsiste**. Agora, o Prov. CNJ n. 119/2021, prevê que essas informações devem ser informadas diretamente no sistema eletrônico de apostilamento em https://apostil.org.br.

10.3 SECRETARIA DA FAZENDA DO ESTADO DE SÃO PAULO

10.3.1 Comunicação de escrituras públicas de inventário, de partilha e de doações

A Portaria CAT n. 21/2012 (alterada pela Portaria CAT n. 43/2013) disciplina o envio de informações de escrituras públicas com transmissão *causa mortis* e doação (ITCMD).

12. Normas de São Paulo, Cap. XIV, itens 18 e 18.1.
13. Normas de São Paulo, Cap. XVI, item 55.2.
14. Normas de São Paulo, Cap. XVI, itens 59, 59.1 e 59.2.
15. Normas de São Paulo, Cap. XVI, item 101.
16. Normas de São Paulo, Cap. XVI, item 135.1.
17. Normas de São Paulo, Cap. XVI, item 187.2.

A Secretaria da Fazenda recebe do tabelião, por meio eletrônico, as seguintes informações:

- relacionadas aos dados de identificação do documento transmitido, tais como: a) identificação da escritura lavrada; b) data da lavratura da escritura; c) número da declaração de ITCMD; d) tipo da escritura; e) data do óbito, doação, separação; e f) outros dados complementares;
- cópia digitalizada da escritura lavrada em formato PDF, que deverá corresponder àquela que constar no livro de notas com as devidas assinaturas.

A alteração introduzida pela CAT n. 43/2013 obriga o tabelião a digitalizar o ato com a assinatura das partes. Parece-nos desproporcional tal obrigação. As informações em notas do tabelião, ainda que em sistema, seriam suficientes para atender a norma fazendária, pois possuem presunção de veracidade (CPC/2015, art. 425, II, parte final).

O envio das informações deverá ser efetuado até o último dia útil do mês subsequente ao da lavratura da escritura.

10.3.2 Comunicação de transferência de propriedade de veículos

A Portaria CAT n. 90/2014 (alterada pela Portaria CAT n. 62/2015)[18] disciplina o envio de informações sobre transferência de propriedade de veículos, pelos tabeliães, na lavratura do reconhecimento de firma por autenticidade.

Os tabeliães do Estado de São Paulo devem enviar à Secretaria da Fazenda transações que envolvam a transferência de propriedade de veículos em decorrência do reconhecimento de firma por autenticidade.

A Secretaria da Fazenda repassa as informações ao DETRAN-SP.

O tabelião deve se cadastrar no Cadastro de Notários e Registradores da Secretaria da Fazenda e possuir certificado digital. A comunicação deve conter as seguintes informações: a) nome/identificação do cartório emissor (as informações do cartório que está fazendo a transferência serão obtidas pelo sistema por meio de seu acesso via certificação digital); b) dados do veículo; c) dados do adquirente; d) dados da transferência; e) dados do reconhecimento da firma do proprietário vendedor; f) dados do reconhecimento da firma do adquirente; e g) nome do arquivo imagem transmitido.

A cópia autenticada e digitalizada, frente e verso, do Certificado de Registro de Veículos preenchido e com a firma reconhecida por autenticidade do transmitente/vendedor ou, se for o caso, do transmitente/vendedor e do adquirente, também deve ser remetida.

A comunicação é dispensada quando: a) os elementos objetivos estiverem ilegíveis no documento original em decorrência de rasura ou sobreposição de informações impressas, caso em que deverá ser arquivada cópia do documento; b) o sistema apresentar mensagem de erro para as informações digitadas corretamente,

18. Obrigação estabelecida pelo Decreto estadual n. 60.489/2014.

caso em que deverá ser arquivada impressão da tela com a mensagem de erro; c) o comprador indicado no CRV for loja/concessionária de veículos que apresentar decisão judicial desobrigando a realização da transferência de propriedade do veículo para seu nome, caso em que deverá ser arquivada cópia do CRV e da decisão judicial; d) o documento se referir a veículo registrado em outro Estado; e) o reconhecimento de firma do adquirente for realizado em momento anterior ao do reconhecimento de firma do transmitente.

A retificação de comunicações é permitida quando houver: a) CEP inválido, depois de esgotadas as tentativas de obter o CEP correto; b) números de RENAVAM e placa inválidos; e c) data de reconhecimento de firma inválida.

O usuário pode solicitar ao tabelião certidão do comprovante de envio das informações.

O tabelião deve enviar as informações e a cópia autenticada e digitalizada do Certificado de Registro do Veículo logo após a realização do ato de reconhecimento de firma ou em momento posterior, em lotes (em estrutura de arquivo XML), observando o prazo de até 72 horas da realização do ato de reconhecimento.

A comunicação realizada pelo tabelião não desobriga o adquirente de registrar o veículo em seu nome no Departamento Estadual de Trânsito – DETRAN-SP, nos termos da legislação de trânsito.

A portaria ressalva que, nos casos em que não for constatada a efetivação da comunicação de venda no portal do DETRAN-SP, permanece a obrigatoriedade estabelecida pela Lei estadual n. 13.296/2008 (IPVA) e pela Lei n. 9.503/97 (Código de Trânsito Brasileiro) de o vendedor comunicar a venda do veículo no prazo máximo de 30 dias[19].

Em 2015, a Corregedoria-Geral da Justiça publicou o Comunicado n. 826, pelo qual o Notário ou o Registrador Civil não pode, salvo se o serviço for solicitado, impor ao usuário a extração de cópia autenticada do Certificado de Registro de Veículos quando do reconhecimento de firma para a transferência da propriedade junto aos órgãos administrativos[20].

10.4 JUNTA COMERCIAL

Não mais subsiste a obrigatoriedade de comunicação das procurações públicas às Juntas Comerciais[21].

19. Conflitante com o art. 4º, I e II, do Decreto estadual n. 60.489/2014.
20. Exceto se a parte solicitar (Processo 0043091 49.2014.8.26.0100, 2ª Vara de Registros Públicos).
21. A Instrução Normativa DREI n. 28, de 6-10-2014, que a previa, foi revogada pela Instrução Normativa DREI n. 65, de 06.08.2019. O Prov. n. 42, de 31.10.2014, que regulamentava esta comunicação pelos tabeliães de notas, foi revogado conforme Acórdão proferido nos autos do Pedido de Providências n. 0006471-95.2019.2.00.0000 do E. CNJ.

10.5 PREFEITURAS

10.5.1 Comunicação das escrituras imobiliárias com isenção de ITBI

No âmbito da Prefeitura de São Paulo, os tabeliães estão obrigados a comunicar mensalmente ao Departamento de Rendas Imobiliárias, da Secretaria Municipal de Finanças e Desenvolvimento Econômico[22], as seguintes informações: a) a relação com a qualificação dos contribuintes beneficiados (nome, endereço, CPF); b) dados do imóvel (número do contribuinte do IPTU); e c) dados da transmissão (data e valor).

São isentos do imposto o ato transmissivo relativo à primeira aquisição de unidades habitacionais financiadas pelo Fundo Municipal de Habitação[23] e as transmissões relativas à aquisição, por pessoa física, de imóveis de uso exclusivamente residencial, cujo valor total seja igual ou inferior a R$ 176.444,41[24] (ano 2020)[25] na data do fato gerador, desde que o ato transmissivo[26]: I – seja relativo à primeira aquisição do imóvel por parte do beneficiário da isenção; ou II – esteja compreendido no Programa Minha Casa, Minha Vida – PMCMV, nos termos da Lei federal n. 11.977, de 7 de julho de 2009.

10.5.2 Comunicação das notas fiscais eletrônicas

O STF decidiu pela constitucionalidade da cobrança do ISS sobre os serviços prestados por notários e registradores. Por maioria de votos, a Suprema Corte entendeu que os serviços notariais e registrais são explorados em regime de direito privado (CF, art. 236) e, portanto, devem ISS sobre os seus serviços[27].

Há prefeituras que instituem o ISS por alíquota fixa; outras fixam por porcentagem sobre o serviço prestado. Em São Paulo, a alíquota é de 2% para os serviços tipicamente notariais e 5% para os não notariais, por exemplo, as fotocópias.

A nota fiscal eletrônica é emitida por meio eletrônico, mediante a utilização da senha ou certificado digital, conforme o caso. O tabelião deve emitir NFS-e para todos os serviços prestados.

A NFS-e deve ser emitida com a data da efetiva prestação dos serviços. Os atos de autenticação e fotocópia resultam numa NFS-e por dia, facultada a emissão para cada serviço ou uma única com a totalização dos serviços. Os demais atos notariais resultam numa NFS-e para cada ato.

10.6 CONSELHO DE CONTROLE DE ATIVIDADES FINANCEIRAS – COAF

O crescimento e especialização do crime organizado em todos os países, inclusive implementando interconexão de quadrilhas que passaram a atuar em diversos países e

22. Decreto municipal n. 56.235/2015, art. 162, § 2º.
23. Lei n. 11.632, de 22-7-1994, c/c o art. 161 do Decreto municipal n. 56.235/2015.
24. Atualização disponível no *site* da Prefeitura.
25. Todo ano este valor é atualizado.
26. Decreto municipal n. 56.235/2015, art. 162.
27. STF, ADI 3.089, *DOU* de 21-8-2008.

até em âmbito intercontinental, permitiu o crescimento exponencial de crimes como o tráfico de drogas, de pessoas, de órgãos humanos – pasmem!, de recursos financeiros e, finalmente, o financiamento a grupos terroristas que não perdoam a vida cotidiana de inocentes: matam para criar terror, para tirar-nos a possibilidade da vida tranquila.

A reação da comunidade internacional foi a criação do GAFI, o Grupo de Ação Financeira contra a Lavagem de Dinheiro e o Financiamento do Terrorismo, em inglês na sigla FATF[28].

O GAFI foi criado pelo G7, na reunião realizada em Paris, em 1989. Estes países concluíram que a internacionalização dos criminosos constituía uma ameaça ao sistema bancário e às instituições financeiras. Estes sete países, a Comissão Europeia[29] e oito outros países decidiram, então, criar uma força de trabalho conjunta para defender o sistema financeiro e prevenir crimes através da lavagem de dinheiro e do financiamento ao terrorismo.

Hoje, integram o GAFI 39 países[30], dentre eles o Brasil, aqui representado pelo COAF, o Conselho de Controle de Atividades Financeiras.

O GAFI propõe e implementa uma ação e estratégia de combate aos crimes de lavagem de dinheiro e terrorismo integrada fundada nos seguinte: siga o dinheiro, ou seja, verifique as transações e seus beneficiários finais, conheça o seu cliente, monitore e informe, e finalmente, competência legal para as autoridades nacionais promoverem a persecução criminal.

No Brasil, a implementação destas diretrizes iniciou-se com a edição da Lei n. 9.613/1998, que dispõe sobre os crimes de "lavagem" ou ocultação de bens, direitos e valores, sobre a prevenção da utilização do sistema financeiro para os ilícitos previstos na lei e criou o Conselho de Controle de Atividades Financeiras – COAF.

Em 2012, a Lei n. 12.683 a lei introdutória para tornar mais eficiente a persecução penal dos crimes de lavagem de dinheiro, indicando e tipificando alguns crimes e alterando aspectos processuais do combate aos crimes.

A seguir, a Lei n. 13.260/2016, veio regulamentar o disposto no inciso XLIII do art. 5º da Constituição Federal, disciplinando o terrorismo, tratando de disposições investigatórias e processuais e reformulando o conceito de organização terrorista.

A Lei n. 9.613/1998 foi inicialmente regulamentada pelo Poder Executivo no Decreto nº 2.799, de 8 de outubro de 1998. Em 2019, o novo Decreto n. 9.663, de 01.01.2019, trouxe o atual regulamento que rege a matéria.

Os serviços notariais e registrais se integraram nas ações preventivas com o Prov. CNJ n. 88/2019, que dispõe sobre a política, os procedimentos e os controles a serem adotados pelos notários e registradores visando à prevenção dos crimes de lavagem de dinheiro.

28. *Financial Action Task Force on Money Laundering.*
29. Compõem o G7 a Alemanha, Canadá, Estados Unidos, Japão, França, Itália e Reino Unido. Os demais países que se integraram na fundação foram Austrália, Áustria, Bélgica, Espanha, Holanda, Luxemburgo, Suécia e Suíça.
30. https://www.fatf-gafi.org/about/membersandobservers/, acessado em 26.04.2020, às 19h49.

O papel de tabeliães e registradores é, sobretudo, fazer comunicação ao COAF das operações suspeitas detectadas nos atos que realizam.

Os pontos focais da atuação do tabelião de notas são os seguintes: 1) Clientes, 2) Beneficiário final, 3) Operações suspeitas, 4) Detecção, e 5) Informação.

Vamos detalhá-los.

Clientes

Os clientes, ou partes contempladas ou beneficiadas nos atos notariais, são distinguidos, primeiramente, em pessoas físicas ou jurídicas.

Quanto às pessoas físicas, temos:

- A pessoa Regular, ou seja, que não tem algum dos caracteres previstos em lei para a comunicação;
- As PEPs, Pessoas Expostas Politicamente, ou seja, aquelas pessoas com atuação de Estado ou política assim definidas na Lei n. 9.613, de 3 de março de 1998, artigo 9º, e na Resolução Coaf nº 29, de 28 de março de 2017, *in litteris*:

> §1º Para fins do disposto nesta Resolução, consideram-se pessoas expostas politicamente:
>
> I – os detentores de mandatos eletivos dos Poderes Executivo e Legislativo da União;
>
> II – os ocupantes de cargo, no Poder Executivo da União, de:
>
> *a)* Ministro de Estado ou equiparado;
>
> *b)* Natureza Especial ou equivalente;
>
> *c)* presidente, vice-presidente e diretor, ou equivalentes, de entidades da administração pública indireta; e
>
> *d)* Grupo Direção e Assessoramento Superior –DAS, nível 6, ou equivalente;
>
> III – os membros do Supremo Tribunal Federal, dos Tribunais Superiores e dos Tribunais Regionais Federais, do Trabalho e Eleitorais;
>
> IV – o Procurador-Geral da República, o Procurador-Geral do Trabalho, o Procurador-Geral da Justiça Militar e os Procuradores-Gerais de Justiça dos Estados e do Distrito Federal;
>
> V – os membros do Tribunal de Contas da União e o Procurador-Geral do Ministério Público junto ao Tribunal de Contas da União;
>
> VI – os presidentes e tesoureiros nacionais, ou equivalentes, de partidos políticos;
>
> VII – os governadores e secretários de Estado e do Distrito Federal, os Deputados Estaduais e Distritais, os presidentes, ou equivalentes, de entidades da administração pública indireta estadual e distrital e os presidentes de Tribunais de Justiça, Militares, de Contas ou equivalente de Estado e do Distrito Federal;
>
> VIII – os Prefeitos, Vereadores, Presidentes de Tribunais de Contas ou equivalente dos Municípios.
>
> § 2º Para fins do disposto nesta Resolução, também são consideradas pessoas expostas politicamente aquelas que, no exterior, sejam:
>
> I – chefes de estado ou de governo;
>
> II – políticos de escalões superiores;
>
> III – ocupantes de cargos governamentais de escalões superiores;
>
> IV – oficiais generais e membros de escalões superiores do poder judiciário;
>
> V – executivos de escalões superiores de empresas públicas; ou

VI – dirigentes de partidos políticos.

§3º Para fins do disposto nesta Resolução, também são consideradas pessoas expostas politicamente os dirigentes de escalões superiores de entidades de direito internacional público ou privado.

- Também os familiares de PEPs são controlados: os parentes, na linha direta, até o segundo grau, o cônjuge, o companheiro, a companheira, o enteado e a enteada;
- os estreitos colaboradores de PEPs, ou seja, as pessoas naturais que são conhecidas por terem sociedade ou propriedade conjunta em pessoas jurídicas de direito privado ou em arranjos sem personalidade jurídica, que figurem como mandatárias, ainda que por instrumento particular, ou possuam qualquer outro tipo de estreita relação de conhecimento público com uma pessoa exposta politicamente;
- Também as pessoas naturais que têm o controle de pessoas jurídicas de direito privado ou em arranjos sem personalidade jurídica, conhecidos por terem sido criados para o benefício de uma pessoa exposta politicamente.
- Deve haver um controle sobre as pessoas domiciliadas em jurisdição de alto risco ou com monitoração do GAFI. Estas pessoas originárias dos países de alto risco ou com monitoração do GAFI são, hoje, as seguintes:

Alto risco: Irã e Coreia do Norte;

Monitoração do GAFI: Bahamas, Botsuana, Camboja, Gana, Iêmen, Islândia, Mongólia, Panamá, Paquistão, Síria, Trinidad e Tobago e Zimbábue;

Pessoas envoltas em operações com países de tributação favorecida ou regime fiscal privilegiado: o tabelião deve verificar se as partes são oriundas destes países ou se há, eventualmente, ativos financeiros que sejam utilizados nos atos notariais. Os países são os seguintes países (IN SRF n. 1.037, de 04.06.2010): Andorra, Anguilla, Antígua e Barbuda, Aruba, Ilhas Ascensão, Comunidade das Bahamas, Bahrein, Barbados, Belize, Ilhas Bermudas, Brunei, Campione D' Italia, Ilhas do Canal (Alderney, Guernsey, Jersey e Sark), Ilhas Cayman, Chipre, Ilhas Cook, Djibouti, Dominica, Emirados Árabes Unidos, Gibraltar, Hong Kong, Kiribati, Lebuan, Líbano, Libéria, Liechtenstein, Macau, Maldivas, Ilha de Man, Ilhas Marshall, Ilhas Maurício, Mônaco, Ilhas Montserrat, Nauru, Ilha Niue, Ilha Norfolk, Panamá, Ilha Pitcairn, Polinésia Francesa, Ilha Queshm, Samoa Americana, Samoa Ocidental, Ilhas de Santa Helena, Santa Lúcia, Federação de São Cristóvão e Nevis, Ilha de São Pedro e Miguelão, São Vicente e Granadinas, Seychelles, Ilhas Solomon, Suazilândia, Sultanato de Omã, Tonga, Tristão da Cunha, Ilhas Turks e Caicos, Vanuatu, Ilhas Virgens Americanas, Ilhas Virgens Britânicas, Curaçao, São Martinho, Irlanda.

Pessoas sancionadas pela ONU como terroristas: trata-se de pessoas sancionadas, investigadas ou acusadas de terrorismo, de seu financiamento ou de atos correlacionados, pela ONU, ou por designações nacionais[31].

31. Não conseguimos obter uma relação destas pessoas.

Quanto às pessoas jurídicas temos as seguintes novas obrigações aos notários:

- Será necessário cadastrar todos os sócios das pessoas jurídicas que participarem de atos notariais;
- As mesmas restrições das pessoas físicas acima indicadas se aplicam aos sócios das pessoas jurídicas;
- O tabelião deverá observar, nos atos empresariais, quem é o beneficiário final das operações, indicando-o ao COAF
- Será necessário manter um cadastro destas pessoas, que poderá ser implementada nacionalmente pelo Colégio Notarial do Brasil;
- Em vista disso, parece-nos que o tabelião deve exigir sempre certidão atualizada da Junta Comercial.

As cautelas indicadas para o controle das pessoas físicas aplicam-se também aos demais comparecentes ao ato notarial, como representantes, procuradores, anuentes, cedentes ou cessionários, enfim, qualquer interveniente ao ato.

Quanto às procurações, agora é norma oficial e obrigatória a verificação de que a procuração está válida e eficaz junto ao tabelionato de origem. O tabelião deve anotar junto ao protocolo do ato a identificação do tabelião, identificação do preposto que prestou a confirmação, o dia e hora da ligação.

É importante verificar se o procurador não é, de fato, o beneficiário final da operação com os critérios a seguir indicados.

Beneficiário final

A Receita Federal do Brasil define beneficiário final como a pessoa natural em nome da qual uma transação é conduzida ou que, em última instância, de forma direta ou indireta, possui, controla ou influencia significativamente uma pessoa jurídica[32].

Presume-se beneficiário final a pessoa que detém mais de 25% do capital social ou que tem manifesto ou dedutível poder deliberativo.

Operações suspeitas

Segundo o CNJ[33], seguindo orientação do COAF, presumem-se suspeitas e obrigam a comunicação as seguintes operações:

32. CNJ, Prov. n. 88/2019, art. 4º, inc. V.
33. CNJ, Prov. n. 88/2019, art. 20.

Provimento CNJ 88/2019 | Enquadramentos disponíveis				
Atribuição	**Código Ocorrência COAF**	**Ocorrência**	**Base legal**	**Comunicação**
Comum a Tabeliães de Protesto, Notários e Registradores de Imóveis	951	A operação que aparente não resultar de atividades ou negócios usuais do cliente ou do seu ramo de negócio.	Art. 20, I, Provimento CNJ nº 88/2019.	Demanda investigação
Comum a Tabeliães de Protesto, Notários e Registradores de Imóveis	952	A operação cuja origem ou fundamentação econômica ou legal não sejam claramente aferíveis.	Art. 20, II, Provimento CNJ nº 88/2019.	Demanda investigação
	953	A operação incompatível com o patrimônio ou com a capacidade econômico-financeira do cliente.	Art. 20, III, Provimento CNJ nº 88/2019.	Demanda investigação
	954	A operação cujo beneficiário final não seja possível identificar.	Art. 20, VI, Provimento CNJ nº 88/2019.	Demanda investigação
	955	As operações envolvendo pessoas jurídicas domiciliadas em jurisdições consideradas pelo Grupo de Ação contra a Lavagem de Dinheiro e o Financiamento do Terrorismo (Gafi) de alto risco ou com deficiências estratégicas de prevenção e combate à lavagem de dinheiro e ao financiamento do terrorismo.	Art. 20, V, Provimento CNJ nº 88/2019.	Demanda investigação
	956	As operações envolvendo países ou dependências considerados pela RFB de tributação favorecida e/ou regime fiscal privilegiado, conforme lista pública.	Art. 20, VI, Provimento CNJ nº 88/2019.	Demanda investigação
	957	A operação envolvendo pessoa jurídica cujo beneficiário final, sócios, acionistas, procuradores ou representantes legais mantenham domicílio em jurisdições consideradas pelo Gafi de alto risco ou com deficiências estratégicas de prevenção e combate à lavagem de dinheiro e ao financiamento do terrorismo.	Art. 20, VII, Provimento CNJ nº 88/2019.	Demanda investigação

<table>
<tr><th colspan="5">Provimento CNJ 88/2019 | Enquadramentos disponíveis</th></tr>
<tr><th>Atribuição</th><th>Código Ocorrência COAF</th><th>Ocorrência</th><th>Base legal</th><th>Comunicação</th></tr>
<tr><td rowspan="8">Comum a Tabeliães de Protesto, Notários e Registradores de Imóveis</td><td>958</td><td>A resistência, por parte do cliente e/ou dos demais envolvidos, no fornecimento de informações solicitadas para o registro da operação, bem como para o preenchimento dos cadastros.</td><td>Art. 20, VIII, Provimento CNJ nº 88/2019.</td><td>Demanda investigação</td></tr>
<tr><td>959</td><td>A prestação, por parte do cliente e/ou dos demais envolvidos, de informação falsa ou de difícil ou onerosa verificação para o registro da operação, bem como para o preenchimento dos cadastros.</td><td>Art. 20, IX, Provimento CNJ nº 88/2019.</td><td>Demanda investigação</td></tr>
<tr><td>960</td><td>A operação injustificadamente complexa ou com custos mais elevados, que visem dificultar o rastreamento dos recursos ou a identificação do seu real objetivo.</td><td>Art. 20, X, Provimento CNJ nº 88/2019.</td><td>Demanda investigação</td></tr>
<tr><td>961</td><td>A operação fictícia ou com indícios de valores incompatíveis com os de mercado.</td><td>Art. 20, XI, Provimento CNJ nº 88/2019.</td><td>Demanda investigação</td></tr>
<tr><td>962</td><td>A operação com cláusulas que estabeleçam condições incompatíveis com as praticadas no mercado.</td><td>Art. 20, XII, Provimento CNJ nº 88/2019.</td><td>Demanda investigação</td></tr>
<tr><td>963</td><td>Qualquer tentativa de burlar os controles e registros exigidos pela legislação de prevenção à lavagem de dinheiro e ao financiamento do terrorismo, através de fracionamento, pagamento em espécie ou por meio de título emitido ao portador.</td><td>Art. 20, XIII, Provimento CNJ nº 88/2019.</td><td>Demanda investigação</td></tr>
<tr><td>964</td><td>O registro de documentos de procedência estrangeira, nos termos do art. 129, 6º, c/c o art. 48 da Lei n. 6.015, de 31 de dezembro de 1973.</td><td>Art. 20, XIV, Provimento CNJ nº 88/2019.</td><td>Demanda investigação</td></tr>
<tr><td>965</td><td>A operação que indique substancial ganho de capital em um curto período de tempo.</td><td>Art. 20, XV, Provimento CNJ nº 88/2019.</td><td>Demanda investigação</td></tr>
<tr><td></td><td>966</td><td>A operação que envolva a expedição ou utilização de instrumento de procuração que outorgue poderes de administração, de gerência dos negócios, ou de movimentação de conta corrente vinculada de empresário individual, sociedade empresária ou cooperativa.</td><td>Art. 20, XVI, Provimento CNJ nº 88/2019.</td><td>Demanda investigação</td></tr>
<tr><td></td><td>967</td><td>As operações de aumento de capital social quando pelas partes envolvidas no ato, ou as características do empreendimento, verificar se indícios de que o referido aumento não possui correspondência com o valor ou o patrimônio da empresa.</td><td>Art. 20, XVII, Provimento CNJ nº 88/2019.</td><td>Demanda investigação</td></tr>
</table>

Provimento CNJ 88/2019 | Enquadramentos disponíveis				
Atribuição	**Código Ocorrência COAF**	**Ocorrência**	**Base legal**	**Comunicação**
	968	Quaisquer outras operações que, considerando as partes e demais envolvidos, os valores, modo de realização e meio e forma de pagamento, ou a falta de fundamento econômico ou legal, possam configurar sérios indícios da ocorrência dos crimes de lavagem de dinheiro ou de financiamento do terrorismo, ou com eles relacionar-se.	Art. 20, XVIII, Provimento CNJ nº 88/2019.	Demanda investigação
	969	Outras situações designadas em instruções complementares a este provimento.	Art. 20, XIX, Provimento CNJ nº 88/2019.	Demanda investigação
Tabeliães de Protesto	970	Qualquer operação que envolva o pagamento ou recebimento de valor em espécie, igual ou superior a R$ 30.000,00 (trinta mil reais) ou equivalente em outra moeda, desde que perante o tabelião.	Art. 23, I, Provimento CNJ nº 88/2019.	Automática
	971	Qualquer operação que envolva o pagamento ou recebimento de valor, por meio de título de crédito emitido ao portador, igual ou superior a R$ 30.000,00 (trinta mil reais), desde que perante o tabelião.	Art. 23, II, Provimento CNJ nº 88/2019.	Automática
	972	Pagamentos ou cancelamentos de títulos protestados em valor igual ou superior a R$ 1.000.000,00 (um milhão de reais), não relacionados ao mercado financeiro, mercado de capitais ou entes públicos.	Art. 24, Provimento CNJ nº 88/2019.	Demanda investigação
Registradores de Imóveis	973	Registro de transmissões sucessivas do mesmo bem, em período não superior a 6 (seis) meses, se a diferença entre os valores declarados for superior a 50%.	Art. 25, I, Provimento CNJ nº 88/2019.	Automática
	974	Registro de título no qual constem diferenças entre o valor da avaliação fiscal do bem e o valor declarado, ou entre o valor patrimonial e o valor declarado (superior ou inferior), superiores a 100%.	Art. 25, II, Provimento CNJ nº 88/2019.	Automática
	975	Registro de documento ou título em que conste declaração das partes de que foi realizado pagamento em espécie ou título de crédito ao portador de valores igual ou superior a R$ 30.000,00 (trinta mil reais).	Art. 25, III, Provimento CNJ nº 88/2019.	Automática
	976	Doações de bens imóveis ou direitos reais sobre bens imóveis para terceiros sem vínculo familiar aparente com o doador, referente a bem imóvel que tenha valor venal atribuído pelo município igual ou superior a R$ 100.000,00 (cem mil reais).	Art. 26, I, Provimento CNJ nº 88/2019.	Demanda investigação

Provimento CNJ 88/2019 | Enquadramentos disponíveis				
Atribuição	**Código Ocorrência COAF**	**Ocorrência**	**Base legal**	**Comunicação**
Registradores de Imóveis	977	Concessão de empréstimos hipotecários ou com alienação fiduciária entre particulares.	Art. 26, II, Provimento CNJ nº 88/2019.	Demanda investigação
	978	Registro de negócios celebrados por sociedades que tenham sido dissolvidas e tenham regressado à atividade.	Art. 26, III, Provimento CNJ nº 88/2019.	Demanda investigação
	979	Registro de aquisição de imóveis por fundações e associações, quando as características do negócio não se coadunem com as finalidades prosseguidas por aquelas pessoas jurídicas.	Art. 26, IV, Provimento CNJ nº 88/2019.	Demanda investigação
Oficiais de Registro de Títulos e Documentos e Civis das Pessoas Jurídicas / Oficiais de Registro de Contrato Marítimo	980	Operações que envolvam o pagamento ou recebimento de valor igual ou superior a R$ 50.000,00 (cinquenta mil reais) ou equivalente em outra moeda, inclusive quando se relacionar à compra ou venda de bens móveis e imóveis.	Art. 27, Provimento CNJ nº 88/2019.	Automática
	981	Registro de quaisquer documentos que se refiram a transferências de bens imóveis de qualquer valor, de transferências de cotas ou participações societárias, de transferências de bens móveis de valor superior a R$ 30.000,00.	Art. 28, I, Provimento CNJ nº 88/2019.	Demanda investigação
	982	Registro de quaisquer documentos que se refiram a mútuos concedidos ou contraídos ou doações concedidas ou recebidas, de valor superior ao equivalente a R$ 30.000,00.	Art. 28, II, Provimento CNJ nº 88/2019.	Demanda investigação
	983	Registro de quaisquer documentos que se refiram, ainda que indiretamente, a participações, investimentos ou representações de pessoas naturais ou jurídicas brasileiras em entidades estrangeiras, especialmente "trusts" ou fundações.	Art. 28, III, Provimento CNJ nº 88/2019.	Demanda investigação
	984	Registro de instrumentos que prevejam a cessão de direito de títulos de créditos ou de títulos públicos de valor igual ou superior a R$ 500.000,00 (quinhentos mil reais).	Art. 28, IV, Provimento CNJ nº 88/2019.	Demanda investigação
Notários e Oficiais de Registro Civil com atribuição Notarial	985	Lavratura de procuração que outorgue plenos poderes de gestão empresarial, conferida em caráter irrevogável ou irretratável ou quando isenta de prestação de contas, independentemente de ser em causa própria, ou ainda, de ser ou não por prazo indeterminado.	Art. 35, Provimento CNJ nº 88/2019.	Demanda investigação

Provimento CNJ 88/2019 | Enquadramentos disponíveis				
Atribuição	**Código Ocorrência COAF**	**Ocorrência**	**Base legal**	**Comunicação**
Notários / Notários de Contratos Marítimos	986	Qualquer operação que envolva o pagamento ou recebimento de valor em espécie igual ou superior a R$ 30.000,00 (trinta mil reais) ou equivalente em outra moeda, em espécie, inclusive a compra ou venda de bens móveis ou imóveis.	Art. 36, I, Provimento CNJ nº 88/2019.	Automática
	987	Qualquer operação que envolva o pagamento ou recebimento de valor igual ou superior a R$ 30.000,00 (trinta mil reais), por meio de título de crédito emitido ao portador, inclusive a compra ou venda de bens móveis ou imóveis.	Art. 36, II, Provimento CNJ nº 88/2019.	Automática
	988	Qualquer das hipóteses previstas em resolução da Unidade de Inteligência Financeira – UIF que disponha sobre procedimentos a serem observados pelas pessoas físicas e jurídicas por ela reguladas relativamente a operações ou propostas de operações ligadas ao terrorismo ou seu financiamento.	Art. 36, III, Provimento CNJ nº 88/2019.	Automática
	989	Qualquer operação ou conjunto de operações relativas a bens móveis de luxo ou alto valor, assim considerados os de valor igual ou superior a R$ 300.000,00 (trezentos mil reais), ou equivalente em outra moeda.	Art. 36, IV, Provimento CNJ nº 88/2019.	Automática
	990	Escritura pública – registro de transmissões sucessivas do mesmo bem, em período não superior a 6 (seis) meses, se a diferença entre os valores declarados for superior a 50%.	Art. 36, V, Provimento CNJ nº 88/2019 c/c com o art. 25, I, Provimento CNJ nº 88/2019.	Automática
	991	Escritura pública – registro de título no qual constem diferenças entre o valor da avaliação fiscal do bem e o valor declarado, ou entre o valor patrimonial e o valor declarado (superior ou inferior), superiores a 100%.	Art. 36, V, Provimento CNJ nº 88/2019 c/c com o art. 25, II, Provimento CNJ nº 88/2019.	Automática
	992	Escritura pública – registro de documento ou título em que conste declaração das partes de que foi realizado pagamento em espécie ou título de crédito ao portador de valores igual ou superior a R$ 30.000,00 (trinta mil reais).	Art. 36, V, Provimento CNJ nº 88/2019 c/c com o art. 25, III, Provimento CNJ nº 88/2019.	Automática

Observações:

i – Qualquer referência aos notários e registradores considera-se estendida às autoridades consulares com atribuição notarial e registral.

ii – Não há menção ao RCPN com atribuição Notarial.

iii – Pagamento "em espécie", significa "em dinheiro".

iv – Moeda corrente nacional é a moeda vigente em um País. Ex.: Real, Dólar, Euro etc. Se constar desta forma no ato notarial, demandará investigação. Se as partes assim persistirem, a comunicação é obrigatória.

v – A outorga ou utilização de procuração com os poderes acima por si só não acarreta comunicação. Outros fatores devem ser considerados, tais como: existência clara de simulação ou fraude; ausência de fidúcia entre mandante e mandatário; mandatário sem iletrado etc.

Detecção

Para a detecção das operações suspeitas, os notários deverão aprimorar a qualificação notarial cuidando, especialmente do seguinte.

Os prepostos e os programas de informática de apoio da atividade devem oferecer soluções que permitam a melhor qualificação dos clientes, de modo a atender as exigências das novas normas, em especial para identificar os beneficiários finais e eventuais interesses ocultos envolvidos.

Esta "persecução" deverá inclusive buscar conhecer o propósito e a natureza da relação de negócios formalizados na escritura pública. Esta pesquisa poderá ser feita sutilmente, sem informar às partes, ou ostensivamente, consultando-as sobre os propósitos, caso em que é indicado recolher as informações por escrito, devidamente assinadas.

O propósito é identificar as operações ou propostas de operações suspeitas que necessitam revestir-se da forma notarial. É claro que a atividade sofrerá imenso impacto, pois os notários deverão evitar conflitos entre o interesse em lavrar a escritura e os mecanismos de prevenção.

Política de prevenção

Para a detecção das operações suspeitas, os notários deverão dispor de políticas de prevenção.

A Política de Prevenção deve ser compatível com o volume de operações e o porte do tabelionato e abranger, no mínimo, procedimentos e controles destinados à[34]:

(a) diligência razoável para qualificação dos clientes, beneficiários finais e demais envolvidos;

(b) obtenção de informações sobre o propósito e a natureza da relação de negócios;

(c) identificação de operações ou propostas de operações suspeitas;

(d) mitigação dos riscos de que novos produtos, serviços e tecnologias possam ser utilizados para a lavagem de dinheiro e para o financiamento do terrorismo;

(e) verificação periódica da eficácia da política e dos procedimentos e controles internos adotados;

(f) treinamento dos notários, empregados e colaboradores, com disseminação da política ao quadro pessoal por processos institucionalizados e contínuos;

(g) monitoramento das atividades desenvolvidas pelos colaboradores; e

(h) prevenção de conflitos entre os interesses empresariais e os mecanismos de prevenção.

O notário deverá indicar um Oficial de Cumprimento.

Informação

O notário deverá informar apenas as operações que são suspeitas pelas premissas normativas e também aquelas que, a seu critério, indiquem os suportes fáticos da lei. A

34. CNJ, Prov. n. 88/2019, art. 7º.

norma não prevê e o COAF não deseja que os notários simplesmente informem sobre todos os atos que realizam.

O Provimento do CNJ indica as seguintes comunicações:

- SISCOAF: até o dia útil seguinte ao da lavratura;
- CGJ Estadual: até os dias 10 de janeiro e 10 de julho, quanto aos semestres antecedentes;
- CNJ: pode requisitar informações a qualquer momento.

A decisão de comunicação da operação ou situação ao Coaf deve:

I – ser fundamentada com base nas informações contidas na qualificação notarial;

II – ser registrada com seu fundamento legal no protocolo do ato;

III – poderá ser feita em data posterior ao ato se a suspeição decorrer de fato ou ato posterior à lavratura.

É importante destacar que as partes não devem ser avisadas da comunicação. Nem tabeliães, nem seus prepostos, podem indicar às partes que a comunicação foi ou será feita.

Sanções ou penas

É claro que a omissão, a negligência ou até mesmo o conluio de notários em cumprir com as determinações legais importa na aplicação de sanções. Elas são as seguintes[35]:

- advertência
- multa pecuniária variável não superior a: 1) dobro do valor da operação; 2) dobro do lucro real obtido ou que seria obtido pela realização da operação, ou 3) valor de até R$ 20.000.000,00
- Cassação ou suspensão da autorização para o exercício de atividade profissional.

Parece-nos que, primeiramente, as autoridades judiciárias deverão utilizar-se das penas previstas na Lei n. 8.935/94, art. 32, destinadas especialmente à notários e registradores que são as seguintes, pela ordem de gravidade: I – repreensão; II – multa; III – suspensão por noventa dias, prorrogável por mais trinta; IV – perda da delegação.

Em conclusão, a mal prática ou tolerância com os crimes de lavagem de dinheiro e financiamento ao terrorismo podem estragar a vida pessoal e profissional de notários. Há risco de processos criminais que podem implicar o tabelião, com abalo moral e emocional que podem dificultar, impedir ou expulsar o profissional da atividade.

Os cadastros

A lei prevê alguns cadastros que, uma vez implementados, deverão facilitar a execução do quanto previsto nas normas. São eles:

- Cadastro Único de Clientes do Notariado – CCN
- Cadastro Único de Beneficiários Finais – CBF
- Cadastro de Dados Essenciais de Atos Notariais
- Índice Único de Atos Notariais

35. Lei n. 9.613/1998, art. 12.

A implementação destes cadastros, pelo Colégio Notarial do Brasil, entidade que congrega mais de 8.500 tabeliães de notas ou oficiais de registro com atribuições notariais no país, permitirá o aprimoramento da colaboração do notariado com o Estado e com a sociedade. Quando tais cadastros estiverem implementados a consulta prévia a eles deverá ser obrigatória.

10.7 CARTEIRA DE PREVIDÊNCIA DAS SERVENTIAS NOTARIAIS E DE REGISTRO[36]

No âmbito da Carteira de Previdência, os tabeliães do Estado de São Paulo têm as seguintes obrigações[37]: a) comunicar mensalmente à Carteira, até o último dia do mês seguinte ao vencido, o total arrecadado das contribuições previstas no inciso IV do art. 45 da lei; b) enviar a guia de recolhimento das contribuições dos segurados (prepostos estatutários); c) informar o total das parcelas de emolumentos recolhidas ao Estado e a Carteira de Previdência das Serventias Notariais e de Registro.

10.8 SINDICATO DOS ESCREVENTES E AUXILIARES NOTARIAIS E REGISTRAIS DO ESTADO DE SÃO PAULO – SEANOR

Como empregador, o notário deve enviar ao sindicato representativo da categoria profissional mais numerosa entre seus empregados, até o dia 10 de cada mês, cópia da Guia da Previdência Social relativamente à competência anterior (art. 225, V)[38].

Em 2019, o SEANOR, Sindicato dos Empregados nos Serviços Notariais e Registrais do Estado de São Paulo comunicou o encerramento de suas atividades.

Assim, por ora, não subsiste, em São Paulo, a obrigação de comunicar.

Nos demais Estados, existente o órgão sindical, a comunicação deve ser feita, como prevista.

---

36. Ainda administrada pelo IPESP até que seja naturalmente extinta.
37. Lei estadual n. 10.393/70, com a redação dada pela Lei estadual n. 14.016/2010, arts. 53, I e II, e 45, IV.
38. Decreto n. 3.048/99, que disciplina o Regulamento da Previdência Social.

11
Comunicação às Centrais

As centrais de informações sobre atos notariais, implementadas e geridas pelo Colégio Notarial do Brasil, são uma importante ferramenta de informação para o cidadão, as empresas e os órgãos públicos brasileiros, em especial os juízos e tribunais. Através delas, é possível saber da existência de algum ato notarial e onde foi lavrado, buscando junto ao tabelião que o lavrou a certidão do ato. Ganha amplitude a publicidade dos atos notariais.

Iniciadas por leis estaduais e, posteriormente, recepcionadas e aceitas pelas normas do CNJ, as centrais notariais e registrais foram abrigadas pelo novo art. 42-A da Lei n. 8.935/94, introduzido pelo art. 25 Lei n. 14.206/2021. As centrais de serviços eletrônicos, geridas por entidade representativa da atividade notarial e de registro, para acesso digital aos serviços e maior publicidade, sistematização e tratamento digital de dados e informações inerentes às atribuições delegadas, poderão fixar preços e gratuidades pelos serviços de natureza complementar que prestam e disponibilizam aos seus usuários de forma facultativa.

Os cartórios, no mundo inteiro, são atomizados, atendem às suas comunidades e não podem expandir os seus serviços ou coligarem-se para atender um público maior, como faria uma empresa que cresce. No mundo interconectado que vivemos não é possível que o cidadão seja obrigado a buscar atos em diversos cartórios, às vezes em cidades ou estados diferentes. As centrais vêm para possibilitar uma busca em todos os cartórios, para possibilitar atos eletrônicos em qualquer um deles, para oferecer informações e certidões das bases de dados interligadas no instante de um clique. As centrais são indispensáveis para a era que vivemos e a cobrança de um preço módico é indispensável para a sua manutenção e operação.

O Prov. CNJ n. 127, de 09.02.2022, regulamenta estas cobranças, criando o Sistema Integrado de Pagamentos Eletrônicos (SIPE), destinado aos registradores de imóveis, e permitindo às demais entidades que operam centrais a criação de sistemas semelhantes. Enquanto não vier lei emolumentar estadual, o provimento fixa critérios para a cobrança de alguns serviços, ficando os casos omissos a critério do CNJ.

O Prov. CNJ n. 134, de 24.08.2022, regulamenta o fornecimento de informação às Centrais e aos órgão de governo, informando da necessidade proteção das informações e de seu tráfego, sugerindo que se deve evitar o compartilhamento das bases de dados1-2.

1. Prov. CNJ n. 134/2022.
2. O CNJ prefere que se compartilhe as informações básicas, de índice dos atos notariais, evitando que seja compartilhado o inteiro teor do ato.

O compartilhamento com órgãos públicos exige norma prévia ou, não havendo, um convênio específico de acordo com as peculiaridades do órgão (art. 24).

A seguir, veremos como operam as centrais na atividade notarial.

11.1 CENTRAL NOTARIAL DE SERVIÇOS ELETRÔNICOS COMPARTILHADOS – CENSEC

O Provimento CNJ n. 18/2012 institui e disciplina o funcionamento da Central Notarial de Serviços Eletrônicos Compartilhados – CENSEC, desenvolvida, mantida e operada pelo Colégio Notarial do Brasil – Conselho Federal (CNB-CF)[3], sem nenhum ônus para o Poder Público. Seu objetivo é: a) interligar as serventias extrajudiciais brasileiras que praticam atos notariais, permitindo o intercâmbio de documentos eletrônicos e o tráfego de informações e dados; b) aprimorar tecnologias com a finalidade de viabilizar os serviços notariais em meio eletrônico; c) implantar em âmbito nacional um sistema de gerenciamento de banco de dados, para pesquisa; d) incentivar o desenvolvimento tecnológico do sistema notarial brasileiro, facilitando o acesso às informações, ressalvadas as hipóteses de acesso restrito nos caso de sigilo; e e) possibilitar o acesso direto de órgãos do Poder Público a informações e dados correspondentes ao serviço notarial.

A CENSEC é composta dos seguintes módulos operacionais[4]: a) Registro Central de Testamentos *On-Line* – RCTO, destinado à pesquisa de testamentos públicos e de instrumentos de aprovação de testamentos cerrados, lavrados no país; b) Central de Escrituras de Separações, Divórcios e Inventários – CESDI, destinada à pesquisa de escrituras de separações, divórcios e inventários e partilhas; c) Central de Escrituras e Procurações – CEP, destinada à pesquisa de procurações e atos notariais diversos (escrituras em geral); e d) Central Nacional de Sinal Público – CNSIP, destinada ao arquivamento digital de sinal público de notários e registradores e respectiva pesquisa.

Todos os notários do Brasil devem integrar a CENSEC e alimentar seus módulos em datas pré-fixadas, sob pena de responsabilidade funcional.

a) Módulo Registro Central de Testamentos *On-Line* – RCTO

Os tabeliães, com atribuição pura ou cumulativa dessa especialidade, e os oficiais de registro que detenham atribuição notarial para lavratura de testamentos devem remeter ao Colégio Notarial do Brasil – Conselho Federal quinzenalmente, por meio da CENSEC, relação dos nomes constantes dos testamentos lavrados em seus livros e respectivas revogações, bem como dos instrumentos de aprovação de testamentos cerrados, ou informação negativa da prática de qualquer desses atos.

3. A lei paulista n. 16.918, de 28.12.2018, criou a Central de Atos Notariais Paulista, com idênticas regras a seguir elencadas. Neste caso, os tabeliães paulistas comunicam ao Colégio Notarial do Brasil, seção São Paulo, que se entende com a CENSEC mantida associação nacional.

4. Também possui a Central Notarial de Autenticação Digital – CENAD, que controla e gerencia as autenticações digitais realizadas nas serventias autorizadas no Estado de São Paulo.

Os prazos são os seguintes: a) até o dia 5 de cada mês subsequente, quanto a atos praticados na segunda quinzena do mês anterior; e b) até o dia 20, quanto a atos praticados na primeira quinzena do próprio mês.

O documento deve conter as seguintes informações: a) nome por extenso do testador, número do documento de identidade (RG ou documento equivalente) e CPF; b) espécie e data do ato; e c) livro e folhas em que o ato foi lavrado.

Na RCTO devem ser informados somente os atos referentes a testamentos (testamento cerrado, revogação, testamento público, revogação, todos com ou sem conteúdo patrimonial).

As informações positivas ou negativas serão enviadas, via internet, ao Colégio Notarial do Brasil – Conselho Federal, devendo o notário arquivar digitalmente o comprovante do envio.

b) Módulo Central de Escrituras de Separações, Divórcios e Inventários – CESDI

Os tabeliães, com atribuição pura ou cumulativa dessa especialidade, e os oficiais de registro que detenham atribuição notarial remeterão ao Colégio Notarial do Brasil – Conselho Federal, quinzenalmente, por meio da CENSEC, informação sobre a lavratura de escrituras de separação, divórcio e inventário e partilha contendo os dados abaixo relacionados ou, na hipótese de ausência, informação negativa da prática desses atos no período, arquivando-se digitalmente o comprovante de remessa.

Os prazos são os seguintes: a) até o dia 5 de cada mês subsequente, quanto aos atos praticados na segunda quinzena do mês anterior; e b) até o dia 20, quanto aos praticados na primeira quinzena do mesmo mês.

Devem constar as seguintes informações: a) tipo de escritura; b) data da lavratura do ato; c) livro e folhas em que o ato foi lavrado; e d) nome por extenso das partes, separandos, divorciandos, *de cujus*, cônjuge supérstite e herdeiros, bem como seus respectivos números de documento de identidade (RG ou equivalente) e CPF, e do(s) advogado(s) oficiante(s).

Na CESDI deverão ser informados os atos referentes a separações, divórcios e inventários e partilhas (separação, conversão da separação em divórcio, divórcio direto, inventário e partilha, reconciliação, retificação, sobrepartilha).

As informações positivas ou negativas serão enviadas, pela internet, ao Colégio Notarial do Brasil – Conselho Federal, arquivando-se digitalmente o comprovante do envio.

c) Módulo Central de Escrituras e Procurações – CEP

Os tabeliães, com atribuição pura ou cumulativa dessa especialidade, e os oficiais de registro que detenham atribuição notarial devem remeter ao Colégio Notarial do Brasil – Conselho Federal, quinzenalmente, por meio da CENSEC, informações constantes das escrituras públicas e procurações públicas ou informação negativa da prática destes atos, exceto quanto às escrituras de separação, divórcio e inventário (que deverão ser informadas à CESDI) e às de testamento (que deverão ser informadas ao RCTO).

Os prazos são os seguintes: a) até o dia 5 do mês subsequente, os atos praticados na segunda quinzena do mês anterior; e b) até o dia 20, os atos praticados na primeira quinzena do mesmo mês.

Constarão as seguintes informações: a) nomes por extenso das partes; b) número do documento de identidade (RG ou equivalente); c) CPF; d) valor do negócio jurídico (quando existente); e e) número do livro e folhas.

Na CEP deverão ser informados todos os atos referentes a escrituras e procurações que não se enquadram nos informes da CESDI e da RCTO (ata notarial, escrituras, procuração, procuração para fins previdenciários, renúncia, revogação e substabelecimento).

As informações positivas ou negativas serão enviadas, via internet, ao Colégio Notarial do Brasil – Conselho Federal, arquivando-se digitalmente o comprovante do envio.

A consulta de informações sobre separações, divórcios e inventários e partilhas e diretivas antecipadas de vontade (DAV ou testamento vital) é livre a qualquer cidadão no *site* da CENSEC. A consulta a escrituras públicas, testamentos, procurações e sinal público é restrita a tabeliães, corregedorias e entes conveniados.

d) Módulo Central Nacional de Sinal Público – CNSIP

Os tabeliães e oficiais de registro que detenham atribuição notarial devem remeter ao Colégio Notarial do Brasil – Conselho Federal, por meio do CENSEC, cartões com seus autógrafos e os dos seus prepostos, autorizados a subscrever traslados e certidões, reconhecimentos de firmas e autenticações de documentos, para fim de confronto com as assinaturas lançadas nos instrumentos que forem apresentados.

O sistema preserva o histórico dos sinais públicos anteriores. A consulta à CNSIP poderá ser feita gratuitamente pelos tabeliães de notas e pelos oficiais de registro que detenham atribuição notarial.

Os notários devem atualizar os dados dos prepostos quando da admissão e do desligamento.

11.2 DECLARAÇÃO SOBRE OPERAÇÕES IMOBILIÁRIAS – DOI

O tabelião tem a obrigação mensal de informar a DOI (Declaração sobre Operações Imobiliárias), instituída pela Receita Federal do Brasil para o controle de operações imobiliárias realizadas por pessoas físicas e jurídicas[5].

Devem ser informados os atos de compra e venda[6], permuta, transferência do domínio útil de imóveis foreiros, cessão de direitos, promessas dessas operações, adjudicação ou arrematação em hasta pública, procuração em causa própria, outros contratos afins em que haja transmissão de imóveis ou de direitos sobre imóveis.

5. Decreto-Lei n. 1.381/74, Lei n. 10.426/2002, art. 8º, e Instruções Normativas RFB n. 1.042/2010, 1.112/2010, 1.183/2011, 1.193/2011 e 1.239/2012.
6. Decreto-Lei n. 1.381/74, art. 2º, § 1º.

Deverá ser emitida uma DOI para cada imóvel alienado ou adquirido. O tabelião, no ato notarial que envolva operação imobiliária, deve fazer constar expressamente a expressão "EMITIDA A DOI".

A comunicação deve ser feita a respeito de todos os atos, **independentemente de seu valor.**

O valor da operação imobiliária será o informado pelas partes ou, na ausência deste, o valor que servir de base para o cálculo do Imposto sobre a Transmissão de Bens Imóveis (ITBI) ou para o cálculo do Imposto sobre Transmissão *Causa Mortis* e Doação de Quaisquer Bens ou Direitos (ITCMD).

A falta de apresentação ou a apresentação da declaração após o prazo fixado sujeita o notário à multa de 0,1% ao mês-calendário ou fração, sobre o valor da operação, limitada a 1%, observado o valor mínimo de R$ 20,00[7].

A multa terá como termo inicial o dia seguinte ao término do prazo originalmente fixado para a entrega da declaração e como termo final, a data da efetiva entrega ou, no caso de não apresentação, da lavratura do auto de infração.

A multa será reduzida a 50% do valor apurado, inclusive na hipótese de aplicação da multa mínima de R$ 20,00, caso a declaração seja apresentada espontaneamente, antes de qualquer procedimento de ofício. A multa será reduzida a 75% do valor apurado, inclusive na hipótese de aplicação da multa mínima de R$ 20,00, caso a declaração seja apresentada no prazo fixado em intimação.

11.3 CADASTRO ÚNICO DE CLIENTES DO NOTARIADO – CCN, O CADASTRO ÚNICO DE BENEFICIÁRIOS FINAIS – CBF E O ÍNDICE ÚNICO DE ATOS NOTARIAIS, NOS TERMOS DO PROVIMENTO N. 88/2019, DA CORREGEDORIA NACIONAL DE JUSTIÇA

O Colégio Notarial do Brasil – Conselho Federal manterá o Cadastro Único de Clientes do Notariado – CCN, o Cadastro Único de Beneficiários Finais – CBF e o Índice Único de Atos Notariais, nos termos do Provimento n. 88/2019, da Corregedoria Nacional de Justiça.

Os dados para a formação e atualização da base nacional do CCN serão fornecidos pelos próprios notários de forma sincronizada ou com periodicidade, no máximo, quinzenal, com:

I – dados relativos aos atos notariais protocolares praticados; e

II – dados relacionados aos integrantes do seu cadastro de firmas abertas:

a) para as pessoas físicas: indicação do CPF; nome completo; filiação; profissão; data de nascimento; estado civil e qualificação do cônjuge; cidade; nacionalidade; naturalidade; endereços residencial e profissional completos, com indicação da cidade e CEP; endereço eletrônico; telefones, inclusive celular; documento

7. Lei n. 10.426/2002, art. 8º, §§ 1º e 2º, III, alterado pelo art. 24 da Lei n. 10.865/2004.

de identidade com órgão emissor e data de emissão; dados do passaporte ou carteira civil, se estrangeiro; imagem do documento; data da ficha; número da ficha; imagem da ficha; imagem da foto; dados biométricos, especialmente impressões digitais e fotografia; enquadramento na condição de pessoa exposta politicamente, nos termos da Resolução COAF n. 29, de 28 de março de 2017; e enquadramento em qualquer das condições previstas no art. 1º da Resolução Coaf n. 31, de 7 de junho de 2019; e

b) para as pessoas jurídicas: indicação do CNPJ; razão social e nome de fantasia, este quando constar do contrato social ou do Cadastro Nacional de Pessoa Jurídica (CNPJ); número do telefone; endereço completo, inclusive eletrônico; nome completo, número de inscrição no Cadastro de Pessoas Físicas – CPF, número do documento de identificação e nome do órgão expedidor ou, se estrangeiro, dados do passaporte ou carteira civil dos seus proprietários, sócios e beneficiários finais; nome completo, número de inscrição no Cadastro de Pessoas Físicas – CPF, número do documento de identificação e nome do órgão expedidor ou, se estrangeiro, dados do passaporte ou carteira civil dos representantes legais, prepostos e dos demais envolvidos que compareçam ao ato, nome dos representantes legais, prepostos e dos demais envolvidos que compareçam ao ato.

Os notários ficam obrigados a remeter ao CNB-CF, por sua central notarial de serviços eletrônicos compartilhados – CENSEC, os dados essenciais dos atos praticados que compõem o Índice Único, em periodicidade não superior a quinze dias, nos termos das instruções complementares.

São dados essenciais:

I – a identificação do cliente;

II – a descrição pormenorizada da operação realizada;

III – o valor da operação realizada;

IV – o valor de avaliação para fins de incidência tributária;

V – a data da operação;

VI – a forma de pagamento;

VII – o meio de pagamento; e

VIII – outros dados, nos termos de regulamentos especiais, de instruções complementares ou orientações institucionais do CNB-CF.

12
Atos Extranotariais

A aquisição imobiliária e muitos outros atos formalizados por escritura pública são atos jurídicos complexos, ou seja, demandam outras providências para se perfectibilizarem, produzindo os seus efeitos regulares. Como exemplo, uma escritura não pode ser lavrada sem a apresentação da certidão do cartório de registro imobiliário.

Em outro momento, após a lavratura da escritura, a propriedade somente se configura com o registro imobiliário.

Nas duas hipóteses, como em tantas outras, para prestar um serviço adequado à população, o tabelião deve produzir ações além das notariais, os chamados atos extranotariais. Ao assumir essa responsabilidade, o tabelião se obriga ao resultado pretendido, qual seja, a efetiva prestação dos serviços com os efeitos pretendidos pela parte.

Em contrapartida, o tabelião terá direito ao ressarcimento das despesas necessárias a este encargo, podendo inclusive cobrar as despesas efetuadas com despachantes e pessoas terceirizadas. Em alguns Estados, a lei veda a cobrança pelos serviços extranotariais, permitindo apenas o ressarcimento de terceiros[1], obviamente tendo sido autorizado pela parte interessada.

Dentre estes atos, os mais frequentes são:

- obtenção de certidões imobiliárias;
- obtenção de certidões do distribuidor dos foros judiciais (estadual, federal e trabalhista, que costuma ser solicitada na comarca de situação do imóvel e no domicílio do vendedor);
- obtenção da certidão fiscal, usualmente do município, para verificar a regularidade dos tributos devidos;
- regularização cadastral municipal ou em face de outros órgãos de cadastro como o Serviço de Patrimônio da União (SPU) ou os institutos estaduais da terra rural;
- obtenção de certidões de empresas nas Juntas Comerciais ou Registros Civis das Pessoas Jurídicas;
- obtenção de certidões de atos em outros cartórios de notas, como procurações, escrituras antigas ou, ainda, cópia de documentos arquivados;
- obtenção de certidões eletrônicas diversas, como a certidão negativa da Procuradoria Geral da Fazenda Nacional;

1. Em São Paulo, a Lei n. 11.331/2002, Tabela I, notas explicativas, item 11.1.

- verificação de gravames na Central Nacional de Indisponibilidades ou de débitos existentes na Justiça do Trabalho;
- pagamento de tributos, em especial o ITBI e o ITCMD, em face das Fazendas municipal ou estadual. Neste caso, é bom salientar que o tabelião jamais deve adiantar tais despesas, pois corre o risco de não ser ressarcido e age de forma antiética;
- lavrada a escritura e tendo, no procedimento, notado algum desacerto em face do cadastro municipal, o notário se encarrega de buscar a regularização, providenciando os documentos e os pagamentos das taxas necessárias;
- o notário se encarrega de levar a registro a escritura lavrada, concluindo a sucessão de atos necessários à aquisição da propriedade;
- finalmente, se necessário for, o notário poderá participar do procedimento de dúvida registral, auxiliando o usuário a superar os óbices existentes e defendendo a correção da escritura lavrada[2].

A Lei n. 14.382/2022 incluiu o § 5º, no art. 7º da Lei n. 8.935/1994, possibilitando aos tabeliães de notas prestar outros serviços remunerados, na forma prevista em convênio com órgãos públicos, entidades e empresas interessadas, respeitados os requisitos de forma previstos na Lei n. 10.406, de 10 de janeiro de 2002 (Código Civil).3

Houve veto da presidência ao artigo que previa o trabalho de notários na arbitragem, o que nos parece indicar que notário não poderá agir como árbitro, mas poderá lavrar uma escritura de uma arbitragem.

A generalização do novo § 5º, no art. 7º reforça a ampla liberdade de atuação notarial. Há atos que a lei exige escritura pública, muito poucos, diga-se. Todos os demais atos a que as partes queiram a intervenção notarial, a forma pública, podem ser realizados, a pedido das partes. A novidade está em permitir, ou sugerir, convênios com órgãos públicos ou particulares.

2. Nas Normas de São Paulo, há previsão expressa no Cap. XX, item 39.4.1: "O Juiz Corregedor Permanente, diante da relevância do procedimento de dúvida e da finalidade da função pública notarial, poderá, antes da prolação da sentença, admitir a intervenção espontânea do tabelião de notas que lavrou a escritura pública objeto da desqualificação registral ou solicitar, por despacho irrecorrível, de ofício ou a requerimento do interessado, a sua manifestação facultativa, no prazo de 15 (quinze) dias de sua intimação".

3 Lei n. 14.382/2022.

13
Emolumentos

O serviço notarial é público e exercido em caráter privado. A CF prevê uma lei geral de emolumentos, que foi editada em 2000, a Lei n. 10.169. Segundo ela, os Estados e o Distrito Federal têm competência para fixar o valor dos emolumentos relativos aos atos praticados pelos respectivos serviços notariais, segundo as normas gerais.

Temos, então, tabelas de emolumentos em cada Estado e no Distrito Federal.

O valor fixado para os emolumentos deve corresponder ao efetivo custo e à adequada e suficiente remuneração dos serviços prestados[1], enunciado inócuo por sua subjetividade plena, mas que se concretiza nos valores finalmente fixados nas leis estaduais e distrital.

A fixação dos emolumentos deve ter em vista os seguintes critérios:

- deverá corresponder ao efetivo custo e à adequada e suficiente remuneração dos serviços prestados;
- considerar a natureza pública e o caráter social dos serviços;
- os valores dos emolumentos constarão de tabelas e serão expressos em moeda corrente do País;
- os atos comuns aos vários tipos de serviços notariais e de registro serão remunerados por emolumentos específicos, fixados para cada espécie de ato;
- os atos específicos dos serviços notariais serão classificados em: a) atos sem conteúdo financeiro; e b) atos relativos a situações jurídicas com conteúdo financeiro, cujos emolumentos serão fixados mediante a observância de faixas que estabeleçam valores mínimos e máximos, nas quais será enquadrado o valor do negócio objeto do ato notarial.

É vedado fixar emolumentos em percentual incidente sobre o valor do negócio jurídico[2]. A norma tem caráter antissocial, pois, à vista das tabelas aprovadas nos diversos Estados, o rico paga menos. O critério de proporcionalidade sobre o valor do ato é comum em muitas áreas, como a intermediação imobiliária, a advocacia ou a publicidade. A falta dela, para o notariado, é injusta, pois o risco de responder civilmente por um ato de grande valor é imenso.

Apesar de a lei federal vedar a cobrança de quaisquer outras quantias, é comum, e as leis estaduais permitem, que o notário se encarregue de outros serviços convenien-

1. Lei n. 10.169/2000, art. 1º, parágrafo único.
2. Lei n. 10.169/2000, inciso II do art. 3º.

tes às partes, como a obtenção de certidões, dentre tantas que por vezes são exigidas, o pagamento de tributos, o registro de documentos indispensáveis aos atos e, finalmente, o registro das escrituras lavradas.

É evidente que os custos destas facilidades devem ser repassados aos beneficiários delas, as partes, que, por conveniência, conforto, facilidade e economia, confiam ao notário todas estas providências burocráticas. É legal, portanto, o repasse de tais custos aos usuários.

É permitido ao notário a exigência de depósito prévio (art. 4, Prov. CNJ n. 45/2015) para a realização do ato notarial. Este procedimento é muito utilizado para as atas notariais e escrituras de inventário e partilha.

As tabelas de emolumentos devem ser afixadas em local visível ao público e devem ter acessibilidade para os portadores de cegueira e surdez. O notário é obrigado a dar recibo dos valores recebidos[3].

O Provimento CNJ n. 127/2022 disciplinou o Sistema Integrado de Pagamentos Eletrônicos – SIPE para os serviços notariais e de registro, destinado a receber e repassar os valores recebidos dos usuários dos serviços notariais e de registro praticados pelos notários e registradores e solicitados por meio das centrais, adotados os seguintes meios de pagamento: I – PIX; II – cartão de crédito; III – boleto bancário; IV – faturamento; e V – outras modalidades de pagamento, crédito ou financiamento, autorizadas pelo Banco Central do Brasil, contratadas para que sejam oferecidas aos interessados na plataforma.

A Lei 14.382/2022 alterou o art. 30 da Lei 8.935/94, introduzindo o inc. XV, para admitir o pagamento dos emolumentos, das custas e das despesas por meio eletrônico, a critério do usuário, inclusive mediante parcelamento.

3. Pelo art. 784, XI, do CPC/2015, o tabelião poderá expedir certidão relativa a valores de emolumentos e demais despesas devidas pelos atos pela serventia notarial praticados, fixados nas tabelas estabelecidas em lei e é título executivo extrajudicial, que poderá ser levado a protesto, por exemplo.

14
AUTENTICAÇÃO DE CÓPIAS E RECONHECIMENTO DE ASSINATURA OU FIRMA

Neste capítulo, veremos os caracteres dos atos notariais mais frequentes. São eles: a autenticação de cópia de documentos e o reconhecimento de firmas.

Autenticar significa autorizar, reconhecer como verdadeiro, certificar segundo as fórmulas legais, legalizar. É o que é verdadeiro, real.

Também tem a acepção de indicar a autoria da manifestação da vontade. Autêntico é algo que é do autor a quem se atribui ser.

Autêntico vem do latim, *authenticus*, que é autorizado, válido, aprovado), significa todo ato que se faz revestido das formalidades legais ou das solenidades exigidas para que possa surtir sua eficácia jurídica[1].

A autenticação é, portanto, uma legalização de um documento, conforme previsto em lei ou socialmente requerido, por uma autoridade que tenha a competência para o ato.

No Brasil, esta competência decorre da delegação constitucional aos notários (art. 236) e da Lei 8.935/94, art. 6º, incs. II e III. O notário é, entre nós, a autoridade competente para autenticar documentos particulares.

No Direito Notarial, autenticação é um gênero que inclui duas espécies singulares de atos: 1) autenticação de cópias, e 2) reconhecimento de firmas.

São, de longe, os atos mais frequentes nos tabelionatos de notas brasileiros. "É fruto de nossa atrasada cultura lusitana, bobagem que só existe no Brasil", acusam os detratores.

O costume brasileiro de autenticar cópias e reconhecer assinaturas, em profusão, é, de fato, algo brasileiro. Contudo, estes atos notariais existem em todo o planeta, em especial nos países de direito anglo-saxão, como Estados Unidos e Inglaterra.

A popularidade destes atos aqui no Brasil se explica, em parte, por certo burocratismo dos órgãos públicos; mas também, muito mais pela necessidade do ambiente de negócios de ter certeza sobre os documentos e seus signatários, prevenindo um desgastante, caro, às vezes longo e improfícuo processo judicial. É a profilaxia dos agentes econômicos e jurídicos que previne e garante a segurança jurídica mais barata[2].Os efeitos da autenticação são: a) legaliza o documento provendo-o da atribuição prevista em lei para executividade; b) indica a autoria da manifestação da vontade e

1. Vocabulário Jurídico. De Plácido e Silva, atualizadores Nagib Slaibi Filho e Gláucia Carvalho. Rio de Janeiro, ed. Forense, 2003.
2. Este assunto comporta um estudo mais profundo, envolvendo as previsões dos ramos civilistas, processualistas e da feição econômica do Direito. Adiante, em 1.2, discorreremos mais um pouco.

do documento, quando presente; c) a cópia autenticada pelo notário, seja em papel ou meio digital, tem o mesmo valor de prova do documento original, faz prova plena para todos os efeitos legais; d) se impugnada a autenticidade do documento com autenticação notarial, inverte o ônus da prova (CPC, art. 428, inc. I), cabendo a quem ataca provar a falsidade e a falha do agente público; e) dá certeza sobre o dia em que apresentado ao notário, provendo, portanto, certeza sobre a existência do documento naquela data.

14.1 AUTENTICAÇÃO DE CÓPIAS

Inicialmente, devemos aclarar que a autenticação de cópias não se confunde com a autenticação que se refere ou se aplica aos atos que se realizam na esfera das relações de direito privado como princípio de direito notarial[3]. Esta autenticação alcança e alicerça toda a função notarial, enquanto aquela é uma espécie de ato notarial com o fim de declarar a autenticidade entre o documento e a cópia.

Autenticação de cópia é uma espécie de ato notarial por meio do qual o tabelião de notas certifica a fiel correspondência entre o documento e a sua cópia, extraída pelo sistema reprográfico[4] ou equivalente.

O novo Código de Processo Civil informa que as cópias, como a fotográfica, a cinematográfica, a fonográfica, a digitalizada, ou de outra espécie, têm aptidão para fazer prova dos fatos ou das coisas representadas se a sua conformidade com o documento original não for impugnada por aquele contra quem foi produzida (art. 422).

A autenticação de cópias digitais, por particulares, é aceita, pois fazem a mesma prova que os originais os extratos digitais de bancos de dados públicos e privados, desde que atestado pelo seu emitente, sob as penas da lei, que as informações conferem com o que consta na origem (art. 425, V).

O norte do novo Código de Processo Civil não é diferente dos códigos anteriores. Só tem sentido a autenticação notarial, ou por outro oficial público, quando há controvérsia sobre a exatidão da cópia em face do original.

No âmbito judicial, esse processo se dá quando ocorre a contestação. Na vida privada, a necessidade de autenticação da cópia surge da necessidade de pré-constituir prova que evite a sua contestação. Afinal, cessa a fé do documento particular quando a sua autenticidade for impugnada e enquanto não se comprovar sua veracidade (art. 428, I). A autenticação, para os particulares, é uma prevenção à contestação.

A multiplicação do documento faz-se pelos métodos hoje existentes (p. ex., o método reprográfico). Antigamente, havia a pública-forma, que era a cópia fiel e integral de um documento que, posteriormente, era concertada por outro tabelião. Com

3. KOLLET, Ricardo Guimarães. *Manual do tabelião de notas para concursos e profissionais.* Rio de Janeiro: Forense, 2008, p. 240.
4. Reprografia: processo de reprodução que recorre às técnicas de fotocópia, xerocópia, eletrocópia, termocópia, microfilmagem, computação eletrônica, heliografia, eletrostática etc.

o surgimento das fotocopiadoras, as públicas-formas caíram em desuso, substituídas pelas cópias autenticadas. Por isso, alguns Estados[5], vedaram o uso da pública-forma.

A autenticação pressupõe a apresentação do documento original, sem o qual inexiste autenticação notarial. No Estado de São Paulo, não é permitida a autenticação de cópia de outra cópia, ainda que esta esteja autenticada. No Estado do Rio Grande Sul, somente será autenticada cópia de documento original, proibida a autenticação de reprodução reprográfica de cópia; no entanto permite a autenticação de cópia conferida por outro tabelião[6].

As normas de São Paulo determinam que o tabelião, quando utilize processo de reprodução gerador de cópias coloridas, aponha na cópia o termo "cópia colorida", de modo a distingui-la do original, assim, evitando confusão em quem as verifique no tráfego ou quando as recepcione.

Ao manejarem as cópias para autenticação, os tabeliães ou seus prepostos devem conferir os textos e o aspecto da escrita, bem como verificar se o documento copiado contém rasuras, supressão de palavras ou linhas, ou outros sinais suspeitos de possíveis fraudes.

A pedido da parte, entendemos possível a autenticação de documentos com rasuras, ou até com parte faltante, desde que não afete a sua compreensão, fazendo constar minuciosamente o verificado. As normas administrativas costumam vedar tal atitude (as de São Paulo e do Rio Grande do Sul permitem essa prática), de modo que **no concurso é prudente ser ortodoxo**.

Não há vedação legal para a autenticação de cópias de documentos redigidos em língua estrangeira, nem há obrigação legal de exigir a apresentação de tradução oficial como condição para a realização do ato, pois não há qualificação notarial quanto ao conteúdo do documento e da cópia; há a autenticação de correspondência entre o conteúdo do documento e a cópia.

As reprografias emanadas e autenticadas por autoridade ou repartição pública constituem documentos originários, tendo o mesmo valor probante do documento original para fins de autenticação notarial. Como exemplo, temos as cartas de ordem, de sentença, de arrematação, de adjudicação, formais de partilha, certidões positivas de registros públicos e de protestos, certidões da Junta Comercial e *post gramas*.

As cópias dos atos notariais feitos nos livros do serviço consular, autenticadas pela autoridade consular brasileira são válidas, também constituindo documento originário. Elas não precisam ser legalizadas ou reautenticadas para produzirem os seus efeitos.

Para clareza do ato notarial, o instrumento de autenticação constará do seu anverso[7], sempre que possível, informando aos destinatários sobre a legalização realizada. No entanto, em certos casos, a cópia do documento pode não conter espaço suficiente

5. No Estado de São Paulo, até o Prov. n. 40/2012, atualizado pelo Prov. n. 56/2019, constava expressamente tal proibição nas Normas de Serviço da Corregedoria-Geral da Justiça (item 51.2). Tal vedação não consta nas Normas de Serviço atuais.
6. Art. 642 da Consolidação Normativa Notarial e Registral do Rio Grande do Sul.
7. O Anverso é a parte da frente do documento. Verso é a parte de trás.

para a aposição do instrumento autenticatório, que pode, também a pedido da parte, ter o ato no verso, desde que inutilizados os espaços remanescentes[8].

O instrumento de autenticação constará de fórmulas consagradas pelo uso[9], aposto por carimbo ou etiqueta, sempre com a identificação do tabelião ou do preposto (autorizado) que realizou o ato. O sinal público deve vincular os diversos elementos (etiqueta, carimbos, selos, assinaturas), dificultando a ação de falsários.

Na extração e autenticação de cópias reprográficas de documento de tamanho reduzido ou ampliado, os espaços em branco devem ser inutilizados, aparando a cópia, de acordo com o tamanho do documento, de modo que ali caibam somente a reprodução e a autenticação, evitando o lançamento de outras cópias de documentos na reprografia.

Há Estados, como é exemplo o Rio Grande do Sul, que permitem a cópia autenticada de documentos em meio digital, tendo o mesmo valor probante que os originais em papel. É possível ainda que o tabelião declare que uma cópia de um documento eletrônico impresso em papel, ou que uma cópia de um documento em papel transposto ao meio digital, ou, simplesmente, que uma cópia eletrônica de um documento também eletrônico é fiel ao documento apresentado.

A Consolidação Normativa Notarial e Registral do Rio Grande do Sul tipifica cada uma das possibilidades de transposição de mídia com autenticação:

a) autenticação de cópia de documento com assinatura eletrônica é a atribuição de autenticidade, pelo Tabelião de Notas, a uma cópia física (papel) cujo original é/foi gerado e assinado eletronicamente;
b) autenticação de cópia expedida em meio digital é a atribuição de autenticidade, pelo Tabelião de Notas, a determinada cópia de documento eletrônico digital ou digitalizado, expedida por ele digitalmente;
c) autenticação de cópia impressa de documento eletrônico web, é a atribuição de autenticidade, pelo Tabelião de Notas, a uma cópia física (papel) cujo original é uma página eletrônica disponível na rede mundial de computadores (internet);
d) autenticação de cópia impressa de documento eletrônico digitalizado é a atribuição de autenticidade, pelo Tabelião de Notas, a uma cópia física (papel) correspondente a determinado documento eletrônico digitalizado, previamente conferido e autenticado por Notário.

Há discussão sobre a possibilidade de autenticar cópia (impressão) de documento eletrônico extraído da internet, ou se isso deveria ser feito por ata notarial. Entendemos pela possibilidade da autenticação de cópia, pois o objetivo não é a pré-constituição de prova, e sim a circulação de um documento. Aliás, para o ato de autenticação, acessar um site para ver um **documento** ou ver um **documento** em papel é o mesmo procedimento.

8. Em São Paulo, determinou-se que o instrumento de autenticação constará do anverso da cópia, obrigatoriamente (item 171.1). Parece-nos um preciosismo desnecessário que merece revisão.
9. Por exemplo: "Autentico esta cópia, que está conforme ao documento que me foi apresentado. Local e data". No Rio Grande do Sul, utilizam-se fórmulas específicas para cada tipo de cópia: i) uma para a autenticação das cópias reprográficas ou digitais extraídas no próprio tabelionato; ii) outra para a autenticação de cópias extraídas por terceiros; iii) outra para a autenticação de cópias conferidas pelo próprio ou outro Tabelião.

O tabelião deve cuidar que haja elementos seguros para a verificação do documento, inclusive quanto à confiabilidade do site que hospeda o documento e possibilita a sua confrontação (código de autenticidade, por exemplo). Tal ocorre com a Certidão Negativa de Débitos (CND), expedida no site de uma Prefeitura, ou com o atestado de antecedentes criminais, expedido no site da Polícia Federal, ou com os certificados de naturalização, expedidos no site do Ministério da Justiça, dentre outros[10].

Contudo, quando se trata de novidades ainda não bem aceitas, há restrições às quais o **candidato a concurso** deve atentar. O Estado de Santa Catarina, por exemplo, tinha normas que continham vedação expressa quanto a autenticar documento extraído da internet, agora não mais[11].

Nos documentos em que houver mais de uma reprodução, a cada uma corresponderá um instrumento de autenticação. Excetuam-se os documentos consagrados cuja forma envolve os dois lados, como a carteira de identidade[12], o CPF, a carteira de trabalho, dentre outros.

Documentos em que falte a assinatura de uma parte podem ser fotocopiados e autenticados, pois o tabelião, em tese, não faz a qualificação do quanto ali está representado, mas apenas a certificação de correspondência da fidelidade entre o documento e a cópia.

O notário também pode autenticar microfilmes de documentos ou cópias ampliadas de imagem microfilmada, conferidos mediante aparelho leitor apropriado e seguindo os requisitos legais de registro no Departamento de Justiça do Ministério da Justiça.

O item 177 das Normas de Serviço do Estado de São Paulo não permite autenticar cópia de documentos nos seguintes casos:

a) os transmitidos por fac-símile, exceto os que contenham assinatura inserida após a recepção do documento;

b) parte ou partes de documentos cuja compreensão de seu conteúdo dependa de sua leitura integral;

c) documentos escritos a lápis ou outro meio de impressão delével;

d) documentos alterados com tinta corretiva, quando a correção implique substancial alteração do conteúdo do documento (nome completo, datas, valores etc.);

e) mensagens eletrônicas (e-mails).

O Tabelião de Notas, nessas situações, poderá, a seu juízo e sob sua responsabilidade, autenticar a cópia e certificar eventuais inconformidades (item 177.1).

---

10. Neste sentido, em São Paulo, a eminente Juíza Corregedora Permanente da 2ª Vara de Registros Públicos, Drª. Renata Mota Maciel, assim decidiu no processo 001170688.2011.8.26.0100: "Por seu turno, usual e aceitável, na espécie, a autenticação de documentos extraídos de sites de Internet, que decorre do poder geral de conferir autenticidade de que é dotado o Tabelião, destacando que não houve emissão de juízo de valor, mas apenas descrição e reprodução de situações. Além disso, demonstrada a necessidade da autenticação por exigência do Consulado da Espanha".

11. Art. 944 (revogado) do Código de Normas da Corregedoria-Geral da Justiça do Estado de Santa Catarina. Atualmente, está em vigor o art. 840: "Se o original puder ser conferido pelo tabelião, é permitida a autenticação de cópia impressa de documento extraído da internet".

12. Integra a cópia também o QR-Code, se houver, com a cobrança de apenas uma autenticação.

Por outro lado, o item 178 das Normas de Serviço do Estado de São Paulo permite autenticar cópia de documentos nos seguintes casos:

a) extratos bancários, inclusive os emitidos por impressão térmica;

b) parte ou partes de um documento quando seu conteúdo for relevante e possa produzir efeitos jurídicos isoladamente, hipótese em que o Tabelião de Notas deverá apor a ressalva: "a presente cópia é parte de um documento";

c) parte ou partes de um processo judicial, formal de partilha, carta de arrematação, carta de adjudicação, dentre outros, quando contenha a rubrica do supervisor ou do coordenador de serviço, caso em que o Tabelião de Notas deverá apor a ressalva: "a presente cópia é parte de um documento judicial";

d) certidões expedidas por órgãos administrativos que contenham cópias autenticadas por estes. Veja que a letra *b* do item 178 deve ser interpretada conjuntamente com a letra *b* do item 177, em cuja situação deverá haver a compreensão integral do documento.

14.1.1 Casuística

Listamos a seguir alguns casos práticos de autenticação notarial:

a) Autenticação de cópias extraídas por terceiros

As cópias extraídas no próprio tabelionato são autenticadas com rapidez e segurança, pois não necessitam de uma conferência meticulosa. Já as cópias extraídas por terceiros devem ser conferidas minuciosamente, verificando se o documento contém montagens, supressões ou sinais indicativos de fraude, bem assim a existência de identificação do autor reprográfico.

b) Autenticação de cópia de documento redigido em língua estrangeira

É possível reconhecer a firma ou autenticar fotocópia de documento, no todo ou em parte, redigido em qualquer alfabeto de língua estrangeira e destinado a produzir efeitos legais no Brasil ou no estrangeiro. Algumas normas administrativas[13] determinam ao tabelião que esclareça a parte que, para validade em território nacional e em face de terceiros, o documento deve ser traduzido e registrado.

c) Autenticação de cópia de documento redigido em língua estrangeira em outros alfabetos (ex.: japonês, árabe etc.)

As cópias desses documentos são passíveis de autenticação desde que extraídas no próprio tabelionato após verificação da inexistência de emendas, rasuras ou sinais indicativos de fraude.

d) Autenticação de cópia de cédulas monetárias

É possível a autenticação de cédulas monetárias. Recomendamos que a cópia seja ampliada ou reduzida, evitando que a fotocópia tenha o tamanho natural do seu original, bem como apor carimbo padronizado com a expressão "Sem valor monetário".

13. As normas de São Paulo, por exemplo.

e) Autenticação em papel térmico (fax) ou por processo similar

É possível a autenticação de cópia de documento em papel térmico com aposição de assinatura indelével. Se o documento contiver declaração de vontade, o tabelião deve orientar a parte quanto à curta duração do original.

f) Autenticação de documento danificado

É vedado autenticar fotocópia de documento com trechos apagados, danificados, rasurados; com supressão de linhas, letras ou palavras; com anotações a lápis; com aplicação de corretivo; ou em que haja indício de falsificação ou adulteração, de modo a conter parte ininteligível, ilegível ou de difícil leitura. Em certos casos (p. ex., documentos reconstituídos), a critério do tabelião, será possível a realização do ato, descrevendo minuciosamente o verificado.

g) Utilização de cópia de outra cópia

É vedada a prática de ato de autenticação em cópia de outra cópia, ainda que autenticada, seja qual for o documento[14].

h) Autenticação de cópias certificadas por escrivão do Tribunal de Justiça ou outra autoridade pública

É possível a autenticação de cópia atestada por escrivão, que se reveste dos caracteres de um documento originário. Assim ocorre, por exemplo, com o formal de partilha.

i) Autenticação de cópias de boletim de ocorrência, laudos, certidão de contrato social etc., autenticadas por próprios órgãos expedidores (polícias, órgãos de trânsito, institutos médicos legais, juntas comerciais etc.)

Podem ser autenticadas mediante prévia análise dos documentos, não se sujeitando a mera conferência. Quando expedidos por esses órgãos, passam a ter a condição de documentos originários.

j) Autenticação de cópias de extratos bancários emitidos por impressão térmica, diplomas e certificados com assinaturas digitalizadas

Podem ser autenticadas mediante prévia análise dos documentos, não se sujeitando a mera conferência. No caso de diplomas e certificados, devem ter características externas que se originam de uma matriz, cuja impressão foi feita em escala. Se o tabelião não tiver certeza da veracidade, deve negar o ato.

k) Autenticação de cópias de nota fiscal, traslado datilografado, documentos obtidos via impressora, em forma carbonada

O fato de um documento estar na forma de carbono não o descaracteriza em relação ao seu original, podendo ser extraída fotocópia autenticada.

l) Autenticação de cópia de cópia de guia do FGTS, PIS, com autenticação do banco ou órgão de fiscalização (repartições públicas etc.)

É possível a autenticação da cópia de cópias de guias de recolhimento de tributo ou contribuição, pois esses documentos são probantes quando o órgão recebedor autentica

14. Em São Paulo, por exemplo. Em alguns Estados, há normas que permitem.

o seu recolhimento. Desse modo, passa a ser documento probante não importando o suporte físico.

m) Autenticação de cópia extraída de papel térmico (fax) de guias de boleto autenticado pelo banco

Esse tipo de papel perde a qualidade com o decorrer do tempo e se exposto à luz e ao calor, permanecendo somente a autenticação bancária. No entanto, é passível de autenticação notarial em razão da autenticação bancária, obviamente enquanto forem legíveis os dados.

n) Autenticação de cópia somente do anverso ou verso do documento de uso geral (p. ex., conta de luz, documentos em que o anverso ou o verso é apenas explicativo)

Em regra, toda cópia deve ser autenticada conforme o seu original. Porém, há documentos subdivididos por seu conteúdo. Neste caso, é possível serem autenticados, desde que conste, ao lado da autenticação, carimbo com a expressão "anverso do original" ou "verso do original". Nesta matéria, prepondera a autonomia do tabelião, que deve analisar o documento e convencer-se de que ele não necessita da integralidade para a sua compreensão.

o) Autenticação de cópia de parte de documentos ou quando o verso está preenchido ou em branco (p. ex., Carteira de Trabalho e Previdência Social, passaportes, livros, revistas etc.)

Podem ser autenticados, mas é prudente que o tabelião declare junto à autenticação que é cópia parcial (por exemplo, um carimbo com a expressão "parte de documento").

p) Autenticação de cópia de guia de recolhimento com aplicação de corretivo no valor recolhido, cuja autenticação do banco ou órgão recebedor seja o mesmo, ou seja, o valor corrigido e o recolhido são idênticos

A prática de corrigir os valores é reprovável, mas não é motivo de anulação do documento, sendo possível a autenticação notarial. No entanto, sem autenticação do banco ou órgão recebedor, o documento não produz qualquer efeito.

q) Autenticação de cópias distintas numa mesma página

É vedada a autenticação de fotocópia com mais de uma reprodução em apenas um instrumento autenticatório. Cada reprodução corresponderá a uma autenticação.

r) Autenticação de fotocópias de mensagens eletrônicas (e-mails)

Por cautela, não é recomendável a autenticação desses documentos (nessa forma são facilmente adulteráveis). Sugerimos a realização de ata notarial para a constatação da existência e do conteúdo.

s) Autenticação de cópia do sítio do *Diário Oficial*

O documento proveniente e expedido por órgão do Estado (Imprensa Oficial), hospedado em endereço próprio e conferidos a autenticidade e os requisitos da assinatura digital aposta no documento em meio digital, é probante em relação à sua natureza, podendo a sua impressão ser autenticada. Recomendamos que o cotejo e a impressão sejam feitos por meio de computador próprio do tabelião ou tabelionato.

t) Autenticação de cópia digitalizada feita por escâner ou por processo equivalente

Não há qualquer vedação nesse sentido. É permitida a autenticação de cópia escaneada em confronto com o seu original.

u) Documento com validade restrita originária

Por cautela, o tabelião não deve autenticar cópia de documento que contenha a expressão "válido somente no original", dentre outras expressões similares. Isso porque o documento tem restrição originária, cujo termo impresso permite a segurança do tráfego jurídico. Porém, se a parte requerer por escrito, é possível a autenticação.

v) Autenticação de documentos atípicos (p. ex., rascunhos, envelopes com escritos, tíquetes, bilhetes, canhotos de cheques, informações bancárias etc.)

É possível autenticar cópias de rascunhos, envelopes com escritos, tíquetes, bilhetes, canhotos de cheques, informações bancárias, informativos de tele terminais, dentre outros.

x) Autenticação de fotografias digitais

Não é seguro autenticar fotografias digitais em razão dos inúmeros programas informáticos que permitem alterar o suporte que as mantém. Não há segurança sobre a sua autenticidade. Quando for integrante de algum documento, um laudo por exemplo, sua autenticação é permitida.

Selos de controle de atos (ou autenticidade)

Já falamos de nossa reserva sobre a denominação "selos de autenticidade", pois a autenticidade decorre da fé pública notarial, e não do selo. Feito o alerta sobre a expressão, vejamos alguns caracteres dos selos.

Em alguns Estados, é exigido para a validade (SP) ou fiscalização (RS) de certos atos, ou de todos, a aposição de um selo holográfico em papel. Em outros Estados, este selo é digital, constando apenas de um código numérico ou alfanumérico. A norma administrativa reputa inválido o ato a que falte o selo.

No Estado de São Paulo, há requisitos específicos para os selos:

Utilização e inutilização

- A sua aposição é obrigatória e deve integrar a forma dos atos de autenticação de cópias e reconhecimento de firmas.
- Os selos de autenticidade são adquiridos e utilizados exclusivamente pelas unidades de serviço notarial e de registro civil – vedado o seu repasse para outras serventias.
- A sua falta acarreta a invalidade do ato notarial.
- Deve ser aposto ao lado da etiqueta ou do carimbo.
- A assinatura do tabelião ou seu preposto deve abranger o carimbo, a etiqueta e o selo, de modo a integrá-los como um todo.
- A aplicação do selo de autenticidade será feita na mesma face da reprodução.

- Os atos de autenticação notarial conterão, obrigatoriamente, a seguinte advertência: válido somente com o selo de autenticidade.
- Em São Paulo, sempre que substituídos os modelos dos impressos de segurança, os Tabeliães de Notas, os Registradores Civis com atribuições notariais e os responsáveis pelos serviços deverão inutilizar, por fragmentação, os remanescentes guardados consigo e informar, em seguida, à Corregedoria-Geral da Justiça, a quantidade e a respectiva numeração daqueles destruídos. Os fragmentos deverão ser enviados para reciclagem.
- O tabelionato deve manter classificadores para o arquivamento de documentos relativos à aquisição, balanço diário e mensal dos selos utilizados e seu estoque[15].
- Deve ser feita uma comunicação bimestral ao Juiz Corregedor Permanente sobre a quantidade e numeração dos selos danificados[16].

Perda, extravio, furto ou roubo

Ocorrendo uma dessas circunstâncias, o tabelião deve comunicar imediatamente ao Juiz Corregedor Permanente e à Corregedoria-Geral da Justiça sobre a quantidade e a numeração dos selos[17].

14.2 RECONHECIMENTO DE ASSINATURA OU FIRMA

Assinatura, ou firma, é uma marca ou um escrito em algum documento que visa identificar a sua autoria e dar-lhe validade como manifestação de vontade.

O reconhecimento de assinatura, ou firma, é ato notarial que determina a autoria de uma assinatura, vinculando-a a certo e determinado documento particular. No reconhecimento de firma, ou assinatura, o tabelião afirma que o documento está assinado por certa e determinada pessoa.

A letra ou o sinal também podem indicar a autoria, mas em face de elemento mais singelo da personalidade. Podem, igualmente, ser objeto de reconhecimento pelo tabelião.

A rubrica, ou o sinal, é a assinatura abreviada ou em cifra, podendo conjugar letras ou desenho.

A letra é um caractere de um alfabeto, cada um dos sinais gráficos com que são representados os fonemas de um idioma. Cada pessoa tem à sua maneira de grafá-las; a caligrafia revela a individualidade, até mesmo a personalidade da pessoa.

---

15. Tal obrigação não mais subsiste no Estado de São Paulo: devem possuir controle diário de utilização dos selos, com registro da série, do número inicial, do número final e do total dos utilizados e dos inutilizados, mas o tabelião pode ter para controle próprio (item 40, Cap. XVI).
16. Tal obrigação não mais subsiste no Estado de São Paulo.
17. No Estado de São Paulo: os tabeliães devem comunicar à Corregedoria-Geral da Justiça, por meio do Portal do Extrajudicial, a quantidade e a numeração de impressos de segurança subtraídos ou extraviados (item 38), bem como os utilizados e danificados, exceto no caso de etiquetas, em que o tabelião deve comunicar por escrito à Corregedoria Permanente e esta comunica à Corregedoria-Geral (item 187.2) e também no caso de desaparecimento ou danificação de qualquer livro, em que o tabelião deve imediatamente comunicar ao Juiz Corregedor Permanente e à Corregedoria-Geral da Justiça (Cap. XIII, item 41). No caso de furto, roubo ou extravio devem comunicar por ofício à Corregedoria-Geral da Justiça (Processo n. 1619/2004 – *DJe* de 11-4-2013).

O reconhecimento de letra é o ato que atesta ou certifica a autoria de dizeres manuscritos em documento particular, lançados em presença do tabelião, ou que o autor, sendo conhecido do tabelião ou por ele identificado, declare tê-lo escrito.

O reconhecimento de firma por chancela mecânica é o ato que atesta ou certifica que a firma chancelada em documento particular confere com o padrão depositado no tabelionato[18].

O ato de reconhecer a assinatura de documentos particulares é, no Brasil, usado em excesso. Duas são as causas. A primeira decorre da força probante do reconhecimento notarial, que inverte o ônus da prova em caso de contestação. Segundo o CPC, cessa a fé do documento particular quando for impugnada sua autenticidade e enquanto não se comprovar sua autenticidade ou quando assinado em branco for impugnado o seu conteúdo por preenchimento abusivo[19].

Ademais, a parte que produz o documento tem o ônus de provar a assinatura que for contestada[20]. Como a generalidade dos documentos é produzida pela parte credora, busca-se uma pré-constituição de prova célere, fácil, eficaz e sem custo algum.

Como assim?, você deve se perguntar, se todos os tabelionatos de notas cobram pelo serviço. É que o ato está a serviço do credor, que impõe ao devedor a obrigação de reconhecer a firma. Logo, a pré-constituição de prova buscada por um lado da relação é paga pelo outro.

O segundo motivo para a popularidade do reconhecimento de firma é a complexidade, morosidade e tolerância do judiciário e o caráter executivo da atividade notarial. Se fosse necessário um processo de conhecimento para provar uma assinatura, estaria comprometida a celeridade que necessitam certos negócios.

Também o excesso de cópias autenticadas se explica pela lei processual, pois, quando se tratar de falsidade de documento, incumbe o ônus da prova a quem o argui[21]. Logo, também neste caso, as pessoas preferem pré-constituir a prova.

É facultado ao advogado declarar (**e não autenticar**), sob responsabilidade pessoal, a autenticidade exclusivamente de cópias de documentos no processo judicial, do qual é patrono, desde que não seja impugnada a autenticidade; igualmente podem declarar a autenticidade de reproduções digitalizadas; neste caso, os originais deverão ser preservados pelo seu detentor até o final do prazo para propositura de ação rescisória.

Em decisão proferida no Proc. n. 1048601-89.2015.8.26.0100, a 1ª Vara de Registros Públicos destacou:

> "'Art. 365. Fazem a mesma prova que os originais:
>
> (...)

18. Esta modalidade (chancela mecânica) contém características próprias: a) Fac-símile (cópia fiel) da assinatura ou rubrica do depositante; b) Em geral, gravado em uma peça de metal (chumbo) ou material plástico; c) Utilizado para ser aposto em certos documentos ou papéis com o fim de agilizar procedimentos.
19. CPC/2015, art. 428.
20. CPC/2015, art. 429, inciso II.
21. CPC/2015, art. 429, inciso I.

IV – as cópias reprográficas de peças do próprio processo judicial declaradas autênticas pelo próprio advogado sob sua responsabilidade pessoal, se não lhes for impugnada a autenticidade.'

Sendo o artigo uma facilidade promovida pela lei para a validação de provas dentro do processo judicial, esta regra legal deve ser interpretada de forma restritiva, ou seja, não pode ser válida para valorar documentos apresentados extrajudicialmente, como as cartas de adjudicação e formais de partilha, de forma que a validade destes documentos deve seguir o disposto pelas Normas de Serviço dos Ofícios de Justiça, *in verbis*: (...)".

Entendemos que os advogados têm competência unicamente para declarar que as cópias de peças processuais nos quais são patronos são autênticas. Ou seja, podem declarar, sob responsabilidade profissional, que as cópias de documentos juntados exclusivamente no processo – no qual é patrono – são autênticas.

14.2.1 Caracteres da assinatura

A assinatura pode ser aposta por diversas formas:

- **próprio punho**, é feita manuscritamente pela própria pessoa;
- **por representação** feita pelo mandatário ou outro representante que assina pelo autor;
- **a rogo**, feita por interposta pessoa que assina a pedido de quem não pode ou não sabe assinar;
- **mecânica**, feita mediante chancela mecânica (selo de metal, fac-símile da assinatura);
- **eletrônica**, mediante assinatura digital[22] (chave privada) oriunda de um processo criptográfico constante de um certificado digital armazenado em *token* criptográfico[23] ou *smartcard* criptográfico[24].

A assinatura tem características reconhecidas por todas as civilizações que adotam a escrita:

- **é identificadora**, ou seja, reconhece o autor do documento de forma eficaz;
- **é vinculativa**, isto é, conecta o teor do documento ao signatário, que é o autor da declaração;
- **é probante**, pois permite identificar e constitui prova de que o autor da firma é quem firmou o documento.

22. No Brasil, a infraestrutura de chaves é regulamentada pela Medida Provisória 2.200-2. Esta MP determina que qualquer documento eletrônico assinado com certificado emitido pela ICP-Brasil, ou por outra forma (neste caso, desde que as partes concordem), tem plena validade legal.
23. *Token* criptográfico é um dispositivo eletrônico que gera e armazena as chaves criptográficas (pública e privada) que compõem o certificado digital. Para ser utilizado, requer entrada USB.
24. *Smartcard* é um cartão criptográfico que gera e armazena as chaves criptográficas (pública e privada) que compõem o certificado digital. Para ser utilizado, requer leitora específica. O *token* criptográfico e o *smartcard* foram construídos com um princípio básico em suas arquiteturas: a chave privativa dos respectivos certificados nunca pode ser extraída deles.

- Quanto à autoria, a assinatura tem os seguintes caracteres:
- **intrínseca**: baseia-se na manifestação de vontade de assumir o teor de um documento (*animus signandi*) e a consequente vontade de contratar ou declarar. A firma manuscrita expressa a autoria do documento e sua aceitação;
- **extrínseca**: é a forma utilizada para firmar o padrão gráfico da assinatura. A firma reproduz uma espécie de marca característica e pessoal, pois deve ser aposta de próprio punho pelo signatário[25].

14.2.2 Modalidades de reconhecimento de firma

O reconhecimento de firma pode ser feito por autenticidade, por semelhança ou por abono.

14.2.2.1 Reconhecimento por autenticidade

Pelo Código de Processo Civil de 1973 (revogado), o reconhecimento por autenticidade ocorria quando o tabelião reconhecia a firma do signatário, declarando que fora aposta em sua presença (art. 369).

O Código de Processo Civil de 2015 altera o procedimento informando que o reconhecimento autêntico é aquele em que o tabelião reconhece a firma do signatário (art. 411, I).

Em outras palavras, o que o novo Código de Processo Civil informa é que o tabelião é responsável por aferir a veracidade da assinatura, sem que seja necessário ou indispensável exigir a presença do signatário. Ele poderá exigir, é sua faculdade no âmbito de sua autonomia e competência. Se não exigir a presença, declarará autêntica a firma, sob sua responsabilidade.

Não há equivalência entre este ato e o reconhecimento por semelhança, que veremos a seguir. Pelo reconhecimento autêntico, o tabelião dá a certeza plena de autoria do documento. No reconhecimento por semelhança, há apenas a certeza da semelhança, não da autoria.

Em decorrência da nova sistemática, a exigência de livro de firma autêntica, existente em alguns Estados, terá de ser revista.

14.2.2.2 Reconhecimento por semelhança

O tabelião declara que a assinatura constante em um documento é semelhante a outra presente em uma ficha de assinaturas previamente depositada no tabelionato pela parte signatária. O tabelião, neste caso, não dá certeza da autoria, mas somente da semelhança da assinatura. É o reconhecimento de firma mais popular no Brasil, pois apresenta elevada confiabilidade ao mesmo tempo em que oferece conforto para as partes

25. O efeito jurídico da forma manuscrita pode ser substituído pela eletrônica (certificado digital, por exemplo).

signatárias, que não necessitam comparecer perante o tabelião (apenas o documento é apresentado, por portador)[26].

14.2.2.3 Reconhecimento por abono

Ato em vias de extinção, por oferecer pouca segurança. O reconhecimento da assinatura é feito pela cognição e fé de um terceiro, alheio ao tabelião, que declara, sob responsabilidade civil e penal, a autoria de certa e determinada assinatura em um documento. Admite-se, ainda, excepcionalmente, para pessoas presas. O diretor da casa prisional funciona como abonador das assinaturas daqueles sob sua custódia. Neste caso, além de responder civil e penalmente, responde administrativamente.

14.2.3 Técnica do reconhecimento de firma, letra ou sinal

O ato de reconhecimento de firma inicia-se pela identificação da parte, natural ou jurídica, e pela abertura do cartão de firmas ou ficha-padrão.

A identificação das partes integra o fazer notarial e é um dever legal (art. 215, § 1º, II), bem como o reconhecimento da capacidade civil (e intelectual) das pessoas envolvidas no ato notarial, em consonância com o art. 85, da Lei n. 13.146/2015.

Identificar é estabelecer a identidade (ou individualidade) de um fato, pessoa ou coisa, diferenciando-as dos demais para que não se confundam com os da mesma espécie ou seus semelhantes.

Em matéria notarial, é o início, é a mola propulsora para realização de qualquer ato, exceto para autenticação de cópias.

A identificação relaciona-se com o princípio da imediação notarial, pelo qual há o contato direto do tabelião de notas com as partes. A captação da vontade das partes, a elaboração, a crítica e a reedição contínua da minuta para leitura, assim como a presença pessoal das partes perante o tabelião, exemplificam a ocorrência da imediação[27].

---

26. No Estado de São Paulo, o reconhecimento de firma por autenticidade tem um valor fixo. Já no reconhecimento por semelhança, temos a subdivisão: a) em documentos com valor econômico; e b) em documentos sem valor econômico (item 4, Tabela I, Lei Estadual n. 11.331/2002). Cada um com valor próprio. Os documentos apresentados para o reconhecimento de firma por semelhança podem conter um enlaçamento de deveres e/ou direitos na relação consubstanciada na cártula documental. Segundo o juízo da 2ª Vara de Registros Públicos de São Paulo, no pedido de providências (Proc. n. 0003592-24.2015.8.26.0100): "A situação jurídica poderá ser existencial ou não patrimonial caso o interesse extraído de sua interpretação seja de cunho não econômico; ou ainda situação jurídica patrimonial na hipótese do interesse ser passível de avaliação econômica. Também correlato a isso são os negócios jurídicos patrimoniais ou extrapatrimoniais em conformidade à possibilidade de uma representação econômica ou não acerca da vontade voltada à produção de efeitos jurídicos. Nessa quadra, para a cobrança dos emolumentos com ou sem valor econômico para fins de reconhecimento de firma deve ser considerado o conteúdo do instrumento no qual consta a assinatura. Se houver conteúdo patrimonial, será considerado com valor econômico; sem tal atributo, será sem valor econômico. Portanto, o diferencial não é a transferência de riqueza, a exemplo do que ocorre no âmbito dos contratos, mas sim a possibilidade de apreciação econômica do conteúdo da declaração".
27. FERREIRA, Paulo Roberto Gaiger; RODRIGUES, Felipe Leonardo. *Ata notarial*: doutrina, prática e meio de prova. São Paulo: Quartier Latin, 2010.

O modo seguro para identificar uma pessoa natural é o documento de identificação original. Sem a pretensão de esgotar o tema, trazemos alguns documentos que também constituem identidade:[28]

Brasil

- Carteira de Identidade Nacional (CIN)[29];
- Carteira de identidade[30] emitida pelas unidades da Federação;
- Carteira de identidade emitida pelos órgãos fiscalizadores de exercício profissional (OAB, CRM, CRO, CRC etc.)[31];
- Carteira Nacional de Habilitação (CNH)[32], válida ou vencida[33];
- Registro Nacional Migratório (RNM), válido e vigente[34];
- Passaporte nacional, válido e vigente;
- Passaporte estrangeiro[35], válido e vigente, com visto de permanência não expirado;
- Carteira de Trabalho e Previdência Social, modelo atual, informatizada[36];
- Salvo-conduto, o *laissez-passer*, desde que, conjuntamente, seja apresentado pelo estrangeiro um documento pessoal que permita a sua segura identificação[37];
- Autorização de retorno, carteira de identidade de marítimo, carteira de matrícula consular; certificado de membro de tripulação de transporte aéreo[38];
- Documento de identidade civil ou documento estrangeiro equivalente, quando admitidos em tratado[39];

---

28. Sem indícios de adulteração ou sinais indicativos de fraude. No Estado de São Paulo, é vedada a abertura do cartão de firmas com documentos de identidade que contenham aspecto que não gere segurança, p. ex., documentos replastificados. Citamos, ainda, documentos com foto em desacordo com a aparência real da parte; documentos abertos, de modo que a foto encontra-se de forma irregular, dentre outros. Caso a fotografia gere dúvidas sobre a identidade do portador do documento, o tabelião pode solicitar outro documento de identidade para sanar tal circunstância, ou negar a execução do ato.

29 Decreto nº 10.977/2022, a nova carteira de identidade adotará o número de inscrição no Cadastro de Pessoas Físicas (CPF) como registro geral, único e válido para todo o país. Haverá validações biográficas e biométricas antes da emissão da carteira.

30. Lei federal n. 7.116/83, Decreto regulamentador n. 89.250/83.

31. Lei federal n. 6.206/75.

32. Lei federal n. 9.503/97.

33. Ofício Circular n. 2/2017/CONTRAN.

34. Lei federal n. 13.445/2017 (arts. 117 e 119) instituiu a Lei de Migração (*vide* Decreto regulamentador n. 9.199/2017), revogando a Lei federal n. 6.815/80, inclusive o Decreto regulamentador n. 86.715/81, que denominava o documento de identidade de estrangeiro Registro Nacional de Estrangeiros (RNE). Com a nova lei passou a ser denominado Registro Nacional Migratório (RNM). Enquanto não expedido o RNM, o protocolo do Departamento de Polícia Federal substitui o documento pelo prazo de cento e oitenta dias, prorrogável pela Polícia Federal (Decreto n. 9.199/2017, art. 63, § 1º). Em caso de renovação do documento de identidade, o estrangeiro poderá apresentar a cópia do documento antigo e o protocolo de renovação expedido pelo Departamento de Polícia Federal. Os estrangeiros que tenham completado sessenta anos de idade, até a data do vencimento do documento de identidade, ou deficientes físicos, ficam dispensados da renovação (Decreto n. 9.199/2017, art. 74, parágrafo único).

35. Lei federal n. 13.445/2017, Decreto regulamentador n. 9.199/2017, art. 4º, § 2º, I, e art. 65.

36. Decreto-lei n. 5.452/43, art. 40 c/c art. 14 do Decreto n. 89.250/83.

37. No Estado de São Paulo é aceito. Processo CG n. 2008/84896.

38. Lei federal n. 13.445/17, art. 5º, inciso III, V, VI e VIII.

39. Lei federal n. 13.445/17, art. 5º, inciso VII.

- Carteira de Identidade das Forças Armadas (Aeronáutica, Exército ou Marinha)[40];
- Cédula de identidade portuguesa ou boliviana[41].

Os documentos de identificação pessoal irão para o meio digital. O ICN e as cartas de habilitação expedidas pelo Detran já são comuns e devem ser aceitos pelo notário. Há que atentar, porém, para falsidades, fazendo as verificações devidas.

O futuro da identificação também passa pelos dados biométricos, já presentes no ICN, na base do Denatran e inúmeros órgãos públicos ou privados, como os tabelionatos de notas. O provimento 100/2020, do CNJ, já admite seu uso nos atos notariais.

O art. 215 contém permissão hoje em desuso. Se algum dos comparecentes não for conhecido do tabelião, nem puder identificar-se por documento, devem participar do ato pelo menos duas testemunhas que o conheçam e atestem sua identidade[42]. Esta permissão expõe o ato à insegurança[43], de modo que não é mais utilizada pelo notariado.

O Provimento n. 09/2015 da Corregedoria-Geral de São Paulo incluiu, como documento de identificação e aceitação para os atos notariais, os seguintes documentos, expedidos pelos respectivos órgãos públicos:

- Carteira de identificação funcional dos Magistrados;
- Carteira de identificação funcional dos membros do Ministério Público;
- Carteira de identificação funcional dos membros da Defensoria Pública.

Argentina[44]

- Cédula de identidade expedida pela Polícia Federal, válida e vigente;
- Passaporte, válido e vigente, com visto de permanência não expirado;
- Documento nacional de identidade, válido e vigente;
- Libreta de enrolamiento, válida e vigente;
- Libreta cívica, válida e vigente.

Paraguai[45], **Uruguai**[46], **Bolívia**[47], **Chile**[48], **Colômbia**[49], **Equador**[50] **e Peru**[51]

- Cédula de identidade, válida e vigente;
- Passaporte, válido e vigente, com visto de permanência não expirado.

---

40. Decreto federal n. 8.518/2015.
41. Lei n. 7.116/83, Decretos ns. 89.250/83 e 70.391/72 e Decreto n. 70.436/72.
42. Art. 215, § 5º, do Código Civil. Tal forma de identificação deve ser utilizada em casos especialíssimos, a juízo exclusivo do tabelião.
43. Bastariam três malfeitores para fazer um ato autêntico.
44. Decreto federal n. 3.435/2000 e Acordo MERCOSUL/RMI n. 01/2008.
45. Decreto federal n. 49.100/60 e Acordo MERCOSUL/RMI n. 01/2008.
46. Acordo de "*Modus Vivendi*" sobre Trânsito de Turistas, Troca de notas de Montevidéu, em 2 de abril de 1982 e Acordo MERCOSUL/RMI n. 01/2008.
47. Decreto federal n. 5.541/2005 e Acordo MERCOSUL/RMI n. 01/2008.
48. Decreto federal n. 31.536/52 e Acordo MERCOSUL/RMI n. 01/2008.
49. Acordo MERCOSUL/RMI n. 01/2008.
50. Acordo MERCOSUL/RMI n. 01/2008.
51. Decreto federal n. 5.537/2005 e Acordo MERCOSUL/RMI n. 01/2008.

Da Colômbia, pode ser aceita ainda a cédula de extranjería, válida e vigente; do Equador, a cédula de ciudadanía, válida e vigente; e do Peru, o carné de extranjería, válido e vigente.

Sugere-se a máxima cautela na aceitação de documentos dos países do Mercosul, buscando conhecer os itens de segurança que permeiam cada documento no país de origem[52].

As carteiras funcionais não constituem documentos de identidade, tendo por finalidade tão somente identificar seus titulares no exercício de suas funções (por exemplo, as de assessor parlamentar, fiscal de tributos, operador de tráfego, polícias civil e militar, exceto se houver lei local autorizativa). O "carteiraço" dado por autoridades não deve intimidar o notário. Também a carteira de identidade expedida pelo DOPS (tipo livreto) é inválida, por não conter os requisitos de validade fixados na Lei n. 7.116/83.

Nos casos em que o nome divergir entre o documento e o nome escrito no cartão de firmas, a parte deve apresentar a certidão de casamento, com a prova da alteração do nome. Esta certidão não necessita ser atualizada, exceto se houver indício de fraude.

Para identificar a pessoa jurídica, o documento hábil é o estatuto ou o contrato social[53] (ato constitutivo) e sua consolidação, se houver, ou eventuais alterações (arts. 45, 985 e 1.150, Código Civil) e a indicação da inscrição no CNPJ/MF (Decreto n. 3.000/99, art. 146). Estes atos devem ser recentes, mas se a parte informar não ter havido alteração, podem ser aceitos documentos antigos, exceto se houver indício de fraude (em São Paulo, como dissemos, o prazo não pode ser superior a um ano).

O tabelião, quando suspeitar dos documentos apresentados, pode acessar ele próprio os registros da Junta Comercial dos respectivos Estados (sociedades empresárias e empresários)[54], ou solicitar certidão expedida pelo Registro Civil das Pessoas Jurídicas (sociedades simples, firma individual, associações e fundações) para sanar a dúvida na identificação.

O tabelião deve proceder com cautela ao reconhecer firma em documentos sem data, incompletos ou que contenham, no contexto, espaços em branco[55]. Em São Paulo, é vedado proceder ao reconhecimento em documento nestas condições.

Essa interpretação deve ser moderada e razoável diante de impressos ou formulários-padrão cujo preenchimento é feito *a posteriori* pelo próprio órgão destinatário do documento.

---

52. A Corregedoria-Geral de São Paulo fez consulta aos Consulados e estes informaram os modelos (Processo nº 2014/168355), disponível em https://www.26notas.com.br/blog/?p=13706.
53. A não adaptação do disposto no art. 2.031 do Código Civil não obsta a realização de atos notariais. O Código Civil não prevê sanção nesse sentido, porém o tabelião deve aconselhar as partes a procederem ao previsto no Código Civil (Enunciado 394 do STJ, 4ª Jornada de Direito Civil: Ainda que não promovida a adequação do contrato social no prazo previsto no art. 2.031 do Código Civil, as sociedades não perdem a personalidade jurídica adquirida antes de seu advento). A aceitação do ato constitutivo nessas condições é de exclusivo critério do tabelião diante do caso concreto.
54. Em São Paulo, a JUCESP possibilita a busca eletrônica da certidão em www.jucesponline.sp.gov.br.
55. Art. 654 da Consolidação Normativa Notarial e Registral do Rio Grande do Sul: O Tabelião pode recusar-se a efetuar o reconhecimento de letra ou firma em papel em branco ou parcialmente preenchido, ou, se o fizer a pedido da parte, descreverá o verificado, indicando os espaços não preenchidos.

Com relação ao reconhecimento de firma em documento com data futura, em São Paulo, dois expedientes da corregedoria, um da permanente[56] e outro da geral[57], não vislumbraram irregularidade nos atos. O ato de reconhecimento da assinatura produz efeitos tão somente em relação ao aspecto extrínseco do documento, contendo, quanto ao aspecto intrínseco, uma avaliação superficial (moral, bons costumes e lei), do ato jurídico contido no documento. A data do reconhecimento faz prova plena, enquanto a data do documento responde ao interesse das partes.

O tabelião, ou escrevente autorizado, pode reconhecer a firma de apenas uma das partes se o documento contiver todos os elementos do ato, não obstante faltem outras assinaturas.

O reconhecimento de firmas de juízes de direito, quando autenticadas pelo escrivão de justiça, somente é necessário nas hipóteses previstas em lei, ou se houver dúvida em relação à sua autenticidade.

É possível o reconhecimento de firma em escrito redigido em língua estrangeira. Nesse caso, além das cautelas normais, o tabelião pode mencionar, no próprio termo de reconhecimento ou junto a ele, que o documento, para produzir efeito no Brasil e para valer em face de terceiros, deve ser vertido em vernáculo e registrada a tradução.

Não se deve reconhecer a assinatura de pessoas que não saibam ler nem escrever. Se o signatário for analfabeto, outra pessoa deve assinar por ele, a rogo, ou por meio de instrumento público de procuração. Uma exceção é o contrato de prestação de serviços (art. 595, Código Civil). Podem assinar a rogo as pessoas convidadas pelo analfabeto, aquela pessoa em quem confia. O tabelião, a seu talante, pode recusar, se entender que há potencial prejuízo para a segurança jurídica do impossibilitado de assinar.

Algumas normas administrativas exigem a coleta de impressão digital daqueles que não saibam ler nem escrever (p. ex.: analfabetos) ou que não possam assinar, temporariamente (p. ex.: mãos imobilizadas) ou por impossibilidade física (p. ex.: ausência de mãos ou pés, de digitais – síndrome de Nagali, ou que não saibam assinar com a boca ou pés). A medida é de cautela, mas não prevista em lei (art. 215, § 2º, CC). Não sendo possível a coleta da impressão digital, basta o notário certificar a situação, fazendo circunstanciada menção no ato notarial e qualificar a pessoa que assinará a seu rogo.

A critério do tabelião, é recomendável o reconhecimento autêntico de firma nos contratos ou documentos de natureza econômica de valor apreciável, bem como nas autorizações de viagens de menores. Na transferência de veículos automotores de qualquer valor, o órgão de trânsito exige que o reconhecimento seja autêntico.

---

56. Processo n. 583.00.2007.222090-4, da 2ª Vara de Registros Públicos, do magistrado Márcio Martins Bonilha Filho.
57. Processo n. 2015/41659 (191/2015-E), Corregedoria-Geral da Justiça, Gustavo Henrique Bretas Marzagão, então Juiz Assessor da Corregedoria.

14.2.4 Cartão de firmas ou ficha-padrão

Cartão de firmas é a cártula na qual a parte estampa o seu padrão gráfico de assinatura e que, depositado no tabelionato, serve de modelo para futuras confrontações[58] e reconhecimento da firma.

É obrigatória a utilização de cartão de assinatura para reconhecimento de firma e outros atos notariais como escrituras, procurações, atas, testamentos etc. Somente os atos de autenticação de cópias, carta de sentença e apostilamento podem prescindir do cartão de firmas.

A abertura do cartão de assinatura é ato singelo, mas é o momento em que o notário deve ter imensa prudência para não errar. A partir do depósito do cartão de firmas, a parte pode realizar inúmeros atos de reconhecimento (por semelhança) de sua assinatura, sem necessitar novamente ser identificada e qualificada. O preenchimento do cartão de firmas deve ser feito na presença do tabelião ou de preposto autorizado[59].

Apresentando o documento de identificação original, a parte preenche[60], de próprio punho, o cartão com as informações pessoais de sua qualificação. O tabelião deve fotocopiar a cédula de identidade e conferir o número do CPF junto ao Ministério da Fazenda. Esta é a sucinta qualificação do cartão de firmas.

Assunto controverso é a possibilidade de expedir certidão do cartão de assinatura e do documento de identidade que deu origem ao cartão. Entendemos que somente para as partes, seus mandatários ou por ordem judicial é possível expedir tal certidão. O notário tem o dever de proteger a intimidade e a privacidade dos usuários, seus dados de identificação que foram depositados junto ao tabelião para atendimento de seus interesses privados e particulares. Este entendimento nos parece mais consentâneo com a proteção prevista e exigida pela nova LGPD, resguardando os usuários dos serviços notariais de acessos indevidos aos seus dados.

O tabelião deve ter especial cautela quando a parte apresenta documentos replastificados ou com a fotografia em desacordo com a aparência real da pessoa, ou ainda documentos abertos, de modo que a foto esteja deslocada ou de forma irregular, pois estas situações indicam fraudes[61]. O tabelião deve negar a abertura do cartão de assinatura[62] e pedir a regularização do documento de identificação. Pode causar algum desconforto ou constrangimento, mas é necessário.

---

58. Em São Paulo, a ficha-padrão destinada ao reconhecimento de firmas conterá os seguintes elementos: a) nome do depositante, endereço, profissão, nacionalidade, estado civil, filiação e data do nascimento; b) indicação do número de inscrição no CPF, quando for o caso, e do registro de identidade, ou documento equivalente, com o respectivo número, data de emissão e repartição expedidora; c) data do depósito da firma; d) assinatura do depositante, aposta 2 (duas) vezes; e) rubrica e identificação do Tabelião de Notas ou escrevente que verificou a regularidade do preenchimento; e f) no caso de depositante cego ou portador de visão subnormal, e do semialfabetizado, o Tabelião de Notas preencherá a ficha e consignará esta circunstância.
59. É imprescindível, para a qualificação profissional, cursos e atualizações sobre grafotecnia e documentoscopia. Além disso, há instrumentos necessários à atividade, como lupas e luzes.
60. Há tabeliães que fazem o preenchimento por meio de impressão, coletando apenas o padrão gráfico da assinatura; não é o mais recomendável, pois, numa eventual perícia, haverá poucos elementos para a confrontação técnica.
61. No Estado de São Paulo, é vedado aceitar documentos replastificados, com foto muito antiga, dentre outros.
62. Nesse sentido: Corregedoria-Geral da Justiça do Estado de São Paulo, Proc. n. 2015/00112602.

Identificar uma pessoa em face de seu documento de identidade é verificar os caracteres extrínsecos do documento que, se não contiverem indícios de mácula, permitem a confrontação da foto com a aparência da pessoa presente. Igualmente, com a assinatura que, se não condizer com a constante no documento, impossibilita a abertura da ficha[63]. O tabelião tem autonomia em todo este procedimento, mas a prudência recomenda severidade na qualificação e impiedade com os percalços burocráticos impostos à parte[64].

O preenchimento do cartão de firmas deve ser feito com caneta com tinta indelével, por costume[65] das cores preta ou azul, e de próprio punho. Caso a parte tenha alguma dificuldade motora, o tabelião pode preencher os demais campos informativos da qualificação, certificando tal circunstância no cartão.

Um dos piores crimes funcionais que um tabelião pode praticar é permitir a entrega do cartão de firmas para preenchimento fora do tabelionato, fora de sua presença ou de preposto autorizado. Esta prática nefasta não oferece segurança alguma e desmoraliza a atividade.

Em São Paulo, no caso de pessoa cega ou com visão subnormal, ou semialfabetizada (que ao menos assina ou escreve o nome), o tabelião preencherá a ficha e consignará esta circunstância na ficha e no sistema informatizado.

No Rio Grande do Sul, o reconhecimento de firma em documentos firmados por pessoa cega, se capaz e alfabetizada, deve ser feito por autenticidade, observado o seguinte: a) o tabelião deve fazer a leitura do documento ao signatário, verificando as suas condições pessoais para compreensão de seu conteúdo; b) alertá-lo-á sobre as possíveis fraudes de que pode ser vítima ao assumir a autoria de um escrito; c) será anotada na ficha de autógrafo a circunstância de ser cego o autor.

Estes procedimentos destes Estados, ainda que pretendam proteger os cegos, constituem exigências claramente discriminatórias.

A pedido escrito e motivado da parte, o tabelião pode expedir certidão[66] do conteúdo do cartão de firmas, vedado o fornecimento dos elementos gráficos da assinatura.

Os cartões de firmas não têm prazo de validade, ficando a critério do tabelião exigir a sua renovação.

63. Recomendação dos peritos nos cursos de documentoscopia e grafotécnica; contudo, no labor notarial, as partes geralmente lançam suas assinaturas usuais.
64. No Estado de São Paulo, o tabelião deve recusar a abertura da ficha quando o documento de identidade contiver caracteres morfológicos geradores de insegurança (documentos replastificados, documentos com foto muito antiga, dentre outros), item 180.2 das Normas de Serviço.
65. No Estado de São Paulo é obrigatório: Os atos deverão ser escriturados e assinados com tinta preta ou azul, indelével, com expressa identificação dos subscritores (item 25, Cap. XIII).
66. A 2ª Vara de Registros Públicos de São Paulo já decidiu de forma distinta, optou-se pelo sigilo das informações quando o tabelião entender pela não possibilidade de expedição da certidão. Processo n. 1111887-02.2019.8.26.0100: (...) "a ficha padrão, e reflexamente os documentos arquivados em conjunto para a sua abertura, são destinados ao uso interno da serventia, afigurando-se, pois, como documentos sigilosos, não acessíveis ao público" (...).

É permitida a abertura de cartão de firmas para menor relativamente capaz (entre 16 e 18 anos), desde que mencionada tal circunstância expressamente. No Estado de São Paulo, não é necessária a assistência dos pais[67-68].

A perícia nos cartões de firmas deve ser procedida somente no tabelionato e com autorização do Juiz Corregedor Permanente (Lei n. 8.935/94, art. 46, parágrafo único).

Para facilitar a busca dos cartões de firmas, é recomendável que o tabelião digitalize o acervo com o documento de identidade e faça a indexação. Isso aperfeiçoa e otimiza o atendimento ao público.

Para agregar segurança na identificação das partes, é possível a utilização de recursos digitais que permitem a identificação do indivíduo por foto ou sistemas com sensores biométricos com base nas características de uma parte do corpo do signatário, como a palma da mão, as digitais do dedo, a retina ou a íris dos olhos. Além disso, fotografar a parte inibe a ação de falsários e de pessoas mal-intencionadas.

Nesse sentido, a Corregedoria-Geral da Justiça de São Paulo recomenda aos tabeliães que, para a prevenção de fraudes, ao colher a qualificação das partes para a lavratura de quaisquer atos notariais, façam delas uma fotografia, mediante câmeras fotográficas do tipo *webcam*, de modo a permitir eventual confrontação[69].

14.2.4.1 Outras cautelas

- **Boletim de ocorrência**: não substitui o documento de identificação, nem possibilita a abertura do cartão de firmas.
- **Protocolo da cédula de identidade (RG)**: não substitui o documento de identificação para os efeitos legais.
- **Protocolo de cédula de identidade para estrangeiro (RNM)**: o protocolo deve possuir a foto da pessoa e os dados de identificação70. Se o depositante portar o protocolo do RNM, sendo este validado no site da Polícia Federal, é possível a abertura da ficha de firma.
- **Portadores de necessidades especiais:** se o depositante utilizar os pés, a boca ou auxiliar-se de próteses para assinar a ficha-padrão, é perfeitamente possível a abertura de firma, já que tais movimentações do corpo provêm de um impulso elétrico cerebral, representando a manifestação de vontade da parte[71].

---

67. Processo CGJ-SP n. 1.573/98. Normas de Serviço, item 180.4. Os maiores de 16 anos podem abrir ficha-padrão, devendo o Tabelião de Notas consignar a incapacidade relativa do menor de 18 anos.
68. As Normas do Estado do Rio de Janeiro exigem a assistência dos pais e responsáveis em certos documentos: § 9º, art. 344. “Tratando-se de pessoa relativamente incapaz, o reconhecimento não será feito em documentos cuja validade exija a assistência dos pais e responsáveis”.
69. Comunicado CGJ-SP n. 272/2016, *DJe* de 26-2-2016.
70. Embora o art. 63, § 1º, do novo decreto regulamentador (n. 9.199/17) da lei de migração mencione que o portador do protocolo juntamente com um documento de identificação detém os direitos previstos na Lei n. 13.445/17, o tabelião deve ter prudência na aceitação do referido protocolo, pois não se trata de documento de identificação.
71. RODRIGUES, Felipe Leonardo; CAMPOS, José Fernando dos Santos. O reconhecimento de firma, letra, chancela e da autenticação de cópias. *Colégio Notarial do Brasil*. Disponível em: <http://www.notariado.org.br/artigos/flr02.htm>. Acesso em: 1º jun. 2012.

14.2.4.2 Efeitos do depósito da ficha-padrão

A parte confere ao tabelião o encargo de verificar a correspondência dos elementos gráficos entre a assinatura previamente depositada no tabelionato e aquela lançada no documento apresentado.

O trabalho notarial não se limita ao mero cotejo entre as assinaturas do cartão e do documento, mas, sim, envolve uma análise abrangente e técnica dos elementos informadores e gráficos do signatário.

Portanto, o tabelião e seus prepostos do setor de autenticações devem conhecer elementos técnicos de documentoscopia e grafotecnia. O ato de reconhecimento de firma por semelhança não é uma perícia técnica, mas requer conhecimentos básicos que evitem fraudes grosseiras.

No reconhecimento da firma, se houver alguma divergência entre os padrões gráficos ou outra circunstância que motive a presença do signatário, o tabelião pode exigi-la.

Entendemos que a parte tem legitimidade para determinar a modalidade de reconhecimento (por autenticidade ou por semelhança) que os documentos com sua assinatura devem obter. As Normas do Estado do Rio de Janeiro preveem expressamente esta possibilidade[72]. Contudo, esse é um tema polêmico e envolve diferentes interpretações[73].

Uma das polêmicas envolve o reconhecimento de firma em autorização para a viagem de menores ao exterior. O Estatuto da Criança e do Adolescente exige a autorização (art. 84, inc. II) a vista dos princípios elencados naquela lei.

Segundo o Estatuto, é dever de todos prevenir a ocorrência de ameaça ou violação dos direitos da criança e do adolescente. As obrigações previstas na lei não excluem da prevenção especial outras decorrentes dos princípios por ela adotados, concluindo que a inobservância das normas de prevenção importa em responsabilidade da pessoa física ou jurídica (arts. 70 a 73).

Qualquer desídia nestes cuidados pode tipificar o crime de "promover ou auxiliar a efetivação de ato destinado ao envio de criança ou adolescente para o exterior com inobservância das formalidades legais ou com o fito de obter lucro", sujeito à pena de quatro anos a seis anos de reclusão e multa (art. 239).

É, portanto, imprescindível que o tabelião haja com o máximo zelo que sua profissão autoriza, de modo a evitar fraudes que permitam a subtração de menores para o exterior.

Mas não é somente a lei que impõe cautelas. Segundo Moisés Naim, prestigioso editor da revista *Foreign Policy* e autor do livro *Ilícito*, os fluxos de lavagem de dinheiro decorrentes do comércio de drogas, armas, pessoas e órgãos humanos já atingem a cifra

72. "Art. 344. O reconhecimento de firma é a declaração da autoria de assinatura em documento: (...) § 3º O interessado poderá exigir, desde que por escrito, que sua assinatura somente seja reconhecida por autenticidade".
73. Em São Paulo, há decisões administrativas em sentido oposto. Em recente decisão da 2ª Vara de Registros Públicos de São Paulo, Processo 1097330-44.2018.8.26.0100, sinalizou-se pela possibilidade: (...) No mais, como também já explicitado, acaso os requerentes desejem, poderão solicitar, junto aos Delegatários, que somente se façam reconhecimentos de firmas em suas presenças, nos termos do item 188, do Capítulo XIV, das Normas de Serviço da Corregedoria Geral da Justiça (...).

estimada de 10% do PIB global! Fazem parte deste comércio "bebês para adoção, mulheres para prostituição e até mesmo corpos humanos, vivos ou mortos para a venda de órgãos"[74]. O Brasil é reiteradamente citado nesta obra como fornecedor de pessoas e órgãos. Como exemplo: "Rins humanos de doadores vivos, transportados do Brasil para a África do Sul".

O tabelião, neste ato de reconhecimento de firma autorizativa da viagem do menor deve zelar para que a proteção da criança e do adolescente seja a mais segura possível. Reconhecer tais autorizações por semelhança, por mero cotejo da assinatura, é algo arriscado e as consequências do ato podem ser irreparáveis. Portanto, o reconhecimento destas autorizações somente pode ser feito por autenticidade.

Segundo o Conselho Nacional de Justiça, porém, o reconhecimento por semelhança está autorizado.

Também é polêmica a possibilidade de a parte vedar o reconhecimento de sua firma, uma vez depositado o cartão de firmas perante o tabelião. Certamente, este bloqueio não poderia ser feito indistintamente; mas o tabelião pode intervir, se achar motivos relevantes para a possibilidade do bloqueio da ficha. Tal é o caso da pessoa que comunica ao tabelião, por escrito, que circula certo documento falso com a sua assinatura fraudada[75].

O depósito da ficha-padrão de assinatura não configura um ato notarial. É preparatório; o ato somente se configura quando for realizado o reconhecimento da firma. Utilizar ou não a ficha para o reconhecimento por semelhança é ato discricionário do tabelião. A regra é a utilização. A exceção, a recusa a utilizá-la, também pode ocorrer.

14.2.4.3 Situações atípicas

Algumas situações atípicas que devem ser estudadas.

Segundo a Consolidação Normativa Notarial e Registral do Rio Grande do Sul, são possíveis outros atos de reconhecimento de firmas:

a) reconhecimento de firma digital impressa, que é a declaração do tabelião que a representação em papel de determinada assinatura digital é correspondente a um certificado emitido para uma pessoa;

b) reconhecimento de firma digital em documento eletrônico, que é a declaração do tabelião que determinado documento eletrônico foi assinado digitalmente com a utilização de um certificado digital emitido para certa pessoa física ou jurídica[76].

A Lei n. 5.589/70 autorizou utilização de chancela mecânica para autenticação de títulos ou certificados e cautelas de ações e debêntures das sociedades anônimas de capital aberto. A Lei n. 6.304/75 estendeu a autenticação mediante chancela mecânica

74. Moisés Nahim, Ilícito, p. 8. Rio de Janeiro, Jorge Zahar Ed., 1a ed., 2006.
75. Idem.
76. Parece-nos que essa modalidade de reconhecimento pode ser feita por tabeliães de outros Estados, independentemente de autorização, por se tratar de ato típico notarial.

às duplicatas. E a Lei n. 7.464/86 permitiu a autenticação mediante chancela mecânica aos documentos firmados pelas instituições financeiras.

A Circular n. 1.452/89 do Banco Central do Brasil[77] permite que as empresas com grande volume de documentos emitidos depositem a chancela mecânica em tabelião de notas, que tem o mesmo valor jurídico da assinatura do representante legal da empresa.

Os documentos necessários para o depósito da chancela são: a) requerimento ao tabelião solicitando o depósito da chancela mecânica (pessoa natural ou jurídica); b) escritura pública (que conterá a parte, a descrição pormenorizada da chancela, com especificação das características gerais e particulares do fundo artístico); c) CNPJ/MF, contrato social, suas alterações ou sua consolidação; d) cláusula de representação e poderes; e) cédula de identidade e CPF/MF daquele que terá a sua assinatura na chancela; f) preenchimento da ficha-padrão destinada ao reconhecimento de firmas[78]; g) arquivamento do fac-símile da chancela no tabelionato[79]; h) declaração em folha timbrada da empresa contendo as estampas e dimensionamento do clichê[80]; i) descrição pormenorizada da chancela, com especificação das características gerais e particulares do fundo artístico[81].

A conferência da chancela aposta em documento é ato de reconhecimento de firma por semelhança[82].

14.2.5 Qualificação notarial dos documentos para reconhecimento de firma

O tabelião não deve limitar-se a reconhecer a assinatura dos documentos[83]. Deve também verificar **superficialmente** o conteúdo do documento. Não se trata de realizar uma profilaxia jurídica, mas tão somente analisar se o documento apresentado não ofende a lei, a moral e os bons costumes.

A verificação de espaços em branco, rasuras, entrelinhas ou acréscimos pode impor ao tabelião o dever de fazer tais ressalvas no ato de reconhecimento.

Há muitos documentos, como formulários bancários, que apresentam espaços em branco quando são apresentados a reconhecimento da firma. Algumas normas de serviços extrajudiciais vedam o reconhecimento nestes documentos, mas cremos que a

77. Disponível em: <http://www.bcb.gov.br>. Acesso em: 1º jun. 2012.
78. Normas de Serviço do Estado de São Paulo, item 192, a.
79. Normas de Serviço do Estado de São Paulo, item 192, b.
80. Normas de Serviço do Estado de São Paulo, item 192, c.
81. Normas de Serviço do Estado de São Paulo, item 192, d.
82. Normas de Serviço do Estado de São Paulo, item 192.1.
83. Nesse sentido: em pedido de providências no Processo n. 0065739-57-2013, o Juiz Corregedor da 2ª Vara de Registros Públicos entendeu que, para a realização de reconhecimento de firma por autenticidade de curador de incapaz para transferência de veículo, é necessário alvará judicial. Segundo ele, o reconhecimento de firma por autenticidade depende de prévia qualificação notarial, a qual, referentemente a venda de bem de incapazes, envolve apresentar alvará judicial autorizando a alienação, bem como o termo válido de tutela. Desse modo, consoante expressa determinação legal, não é possível o reconhecimento de firma por autenticidade sem a verificação da legitimação no campo do direito civil da pessoa que assinará o ato representando ou assistindo o incapaz. A questão extrapola a administração ordinária a cargo do curador.

prática notarial deve adequar-se à realidade negocial. Para nós, a requerimento escrito da parte, o tabelião pode reconhecer a assinatura. **Em concursos**, cuide o que preleciona a norma administrativa.

Se o documento contiver sinais de preenchimento abusivo, o tabelião deve negar o reconhecimento da firma (CPC/2015, art. 428, II).

É crucial constatar se a assinatura é original, de próprio punho. Hoje, com os meios tecnológicos existentes, uma assinatura pode ser copiada (escaneada) e impressa em processo de alta definição, levando o tabelião a erro.

Outra cautela que o tabelião deve impor são as canetas que apagam após a ficção da ponta emborrachada no papel escrito. Por isso, é indispensável estabelecer uma rotina preventiva para verificação de todas as assinaturas apresentadas ao reconhecimento de firma.

Há documentos que contêm datação anterior ou posterior à data que é apresentada a reconhecimento. Como dito anteriormente, não cabe ao tabelião indagar sobre esse aspecto; o documento é das partes, refoge do âmbito notarial atinente ao reconhecimento de firma, mesmo que o intervalo seja expressivo. A data do reconhecimento da firma faz prova da existência do documento[84].

14.2.6 Casuística do reconhecimento de firmas

14.2.6.1 Reconhecimento de firma em documento assinado por pessoa semianalfabeta

É possível abrir a ficha-padrão para o reconhecimento de firma em documento assinado por pessoa semialfabetizada, com pouco discernimento, fazendo anotação de tal circunstância no verso da ficha. Para preservar o interesse da parte, é recomendável consignar no verso da ficha ou no sistema informático a menção "Reconhecer somente na presença do depositante" ou "Assessorar nos atos a serem reconhecidos", para manter a segurança jurídica e a eficiência do atendimento.

14.2.6.2 Reconhecimento de firma de dirigente em representação da empresa

No Brasil, o notariado não costuma dar fé da representação em reconhecimento de firma de pessoa jurídica. O reconhecimento é tão somente da pessoa física que assina o documento. Assim, não há certeza notarial da representação.

Não obstante, é possível o reconhecimento da firma que assegura que a assinatura lançada é de fulano que representa legalmente a empresa X. Neste caso, o tabelião arquivará o contrato social ou estatuto devidamente registrado, com as últimas alterações,

84. Tribunal de Justiça de São Paulo: "Ementa: Data – Impugnação – Prevalência daquela em que houve reconhecimento de firma pelo tabelião – CPC, art. 370, inciso V – Ação Improcedente – Cerceamento de defesa não caracterizado – Apelação Improvida (vistos, relatados e discutidos estes autos de apelação n. 7.091.956-5, da comarca de Auriflama)".

se houver. O representante legal da empresa é responsável pela informação e entrega das eventuais alterações ou o tabelião pode exigir certidão atualizada para a realização de tal reconhecimento.

14.2.6.3 Reconhecimento de firma em título de crédito

É recomendável que o reconhecimento de firma em nota promissória ou em outros títulos de crédito, bem como em recibos de quitação, seja exclusivamente por autenticidade.

14.2.6.4 Reconhecimento de firma em documento de transferência de veículo

Neste tipo de documento, o reconhecimento por autenticidade é obrigatório (Resoluções CONTRAN ns. 664/86 e 310/09, no Estado de São Paulo também a Portaria DETRAN n. 1.606/05). Para este tipo de reconhecimento é possível utilizar procuração pública ou particular com reconhecimento autêntico.

14.2.6.5 Reconhecimento de firma de pessoa já falecida

É possível o reconhecimento por semelhança de assinatura de pessoa já falecida (art. 5º, II e XXXVI, da Carta Magna e art. 6º da Lei de Introdução às Normas do Direito Brasileiro – Decreto-lei n. 4.657/42).

14.2.6.6 Reconhecimento de firma de pessoa menor

É possível o reconhecimento de firma com a representação dos pais. Em documentos que excedem a mera administração, o alvará judicial é de rigor.

14.2.6.7 Reconhecimento de firma de pessoa incapaz

É possível o reconhecimento de firma com a representação do curador ou apoiador. Em documentos que excedem a mera administração ou obrigacionais, o alvará judicial é de rigor.

15
Carta de Sentença Notarial

O Provimento n. 31/2013 da Corregedoria-Geral da Justiça de São Paulo inovou nosso direito, em especial a atuação notarial, ao permitir que as partes interessadas em expedição de cartas de sentença judiciais requeiram ao tabelião que as lavre.

É importantíssima essa nova visão e abertura do Poder Judiciário. Premido por tantas urgências, uma delas a demora na expedição das cartas de sentença judiciais, a autoridade judiciária oferece às partes e a seus advogados uma alternativa de forma, a carta de sentença notarial.

Depois da inovadora solução do Tribunal Paulista, muitos outros Estados regulamentaram este instrumento notarial: Acre: Provimento nº 10/2016, Bahia: Provimento nº 03/2014, Ceará: Provimento nº 02/2015, Mato Grosso: Provimento nº 40/2016, Paraná: Provimento nº 249/2013, Rondônia: Provimento nº 14/2019, Roraima: Provimento nº 01/2017, Santa Catarina: Provimento n. 10/2014, dentre outros.

É importante fixarmos alguns conceitos e debatermos as dúvidas geradas no procedimento notarial. A seguir, nossa reflexão, em tópicos objetivos.

1) O quê

O tabelião, a pedido da parte forma...

Cartas de sentença das decisões judiciais, dentre as quais destaca o provimento:

- formais de partilha;
- cartas de adjudicação e de arrematação;
- mandados de registro, de averbação ou de retificação.

Tecnicamente, trata-se de uma **ata notarial** autenticando a carta de sentença judicial[1].

Caracteriza-se e nomina-se, pois, **Carta de Sentença Notarial** ou apenas **Carta Notarial de Sentença.**

Por que é ata notarial e não é certidão?

Segundo José Náufel, certidão é a "reprodução por escrito e autenticada, feita por escrivão, oficial do registro público ou outra pessoa que para isso tenha competência *ex lege*, de peças dos autos, livros, instrumentos, documentos e atos escritos congêneres, constantes de suas notas e em razão de seu ofício. É também o documento autêntico fornecido pelas pessoas acima mencionadas, de atos ou fatos de que tenha conhecimento e certeza em decorrência do ofício, por obrigação legal e de que dá fé"[2].

1. Lei n. 8.935/94, arts. 6º e 7º, inciso III.
2. *Novo Dicionário Jurídico Brasileiro*. 9. ed. Rio de Janeiro: Forense, 2000.

A certidão, portanto, decorre da reprodução com fé pública daquilo que o tabelião contém em seus livros ou em seu arquivo de documentos. Como a Carta Notarial de Sentença decorre de um procedimento judicial[3], a ação notarial é a de autenticação de um fato legal e certo, com o fim de executividade.

Essa linha foi seguida pela justiça paulista quando define a carta de sentença notarial como a atestação de que um dado conjunto de cópias foi extraído pelo próprio tabelião, de autos judiciais originais, e que assim se prestam ao cumprimento da decisão do juiz, ou se prestam à transmissão de direitos perante o registro de imóveis.

É importante que os instrumentos de executividade das ordens judiciais contenham designações precisas e corretas. Assim, os tabeliães devem denominar corretamente, conforme a tradição.

Alguns exemplos:

- **inventário e partilha** – formal de partilha;
- **inventário e adjudicação** – carta de adjudicação;
- **separação e divórcio (com partilha)** – formal de partilha;
- **separação e divórcio (sem partilha)** – carta de sentença;
- **adjudicação** – carta de adjudicação;
- **arrematação** – carta de arrematação;
- **usucapião** – carta de sentença;
- **registro** – mandado de registro;
- **averbação** – mandado de averbação;
- **retificação** – mandado de retificação, dentre outros.

2) De onde

Questão tormentosa é saber se podemos formar carta de sentença de processos de outros Tribunais ou ainda provenientes da Justiça do Trabalho ou da Justiça Federal. Cremos que, se a ordem judicial a ser cumprida se der no Estado de São Paulo, viável a formação da carta de sentença de processo de outro Tribunal, especialmente os cíveis.

Quanto aos processos dos Tribunais da Justiça do Trabalho e da Justiça Federal, entendemos, num primeiro momento, temerária a formação, pois, referidos órgãos não estão adstritos ao provimento paulista.

3) Eficácia

Outra questão a enfrentar é sobre a eficácia desta ata notarial em outros Estados da Federação. Nossa opinião é no sentido de que a carta notarial de sentença vale em qualquer parte do território nacional, pois se trata de uma ordem judicial, cuja obediência é vinculativa a todos (pessoas físicas, jurídicas, órgãos administrativos etc.), ainda que a autorização para a formação do instrumento de executividade seja da órbita estadual.

3. *DJe* de São Paulo, 23-10-2013, p. 10, Processo n. 2013/39867 – DICOGE 1.2.

Cumpre ressaltar que o tabelião de notas apenas forma a carta de sentença por meio da ata notarial. A carta de sentença intrinsecamente continua a ter natureza de título judicial.

O novo Código de Processo Civil não disciplina, nas minúcias, a forma de tais cartas de sentença. Portanto, a forma fixada pela autoridade judicial paulista deverá ser respeitada em outros Estados.

Por prudência, caberá ao tabelião alertar as partes sobre eventual negativa de acesso da Carta de Sentença Notarial. Para evitar a negativa de acesso a registros públicos, é importante que haja ampla divulgação nacional sobre o procedimento paulista.

4) Como

O advogado, as partes ou legítimo interessado[4] solicita a carga do processo judicial e apresenta ao tabelião de notas que:

a) Solicita ao advogado, as partes ou legítimo interessado pedido expresso contendo a relação de documentos que entende indispensáveis à carta de sentença. Somente com pedido expresso do advogado, as partes ou legítimo interessado, o tabelião poderá extrair e autenticar cópia integral do processo.

b) Faz cópias autenticadas dos originais do processo em papel ou do processo eletrônico, neste caso faz-se a materialização[5].

Se houver fotocópia autenticada entre os documentos, é **possível** fazer novas cópias autenticadas destas (em exceção à técnica notarial tradicional, pois se trata de documentos incontroversos dentro dos autos).

c) Faz termo de abertura contendo a relação de documentos autuados.

Para simplificar, acelerar e economizar, o tabelião poderá referir-se à relação de documentos indicada na ordem judicial, apontando a sequência das peças integrativas na própria carta de sentença.

d) Faz o termo de encerramento informando o número de páginas da carta de sentença.

5) Prazo

A carta de sentença deverá ser formalizada no prazo máximo de 5 (cinco) dias, contados da solicitação do interessado e da entrega dos autos originais do processo judicial, ou do acesso ao processo judicial eletrônico.

6) Vários volumes

Quando o processo judicial contiver mais de um volume, para facilitar o manuseio, a Carta de Sentença Notarial poderá conter tantos volumes quantos forem necessários. Ex.: um processo judicial com nove volumes poderá conter a formação de carta de sentença em quatro volumes, ou mais, se necessário.

4. Um credor, um interessado no registro do título etc., por exemplo.
5. Não incide na materialização a restrição do item 171.1, ou seja, o instrumento de autenticação não precisa constar do anverso da cópia.

7) A cobrança[6]

Em São Paulo, o serviço é cobrado por dois critérios, sempre conjuntamente: a) valor de tantas cópias autenticadas quantas forem as cópias feitas + b) uma certidão.

8) Justiça gratuita

A carta de sentença notarial, por ser facultativa, não contempla a possibilidade de gratuidade, ainda que deferida nos autos. Se a parte desejar a gratuidade, deverá requerer a carta de sentença judicial.

Os serviços notariais são exercidos em caráter privado e os notários têm direito aos integrais emolumentos (Leis n. 8.935/94 e 10.169/2000). A parte sem condições econômicas para obter o serviço notarial deve valer-se da via judicial, com o benefício da justiça gratuita.

No Estado de São Paulo, decisão do E. Corregedor-Geral da Justiça, no Processo n. 2014/95686, Parecer n. 228/2014-E, publicado no *Diário Oficial* de 6-10-2014, obriga os tabeliães à concessão da justiça gratuita no processo para as cartas de sentença notariais. Assim, em São Paulo, o tabelião deve seguir a determinação da Corregedoria que impede a cobrança nestes casos. Contudo, nestes casos, entendemos por critério de razoabilidade que a carta de sentença abarcará tão somente as peças obrigatórias constante nas normas de serviço da Corregedoria.

9) Documentos obrigatórios

As peças instrutórias das cartas de sentença deverão ser extraídas dos autos judiciais originais, ou do processo judicial eletrônico, conforme o caso.

A carta de sentença notarial deverá conter, no mínimo, as seguintes peças:

a) Em geral:

I – sentença ou decisão a ser cumprida;

II – certidão de transcurso de prazo sem interposição de recurso (trânsito em julgado), ou certidão de interposição de recurso recebido sem efeito suspensivo;

III – procurações outorgadas pelas partes;

IV – outras peças processuais que se mostrem indispensáveis ou úteis ao cumprimento da ordem, ou que tenham sido indicadas pelo interessado.

b) Inventário:

I – petição inicial;

II – decisões que tenham deferido o benefício da assistência judiciária gratuita;

III – certidão de óbito;

IV – plano de partilha;

V – termo de renúncia, se houver;

VI – escritura pública de cessão de direitos hereditários, se houver;

VII – auto de adjudicação, assinado pelas partes e pelo juiz, se houver;

6. Depende do Estado.

VIII – manifestação da Fazenda do Estado de São Paulo, pela respectiva Procuradoria, acerca do recolhimento do Imposto sobre Transmissão de Bens Imóveis *Causa Mortis* e Doações (ITCMD), bem como sobre eventual doação de bens a terceiros, e sobre eventual recebimento de quinhões diferenciados entre os herdeiros, nos casos em que não tenha havido pagamento da diferença em dinheiro;

IX – manifestação do Município, pela respectiva Procuradoria, se o caso, acerca do recolhimento do Imposto sobre Transmissão de Bens Imóveis *Inter Vivos*, e sobre eventual pagamento em dinheiro da diferença entre os quinhões dos herdeiros, e sobre a incidência do tributo;

X – nos processos que tramitam sob o rito de arrolamento sumário (CPC, artigos 659 e 663) não é necessário manifestação da Fazenda Pública, bastando comprovação da intimação para o lançamento dos tributos incidentes;

XI – sentença homologatória da partilha;

XII – certidão de transcurso de prazo sem interposição de recurso (trânsito em julgado).

c) Separação ou divórcio:

I – petição inicial;

II – decisões que tenham deferido o benefício da assistência judiciária gratuita;

III – plano de partilha;

IV – manifestação da Fazenda do Estado de São Paulo, pela respectiva Procuradoria, acerca da incidência e do recolhimento do Imposto sobre Transmissão de Bens Imóveis *Causa Mortis* e Doações (ITCMD), bem como eventual doação de bens a terceiros, e sobre eventual recebimento de quinhões diferenciados entre os herdeiros, nos casos em que não tenha havido pagamento da diferença em dinheiro;

V – manifestação do Município, pela respectiva Procuradoria, se o caso, acerca da incidência e recolhimento do Imposto sobre a Transmissão de Bens Imóveis *Inter Vivos* sobre eventual pagamento em dinheiro da diferença entre os quinhões dos herdeiros e sobre a incidência do tributo;

VI – sentença homologatória;

VII – certidão de transcurso de prazo sem interposição de recurso (trânsito em julgado).

As cópias deverão ser autenticadas e autuadas, com termo de abertura e termo de encerramento, numeradas e rubricadas, de modo que assegure ao executor da ordem ou ao destinatário do título não ter havido acréscimo, subtração ou substituição de peças.

O termo de abertura deverá conter a relação dos documentos autuados, e o termo de encerramento informará o número de páginas da carta de sentença. Ambos serão considerados como uma única certidão para fins de cobrança de emolumentos.

O tabelião fará a autenticação de cada cópia extraída dos autos do processo judicial, atendidos os requisitos referentes à prática desse ato, incluídas a aposição de selo de autenticidade e cobrança dos emolumentos.

10) E quando a Fazenda não se manifesta?

Na vigência do Código de Processo Civil revogado havíamos notado que muitos processos, apesar de terem a certidão do trânsito em julgado, não continham a manifestação da Fazenda estadual ou municipal sobre a incidência de tributo, do recolhimento ou não incidência.

Ao tabelião não é dado fiscalizar a atividade judicial, mas a qualificação notarial deste ato impõe a cautela de exigir o cumprimento das formalidades legais.

O Código de Processo Civil de 2015 informa que, pago o imposto de transmissão a título de morte e juntada aos autos certidão ou informação negativa de dívida para com a Fazenda Pública, o juiz julgará por sentença a partilha. A existência de dívida para com a Fazenda Pública não impedirá o julgamento da partilha, desde que o seu pagamento esteja devidamente garantido[7].

No arrolamento (art. 659, § 2º), o Fisco será apenas intimado para o lançamento administrativo do imposto de transmissão, ou outros, eventualmente devidos[8].

As Normas do Serviço Judicial de São Paulo são claras ao obrigar a verificação da comprovação do pagamento dos impostos[9].

O CPC de 2015 é menos fiscalizador de tributos, deixando a cargo da Fazenda Pública buscar seu crédito tributário, não impedindo o julgamento da partilha e, *prima facie*, a expedição do formal de partilha ou da carta de adjudicação.

Nos casos de carta de arrematação, adjudicação, remição ou transmissões realizadas por termo judicial, o recolhimento do imposto é regido pelo ente estadual ou municipal.

Em alguns processos, a sentença determina que o imposto seja verificado por ocasião do registro imobiliário. Há casos em que a Fazenda é citada para se manifestar (em 5 dias) e simplesmente não se manifesta.

Como os notários são substitutos tributários perante a Fazenda Pública, é prudente exigir sempre a quitação dos tributos, ou despacho judicial prévio para a emissão da carta de sentença.

Quando não houver elementos para a formação da carta de sentença, o notário deve expedir nota explicativa com suas razões para negar o ato, ou fazer constar em nota interna os motivos que o levaram a negar a formação da carta. Com isso, se for necessário, será possível o resgate da informação com rapidez e precisão.

11) Forma – Papel ou meio eletrônico

É possível que a carta de sentença notarial seja feita em meio eletrônico, com assinatura digital, possibilitando ao jurisdicionado a sua multiplicação ilimitada sem qualquer despesa adicional.

Para a formação das cartas de sentença em meio eletrônico, deverá ser utilizado documento de formato multipáginas (um documento com múltiplas páginas), como forma de prevenir subtração, adição ou substituição de peças.

---

7. Art. 654 e parágrafo único.
8. De certa forma, tal regra excepciona o art. 192 do Código Tributário Nacional ("nenhuma sentença de julgamento de partilha ou adjudicação será proferida sem prova da quitação de todos os tributos relativos aos bens do espólio, ou às suas rendas"), contudo, a Fazenda não ficará adstrita aos valores atribuídos aos bens no Inventário, conforme destacado no art. 662, § 2º.
9. Apesar de a redação normativa seguir a disposição do art. 1.031, § 2º, do CPC/73 (revogado), o art. 222 das Normas de Serviço da CGJ-SP dispõe que: "Transitada em julgado a sentença que julgou a partilha ou que homologou a partilha ou adjudicação e comprovado o pagamento dos impostos, salvo determinação judicial em contrário, os respectivos formais serão expedidos no prazo máximo de 10 (dez) dias e entregues às partes, acompanhados das peças necessárias" (alterado pelo Provimento CGJ-SP n. 17/2016).

12) Qualificação notarial

É importante notar que a **qualificação notarial é mitigada**. O tabelião verificará tão somente os aspectos morfológicos dos documentos, atentando para alguma falsidade, supressão ou inserção documental. O tabelião não deverá verificar a correção dos atos praticados no juízo, mas se faltar algum rito processual que a lei determina (certidão do trânsito em julgado, falta de assinatura do juiz no auto de arrematação etc.), a formação da carta deve ser negada e indicar o saneamento junto ao juízo competente.

Se houver alguma falsidade documental, o tabelião deverá obstar a lavratura da ata notarial e oficiar ao juiz responsável pelo feito para as providências devidas.

13) Aditamento à carta de sentença expedida no foro judicial ou por via notarial

Muitas cartas de sentença judicial não contêm as peças indispensáveis à sua eficácia, seja por despacho posterior do juízo ou por lapso na solicitação das peças.

Entendemos que é possível o aditamento de cartas de sentença e formais de partilha, pela via notarial, integrando novas peças ou informações (ex.: dados faltantes de qualificação subjetiva das partes, recolhimento de diferença de imposto recolhido incorretamente etc.).

Trata-se de realizar correções através de elementos objetivos que podem ser supridos pela autenticação e fé pública notarial, segundo os princípios processuais da economia e instrumentalidade das formas.

Nesse caso, temos duas situações. Se a falta decorrer do próprio tabelião, que não integrou na carta de sentença documento **requerido pelo advogado** e integrante do processo, a correção deve ser feita por **Ata de Aditamento de Carta de Sentença Judicial**, sem a cobrança de emolumentos, como expressamente previsto na Lei n. 10.169/2000, art. 3º, IV.

Se, porém, e como é mais frequente, o aditamento se der em virtude de erro de terceiros, da parte ou de ausência no processo judicial, a ata de aditamento deverá ser regularmente cobrada (uma certidão mais a multiplicação do número de cópias autenticadas necessárias à sua formação).

a) Quando

Quando solicitado por uma parte ao tabelião.

Condição: o processo deve ter transitado em julgado.

b) Onde

A ata poderá ser feita no tabelionato ou em diligência.

c) Quem

Quaisquer das partes do processo e seus advogados podem solicitar a carta de sentença notarial. Cremo que alguém, com legítimo interesse, também possa.

É importante o notário ter um requerimento onde constarão os dados do solicitante, do processo, as peças solicitadas, a data de entrada e a data prevista de entrega, bem como o seu arquivamento.

Nesse documento, o tabelião deverá alertar também sobre o procedimento que adota em caso de não retorno do interessado.

Sugere-se que o interessado, no requerimento, indique as peças que deseja lançar na carta de sentença, além daquelas previstas na norma. Essa cautela evita alegação posterior de não inclusão de eventual peça processual.

14) Princípios registrais

Um dos motivos mais comuns para a devolução das cartas de sentença é a ausência da regular identificação e qualificação das partes. Para evitar a devolução do título por inobservância dos princípios registrais, o notário pode e deve certificar a correta identificação e qualificação do adquirente do imóvel, mediante a apresentação, pelo interessado, dos documentos que confirmem sua identidade e estado civil. Pode também certificar a apresentação do comprovante do pagamento do imposto devido, com a necessária identificação e até mesmo autuando com as cópias das peças judiciais.

15) Quando o advogado ou a parte não retorna para retirar o processo

O tabelião de notas deve notificar o solicitante por escrito (e-mail), informando-o que o processo não poderá permanecer no tabelionato e que ficará disponível para retirada até o prazo estipulado na comunicação.

Se o processo não for retirado no prazo fixado, o tabelião deve remeter o processo à vara ou câmara judicial de origem, mediante ofício, para não ficar depositário de documentos importantes de terceiros.

16) Advogado sem procuração no processo ou terceiros

Terceiras partes ou advogados sem procuração no processo não podem solicitar a ata.

Questão a enfrentar: pode um credor com carga do processo solicitar a carta de sentença notarial para fins de impor o registro buscando a penhora?

Sim, vemos possível a formação nesses casos, desde que haja despacho do juiz autorizando a expedição. Trata-se de terceiro com legítimo interesse

a) Quantas

É possível a multiplicação das cartas de sentença. Ao contrário do procedimento tradicional, quando somente uma carta de sentença é formada, a ata notarial pode multiplicar o processo em quantos queira o solicitante.

Não é possível, porém, fazer o que seria lógico: fracionar a carta de sentença em atenção aos interesses econômicos envolvidos. Entendemos, em respeito à tradição deste instrumento, que a ata seja do documento todo.

Quem sabe, no futuro, integrando os princípios notariais, se possa fracionar a ordem, permitindo o tráfego social e econômico mais seguro e célere.

A expedição da carta notarial de sentença judicial obedece a critérios legais e de qualificação notarial que devem ser estritamente seguidos pelos tabeliães, para preservação da qualidade do serviço público notarial e confiança do Poder Judiciário.

Não é demais lembrar: não se pode integrar documentos que não estejam juntados ao processo judicial na carta de sentença.

A executividade das cartas notariais de sentença judicial tem sido plena, notadas algumas objeções pontuais, sempre solucionadas com a apresentação do provimento à autoridade objetora.

O procedimento notarial para as atas notariais de carta de sentença judicial pode ainda ser aprimorado para dotar as partes e seus advogados de instrumentos mais concisos e econômicos, evitando a publicidade integral da sentença, ao mesmo tempo protegendo a intimidade das partes.

A via notarial é uma alternativa; não se pode excluir a possibilidade de a parte obter a carta de sentença judicial. A carta de sentença expedida por tabeliães não admite a gratuidade, ainda que concedida nos autos do processo, por obedecer a um critério emolumentar distinto do judicial.

A atividade notarial representa uma alternativa célere, eficaz e econômica para as partes que desejarem a expedição de cartas de sentença. Ao mesmo tempo, os serviços judiciais se desafogam, podendo concentrar-se em procedimentos específicos e indelegáveis.

16
Ata Notarial

Ata notarial é o instrumento público pelo qual o tabelião, ou preposto autorizado, a pedido de pessoa interessada, constata fielmente fatos, coisas, pessoas ou situações para comprovar a sua existência ou o seu estado[1].

O novo Código de Processo Civil a prevê expressamente no art. 384, como típico meio de prova.

A definição é lapidar:

Art. 384. A existência e o modo de existir de algum fato podem ser atestados ou documentados, a requerimento do interessado, mediante ata lavrada por tabelião.

Parágrafo único. Dados representados por imagem ou som gravados em arquivos eletrônicos poderão constar da ata notarial.

Desconhecida por muitos operadores do Direito, a ata notarial recebe, com a previsão legal, destaque, estudo, familiaridade e reconhecimento como formidável ferramenta para a produção de prova, seja preventiva ou reativa.

Com objetividade, o art. 384 indica o objeto da ata notarial, a necessidade de requerimento de parte interessada e o reconhecimento do que o costume já consagrara, a possibilidade de que ata contenha dados eletrônicos, imagens ou sons.

Para nós, a atividade notarial comporta duas naturezas formais de ato. A ata notarial, que é autenticatória, e a escritura pública, que é constitutiva e autenticatória. A seguir, vamos distinguir estas duas formas notariais e aprofundar o estudo da ata notarial.

16.1 DISTINÇÃO ENTRE ATA NOTARIAL E ESCRITURA PÚBLICA

Em vista do desconhecimento e da sua incipiente utilização pelos tabeliães, a ata notarial é, ainda, desconhecida de grande parte do mundo jurídico.

As atas e as escrituras têm objetos distintos: a ata descreve o fato no instrumento; a escritura declara os atos e negócios jurídicos, constituindo-os.

Na ata notarial, o tabelião escreve a narrativa dos fatos ou materializa em forma narrativa tudo o que presencia ou presenciou, vendo e ouvindo com seus próprios sentidos. A partir disso, lavra um instrumento qualificado com a fé pública legal e a mesma força probante da escritura pública.

Há certos caracteres ou formalidades próprias das escrituras públicas que não são aplicáveis às atas notariais, em virtude de ambas terem objetos distintos.

1. FERREIRA, Paulo Roberto Gaiger; RODRIGUES, Felipe Leonardo. *Ata notarial*: doutrina, prática e meio de prova. São Paulo: Quartier Latin, 2010.

Na ata não há unidade de ato nem de redação. A descontinuidade destas atuações se impõe por sua própria natureza. Na escritura, o tabelião recebe as partes, ouve suas vontades e lavra o instrumento adequado. Na ata, o tabelião recebe a solicitação, verifica os fatos e lavra o instrumento adequado.

Na escritura pública, o tabelião recebe a manifestação de vontade, qualifica essa manifestação fazendo incidir um instituto jurídico pertinente, presta assessoria, tem poder discricionário, obstando manifestações que estiverem em desacordo com o direito e, por fim, redige o instrumento jurídico adequado.

Na escritura pública, o tabelião documenta mediante atividade "ativa", ou seja, recebe a vontade das partes e molda-a com liberdade de atuação e subjetividade (de acordo com a lei). Os outorgantes são protagonistas do ato que se documenta, e o tabelião emite juízos sobre tal ato para a sua eficácia plena (atuação ativa).

Para a ata notarial, a atuação do tabelião apresenta um caráter eminentemente passivo, de situar-se como um observador, sem intrometer-se na ação. Apesar desta postura, há uma qualificação notarial, e o aconselhamento, quando necessário, pode ser exercido.

A natureza jurídica da escritura pública é **constitutiva obrigacional**. Os atos e negócios jurídicos que formaliza constituem direitos e obrigações para a parte ou partes.

A ata notarial tem natureza **autenticatória**. Não constitui direitos ou obrigações, apenas preserva os fatos para o futuro com a autenticidade notarial. Há uma declaração do tabelião, a narrativa dos fatos que presencia a pedido da parte. O tabelião é o autor, sem atuação das partes; na escritura, as partes atuam, celebram o ato ou negócio jurídico, cabendo ao notário a qualificação legal e a redação do instrumento. Na ata, o tabelião verifica os fatos que podem ser, inclusive, declarações das partes, que ele reproduz.

A escritura relata, pois, uma relação jurídica; a ata registra fatos para a proteção de direitos e resguardo probatório.

As assinaturas das partes são indispensáveis para perfectibilizar as escrituras. Nas atas, se faltar a assinatura do solicitante ou quaisquer intervenientes, o notário pode finalizar o ato, que é válido e eficaz.

Finalmente, as escrituras não podem conter atos ou negócios que configurem ilícitos. O tabelião não pode lavrar uma escritura de escravidão, por exemplo. Nas atas, ao contrário, o objeto é quase sempre a constatação de fatos potencialmente ilícitos[2] e, neste caso, como exemplo, uma ata poderia ser lavrada para constatar a situação de alguém vivendo em escravidão.

No Estado de São Paulo, as normas administrativas já reconhecem o que é pacífico na doutrina[3], que é possível lavrar ata notarial quando o objeto narrado constitua fato ilícito.

2. Não se trata de ilícitos penais de ação pública incondicionada de competência da Polícia Judiciária e Ministério Público, p. ex., crimes contra a vida (homicídio), patrimônio (roubo, furto) etc.
3. Exceto pela opinião de Walter Ceneviva, A ata notarial e os cuidados que exige. In: BRANDELLI, Leonardo (Coord.). *Ata notarial*. Porto Alegre: Sergio Antonio Fabris Editor, 2004, p. 94.

16.2 CLASSIFICAÇÃO DAS ATAS NOTARIAIS

Toda classificação é fundada nos caracteres semelhantes, bem como nos distintos. É natural, pois, que de uma classificação decorram classes com caracteres dominantes ou subordinados, constitutivos ou conexos, e que dentre as espécies classificadas haja alguma que tenha atributos que possibilitariam a sua classificação em outra classe.

Feita a ressalva, de acordo com a doutrina e legislação comparadas, podemos classificar as atas quanto: a) ao agir do tabelião; b) ao objeto; c) à forma; e d) ao meio.

16.2.1 Quanto ao agir do tabelião

Quanto ao agir do tabelião, as atas podem ser:

1. **Atas notariais elaboradas mediante ação "passiva" do tabelião** (verificação de fatos objetivamente). Nesse tipo de ata, o solicitante indica e instrui o tabelião sobre o que verificar e atestar.

Assim, o tabelião age conforme os pedidos que lhe são dirigidos e requeridos, buscando a precisão descritiva sobre o fato a ser constatado. Seu agir é meramente contemplativo. Exemplo disso é a ata de assembleia empresarial. O tabelião não pode selecionar o que convenha ao solicitante, excluindo elementos de prova. Deve fazer o relato integral da assembleia. Se houver alguma situação sigilosa (segredo empresarial, por exemplo) ou risco de vida que se mostre relevante, podendo causar prejuízo a partes e terceiros, o tabelião pode lançar esta informação em nota apartada e arquivar no tabelionato, a pedido do solicitante; fazendo circunstanciada menção na ata.

As atas notariais em que a ação do tabelião é "passiva", especialmente as denominadas pela doutrina de "mera percepção", necessitam indagação, percepção, interpretação, entendimento, comprovação e narração dos fatos, como método para conseguir a exata captação da realidade e a identificação do objeto. O tabelião exercerá em tais casos sua função de testemunha pública e atribuidor de fé pública e se absterá de converter-se em perito, fazer deduções, ou formular juízos ou apreciações decorrentes de suas impressões subjetivas.

2. **Atas notariais elaboradas mediante ação "ativa" do tabelião** (verificação de fatos subjetiva e objetivamente): além da ação "passiva", nessas atas o agir notarial se caracteriza por uma multiplicação das atividades do tabelião. Em vista de sua percepção sensorial, narra, controla, qualifica, ou recepciona a informação que recebe de um fato presente e imediato, agregando à sua atuação a verificação da legalidade e o assessoramento estrito dos aspectos legais, e também quanto ao senso comum. São exemplos as atas de sorteios ou de verificação de amostragem, nas quais o tabelião, com imparcialidade, observa a legalidade e correção dos atos para a obtenção do fim pretendido[4], ou a ata em que o tabelião verifica a situação familiar de uma pessoa para fins sucessórios ou para percepção de seguros.

4. A Portaria n. 41, de 19-2-2008, do Ministério da Fazenda obriga a realização de uma ata em todas as promoções, concursos e sorteios realizados a título de propaganda.

16.2.2 Quanto ao objeto

Quanto ao objeto, temos os seguintes tipos de atas notariais:

1. **Percepção de coisas:** são aquelas atas que narram a existência material de um ou vários objetos. A mera existência ou inexistência deles num lugar e hora determinados pode ser o objeto da ata. Exemplos: quem detém a posse, a entrega da posse, o lugar em que algo se encontra, o estado ou as circunstâncias em que a coisa é mantida.
2. **Percepção de documentos:** as atas notariais de mera percepção de documentos podem autenticar documentos ou suas cópias, verificar a presentação ou representação de uma associação, a posse por pessoa determinada, o reconhecimento de uma assinatura ou rubrica aposta em documentos ou a negatória da aposição de assinatura ou rubrica neles.
3. **Percepção de pessoas:** estas atas exigem a identificação de uma pessoa, o que implica em um juízo estrito do tabelião. A variedade mais conhecida deste tipo de ata é a ata de existência ou também chamada fé de vida (no Brasil, os atestados de vida). Esta ata pode atestar, igualmente, o estado ou circunstâncias físicas da pessoa, a sua presença num determinado local ou circunstância.
4. **Percepção de atos humanos:** são atas que autenticam o agir humano, as ações de uma pessoa, por si ou em representação empresarial ou associativa. Podem ser objeto os atos do próprio solicitante, as respostas de outras pessoas a ele, ou mesmo situações que envolvam apenas terceiros. Igualmente, podem conter a narração de atos do solicitante ou de terceiros.

16.2.3 Quanto à forma

Quanto à forma, as atas podem ser:

1. **Protocolares:** a forma protocolar significa o conjunto de livros de notas formados por folhas numeradas e rubricadas, nas quais o tabelião autoriza a lavratura dos atos. Assim, a ata notarial protocolar é aquela que é lavrada em tal livro.

Por falta de uma lei notarial institucional e técnica, temos no Brasil tratamento distinto nos vários Estados para o assunto: uns exigem o lançamento de todos os atos no livro, outros permitem certos atos fora do protocolo, outros nada dispõem. Em São Paulo, as normas administrativas da Corregedoria-Geral da Justiça determinam a lavratura de todos os atos em livros de 400 páginas.

2. **Extra protocolares:** a forma extra protocolar significa a realização do ato notarial sem o seu arquivamento no livro de notas, ou seja, o ato é avulso e entregue para o solicitante que lhe dá destino. Desta forma, não há a possibilidade da emissão de certidões, pois o tabelião não terá o ato em seus livros. Alguns notários, submetidos a esta forma por normas administrativas, terminam por arquivar em seu tabelionato uma via do ato, para que seja possível o resgate e a emissão de certidão em momento futuro.

A diferença entre as formas protocolar e extra protocolar é a lavratura em livro de notas e a posterior emissão de certidão do ato lavrado sob o sistema protocolar, o que não é possível no sistema extra protocolar.

Parece-nos muito mais segura a forma protocolar, pois o arquivamento evita que a prova se perca e possa ser resgatada no futuro, a parte de evitar que o documento possa ser objeto de alguma adulteração ou falsidade.

16.2.4 Quanto ao meio

Quanto ao meio em que são elaboradas, as atas notariais podem ser:

1. **Em papel:** é o método tradicional utilizado até hoje. O tabelião lavra o documento no livro de notas ou em folhas apartadas.

Pode utilizar-se de um sistema eletrônico de edição do texto e das imagens, trabalho que resulta na impressão em papel do instrumento que será entregue ao solicitante.

2. **Eletrônicas:** as atas em meio eletrônico não chegam a ser impressas. O tabelião verifica um fato (como uma reunião de sócios ou o acesso a um sítio eletrônico), podendo valer-se de notas escritas, de filme ou gravação. Após, lavra o ato mantendo todo o verificado em meio eletrônico. O ato não ingressa nos livros notariais de papel, ficando seu registro nos "livros" eletrônicos. Neste sistema, o notário deve valer-se de programas que lancem as assinaturas digitais dele, do solicitante e de quem mais necessitar assinar. O traslado e certidões do ato serão entregues em meio magnético, por remessa postal, ou em mídia que permita a gravação.

Não descaracteriza o meio eletrônico imprimir o instrumento em papel, para o traslado ou a certidão, se for o caso.

3. **Mistas:** as atas são lavradas nos livros, mas muitos documentos que importam à verificação e a integram, como arquivos eletrônicos contendo fotos, filmes ou sons, ficam guardados em meio magnético para eventual e futuro uso.

Recomendamos que o tabelião crie um classificador próprio com esses arquivos eletrônicos que integram as atas em papel, pois facilita a consulta futura e a emissão de eventual certidão da ata em papel juntamente com os arquivos digitais.

16.3 OBJETO DA ATA NOTARIAL

Os atos jurídicos em acepção estrita consubstanciam negócios jurídicos, dos quais é indissociável a declaração de vontade em busca de um resultado. Sob o aspecto subjetivo, certas ações da pessoa configuram atos jurídicos em sentido amplo: embora não resultem de declaração volitiva, pressupõem manifestação de vontade por outros meios que não a fala ou a escrita, como são exemplos a apropriação de um bem de dono desconhecido (postura ativa) e, em certos casos, do silêncio (postura passiva).

Na escritura pública, interessam os atos jurídicos em estrito sentido, ou seja, os atos jurídicos e os negócios jurídicos. Quando, por exigência legal ou por livre escolha dos interessados, as partes chamarem o tabelião para formalizar declarações constitutivas, modificativas ou extintivas de direito, o objeto do ato é a constituição do instrumento do negócio, a escritura pública.

Na ata notarial, os fatos jurídicos são o objeto. Um pássaro voando, a composição química das águas de um rio, a inação de uma pessoa, a publicação de um *post* nas redes sociais, todos estes fatos podem ser objeto da ata notarial.

Ações humanas também podem ser objeto de atas, por exemplo, a entrega de uma coisa de uma pessoa para outra, caso em que a vontade dos agentes não tem efeito para o ato notarial.

A verificação do ato-fato jurídico, isto é, uma atividade volitiva humana, no mundo dos fatos, que ingressa no mundo jurídico como fato, posto que para o direito, nesta situação, a vontade humana é irrelevante por não integrar o suporte fático abstrato, pode ser objeto da ata notarial. O evento é recebido pelo direito como fato do homem, desimportando assim a vontade eventualmente presente, como ocorre, *verbi gratia*, nos atos reais, dentre os quais se encontra a tradição de coisa móvel. No ato-fato jurídico, o "ato humano é da substância do fato jurídico, mas não importa para a norma se houve ou não vontade de praticá-lo"[5].

É importante distinguir a ação retratada pela ata (seu objeto) do conteúdo da ação ou sequência de ações, com ou sem declaração de vontade, que produzem efeitos no mundo jurídico, mas por outros instrumentos. É exemplo a ata notarial de uma assembleia societária, na qual um dos sócios informa que cedeu suas cotas sociais a outro dos sócios. Tal ata notarial não contém a formalização deste negócio, apenas narra a sua menção. O notário é mero observador daquelas vontades, não as recepcionando como suporte fático concreto.

É possível também que a ata narre um contrato verbal. Embora se trate de um negócio jurídico, a vontade não está endereçada ao notário, que apenas narra o acontecido.

16.4 ESTRUTURA E REQUISITOS DA ATA NOTARIAL

A lei nada prevê somente a necessidade de uma requisição da parte interessada, deixando a critério da doutrina e da prática notarial a fixação dos demais requisitos essenciais e acidentais do ato.

A própria escritura conta com poucas e limitadas previsões legais, o que provoca uma regulamentação infralegal que confere aos atos uma padronização, mas também se constitui em limitação para a autonomia profissional do tabelião.

O Brasil necessita de uma lei notarial, de um colégio de notários que, como a Ordem dos Advogados, possa legitimamente fixar as diretrizes infralegais, quando necessário. Enquanto lei não houver, o tabelião trabalha com insegurança, à mercê de que a cautela excessiva e, portanto, prejudicial à qualidade do serviço prestado à população e ao desenvolvimento da atividade, o proteja de processos administrativos e civis indenizatórios.

A ata notarial é uma espécie de instrumento público, porquanto autorizada por um notário e dotada de fé pública. É um instrumento notarial, em princípio protocolar, tal

5. MELLO, Marcos Bernardes de. *Teoria do fato jurídico:* plano da existência. 12. ed. São Paulo: Saraiva, 2003, p. 112.

qual a escritura pública. Diante do vácuo legislativo quanto aos requisitos da ata notarial, parece adequado afirmar que devem ser observados na ata notarial, no que couber, os requisitos aplicáveis à escritura pública. Como veremos, em decorrência de sua natureza e do objeto, a ata notarial tem particularidades distintas daquelas da escritura que são, por vezes, até contraditórias (*e.g.*, a capacidade e a legalidade).

Uma primeira distinção formal com a escritura diz respeito à necessidade de o ato ser lavrado nos livros notariais; ou seja, a ata notarial pode ser extra protocolar. Normas estaduais costumam disciplinar o assunto, vedando a ata fora dos livros, como são exemplos as de São Paulo e do Rio Grande do Sul.

A nosso ver, de acordo com a Lei Federal n. 8.935/94, inexiste óbice para a prática da ata notarial na forma extra protocolar no sistema jurídico nacional. A seu juízo, o tabelião pode extrair uma fotocópia do ato e mantê-la em arquivo. Atualmente, são exemplos deste tipo, as cartas de sentença notariais.

Dentre as raras fontes legais substantivas da atividade notarial, destacamos os arts. 108 e 215 do Código Civil e a Lei n. 7.433/85 e seu Decreto regulamentador n. 93.240/86.

Somente o art. 215 dispõe sobre os requisitos para a lavratura de escrituras públicas e orienta sobre o procedimento notarial. Ressalve-se que o tabelião não está adstrito aos ditames do art. 215, quanto à ata notarial, porque ata não é escritura. Porém, na falta de qualquer previsão legal para o procedimento da ata, a prudência recomenda referenciar o estudo com o quê prevê o Código Civil para a escritura pública.

Feita a distinção, passamos a lançar os requisitos da ata notarial, relacionando-os com os previstos pelo art. 215 para a escritura pública e excepcionando o que não se aplica ao fazer da ata notarial.

16.4.1 Redação em língua nacional

Todos os atos públicos notariais devem ser redigidos em língua nacional, inclusive a ata notarial. Mesmo que uma das partes, testemunhas ou intervenientes se expresse em língua estrangeira, as suas manifestações devem ser vertidas para o português pelo tabelião, com ou sem auxílio de um tradutor. Não é necessária a presença de um tradutor para verter as declarações em língua estrangeira se o tabelião as entender.

Nenhum prejuízo tem o ato que contém expressões estrangeiras pontuais, como é o caso, por exemplo, de software, links, mouse, design etc. Por igual, a ata de constatação de um sítio eletrônico integralmente redigido em língua estrangeira não obriga o tabelião a entender o idioma ou chamar um intérprete para verter o conteúdo, a menos que a parte solicite.

É importante notar que o tabelião tem dois deveres: um público, de defesa do idioma nacional, e outro profissional, de clareza do ato. Assim, deve estar atento para sempre preferir palavras em português em detrimento das estrangeiras. Em segundo lugar, deve preocupar-se em traduzir os termos estrangeiros, sejam de uso corrente, sejam expressões técnicas, para que o juiz ou terceiros que necessitem compreender a ata notarial tenham a devida compreensão do texto.

A ata pode conter também trechos de textos ou declarações constatadas em língua estrangeira, podendo o tabelião valer-se de intérprete ou tradutor para lançá-las corretamente. Quando contiver códigos desconhecidos, o tabelião pode simplesmente lançá-los no ato notarial ou, se a parte desejar, descrever o que significam segundo a declaração de assistentes técnicos.

16.4.2 Requerimento ou solicitação

O art. 215 do Código Civil nada estabelece sobre o requerimento ou solicitação para a escritura pública, que existe e, quase sempre, é tácito.

A ata requer um tratamento diferenciado, pois as partes, ao contrário do que sucede quanto à escritura pública, não estão em consenso. O confronto de vontades, o choque de ações, o litígio, se não existem no momento da solicitação, quase certamente existirão no futuro. O tabelião desconhece a outra parte, ou eventuais terceiros com os quais terá que interagir para a verificação do fato.

O tabelião não age de ofício. É indispensável, pois, que haja uma solicitação da parte interessada. De início, ela pode ser feita de forma singela, pessoal e oralmente, ou via telefone. Se a parte fizer o pedido via fac-símile ou mensagem eletrônica, nenhuma outra formalidade é necessária, posto que o tabelião está com prova, ainda que singela, da solicitação.

Se houver urgência ou mesmo por conveniência, a apresentação e a entrega dos documentos de identidade das partes podem ser postergadas para momento futuro. Deve-se presumir a boa-fé do solicitante e privilegiar a tutela notarial dos interesses privado e social. De qualquer modo, é imprescindível a apresentação dos documentos para a finalização do ato.

Antes de lançar-se à verificação, é conveniente que o tabelião reduza a termo ou colha a assinatura do solicitante em um formulário, formalizando a contratação para a lavratura do ato. Se mais tarde o desenrolar dos fatos não agradar ao solicitante, pode haver recusa em assinar a ata notarial, ficando o tabelião sem prova da solicitação.

A solicitação deve conter o nome completo e a qualificação do solicitante, a descrição singela do objeto (sobre o que constatar), isto é, a finalidade da ata notarial.

Após a lavratura e a finalização da ata notarial, este documento pode ser desprezado, posto que a assinatura da parte configura a solicitação *apud acta*.

16.4.3 Capacidade para solicitar

O solicitante, ou requerente, deve ser pessoa capaz, física ou jurídica.

Entendemos que, por motivo justo e relevante declarado no próprio ato pelo tabelião, podem ser solicitantes também as pessoas relativamente capazes (maiores de dezesseis e menores de dezoito) e, até mesmo, os incapazes detentores de capacidade natural[6].

6. Neste sentido, BRANDELLI, Leonardo. Atas notariais. In: BRANDELLI, Leonardo (Coord.). *Ata notarial*. Porto Alegre: Sergio Antonio Fabris Editor, 2004, p. 52.

As pessoas jurídicas podem ser solicitantes, por seus administradores, prepostos ou procuradores. Os documentos empresariais devem ser apresentados, bem como eventuais atas de eleição ou procurações, para que o tabelião verifique a presentação ou representação da pessoa jurídica.

Se a parte solicitante não puder identificar-se por documentos, o tabelião pode, em caso de urgência, lavrar o ato, desde que duas testemunhas atestem a identidade e eventual representação de pessoa jurídica (art. 215, § 5º, CC). Nesse caso, entendemos que o tabelião pode se recusar a lavrar o ato, pois a previsão é excepcional e pode macular a segurança jurídica que os atos notariais devem ter.

O solicitante não pode ser o próprio tabelião ou qualquer um de seus prepostos ou, ainda, os seus cônjuges e parentes, em linha reta ou colateral, consanguíneos ou afins, até o terceiro grau.

Este impedimento consta da Lei n. 8.935/94, art. 27. Pode acontecer, porém, que durante a verificação dos fatos o tabelião se veja diante de pessoas às quais sejam aplicáveis os impedimentos.

Nesse caso, é prudente informar ao solicitante do ocorrido, oferecendo o atendimento de outro tabelião.

Se, porém, o desenrolar dos fatos for premente, o tabelião deve seguir na constatação, sob pena de perder-se o fato. Entendemos válida a ata, mesmo com a presença de pessoas cuja situação pessoal implique nos impedimentos, mas o tabelião e a parte solicitante correm riscos: o poder probatório do instrumento notarial pode ser reduzido por decisão judicial posterior que entenda relevante o impedimento e aplicável o art. 407 do CPC, ou seja, declare que o documento tenha a mesma eficácia probatória do documento particular.

Pode haver múltiplos solicitantes para a ata notarial. É conveniente que o interesse seja comum, mas nada impede que sejam divergentes. Neste caso, o tabelião extrairá tantos traslados quantos forem necessários.

Mesmo com interesses antagônicos de diversos solicitantes, a ata é única, como regra não poderá resultar em descrição distinta do que presencia. Contudo, pode ocorrer que uma parte deseje destacar algum aspecto irrelevante para a outra, hipótese rara, mas que permitiria ao tabelião lavrar instrumentos distintos para a mesma constatação dos fatos.

O solicitante, no requerimento, indicará a finalidade do pedido, demonstrando ter um legítimo interesse. O juízo do tabelião a este respeito é superficial, pois atua no campo preventivo e pode ser difícil, ou até impossível, à parte demonstrar o interesse legítimo. Melhor que o tabelião aja com liberalidade para a tutela dos interesses privados, deixando que o juiz aprecie a legitimidade oportunamente.

16.4.4 Qualificação das partes

No sentido processual, qualificação é tomada no conceito de identificação com os demais atributos que demonstram as qualidades relevantes da pessoa para o ato a ser realizado[7]. Conforme já mencionado, integram a qualificação o nome completo, o estado civil, a nacionalidade, a profissão, o domicílio, o número da carteira de identidade e seu órgão expedidor e o número do Cadastro de Pessoas Físicas do Ministério da Fazenda (CPF). Se a parte é uma empresa ou associação, a razão social, o nome fantasia, a origem nacional, o domicílio, o número no Cadastro Nacional de Pessoas Jurídicas do Ministério da Fazenda (CNPJ) e o número de inscrição na junta comercial ou no cartório de registro civil das pessoas jurídicas.

A pessoa jurídica é presentada por seu administrador, ressalvadas as hipóteses em que o contrato social disponha uma presentação qualificada para todos ou certos atos, o que costuma ocorrer para a alienação de bens imóveis. Esses presentantes devem ser qualificados como pessoas físicas, indicada sempre a cláusula contratual, de mandato ou autorização especial societária que os legitima.

Nos incisos II e III, o art. 215 do CC dispõe que o tabelião, ao lavrar escrituras públicas, deve reconhecer a identidade e a capacidade das partes e de todos quantos compareçam ao ato, por si, como representantes ou testemunhas, e qualificá-las.

Para atas notariais, o reconhecimento da identidade e capacidade da parte e sua qualificação são imprescindíveis, exceto nos casos de menores mencionados. Parte é somente o solicitante. A presença de outras pessoas, a pedido do solicitante, como peritos, assistentes técnicos e testemunhas, implica no dever de reconhecer a identidade e a capacidade e qualificá-las para o ato notarial.

Não é imprescindível que sejam reconhecidas as identidades e capacidades, ou requerida a qualificação, de terceiros presentes nos fatos constatados. Se, porém, o tabelião puder, deve fazer tal constatação, que amplia o elenco da autenticação e agrega maior segurança ao ato.

A identidade das partes é aferida pela apresentação do documento de identidade civil. Sua capacidade é atestada pelo tabelião em decorrência de seu critério e experiência. Idade avançada ou dificuldade de expressar-se não diminuem a capacidade de ninguém. Age mal o tabelião que se amedronta em face disso e deixa de atender as partes.

A exigência de atestados médicos para esses casos é temerária. Em primeiro lugar, é uma condição não prevista em lei, logo, arbitrária.

Em segundo lugar, a verificação da capacidade no âmbito da tutela notarial é feita exclusivamente pelo juízo do tabelião[8], que não age com culpa se uma apreciação judicial posterior concluir que a parte era incapaz ou não estava lúcida no momento do ato. Finalmente, a exigência de um atestado médico indicará para um futuro juiz que aprecie a regularidade do ato que havia dúvida quanto à capacidade das partes, antecipando uma suspeição futura que pode ferir de morte o ato.

---

7. SILVA, De Plácido e. *Vocabulário jurídico*. 21. ed., atualizada por Nagib Slaibi Filho e Gláucia Carvalho. Rio de Janeiro: Forense, 2003, p. 664.
8. No caso do testamento público, também de duas testemunhas.

Em conclusão: se o tabelião não estiver certo a respeito da capacidade da parte, deve recusar-se a lavrar o ato, sejam escrituras ou atas. Exigir prova extra da capacidade constitui indício antecipado de que as partes podem não estar capazes[9].

As pessoas jurídicas podem comparecer como solicitantes de atas notariais, presentadas ou representadas pelas pessoas físicas legitimadas.

É indispensável a apresentação dos documentos: contrato empresarial ou estatuto, ata da assembleia ou reunião que indicou os presentantes registrada no órgão próprio e, quando houver, o instrumento de mandato do representante.

A lei não exige que a documentação seja atualizada, isto é, recente, com prazo fixo limitado, como 30, 90 dias ou qualquer outro prazo. Há normas administrativas estaduais que fixam esses prazos, *ad cautelam*. Parece-nos que essa disciplina deve ser interpretada como recomendação ao fazer notarial, em respeito aos princípios de liberdade e legalidade insculpidos no art. 5º, II, da Constituição Federal. Cabe ao notário, no âmbito de sua autonomia profissional, adotar as cautelas pontualmente, sob sua responsabilidade.

A procuração para representar pessoas físicas ou jurídicas deve atender ao princípio da atração da forma (art. 657, CC), podendo conter apenas os poderes gerais de administração, sem necessidade de especificar poderes especiais ou de mencionar poderes para requerer ata notarial[10].

O inciso III do art. 215 do CC exige para a qualificação o nome, a nacionalidade, o estado civil, a profissão, o domicílio e a residência. Quando necessário, também o nome do cônjuge e o regime de bens do casamento ou a filiação.

O nome, a filiação, a nacionalidade e o casamento com o respectivo regime de bens são atestados pelo tabelião de acordo com os documentos de identidade e certidão de casamento apresentados. Esses dados da qualificação e a fé da capacidade civil das partes e demais comparecentes fazem prova plena.

A apresentação de carteira de identidade emitida por órgão profissional (como as da Ordem dos Advogados e dos Conselhos Profissionais), quando legalmente prevista, confere presunção de autenticidade notarial também a este respeito.

A certidão de casamento dá certeza do casamento ou da separação ou divórcio, se estiverem averbados. Caso contrário, escrituras ou sentenças de separação ou divórcio podem ser aceitas, ainda que pendentes de registro, ressalvado o fato na ata notarial.

O óbito é provado pela certidão própria ou por outra em que conste a sua averbação. A viuvez é provada pela apresentação da certidão de óbito do cônjuge falecido.

O estado civil indicado pelo tabelião à vista das certidões tem a presunção legal de autenticidade.

O estado civil de solteiro decorre de declaração da parte, devendo a parte provar seu estado se houver contestação. O tabelião não é responsável pela declaração falsa e

9. Apesar de decisões da corregedoria ver como cautela e prudência notarial pelo tabelião.
10. Art. 657 do CC: A outorga do mandato está sujeita à forma exigida por lei para o ato a ser praticado. Não se admite mandato verbal quando o ato deva ser celebrado por escrito.

por seus efeitos, mesmo que eles causem prejuízos a terceiros de boa-fé, uma vez que o sistema não prevê outro tipo de certeza.

16.4.5 Tempo do fato e da ata

A ata, como a escritura, deve conter a data e a hora de sua realização (art. 215, I, CC), conforme o calendário oficial do local. O tempo deve ser preciso, tanto para o momento da solicitação como para cada uma das diligências realizadas para a consecução da verificação. A ata pode prolongar-se no tempo, às vezes até por meses, como é o caso, por exemplo, das atas para fazer prova negativa[11]. Neste caso, toda verificação deve mencionar o dia e a hora. É recomendável indicar a hora de início e fim da constatação.

Assim, em razão da própria natureza da ata notarial, a constatação do fato pode se dar em um dia e a produção da minuta e lavratura da ata em outro, fazendo circunstanciada menção no ato notarial.

O princípio da unidade do ato deve ser cumprido no momento da redação final, lavratura e assinatura das partes e do tabelião.

O notário não deve, a pretexto de respeito à unidade do ato, concentrar as ações todas em um só momento, pois a força da ata reside justamente em retratar de forma fiel a realidade.

O tempo requer a indicação da hora e do minuto. Não exagera o tabelião que anota também os segundos, pois isto pode ser relevante, como no caso da existência de uma página na internet provada positiva pela ata de um tabelião às 16h43 minutos e também provada negativa por ata de outro tabelião às idênticas 16h43. Em todos os casos, o tabelião deve dizer a hora do início e do fim da constatação.

Esse procedimento deve ser repetido tantas quantas forem as situações de verificação, e esta cautela deve ser narrada clara e fielmente, para não causar dúvida ao intérprete futuro.

A indicação da data deve ser completa (p. ex., aos dezesseis de junho de dois mil e sete), mas pode ser abreviada na fórmula 00/00/0000, indicando dia, mês e ano, adotada em nosso país.

Pode ser relevante indicar o dia da semana em que o fato ocorre, caso em que se deve declarar o nome completo (p. ex., segunda-feira, evitando as abreviações como segunda ou 2ª feira).

Também pode ter relevância para a prova o fato de tratar-se de dia útil ou não útil.

A hora deve ser mencionada por extenso, e ajuda a compreensão também a sua indicação abreviada (p. ex., 14h30). O tabelião deve indicar o horário vigente na região da verificação do fato, ressaltando quando for horário de verão. Não é necessário indicar a hora oficial do Observatório Nacional, pois a declaração do tabelião faz prova plena.

---

11. Por exemplo, o acesso diário, por um ano, a um determinado sítio eletrônico para demonstrar que um dado conteúdo não está no sítio. Para fazer prova positiva, verificar se o conteúdo está e permanece, também há necessidade da contínua e prolongada verificação.

É possível a constatação de fatos em sábados, domingos ou feriados? Sim, é plenamente válida a verificação de fatos em momentos fora do horário usual de atendimento.

Cabe ao tabelião averiguar se os fatos devem realmente ser constatados nos momentos solicitados ou podem ser verificados em outro dia, sem prejuízo do seu desaparecimento.

Da mesma forma, a verificação dos fatos pode ser realizada a qualquer hora, inclusive naquelas antecedentes e supervenientes ao expediente do cartório.

Essas situações devem ser mencionadas expressamente na ata notarial, indicando os motivos do atendimento extraordinário.

As normas de Serviço da Corregedoria do Estado de São Paulo preveem expressamente essa possibilidade: é facultado ao tabelião lavrar os atos notariais fora do horário e dos dias estabelecidos na portaria para o atendimento ao público, salvo expressa proibição motivada do Juiz Corregedor Permanente, a ser submetida à Corregedoria-Geral da Justiça (item 4.1, Cap. XIII).

16.4.6 Local do fato e da ata

A indicação do local envolve dois aspectos: o local do cartório (chamada diligência interna) e o local da verificação do fato em diligência (chamada diligência externa). Para os dois, deve-se incluir cidade, Estado e endereço.

Quando a verificação for em uma região ou parte de um endereço (p. ex., as áreas sociais de um condomínio), o tabelião deve ter a preocupação de indicar precisa e claramente a localização dos fatos que verifica. Acrescentar fotos, indicando o ponto de referência do fotógrafo, pode colaborar para dirimir uma dúvida futura. É temerário fixar o local por declaração das partes. O tabelião deve aceitá-las, mas conferi-las com os dados oficiais existentes.

É sempre prudente indicar, além da designação oficial, a popular ou a dupla numeração, se houver. O local também pode variar, hipótese em que o tabelião deve descrever o deslocamento, o tempo decorrido e cada um dos locais.

Pode ocorrer de a verificação iniciar em uma cidade e terminar em outra, ou transcorrer em diversas cidades. Essa situação gera um conflito de competência territorial para o tabelião. Nesse caso, cremos aplicável o princípio da universalidade da tutela notarial para concluir pela validade da ata lavrada por um tabelião em diversos locais, desde que ao menos em um momento o fato transcorra em território de sua competência. Isso não significa viajar por aí, apenas lavrando o ato em sua cidade.

A alternativa seria uma múltipla atuação, chamando um notário competente para cada local dos fatos. Essa alternativa parece-nos irracionais, por implicar a lavratura de diversas atas; antieconômica, pois impõe à parte a multiplicação de preços; e, finalmente, pode ser inviável, uma vez que os fatos quase nunca aguardam os tabeliães.

O local da ata de internet é o da situação do acesso feito à rede. Nada impede que a verificação do sítio eletrônico do governo do Amazonas seja feita por um tabelião localizado no Rio de Janeiro.

É da própria natureza da ata notarial fazer a constatação do fato no local solicitado e produzir a minuta e a lavratura da ata no tabelionato, inclusive em dias distintos, fazendo circunstanciada menção no ato notarial.

16.4.7 Fundamentação legal

A fundamentação legal da lavratura das atas notariais decorre do disposto nos incisos III dos arts. 6º e 7º da Lei n. 8.935/94 e o art. 384 do CPC/2015, supletivamente, dos arts. 405 e 374, IV, do CPC/2015.

Não é necessário fundamentar ou exigir da parte comprovação de seus direitos antes, depois ou no transcorrer dos fatos.

Se a parte se diz proprietária do imóvel X e esta situação for provada à vista da certidão imobiliária, esta certeza pode ser dada na ata, sem necessidade de o ato fazer referência ao art. 1.245 do CC (aquisição da propriedade imobiliária).

A qualificação notarial quanto à legalidade das ações da parte ou de terceiros é mitigada. O tabelião não é juiz, ou um justiceiro instantâneo, que aprecia os fatos que sucedem em sua presença e saca conclusões legais imediatas. A seu critério, pode e deve orientar os presentes sobre a lei e os efeitos das ações realizadas ou que se pretende realizar, advertindo-os sobre os efeitos legais. Quem comete ilícito é o solicitante, e não o tabelião.

Deve intervir quando concluir que há infração legal, para impedir danos físicos, morais ou patrimoniais (p. ex., o solicitante agride alguém fisicamente), relatando fielmente a ocorrência.

16.4.8 Declaração de leitura

Os atos notariais lavrados, inclusive a ata notarial, devem ser lidos para as partes ou por elas. A leitura pode ser em voz alta ou silenciosa (neste caso, por cada um). Esse requisito formal tem um fundamento material robusto: a leitura serve para que as partes tenham ciência do que consta no ato, aceitem-no como está redigido, concordando que a redação notarial ao pedido feito e subscrevendo as suas declarações pessoais ou outros fatos que lhe digam respeito. A leitura e posterior assinatura significam "sim, concordamos integralmente com tudo o que aí está".

Se houver qualquer ressalva, deve integrar o texto final, antes das assinaturas, ou a narrativa deve ser refeita mediante um novo ato que atenda ao interesse das partes. Neste último caso, o ato deve ser declarado incompleto por não ter atendido às partes, de quem nada é cobrado.

A leitura é feita para o solicitante e para as testemunhas, se houver. Havendo múltiplos solicitantes ou testemunhas, embora não seja necessária a leitura simultânea, ela é muito conveniente, pois as partes podem refletir em conjunto sobre o ato.

É preferível que a pessoa surda leia pessoalmente o texto, se souber, em vez de alguém ler para ela e confiar na leitura dos lábios[12].

12. O recente Sistema de Atendimento aos Deficientes Auditivos aos Cartórios Paulistas, disponibilizado pela ANOREG/SP, oferece acessibilidade plena aos deficientes auditivos e cumpre a Lei n. 13.146/2015, que instituiu o Estatuto da Pessoa com Deficiência.

Ao cego e ao analfabeto, a ata, ou escritura, deve ser lida, sem qualquer distinção que menospreze a sua condição. O fundamental é que o tabelião indague das partes se entenderam o conteúdo do ato, se concordam com tudo que lá está e se desejam assinar o documento.

16.4.9 Assinatura das partes e do tabelião

Como dissemos, parte, na ata notarial, é o solicitante. Após a leitura, o solicitante e o tabelião, ou seu preposto, devem assinar a ata, perfectibilizando-a.

A ata notarial deve ter também a assinatura das testemunhas, presentes a pedido da parte ou por disposição legal[13].

É possível integrar outras assinaturas, de intervenientes ou terceiros, mas essas pessoas devem concordar com o ato integralmente. O tabelião pode exigir que outras pessoas assinem o ato, quando sua participação e suas ações tiverem ocorrido a pedido do solicitante, como é o caso de peritos, assistentes técnicos, autoridades policiais etc. É importante destacar que a assinatura dessas pessoas é dispensável e sua falta não prejudica o ato ou diminui a força da respectiva participação, como narrada pelo notário.

No Estado de São Paulo, basta a assinatura do tabelião encerrando o ato; a assinatura do solicitante, de testemunhas e de profissionais ou peritos é facultativa[14].

Impossibilitados de assinar por deficiência motora, o solicitante, as testemunhas ou os intervenientes podem solicitar que alguém assine o ato a seu rogo.

Ao cego, surdo e ao analfabeto que saiba assinar, nenhuma formalidade extra deve ser exigida, sob pena de discriminação vedada pela Constituição Federal. O tabelião deve ter certeza e dar fé da capacidade do solicitante e de que ele sabe e compreende o conteúdo e os efeitos do ato que assina.

A assinatura da parte ou do tabelião pode integrar também acessórios, como documentos ou objetos lacrados, fazendo-se a menção própria no ato. Nesses casos e nos traslados e certidões, é importante que o tabelião distinga sua assinatura também com outros traços característicos de seu sinal público, vez que não ficarão arquivados no cartório e se destinam a circular, fazendo prova ou provocando os seus demais efeitos perante outras pessoas e locais.

16.4.9.1 Recusa da parte em assinar

A possibilidade de a ata notarial ser finalizada produzindo seus efeitos sem a assinatura da parte é a sua diferença formal e material mais relevante em relação à escritura pública.

---

13. Em 13-11-2014, a Corregedoria-Geral da Justiça do Estado de São Paulo expediu o Comunicado CG n. 1.374/2014, que determinou aos tabeliães de notas observarem o item 179 do Capítulo XVI das NSCGJ, quando da abertura de ficha de firma por pessoas com deficiência visual e, para os casos de lavraturas de escrituras, que não se exijam testemunhas que a lei expressamente não exija.
14. Já ressaltamos a nossa divergência sobre a faculdade da assinatura do solicitante nas atas notariais.

A escritura em que falte assinatura é considerada sem efeito e deve ser declarada incompleta pelo tabelião, se houver recusa das partes em firmar o documento, ou se não o fizerem em prazo razoável. A publicidade do ato nesta condição é mitigada: não há.

Somente o juiz, motivadamente, pode requerer cópia do ato.

Ao contrário, a ata notarial pode ser lavrada pelo tabelião, mesmo que a parte solicitante se recuse a assiná-la. O interesse imediato tutelado pelo notário é o do solicitante, mas, em decorrência do *munus* público, sopesando o interesse social (significando o interesse de outro indivíduo ou coletivo), a seu critério, o tabelião pode decidir pela relevância de finalizar o instrumento.

Nesse caso, o tabelião deve comunicar o solicitante e fixar prazo para assinatura da ata. Não comparecendo ou silenciando, o tabelião consignará no ato a recusa ou a omissão do solicitante em assinar, com seus motivos, se conhecê-los, e poderá, se quiser, finalizar a ata com a sua assinatura.

Se a ata tiver mais de um solicitante, a falta ou recusa da assinatura de um deles também não impede a lavratura do ato, procedendo nos mesmos termos.

A parte tem direito ao traslado, que deve ficar à sua disposição.

O tabelião pode emitir outros traslados para informar às autoridades que devam ter ciência dos fatos contidos na ata notarial.

Entretanto, a falta de assinatura não retira a eficácia do instrumento, pois a ata notarial não está submetida aos requisitos formais das escrituras públicas[15].

Outra situação que pode ocorrer: o solicitante, ignorando cientemente ou não, a solicitação feita, ou percebendo que a autenticação dos fatos irá contra o seu interesse, não informa ao tabelião que não assinará a ata, deixando o tabelião ao "abandono". Nesse ínterim, uma outra parte, até mesmo a pessoa contra quem o efeito da autenticação fática foi realizado, comparece e solicita a lavratura da ata notarial. Como sujeito de direito presente aos fatos constatados, esta pessoa tem legitimidade para requerer a lavratura do ato.

16.5 ESPÉCIES DE ATAS NOTARIAIS

A classificação das atas em espécies constitui um problema para a doutrina, em vista da heterogeneidade de conteúdo. Optamos por classificá-las pelos critérios da finalidade pretendida pela parte e da ação do tabelião.

As atas de protesto, muito frequentes em outros países, constituem no Brasil atribuição exclusiva dos tabeliães de protesto, sendo vedado ao tabelião de notas efetuá-las.

Outro tipo de ata muito comum, a ata de notificação pode e deve ser feita por tabelião de notas, resguardada a competência específica do oficial de registro de títulos e

15. TJ-PR, Agravo de Instrumento n. 117.765-9, processo n. 0117765-9, da 3ª Vara Cível de Maringá, Dilmar Kessler, relator designado.

documentos quanto àquelas decorrentes do registro de instrumentos que lhe é solicitado. Nesse caso, o item diferenciador é o registro: o tabelião não pode registrar documentos, cabendo-lhe tão somente efetuar a ata de notificação[16]. Da mesma forma, sem que a parte faça um registro, o oficial de registros não tem competência para realizar a notificação, que, neste caso, é atribuição exclusiva do tabelião de notas.

Outro grupo de atas que merece um prefácio é o das atas de subsanação, ou seja, atas que são utilizadas para corrigir erros constantes em documentos públicos. Apesar de sua utilização em alguns países, entendemos que a correção de erros deve ser feita por meio de outros instrumentos, como a escritura de retificação e ratificação ou o aditamento retificativo, quando se tratar de erro evidente. Mas não poderíamos deixar de classificá-las, devido à sua corrente utilização por alguns notários.

Feitas essas ressalvas, classificamos as atas notariais nos seguintes grupos específicos: **1.** Ata de notoriedade, **2.** Ata de declaração, **3.** Ata de certificação sobre documentos e exibição de coisas, **4.** Ata de constatação em diligência externa, **5.** Ata de notificação, **6.** Ata de autenticação eletrônica, **7.** Ata de usucapião, e **8.** Ata de subsanação.

A seguir, veremos as características de cada uma delas.

16.5.1 Ata de notoriedade

Notoriedade provém do latim *notorius*, aquilo que é sabido ou conhecido. Decorre de fato que se deve ter por notório, sabido de todos, de uma realidade irretorquível.

Algumas pessoas necessitam fazer prova de seu próprio nome, de sua capacidade civil, de seus apelidos ou de outras situações próprias e conhecidas de sua comunidade, mas cuja fé em outros âmbitos depende do ato notarial. Na ata de notoriedade, o tabelião constata o fato mediante verificação de documentos oficiais ou particulares, ou ainda por meio da presença e do testemunho de terceiros visando declarar uma situação notória de interesse do solicitante, podendo ser sobre pessoas e coisas.

É possível atestar alguma situação fática do interessado, como é exemplo a vida. Geralmente solicitada pelo INSS ou algum instituto de previdência ou empresa seguradora, nessa ata o tabelião verifica se a pessoa está viva com a mera presença dela perante ele.

Há casos em que seguradoras, para fazerem o pagamento de benefícios, apólices ou pecúlios, como o DPVAT, seguro obrigatório dos veículos automotores no Brasil, exigem uma ata em que o tabelião ateste a condição de herdeiro legal de um segurado falecido.

O herdeiro comparece perante o tabelião e, mediante a apresentação de documentos oficiais que comprovem o elo sucessório e, se possível, o grau de parentesco do interessado com o *de cujus*, é possível verificar e atestar a sua situação de herdeiro legal.

16. Lei n. 6.015/73, art. 161. "O oficial será obrigado, quando o apresentante o requerer, a notificar *do registro ou da averbação* os demais interessados que figurarem no título, documento, o papel apresentado, e a quaisquer terceiros que lhes sejam indicados, podendo requisitar dos oficiais de registro em outros Municípios, as notificações necessárias. Por esse processo, também, poderão ser feitos avisos, denúncias e notificações, quando não for exigida a intervenção judicial." (Grifo nosso).

Essa ata pode ser complementada também com a declaração de pessoas – mas deve haver prova do encadeamento sucessório –, a parte interessada ou terceiros, de que o *de cujus* faleceu no estado civil de solteiro, não deixando convivente, filhos nem testamento. Nesses casos, consideram-se interessados os descendentes, ascendentes, conviventes, parentes colaterais e pessoas que, eventualmente, demonstrem interesse na ata, por exemplo, aquele que é beneficiário de apólice de seguro.

16.5.2 Ata de declaração

As atas de declaração servem para todo e qualquer tipo de finalidade decorrente da declaração da pessoa. Em geral, instruem pedidos administrativos, mas podem almejar produzir prova em juízo. Neste caso, configuram a ata de declaração para depoimento ou testemunho.

Nessa espécie de ata, o tabelião narra fielmente, em linguagem jurídica, a declaração do interessado sobre um fato ou acontecimento que presenciou ou soube por interposta pessoa, com o intuito de utilizá-la no âmbito administrativo ou judicial.

As declarações podem ser próprias ou impróprias. A declaração própria é a feita pelo interessado a respeito de situações peculiares, para que produza os efeitos necessários (p. ex., declaração de estado civil, de rendimento, dentre outras). As impróprias são feitas por terceiros a respeito de fatos que tomaram conhecimento indiretamente.

Essa espécie de ata é geralmente utilizada como prova pré-constituída em expedientes administrativos ou judiciais.

Em consequência, o tabelião deve identificar e qualificar a pessoa declarante, alertando-a da responsabilidade civil e penal decorrente da declaração. Não deve haver qualquer censura do tabelião ao que se deseja declarar, mas envolve a qualificação notarial averiguar a plausibilidade e o conteúdo lógico do que se declara, de modo a evitar maluquices, aleivosias e leviandades nos atos notariais.

Nessas atas, documentam-se publicamente declarações do solicitante ou de terceiros, a seu pedido. Não é essencial, mas de cautela, colher a assinatura do declarante no instrumento, além daquela do solicitante.

Podemos subdividir ainda mais as atas de declaração para depoimento ou testemunho nas seguintes espécies:

1) **Declaração de interposta pessoa:** nesta ata, a declaração é feita por pessoa alheia ao fato declarado. A autenticidade notarial ocorre quanto à pessoa declarante, sua qualificação, termos e momento da declaração, mas quanto ao conteúdo do que se declara trata-se de mero testemunho particular, cujo efeito probatório estará sujeito ao critério do juiz ou à autoridade que interagir com o instrumento notarial.

2) **Declaração de peritos ou pessoas especializadas:** algumas declarações de terceiros compreendem a apresentação de laudos periciais ou depoimentos de pessoa especializada a respeito de determinado fato. Nesse caso, é importante que, além da identificação e qualificação, o tabelião indique também a titulação do declarante, informando quem o contratou e qual a razão.

Além da responsabilidade civil e penal, o declarante deve ser advertido também a respeito de sua responsabilidade técnica, que pode provocar efeitos em seara de fiscalização profissional.

No Brasil, muitos tabeliães utilizam-se das chamadas escrituras de declaração, o que nos parece impróprio. Só será caso para a escritura se o ato declarativo manifestar vontade do interessado que gere direito ou obrigação, como é o caso da escritura declaratória de responsabilidade de manutenção de uma pessoa para outra, exigida para alguns casos de imigração de estrangeiros, ou escritura declaratória de dependência econômica.

16.5.3 Ata de certificação sobre documentos e exibição de coisas

O tabelião constata fatos decorrentes de documentos apresentados, autenticando qualquer circunstância existente no documento.

A percepção de documentos pode compreender a verificação da presentação ou representação de uma associação, os poderes que o administrador possui no contrato social; uma cláusula específica de um contrato ao qual não é conveniente dar publicidade de sua totalidade; a verificação de envelopes com propostas para uma licitação, antes, durante ou após o certame; a aposição de assinaturas ou rubrica para perícia futura; negatória da aposição de assinatura ou rubrica em documentos; existência de um projeto ou produto desenvolvido, que será lançado no mercado futuramente etc.

Na ata de exibição de coisas, o tabelião constata a existência material de um ou vários objetos. A mera existência ou inexistência deles num lugar e hora determinados pode ser o objeto da ata. Por exemplo: o lugar em que algo se encontra, o estado ou as circunstâncias em que a coisa é mantida, como as atas de exibição e descrição de coisas, de destruição ou de inutilização de coisas, em especial, documentos.

16.5.4 Ata de presença

As atas de presença compreendem situações diversas e imprevisíveis. O tabelião, a pedido do solicitante, na sede do tabelionato ou em diligência externa constata fatos ou circunstâncias, sempre respeitando a sua competência territorial.

Como as situações são tão diversas e, não raro, com assuntos que escapam ao conhecimento ordinário do tabelião, alguns procedimentos devem ser adotados para operar com eficiência. Indicamos a seguir algumas cautelas importantes:

a) o tabelião deve respeitar a intimidade e a privacidade do solicitante e de terceiros;

b) o tabelião deve abster-se de entrar em lugares privados sem autorização (verbal ou escrita);

c) o tabelião deve consignar o eventual protesto ou manifestação do solicitante ou de terceiros;

d) se o solicitante ou terceiros desejarem saber sua função e motivo da presença, o tabelião deve identificar-se e dizer a razão de estar ali[17];

e) sempre que puder, o tabelião deve reconhecer e qualificar terceiros;

f) sob nenhuma hipótese, o tabelião violará a lei, a moral e os bons costumes. Caso o solicitante ou terceiros o façam, o tabelião deve consignar a ação na ata;

g) o tabelião deve ter cautela ao interpretar o fato;

h) o tabelião não é especialista, sua aferição é a do homem mediano (*homo medius*);

i) é possível a convocação de profissionais especializados (peritos e técnicos), pelo solicitante;

j) é possível fazer duas atas da mesma verificação, para idêntico ou distinto solicitante;

k) o tabelião não deve envolver-se em litígios ou argumentar em discussões;

l) ofensas podem ocorrer. O tabelião não deve revidar;

m) se for consultado ou entender conveniente, o tabelião deve prestar assessoria notarial.

Casos exemplares não faltam. Citamos algumas constatações de fatos já feitas por nós: a) assembleia societária; b) assembleia de condôminos; c) reunião de sócios; d) abertura forçada de cofre particular sob a guarda de um banco; e) verificação da transmissão de programas de televisão ou rádio de determinada emissora; f) demissão de funcionário; g) vacância, abandono ou condições de um imóvel; h) devolução voluntária, ou tentativa de devolver as chaves de um imóvel locado; h) entrega ou existência de mercadorias ou produtos em determinado local; i) compra de um produto em um estabelecimento comercial; j) uso de imagem de uma atriz ou modelo fotográfico em determinado local.

16.5.5 Ata de notificação

As atas de notificação podem ser realizadas pelo tabelião de notas quando não colidem com a competência atribuída aos oficiais de registro de títulos e documentos, prevista na Lei n. 6.015/73, art. 161. É somente uma a competência dos oficiais de registro: quando a parte apresentar um documento a registro, pode solicitar que o oficial notifique os demais interessados, ou qualquer pessoa, sobre o registro feito. A parte final do artigo informa que por esse processo podem ser feitos também avisos, denúncias e notificações, sem a intervenção judicial.

É preciso, então, ao conceituar a ata de notificação, distingui-la dessa notificação decorrente do registro.

Notificar vem do latim *notificare*, ou seja, dar a saber, informar.

17. O tabelião é obrigado a se identificar ostensivamente. Nesse sentido, o Processo n. 0031570-10.2014.8.26.0100 – 2ª Vara de Registros Públicos – MMº Juiz Corregedor Permanente Dr. Marcelo Benacchio

A notificação pode ser judicial, feita nos autos do processo, ou extrajudicial, feita pelos particulares ou por tabeliães ou oficiais de registro.

A atividade notarial não se confunde com a registral. Os efeitos são distintos: resumidamente, aos registros compete a conservação e a produção da presunção de conhecimento *erga omnes*. Aos notários, compete atribuir fé pública a fatos ou negócios aos quais as partes desejem os efeitos da autenticidade. Não existe, portanto, qualquer competência residual na esfera notarial que seja de atribuição dos oficiais de registro. Aos oficiais de registro de títulos e documentos foi atribuída competência residual apenas para os registros não atribuídos expressamente a outro ofício (de registros)[18].

As notificações dos oficiais de registro devem ser precedidas ou integrar, sem exceção, o registro público, de modo que o conteúdo da notificação obtenha também os efeitos registrários: a conservação, a publicidade (irrestrita), a presunção de conhecimento *erga omnes* e a data de sua realização.

Quando a parte não desejar registrar o conteúdo, pode optar pela ata notarial de notificação. Nesse caso, estará perdida a presunção de conhecimento *erga omnes*, mas o conteúdo e a data da notificação terão idêntica proteção.

A ata de notificação possibilita que uma pessoa informe outra de determinada situação e, se desejar, solicite ainda um determinado comportamento da parte notificada. É o caso, por exemplo, da falta de comparecimento para assinar uma escritura que pode, evidentemente, ser combatida pela ata notarial de notificação, de modo a possibilitar a prova em futura ação de adjudicação compulsória.

Na notificação notarial, é possível que o tabelião aja com instruções do notificante para agir em decorrência da reação do notificado ao conhecimento. É possível, inclusive, que em vista de uma oferta feita pelo notificante, haja a aceitação do notificado, hipótese em que a ata não se converte em escritura: apenas documentando a oferta e a aceitação, ou seja, a ata em si não constitui o direito, mas obriga as partes sobre o que declaram.

A ata de notificação deve ser lavrada no livro de notas. A assinatura do notificado pode integrar o instrumento, mas ela se perfectibiliza apenas com a assinatura do solicitante-notificante e do tabelião. Um traslado do ato pode ser entregue à parte notificada. **No concurso, para as atas de notificação, é prudente ser ortodoxo.**

16.5.6 Ata de autenticação eletrônica

As atas de autenticação eletrônica ou de constatação de fatos em meios eletrônicos merecem uma classificação própria, em decorrência da necessidade que muitas pessoas têm de fazer prova de situações ocorridas por meio de ligações telefônicas, da remessa de mensagens eletrônicas (e-mails) ou do conteúdo da internet ou qualquer outra mídia de dados digitais (CD, CD-rom, fitas magnéticas, chaveiros com memória etc.) ou

18. Lei n. 6.015/73, art. 127, parágrafo único.

a autenticação da duplicação e a transferência de dados constantes em um disco rígido (HD, *hard disk*) para outro disco rígido, com aposição de assinatura digital ou uma função *hash*, ou não[19].

16.5.6.1 Ata com gravação de diálogo telefônico

Na ata com gravação de diálogo telefônico, o tabelião constata um diálogo telefônico, em sistema viva voz ou não, transcrevendo tudo para o instrumento notarial.

O STF já decidiu que é lícita a gravação de uma comunicação por uma das partes, mesmo que a outra não tenha conhecimento[20]: "Gravação de conversa. Iniciativa de um dos interlocutores. Licitude. Prova corroborada por outras produzidas em juízo sob o crivo do contraditório. Gravação de conversa. A gravação feita por um dos interlocutores, sem conhecimento do outro, nada tem de ilicitude, principalmente quando destinada a documentá-la em caso de negativa. Precedente: Inq 657, Carlos Velloso. Conteúdo da gravação confirmada em juízo. AGRRE improvido"[21].

O entendimento dos tribunais brasileiros é no sentido de que somente é clandestina a gravação quando ambas as partes não têm conhecimento dela, exceto nos casos de interceptação da comunicação feita por autoridades munidas da indispensável ordem judicial, conforme previsto pela Constituição Federal.

É lícito, pois, que uma das partes grave o conteúdo de suas próprias conversas telefônicas com terceiros, inclusive com a presença de um tabelião para constatar o conteúdo da conversa.

Não é necessário que o tabelião ou a parte informe ao interlocutor de sua presença e do objetivo dela. Isso é possível, mas, via de regra, pode inviabilizar a naturalidade da conversa e a prova que se pretende produzir. Também não é necessário gravar a conversa, mas recomendável, para que o tabelião possa se reportar a ela para a fiel descrição da conversa, bem como para uma eventual prova judiciária. Aliás, em vista do império do contraditório, se a gravação existir, a outra parte pode e deve ter acesso a ela.

Nessa ata, o tabelião deve, ao transcrever o conteúdo, narrar as interjeições e demais expressões onomatopeicas, ou omiti-las, se preferir e se isso não for significativo para a constatação. Nada impede também que ele corrija os erros de português dos interlocutores, bem como lance as expressões estrangeiras utilizadas.

Se o diálogo ocorrer em língua estrangeira conhecida do tabelião, ele pode transcrevê-la como ouviu, evitando verter para o português. Se o tabelião desconhece o idioma,

19. A assinatura digital, realizada por meio da criptografia assimétrica, e as funções *hash*, utilizadas por programas eletrônicos de informática para impor ou detectar a integridade de um documento eletrônico, podem ser usadas para garantir a integridade dos documentos verificados, de modo que, se o documento for assinado digitalmente ou a função *hash* estiver intacta, teremos certeza de que não houve qualquer alteração no documento.

20. Por diversas decisões no mesmo sentido, HC 85.206/SP – SÃO PAULO, Relator Min. JOAQUIM BARBOSA, Julgamento em 23-8-2005, 2ª T. Em sentido contrário, AP 307/DF – Distrito Federal, Relator Min. ILMAR GALVÃO, julgamento em 13-12-1994, TRIBUNAL PLENO.

21. RE-AgR 402.035/SP – SÃO PAULO, AG.REG. NO RECURSO EXTRAORDINÁRIO, Relatora Min. ELLEN GRACIE, Julgamento em 9-12-2003, 2ª T.

pode comparecer tradutor público juramentado para verter a conversa, no momento ou após, se houver gravação. A presença do tradutor não diminui a fé do ato, mas se o tradutor não for público, o juiz deve qualificar a prova a seu critério.

Em processo administrativo, a 2ª Vara de Registros Públicos de São Paulo, em averiguação da conduta profissional em ata notarial cujo objeto era a constatação de um diálogo telefônico, consignou o seguinte:

"Na essência, houve uma certificação que acabou desencadeando meio de prova pré-constituída, cuja valoração merecerá a oportuna e competente aferição, cuja atribuição não é desta Corregedoria Permanente.

Longe de configurar falha ou incúria funcional, a lavratura do ato traduz prática lícita, ao menos na ótica notarial, sem margem para se cogitar de indevida interceptação telefônica, ao menos no âmbito desta Corregedoria Permanente.

Dessa forma, em não havendo vedação legal ou limitação legal ou administrativa, não sendo caso de reconhecimento de ilicitude por violação de direitos fundamentais, as partes, em princípio, podem se valer do princípio da liberdade probatória expressamente previsto no art. 332, do novo Código de Processo Civil.

A constatação foi prestada a partir de diálogo telefônico, com regular identificação das partes e descrição de fatos, em autêntica narrativa testemunhal. A rigor, na escrituração da ata notarial, houve produção de mero elemento de informação.

Diante desse painel, forçoso é convir que não se vislumbra responsabilidade funcional para dar margem à adoção de procedimento disciplinar contra o Tabelião, certo que não se demonstraram nos autos elementos aptos a ensejar a instauração de medida censório-disciplinar"[22].

16.5.6.2 Ata da internet

A internet significa comunicação e informação ilimitada. Na internet também abrimos sites, ou seja, páginas com endereços de pessoas e empresas de todo o planeta. É possível abrir janelas, com uma empresa de cada continente, visualizá-las ao mesmo tempo, comunicar e interagir com as propostas de negócio de cada um dos sites[23].

Com o avanço da tecnologia e o crescimento da internet, há uma enorme quantidade de relações, documentos e contratos realizados por via digital. A ata notarial possibilita comprovar a integridade e veracidade de fatos em meio digital, ou atribuir a eles autenticidade.

O tabelião acessa o endereço da página ou site e verifica o conteúdo, relatando fielmente tudo aquilo que presencia. A constatação abrange não só o conteúdo existente, mas também o acesso, a data, o horário e o endereço de http[24]. Se a parte necessitar, a

22. Processo n. 0038239-50.2012.8.26.0100.
23. FERREIRA, Paulo Roberto G. O papel está morto. *Revista de Direito Imobiliário*, São Paulo: RT, n. 50, 24, jan./jun. 2001, p. 26.
24. Segundo a enciclopédia Wikipédia, HTTP é a sigla em língua inglesa de *HyperText Transfer Protocol* (Protocolo de Transferência de Hipertexto), um protocolo de aplicação do modelo OSI utilizado para transferência de dados na rede mundial de computadores, a *World Wide Web*.

constatação pode incluir a indicação dos titulares dos domínios acessados, cujo registro, no Brasil, está a cargo do Comitê Gestor da Internet no Brasil (www.registro.br). A imagem da página acessada pode, a pedido do solicitante, ser impressa no próprio instrumento notarial, em preto e branco, ou nas cores de exibição.

É frequente que esses locais tenham informações que podem constituir calúnia, injúria ou difamação, ou, ainda, contenham o uso indevido de imagens, de textos extraídos de outras fontes sujeitas ao direito autoral, como livros, filmes, logotipos, marcas, nomes empresariais, músicas e infrações ao direito autoral e intelectual. A caracterização da concorrência desleal também pode ser apurada em decorrência da ata.

Outra motivação é a consulta em páginas de busca, como Google ou Yahoo, e em comunidades *on-line* de amigos, profissionais ou páginas que reúnem pessoas com afinidades (p. ex., "nós amamos o rei Pelé"). Há, com frequência, brigas ou manifestações que podem constituir ofensa à honra de pessoas, raças, nacionalidades, grupos sociais etc.

Também a consulta a sítios do poder público, como da Receita Federal, de prefeituras municipais e de governos, pode motivar a realização do ato notarial, para sacramentar um determinado conteúdo, ou apenas para verificar a autenticidade de um documento impresso em papel, como é o CPF da Receita Federal. Nesse último caso, é importante destacar que não se trata do singelo ato autenticatório, que pode ser feito, se esse for o interesse da parte. Trata-se de uma ata notarial para autenticar o fato de haver ou não no sítio eletrônico do órgão um dado conteúdo.

Um dos desafios da ata de constatação na internet é a mutabilidade constante do conteúdo. O autor das informações – o webmaster – pode alterá-las a qualquer momento e, assim que carregadas ao servidor que as armazena, a mudança é instantânea.

Por isso, é importantíssimo fixar com fé pública tal conteúdo.

Ele pode não mais existir no momento seguinte, no momento do processo. Somente assim é possível fazer prova incontestável, seja para promover uma ação de reparação de danos ou para provar a cópia não autorizada de conteúdo, por exemplo.

Há casos em que a constatação necessita prolongar-se no tempo para provar a manutenção do conteúdo. Cabe ao interessado informar ao tabelião com qual periodicidade a verificação deve ser feita, pedindo atas separadas por evento ou uma integradora de toda a verificação, conforme seja o seu interesse.

A ata notarial de documentos existentes na internet tem como finalidade demonstrar, além do conteúdo, o fato de que ela se encontra disponível em ambiente público.

Entendemos imprescindível que o notário inclua as imagens das páginas verificadas na ata notarial, guardando os arquivos eletrônicos para referência futura. O tabelião deve estar atento também para eventuais desvios operados automaticamente pelos programas navegadores que remetem o interessado a outros endereços ou espaços para interoperabilidade.

A página pode conter sons, animações ou filmes. O tabelião pode descrevê-los na ata, mas é conveniente também que sejam armazenados para referência futura. Tanto melhor se a parte aceita a ata em uma mídia digital, como um disco compacto ou chaveiro de dados: o art. 41 da Lei n. 8.935/94 autoriza e permite, apenas reforçando previsão do art. 422 do CPC de 2015, segundo a qual qualquer reprodução mecânica, como a fotográfica, a cinematográfica, a fonográfica ou de outra espécie, tem aptidão para fazer prova dos fatos ou das coisas representadas.

Uma página de internet é um documento que pode se estender a critério do autor. Uma página na internet pode não corresponder a uma página de papel.

Por isso, a impressão da página pode ser total ou parcial, dependendo das circunstâncias, buscando o notário descrever somente aquilo que interessa à parte. Por exemplo, ao verificar um blog, o tabelião pode pinçar[25] somente um texto de teor ofensivo. Não é necessário imprimir a página inteira.

16.5.6.3 Ata de verificação de mensagem eletrônica (e-mail, SMS, App, voz e dados)

Nessa ata, o tabelião verifica a existência de uma mensagem eletrônica (e-mail, SMS, voz e dados) em determinado computador ou base de dados ou aparelho móvel celular, *tablet* etc.

A ata constitui prova meramente indiciária, uma vez que é possível a alguém fraudar alguns caracteres de uma mensagem eletrônica (e-mail). Entretanto, as falsidades desse tipo são facilmente detectáveis por perícia técnica informática. Como, via de regra, as situações para as quais o tabelião é chamado configuram uma fase pré-processual, na qual a parte está colhendo as provas para municiar a ação, é importante a presença do tabelião para configurar a certeza de que a mensagem existia em dado disco rígido, em certa data e com determinados caracteres, fatos que devem ser todos lançados no instrumento notarial.

É fácil fraudar os caracteres de uma mensagem eletrônica (conteúdo, remetente e destinatário), mas é igualmente fácil detectar, por perícia técnica, essa fraude. É simples, também, narrar com isenção: basta afirmar que o programa de mensagens eletrônicas indica o que o tabelião constata. A realidade é o que o programa diz que é, até prova em contrário.

A ata deve conter, pois, todos os elementos indicados por um técnico em informática assistente para que, na fase processual, havendo contestação do conteúdo, o juiz indique um perito de sua confiança para fazer uma perícia sobre o equipamento verificado, cujo resultado deve demonstrar correspondência com a "perícia prévia" e a ata notarial, feitas pela parte.

Para essa verificação, o tabelião deve ter conhecimento de como operam os programas de envio, recebimento e leitura de mensagens eletrônicas e manejar com razoável naturalidade o meio eletrônico. Não é necessário, porém, ser um *expert* em assuntos de informática; basta cautela e objetividade ao relatar o que constata.

25. Não significa escolher partes isoladas do conteúdo. Deve haver compreensão e encadeamento lógico.

Nas atas de constatação de SMS, voz ou dados ou conteúdo em App, basta o solicitante apresentar o aparelho celular[26] ao tabelião. Quando houver diálogos gravados, troca de SMS ou mensagens de voz arquivadas, é recomendável que o interlocutor, geralmente proprietário do aparelho, compareça e figure como solicitante.

16.5.7 Ata para usucapião

A usucapião, ou o usucapião, é um instituto antigo, oriundo do Direito Romano, que visa a atribuir a propriedade pela posse mansa, pacífica e contínua por certo tempo fixado pela lei.

A usucapião é conhecida amplamente por todas as camadas sociais. Até mesmo o pobre de poucas luzes sabe que ao adentrar um terreno e nele construir a sua moradia e nela fizer benfeitorias, pelo decurso de prazo, se não o tirarem do local, terá direito a demandar a propriedade da área.

Com base no art. 1.238 do Código Civil, a usucapião é definida como o direito à aquisição da propriedade daquele que, pelo prazo fixado em lei, sem interrupção, detém a posse, sem oposição e com o ânimo de permanência, independentemente de título e boa-fé. A usucapião, também conhecida por prescrição aquisitiva, pois depende grandemente da inércia do proprietário por certo tempo, deve ser requerida ao juízo, cuja sentença serve de título para o registro no Cartório de Registro de Imóveis.

A usucapião, agora, além de declarada por sentença, pode ser atribuída pelo registrador imobiliário, como preceitua o novo art. 216-A da Lei de Registros Públicos[27].

16.5.7.1 Modalidades da usucapião e seus requisitos

Em breve síntese, temos no Brasil as seguintes modalidades de usucapião:

a) Usucapião Extraordinária

Base legal – Art. 1.238 do Código Civil.

Prazo – 15 anos de posse ininterrupta[28] e sem oposição[29], exercida com *animus domini*[30].

Tipo de posse – posse mansa, pacífica e ininterrupta, exercida com *animus domini*, ou seja, aquela que não decorre de violência[31], clandestinidade[32] ou precariedade[33].

---

26. Importante lançar na ata notarial: o número do celular, a marca, o modelo do aparelho e o número do IMEI (fazendo uma analogia, o IMEI equivale ao número de chassis de um carro, ou seja, é único para cada aparelho celular).
27. Lei n. 13.105/2015 (art. 1.071), que incluiu o art. 216-A na Lei n. 6.015/1973, alterada pela Lei n. 13.465/2017. Em 15 de dezembro de 2017 o Conselho Nacional de Justiça editou o Provimento n. 65, que estabelece diretrizes para o procedimento da usucapião extrajudicial nos serviços notariais e de registro de imóveis.
28. Contínua, ou seja, sem descontinuidade, suspensão ou cessação.
29. De forma mansa e pacífica.
30. Aquele que age e possui o imóvel como seu, como se fosse dono.
31. Violência é o ato pelo qual se toma de alguém, abruptamente, a posse de um imóvel.
32. A clandestinidade caracteriza-se por atuar às escondidas. A aquisição da posse é obtida sorrateiramente.
33. Posse precária é a daquele que recebe a coisa com a obrigação de restituir, e arroga-se a qualidade de possuidor, abusando da confiança, ou deixando de devolvê-la ao proprietário ou ao legítimo possuidor.

Outra exigência – não há.

b) Usucapião Extraordinária Moradia ou Produção

Base legal – Art. 1.238, parágrafo único, do Código Civil.

Prazo – 10 anos de posse ininterrupta e sem oposição, exercida com *animus domini*.

Tipo de posse – posse mansa, pacífica e ininterrupta, exercida com *animus domini*, ou seja, aquela que não decorre de violência, clandestinidade ou precariedade.

Outras exigências – comprovação de moradia habitual[34] ou realização de obras ou serviços produtivos no imóvel; não há necessidade de ser o único bem do interessado nem limites sobre as dimensões do imóvel.

c) Usucapião Ordinária

Base legal – Art. 1.242 do Código Civil.

Prazo – 10 anos de posse ininterrupta e sem oposição.

Tipo de posse – posse de boa-fé[35]. O justo título presume a boa-fé.

Outras exigências – é necessária a apresentação de justo título[36].

d) Usucapião Ordinária decorrente de registro cancelado

Base legal – Art. 1.242, parágrafo único, do Código Civil.

Prazo – 5 anos de posse ininterrupta e sem oposição.

Tipo de posse – posse de boa-fé.

Outras exigências – é necessário apresentar justo título, prova do cancelamento do registro e no imóvel o interessado ter estabelecido sua moradia ou realizado investimentos de interesse social e econômico.

e) Usucapião Especial Urbano

Base legal – Art. 183 da CF, art. 9º da Lei n. 10.257/2001[37] e art. 1.240 do Código Civil.

Prazo – 5 anos de posse ininterrupta e sem oposição, exercida com *animus domini*.

Tipo de posse – posse de boa-fé.

Outras exigências – área urbana inferior a 250 m^2, comprovação de moradia própria ou da família, prova de que o possuidor não é proprietário de outro imóvel e prova de que o possuidor não se valeu, anteriormente, de igual benefício.

f) Usucapião Ordinária Rural

Base legal – Art. 191 da CF e art. 1.239 do Código Civil.

Prazo – 5 anos de posse ininterrupta e sem oposição, exercida com *animus domini*.

---

34. Ato de morar ou habitar o imóvel.
35. A posse é de boa-fé quando o possuidor tem a convicção de que sua posse não prejudica ninguém e desconhece qualquer vício.
36. Enunciado n. 303 do Conselho de Justiça Federal: "Considera-se justo título para presunção relativa da boa-fé do possuidor o justo motivo que lhe autoriza a aquisição derivada da posse, esteja ou não materializado em instrumento público ou particular. Compreensão na perspectiva da função social da posse".
37. A Lei n. 10.257/2001 diz que o herdeiro legítimo continua a posse do antecessor, desde que resida no imóvel na abertura da sucessão.

Tipo de posse – posse de boa-fé.

Outras exigências – área rural não superior a 50 hectares, comprovação de moradia e de ter tornado o imóvel produtivo por trabalho do possuidor ou de sua família e prova de que o autor não é proprietário de outro imóvel.

g) Usucapião Especial Rural

Base legal – Art. 1º da Lei n. 6.969/81.

Prazo – 5 anos de posse ininterrupta e sem oposição.

Tipo de posse – posse mansa, pacífica e ininterrupta, exercida com *animus domini*, ou seja, aquela que não decorre de violência, clandestinidade ou precariedade.

Outras exigências – área rural não superior a 25 hectares, ter tornado o imóvel produtivo por trabalho do possuidor ou de sua família e a prova de que o autor não é proprietário de outro imóvel.

h) Usucapião Familiar

Base legal – Art. 1.240-A do Código Civil.

Prazo – 2 anos de posse ininterrupta e sem oposição, direta com exclusividade.

Tipo de posse – posse mansa, pacífica e ininterrupta, exercida com *animus domini*, ou seja, aquela que não decorre de violência, clandestinidade ou precariedade.

Outras exigências – área urbana não superior a 250 m^2, bem comum (em mancomunhão), comprovação de moradia ou de sua família, prova de que o cônjuge ou companheiro abandonou o lar[38] e prova de que o autor não é proprietário de outro imóvel.

i) Usucapião Indígena

Base legal – Art. 33 da Lei n. 6.001/73.

Prazo – 10 anos de posse ininterrupta, exercida com *animus domini*.

Tipo de posse – posse mansa, pacífica e ininterrupta, exercida com *animus domini*, ou seja, aquela que não decorre de violência, clandestinidade ou precariedade.

Outras exigências – trecho de terra não superior a 50 hectares, ser índio, integrado ou não.

j) Usucapião Coletiva

Base legal – Art. 10 da Lei n. 10.257/2001.

Prazo – 5 anos de posse ininterrupta e sem oposição, onde não for possível identificar os terrenos ocupados por cada possuidor.

Tipo de posse – posse de boa-fé.

Outras exigências – área urbana com mais de 250 m^2, comprovação de que se trata de população de baixa renda, comprovação de moradia familiar, prova de que os autores não são proprietários de outros imóveis e intervenção obrigatória do MP.

38. Há quem entenda que a prova do abandono deve ser feita sob o império do contraditório.

Observação: Esta modalidade será utilizada se inviável as demais modalidades.

k) Usucapião em defesa na ação reivindicatória (art. 1.228, § 4º, do Código Civil). Não é possível o seu reconhecimento na esfera extrajudicial.

16.5.7.2 Procedimento

Em 15-12-2017 o Conselho Nacional de Justiça – CNJ publicou o Provimento n. 65, que estabeleceu diretrizes para o procedimento da usucapião extrajudicial nos serviços notariais e de registro de imóveis em todo o território nacional. O procedimento de reconhecimento da usucapião foi uniformizado em todos os tabelionatos de notas e registros imobiliários do País.

Abaixo a regulação da matéria em tópicos:

Do pedido extrajudicial ou judicial da usucapião

O procedimento extrajudicial de reconhecimento da usucapião contínua sendo meio alternativo[39], cujo requerente deve estar representado por advogado ou defensor público perante o registro imobiliário competente[40].

Do objeto usucapível

O reconhecimento da usucapião pode abranger, além da propriedade, demais direitos reais, tais como:

Direitos usucapíveis	
Área comum em condomínio[41]	Sim
Área de manancial	Sim
Condôminos (condomínio comum)[42]	Sim
Direito real de habitação	Sim
Direito real de laje	Sim
Direito real de servidão	Sim
Direito real de superfície	Sim
Direito real de uso	Sim
Direito real de uso de direito público[43]	Sim

39. Ementa: Usucapião – Extinção sem julgamento do mérito – Interesse processual – Necessidade de esgotamento da via extrajudicial – Descabimento – Art. 1.071 do CPC/2015, que acrescentou o art. 216-A no Capítulo III do Título V da Lei n. 6.015/73 (Lei de Registros Públicos) – Dispositivo que admite o procedimento administrativo para o reconhecimento do domínio perante o Cartório de Registro de Imóveis, sem prejuízo da via jurisdicional – Parte que não está obrigada ao procedimento extrajudicial prévio, nem mesmo tem este como única opção para o exercício de sua pretensão – Violação ao princípio da inafastabilidade da jurisdição previsto no art. 5º, XXXV, da Constituição Federal – Interesse de agir presente – Necessidade de regular prosseguimento da ação – Recurso provido para anular a sentença (Apelação n. 1002561-34.2016.8.26.0126, Tribunal de Justiça de São Paulo, j. em 5-12-2017).
40. Registro onde estiver localizado o imóvel ou a maior parte dele.
41. Quando não houver oposição dos demais.
42. Em conjunto ou por um deles, neste caso, desde que a posse seja determinada, localizada e exclusiva.
43. Nas condições da lei e preenchidos os requisitos legais da concessão.

Direitos usucapíveis	
Direito real de usufruto	Sim
Domínio útil (direito privado)[44]	Sim
Enfiteuse (aforamento) (direito público)[45]	Sim
Enfiteuse (direito privado)[46]	Sim
Herança jacente	Sim
Herança vacante	Não
Imóvel arrendado[47]	Sim
Imóvel com fração inferior ao módulo mínimo[48]	Sim
Imóvel com hipoteca, penhora, arresto, sequestro	Sim
Imóvel com indisponibilidade	Sim
Imóvel de domínio público: COHAB/CDHU etc.[49]	Não
Imóvel em comodato[50]	Sim
Imóvel gravado com cláusulas restritivas	Sim
Imóvel locado[51]	Sim
Imóvel rural sem georreferenciamento[52]	Sim
Imóvel rural sem inscrição no CAR[53]	Sim
Imóvel rural sem reserva legal[54]	Sim
Imóvel urbano com menos de 125m[55]	Sim
Passagem forçada	Não
Servidão oculta	Não
Vaga de garagem[56] etc.	Sim

Do pedido de usucapião judicial em andamento

Caso haja pedido de reconhecimento da usucapião na via judicial em andamento, o solicitante pode solicitar ao juízo a suspensão do processo por trinta dias ou a desistência para promoção pela via extrajudicial, inclusive podendo utilizar as provas já produzidas na via judicial.

Dos bens públicos

O provimento reforça a vedação constitucional de usucapir bens públicos.

44. Desde que já instituída.
45. Desde que com anuência do titular do domínio útil.
46. Desde que já instituída.
47. Sugere-se, além do contrato de arrendamento, a ciência do arrendatário, se possível.
48. Se não houver fraude à Lei.
49. Também os financiados pelo sistema financeiro público.
50. Sugere-se, além do contrato de comodato, a ciência do comodatário, se possível.
51. Sugere-se, além do contrato de locação, a ciência do locatário, se possível.
52. Será exigido o georreferenciamento para o registro.
53. Será exigida a inscrição no CAR para o registro.
54. Será exigida a averbação da reserva legal para o registro.
55. Se não houver fraude à Lei.
56. Desde que determinada e localizada.

Dos dados que o requerimento deve conter

O requerimento de reconhecimento extrajudicial da usucapião deve atender, no que couber, os requisitos da petição inicial[57], bem como deve indicar:

- a modalidade de usucapião requerida e sua base legal;
- a origem e as características da posse, a existência de edificação, de benfeitoria ou de qualquer acessão no imóvel usucapiendo, com a referência às respectivas datas de ocorrência;
- o nome e estado civil de todos os possuidores anteriores cujo tempo de posse foi somado ao do requerente para completar o período aquisitivo;
- número da matrícula ou transcrição da área onde se encontra inserido o imóvel usucapiendo ou a informação de que não se encontra matriculado ou transcrito[58];
- o valor atribuído ao imóvel usucapiendo[59].

Dos documentos que devem acompanhar o requerimento

O requerimento deve ser assinado pelo advogado ou defensor público devidamente constituído[60] pelo solicitante, acompanhado dos seguintes documentos:

- ata notarial, ou mais de uma[61], se necessário, atestando o tempo de posse do requerente e de seus antecessores;
- planta e memorial descritivo assinados por profissional legalmente habilitado e com prova da Anotação da Responsabilidade Técnica – ART ou do Registro de Responsabilidade Técnica – RTT e pelos titulares dos direitos registrados ou averbados na matrícula do imóvel usucapiendo ou na matrícula dos imóveis confinantes ou pelos ocupantes a qualquer título;
- justo título ou quaisquer outros documentos que demonstrem a origem, a continuidade, a cadeia possessória e o tempo de posse;
- certidões negativas dos distribuidores da Justiça Estadual e da Justiça Federal do local da situação do imóvel usucapiendo expedidas nos últimos trinta dias, demonstrando a inexistência de ações que caracterizem oposição à posse do imóvel, em nome das seguintes pessoas:

a) do requerente e respectivo cônjuge ou companheiro, se houver;
b) do proprietário do imóvel usucapiendo e respectivo cônjuge ou companheiro, se houver;
c) de todos os demais possuidores e respectivos cônjuges ou companheiros, se houver, em caso de sucessão de posse, que é somada à do requerente para completar o período aquisitivo da usucapião;

57. Art. 319 do CPC.
58. Por certidão emitida pelo registro imobiliário.
59. *Vide* art. 4º, § 8º, do Provimento n. 65/2017.
60. Procuração, pública ou particular, com poderes especiais e com firma reconhecida, outorgada ao advogado pelo requerente e por seu cônjuge ou companheiro, declaração do requerente, do seu cônjuge ou companheiro que outorgue ao defensor público a capacidade postulatória da usucapião.
61. Podem ser lavradas por notários distintos da mesma circunscrição territorial. A ata complementar (art. 4º, § 7º, do Provimento CNJ n. 65/2017) pode ser lavrada por notário da circunscrição territorial ou de outra. Por exemplo, na tomada de testemunhos ou declarações de confrontantes que não mais residem no município do imóvel usucapiendo.

- descrição georreferenciada nas hipóteses previstas na Lei n. 10.267, de 28 de agosto de 2001, e nos decretos regulamentadores;
- procuração, pública ou particular, com poderes especiais outorgado ao advogado pelo requerente e por seu cônjuge ou companheiro;
- declaração do requerente, do seu cônjuge ou companheiro que outorgue ao defensor público a capacidade postulatória da usucapião;
- certidão dos órgãos municipais e/ou federais que demonstre a natureza urbana ou rural do imóvel usucapiendo, nos termos da Instrução Normativa Incra n. 82/2015 e da Nota Técnica Incra/DF/DFC n. 2/2016, expedida até trinta dias antes do requerimento.

Os documentos que acompanham o requerimento devem ser apresentados no original ou em cópia autenticada ou declarados autênticos pelo advogado ou defensor público[62].

O requerimento deve ser instruído com tantas cópias quantas forem os titulares de direitos reais ou de outros direitos registrados sobre o imóvel usucapiendo e os proprietários confinantes ou ocupantes cujas assinaturas não constem da planta nem do memorial descritivo.

O requerente e o regime de bens

Se o requerente for casado sob o regime da separação absoluta de bens o consentimento do cônjuge está dispensado.

Da dispensa da planta e memorial nos casos de condomínio edilício ou loteamento regular

Se o objeto da usucapião for unidade autônoma de condomínio edilício ou loteamento regularmente instituído, a apresentação da planta e do memorial descritivo será dispensada.

Do reconhecimento de firma na planta

A planta (e memorial) deve conter o reconhecimento, autêntico ou por semelhança, da firma dos confinantes ou ocupantes.

Mais de um pedido de usucapião sobre o mesmo imóvel

Havendo pedidos de usucapião sobre o mesmo imóvel, o segundo fica sobrestado até o acolhimento ou rejeição do procedimento anterior.

Existindo procedimento de reconhecimento extrajudicial da usucapião referente à parcela do imóvel usucapiendo, o procedimento prossegue em relação à parte incontroversa do imóvel, permanecendo sobrestada a prenotação quanto à parcela controversa.

Se o pedido versar sobre mais de um imóvel, ainda que de titularidade diversa, o reconhecimento pode ser num único procedimento, se forem contíguas as áreas.

Da desnecessidade de anuência dos condôminos nos casos de condomínio edilício regular

62. Esta faculdade não se estende ao tabelionato de notas, onde os documentos deverão ser apresentados nos originais ou em cópias autenticadas.

Para o procedimento de reconhecimento extrajudicial da usucapião de unidade autônoma integrante de condomínio edilício regularmente constituído e com construção averbada, basta a anuência do síndico do condomínio, não sendo necessária a anuência de todos os condôminos.

Da necessidade de anuência dos condôminos nos casos de condomínio edilício irregular

Se a unidade usucapienda estiver em condomínio edilício constituído de fato, ou seja, sem o respectivo registro do ato de incorporação ou sem a devida averbação de construção, é necessária a anuência de todos os titulares de direito constantes da matrícula.

Da composse

O reconhecimento extrajudicial da usucapião pleiteado por mais de um requerente é admitido nos casos de exercício comum da posse.

Da prenotação

O requerimento, juntamente com todos os documentos que o instruírem, será autuado pelo oficial do registro de imóveis, prorrogando-se os efeitos da prenotação até o acolhimento ou rejeição do pedido. Todas as notificações destinadas ao requerente serão efetivadas na pessoa do seu advogado ou do defensor público, por e-mail. A desídia do requerente no cumprimento de eventuais exigências acarreta o arquivamento do pedido com base no art. 205 da LRP, bem como o cancelamento da prenotação.

Da notificação do titular e dos confrontantes

Se a planta não estiver assinada pelos titulares dos direitos registrados ou averbados na matrícula do imóvel usucapiendo ou na matrícula dos imóveis confinantes ou ocupantes a qualquer título e não for apresentado documento autônomo de anuência expressa[63], eles serão notificados pelo oficial de registro de imóveis ou por intermédio do oficial de registro de títulos e documentos para que manifestem consentimento no prazo de quinze dias, considerando-se sua inércia como concordância.

A notificação pode ser feita pessoalmente pelo oficial de registro de imóveis ou por escrevente habilitado se a parte a ser notificada comparecer em cartório. Se a parte a ser notificada residir em outra comarca ou circunscrição, a notificação será realizada pelo oficial de registro de títulos e documentos da outra comarca ou circunscrição.

A notificação pode ser realizada por carta com aviso de recebimento, acompanhada de cópia do requerimento e da ata notarial, bem como de cópia da planta e do memorial descritivo e dos demais documentos que o instruíram.

---

63. A anuência pode ser apresentada em documento apartado. O consentimento expresso pode ser manifestado pelos confrontantes e titulares de direitos reais a qualquer momento, por documento particular com firma reconhecida ou por instrumento público, não necessitando da assistência de advogado ou defensor público.
A concordância pode ser manifestada ao escrevente encarregado da intimação mediante assinatura de certidão específica de concordância lavrada no ato pelo preposto.
Tratando-se de pessoa jurídica, a notificação deve ser entregue a pessoa com poderes de representação legal.

Se os notificandos forem casados ou conviverem em união estável, também serão notificados, em ato separado, os respectivos cônjuges ou companheiros[64].

Deve constar expressamente na notificação a informação de que o transcurso do prazo de quinze dias sem manifestação do titular do direito sobre o imóvel consiste em anuência ao pedido de reconhecimento extrajudicial da usucapião do bem imóvel.

Se a planta não estiver assinada por algum confrontante, este será notificado pelo oficial de registro de imóveis mediante carta com aviso de recebimento, para manifestar-se no prazo de quinze dias.

Da dispensa de anuência dos confrontantes

Se o imóvel usucapiendo for matriculado com descrição precisa e houver perfeita identidade entre a descrição tabular e a área objeto do requerimento da usucapião extrajudicial, fica dispensada a intimação dos confrontantes do imóvel, devendo o registro da aquisição originária ser realizado na matrícula existente.

Da notificação por edital

Sendo infrutíferas as notificações ou estando a parte a ser notificada em lugar incerto, não sabido ou inacessível, o oficial de registro de imóveis deve certificar o ocorrido e promover a notificação por edital,[65] publicando, por duas vezes, em jornal local de grande circulação, pelo prazo de quinze dias cada um, interpretando o silêncio da parte a ser notificada como concordância.

Da possibilidade de anuência pelos herdeiros ou pelo inventariante

Na hipótese de algum titular de direitos reais e de outros direitos registrados na matrícula do imóvel usucapiendo e na matrícula do imóvel confinante ter falecido, seus herdeiros legais podem assinar a planta e memorial descritivo[66].

A existência de justo título dispensa o consentimento

Será considerado outorgado o consentimento do titular de direito registral dispensada a notificação, quando for apresentado pelo requerente justo título ou instrumento que demonstre a existência de relação jurídica com o titular registral, acompanhado de prova da quitação[67] das obrigações e de certidão[68] do distribuidor cível que demonstre a inexistência de ação judicial contra o requerente ou contra seus cessionários envolvendo o imóvel usucapiendo.

São exemplos de títulos ou instrumentos[69]:

i) compromisso ou recibo de compra e venda;

---

64. Nada impede que sejam notificados conjuntamente.
65. A notificação por edital pode ser publicada em meio eletrônico, desde que o procedimento esteja regulamentado pela corregedoria local.
66. Contudo deve ser apresentada escritura pública declaratória de únicos herdeiros ou nomeação do inventariante.
67. A prova de quitação deve ser feita por escrito ou com a apresentação da quitação da última parcela do preço avençado ou de recibo assinado pelo proprietário com firma reconhecida.
68. A certidão deve ser expedida até trinta dias antes do requerimento.
69. Rol meramente exemplificativo.

ii) cessão de direitos e promessa de cessão;

iii) pré-contrato;

iv) proposta de compra;

v) reserva de lote ou outro instrumento no qual conste a manifestação de vontade das partes, contendo a indicação da fração ideal, do lote ou unidade, o preço, o modo de pagamento e a promessa de contratar;

vi) procuração pública com poderes de alienação para si ou para outrem, especificando o imóvel;

vii) escritura de cessão de direitos hereditários, especificando o imóvel;

viii) documentos judiciais de partilha, arrematação ou adjudicação.

Nos casos de utilização de justo título para a dispensa da anuência do titular de domínio, é necessário verificar o óbice para a lavratura da escritura, de modo a evitar o uso da usucapião como meio de burla dos requisitos legais do sistema notarial e registral e da tributação dos impostos de transmissão incidentes sobre os negócios imobiliários.

Importante frisar que a qualificação legal e final dos documentos fica a cargo do oficial de registro de imóveis, que emitirá nota fundamentada, conforme seu livre convencimento, acerca da veracidade e idoneidade do conteúdo e da inexistência de lide relativa ao negócio objeto de regularização pela usucapião.

Do ônus na matrícula

A existência de ônus real ou de gravame na matrícula do imóvel usucapiendo não impede o reconhecimento extrajudicial da usucapião[70].

Da ciência à União, ao Estado, ao Distrito Federal e ao Município

O oficial de registro de imóveis dará ciência à União, ao Estado, ao Distrito Federal ou ao Município pessoalmente, por intermédio do oficial de registro de títulos e documentos ou pelo correio com aviso de recebimento, para manifestação sobre o pedido no prazo de quinze dias.

A inércia dos órgãos públicos[71] diante da notificação não impede o regular andamento do procedimento nem o eventual reconhecimento extrajudicial da usucapião.

Da impugnação pela União, Estado, Distrito Federal ou Município

Se apresentada qualquer ressalva, óbice ou oposição da União, Estado, Distrito Federal ou Município, o procedimento extrajudicial deve ser encerrado e enviado ao juízo competente para o rito judicial da usucapião.

70. Eventual impugnação do titular do direito poderá ser objeto de conciliação ou mediação pelo registrador. Não sendo frutífera, a impugnação impedirá o reconhecimento da usucapião pela via extrajudicial.

71. A manifestação do Poder Público será admitida em qualquer fase do procedimento.

Da ciência de terceiros por edital

O oficial de registro de imóveis expedirá edital[72-73] para ciência de terceiros eventualmente interessados, que poderão manifestar-se nos quinze dias subsequentes ao da publicação.

Estando o imóvel usucapiendo localizado em duas ou mais circunscrições ou em circunscrição que abranja mais de um município, o edital deve ser publicado em jornal de todas as localidades.

Das diligências eventualmente necessárias feitas pelo oficial

Para a elucidação de quaisquer dúvidas, imprecisões ou incertezas, poderão ser solicitadas ou realizadas diligências pelo oficial de registro de imóveis ou por escrevente habilitado.

Da justificação administrativa

No caso de ausência ou insuficiência de documentos, a posse e demais dados necessários poderão ser comprovados em procedimento de justificação administrativa perante o oficial de registro do imóvel, obedecendo, no que couber, ao disposto no § 5º do art. 381 e ao rito previsto nos arts. 382 e 383, todos do CPC.

Assim, caso o requerente não possua prova plena da posse e evidencie não haver outro meio capaz de configurar a verdade do fato alegado, pode requerer a justificação administrativa, procedimento com a finalidade de suprir a falta ou insuficiência de documento ou fazer prova de fato ou circunstância do seu interesse. O requerente, por seu advogado ou defensor público, apresentará ao oficial de registro imobiliário requerimento expondo, clara e minuciosamente, os pontos que pretende justificar, indicando testemunhas idôneas cujos depoimentos possam levar à convicção da veracidade do que se pretende comprovar.

Da rejeição do pedido

Se ao final das diligências persistirem dúvidas, imprecisões ou incertezas, bem como a ausência ou insuficiência de documentos, o oficial de registro de imóveis rejeita o pedido mediante nota de devolução fundamentada. A rejeição do pedido extrajudicial não impede o ajuizamento de ação de usucapião no foro competente.

Com a rejeição do pedido extrajudicial e a devolução de nota fundamentada, cessam os efeitos da prenotação e da preferência dos direitos reais determinada pela prioridade, salvo suscitação de dúvida.

---

72. O edital conterá: i) o nome e a qualificação completa do requerente, ii) a identificação do imóvel usucapiendo com o número da matrícula, quando houver, sua área superficial e eventuais acessões ou benfeitorias nele existentes, iii) os nomes dos titulares de direitos reais e de outros direitos registrados e averbados na matrícula do imóvel usucapiendo e na matrícula dos imóveis confinantes ou confrontantes de fato com expectativa de domínio, iv) a modalidade de usucapião e o tempo de posse alegado pelo requerente, v) a advertência de que a não apresentação de impugnação no prazo previsto neste artigo implicará anuência ao pedido de reconhecimento extrajudicial da usucapião.

73. O edital pode ser publicado em meio eletrônico, desde que o procedimento esteja regulamentado pela corregedoria local, dispensada a publicação em jornais de grande circulação.

Da reconsideração da rejeição

A rejeição do requerimento pode ser impugnada pelo requerente no prazo de quinze dias, perante o oficial de registro de imóveis, podendo reanalisar o pedido e reconsiderar a nota de rejeição no mesmo prazo ou sujeitar o requerimento a suscitação de dúvida registral nos moldes dos arts. 198 e seguintes da LRP.

Da impugnação[74] e da possibilidade de conciliação ou mediação

Em havendo impugnação do pedido de reconhecimento extrajudicial da usucapião pelos titulares de direitos reais e de outros direitos registrados ou averbados na matrícula do imóvel usucapiendo ou na matrícula dos imóveis confinantes, pelos entes públicos ou por terceiros interessados, o oficial de registro de imóveis tentará promover a conciliação ou a mediação entre as partes interessadas.

Sendo infrutífera a conciliação ou a mediação, o oficial de registro de imóveis lavrará relatório circunstanciado de todo o processamento da usucapião. O oficial de registro de imóveis entregará a autuação do pedido da usucapião ao requerente, acompanhada do relatório circunstanciado, mediante recibo.

Da impugnação justificada

Em caso de impugnação justificada do pedido de reconhecimento extrajudicial de usucapião, o oficial de registro de imóveis remeterá os autos ao juízo competente da comarca da situação do imóvel, cabendo ao requerente emendar a petição inicial para adequá-la ao procedimento comum.

Da impugnação injustificada

Em caso de impugnação injustificada pelo registrador, caberá ao interessado o manejo da suscitação de dúvida nos moldes do art. 198 desta Lei.

A parte requerente pode emendar a petição inicial, adequando-a ao procedimento judicial e apresentá-la ao juízo competente da comarca de localização do imóvel usucapiendo.

O Provimento CGJ n. 51, de 19 de dezembro de 2017, publicado pela Corregedoria-Geral da Justiça de São Paulo, considera infundada a impugnação, quando:

a) já examinada e refutada em casos iguais ou semelhantes pelo juízo competente;
b) o interessado se limita a dizer que a usucapião causará avanço na sua propriedade sem indicar, de forma plausível, onde e de que forma isso ocorrerá;
c) não contém exposição, ainda que sumária, dos motivos da discordância manifestada;
d) ventila matéria absolutamente estranha à usucapião;
e) o Oficial de Registro de Imóveis, pautado pelos critérios da prudência e da razoabilidade, assim reputar.

74. Infundada ou de caráter protelatório.

Dos imóveis rurais

O registro do reconhecimento extrajudicial da usucapião de imóvel rural somente será realizado após a apresentação:

i) do recibo de inscrição do imóvel rural no Cadastro Ambiental Rural – CAR, de que trata o art. 29 da Lei n. 12.651, de 25 de maio de 2012, emitido por órgão ambiental competente, esteja ou não a reserva legal averbada na matrícula imobiliária, fazendo-se expressa referência, na matrícula, ao número de registro e à data de cadastro constantes daquele documento;

ii) do Certificado de Cadastro de Imóvel Rural – CCIR mais recente, emitido pelo Instituto Nacional de Colonização e Reforma Agrária – Incra, devidamente quitado;

iii) de certificação do Incra que ateste que o poligonal objeto do memorial descritivo não se sobrepõe a nenhum outro constante do seu cadastro georreferenciado e que o memorial atende às exigências técnicas, conforme as áreas e os prazos previstos na Lei n. 10.267/2001 e nos decretos regulamentadores.

Da abertura de matrícula

O registro do reconhecimento extrajudicial da usucapião de imóvel implica abertura de nova matrícula[75].

Na hipótese de o imóvel usucapiendo encontrar-se matriculado e o pedido se referir à totalidade do bem, o registro do reconhecimento extrajudicial de usucapião deve ser averbado na própria matrícula existente.

Caso o reconhecimento extrajudicial da usucapião atinja fração de imóvel matriculado ou imóveis referentes, total ou parcialmente, a duas ou mais matrículas, deve ser aberta nova matrícula para o imóvel usucapiendo, devendo as matrículas atingidas, conforme o caso, ser encerradas ou receber as averbações dos respectivos desfalques ou destaques, dispensada, para esse fim, a apuração da área remanescente.

Tratando-se de usucapião de unidade autônoma localizada em condomínio edilício objeto de incorporação, mas ainda não instituído ou sem a devida averbação de construção, a matrícula deve ser aberta para a respectiva fração ideal, mencionando-se a unidade a que se refere.

O ato de abertura de matrícula decorrente de usucapião conterá, sempre que possível, para fins de coordenação e histórico, a indicação do registro anterior desfalcado e, no campo destinado à indicação dos proprietários, a expressão "adquirido por usucapião".

Das restrições na matrícula

O reconhecimento extrajudicial da usucapião de imóvel matriculado não extingue eventuais restrições administrativas nem gravames judiciais regularmente inscritos[76]. O requerente deve formular pedido de cancelamento dos gravames e restrições dire-

75. A abertura de matrícula de imóvel edificado independe da apresentação de habite-se.

76. Como a usucapião é, seja judicial ou extrajudicial, modo originário de aquisição, referidas restrições ou gravames são ineficazes perante o requerente e terceiros. O reconhecimento de usucapião objetiva a sua declaração, sendo, pois, declaratória a natureza do reconhecimento. O direito de propriedade é reconhecido no momento em que

tamente à autoridade que emitiu a ordem. Os entes públicos ou credores podem anuir expressamente à extinção dos gravames no procedimento da usucapião.

Do reconhecimento da usucapião

Estando em ordem a documentação e não havendo impugnação, o oficial de registro de imóveis emite nota fundamentada de deferimento e efetua o registro da usucapião[77]. O oficial do registro de imóveis não deve exigir, para o ato de registro da usucapião, o pagamento do Imposto de Transmissão de Bens Imóveis – ITBI, pois trata-se de aquisição originária de domínio.

Em virtude da consolidação temporal da posse e do caráter originário da aquisição da propriedade, o registro declaratório da usucapião não se confunde com as condutas previstas no Capítulo IX da Lei n. 6.766, de 19 de dezembro de 1979, nem delas deriva[78].

Da cobrança dos emolumentos

Enquanto não for editada, no âmbito dos Estados e do Distrito Federal, legislação específica acerca da fixação de emolumentos para o procedimento da usucapião extrajudicial, serão adotadas as seguintes regras:

i) no tabelionato de notas, a ata notarial será considerada ato de conteúdo econômico, tendo por base para a cobrança de emolumentos o valor venal do imóvel relativo ao último lançamento do imposto predial e territorial urbano ou ao imposto territorial rural ou, quando não estipulado, o valor de mercado aproximado;

ii) no registro de imóveis, pelo processamento da usucapião, serão devidos emolumentos equivalentes a 50% do valor previsto na tabela de emolumentos para o registro e, caso o pedido seja deferido, também serão devidos emolumentos pela aquisição da propriedade equivalentes a 50% do valor previsto na tabela de emolumentos para o registro, tomando-se por base o valor venal do imóvel relativo ao último lançamento do imposto predial e territorial urbano ou ao imposto territorial rural ou, quando não estipulado, o valor de mercado aproximado.

Diligências, reconhecimento de firmas, escrituras declaratórias, notificações e atos preparatórios e instrutórios para a lavratura da ata notarial, certidões, buscas, averbações, notificações e editais relacionados ao procedimento do pedido da usucapião serão considerados atos autônomos para efeito de cobrança de emolumentos nos termos da legislação local[79].

16.5.7.3 Ata notarial para a usucapião

A ata notarial é obrigatória[80] para o procedimento de reconhecimento da usucapião. Sem ela, faltará o requisito que a lei exige, fulminando o procedimento.

---

são preenchidos os requisitos exigidos por lei. Sendo a posse exercida desde certa data, o imóvel saiu da esfera patrimonial do titular do domínio não sendo mais, em tese, passível de execução.

77. Em qualquer caso, o legítimo interessado pode suscitar o procedimento de dúvida, observado o disposto nos arts. 198 e seguintes da LRP.
78. Crime contra a Administração Pública, arts. 50 a 52.
79. As despesas podem ser adiantadas pelo requerente.
80. Neste sentido: Apelação n. 1002887-04.2018.8.26.0100, do Conselho Superior da Magistratura de São Paulo.

A exigência de apresentação de ata notarial para instruir o procedimento decorre da interpretação literal do inciso I do art. 216 da Lei n. 6.015/73 – não há outra interpretação ou norma que imponha solução diversa.

A ata notarial para usucapião será feita, a requerimento do interessado, sem necessidade da presença de advogado, que é obrigatória no procedimento junto ao registro imobiliário.

A ata notarial[81] deve conter a qualificação, endereço eletrônico, domicílio e residência do solicitante e respectivo cônjuge ou companheiro, se houver, e do titular do imóvel lançado na matrícula objeto da usucapião que ateste:

i) descrição do imóvel usucapiendo conforme consta na matrícula ou a descrição da área nos casos de transcrição e as suas características, tais como se urbano ou rural, se residencial ou comercial, a existência de edificação, benfeitoria ou de qualquer acessão[82];

ii) o tempo e as características da posse do requerente e de seus antecessores;

iii) a forma de aquisição da posse do imóvel usucapiendo pela parte requerente;

iv) a modalidade de usucapião pretendida e sua base legal;

v) o número de imóveis atingidos pela pretensão aquisitiva e a localização: se estão situados em uma ou em mais circunscrições;

vi) o valor do imóvel;

O valor do imóvel declarado pelo requerente deve ser o valor venal relativo ao último lançamento do IPTU ou ITR ou, quando não estipulado, o valor de mercado aproximado[83].

vii) outras informações que o tabelião de notas considere necessárias à instrução do procedimento, tais como depoimentos de testemunhas ou partes confrontantes[84].

O requerimento pode ser instruído com mais de uma ata notarial, seja ata complementar ou escritura declaratória, podendo ser lavradas pelo mesmo tabelião ou por outro, e ser de locais distintos.

A ata notarial será lavrada pelo tabelião de notas do município em que estiver localizado o imóvel usucapiendo ou a maior parte dele[85].

O tabelião de notas, a seu critério, poderá comparecer pessoalmente ao imóvel usucapiendo para realizar diligências necessárias à lavratura da ata notarial. A ata também pode ser lavrada em cartório, sem diligência, nos casos de unidade autônoma, por

81. Doravante será lançado na ata notarial, além da qualificação do solicitante, o endereço (e-mail), se ele possuir, e qualificação do titular do domínio, nos casos de haver matrícula ou transcrição.

82. Se não houver matrícula ou transcrição, o tabelião de notas deve descrever o imóvel conforme consta na planta e memorial descritivo (atuais).

83. Ou o valor venal de referência, nos municípios que o possuírem.

84. Inclusive exigir a apresentação de documentos outros que manifestem a convicção do notário sobre a posse *ad usucapionem*.

85. O tabelião de outro local não pode lavrar a ata notarial para a usucapião, exceto a complementar. O tabelião, na ata, alertará o requerente e as testemunhas que as declarações feitas são sob responsabilidade civil e penal.

exemplo. É recomendável, e nossa experiência demonstra, que o tabelião se desloque para verificar o imóvel *in loco*[86].

Na ata notarial podem constar imagens, documentos e vídeos gravados em arquivos eletrônicos, além do depoimento de testemunhas, ocupantes, locatários etc.[87].

A ata deve conter alerta expresso de que não é o meio de reconhecimento da usucapião, sendo um dos requisitos do procedimento de reconhecimento da usucapião perante o registro imobiliário.

Cabe ressaltar que o tabelião não tem condições de atestar **continuamente** a posse de um imóvel durante a prescrição aquisitiva para fins de usucapião. O que a lei deseja é cumprir uma liturgia legal e confiou ao tabelião o sacramento.

É objeto das atas de presença a exibição de documentos para que, examinados, o notário descreva-os minuciosamente, como eles resultam de sua percepção, como é o caso da ata para usucapião. O tabelião, com sua percepção técnica e diante de elementos probatórios, atesta e dá certeza sobre determinada situação (indiretamente). O que a lei busca com a ata, em síntese, são os vestígios de certeza e segurança sobre a situação fática duradoura, ou seja, sobre o tempo prolongado e os atributos fixados em lei para a prescrição aquisitiva.

A ata notarial para usucapião deve conter elementos que configurem, para o registrador, a segurança dos requisitos legais para atribuir a propriedade ao interessado. Em decisão proferida no Proc. n. 1004203-52.2018.8.26.0100, em 16-3-2018, a 1ª Vara de Registros Públicos de São Paulo destacou:

> "(...) E não é só. A exigência da ata notarial, como dito acima, é garantia do Oficial de Registros de Imóveis e de terceiros de que as informações dadas pelo requerente são verdadeiras. Ou seja, não basta a palavra deste para que o registrador reconheça a prescrição aquisitiva, sendo necessário outro meio de prova apto a demonstrar a veracidade das informações.
>
> Tal meio, escolhido pelo legislador, é a ata notarial. Corrobora este entendimento a previsão do § 2º do art. 5º do já mencionado Provimento n. 65, no sentido de que o Tabelião não pode basear-se apenas na declaração do requerente para lavrar o documento.
>
> Tudo isso a fortalecer o entendimento de que, dada a natureza da usucapião, não é suficiente o mero requerimento do possuidor e o silêncio do proprietário tabular para seu reconhecimento. São necessários elementos externos, que no caso judicial se dão pela inquirição de testemunhas, perícia judicial e pela própria autoridade do juiz ao utilizar seu convencimento motivado para atestar a posse. Já no caso extrajudicial, este elemento externo é a ata notarial, que, caso afastada, retiraria essa garantia de que os fatos alegados pelo requerente são verdadeiros (...)".

Neste mesmo processo decidiu-se que a ata notarial é inafastável e é requisito obrigatório no procedimento de reconhecimento da usucapião extrajudicial:

> "(...) Destarte, também na usucapião administrativa esta comprovação deve ser feita. E a forma para tal não é livre: estando em jogo o direito de propriedade, a prova há de observar as exigências legais, sob pena de haver uma simplificação excessiva que coloque em risco a propriedade de terceiros.

86. Buscando retratar a fiel situação real do imóvel e a sua descrição no registro imobiliário.
87. A ata notarial não pode basear-se apenas em declarações do requerente, conforme Prov. CNJ nº 65/2018.

> Em outras palavras, a observância dos preceitos legais é essencial para a segurança jurídica esperada do procedimento administrativo, não sendo possível ao requerente optar pela forma em que demonstrará a posse e o justo título, quando o caso.
>
> Assim, ainda que se discorde dos meios exigidos pelo legislador (como a ineficácia da ata notarial para atestar a existência da posse e seu tempo), são eles garantias de que a usucapião foi reconhecida de modo legítimo, declarando-se a propriedade do usucapiente em prejuízo do proprietário tabular sem qualquer dúvida que possa contaminar a legitimidade do procedimento.
>
> Portanto, as exigências legais devem ser observadas em sua totalidade, e sua interpretação deve ser restritiva, no sentido de limitar qualquer tentativa de se simplificar o procedimento ou alterá-lo.
>
> (...)
>
> No caso da ata notarial, contudo, não há exceção. Sua exigência é expressa na lei. Neste sentido, a expressão 'conforme o caso e suas circunstâncias' não vem no sentido de afastar a necessidade da apresentação da ata, mas diz respeito ao 'tempo de posse do requerente e de seus antecessores'. Ou seja, o tabelião deve atestar o tempo de posse conforme o caso e suas circunstâncias, no sentido de que não há modelo específico de como deverá fazê-lo: observadas as circunstâncias próprias de cada caso, o tabelião pode atestar o tempo de posse de diversas maneiras, como entrevistando vizinhos, analisando documentos ou utilizando-se de outros meios aptos para tanto. (...)".

A ata poderá conter as declarações do possuidor sobre a sua posse mansa, pacífica, contínua e duradoura por certo tempo do imóvel onde reside ou trabalha. Além das declarações do possuidor, sob responsabilidade civil e penal, a ata deve conter outros elementos probatórios (documentais e/ou testemunhais), como comprovantes de impostos ou de consumo, como água, luz, telefone etc. atrelados ao imóvel e no nome do possuidor. Ainda melhor, se a posse tiver um título causal, como um compromisso de compra e venda, além de testemunhas que corroboram tais fatos.

A melhor das atas para usucapião será aquela em que o tabelião possa constatar, com fulcro na base geodésica certa decorrente do memorial descritivo e da planta assinada pelos confrontantes, a presença do possuidor e eventuais confrontantes e testemunhas (vizinhos, por exemplo) que conheçam o possuidor e o tempo da posse. Nesta ata, constará a apresentação da planta, assinada pelos confrontantes, e o memorial descritivo, assinado pelo profissional responsável.

A seguir, listamos as partes e documentos indispensáveis ou convenientes:

A ata notarial e os documentos obrigatórios e facultativos

Integra, obrigatoriamente, o procedimento de reconhecimento da usucapião a apresentação de ata notarial na qual o tabelião atesta no mínimo o tempo[88] da posse e a cadeia possessória[89], conforme a modalidade da usucapião. Além disso, poderá atestar o que mais entender necessário para prova do direito pretendido, ou o que mais lhe for solicitado.

Esta é uma ata notarial com características próprias: exige-se que o tabelião **ateste** elementos que possibilitem ao registrador certeza para atribuir a propriedade. Constatar o tempo de posse é, de fato, impossível ao tabelião realizar. Por isso a lei diz atestar,

88. O requisito tempo inclui outros elementos da posse que devem integrar a ata.
89. Atentar, pois, para certas modalidades de usucapião exigem-se requisitos personalíssimos, impedindo a soma da posse de antecessores.

certificar oficialmente. **O que a lei deseja é a autenticação notarial da demonstração dos elementos caracterizadores da posse, e não constatação presencial do tempo dela,** o que, evidentemente, seria impossível.

A ata notarial terá como fonte inicial a base geodésica da propriedade e caberá ao tabelião de notas decidir sobre a necessidade de diligência no imóvel usucapiendo, de todo recomendável. Há casos em que é prescindível a verificação *in loco* do imóvel. Ex.: Usucapião de apartamento em condomínio edilício regularmente instituído não necessita a diligência até o imóvel. Se a planta e o memorial divergirem da realidade física descrita na matrícula ou transcrição, a diligência ao imóvel para se aferir a realidade fática é necessária.

Sempre que possível, o tabelião deverá começar o trabalho com a apresentação da matrícula ou transcrição, se houver, do memorial descritivo e planta do imóvel usucapiendo. Isto permitirá atender ao princípio da especialidade objetiva (descrição do imóvel), aos limites da posse e conhecer os confrontantes que concordam com a planta apresentada, caso assinem, podendo também colher as suas declarações e anuências na ata.

Identificamos dois tipos para a ata de usucapião:

1) **Ata para usucapião – verificação em cartório**, na qual o tabelião constata – no recinto do tabelionato – com fulcro na base geodésica certa decorrente do memorial descritivo e da planta assinada pelos confrontantes, a presença do possuidor e eventuais confrontantes e testemunhas (vizinhos etc.) que conheçam o possuidor e o tempo da posse. A apresentação de documentos que fazem prova da situação jurídica possessória que comprove o justo título, quando o caso. Nesta ata, é indispensável a apresentação da planta e do memorial descritivo assinados pelo profissional responsável. A indicada para unidades autônomas.

Para certas modalidades de usucapião, esta ata não é indicada, como, por exemplo, onde há a necessidade da comprovação do requisito de moradia ou de produção.

Presenças indispensáveis:

– Possuidor como solicitante e declarante.

Presenças convenientes:

– Confrontantes, titulares do domínio

– Confrontantes, possuidores;

– Vizinhos, que testemunham a posse mansa, pacífica e duradoura de certo tempo.

Presenças facultativas:

– Cônjuge do possuidor;

– Profissional responsável pelo memorial descritivo e planta;

– Advogado.

Documentos indispensáveis:

– RG e CPF, inclusive dos cônjuges;

- Certidão de casamento (se casado, separado, divorciado ou viúvo). Quando for de outro município, com firma reconhecida do oficial que a expediu;
- Pacto antenupcial registrado, se houver;
- Certidão de óbito (se viúvo). Quando for de outro município, com firma reconhecida do oficial que a expediu;
- Certidão do registro imobiliário, inclusive a negativa, se for o caso;
- Planta e memorial descritivo assinados pelos confrontantes. Qualificar e reconhecer as firmas dos confrontantes e do profissional competente apostas na planta;
- Contas de consumo vinculadas ao imóvel, como água, luz, telefone, TV a cabo etc.

Documentos convenientes:

- Justo título[90];
- Recibos ou guias de pagamento de tributos relativos ao imóvel;
- Cadastro na prefeitura municipal ou carnê de pagamento de tributos;
- Contratos como compromisso de compra e venda, arras etc.;
- Documentos indicativos de construções ou benfeitorias feitas no imóvel.

Documentos facultativos:

- Certidões negativas dos distribuidores. Provam que não há ações reais ou pessoais reipersecutórias o que garante ao tabelião que a posse é mansa e pacífica.

Observação:

- Os possuidores que exercem a posse em nome próprio e como donos, devem figurar na ata notarial como solicitantes, inclusive os cônjuges[91] ou companheiros, conforme o caso;
- Havendo união estável ou convivência, deve ser indicado o nome dos conviventes. Em caso de posse conjunta, ambos devem figurar como solicitantes;
- Distinguir em itens diferentes as declarações de cada parte e intervenientes, para que fique claro ao registrador ou juiz o que é declarado por cada participante.

2) **Ata para usucapião – verificação em diligência**, na qual o tabelião constata – em diligência – a existência e características do bem usucapiendo, a presença do possuidor e eventuais confrontantes e testemunhas (vizinhos etc.) que conheçam o possuidor e o tempo da posse. Esta ata conterá ainda a apresentação de documentos que fazem prova da situação jurídica possessória. Nesta ata, é indispensável a apresentação da planta e do memorial descritivo assinados pelo profissional responsável. **Esta é a ata de usucapião padrão.**

Presenças indispensáveis:

- Possuidor como solicitante e declarante.

90. Para algumas modalidades é documento obrigatório (usucapião ordinária – art. 1.242 do Código Civil e usucapião ordinária decorrente de registro cancelado – art. 1.242, parágrafo único, do Código Civil).
91. Se a posse for conjunta, ambos figuram como solicitantes. Se a posse for só de um, o outro comparece anuindo e concordando com o pedido.

Presenças convenientes:

- Confrontantes, titulares do domínio;
- Confrontantes, possuidores;
- Vizinhos, que testemunham a posse mansa, pacífica e duradoura de certo tempo.

Presenças facultativas:

- Cônjuge do possuidor;
- Profissional responsável pelo memorial descritivo e planta;
- Advogado.

Documentos indispensáveis:

- RG e CPF, inclusive dos cônjuges;
- Certidão de casamento (se casado, separado, divorciado ou viúvo). Quando for de outro município, com firma reconhecida do oficial que a expediu;
- Pacto antenupcial registrado, se houver;
- Certidão de óbito (se viúvo). Quando for de outro município, com firma reconhecida do oficial que a expediu;
- Certidão do registro imobiliário, inclusive a negativa, se for o caso;
- Planta e memorial descritivo assinada pelos confrontantes. Qualificar e reconhecer as firmas dos confrontantes e do profissional competente apostas na planta;
- Contas de consumo vinculadas ao imóvel, como água, luz, telefone, TV a cabo etc.

Documentos convenientes:

- Justo título[92];
- Recibos ou guias de pagamento de tributos relativos ao imóvel;
- Cadastro na prefeitura municipal ou carnê de pagamento de tributos;
- Contratos como compromisso de compra e venda, arras etc.;
- Documentos indicativos de construções ou benfeitorias feitas no imóvel.

Documentos facultativos:

- Certidões negativas dos distribuidores. Provam que não há ações reais ou pessoais reipersecutórias, o que garante ao tabelião que a posse é mansa e pacífica.

Observação:

- Os possuidores que exercem a posse em nome próprio e como donos, devem figurar na ata notarial como solicitantes, inclusive os cônjuges[93] ou companheiros, conforme o caso.
- Havendo união estável ou convivência, deve ser indicado o nome dos conviventes. Em caso de posse conjunta, ambos devem figurar como solicitantes.

---

92. Para algumas modalidades é documento obrigatório (usucapião ordinária – art. 1.242 do Código Civil e usucapião ordinária decorrente de registro cancelado – art. 1.242, parágrafo único, do Código Civil).

93. Se a posse for conjunta, ambos figuram como solicitantes. Se a posse for só de um, o outro comparece anuindo e concordando com o pedido.

- Distinguir em itens diferentes as declarações de cada parte e intervenientes, para que fique claro ao registrador ou juiz o que é declarado por cada participante.

Caracteres genéricos aplicáveis

- **Requerimento:**
- Requerimento escrito, com protocolo do pedido.
- **Pessoa Jurídica** (somente usucapião extraordinária e ordinária):
- Número do CNPJ;
- Fotocópia autenticada do contrato social, última alteração e alteração em que conste modificação de diretoria, ou consolidação do contrato social. Se estatuto social, sua fotocópia autenticada e a ata de eleição da diretoria;
- RG, CPF, profissão, estado civil e residência do diretor(es), sócio(s) ou procurador(es) que assinará(ão) a ata;
- Certidão da junta comercial de que não há outras alterações e confirmação, se o contrato tiver mais de um ano.
- **Confrontantes tabulares, de fato e testemunhas:**
- Certidão de matrícula ou transcrição atualizada dos imóveis confrontantes;
- Fotocópia de contrato, se confrontantes forem ocupantes (ex.: locação, comodato etc.);
- Fotocópia do RG e CPF (e apresentação do original);
- Fotocópia da certidão de casamento (se casado, separado, divorciado ou viúvo). Quando for de outro município, com firma reconhecida do oficial que a expediu;
- Fotocópia da certidão de óbito com firma reconhecida no original do oficial que a expediu (se viúvo);
- Informar se conhece o possuidor e há quanto tempo;
- Informar se tem conhecimento de quanto tempo o possuidor está na posse (de modo manso, pacífico e contínuo);
- Informar profissão;
- Informar endereço.

Observação: Na ata que tenha por objeto unidade de condomínio edilício, o confrontante será o próprio condomínio na pessoa do síndico. Funcionários ou proprietários/ocupantes de unidades vizinhas podem comparecer na ata como testemunhas, se necessário.

Profissional responsável: Engenheiro ou arquiteto:

- Cópia da carteira profissional – ART/CREA (e apresentação do original);
- Registro de responsabilidade técnica;
- Informar nacionalidade, estado civil e endereço profissional;
- Telefone e e-mail.

Planta/Croqui e memorial descritivo da posse:

- Planta/croqui e memorial descritivo da posse devem ser feitos de forma técnica. Devem ser lançados o maior número de informações possíveis, sobre as dimensões do imóvel, sua localização, seus confrontantes, e as matrículas ou transcrições atingidas.

Certidões de feitos ajuizados da situação do imóvel e do domicílio do(s) solicitante(s):

1. Certidão dos distribuidores cíveis estadual e federal em nome:

a. do(s) solicitante(s);

b. do(s) antecessor(es) na posse, se o(s) autor(es) requerer(em) que o tempo deles seja computado com o seu, para atingir o prazo de usucapião;

c. dos titulares de domínio.

2. Quanto aos titulares de domínio, a certidão de distribuição tem de abranger, também, inventários e arrolamentos.

3. Trazer certidão de objeto e pé, se em alguma certidão constar:

a. ação referente à posse ou à propriedade;

b. ação de despejo;

c. inventário ou arrolamento de titular de domínio.

Outros documentos:

- A procuração para requerer a usucapião deve conter poderes especiais para este objeto.
- Se houver procurador, ou qualquer outro representante, é necessário apresentar RG, CPF, informar estado civil, profissão e residência.
- Procuração atualizada (prazo de 90 dias a partir da expedição do traslado ou da certidão) com firma reconhecida no original do tabelião que a expediu (o reconhecimento deve ser feito na cidade do tabelião);
- Para o substabelecimento, aplicam-se as mesmas regras.

b) Elementos da posse que devem integrar a ata notarial

Além de constatar a cadeia possessória, o tabelião deve constatar o tempo da posse e isso não significa tão somente o tempo. A lei contém outros requisitos da posse que obrigatoriamente deverão integrar a ata notarial. São eles:

Configuração da posse

O tabelião deve buscar elementos de configuração da posse – deve haver corpus e *animus domini*[94].

Pode haver um outro tipo, a ata cujo objeto é a comprovação da posse de bem imóvel ou móvel. Ela não é destinada exclusivamente ao procedimento de reconhecimento

94. Em algumas modalidades de usucapião não é requisito essencial.

de usucapião, mas para a pré-constituição de prova em geral, com fundamento no art. 384, do CPC, e não no inciso I do art. 216 da Lei n. 6.015/73.

Ocupação indevida

A ocupação indevida gera mera detenção, à qual a lei não atribui proteção. A detenção é um estado de fato, onde o detentor não ostenta a qualidade de possuidor, ou porque não tem a intenção de ser dono, ou porque não pode ser dono, ou por agir em nome e por conta do proprietário ou do possuidor. Exemplo típico é o caseiro.

Origem e tempo

O tabelião deve buscar elementos sobre a origem da posse, se advém por sucessão hereditária[95] ou testamentária[96] ou por sucessão de fato, com soma de posse[97]. Nesta, o possuidor deve esclarecer como a posse primitiva se iniciou e a que título foi conquistada ou adquirida (neste caso, os antigos possuidores que transferiram a posse não precisam figurar como solicitantes, mas devem ser citados na ata; podem também ser testemunhas). Naquela, os herdeiros que exerceram/adquiriram a posse como donos, devem figurar como solicitantes. Os possuidores, confrontantes e eventuais testemunhas devem informar, sob responsabilidade civil e penal, a data ou época em que teve início a posse, informando dia ou mês certo ou aproximado. Deve ser indicado o tempo total de posse.

Posse "*ad interdicta*" e posse "*ad usucapionem*"

O tabelião deve buscar elementos da posse se é "*ad interdicta*" ou "*ad usucapionem*".

A posse "*ad interdicta*"[98] é a posse que dá direito ao possuidor de utilizar os denominados interditos possessórios, ou ações possessórias: manutenção de posse, reintegração de posse e interdito proibitório (art. 1.210 do Código Civil). Ex.: locatário, mutuário, arrendatário etc. (há desmembramento da posse).

A posse "*ad usucapionem*" é a posse em que o possuidor tem condições de adquirir a propriedade ou outro direito real pela usucapião. Ocorre quando o possuidor, após posse mansa e ininterrupta durante determinado lapso de tempo, tem a possibilidade de se tornar proprietário do bem. **Ex.**: invasor (não há desmembramento da posse).

Destinação do bem

O tabelião deve buscar elementos sobre a destinação dada ao imóvel. **Exemplos:**

- Moradia habitual ou realização de obras ou serviços produtivos no imóvel (art. 1.238, parágrafo único, do Código Civil);
- Moradia ou realização de investimentos de interesse social e econômico (art. 1.242, parágrafo único, do Código Civil);

---

95. Art. 1.207, CC. O sucessor universal continua de direito a posse do seu antecessor; e ao sucessor singular é facultado unir sua posse à do antecessor, para os efeitos legais (*sucessio possessionis*).
96. Art. 1.206, CC. A posse transmite-se aos herdeiros ou legatários do possuidor com os mesmos caracteres.
97. *Accessio possessionis*, permite que o possuidor junte a sua posse com a de seu antecessor, para fins de contagem do lapso temporal exigido para a implementação da usucapião.
98. Em princípio não dá direito ao reconhecimento da usucapião.

– Moradia própria ou de sua família (art. 183 da CF, art. 9º, da Lei n. 10.257/2001 e art. 1.240 do Código Civil);
– Moradia e ter tornado o imóvel produtivo por seu trabalho ou de sua família (art. 191 da CF e art. 1.239 do Código Civil);
– Ter tornado o imóvel produtivo por trabalho seu ou de sua família (art. 1º da Lei n. 6.969/81);
– Moradia do cônjuge ou de sua família (art. 1.240-A do Código Civil);
– Moradia familiar (art. 10 da Lei n. 10.257/2001); ou
– Outra destinação (art. 1.238 do Código Civil, art. 1.242 do Código Civil e art. 33 da Lei n. 6.001/73).

Forma e modo de exercício da posse

O tabelião deve verificar elementos que caracterizam a posse: é exercida diretamente pelo possuidor de modo manso, pacífico e contínuo?

Atos de posse

O possuidor deve informar se fez acessões e benfeitorias no imóvel e atos de conservação ou manutenção, com referência às datas respectivas, mesmo que aproximadas, atos de habitualidade etc.

O direito usucapido

O tabelião deve enquadrar na ata notarial o direito usucapido[99]. Ex.: propriedade, usufruto, direito de superfície, servidão etc.

Cadeia possessória

Cadeia possessória é a demonstração cronológica do exercício da posse no decorrer do tempo. Ex.: é quando se comprove que A transfere para B que transfere para C. Deve constar o nome dos antigos possuidores, suas identificações e o período da posse de cada um, quando for o caso. A qualificação completa não é necessária, mas recomendável, se possível obtê-la.

Justo título

Segundo o Enunciado n. 303 do Conselho de Justiça Federal: "Considera-se justo título para presunção relativa da boa-fé do possuidor o justo motivo que lhe autoriza a aquisição derivada da posse, esteja ou não materializado em instrumento público ou particular. Compreensão na perspectiva da função social da posse".

Alguns exemplos:

a) compra e venda;

b) promessa ou compromisso de compra e venda; ou

c) cessão de direitos feita pelo compromissário comprador ou por herdeiros;

d) contrato verbal, comprovado pelos recibos de pagamento ou quitação;

99. Há quem entenda que a usucapião extrajudicial somente pode ser da propriedade matriculada, excluídos direitos reais menores.

Obs.: Em todas as hipóteses, apresentar os comprovantes de pagamento, se existentes;

e) contrato verbal de aquisição, sem comprovação de pagamento, com testemunhas que atestem esta circunstância;

f) contrato verbal ou escrito de aquisição dos direitos inerentes à posse.

Sem justo título: Informar se a posse decorre de:

a) ocupação de terreno, lote ou imóvel abandonado ou sem dono;

b) demais formas admitidas em direito.

Descrição do imóvel

A área usucapida deve ser descrita com todos os detalhes possíveis. Neste sentido, devem ser disponibilizadas todas as informações descritivas possíveis, em especial as seguintes:

a) localização da posse (rua e número);

b) se há construção;

c) nome dos confrontantes de fato, informando a localização de seus imóveis (nome da Rua e numeração);

d) fotos, Google Earth, Google Street View, Drones etc. Todos esses meios são representações indiretas da situação fática constatável, os quais o tabelião de notas, a seu critério, pode utilizar para sua percepção e autenticação dos fatos. Respeitados os posicionamentos contrários, tal procedimento não ofende o princípio da imediação notarial, que, nos dias atuais, fora mitigado em face da dinâmica da vida moderna e das novas tecnologias. Exemplo disso são os atos notariais eletrônicos e a edição do Provimento CGJ-SP n. 08/2015, que possibilitou a coleta da assinatura das partes em até 30 dias após a lavratura do ato.

Obs.: Se a planta/croqui e memorial descritivo forem apresentados previamente ao notário, tais informações constarão na ata. É importante salientar que as informações constantes na ata e na planta e memorial descritivo não podem ser divergentes.

c) Breve síntese das etapas do procedimento no tabelionato

1. É prudente que o tabelião receba o pedido da ata por formulário impresso (requerimento com protocolo);
2. Entrega dos documentos solicitados ao tabelião;
3. Agendar a presença no local, na hora indicada, quando for o caso. Conveniente também agendar com confrontantes e terceiros;
4. Remeter uma minuta para conferência do solicitante;
5. Agendar a data da lavratura e assinatura.

16.5.8 Ata de subsanação

O ato notarial, assim como o ato administrativo, não pode subsistir com erro material. Não pode haver pacto com o errado, olhos desviados da evidência ou sujeira varrida para baixo do tapete.

O erro deve ser corrigido, sob qualquer pretexto, sob qualquer forma.

Como já dito, entendemos que os instrumentos adequados para a correção de atos notariais são a escritura de retificação e ratificação, que exige a presença de todas as partes, ou o aditamento retificativo[100] ou aditamento[101], lavrado pelo tabelião somente com a presença de alguma das partes, para corrigir ou suprir certos erros evidenciados por declaração das partes ou por documentos.

Narciso Orlandi Neto[102] explica que "não há possibilidade de retificação de escritura sem que dela participem as mesmas pessoas que estiveram presentes no ato da celebração do negócio instrumentalizado. É que a escritura nada mais é que o documento, o instrumento escrito de um negócio jurídico; prova pré-constituída da manifestação de vontade de pessoas, explicitada de acordo com a lei. Não se retifica manifestação de vontade alheia. Em outras palavras, **uma escritura só pode ser retificada por outra escritura**, com o comparecimento das mesmas partes que, na primeira, manifestaram sua vontade e participaram do negócio jurídico instrumentalizado".

Para Pontes de Miranda103, "falta qualquer competência aos Juízes para decretar sanações e, até, para retificar erros das escrituras públicas: **escritura pública somente se retifica por outra escritura pública**, e não por mandamento judicial". Inúmeras são as decisões administrativas da Corregedoria de São Paulo nesse sentido. Contudo, o Provimento n. 40/2012, atualizado pelo Provimento n. 56/2019, da Corregedoria-Geral da Justiça, elegeu a ata retificativa como instrumento para a correção de erros, inexatidões materiais e irregularidades, constatáveis documentalmente e desde que não modificada a declaração de vontade das partes nem a substância do negócio jurídico realizado, podendo ser corrigidos de ofício ou a requerimento das partes, ou de seus procuradores, mediante ata retificativa lavrada no livro de notas e subscrita apenas pelo tabelião ou por seu substituto legal, a respeito da qual se fará remissão no ato retificado (item 54).

São considerados erros, inexatidões materiais e irregularidades, exclusivamente:

a) omissões e erros cometidos na transposição de dados constantes dos documentos exibidos para lavratura do ato notarial, desde que arquivados na serventia, em papel, microfilme ou documento eletrônico;
b) erros de cálculo matemático;
c) omissões e erros referentes à descrição e à caracterização de bens individuados no ato notarial;
d) omissões e erros relativos aos dados de qualificação pessoal das partes e das demais pessoas que compareceram ao ato notarial, se provados por documentos oficiais.

Os erros, as inexatidões materiais e as irregularidades, quando insuscetíveis de saneamento mediante ata retificativa, podem ser remediados por meio de escritura de

100. Aditamento retificativo corrige algum erro evidente no ato, que independe da manifestação de vontade da parte.
101. Aditamento supre algum elemento faltante no ato, que independe da manifestação das partes.
102. *Retificação do Registro de Imóveis*. São Paulo: Juarez de Oliveira, p. 90.
103. Cf. R.R. 182/754 – *Tratado de Direito Privado*: Parte Geral. 3. ed. Rio de Janeiro: Borsoi, 1970, § 338, p. 361.

retificação-ratificação, que deve ser assinada pelas partes e pelos demais comparecentes do ato rerratificado e subscrita pelo tabelião de notas ou pelo substituto legal (item 55).

Em que pese nosso posicionamento, muitos notários viam na ata notarial de subsanação o instrumento para a correção de erros.

Independentemente do título do instrumento, o imprescindível é corrigir os erros e as omissões, quando detectados, o quanto antes e da maneira mais simples e menos custosa para as partes, o tabelião e a sociedade.

A ata de subsanação é o instrumento pelo qual o tabelião constata erros em documentos particulares ou oficiais e os corrige em vista de evidente descompasso entre a situação real e a documental, entre a verdade perceptível e o erro perenizado. Segundo Argentino I. Neri, a ata de subsanação tem por fim a reparação de um ato jurídico notarial no qual, *a posteriori* de sua subscrição, detectou-se uma informalidade legal, seja por omissão, seja por erro material[104].

A ata de subsanação, ou qualquer ato retificatório operado pelo tabelião, não encontra fundamento na Lei n. 6.015/73, art. 213, que trata da correção de erros evidentes perante e pelo oficial de registro. O oficial de registro está adstrito aos erros evidentes e aos procedimentos retificatórios inseridos pela Lei n. 10.931/2004, que deu nova redação ao art. 213.

O fundamento para a correção de erros verificados em atos notariais está na Lei n. 8.935/94, arts. 1º e 4º, que exigem a segurança, a eficiência e a eficácia dos atos notariais.

Ainda que não houvesse tal disciplina, parece curial que a administração pública não tolere a circulação de seus atos com erros, sejam pequenos ou grosseiros.

O erro pode ser **das partes, do tabelião** ou **de outro tabelião**. Não é necessário que o erro seja evidente, mas, sim, evidenciável, presente, seja em decorrência de denúncia das partes, seja em decorrência de constatação do tabelião[105].

Os elementos de qualificação das pessoas, por exemplo, podem ser corrigidos sem nova manifestação de vontade dos contratantes, desde que não alterem a identidade das partes. É o caso do número do documento de identidade (RG), do CPF, do CNPJ, da omissão do patronímico materno, ou até, às vezes, do estado civil das pessoas.

Também alguns elementos de descrição do bem podem ser corrigidos, desde que não se altere o objeto do negócio jurídico.

João Teodoro da Silva informa que, excepcionalmente, para suprir omissões e corrigir defeitos de forma ocorridos em escritura pública, aos quais tenham dado causa, desde que não sejam afetadas as declarações de vontade das partes nem haja risco

104. NERI, I. Argentino. *Tratado teórico y práctico de derecho notarial:* escrituras y actas. 1. ed., 2. tir. Buenos Aires: Depalma, 1980. v. 3, p. 1211.

105. Para ORLANDI NETO, Narciso. In: *Ata Notarial*, p. 163, a correção somente pode ocorrer com o erro evidente: o erro evidente é aquele cuja demonstração é feita com o simples cotejo de documentos e cuja correção a ninguém prejudica nem modifica o negócio jurídico em seus elementos essenciais.

de prejuízo a terceiros, segundo o prudente arbítrio do notário e com a devida cautela, pode o notário lavrar a ata de subsanação, de ofício[106].

Resta lembrar que, em vista do princípio da unicidade da fé pública, decorrente da delegação estatal, qualquer tabelião pode corrigir erro ou omissão constante de ato feito por outro tabelião ou agente público.

16.6 LIMITES DO TABELIÃO NA ATA NOTARIAL

Segundo Walter Ceneviva, os limites do tabelião em matéria de atas podem ser objetivos ou subjetivos[107].

Os limites objetivos são aqueles que dizem respeito ao conteúdo, a atos que não devem ser, por natureza, instrumentalizados em atas. Tal é o caso dos testamentos e dos atos e negócios jurídicos, como a compra e venda, a doação etc., cujo instrumento deve ser a escritura pública[108].

Os limites objetivos são os decorrentes de impedimentos legais.

Os limites subjetivos dizem respeito ao tabelião e seu interesse, ou também às pessoas envolvidas e seus interesses, quando possa haver em relação a eles por parte do tabelião, interesse nos efeitos. Em suma, deve ter o tabelião total isenção sobre os fatos que deve constatar, sob pena de se ter por suspeito o seu relato, ainda que provido da fé pública.

Como a Lei n. 8.935/94 se preocupa com os limites subjetivos (arts. 25 a 27), reveste-os de objetividade. Logo, preferimos tratar do tema elencando todos os limites, distinguindo quando haja a subjetividade.

Os limites objetivos e subjetivos são os seguintes:

1) **Domicílio**: o tabelião deve lavrar o ato nos limites territoriais de sua competência. Nada impede que as partes sejam de outras localidades ou que os fatos constatados estejam em outras localidades, inclusive no exterior. Um site de internet, por exemplo, pode dizer respeito a uma empresa francesa e seu conteúdo estar hospedado num servidor localizado nos Estados Unidos.

O tabelião, acessando-o de seu cartório, estará atendendo aos seus limites domiciliares.

O que o tabelião não pode é deslocar-se para outro município, exclusivamente para constatar o fato, retornar ao cartório e lavrar a ata.

Há uma exceção: quando o fato a ser constatado envolve uma ação contínua que percorre mais de um município, entendemos que a competência territorial é de qualquer tabelião com competência para um dos municípios envolvidos.

106. SILVA, João Teodoro da. Ata notarial. In: BRANDELLI, Leonardo (Coord.). *Ata notarial*, 2004, p. 29.
107. CENEVIVA, Walter. A ata notarial e os cuidados que exige. In: BRANDELLI, Leonardo (Coord.). *Ata notarial*. Porto Alegre: Sergio Antonio Fabris Editor, 2004, p. 94.
108. CENEVIVA, Walter. A ata notarial e os cuidados que exige. In: BRANDELLI, Leonardo (Coord.). *Ata notarial*, p. 94.

2) Horário de funcionamento: os serviços notariais funcionarão nos horários definidos pelo juízo competente (Lei n. 8.935/94, art. 4º). A norma impõe horário para o exercício contínuo e regular da atividade, mas comporta exceções.

Há atos que não podem deixar de ser prestados a qualquer tempo. Tal é o caso do testamento, quando a pessoa solicitante esteja em risco de vida, e das atas notariais, pois há fatos que ocorrem em momento alheio à vontade do solicitante e ao horário regular do expediente notarial.

Assim, a ata notarial, como os testamentos, não oferece limite temporal ao tabelião. Se o fato ocorrer em dia ou horário em que não haja expediente, não tem alternativa o tabelião senão atender ao chamado da parte para a constatação.

É claro que, se o fato permitir aguardar o horário regular de funcionamento, o tabelião deve informar ao solicitante e aguardar o momento apropriado. A lavratura de atos notariais fora do horário definido pelo juízo competente é exceção. No Estado de São Paulo, está facultada a lavratura dos atos notariais fora do horário e dos dias estabelecidos, na portaria, para o atendimento ao público.

Entretanto, o tabelião pode verificar o fato em horário de expediente externo, ou não, e instrumentar o ato em horário em que esteja fechado ao público. De portas fechadas, sem a presença da parte, o tabelião pode redigir o ato relativo ao fato presenciado em outro momento.

3) Livros obrigatórios: no Brasil, não há obrigatoriedade legal das atas serem lavradas no livro notarial. A Lei n. 8.935/94 informa que aos notários compete redigir os instrumentos adequados, conservar os originais e expedir cópias fidedignas de seu conteúdo (art. 6º, II), e isto é o mais próximo que chegamos do assunto.

Assim, se o notário preferir, pode redigi-las em folhas soltas e arquivá-las, expedindo uma cópia autêntica para o solicitante.

Não pode mais, como já fizeram alguns notários, redigir em folha solta e entregar às partes, restando sem o original do ato.

Há Estados que disciplinam a matéria administrativamente, obrigando o notário à lavratura das atas em livros notariais[109]. Outros Estados nada regulam.

A tradição notarial brasileira impõe a lavratura das atas nos livros notariais. Sobre o assunto, Ceneviva é definitivo: "entre nós, não tem cabimento a ata notarial solta"[110].

Apesar de não haver vedação para a lavratura de atas extra protocolares, o notário deve ter cautela e evitar lavrar atas fora dos livros notariais. Em primeiro, porque foge de nossa tradição profissional; em segundo, porque os livros são revestidos de processos (papéis especiais, costura, rubricas) que compõem a boa técnica de requisitos de segurança notariais.

Como ata e escritura são atos notariais distintos, sugerimos que o notário adote um livro próprio somente para este ato.

109. Tal é o caso de São Paulo, Normas de Serviço da Corregedoria-Geral da Justiça, cap. XVI, item 138.2.
110. CENEVIVA, Walter. A ata notarial e os cuidados que exige, p. 96.

4) **Formalidades próprias do título**: segundo Ceneviva, o ato notarial tem um suporte físico, o papel, que será, no futuro, o suporte virtual, pois o ato será gerado eletronicamente[111].

Como dissemos, muitas atas notariais envolvem constatação de fatos que ocorrem em meio digital. Destas, a principal é a ata de internet, pela demanda de usuários que descobriram que a ata notarial pode provar ações que, potencialmente, constituem crimes (como é o caso dos crimes contra a honra, a concorrência desleal etc.).

Uma imagem vale mais que mil palavras, diz a sabedoria popular. A ata notarial não pode furtar-se de reproduzir as imagens que o tabelião constata. A verificação de sites ou arquivos eletrônicos obriga o notário a descrever o que presencia. Neste caso, temos que a melhor descrição é a reprodução, a fotografia daquilo que vê o notário. Para que tentar narrar um fato se é possível reproduzi-lo integralmente?

O vernáculo é pobre em face da imagem[112]. A escrita serve mais à ficção que aos fatos. A ata notarial que contém imagens é uma fotografia literal.

Também as músicas são mais bem descritas quando são simplesmente tocadas. As letras, claro, podem ser reproduzidas, mas e os arranjos?

Hoje, em todo o Brasil, notários lançam imagens nos seus livros notariais, não só de sites da internet, mas também fotografias daquilo que verificam. Fazem também verificações em discos rígidos de computadores, em programas que rodam em linguagens próprias da informática, reproduzindo estes fatos em papel e, também, em meio eletrônico, com o uso da assinatura digital.

Recursos tecnológicos, portanto, não constituem impedimento à atividade notarial. Muito ao contrário, devem ser utilizados sempre que se configurem em ferramentas mais adequadas para a formalização dos documentos notariais.

5) **Outorga da delegação**: sem a delegação do Estado para praticar atos notariais não há tabelião (Lei n. 8.935/94, art. 19).

Quem não é notário delegado com título legitimamente outorgado não é autor de ata notarial. Por esta razão, dentre outras, sustentamos que a Carta de Pero Vaz de Caminha não se trata de ata notarial.

6) **Incompatibilidades e impedimentos pessoais:** o notário não pode lavrar ata notarial de seu interesse, de seu cônjuge ou de seus parentes, em linha reta ou colateral, consanguíneos ou afins, até o terceiro grau (Lei n. 8.935/94, art. 27). A regra inclui todos os prepostos do tabelião, ou seja, ele não pode solicitar a um preposto que lavre ou simplesmente assine uma ata notarial em que haja um dos impedimentos pessoais previstos na lei.

111. CENEVIVA, Walter. A ata notarial e os cuidados que exige. In: BRANDELLI, Leonardo (Coord.). Ata notarial. Porto Alegre: Sergio Antonio Fabris Editor, 2004, p. 94. O futuro previsto pelo autor já é realidade. Os atos notariais, em muitos cartórios, já são feitos totalmente em formato eletrônico, sendo lançados ao papel apenas para as assinaturas. Já é possível inclusive realizar atos notariais integralmente eletrônicos, pois as partes podem assinar com certificados digitais, previsão da MP n. 2.200-2, de 2001.

112. RODRIGUES, Felipe Leonardo. *A ata notarial e os arquivos digitais*. Diário das Leis Imobiliário – DLI, v. 12, p. 29, 2005.

A fé pública que lhe é delegada é pessoal, estando os prepostos autorizados a realizar certos atos, mas sempre em decorrência dessa "unção" originária.

A infração a esse preceito macula a ata notarial de suspeição, por afrontar a presunção de imparcialidade do tabelião.

Quando não houver outro tabelião na localidade, para lavrar ata de interesse do tabelião ou de pessoa para a qual haja impedimento, entendemos possível a solicitação por escrito a um tabelião de cidade vizinha, para que lavre o ato, que deve conter a motivação da extraterritorialidade.

Os limites subjetivos à ação do tabelião se referem aos critérios exclusivos do autor do ato, do tabelião, ou da parte solicitante. Nenhum deles pode agir contra a lei, os bons costumes, a moralidade e a ordem pública. O tabelião não pode intervir em ato de seu interesse, ou de interesse de seu cônjuge ou de parentes, em linha reta ou colateral, consanguíneos ou afins, até o terceiro grau.

Não cabe ao tabelião o poder de polícia sobre as ações do solicitante. O tabelião deve adverti-lo sobre os efeitos de suas ações, mas não deve impedi-lo de agir. O juízo de legalidade do tabelião é preventivo e, por natureza, superficial. O tabelião não é um delegado de polícia ou um juiz e não tem competência para julgar a legalidade das ações dos solicitantes, devendo evitar sempre a participação em ações que considere ilegais ou que o constranjam como pessoa ou como profissional.

Como já dissemos, a aparência de ilegalidade do fato que verifica não é impedimento para que o tabelião lavre a ata notarial. A quase totalidade das atas é solicitada justamente para atestar fatos potencialmente tipificados como ilícitos. É possível dizer que a infração, a irregularidade, o ilícito e o litígio são as razões existenciais da ata notarial.

A pornografia e o erotismo são hoje um item da sociedade de consumo. São atividades que se entranharam nos costumes atuais. Trata-se, pois, de um aspecto normal de nossa cultura.

Com frequência, o tabelião de notas pode ser chamado para constatar fatos de conteúdo erótico ou pornográfico. Não há limites objetivos para o ato, apenas o critério subjetivo do tabelião.

Queremos dizer com isso que o tabelião pode recusar-se a presenciar fatos eróticos ou pornográficos, se isso o ofender. Contudo, antes de recusar, ele deve ter em conta a possibilidade de o interessado ficar à margem do serviço notarial, sofrendo grave prejuízo. Como um dermatologista em férias, que não pode recusar-se a atender uma pessoa que aparenta ter um ataque cardíaco, por não ser a sua especialidade médica, o tabelião deve estar sempre pronto para cumprir o seu ofício, independentemente de fatores subjetivos, como a moral e os bons costumes.

A Corregedoria-Geral da Justiça de São Paulo expediu o Provimento CG n. 44/2021, que disciplinou o fornecimento de informações e a expedição de certidões de atas notariais que contenham a descrição ou a reprodução de imagem de ato de sexo ou cena pornográfica envolvendo criança ou adolescente.

As informações, certidões e traslados de ata notarial que contenham a descrição ou a reprodução de imagem de ato de sexo ou cena pornográfica envolvendo criança ou adolescente somente poderão ser fornecidas para os seus responsáveis legais, desde que não participem dos atos e cenas retratados.

Poderão também ser fornecidas diretamente para os adolescentes nela mostrados ou referidos, independentemente de representação ou assistência, ou mediante requisição judicial, da autoridade policial competente para a apuração dos fatos, ou do Ministério Público.

O fornecimento de informações e certidões para terceiros necessita a prévia autorização do Juiz Corregedor Permanente que, para essa finalidade, poderá ser provocado pelo próprio interessado ou, a seu pedido, pelo Tabelião de Notas.

Ao lavrar ata notarial que contenha a descrição ou a reprodução de ato de sexo ou cena pornográfica com a aparente participação de criança ou adolescente, o Tabelião de Notas encaminhará, ao Ministério Público e à Autoridade Policial que for competente para a apuração do fato, uma via da ata notarial, devendo arquivar cópia da efetiva comunicação em classificador próprio, físico ou eletrônico.

Quando receber do solicitante da ata um boletim de ocorrência policial com tais circunstâncias, o tabelião de notas fará constar em sua redação, ou indicará que o fato será por ele comunicado para o Ministério Público e autoridade policial.

O tabelião de notas adotará medida de controle de acesso ao livro que contenha ata notarial com a descrição ou a reprodução de ato de sexo ou cena pornográfica, para o que poderá manter livro exclusivo para esta espécie de ato notarial.

O tabelião de notas não pode compartilhar informação que contenha a descrição ou a reprodução de ato de sexo ou cena pornográfica com a aparente participação de criança ou adolescente constatado na ata notarial, da sua certidão ou traslado, ainda que por meio de Central de Serviços Eletrônicos Compartilhados, salvo para atender requisição judicial, do Ministério Público ou da autoridade policial competente para a apuração dos fatos.

7) **Impedimentos disciplinares**: o tabelião suspenso de suas atividades para apuração, ou em decorrência, de infração disciplinar, não está no exercício do cargo (Lei n. 8.935/94, art. 32, III). Logo, não tem competência para lavrar qualquer ato notarial.

8) **Incompatibilidade em razão da matéria**: o notário que não entende a realidade não pode descrevê-la. Aqueles assuntos que, por sua natureza técnica ou científica, fujam à capacidade de percepção ou compreensão do notário, ou mesmo somente não lhe deem certeza plena dos fatos, não devem ser objeto de ata notarial.

Nada impede, porém, que o notário acompanhe os fatos ou se auxilie no momento da ata com a participação da opinião ou dos procedimentos de terceiros com as qualificações necessárias[113].

113. CENEVIVA, Walter. A ata notarial e os cuidados que exige, p. 97.

Neste caso, é muito conveniente que estes terceiros (peritos, advogados, programadores informáticos, contadores, engenheiros, etc.) assinem a ata. Em contrário à posição de Ceneviva, não temos como imprescindíveis tais assinaturas[114]. Para as normas de São Paulo, tais assinaturas são prescindíveis.

Com grande frequência somos chamados a presenciar fatos que fogem de nossa compreensão pessoal e profissional. Tal é o caso da ata de verificação de poluição em um córrego, ou da perícia de dados constantes em um programa de computador de um caixa eletrônico de onde foram desviados mais de R$ 900 mil das contas dos correntistas.

Tais atos são um desafio e envolvem certo risco profissional. Quem não estiver disposto a enfrentá-los não tem feitio de notário.

O notário não pode declarar como fato situações que terceiros dizem que são, mas deve dizer que "fulano declarou tal coisa" ou que "sicrano, diante de mim, agiu procedendo da forma 'x' e o resultado desta ação foi 'y'".

Desta forma, pode municiar o solicitante da ata, bem como um eventual e futuro juízo, da prova cabal de que certos fatos ou declarações ocorreram. A ata notarial pode ser o instrumento probatório eficaz para a verdade dos fatos.

9) Princípio da unidade do ato[115]: os atos notariais devem ser unos no tempo, um princípio que consideramos superado.

Por ele, os atos notariais devem respeitar uma unidade de tempo, ou seja, devem ser iniciados e terminados ao mesmo tempo.

Ora, desde o Código de Justiniano os notários trabalham em três etapas distintas que podem se prolongar no tempo: a) a **rogatória**, momento em que as partes solicitam ao tabelião o ato e no qual o tabelião identifica a vontade das partes, propondo-lhes o instrumento adequado; b) o ***initium*** ou ***speda***, ou seja, a redação e discussão com as partes de um primeiro texto, o que chamamos hoje de minuta; c) o ***protocolum***, momento em que o ato notarial é lavrado formalmente nas folhas próprias e assinado pelas partes e eventuais intervenientes e testemunhas; e, finalmente, d) a ***completio***, a assinatura final do tabelião.

Estas fases sempre se prolongaram no tempo. Por isso, sustentamos que o princípio da unidade do ato prende-se mais à sequência formal das folhas do livro do que ao interregno temporal de sua realização.

Na redação da ata notarial, o tabelião deve atentar para circunstanciar os fatos e seu desenrolar no tempo com a máxima precisão. Não é possível omitir qualquer interrupção, como é exemplo o fato de uma ação se interromper em determinada hora e seguir momentos depois. Ainda que sejam poucos minutos, qualquer distinção temporal, mesmo que pareça irrelevante no momento da lavratura, deve ser lançada ao ato.

10) Limites quanto aos fatos: o tabelião presta um serviço público, portanto universal. Todos têm o direito de receber dele a prestação do serviço notarial.

114. Idem.
115. Ceneviva denomina "A contemporaneidade". A ata notarial e os cuidados que exige, p. 97.

Há limites quanto aos fatos. O tabelião tem competência e autonomia profissional para decidir, soberanamente, quais fatos devem ser objeto de ata notarial. Isto porque as partes podem ter um interesse ou buscam um fim que refoge da competência notarial, como é exemplo extremo, mas ilustrativo, a atestação do óbito de uma pessoa.

Os atos notariais devem ser aptos a produzir eficácia aos atos jurídicos (Lei n. 8.935/94, art. 1º). Esta é uma disposição legal finalística e, portanto, não deve ser empecilho à prestação do serviço notarial, *a priori*. Contudo, tendo o notário, a seu juízo, certeza da inutilidade ou evidente futura ineficácia da prestação de seu serviço, deve negar-se à lavratura do ato notarial.

Outro limite quanto aos fatos diz respeito à natureza dos fatos presenciados pelo tabelião. Quando há neles um acordo de vontade, o instrumento mais adequado passa a ser a escritura pública que, por sua vez, pode conter a narrativa de certos e determinados fatos que levaram ao acordo de vontades ou à promessa própria ou de terceiros.

Ceneviva, dentre os limites subjetivos, informa que a lição do tabelião João Teodoro da Silva propõe a utilização da ata para a retificação de registro ou averbação prevista no art. 213 da Lei n. 6.015/73, a Lei dos Registros Públicos. Segundo João Teodoro, a ata notarial pode corrigir evidentes erros "para suprir omissões e corrigir defeitos de forma a que tenham dado causa, desde que não sejam afetadas as declarações de vontade das partes nem haja risco de prejuízo a terceiros, segundo o prudente arbítrio do notário e com a devida cautela"[116].

A nova redação do art. 213, decorrente da Lei n. 10.931/2004, parece dar razão ao notário mineiro, pois amplia as possibilidades de retificações promovidas *ex officio* pelo oficial de registro.

Apesar da posição contrária do professor Ceneviva, concordamos com João Teodoro pela possibilidade de lavrar tais atas notariais, com as ressalvas feitas por ele.

16.7 JURISPRUDÊNCIA SELECIONADA

a) Conselho Superior da Magistratura de São Paulo

Conselho Superior da Magistratura. Apelação Cível n. 1108244-65.2021.8.26.0100. DJe 10.10.2022. Ementa: Registro de imóveis – Usucapião extrajudicial – Demonstração do exercício da posse por período inferior ao de 15 anos previsto no artigo 1.238 do Código Civil – Apelantes que não residem no imóvel – Indeferimento do pedido bem decretado – Apelação a que se nega provimento.

Conselho Superior da Magistratura. Apelação Cível n. 1008425-31.2016.8.26.0586. DJe 26.07.2022. Ementa: Registro de Imóveis – Dúvida – Usucapião por processo extrajudicial – Afastamento parcial dos óbices – Necessidade, entretanto, de notificação de titulares de servidão de passagem, de atualização de certidões do distribuidor judicial e de prova de que a interessada não tenha sido beneficiada por usucapião pró-moradia –

116. CENEVIVA, Walter. A ata notarial e os cuidados que exige, p. 99.

Apelação a que se dá provimento, com determinação para prosseguimento do processo, com a possibilidade de atendimento dessas exigências.

Conselho Superior da Magistratura. Apelação Cível n. 1095439-80.2021.8.26.0100. DJe 12.05.2022. Ementa: Registro de Imóveis – Usucapião extrajudicial – Impugnação fundamentada – Controvérsia sobre a interpretação do contrato, com incerteza sobre o direito a requerer a usucapião – Impossibilidade de discussão sobre validade e alcance de cláusula contratual – Remessa das partes às vias ordinárias – Recurso desprovido.

Conselho Superior da Magistratura. Apelação Cível n. 1016295-15.2021.8.26.0405. DJe 19.04.2022. Ementa: Registro de Imóveis – Usucapião extrajudicial – Instrução do requerimento de reconhecimento extrajudicial da usucapião – Obrigatoriedade de apresentação da prova de quitação do contrato de cessão de direitos, em que se funda a posse dos interessados – Suprimento por certidões de distribuição que indiquem a inexistência de litígio judicial (NSCGJ, II, XX, 419.3.1) – Dúvida improcedente – Apelo provido para que, reformada a sentença e afastado o óbice, se prossiga no processo extrajudicial de usucapião.

Conselho Superior da Magistratura. Apelação Cível n. 1000523-45.2020.8.26.0470. DJe 24.02.2021. Ementa: Registro de Imóveis – Dúvida – Processo extrajudicial de usucapião – Impossibilidade, diante da normativa vigente, de proceder-se à notificação por edital de desconhecidos herdeiros de titulares de direitos inscritos – Necessidade de observar-se o disposto no Prov. 65/2017, art. 12, e nas NSCGJ, II, XX, item 418.14 – Apelação a que se nega provimento.

Conselho Superior da Magistratura. Apelação Cível n. 1005029-29.2020.8.26.0223. DJe 24.02.2021. Ementa: Registro de Imóveis – Dúvida – Usucapião na via extrajudicial – Impugnação fundamentada – Impossibilidade de prosseguimento – Remessa das partes às vias ordinárias – Inteligência do art. 216-A, §10, da Lei n. 6.015/73, e do subitem 420.5, Capítulo XX, das Normas de Serviço da Corregedoria Geral da Justiça – Apelação a que se nega provimento.

Conselho Superior da Magistratura. Apelação Cível n. 1004398-87.2020.8.26.0481. DJe 24.02.2021. Ementa: Registro de Imóveis – Dúvida – Usucapião na via extrajudicial – Prazo para impugnar que não é preclusivo – Possibilidade de apresentação das razões da discordância a destempo pelos titulares do domínio do imóvel usucapiendo, ainda que em sede de procedimento de dúvida – Motivação que deve ser apreciada, por primeiro, pelo Registrador, após ouvida do requerente, resguardando-se assim a regularidade procedimental – Dúvida prejudicada – Apelação não conhecida, com determinação.

Conselho Superior da Magistratura. Apelação Cível n. 1018159-22.2020.8.26.0309. DJe 22.02.2022. Ementa: Registro de Imóveis – Usucapião extrajudicial – Instrução deficitária do requerimento de reconhecimento extrajudicial da usucapião – Obrigatoriedade de apresentação das certidões cíveis e criminais dos distribuidores da Justiça Estadual e Justiça Federal em nome do requerente, proprietário e demais possuidores e seus respectivos cônjuges ou companheiros do imóvel usucapiendo, nos termos do subitem 416.2, IV, do Capítulo XX, das Normas de Serviço da Corregedoria Geral da

Justiça – Óbice ao prosseguimento do requerimento mantido por falta de cumprimento de tal exigência – Dúvida procedente – Recurso não provido.

Conselho Superior da Magistratura. Apelação Cível n. 1004044-52.2020.8.26.0161. *DJe* 21.06.2021. Ementa: Usucapião Extrajudicial – Direito que deve ser declarado por ação judicial ou expediente administrativo nas hipóteses em que os pressupostos legais estejam rigorosamente cumpridos – Possibilidade de regularização do imóvel de maneira diversa à usucapião que não impede esta última, inclusive por procedimento administrativo – Recusa indevida quanto ao processamento do pedido – Dúvida improcedente – Recurso provido com determinação para prosseguimento do procedimento de usucapião extrajudicial.

Conselho Superior da Magistratura. Apelação Cível n. 1004047-07.2020.8.26.0161. *DJe* 23.04.2021. Ementa: Usucapião – Procedimento administrativo – Direito que deve ser declarado por ação judicial ou expediente administrativo nas hipóteses em que os pressupostos legais estejam rigorosamente cumpridos – Possibilidade de regularização do imóvel de maneira diversa à usucapião que não impede esta última, inclusive por procedimento administrativo – Recusa indevida quanto ao processamento do pedido – Dúvida improcedente – Recurso provido com determinação para prosseguimento do procedimento de usucapião extrajudicial.

Conselho Superior da Magistratura. Apelação Cível n. 1074288-29.2019.8.26.0100. *DJe* 21.09.2020. Ementa: Dúvida – Registro imobiliário – Usucapião extrajudicial – Exigências previstas no art. 216-a, § 2º, LRP c.c. art. 10, Provimento n. 65/2017 do CNJ e item 418, do capítulo XX das NSCGJ – Necessidade de notificação do titular de domínio ou apresentação de título que demonstre a doação do imóvel – Necessidade de requerimento de notificação do promitente vendedor – Apresentação de certidão negativa do distribuidor em nome do proprietário tabular e sua cônjuge – Recurso não provido.

Conselho Superior da Magistratura. Apelação Cível n. 1104096-79.2019.8.26.0100. *DJe* 19.06.2020. Ementa: Usucapião Extrajudicial – Requerente que obteve a posse inicial do bem por força de usufruto registrado na matrícula imobiliária – Casamento futuro previsto como condição resolutiva do direito real limitado – Pretensão de reconhecimento pelo Oficial da modificação da natureza da posse exercida por força da constituição de união estável, dando-lhe eficácia idêntica ao casamento previsto como condição resolutiva – Impossibilidade – Exercício de direito contrário ao direito registrado que não pode ser apreciado pelo Oficial do Registro Imobiliário – Necessidade de cancelamento prévio no registro do usufruto na matrícula – Registrador que não tem atribuição de valorar juridicamente fato extintivo de direito real, mas apenas a simples posse ad usucapionem – Efeitos registrários do reconhecimento da união estável com os mesmos efeitos do casamento depende de decisão judicial, impossibilitando o reconhecimento extrajudicial da usucapião – Recusa mantida – Recurso não provido.

Conselho Superior da Magistratura. Apelação Cível n. 1114209-92.2019.8.26.0100. *DJe* 15.06.2020. Ementa: Registro de Imóveis – Usucapião extrajudicial – Recusa no processamento do pedido ante a falta de confecção de ata notarial – Indispensabilidade de apresentação do documento para aparelhamento do pedido inicial – Recurso não provido.

Conselho Superior da Magistratura. Apelação Cível n. 1006652-49.2019.8.26.0099. *DJe* 01.06.2020. Ementa: A usucapião é forma de aquisição originária da propriedade, de modo que não permanecem os ônus que gravavam o imóvel antes da sua declaração – Inexistência de determinação em sentido contrário no título judicial – Impossibilidade de transposição de hipoteca anterior na matrícula que será aberta em decorrência da usucapião – Recurso provido.

Conselho Superior da Magistratura. Apelação Cível n. 1004685-12.2019.8.26.0408. *DJe* 01.06.2020. Ementa: Dúvida – Registro imobiliário – Usucapião extrajudicial – Exigências previstas nos art. 216-A, §2º, LRP C.C. art. 10, §9º, Provimento n. 65/2017 do CNJ e item 418.9, do Capítulo XX das NSCGJ – Impossibilidade de identificação do representante do titular de domínio – Ausência de comprovação da posse qualificada – Inconsistências não passíveis de solução na via administrativa – Recurso não provido.

Conselho Superior da Magistratura. Apelação Cível n. 1006567-12.2019.8.26.0019. *DJe* 31.03.2020. Ementa: Registro de Imóveis – Usucapião extrajudicial – Dúvida julgada prejudicada com fundamento na existência de impugnação parcial – Peculiaridade do procedimento de registro de usucapião extrajudicial que, neste caso concreto, afasta o reconhecimento da anuência parcial com as exigências formuladas – Encerramento precoce do procedimento – Recurso provido para determinar a restituição do procedimento de usucapião extrajudicial ao Oficial de Registro de Imóveis a fim de que tenha prosseguimento em suas fases subsequentes, visando a posterior e oportuna nova qualificação do título.

Conselho Superior da Magistratura. Apelação Cível n. 1002288-59.2018.8.26.0587. *DJe* 31.03.2020. Ementa: Registro de Imóveis – Usucapião extrajudicial – Processamento do pedido que depende da indicação dos registros tabulares do imóvel usucapiendo e dos imóveis confinantes, ainda que não tenham matrículas próprias por estarem inseridos em área maior – Planta e memorial apresentados que não trazem pontos de amarração com imóveis matriculados e vias oficiais, de modo a permitir a precisa localização do imóvel usucapiendo no solo – Exigência legal e normativa que não pode ser afastada, em procedimento de natureza administrativa – Dúvida julgada procedente – Recurso não provido.

Conselho Superior da Magistratura. Apelação Cível n. 1016314-40.2018.8.26.0562. *DJe* 16.09.2019. Ementa: Registro de imóveis – Usucapião extrajudicial – Acessão da posse de antecessores para prova do tempo de posse – Alegação de vício na transmissão por antecessor – Falta do requisito da posse contínua, mansa e pacífica – Inadequação da via administrativa apesar da aparente regularidade documental – Recurso não provido.

Conselho Superior da Magistratura. Apelação Cível n. 1003295-95.2018.8.26.0099. *DJe* 05.08.2019. Ementa: Registro de imóveis – Usucapião de servidão – Ausência de indicação no título judicial do prédio serviente – Aquisição originária e unilateral impeditiva da utilização de elementos constantes de registros imobiliários anteriores – Necessidade de atendimento ao princípio da especialidade objetiva com a correta indicação dos elementos estruturais do direito real de servidão no título judicial – Recurso não provido.

Conselho Superior da Magistratura. Apelação Cível n. 1002238-39.2018.8.26.0100. *DJe* 28.06.2019. Ementa: Registro de imóveis – Falência da vendedora em data posterior ao contrato de compra e venda – Prenotação do título em data posterior à quebra – Necessidade de autorização do juízo da falência – Impossibilidade do reconhecimento de decadência ou aquisição por usucapião neste processo administrativo sob pena de violação do direito fundamental ao devido processo legal em razão do direito de terceiros – recurso não provido.

Conselho Superior da Magistratura. Apelação Cível n. 1000598-67.2018.8.26.0272. *DJe* 28.06.2019. Ementa: Registro de Imóveis – Usucapião extrajudicial – Dúvida julgada procedente – Indeferimento do processamento do pedido de usucapião por se tratar de imóvel de propriedade da CDHU – Imóvel objeto de Termo de Adesão e Ocupação Voluntária com opção de Compra celebrado com os genitores do apelante, posteriormente falecidos – Encerramento precoce do procedimento, diante da ausência de notificação da CDHU para oferecimento de manifestação – Recurso provido para anular a r. sentença, declarar prejudicada a dúvida, e determinar a restituição do procedimento de usucapião extrajudicial ao Registro de Imóveis a fim de que prossiga com a notificação da titular do domínio do imóvel e a apresentação de certidões de distribuição cível em nome dos genitores do apelante, para que, posteriormente, seja promovida a nova qualificação do título pelo Oficial Registrador.

Conselho Superior da Magistratura. Apelação Cível n. 1002887-04.2018.8.26.0100. *DJe* 06.03.2019. Ementa: Registro de Imóveis – Usucapião extrajudicial – Necessidade de instrução do requerimento com ata notarial – Art. 216, inciso I, da Lei n. 6.015/73 e art. 4º, inciso I, do Provimento n. 65, de 14 de dezembro de 2017, da Corregedoria Nacional de Justiça – Alegação de incompatibilidade da exigência formulada com a natureza jurídica e a finalidade da ata notarial – Exigência legal e normativa que não pode ser afastada, em procedimento de natureza administrativa, pelos fundamentos apresentados pelo apelante – Dúvida julgada procedente – Recurso não provido.

Conselho Superior da Magistratura. Apelação Cível n. 1000162-42.2018.8.26.0100. *DJe* 06.03.2019. Ementa: Registro de Imóveis – Usucapião extrajudicial – Impossibilidade de obrigar a requerente de pedido administrativo de usucapião a adequação para início de ação de natureza jurisdicional – Princípio da demanda – Recurso não provido.

Conselho Superior da Magistratura. Apelação Cível n. 1040381-61.2017.8.26.0576. *DJe* 21.01.2019. Ementa: Registro de Imóveis – Usucapião extrajudicial – Dúvida julgada procedente – Apartamento e vagas de garagem – Imóvel adquirido pelo genitor do apelante mediante sucessão testamentária – Formal de partilha não registrado – Compra e venda dos direitos sobre o imóvel legado por contrato particular celebrado entre o apelante, sua genitora e os demais herdeiros de seu pai – Anuência dos cedentes da posse manifestada na Ata Notarial que integra o título prenotado – Possibilidade de acréscimo da posse do requerente à de seus antecessores que não figuram no registro imobiliário como titulares do domínio – Usucapião – Apartamento e vagas de garagem – Uso habitual como moradia – Edifício residencial em que a propriedade e o uso das vagas de garagem são vinculadas à propriedade do apartamento – Possibilidade de redução do prazo da usucapião extraordinária em razão do uso da unidade autônoma (apartamento) para moradia – Certidões de distribuição de ações que devem abranger todos os titulares da posse pelo período da prescrição aquisitiva do imóvel – Hipótese, porém, em que os cedentes da posse receberam o imóvel da anterior proprietária, por meio de sucessão testamentária, com partilha homologada por sentença transitada em julgado, e em que o requerente exerce posse, em nome próprio, por período superior ao prazo da prescrição aquisitiva – Recurso provido para julgar a dúvida improcedente.

Conselho Superior da Magistratura. Apelação Cível n. 1002887-04.2018.8.26.0100. *DJe* 31.10.2018. Ementa: Registro de Imóveis – Usucapião extrajudicial – Necessidade de instrução do requerimento com ata notarial – Art. 216, inciso I, da Lei n. 6.015/73 e art. 4º, inciso I, do Provimento n. 65, de 14 de dezembro de 2017, da Corregedoria Nacional de Justiça – Alegação de incompatibilidade da exigência formulada com a natureza jurídica e a finalidade da ata notarial – Exigência legal e normativa que não pode ser afastada, em procedimento de natureza administrativa, pelos fundamentos apresentados pelo apelante – Dúvida julgada procedente – Recurso não provido.

Conselho Superior da Magistratura. Apelação Cível n. 1.241-6/9. *DJe* 15.06.2010. Ementa: Registro de Imóveis – Usucapião – Mandado de registro – Recusa, sob o fundamento de que os imóveis são unidades de empreendimento que configura condomínio irregular – Afirmação de que o registro das incorporações, instituições e convenções de condomínio é objeto de determinação legal e, sem o seu cumprimento, as unidades autônomas não têm acesso ao fólio real – Sentença de procedência da dúvida – Reconhecimento, todavia, da usucapião como forma originária de aquisição da propriedade, hipótese que viabiliza o registro pretendido – Recurso provido.

Conselho Superior da Magistratura. Apelação Cível n. 1005106-25.2017.8.26.0132. *DJe* 08.08.2018. Ementa: Registro de Imóveis – Usucapião extrajudicial – Falta da prova da posse – Jus possidendi decorrente da propriedade que não se confunde com o jus possessionis – A usucapião extrajudicial tem como pressuposto a prova da posse ad usucapionem, a qual não se confunde com a posse como emanação do domínio (jus possidendi) em razão do proprietário não exercer a posse com o ânimo qualificado de adquirir a propriedade por já ser o titular do domínio – Escritura de cessão de direitos hereditários que tratou da alienação da propriedade e não da posse do imóvel seu objeto – Regular o registro imobiliário não se cogita da aquisição da propriedade por usucapião enquanto meio de sanear vícios do registro – Recurso não provido.

Conselho Superior da Magistratura. Apelação Cível n. 1002214-84.2017.8.26.0281. *DJe* 12.07.2018. Ementa: Registro de Imóveis – Usucapião Extrajudicial – Ata Notarial – Memorial Descritivo – Art. 176 e 225 da Lei nº 6.015/73 – Impossibilidade de registro – Óbice mantido – Averbação de construção – Possibilidade de registro da usucapião independentemente da averbação da área construída – Titular do domínio figurando como promitente vendedor – Possibilidade do interessado optar pela aquisição originária, caso possua prazo para a prescrição aquisitiva – Recurso desprovido.

Conselho Superior da Magistratura. Apelação Cível n. 0002716-31.2016.8.26.0457. *DJe* 18.05.2018. Ementa: Registro de imóveis – Recusa de ingresso de título judicial – Sentença que declarou a usucapião, determinando, contudo, a averbação da Reserva Legal quando do registro – Liminar em ADI que suspendeu a eficácia da Lei Estadual Paulista n. 15.684/2015, instituidora do Programa de Regularização Ambiental (PRA), inviabilizando a aprovação da Reserva Legal em órgão estadual – Imóvel devidamente inscrito no CAR – Impossibilidade de cumprimento integral das exigências pelo interessado, face à suspensão da lei que regulamentou o órgão ambiental – Recurso provido.

Conselho Superior da Magistratura. Apelação Cível n. 1001295-23.2016.8.26.0575. *DJe* 07.05.2018. Ementa: Registro de imóveis – Recusa de ingresso escritura de doação – Imóvel cadastrado no INCRA juntamente com outro bem, ambos adquiridos em um mesmo processo de usucapião – Necessidade de obtenção de Certificado de Cadastramento de Imóvel Rural (CCIR) autônomo – Imóvel objeto de doação com área inferior fração mínima de parcelamento – Circunstância que só reforça a necessidade de cadastro autônomo – Apelação não provida.

Conselho Superior da Magistratura. Apelação Cível n. 1006009-07.2016.8.26.0161. *DJe* 09.10.2017. Ementa: Registro de Imóveis – Usucapião – Ausência de parte dos coproprietários registrais no polo passivo da lide – Questão processual, que escapa à análise do registrador – Vício que não macula a carta de sentença – Registro devido – Títulos judiciais não escapam à qualificação registral – Todavia, a qualificação limita-se a questões formais – Não compete ao Sr. Registrador recusar registro com base em suposta nulidade do procedimento, por não constar parte dos proprietários registrais no polo passivo da lide – O caráter originário da aquisição por usucapião obsta questionamentos acerca da continuidade registral – Recurso provido.

Conselho Superior da Magistratura. Apelação Cível n. 1025597-86.2015.8.26.0564. *DJe* 27.01.2017. Ementa: Registro de Imóveis – Dúvida registral – Carta de sentença – Usucapião – Indispensabilidade do georreferenciamento com certificação do INCRA – Pertinência da exigência de inscrição dos bens imóveis usucapidos no CAR, com localização das áreas de reserva legal florestal – Desnecessidade de anuência da Secretaria Ambiental do Estado de São Paulo, ainda que a usucapião contemple áreas de proteção de manancial – Impossibilidade de cumprimento das exigências não demonstrada – Não comprovação da alteração de destinação dos imóveis, de rurais para urbanos – Dúvida procedente – Recurso desprovido.

b) Corregedoria Geral da Justiça de São Paulo

Parecer n. 323/2021-E. Consulta – Ata notarial destinada a fazer prova de ato ilícito – Reprodução de imagens de crianças e adolescentes vítimas de crimes de conteúdo sexual – Dever de comunicação do fato para a autoridade competente para a apuração de responsabilidade penal que não afasta a lavratura da ata notarial para preservação da prova – Necessidade de tutela dos direitos das crianças e adolescentes que autoriza a imposição de restrições para a expedição de certidões – Proposta de alteração das normas de serviço da corregedoria geral da justiça, com comunicação ao excelentíssimo desembargador coordenador da infância e da juventude.[117]

c) Corregedorias Permanentes de São Paulo

Corregedoria Permanente. 1ª Vara de Registros Públicos. Processo n. 1021118-40.2022.8.26.0100. DJe 11.04.2022. Ementa não oficial: Registro de Imóveis – Usucapião extrajudicial – Exigência de notificação judicial –Necessidade de notificação dos proprietários tabulares, no caso, os sócios da pessoa jurídica – Uma vez frustrada a tentativa, a notificação por edital é devida na forma da lei – Dúvida parcialmente procedente.

Corregedoria Permanente. 1ª Vara de Registros Públicos. Processo n. 1140285-85.2021.8.26.0100. DJe 18.03.2022. Ementa não oficial: Registro de Imóveis – Usucapião extrajudicial – Exigência de comprovação de quitação de negócio jurídico – Última parcela do preço vencida há mais de cinco anos – Certidão atual do Distribuidor Cível da Comarca do imóvel que explicite a inexistência de ação judicial versando sobre posse ou propriedade contra o adquirente ou cessionários equivale à prova de quitação, o que autoriza presumir como outorgado o consentimento do titular registral, com dispensa de sua notificação pessoal – Dúvida improcedente.

Corregedoria Permanente. 1ª Vara de Registros Públicos. Processo n. 1052581-97.2022.8.26.0100. DJe 25.08.2022. Ementa não oficial: Registro de Imóveis – Ação para cancelar contrato de locação registrado na matrícula. Ata notarial para demonstrar que o contrato de locação registrado não produz mais seus efeitos. Cancelamento do registro deferido.

Corregedoria Permanente. 1ª Vara de Registros Públicos. Processo n. 1016769-62.2020.8.26.0100. *DJe* 14.04.2020. Ementa não oficial: Registro de Imóveis – Dúvida – Prescrição intercorrente – Usucapião extrajudicial – Impossibilidade – Prejuízo a terceiros – Possibilidade da soma da posse, independente de sua origem, desde que a posse tenha natureza ad usucapionem – Dúvida improcedente.

Corregedoria Permanente. 1ª Vara de Registros Públicos. Processo n. 1104096-79.2019.8.26.0100. *DJe* 11.11.2019. Ementa não oficial: Registro de Imóveis – Usucapião Extrajudicial – Requerente – Usufrutuária – Mera detenção – Ausência de animus domini – Dúvida julgada procedente.

Corregedoria Permanente. 1ª Vara de Registros Públicos. Processo n. 1071425-03.2019.8.26.0100. *DJe* 04.10.2019. Ementa não oficial: Dúvida – Registro de Imóveis – Usucapião Extrajudicial – Compromisso e cessão de direitos – Ausência de quitação – Contratos celebrados há muito tempo – Inexistência de ação judicial contra os cessionários – Aplicação ao procedimento de usucapião extrajudicial, por analogia, o item 309.5 e seguintes do Cap. XX das NSCGJ, a depender do caso concreto – Desnecessidade de notificação dos cessionários – Dúvida parcialmente procedente.

117. Este Parecer foi integralmente aceito e gerou o Prov. 44/2021 que dispõe sobre o fornecimento de informações e a expedição de certidões de atas notariais que contenham a descrição ou a reprodução de imagem de ato de sexo ou cena pornográfica envolvendo criança ou adolescente.

Corregedoria Permanente. 1ª Vara de Registros Públicos. Processo n. 1063962-10.2019.8.26.0100. *DJe* 16.08.2019. Ementa não oficial: Dúvida – Registro de Imóveis – Usucapião Extrajudicial – Pagamento de 50% pelo processamento – Pedido de novo processamento – Novo pagamento de emolumentos – Pedido de Providências improcedente.

Corregedoria Permanente. 1ª Vara de Registros Públicos. Processo n. 1036238-31.2019.8.26.0100. *DJe* 15.05.2019. Ementa não oficial: Registro de Imóveis – Usucapião extrajudicial – Pedido de reconhecimento dúplice, nua propriedade e usufruto – Causas distintas para o reconhecimento, enquanto a nua decorre do ânimo de dono de proprietário, o usufruto decorre da constituição a non domino (por quem não é proprietário) – Impossibilidade de reconhecimento por causas distintas – Necessidade de adequação do pedido – Dúvida procedente.

Corregedoria Permanente. 1ª Vara de Registros Públicos. Processo n. 1094332-06.2018.8.26.0100. *DJe* 01.04.2019. Ementa não oficial: Dúvida – Usucapião extrajudicial – Existência de indisponibilidade em nome do cedente não registrada – Gravame que, em tese, não impede o prosseguimento do pedido de usucapião – Contudo, o oficial pode rejeitar o pedido com base na indisponibilidade, desde que haja fundamentação, e seu momento é na análise de mérito – Descumprimento da petição (requerimento) – Necessidade de adequação para que seja feita a autuação e prosseguimento do procedimento – Dúvida parcialmente procedente.

Corregedoria Permanente. 1ª Vara de Registros Públicos. Processo n. 1095411-20.2018.8.26.0100. *DJe* 13.02.2019. Ementa não oficial: Registro de Imóveis – Usucapião Extrajudicial – Notificação – Titular de domínio – Residente na Alemanha – Inexistência de tratado – Necessidade de carta rogatória – Impossibilidade na via extrajudicial – Não é o caso de edital por haver endereço certo – Necessidade de anuência do titular ou demandar judicialmente – Dúvida procedente.

Corregedoria Permanente. 1ª Vara de Registros Públicos. Processo n. 1134486-66.2018.8.26.0100. *DJe* 06.02.2019. Ementa não oficial: Dúvida – Usucapião extrajudicial – Necessidade de apresentação dos endereços dos titulares de domínio, se infrutífera a localização ou notificação, possibilidade de notificação por edital – Havendo correspondência entre o objeto usucapiendo e a matrícula, desnecessidade de notificação dos confrontantes – Havendo instrumento público no qual os promitentes compradores cedem seus direitos aos requerentes, desnecessidade de notificação dos cedentes – Desnecessário exigir certidão da matrícula do imóvel e dos confrontantes da própria serventia, já que o Oficial tem conhecimento do conteúdo dos livros ali existentes para a instrução do procedimento.

Corregedoria Permanente. 1ª Vara de Registros Públicos. Processo n. 1091014-15.2018.8.26.0100. *DJe* 11.09.2018. Ementa não oficial: Registro de Imóveis – Dúvida – Usucapião Extrajudicial – Alegação do Oficial de que há a possibilidade de aquisição da propriedade pela lavratura de escritura pública, com os devidos recolhimentos tributários – Descabimento Oficial que nem sequer autuou os respectivos documentos – Conduta irregular – Na hipótese de falta dos documentos exigidos, o Oficial deve solicitar a adequação do pedido, mas não pode se negar a autuá-los – Eventuais questões de mérito serão analisadas quando do trâmite do procedimento na serventia – Questões tributárias que podem ser sanadas mediante a expedição de notificação à Municipalidade – Dúvida prejudicada.

Corregedoria Permanente. 1ª Vara de Registros Públicos. Processo n. 1070011-04.2018.8.26.0100. *DJe* 11.09.2018. Ementa não oficial: Registro de Imóveis – Dúvida – Usucapião Extrajudicial – Negativa por parte do oficial – Alegação de que a autora deveria ingressar com ação de adjudicação compulsória, vez que possui direitos de compromissária compradora registrados na matrícula – Descabimento – Oficial que só pode negar o prosseguimento do feito quando não preenchidos os requisitos previstos nos arts. 3° e 4° do Provimento n° 65/2017 do CNJ – Compromisso de compra e venda que é documento apto ao ingresso do pedido de usucapião extrajudicial – O fato de a autora poder ingressar com adjudicação compulsória não a impede de optar pela usucapião extrajudicial, quando preenchidos os requisitos normativos – Eventual cautela do Oficial em relação ao recolhimento do ITBI poderá ser sanada com notificação à Municipalidade narrando sua suspeita de irregularidades – Dúvida improcedente.

Corregedoria Permanente. 1ª Vara de Registros Públicos. Processo n. 1051969-04.2018.8.26.0100. *DJe* 17.07.2018. Ementa não oficial: Registro de Imóveis – Usucapião extrajudicial – Momento para a suscitação de dúvida – O Oficial deve analisar se a impugnação tem fortes fundamentos, que desde logo inviabilizariam a usucapião administrativa, o qual poderá suscitar a dúvida imediatamente – Pode-se, também, consultar o requerente se prefere suscitar a dúvida em um único procedimento ou partilhada.

Corregedoria Permanente. 1ª Vara de Registros Públicos. Processo n. 1008143-25.2018.8.26.0100. *DJe* 17.04.2018. Ementa não oficial: Dúvida – Usucapião extrajudicial – Cabimento do pedido de dúvida em qualquer fase do processamento – Autuação – Recebidos os documentos previstos no item 425 do Capítulo XX das NSCGJ e o requerimento na forma do Art. 3° do Provimento 65/2017 do CNJ, deve o Oficial autuar o pedido, com a prorrogação da prenotação, não podendo, desde logo, negar o pedido com base em seu mérito, devendo analisar apenas o aspecto formal do requerimento neste momento – Usucapião extrajudicial que se trata de alteração no procedimento, por não haver lide, mas que não altera a natureza originária da prescrição aquisitiva – Impossibilidade de se negar o pedido de ofício, com base em suposta violação das regras referentes ao parcelamento do solo previstas na Lei 6.766/79, reservado o direito do Município alegar, se oportuno, alguma irregularidade quanto a este ponto, além de dever ser observado, em todos os casos, o disposto no §2° do Art. 13 do Provimento 65/2017 do CNJ – Forma originária que dispensa a necessidade de apresentação de CND – Dúvida julgada improcedente, determinando-se a continuidade do processamento do pedido de usucapião extrajudicial – remessa à Egrégia Corregedoria Geral da Justiça, para eventual efeito normativo da matéria.

Corregedoria Permanente. 1ª Vara de Registros Públicos. Processo n. 1008143-25.2018.8.26.0100. *DJe* 27.03.2018. Ementa não oficial: Dúvida – Usucapião Extrajudicial – A suscitação da dúvida que pode ocorrer em qualquer momento do procedimento

– Sua improcedência só afasta o óbice levantado pelo Oficial – Uma vez apresentados os documentos pelo interessado, deve o Oficial autuá-los, sendo o caso, apresentar as exigências para seguimento do procedimento ou negar o pedido de forma fundamentada.

Corregedoria Permanente. 1ª Vara de Registros Públicos. Processo n. 1000162-42.2018.8.26.0100. *DJe* 20.03.2018. Ementa não oficial: Dúvida – Usucapião Extrajudicial – Impugnação fundada – Impossibilidade de prosseguimento do procedimento na via extrajudicial – O Oficial extinguirá o procedimento e a prenotação, cabendo ao interessado buscar a via judicial se entender pertinente o prosseguimento do feito deste modo. Dúvida procedente.

Corregedoria Permanente. 1ª Vara de Registros Públicos. Processo n. 1004203-52.2018.8.26.0100. *DJe* 16.03.2018. Ementa não oficial: Dúvida – Usucapião Extrajudicial – Inafastabilidade da exigência de ata notarial – Documento que garante a autenticidade do procedimento e das alegações do requerente – Procedimento formal, que necessita de petição explicitando a pertinência da usucapião, e não simples pedido para dar início ao procedimento – Dúvida julgada procedente.

Corregedoria Permanente. 1ª Vara de Registros Públicos. Processo n. 1002887-04.2018.8.26.0100. *DJe* 16.03.2018. Ementa não oficial: Dúvida – Usucapião Extrajudicial – Inafastabilidade, em regra, da exigência de ata notarial – Documento que garante a autenticidade do procedimento e das alegações do requerente – Dúvida julgada procedente.

Corregedoria Permanente. 1ª Vara de Registros Públicos. Processo n. 1104657-74.2017.8.26.0100. *DJe* 05.02.2018. Ementa não oficial: Registro de Imóveis – Usucapião administrativa – Impugnação da União – Aldeamento indígena – Bens da União – Inaplicabilidade – Decreto-Lei não recepcionado pela Constituição Federal – Impugnação afastada.

Corregedoria Permanente. 1ª Vara de Registros Públicos. Processo n. 1042601-05.2017.8.26.0100. *DJe* 19.09.2017. Ementa não oficial: Dúvida – Reconhecimento extrajudicial de usucapião do imóvel – Lei que passou a vigorar durante o procedimento de dúvida – Aplicação imediata – Natureza processual da norma – Dúvida improcedente.

17
Procuração

Opera-se o mandato quando alguém recebe poderes de outrem para em nome deste praticar atos ou administrar interesses (art. 653). Quem outorga os poderes de representação é denominado **mandante** e quem os recebe para praticar ou administrar é chamado **mandatário**, ou **procurador**. A procuração é o instrumento do mandato.

O mandato é uma das espécies de representação, genericamente tratadas nos arts. 115 a 120, e especialmente nos arts. 653 a 692 do Código Civil.

Dentre as espécies de representação, temos o mandato, a tutela e a curatela, os representantes empresariais (o administrador, gerente ou diretor e o franqueado), o gestor de negócios, o preposto e o político.

Estes contratos devem ser distinguidos da **autorização**, que é ato unilateral e especial para uma determinada ação; e o **núncio**, que é um porta-voz, um mensageiro, não tem poderes para contratar em nome do titular da vontade.

O objeto do mandato é a outorga de poderes para a prática de atos ou negócios jurídicos. O objeto deve ser lícito, possível e determinado, ou determinável. Não comporta obrigações de não fazer. O mandato em termos gerais só confere poderes de administração. Para alienar[1], hipotecar, transigir ou praticar quaisquer atos que exorbitem da administração ordinária, a procuração depende de poderes especiais e expressos (art. 661).

Usualmente, para cumprir os fins do art. 661, §1º, do Código Civil (poderes especiais), basta inserir na procuração, a expressão "todos e quaisquer bens imóveis" ou expressão similar, sendo desnecessária a especificação do bem. Neste caso, o notário deve ter prudência e bem orientar o mandante sobre as consequências da amplitude dos poderes outorgados.

Contudo, recente precedente do STJ, Terceira Turma, decidiu, por unanimidade, que "a outorga de poderes de alienação de todos os bens do outorgante não supre o

1. Em São Paulo, a partir de 1º-6-2012, é obrigatória a consulta à Central de Indisponibilidades para as procurações que versem sobre alienação de bens imóveis ou de direitos a eles relativos, prevista no Prov. n. 13/2012. Assim, se a busca for negativa, deve ser inserido o seguinte texto no final da escritura imobiliária: "A consulta à Central de Indisponibilidades, exigida pelo Prov. n. 13/2012, resultou negativa para as partes envolvidas na alienação ou oneração sob o(s) código(s) 9c26.c141.7da9.ded6.bc5f.142f.6d33.1046.faea.1f47". Se for positiva a consulta, o texto que sugerimos é: "A consulta à Central de Indisponibilidades, exigida pelo Prov. n. 13/2012, resultou positiva para o(s) outorgante(s) (NOME), com .... ocorrências sob os códigos(s): 9c26.c141.7da9.ded6.bc5f.142f.6d33.1046.faea.1f47. O negócio objeto desta escritura tem o registro subordinado ao prévio cancelamento da indisponibilidade".

requisito de especialidade exigido por lei que prevê referência e determinação dos bens concretamente mencionados na procuração".[2]

A nova orientação pode impor algum embaraço ao tráfego negocial, pois há pessoas físicas que loteiam ou comercializam grande quantidade de imóveis por procuradores agindo em seu nome. Parece-nos, porém, sábia a decisão, pois limita a discricionariedade do mandatário que, por vezes, exorbita dos poderes ou trai a confiança do mandante. Não será problema grave ou excessiva burocracia indicar no instrumento da procuração os imóveis aos quais se destina, ainda que a enumeração seja elástica.

Em São Paulo, após a primeira decisão do STJ, porém antes da segunda, a CGJ do Tribunal de Justiça local editou novas normas para o segmento notarial. Assim, a despeito da decisão do STJ as normas indicam com clareza a possibilidade da procuração geral para a venda de imóveis, *in litteris*, "131.1. Entende-se por poderes especiais na procuração para os fins do art. 661, §1º, do Código Civil, a expressão "todos e quaisquer bens imóveis" ou expressão similar, sendo desnecessária a especificação do bem."[3]

A partir de agora, a prudência notarial indica que as procurações que contenham poderes especiais para a alienação ou oneração de bens imóveis, contenham a indicação precisa do bem, ou bens imóveis aos quais se destinam. A procuração com poderes gerais e especiais para vender todo e qualquer bem imóvel do outorgante não deverá mais subsistir. É possível outorgar mandato para atos personalíssimos, como o casamento[4], a separação ou o divórcio, a confissão, o reconhecimento da filiação. Não é possível o mandato para o testamento.

As espécies de mandato são as seguintes:

- *procuratio omnium bonorum*, ou seja, mandato com fins gerais de administração;
- *procuratio unius rei*, ou seja, mandato especial, para um determinado negócio;
- *procuratio in rem suam*, a procuração em causa própria, que é usada com fins de transmissão imobiliária;
- mandato "oculto", como a comissão ou a sociedade em conta de participação;
- procuração ao portador, ou o mandato cujo procurador é a pessoa que se apresenta com o instrumento;
- mandato judicial.

Os principais caracteres do mandato são os seguintes:

- é negócio consensual, mas pode ser formal;
- trata-se de um contrato sinalagmático imperfeito: art. 675;
- é *intuitu personae*, mas se contiver a cláusula de substabelecimento é imperfeito;
- visa a cooperação: confiança ou interesse de negócios;

2. STJ, REsp n. 1.814.643 SP (2017/0278653-3) e REsp 1.836.584 MG (2019/0266544-2), ambos da 3ª Turma, Relatora Min. Nancy Andrighi, de 22/10/2019 e 11.01.2020, respectivamente.
3. Normas da Corregedoria de São Paulo, Cap. 16.
4. Nas procurações para casamento, cada nubente outorga poderes ao seu próprio procurador, de modo que cada procurador defenda os interesses de seu constituinte. Processo n. 0032937-69.2014.8.26.0100 – São Paulo – 2ª Vara de Registros Públicos – *DJe* de 6-11-2014.

- geralmente é gratuito, mas pode ser oneroso;
- é contrato preparatório;
- quanto ao instrumento, pode ser principal ou acessório.

Quanto à **forma**, o mandato pode ser:

- expresso ou verbal;
- tácito, isto é, um mandato sem procuração;
- pode revestir-se da forma pública (art. 657) ou particular (art. 654);
- o Código determina a atração de forma: a outorga do mandato está sujeita à forma exigida por lei para o ato a ser praticado (art. 657), mas admite que a forma solene seja substabelecida pelo instrumento particular[5] (art. 655).

17.1 CAPACIDADE ATIVA E PASSIVA

O mandato admite a pluralidade de mandantes ou mandatários. O art. 672 do Código de 2002 altera sutilmente o regime do Código de 1916 – mas com efeitos bem distintos – sobre o mandato distributivo, ou seja, aquele que é outorgado a mais de uma pessoa. Se não for mencionado, entender-se-á que os diversos procuradores podem exercer separadamente os poderes outorgados. A norma antiga era distinta, entendendo que os poderes seriam exercidos sucessivamente, como em uma ordem de preferência, quando não expressamente mencionado no instrumento.

Pode outorgar mandato a pessoa física com capacidade civil plena. Admite-se a outorga pelo incapaz mediante representação de seu responsável legal.

O mandante é qualificado pelo nome, estado civil, profissão, documento de identidade (RG), CPF e domicílio.

Em São Paulo, as normativas expedidas pelo Poder Judiciário indicam cautela especial em duas situações. O tabelião deve consignar na ficha a situação do portador de deficiência visual ou de pessoas semialfabetizadas[6]. Quanto às pessoas idosas, **recomenda-se** aos tabeliães, especialmente quando insinuado risco concreto de comprometimento patrimonial do idoso[7] (no Brasil, idoso é a pessoa maior de 60 anos)[8], que lavrem as procurações com prazo de validade não superior a 1 (um) ano[9]. Já o analfabeto necessita de uma pessoa capaz que assine a seu rogo.

A pessoa jurídica também pode outorgar mandato por meio de seu representante legal. É outorgante a empresa, não o sócio ou administrador (art. 1.018). O representante somente pode outorgar os poderes que tem como diretor ou administrador.

5. Desde que o ato final não exija a forma pública.
6. Normas da CGJ-SP, Cap. 16, item 179, "f".
7. Ver Recomendação CNJ n. 46/2020 – Dispõe sobre medidas preventivas para que se evitem atos de violência patrimonial ou financeira contra pessoa idosa, especialmente vulnerável no período de Emergência em Saúde Pública de Importância Nacional (ESPIN), no âmbito das serventias extrajudiciais e da execução dos serviços notariais.
8. Lei n. 10.741/2003, art. 1º.
9. Normas da CGJ-SP, Cap. 16, item 131.

Podem ser outorgados todos os poderes de administração, mas sem renúncia própria[10]. Os administradores legais seguem responsáveis perante o Poder Público e terceiros. O mandato não opera uma destituição tácita ou renúncia dos representantes legais.

Quanto à procuração para administrar cotas sociais, tendo em vista que os poderes não são para administrar a sociedade, temos que:

a) não podem ser conferidos poderes para representar em assembleias de sócios, porque isso seria influir na administração da sociedade, salvo se o procurador for outro sócio ou advogado (CC, art. 1.074);

b) pode conferir poderes para alienar a cota (observadas eventuais restrições impostas no contrato social), subscrever e integralizar capital, receber lucros, dividendos ou outras vantagens, dar quitação, notificar os dirigentes ou demais sócios para a prática de quaisquer atos vinculados à administração da cota, que é um bem móvel como qualquer outra coisa móvel;

c) as pessoas presentes à assembleia deverão provar a sua qualidade de sócios ou acionistas, observadas as seguintes normas: o acionista pode ser representado na assembleia-geral por procurador constituído há menos de 1 (um) ano, que seja acionista, administrador da companhia ou advogado; na companhia aberta, o procurador pode, ainda, ser instituição financeira, cabendo ao administrador de fundos de investimento representar os condôminos (Lei n. 6.404/76 – Lei das S.A., art. 126, § 1º).

Para outorgar o mandato por escritura pública, deve ser apresentado o contrato social registrado, CNPJ, indicando o domicílio e a sede da empresa, a ata de eleição da diretoria (S/A), se houver, registrada na Junta Comercial ou ofício civil das pessoas jurídicas.

A empresa em recuperação judicial ou em processo de falência pode outorgar mandato por meio de seu representante investido pelo juiz[11].

A revogabilidade é condição da procuração empresarial. Assim, é **vedado** à pessoa jurídica outorgar mandato em caráter irrevogável.

O administrador nomeado por instrumento separado do contrato social deve averbá-lo à margem da inscrição da sociedade e, pelos atos que praticar, antes de requerer a averbação, responde pessoal e solidariamente com a sociedade (art. 1.012).

Para nomear administrador, as pessoas jurídicas devem ser assim representadas:

1) A Lei n. 14.195/2021 transformou o Empresário Individual (EIRELI), criado pela Lei n. 12.441/2011 em Sociedade Limitada Unipessoal (SLU). Assim, nos atos notariais não se deve qualificar a parte como EIRELI: doravante é SLU. Tem personalidade e patrimônios distintos de seu titular e o empresário responde pelas obrigações empresariais nos limites da subscrição. Pode constituir administrador, mas não há sentido em se auto outorgar procuração.

---

10. Os administradores não podem fazer-se substituir nos exercícios de suas funções.
11. Para a outorga de poderes para atos estranhos ao processo de recuperação ou falência ou que extrapolem a mera administração é necessária autorização judicial.

2) Sociedade simples – maioria de votos, segundo o valor das cotas de cada sócio (art. 1.010). O sócio não pode ser substituído por outras pessoas no exercício de suas funções de administrador, sem o consentimento dos demais sócios, expresso no contrato social (art. 1.002). É possível o mandato do sócio para o exercício das atribuições sociais (participar de reuniões, votar e ser votado etc.).

3) Sociedade limitada – votos que constituam 2/3 do capital social ou unanimidade, se não houver integralização plena (art. 1.061).

4) Sociedade limitada unipessoal – com a Lei n. 13.874/2019 segue as regras das sociedades limitadas; o patrimônio é distinto. O documento de constituição do sócio único, no que couber, segue as disposições sobre o contrato social.

5) Sociedade em nome coletivo – é vedada a representação. Não pode ter administrador estranho aos sócios (art. 1.042).

6) Sociedade Anônima – a representação é indelegável – Lei n. 6.404/76, art. 138. O mandato é possível, se o estatuto não vedar. Basta a representação do diretor. Deve informar os limites dos poderes outorgados e ter prazo determinado.

7) Sociedade em conta de participação – é representada pelo sócio ostensivo. A aferição da presentação e capacidade é deste sócio. Pode declarar, ou não, que se trata de ato em prol da sociedade em conta de participação. O sócio participante tem ação em face do ostensivo pelos atos alheios ou contrários ao contrato. Não é necessário levar a registro a procuração.

8) Sociedade estrangeira – é obrigatório que tenha um representante no Brasil (art. 1.138), admitindo-se que seja um cotista ou acionista de empresa. A Lei n. 6.404/76, art. 119, exige a nomeação de um procurador com domicílio no Brasil e com poderes para receber citação (IN 76/98 do DNRC).

Em qualquer caso, o tabelião deve fiscalizar a regularidade da atuação da sociedade: esta precisa estar inscrita no registro civil das pessoas jurídicas ou na junta comercial, e o CNPJ da empresa e o CPF dos representantes e mandatário precisam estar válidos. A sociedade inscrita, mas irregular, pode outorgar procuração (até mesmo para que se proceda à regularização), e a sociedade extinta pode outorgar procuração representada por seu liquidante, para cumprir obrigações ou perceber direitos do tempo em que operava.

As pessoas maiores e capazes têm capacidade para receberem procuração e serem mandatários. Excepcionalmente, pode ser mandatário o maior de 16 anos, mas o mandante não tem ação contra ele senão de conformidade com as regras gerais, aplicáveis às obrigações contraídas por menores (art. 666).

As pessoas jurídicas também podem ser mandatárias. Os documentos são os mesmos indicados para a posição de mandante.

O novo Código de Processo Civil dispõe que a procuração geral para o foro, outorgada por instrumento público ou particular assinado pela parte, habilita o advogado a praticar todos os atos do processo, exceto receber citação, confessar, reconhecer a procedência do pedido, transigir, desistir, renunciar ao direito sobre o qual se funda a ação, receber, dar quitação, firmar compromisso e assinar declaração de hipossuficiência econômica, que devem constar de cláusula específica (art. 105).

A novidade do novo Código é que esta procuração deverá conter o nome do advogado, seu número de inscrição na Ordem dos Advogados do Brasil e o endereço completo. Se o mandatário integrar sociedade de advogados, a procuração também deverá conter o nome dessa, seu número de registro na Ordem dos Advogados do Brasil e endereço completo (art. 105, §§ 2º e 3º).

A autorização para a prática de algum ato constante em alvará judicial pode ser objeto de procuração? Há controvérsia doutrinária[12].

O curador pode outorgar procuração para representá-lo nesta qualidade. Há de analisar os poderes e limites do termo de curatela. Não é demais ressaltar que, para atos de alienação ou oneração de bens do interdito, é necessária expressa autorização judicial.

O inventariante também pode outorgar procuração para ser representado nesta qualidade, respeitando o disposto nos arts. 618 e 619 do CPC/2015.

17.2 ACEITAÇÃO DO MANDATO

A aceitação do mandato pode ser expressa ou tácita. A aceitação expressa pode constar do próprio instrumento, com a presença de mandante e mandatário, e essa é, infelizmente, prática quase inexistente nos tabelionatos de notas do Brasil. A aceitação expressa pode constar de correspondência, nota de próprio punho ou qualquer outro escrito de autoria do procurador. O reconhecimento de firma é dispensável, mas o mandante pode ter a cautela, se preferir. A aceitação expressa é um evento raro.

A aceitação tácita decorre normalmente do exercício dos poderes, da apresentação do procurador perante terceiros, já tomando as providências das quais está investido.

Se o procurador nada fizer, se restar em silêncio, a lei não presume aceito o mandato; ao contrário, a presunção é de que não aceitou a investidura. Contudo, receber o instrumento presume a aceitação do mandato.

Enquanto não houver aceitação, trata-se de ato unilateral. Após a aceitação, existe um negócio jurídico.

É possível que o mandatário faça reserva ou condição de qualquer cláusula do mandato, o que deve ser feito expressamente para resguardo das partes.

A recusa não necessita de qualquer forma ou justificativa. Basta silenciar ou informar o mandante da negativa.

---

12. Alguns entendem tratar-se de representação personalíssima. Opinamos que, se o alvará não contiver ressalva, por ser um documento judicial destinado à esfera exclusivamente privada, não há impedimento para a outorga do mandato com poderes específicos. Não se trata de *munus publicum*.

17.3 OBRIGAÇÕES DO MANDATÁRIO

O mandatário, ou procurador, tem o dever de portar-se com boa-fé e a diligência habitual que tem em face de seus próprios negócios.

Mesmo com vedação expressa, o procurador pode substabelecer o mandato, mas terá o dever de indenizar o mandante pela eventual negligência ou excesso do substabelecido (art. 667).

O mandatário tem o dever de prestar contas sobre a representação para o mandante. Este dever poderia ser dispensado? Certamente que sim, na procuração em causa própria (art. 685) e nas procurações outorgadas com a cláusula de irrevogabilidade por condição de um negócio bilateral. Nas demais procurações, parece-nos vedada a dispensa do dever de prestar contas.

O mandatário tem a obrigação de entregar as vantagens advindas da representação ao mandante (art. 668). Sempre que exigido por terceiros, deve provar o mandato, evidentemente apresentando o instrumento, a procuração.

Embora ciente da morte, interdição ou mudança de estado do mandante, deve o mandatário concluir o negócio já começado, se houver perigo na demora (art. 674). Os notários temem e são refratários à aplicação desta regra tão clara. Há casos em que o mandatário tinha poderes para prometer vender e ceder o imóvel. Feita a promessa com pagamento diferido no tempo, falece o mandante. Evidentemente, concluído o pagamento, antes ou após a morte, é possível a conclusão do negócio com a outorga da escritura de compra e venda[13].

17.4 OBRIGAÇÕES DO MANDANTE

O mandante está obrigado a fornecer os recursos necessários ao desempenho do mandato. É ele quem deve arcar com as despesas, não o mandatário, que, se o fizer, tem direito ao ressarcimento.

Se houver sido fixado um pagamento pelo mandato, o outorgante tem o dever de pagar a remuneração. Além disso, está obrigado a indenizar as perdas e danos eventuais sofridos pelo mandatário. O mandatário tem o direito de retenção de eventuais vantagens da representação enquanto o mandante não honrar a sua obrigação de pagar a remuneração.

Em face de terceiros, o mandante deve honrar as obrigações assumidas em seu nome pelo mandatário.

13. Neste sentido, Conselho Superior da Magistratura (CSM-SP) – São Paulo – Apelação n. 3000311-26.2013.8.26.0408 – Comarca de Ourinhos – Hamilton Elliot Akel, Corregedor-Geral da Justiça e Relator, *DJe* 30-4-2015. Ementa: Registro de imóveis – Dúvida julgada procedente – Recusa de ingresso de escritura de venda e compra com cessão de direitos – Vendedores, representados por procurador, falecidos na época da lavratura do ato – Afirmação de invalidade do ato pela cessação dos poderes outorgados – Exame que extrapola os limites da qualificação do título, restrita aos aspectos formais – Recurso provido.

17.5 SUBSTABELECIMENTO

O substabelecimento do mandato constitui a cessão dos poderes de representação para outra pessoa. É um novo mandato com esteio no anterior e, portanto, os poderes não podem ser mais amplos ou especiais que os originários.

Mesmo vedado, o substabelecimento pode ser feito pelo procurador, mas os atos praticados não obrigam o mandante (art. 667). O mandatário será responsável pelos prejuízos ocorridos sob a nova administração, a menos que consiga provar que eles ocorreriam de qualquer modo.

Os atos praticados pelo representante do substabelecimento vedado podem, entretanto, ser ratificados expressamente pelo mandante, e seus efeitos se operarão *ex tunc*, retroagindo à data do ato.

O substabelecimento pode ser feito com reserva de iguais ou parciais poderes, ou seja, o mandatário que substabelece pode reservar-se o direito de continuar com os poderes de modo integral ou parcial.

O substabelecimento sem reserva equivale à renúncia ao mandato pelo procurador[14]. O novo mandatário é o substabelecido, que deve prestar contas ao mandante.

A revogação do mandato deve ser comunicada pelo mandante ao mandatário; também assim o substabelecimento sem reservas que, segundo a doutrina, equivale à renúncia dos poderes.

Há grande debate entre os tabeliães sobre esta questão. O procurador que outorga substabelecimento sem reserva de poderes pode, posteriormente, fazer a revogação deste substabelecimento?

Alguns notários lavram a revogação, outros não; estes porque teria ocorrido a renúncia tácita do procurador ao mandato, conforme leciona parte da doutrina civilista.

Outra corrente notarial entende que é possível lavrar a revogação, mesmo tendo o mandatário substabelecido os poderes sem reservas. Segundo eles, o substabelecimento, mesmo sem reservas, não significa renúncia ao mandato. A renúncia necessitaria ser expressa e somente produziria efeitos depois de comunicada ao mandante. Antes, não.

Esta corrente, à qual nos filiamos, entende que enquanto não houver renúncia expressa ou faltar a comunicação do substabelecimento ao mandante, o contrato de mandato está válido e eficaz. Há contrato entre o mandante, que concedeu poderes ao mandatário, não ao substabelecido. É o mandatário que responde perante o mandante e continuará respondendo, ainda que tenha substabelecido, enquanto não chegar ao conhecimento do mandante a renúncia ou comunicação do substabelecimento. É, portanto, possível a revogação do substabelecimento feito sem reserva de iguais poderes.

Outra questão controversa é a possibilidade de substabelecimento particular de procuração pública (art. 655). Esta liberdade, parece-nos, encontra limite na disposição do art. 657, que versa sobre o princípio da atração de forma: o mandato está sujeito à

14. Desde que o procurador proceda a comunicação do substabelecimento sem reserva ao mandante. A renúncia não se presume.

forma exigida por lei para o ato a ser praticado. Logo, se o ato a ser praticado exige o instrumento público, o substabelecimento não deve ocorrer por instrumento particular.

Com a instituição da CENSEC, algumas normas estaduais sobre comunicações das procurações têm, agora, abrangência nacional[15].

Nas escrituras de substabelecimento, e naquelas em que as partes se fizerem representar por procurador substabelecido, o tabelião exigirá a apresentação dos instrumentos de procuração e substabelecimento, se estes não tiverem sido lavrados nas próprias notas do cartório, arquivando-os em pasta própria, com remissões recíprocas.

Ao lavrarem escritura pública de substabelecimento, renúncia ou revogação de procuração escriturada em suas serventias, os tabeliães anotarão essa circunstância, imediatamente e sem ônus aos interessados, à margem do ato substabelecido, objeto da renúncia ou revogado.

Quando o substabelecimento, a renúncia ou o ato revocatório for lavrado em outra serventia, o tabelião, imediatamente e mediante o pagamento pelo interessado da despesa postal da carta registrada, comunicará essa circunstância ao Tabelião de Notas que lavrou o ato original, enviando-lhe cópia da escritura pública de substabelecimento, renúncia ou revogação de procuração que lavrou.

As cópias das escrituras públicas de substabelecimento, revogação e renúncia de procurações serão arquivadas em pasta própria, anotando o Tabelião de Notas, à margem do ato substabelecido, objeto da renúncia ou revogado, o número da pasta e a folha em que arquivado o documento referido, com remissões recíprocas.

17.6 PROCURAÇÃO EM CAUSA PRÓPRIA

A procuração em causa própria, ou *mandato in rem suam*, configura um contrato preliminar e irrevogável de transmissão de direitos sobre bens móveis ou imóveis (art. 685).

Na prática, a procuração em causa própria sempre versa sobre bens imóveis, contendo a quitação do preço e a transmissão da posse e dos direitos. Em muitas cidades, o ITBI, que é um imposto municipal, incide na outorga desta procuração. Em outras, não.

Esta procuração é irrevogável e o substabelecimento particular é vedado. Desde que contenha todos os requisitos da escritura de compra e venda, inclusive com o recolhimento do Imposto de Transmissão *Inter Vivos* (ITBI), poderá ser registrada, para o fim de transmitir o domínio[16].

Contudo, no Resp. n. 1.345.170, do RS, o Superior Tribunal de Justiça entendeu que "não pode ser atribuída a negócio jurídico unilateral a função de substituir, a um só tempo, os negócios jurídicos obrigacionais (por exemplo, contrato de compra e venda,

15. CNJ, Prov. n. 18/2012.
16. Neste sentido: Conselho Superior da Magistratura (CSM-SP) – São Paulo – Apelação n. 003499-0/84 – Comarca de Serra Negra – Marcos Nogueira Garcez, Corregedor-Geral da Justiça e Relator.

doação) e dispositivos (v.g., acordo de transmissão) indispensáveis, em regra, à transmissão dos direitos subjetivos patrimoniais, notadamente do direito de propriedade, sob pena de abreviação de institutos consolidados e burla à regras jurídicas". Em suma, a procuração em causa própria não se equivale à escritura de venda e compra.

Ainda que falecido o outorgante da procuração em causa própria, o outorgado procurador tem o direito de continuar investido nos poderes que lhe foram conferidos em vida do outorgante, que continuam em vigor para todos os efeitos.

Outro mandato para fins imobiliários decorre da Lei n. 4.591/64, que dispõe sobre o condomínio em edificações e as incorporações imobiliárias. Os arts. 31-C e 31-F contêm também um mandato irrevogável. O mandato outorgado à comissão de representantes dos promitentes compradores ou adquirentes confere poderes para transmitir domínio, direito, posse e ação, manifestar a responsabilidade do alienante pela evicção e imitir os promitentes ou adquirentes na posse das respectivas unidades.

A procuração **em causa própria (art. 685, do Código Civil)** não se confunde com o **contrato consigo mesmo (art. 117, do Código Civil)**. Apesar de a forma representativa ser semelhante, o procurador cumpre inicialmente as instruções do mandante para tratativas com terceiros. Se lhe convier, o mandante (ou a lei) pode autorizar expressamente que o procurador celebre consigo mesmo o negócio jurídico objeto da representação[17]. As principais diferenças são: a procuração em causa própria é irrevogável, a morte do mandante não a extingue; não há prestação de contas e é feita no exclusivo benefício do mandatário. O contrato consigo mesmo é revogável, há prestação de contas e a morte do representado extingue a representação que é outorgada – inicialmente – em benefício do representado.

17.7 IRREVOGABILIDADE REVOGÁVEL

A maior novidade do Código de 2002, cremos, está contida no art. 683. Por ele, o mandato com cláusula de irrevogabilidade pode agora ser revogado pelo mandante, que pagará as perdas e danos. As exceções ficam por conta das hipóteses de ser o mandato condição de um negócio bilateral (art. 684), como é exemplo a procuração que contenha a cláusula "em causa própria" (art. 685), ou de conter poderes para cumprir ou confirmar negócios já iniciados aos quais se encontre vinculado.

A novidade em direito é sempre cercada de controvérsia. Os tabeliães que revogam os mandatos irrevogáveis têm sofrido processos administrativos[18], e o assunto ainda não é pacífico. Entendemos que é possível a revogação, pois a lei assim prevê e este tem sido o entendimento das decisões administrativas. Contudo, para o concurso, aja com cautela.

17. Art. 117 do Código Civil.
18. Neste sentido, Corregedoria-Geral da Justiça (CGJ-SP) – São Paulo – Processo CG n. 2014/157039 (389/2014-E). Parecer, Swarai Cervone de Oliveira, Juiz Assessor da Corregedoria, aprovado pelo então Corregedor-Geral da Justiça, Dr. Hamilton Elliot Akel, *DJe* 19-1-2015. Ementa: Tabelião de Notas – Instrumento público de revogação de mandato, outorgado com cláusula de irrevogabilidade – Possibilidade de revogação, na forma do art. 683 do Código Civil – Mandato, ademais, destituído de cláusula "em causa própria" – Ausência de falta funcional do Tabelião – Recurso desprovido.

17.8 PROCURAÇÕES E SEUS REFLEXOS EMPRESARIAIS

O art. 1.011, § 2º do Código Civil indica como subsidiárias das normas para a administração social aquelas previstas no capítulo próprio do mandato.

O administrador da sociedade pode ser nomeado por instrumento em separado, que pode ser, por exemplo, uma procuração. Quando tal ocorrer, o instrumento deve ser inscrito junto ao registro próprio da sociedade.

Nos atos que impliquem em oneração ou venda de imóveis, será necessária decisão da maioria dos sócios (art. 1.015). Vamos repetir, para salientar: é somente para a oneração ou venda; a aquisição não exige tal maioria.

Outra importante alteração diz respeito ao art. 1.018, que veda ao administrador fazer-se substituir no exercício de suas funções. O que ele pode e deve fazer, se necessitar de afastamento, é outorgar procuração ao mandatário, representando a sociedade, que é, então, a mandante. Neste caso, não pode exorbitar os poderes conferidos pelo contrato social, devendo especificar no instrumento os atos e operações que o mandatário pode praticar.

Hipótese distinta é a do sócio – que tenha ou não funções administrativas – que deseja fazer-se representar por mandato no âmbito interno da empresa. Uma assembleia de sócios, por exemplo, é agendada para o momento em que o sócio está viajando.. Neste caso, entendemos que a procuração pode ser outorgada com a ressalva expressa de que os poderes são limitados aos atos de gestão social. Se, eventualmente, forem abordadas, na mesma assembleia, questões administrativas, o mandatário não tem poderes para substituir o mandante.

Não mais subsiste o regramento do Provimento CNJ n. 42/2014, que disciplinava a obrigatoriedade dos tabeliães de notas encaminharem para averbação na Junta Comercial a cópia do instrumento de procuração quando houvesse outorga de poderes de administração, gerência dos negócios, de movimentação de conta corrente vinculada de empresa individual de responsabilidade limitada, sociedade empresarial, sociedade simples, ou cooperativa. O V. Acórdão proferido nos autos do Pedido de Providências n. 0006471-95.2019.2.00.0000 do E. CNJ, revogou o Provimento CNJ n. 42/2014.

17.9 REVOGAÇÃO E RENÚNCIA

A revogação do mandato pode ser realizada pelo mandante, que deve comunicar ao mandatário para que produza os seus efeitos.

O mandatário pode renunciar; ele não pode revogar o mandato, pois não foi quem o outorgou. Se o mandato for com a cláusula *ad judicia* (para o foro), o advogado renunciante tem o dever de manter a defesa por mais 10 dias e deve dar ciência ao juízo (art. 112, § 1º, do CPC/2015).

A irrevogabilidade do mandato é exceção, e, como dissemos, o mandato irrevogável pode ser revogado, mas o mandante pagará perdas e danos.

As hipóteses contidas nos arts. 684, 685 e 686, parágrafo único, são de revogação válida e ineficaz, ou seja, revogação que mesmo feita não produz efeitos. O tabelião não está impedido de fazê-las, pois deve atender ao pedido da parte para formalizar juridicamente a sua vontade (Lei n. 8.935/94, art. 6º, I). Apesar de válido, é ato destituído de eficácia.

Sempre que a procuração contiver a cláusula de irrevogabilidade, o tabelião deve exigir que o outorgante informe o motivo da irrevogabilidade, indicando especialmente se se trata de condição de um negócio bilateral ou se foi estipulada no exclusivo interesse do mandatário. É que, nestes casos, a revogação do mandato será ineficaz, o que garante ao mandatário certeza da irrevogabilidade permanente.

As Normas do Estado de São Paulo exigem que os tabeliães, ao lavrarem instrumento público de substabelecimento de procuração, revogação ou renúncia de mandato escriturado em suas próprias serventias, averbem essa circunstância, imediatamente e sem ônus à parte, à margem do ato substabelecido, revogado ou renunciado. A partir de 2013, as Normas da CGJ de São Paulo, quando a morte do mandante fosse comunicada ao tabelião pelo procurador ou qualquer outra pessoa, comprovada por certidão de óbito ou outro documento oficial, deve receber igual tratamento. E mais recente – em 2020 – as Normas ampliaram as hipóteses para interdição e decurso do prazo, desde que comprovado.

Quando o ato revocatório, de substabelecimento ou de renúncia, tiver sido lavrado em outra serventia, o tabelião, imediatamente e mediante o pagamento pelo interessado da despesa postal da carta registrada, comunicará essa circunstância ao tabelião que lavrou o ato original, encaminhando-lhe cópia do substabelecimento, da escritura de revogação ou renúncia de mandato que lavrou.

Ao receber cópia da escritura de substabelecimento, de procuração, revogação ou renúncia de mandato, será arquivada em pasta própria, anotando o tabelião, à margem do ato substabelecido ou revogado.

Com o Prov. n. 18/2012, da Corregedoria Nacional de Justiça (CNJ), que instituiu a Central Notarial de Serviços Eletrônicos Compartilhados (CENSEC), os notários de todo o País estão obrigados a comunicar a lavratura de escritura pública de revogação de procuração e de escritura pública de rerratificação que lavrarem, ao notário que houver lavrado a escritura de procuração revogada, ou a escritura pública do negócio jurídico objeto da rerratificação, com a realização das anotações remissivas correspondentes, em todas as escrituras, pelo remetente e pelo destinatário (art. 9º, § 4º). Compreendem-se também os atos de renúncia e substabelecimento, bem como os atos de aditamento e aditamento retificativo.

17.10 EXTINÇÃO DO MANDATO

O mandato se extingue por: I) acordo mútuo; II) revogação ou renúncia; III) morte ou interdição de uma das partes; IV) mudança de estado que inabilite o mandante a conferir os poderes, ou o mandatário a exercê-los; V) término do prazo ou conclusão do negócio.

A parte que revoga ou renuncia deve notificar a outra sobre o fim do mandato, o que somente ocorre após a notificação.

Age com cautela quem registrar a revogação ou renúncia no ofício de registro de títulos e documentos para efeitos em face de terceiros. Qualquer outra publicidade (anúncio em jornais etc.) também pode ser dada.

A morte, a interdição ou a mudança de estado que **inabilite** o mandante extinguem o mandato. A pessoa que se casa, ou enviúva, ou se divorcia, muda de estado civil, mas o Código não se refere a estas mudanças, e sim àquela que resulte na perda da capacidade do mandante.

17.11 JURISPRUDÊNCIA SELECIONADA

O mandato é um assunto rico em decisões judiciais. Juntamos alguns julgados que pacificam algumas controvérsias sobre o mandato. O conjunto de acórdãos é do STJ.

Não é necessária a apresentação do contrato social da empresa para a validade da procuração outorgada.

Processo AgRg no REsp 662557/PE. AGRAVO REGIMENTAL NO RECURSO ESPECIAL 2004/0064138-0. Relator(a) Ministro HUMBERTO MARTINS (1130). Órgão Julgador T2 – SEGUNDA TURMA. Data do Julgamento 24-6-2008. Data da Publicação/Fonte *DJe* 8-8-2008. Ementa: TRIBUTÁRIO – PROCESSUAL CIVIL – VIOLAÇÃO DO ART. 525 DO CPC NÃO CONFIGURADA – CONTRATO SOCIAL – PEÇA NÃO OBRIGATÓRIA. A jurisprudência desta Corte é pacífica no sentido de não ser necessária a juntada do contrato social da empresa para que a procuração transladada ao agravo de instrumento tenha validade. Agravo regimental improvido. Unânime.

É válido e eficaz o negócio jurídico praticado por ex-mandatário com terceiro de boa-fé, que desconhecia a extinção do mandato.

Processo AgRg no REsp 881023/MS. AGRAVO REGIMENTAL NO RECURSO ESPECIAL 2006/0193539-9. Relator(a) Ministro HUMBERTO GOMES DE BARROS (1096). Órgão Julgador T3 – TERCEIRA TURMA. Data do Julgamento 19-12-2007. Data da Publicação/Fonte *DJ* 8-2-2008, p. 667. Ementa: AGRAVO REGIMENTAL. CONTRATO BANCÁRIO. EXTINÇÃO DO MANDATO. REVOGAÇÃO. ATO PRATICADO PELO EX-MANDATÁRIO. VALIDADE. TERCEIROS DE BOA-FÉ. Unânime.

Cópia de procuração deve ser autenticada pelo escrivão do foro de origem.

Processo AgRg no Ag 862489/RJ. AGRAVO REGIMENTAL NO AGRAVO DE INSTRUMENTO 2007/0023928-2. Relator(a) Ministra DENISE ARRUDA (1126). Órgão Julgador T1 – PRIMEIRA TURMA. Data do Julgamento 18-12-2007. Data da Publicação/Fonte *DJ* 7-2-2008, p. 1. Ementa: AGRAVO REGIMENTAL NO AGRAVO DE INSTRUMENTO. PROCESSUAL CIVIL. CÓPIA DA PROCURAÇÃO NÃO AUTENTICADA. IRREGULARIDADE. SÚMULA 115/STJ. RECURSO INCAPAZ DE INFIRMAR OS FUNDAMENTOS DA DECISÃO AGRAVADA. AGRAVO DESPROVIDO. 1. Esta Corte de Justiça possui entendimento pacificado no sentido de que a cópia obtida do mandato judicial somente tem validade se o escrivão portar por fé a sua conformidade com o original. Desse modo, é necessária a autenticação de cópia dos documentos de procuração, sob pena de aplicação do óbice previsto na Súmula 115/STJ: "Na instância especial é inexistente recurso interposto por advogado sem procuração nos autos". 2. É no momento da interposição do recurso especial que a representação do advogado deve ser comprovada, ou seja, desde o instante em que na origem se interpõe o recurso, de modo que é inaplicável nesta instância o art. 13 do CPC. Destarte, não cabe em sede de recurso especial suprir essa falha. 3. Agravo regimental desprovido.

Processo AgRg no REsp 858468/RS. AGRAVO REGIMENTAL NO RECURSO ESPECIAL 2006/0121824-4. Relator(a) Ministro CARLOS ALBERTO MENEZES DIREITO (1108). Órgão Julgador T3 – TERCEIRA TURMA. Data do Julgamento 4-9-2007. Data da Publicação/Fonte *DJ* 22-10-2007, p. 253. Unânime.

Processo AgRg no Ag 872125/RS. AGRAVO REGIMENTAL NO AGRAVO DE INSTRUMENTO 2007/0034219-0. Relator(a) Ministro ALDIR PASSARINHO JUNIOR (1110). Órgão Julgador T4 – QUARTA TURMA. Data do Julgamento 21-8-2007. Data da Publicação/Fonte *DJ* 5-11-2007, p. 275. Unânime.

Processo AgRg no Ag 679710/RJ. AGRAVO REGIMENTAL NO AGRAVO DE INSTRUMENTO 2005/0077571-5. Relator(a) Ministro CARLOS ALBERTO MENEZES DIREITO (1108). Órgão Julgador T3 – TERCEIRA TURMA. Data do Julgamento 18-8-2005. Data da Publicação/Fonte *DJ* 14-11-2005, p. 317. Unânime.

Processo AgRg no Ag 671183/RJ. AGRAVO REGIMENTAL NO AGRAVO DE INSTRUMENTO 2005/0055354-5. Relator(a) Ministro TEORI ALBINO ZAVASCKI (1124). Órgão Julgador T1 – PRIMEIRA TURMA. Data do Julgamento 21-6-2005. Data da Publicação/Fonte *DJ* 1º-7-2005, p. 408. Unânime.

Cópia autenticada da procuração é válida.

Processo REsp 719047/CE. RECURSO ESPECIAL 2005/0011371-7. Relator(a) Ministro FRANCIULLI NETTO (1117). Órgão Julgador T2 – SEGUNDA TURMA. Data do Julgamento 22-3-2005. Data da Publicação/Fonte *DJ* 20-3-2006, p. 246. Ementa: PROCESSO CIVIL – REPRESENTAÇÃO PROCESSUAL – MANDATO – CÓPIA AUTENTICADA – POSSIBILIDADE RECONHECIDA PELA CORTE DE ORIGEM – RECURSO ESPECIAL – PRETENDIDA REFORMA DO POSICIONAMENTO ADOTADO – ALEGAÇÃO DE VIOLÊNCIA AO ART. 535 DO CPC – INOCORRÊNCIA – APONTADA AFRONTA AOS ARTS. 13, 36 E 37 DO CPC E 1.035 DO CC DE 1916. – Do minudente exame das razões expendidas pela parte recorrente, tanto por ocasião da contraminuta ao agravo de instrumento, bem como nas razões de embargos de declaração, observa-se que a Corte de origem, ao se pronunciar, não deixou de considerar a regra insculpida nos artigos 13, 36 e 37, do Código de Processo Civil e 1.035 do Código Civil. – É de elementar inferência que o pronunciamento da Corte de origem, no sentido de considerar a validade do instrumento de mandato, afastou a incidência dos dispositivos eleitos pela Fazenda Pública, razão por que não se justificava tecer qualquer pronunciamento explícito sobre eles. Afastada a violação ao art. 535 do CPC. – Este colendo Superior Tribunal de Justiça, ao examinar a questão relativa à juntada de mandato autenticado, pontificou que "não cabe invocar vício de representação se constam nos autos cópias autenticadas dos instrumentos de procuração" (cf. Ag. Reg. no REsp 623.912-CE, Rel. Min. Francisco Falcão, *DJ* 27-9-2004). Na mesma linha, confira-se REs. 45.177-SP, Relator Ministro Hamilton Carvalhido, *DJ* 5-2-2001. – Recurso especial improvido. Unânime.

Processo REsp 464319/RJ. RECURSO ESPECIAL 2002/0111453-1. Relator(a) Ministro HUMBERTO GOMES DE BARROS (1096) Órgão Julgador T1 – PRIMEIRA TURMA. Data do Julgamento 18-3-2003. Data da Publicação/Fonte *DJ* 31-3-2003, p. 162. RSTJ, vol. 173, p. 144. Ementa: PROCESSUAL – PROCURAÇÃO – CÓPIA XEROGRÁFICA – VALOR PROBANTE. – A cópia xerográfica da procuração – salvo quando impugnada pela outra parte – comprova satisfatoriamente a existência do mandato. A exigência de apresentação do documento original maltrata o Art. 385 do Código de Processo Civil. – A cópia autenticada da procuração vale como certidão à qual é defeso negar fé (CPC, Art. 384). Unânime.

Para os poderes especiais de receber e dar quitação é essencial o reconhecimento da firma do outorgante.

Processo REsp 616435/PE. RECURSO ESPECIAL 2003/0222019-9. Relator(a) Ministro JOSÉ ARNALDO DA FONSECA (1106). Órgão Julgador T5 – QUINTA TURMA. Data do Julgamento 4-8-2005. Data da Publicação/Fonte *DJ* 5-9-2005, p. 461. Ementa: PROCESSUAL CIVIL. PROCURAÇÃO. PRÁTICA DE ATOS PROCESSUAIS EM GERAL. PODERES ESPECIAIS. ART. 38, DO CPC. LEI 8.906/94 (ESTATUTO DA ADVOCACIA). RECONHECIMENTO DE FIRMA DO CONSTITUINTE. O art. 38 do CPC e o § 2º do art. 5º da Lei 8.906/94 prestigiam a atuação do advogado com dispensar o reconhecimento da firma, no instrumento de procuração, do outorgante para a prática de atos processuais em geral. Para a validade, contudo, dos poderes especiais, se contidos no mandato, necessariamente há de ser reconhecida a firma do constituinte. Precedentes. Recurso conhecido e provido. Unânime.

Procuração *ad negotia* à administradora de imóveis. É possível o substabelecimento contendo os poderes *ad judicia*.

Processo REsp 494205/PR. RECURSO ESPECIAL 2002/0163930-1. Relator(a) Ministro JOSÉ ARNALDO DA FONSECA (1106). Órgão Julgador T5 – QUINTA TURMA. Data do Julgamento 10-2-2004. Data da Publicação/Fonte *DJ* 15-3-2004, p. 291. Ementa: RECURSO ESPECIAL. MANDATO. PROCURAÇÃO *AD NEGOTIA* À ADMINISTRADORA DE IMÓVEIS. SUBSTABELECIMENTO POR ESTA A ADVOGADO, CONTENDO PODERES *AD JUDICIA*. POSSIBILIDADE. Recurso conhecido e provido. Unânime.

Substabelecimento. Indispensável apresentar a procuração que lhe deu origem.

Processo AgRg no Ag 509043/SP. AGRAVO REGIMENTAL NO AGRAVO DE INSTRUMENTO 2003/0048330-4. Relator(a) Ministro JOÃO OTÁVIO DE NORONHA (1123). Órgão Julgador T2 – SEGUNDA TURMA. Data do Julgamento 18-9-2003. Data da Publicação/Fonte *DJ* 3-11-2003, p. 308. Ementa: PROCESSUAL CIVIL. AGRAVO REGIMENTAL. MATÉRIA CONSTITUCIONAL. TRASLADO DEFICIENTE. 1. Refoge aos limites da estreita competência outorgada ao Superior Tribunal de Justiça em sede de recurso especial o conhecimento e o exame das supostas ofensas à Constituição Federal. 2. Na formação do instrumento, impõe-se o traslado do substabelecimento acompanhado do instrumento de mandato que lhe conferiu legitimidade, tendo em vista o vínculo de acessoriedade que os une. 3. Agravo regimental a que se nega provimento. Unânime.

Procuração que veda o substabelecimento e ele ocorre. Validade do substabelecimento. O substabelecente é responsável pelos atos praticados pelo substabelecido.

Processo REsp 489827/PB. RECURSO ESPECIAL 2002/0154027-0. Relator(a) Ministra NANCY ANDRIGHI (1118). Relator(a) p/ Acórdão Ministro CASTRO FILHO (1119). Órgão Julgador T3 – TERCEIRA TURMA. Data do Julgamento 4-9-2003. Data da Publicação/Fonte *DJ* 30-8-2004, p. 280. REVPRO, vol. 120, p. 229. RSTJ, vol. 187, p. 294. Ementa: PROCESSO CIVIL. PROIBIÇÃO DE SUBSTABELECIMENTO. EFEITOS. PROCURAÇÃO COM CLÁUSULA *AD JUDICIA*. RESTRIÇÃO DE PODERES ESPECIAIS. ATUAÇÃO EM AÇÕES DIVERSAS. POSSIBILIDADE. I – A vedação ao substabelecimento não torna nula a procuração substabelecida; apenas acarreta a responsabilização do substabelecente pelos atos praticados pelo substabelecido. II – O substabelecimento com cláusula *ad judicia* autoriza o advogado a promover a defesa da parte em ações diversas daquela constante do instrumento do mandato, mormente quando houver inter-relação entre as ações. Recurso especial provido. Unânime.

Processo REsp 242895/PR. RECURSO ESPECIAL 1999/0116693-4. Relator(a) Ministro BARROS MONTEIRO (1089). Órgão Julgador T4 – QUARTA TURMA. Data do Julgamento 6-6-2000. Data da Publicação/Fonte *DJ* 21-8-2000, p. 145. RSTJ, vol. 146, p. 364. RT, vol. 784, p. 210. Unânime.

Salvo nos contratos relacionados a cartão de crédito, é nula a cláusula contratual que prevê a outorga de mandato para criação de título cambial.

Processo AgRg no REsp 770506/RS. AGRAVO REGIMENTAL NO RECURSO ESPECIAL 2005/0125691-4. Relator(a) Ministro MASSAMI UYEDA (1129). Órgão Julgador T4 – QUARTA TURMA. Data do Julgamento 13-11-2007. Data da Publicação/Fonte *DJ* 3-12-2007, p. 315. Ementa: AGRAVO REGIMENTAL – AÇÃO REVISIONAL DE CONTRATO DE FINANCIAMENTO BANCÁRIO – CLÁUSULA-MANDATO – NULIDADE – INCIDÊNCIA DO ENUNCIADO N. 60 DA SÚMULA DO STJ – AGRAVO IMPROVIDO. 2. Agravo regimental improvido. Unânime.

Processo AgRg no REsp 883027/RS. AGRAVO REGIMENTAL NO RECURSO ESPECIAL 2006/0190497-0. Relator(a) Ministro ALDIR PASSARINHO JUNIOR (1110). Órgão Julgador T4 – QUARTA TURMA. Data do Julgamento 13-11-2007. Data da Publicação/Fonte *DJ* 17-12-2007, p. 192. Unânime.

Processo AgRg no REsp 899358/RS. AGRAVO REGIMENTAL NO RECURSO ESPECIAL 2006/0243531-8. Relator(a) Ministro ALDIR PASSARINHO JUNIOR (1110). Órgão Julgador T4 – QUARTA TURMA. Data do Julgamento 24-4-2007. Data da Publicação/Fonte *DJ* 28-5-2007, p. 367. Unânime.

Processo REsp 442993/RS. RECURSO ESPECIAL 2002/0076568-9. Relator(a) Ministro BARROS MONTEIRO (1089). Órgão Julgador T4 – QUARTA TURMA. Data do Julgamento 19-4-2005. Data da Publicação/Fonte *DJ* 30-5-2005, p. 381. Ementa: LETRA DE CÂMBIO. CLÁUSULA-MANDATO. SAQUE PELO BANCO CREDOR COM BASE EM ESTIPULAÇÃO CONTRATUAL. INVALIDADE. – É nula a cláusula inserta em contrato de abertura de crédito que autoriza o credor a sacar letra de câmbio contra o devedor, com base em saldo apurado de forma unilateral na sua conta corrente. Incidência da Súmula n. 60-STJ. Recurso especial não conhecido. Unânime.

Processo REsp 602194/SC. RECURSO ESPECIAL 2003/0191667-0. Relator(a) Ministro CARLOS ALBERTO MENEZES DIREITO (1108). Órgão Julgador T3 – TERCEIRA TURMA. Data do Julgamento 14-12-2004. Data da Publicação/Fonte *DJ* 11-4-2005, p. 291. Unânime.

Processo REsp 466769/RJ. RECURSO ESPECIAL 2002/0110192-1. Relator(a) Ministro ALDIR PASSARINHO JUNIOR (1110). Órgão Julgador T4 – QUARTA TURMA. Data do Julgamento 5-11-2002. Data da Publicação/Fonte *DJ* 24-2-2003, p. 249. Unânime.

Procuração para cartão de crédito. O mandante tem o direito de acionar a mandatária para que preste contas.

Processo REsp 534061/RS. RECURSO ESPECIAL 2003/0032835-4. Relator(a) Ministro CESAR ASFOR ROCHA (1098). Órgão Julgador T4 – QUARTA TURMA. Data do Julgamento 25-11-2003. Data da Publicação/Fonte *DJ* 14-6-2004, p. 232. Ementa: AÇÃO DE PRESTAÇÃO DE CONTAS. CARTÃO DE CRÉDITO. CLÁUSULA-MANDATO. FINANCIAMENTO. INTERESSE. CARÊNCIA DE AÇÃO AFASTADA. O mandante tem o direito e o interesse de acionar a mandatária para obter a prestação de contas acerca dos contratos celebrados, em seu nome, no exercício do mandato. Precedentes do STJ. Recurso especial conhecido e provido. Unânime.

É nulo o mandato em que o devedor autoriza o credor a cobrar os débitos do devedor. Conflito de interesses.

Processo AgRg no REsp 808603/RS. AGRAVO REGIMENTAL NO RECURSO ESPECIAL 2006/0002947-9. Relator(a) Ministro JORGE SCARTEZZINI (1113). Órgão Julgador T4 – QUARTA TURMA. Data do Julgamento 4-5-2006. Data da Publicação/Fonte *DJ* 29-5-2006, p. 264. Ementa: PROCESSO CIVIL – RECURSO ESPECIAL – AGRAVO REGIMENTAL – CONTRATO BANCÁRIO – NOTA PROMISSÓRIA – CLÁUSULA-MANDATO – VIOLAÇÃO AO ART. 51, IV, CDC – SÚMULA 60/STJ – NULIDADE – DESPROVIMENTO. 1 – É nula a cláusula contratual em que o devedor autoriza o credor a sacar, para cobrança, título de crédito representativo de qualquer quantia em atraso. Isto porque tal cláusula não se coaduna com o contrato de mandato, que pressupõe a inexistência de conflitos entre mandante e mandatário. Precedentes (REsp 504.036/RS e AgRg Ag 562.705/RS). 2 – Ademais, a orientação desta Corte é no sentido de que a cláusula contratual que permite a emissão da nota promissória em favor do banco/embargado, caracteriza-se como abusiva, porque violadora do princípio da boa-fé, consagrado no art. 51, inciso IV, do Código de Defesa do Consumidor. Precedente (REsp 511.450/RS). 3 – Agravo regimental desprovido. Unânime.

Processo REsp 80812/SP. RECURSO ESPECIAL 1995/0062266-1. Relator(a) Ministro ALDIR PASSARINHO JUNIOR (1110). Órgão Julgador T4 – QUARTA TURMA. Data do Julgamento 8-5-2001. Data da Publicação/Fonte *DJ* 15-10-2001, p. 265. Ementa: COMERCIAL. ALIENAÇÃO FIDUCIÁRIA. BUSCA E APREENSÃO. CONVERSÃO EM AÇÃO DE DEPÓSITO. PRISÃO DO DEPOSITÁRIO. TÍTULO. CLÁUSULA-MANDATO. IMPOSSIBILIDADE. SÚMULA N. 60/STJ. I. "É nula a obrigação cambial assumida por procurador do mutuário vinculado ao mutuante, no exclusivo interesse deste" (Súmula n. 60 – STJ). II. Recurso especial conhecido e provido. Unânime.

O incorporador não pode utilizar procuração outorgada pelos adquirentes de unidades incorporadas para alterar, em detrimento destes, o plano da incorporação.

Processo REsp 586684/RJ. RECURSO ESPECIAL 2003/0161628-0. Relator(a) Ministro HUMBERTO GOMES DE BARROS (1096). Órgão Julgador T3 – TERCEIRA TURMA. Data do Julgamento 1º-6-2004. Data da Publicação/Fonte *DJ* 14-6-2004, p. 219. Ementa: PROCESSUAL CIVIL – LITISCONSÓRCIO FACULTATIVO – CONDÔMINO. INCORPORADOR – PROJETO – ALTERAÇÃO – CONTRATO – CLÁUSULA PADRÃO DE MANDATO. I – Se o comunheiro de imóvel tem legitimidade para reivindicá-lo de terceiro, sem anuência dos demais condôminos, com maior razão pode pleitear indenização por danos à coisa comum ou postular que seja protegido preventivamente de eventuais danos. Direito que se insere na faculdade conferida aos coproprietários. II – O litisconsórcio facultativo depende da vontade do demandado, porquanto, segundo a legislação pátria, não é dado constranger alguém a demandar. III – É vedado ao incorporador alterar o projeto ou desviar-se do plano da construção, salvo autorização unânime dos interessados ou exigência legal. IV – É defeso ao incorporador utilizar procuração outorgada pelos adquirentes de unidades incorporadas, para alterar, em detrimento deste, o plano da incorporação. Permitir lesão semelhante seria admitir que o mandatário atraiçoe o mandante. Unânime.

Novo mandato *ad judicia* revoga tacitamente o mandato anterior.

Processo AgRg no REsp 811180/SP. AGRAVO REGIMENTAL NO RECURSO ESPECIAL 2006/0012460-3. Relator(a) Ministro HERMAN BENJAMIN (1132). Órgão Julgador T2 – SEGUNDA TURMA. Data do Julgamento 18-9-2007. Data da Publicação/Fonte *DJ* 24-10-2007, p. 204. Ementa: PROCESSUAL CIVIL. OUTORGA DE DOIS MANDATOS EM MOMENTOS DIVERSOS. INEXISTÊNCIA DE RESSALVA DA PROCURAÇÃO ANTERIOR. REVOGAÇÃO TÁCITA. INCIDÊNCIA DA SÚMULA 115/STJ. 1. Há revogação tácita de mandato com a constituição de novo procurador sem ressalva do instrumento procuratório anterior. 2. É inexistente o recurso quando o advogado subscritor não tem procuração e/ou substabelecimento nos autos. Aplicação da Súmula 115/STJ. 3. Agravo Regimental provido. Unânime.

Processo REsp 222215/PR. RECURSO ESPECIAL 1999/0059778-8. Relator(a) Ministro FELIX FISCHER (1109). Órgão Julgador T5 – QUINTA TURMA. Data do Julgamento 3-2-2000. Data da Publicação/Fonte *DJ* 21-2-2000, p. 163. Unânime.

Quando o procurador desconhece a morte do mandante, são eficazes os atos por ele praticados.

Processo AgRg no Ag 712335/MG. AGRAVO REGIMENTAL NO AGRAVO DE INSTRUMENTO 2005/0165655-3. Relator(a) Ministro HUMBERTO GOMES DE BARROS (1096). Órgão Julgador T3 – TERCEIRA TURMA. Data do Julgamento 13-12-2005. Data da Publicação/Fonte *DJ* 13-2-2006, p. 799. Ementa: PROCESSO CIVIL. PROCURAÇÃO. MORTE DO EXEQUENTE. MÁ-FÉ DO MANDATÁRIO. REEXAME DE PROVAS. SÚMULA 7. – Se o procurador desconhecia a morte do mandante são eficazes os atos por ele praticados no âmbito e no exercício do mandato. – "A pretensão de simples reexame de prova não enseja recurso especial." Unânime.

Mandato extinto por término do prazo. Validade dos atos praticados em face dos terceiros de boa-fé.

Processo REsp 772687/MG. RECURSO ESPECIAL 2005/0132870-1. Relator(a) Ministro HUMBERTO GOMES DE BARROS (1096). Órgão Julgador T3 – TERCEIRA TURMA. Data do Julgamento 6-10-2005. Data da Publicação/Fonte *DJ* 14-11-2005, p. 323. RDDP, vol. 35, p. 215. Ementa: CIVIL – EXTINÇÃO DO MANDATO – TÉRMINO DO PRAZO – EMISSÃO DE CHEQUE – EX-MANDATÁRIO – VALIDADE – TERCEIROS DE BOA-FÉ. – Negócio jurídico praticado por ex-mandatário tem plena eficácia para o terceiro de boa-fé, que desconhecia a extinção do mandato. – A revogação, em essência ou ontologicamente, não difere da extinção do mandato pelo término do prazo, pois ambas colocam termo final no mandato (CC/16, Art. 1.316). – O parágrafo único, do Art. 1.060, do NCC, só se aplica aos administradores sócios da empresa, e não a procuradores constituídos pela pessoa jurídica. Unânime.

O mandato que autoriza a oneração de bens, como a hipoteca, não pode ser genérico.

Processo REsp 404707/DF. RECURSO ESPECIAL 2001/0125803-1. Relator(a) Ministro ALDIR PASSARINHO JUNIOR (1110). Órgão Julgador T4 – QUARTA TURMA. Data do Julgamento 5-6-2007. Data da Publicação/Fonte *DJ* 6-8-2007, p. 493. Ementa: CIVIL E PROCESSUAL. EMBARGOS À EXECUÇÃO. DEVEDORES QUE PRESTARAM GARANTIA REAL HIPOTECÁRIA. LEGITIMIDADE PASSIVA INDEPENDENTEMENTE DE O DEVEDOR PRINCIPAL INTEGRAR A LIDE. MANDATO. PODERES EXPRESSOS E ESPECIAIS PARA ONERAR OS BENS. NECESSIDADE DE PARTICULARIZAÇÃO. EXECUÇÃO EXTINTA. I. Possuem legitimidade passiva para a execução, escoteiramente, a critério do credor, os devedores que prestaram garantia real hipotecária, para figurar na lide independentemente do obrigado principal. Precedentes. II. Somente surte efeito prático o mandato que autoriza a oneração de bens por intermédio de hipoteca se particularizados no instrumento, não sendo suficiente a alusão genérica, como ocorrente nos autos. Precedentes. III. Recurso especial conhecido em parte e, nessa extensão, provido, para extinguir a execução. Unânime.

Mandato *ad judicia* com prazo determinado. Prazo expirou. Mandato válido até o fim da ação.

Processo REsp 812209/SC. RECURSO ESPECIAL 2006/0016507-8. Relator(a) Ministro HUMBERTO GOMES DE BARROS (1096). Órgão Julgador T3 – TERCEIRA TURMA. Data do Julgamento 16-11-2006. Data da Publicação/Fonte *DJ* 18-12-2006, p. 389. LEXSTJ, vol. 210, p. 198. Ementa: PROCESSO CIVIL. APELAÇÃO INTERPOSTA NA INSTÂNCIA ORDINÁRIA E SUBSCRITA POR ADVOGADO COM PROCURAÇÃO VENCIDA. A circunstância de, no curso do processo, a procuração haver atingido seu termo final não implica a revogação do mandato que credencia o advogado. Entende-se que a procuração *ad judicia* é outorgada para que o advogado represente o constituinte, até o desfecho do processo. Unânime.

Empresa que sucede outra. Não necessita renovar o mandato.

Processo AgRg nos EDcl no Ag 718164/PR. AGRAVO REGIMENTAL NOS EMBARGOS DE DECLARAÇÃO NO AGRAVO DE INSTRUMENTO 2005/0179303-6. Relator(a) Ministro CARLOS ALBERTO MENEZES DIREITO (1108). Relator(a) p/ Acórdão Ministro CASTRO FILHO (1119). Órgão Julgador T3 – TERCEIRA TURMA. Data do Julgamento 5-6-2007. Data da Publicação/Fonte *DJ* 25-9-2007, p. 235. Ementa: AGRAVO INTERNO. AGRAVO DE INSTRUMENTO. SUCESSÃO DE EMPRESA. CÓPIA. MANDATO. SUCESSORA. DESNECESSIDADE. I – Em razão do princípio da estabilidade e da autonomia entre as relações jurídicas processual e material, a sucessão de empresas no curso do processo não extingue o mandato judicial conferido pela sucedida. II – Prescindibilidade da juntada, pela sucessora, de procuração judicial outorgada em seu nome aos advogados que representavam a empresa a qual sucedeu. Agravo regimental provido. Por maioria, vencido o Sr. Ministro Carlos Alberto Menezes Direito.

Empresa cindida e surge nova empresa. Necessita renovar o mandato.

Processo AgRg no Ag 212255/RS. AGRAVO REGIMENTAL NO AGRAVO DE INSTRUMENTO 1998/0084987-4. Relator(a) Ministro BARROS MONTEIRO (1089). Órgão Julgador T4 – QUARTA TURMA. Data do Julgamento 3-10-2000. Data da Publicação/Fonte *DJ* 27-11-2000, p. 167. JBCC, vol. 186, p. 396. LEXSTJ, vol. 139, p. 19. Ementa: REPRESENTAÇÃO PROCESSUAL. SOCIEDADE CINDIDA QUE DÁ ORIGEM A UMA NOVA EMPRESA. PROCURAÇÃO OUTORGADA SOMENTE PELA PRIMEIRA. INADMISSIBILIDADE. – Operada a cisão e constituída nova empresa, não serve mais o mandato outorgado pela sociedade cindida, sendo de rigor a exibição do instrumento de mandato conferido pela última. Incidência da Súmula n. 115-STJ. Agravo desprovido. Unânime.

Mandato sem os poderes de receber e dar quitação. Para todos os demais atos é válido. Apresentação de procuração com estes poderes no momento oportuno é admissível.

Processo REsp 839172/DF. RECURSO ESPECIAL 2006/0082475-8. Relator(a) Ministro JOSÉ DELGADO (1105). Órgão Julgador T1 – PRIMEIRA TURMA. Data do Julgamento 17-8-2006. Data da Publicação/Fonte *DJ* 14-9-2006, p. 283. Ementa: PROCESSUAL CIVIL. RECURSO ESPECIAL. REPRESENTAÇÃO PROCESSUAL DE PESSOA JURÍDICA DE DIREITO PÚBLICO. INSTRUMENTO DE MANDATO OUTORGADO EM AÇÃO DE EXECUÇÃO. NECESSIDADE DE PROCURAÇÃO

COM PODERES ESPECIAIS NÃO REVOGA O INSTRUMENTO ANTERIOR. AGRAVO DE INSTRUMENTO REGULARMENTE INSTRUÍDO. RETORNO DOS AUTOS AO TRIBUNAL DE ORIGEM. 1. Trata-se de agravo de instrumento, com pedido de efeito suspensivo, nos autos de ação processada sob o rito ordinário ajuizada pelo MUNICÍPIO DE ITAPURANGA em face do INCRA, contra decisão que condicionou o levantamento de precatórios à apresentação de certidões negativas de tributos federais, estaduais e municipais e de regularidade para com a Seguridade Social, FGTS e Dívida Ativa da União, dependendo, ainda de manifestação da Fazenda Nacional. O TRF/1ª Região negou o efeito suspensivo ao agravo de instrumento por decisão, que foi agravada regimentalmente. O acórdão recorrido não conheceu do agravo de instrumento por constatar irregularidade na representação processual, deixando de exibir nova procuração; e não conheceu do agravo regimental por entender não ser cabível essa espécie recursal contra decisão que nega ou defere efeito suspensivo a agravo de instrumento. Recurso especial do Município pela alínea "a" apontando violação dos arts. 38 do CPC e 682 do CC. Contrarrazões apresentadas defendendo a manutenção do aresto objurgado. 2. A necessidade de procuração com poderes especiais (contendo cláusula para "receber e dar quitação" a fim de viabilizar o levantamento de parcela de precatório) não revoga, por si, os poderes conferidos no mandato anteriormente outorgado nos autos. É claro que, para o efetivo levantamento dos precatórios, deve a parte, oportunamente, apresentar novo instrumento contendo a cláusula específica. 3. Recurso especial provido. Retorno dos autos ao Tribunal de origem para que tenha continuidade a análise do agravo de instrumento. Unânime.

Sociedade de advogados pode levantar verba honorária direcionada a um de seus advogados, sem necessidade de constar na procuração.

Processo REsp 654543/BA. RECURSO ESPECIAL 2004/0059971-6. Relator(a) Ministro LUIZ FUX (1122). Relator(a) p/ Acórdão Ministro JOÃO OTÁVIO DE NORONHA (1123). Órgão Julgador CE – CORTE ESPECIAL. Data do Julgamento 29-6-2006. Data da Publicação/Fonte *DJ* 9-10-2006, p. 246. Ementa: PROCESSUAL CIVIL. HONORÁRIOS ADVOCATÍCIOS. SOCIEDADE DE ADVOGADOS. MANDATO OUTORGADO AO ADVOGADO. ALVARÁ DE LEVANTAMENTO EM NOME DA SOCIEDADE. POSSIBILIDADE. LEI N. 8.906/94, ART. 15, § 3º. 1. A sociedade de advogados pode requerer a expedição de alvará de levantamento da verba honorária, ainda que o instrumento de procuração outorgado aos seus integrantes não a mencione. 2. O art. 15, § 3º, da Lei n. 8.906/94 normatiza uma questão de ética profissional que deve ser observada na relação entre a sociedade, os advogados sócios que a integram e os seus clientes. 3. Recurso especial provido. Por maioria. Acórdão. Vistos, relatados e discutidos os autos em que são partes as acima indicadas, após o voto-vista do Sr. Ministro Carlos Alberto Menezes Direito dando provimento ao recurso, no que foi acompanhado pelos Srs. Ministros Ari Pargendler, Fernando Gonçalves e Paulo Gallotti, e os votos dos Srs. Ministros Felix Fischer e Gilson Dipp negando-lhe provimento, acordam os Ministros da CORTE ESPECIAL do Superior Tribunal de Justiça, por maioria, conhecer do recurso especial e dar-lhe provimento. Vencidos os Srs. Ministros Relator, José Delgado, José Arnaldo da Fonseca, Felix Fischer e Gilson Dipp. Foram votos vencedores os Srs. Ministros João Otávio de Noronha, Nilson Naves, Humberto Gomes de Barros, Cesar Asfor Rocha, Ari Pargendler, Fernando Gonçalves, Carlos Alberto Menezes Direito e Paulo Gallotti. Impedidos os Srs. Ministros Antônio de Pádua Ribeiro e Eliana Calmon. Não participaram do julgamento os Srs. Ministros Francisco Peçanha Martins e Franciulli Netto. Ausentes, justificadamente, os Srs. Ministros Antônio de Pádua Ribeiro, Sálvio de Figueiredo Teixeira, Humberto Gomes de Barros, Hamilton Carvalhido e Francisco Falcão e, ocasionalmente, o Sr. Ministro Edson Vidigal.

O Estado responde pelas perdas e danos decorrentes de procuração falsa outorgada em tabelionato da qual decorreu a anulação do contrato de compra e venda.

Processo REsp 439465/MS. RECURSO ESPECIAL 2002/0071041-7. Relator(a) Ministro PAULO MEDINA (1121). Órgão Julgador T2 – SEGUNDA TURMA. Data do Julgamento 15-10-2002. Data da Publicação/Fonte *DJ* 9-12-2002, p. 328. RNDJ, vol. 38, p. 120. RSTJ, vol. 164, p. 242. RT, vol. 813, p. 237. Ementa: RESPONSABILIDADE CIVIL DO ESTADO. DANOS MORAIS. ATO DE TABELIONATO. 1. Cabível a condenação do Estado ao pagamento de danos morais decorrente de anulação de compra e venda, efetivada com base em instrumento de mandato falso, lavrado em tabelionato de notas. 2. Responsabilidade objetiva. Violação, pelo Estado, dos princípios da boa-fé e confiança. 3. Possibilidade de fixação do valor da indenização, por esta Corte, "buscando dar solução definitiva ao caso e evitando inconvenientes e retardamento da solução jurisdicional" (REsp 399.028, Rel. Min. Sálvio de Figueiredo, *DJ* de 15-4-2002). 4. Recurso provido. Unânime.

18
Escrituras Públicas

A lavratura de escrituras públicas exige cuidados especiais, principalmente quanto aos requisitos legais. Dentre tantos atos, o tabelião de notas age com grande frequência a serviço do tráfego imobiliário.

A expressiva atuação notarial nos negócios imobiliários tem, agora, estatística que demonstra a sua importância. Segundo os indicadores notariais, no ano de 2019, o total dos negócios realizados por escritura pública em todo o Brasil somou 363,39 bilhões de reais[1].

Para cautela e segurança jurídica dos expressivos interesses da indústria imobiliária e de seus adquirentes, o notário deve agir com estrito cumprimento das leis e normas, devendo obstar seguimento a atos que as afrontem.

A Lei n. 7.433/85 e seu Decreto regulamentador n. 93.240/86 instituem os requisitos para a escritura pública.

Há outras leis e normas administrativas estaduais que instituem requisitos para a lavratura de escritura pública, devendo o tabelião cumprir também as exigências locais[2].

Em um primeiro plano, faremos uma abordagem genérica, procurando dar ênfase aos imóveis urbanos. Os imóveis rurais terão um prefácio próprio. Ainda neste tema, comentaremos brevemente sobre algumas escrituras mais frequentes no cartório de notas, como as de compra e venda, doação, permuta e alienação fiduciária.

Passemos aos requisitos gerais da escritura pública.

18.1 ESCRITURAS PÚBLICAS – REQUISITOS GERAIS

O tabelião deve verificar se as partes e demais interessados apresentam-se com os documentos necessários de identificação, nos respectivos originais em papel ou digital, em especial a documento de identidade[3-4].

1. Colégio Notarial do Brasil, seção São Paulo, em https://app.powerbi.com/view?r=eyJrIjoiNTAzNzU4MDMtM2Q-0Mi00Y2QzL TkxNjYtMDQ5ZWU3NTkyYTIyIiwidCI6IjM3MmZlMWI3LWE4YjktNDE5OC1hOThkLTBmM TMxYmM2OG ViZiJ9, acesso em 26.04.2020, às 09h05.
2. Em São Paulo, a partir de 1º-6-2012, é obrigatória a consulta à Central de Indisponibilidades, prevista no Prov. n. 13/2012. Assim, se a busca for negativa, deve ser inserido o seguinte texto no final da escritura imobiliária: "A consulta à Central de Indisponibilidades, exigida pelo Prov. n. 13/2012, resultou negativa para as partes envolvidas na alienação ou oneração sob o(s) código(s) 9c26.c141.7da9.ded6.bc5f.142f.6d33.1046.faea.1f47". Se for positiva a consulta, o texto que sugerimos é: "A consulta à Central de Indisponibilidades, exigida pelo Prov. n. 13/2012, resultou positiva para o(s) outorgante(s) (NOME), com .... ocorrências sob o(s) código(s): 9c26. c141.7da9.ded6.bc5f.142f.6d33.1046.faea.1f47. O negócio objeto desta escritura tem o registro subordinado ao prévio cancelamento da indisponibilidade".
3. Em São Paulo, há vedação sobre a apresentação destes documentos replastificados.
4. Art. 1º do Decreto n. 93.240/86.

Além do documento de identidade (RG), são aceitos os documentos de identidade com fé pública definidos em lei (registro de identidade civil, carteiras de identidade expedidas pelos órgãos fiscalizadores de exercício profissional – OAB, CRM, CRO, CRC etc.), carteira nacional de habilitação – (CNH), registro nacional migratório – (RNM), passaporte nacional, passaporte estrangeiro, documentos que, quando contenham data de vigência, devem estar válidos (exceto a CNH, com a ressalva de que a CNH vencida não permitirá a consulta de sua autenticidade na base de dados do Denatran). Quando se tratar de estrangeiros, também o visto de permanência deve estar vigente.

A autonomia e a independência do tabelião são privilegiadas pelo Decreto n. 93.240/86, que permite a dispensa dos documentos de identificação das partes, se o tabelião assim decidir (art. 1º, I), prática hoje em desuso.

Os documentos devem ser apresentados em seus respectivos originais, não podem ser aceitas cópias, mesmo que autenticadas. A identificação por cópia simples constitui grave falta, pois não alicerça a segurança jurídica que o ato requer.

O nome, a nacionalidade, o estado civil[5] e o CPF são atestados pelo tabelião de acordo com os documentos de identidade, fiscal e a certidão de casamento, óbito ou nascimento apresentados. Esses dados da qualificação e a fé da capacidade civil das partes e demais comparecentes fazem prova plena. A profissão e o endereço são declarativos.

Para a lavratura da escritura pública e demais atos notariais (procuração, ata notarial, testamento etc.) é obrigatória a abertura de ficha padrão de assinatura de todos que compareceram ao ato notarial, servindo de padrão gráfico para análise e confrontação com a assinatura lançada na escritura e eventual perícia (art. 46 e parágrafo único, Lei n. 8.935/94).

A Instrução Normativa n. 1.548/2015, no art. 3º, II, *a* e *d*, dispõe que os participantes (pessoas físicas) de operações imobiliárias, inclusive na constituição de garantia real sobre imóvel, estão obrigadas a se inscreverem no CPF, mesmo que residentes no exterior, mas que possuam no Brasil bens e direitos sujeitos a registro público (imóveis etc.).

As entidades domiciliadas no Brasil, inclusive as pessoas jurídicas por equiparação, estão obrigadas a se inscreverem no Cadastro Nacional das Pessoas Jurídicas do Ministério da Fazenda – (CNPJ). Entidades estrangeiras, antes de iniciarem aqui as suas atividades, devem obter também a inscrição no CNPJ para todos os seus estabelecimentos localizados no Brasil[6]. Empresas com inscrição do CNPJ inaptas podem, mesmo assim, transmitir a propriedade de bens imóveis.

Caso se trate de pessoas jurídicas que vão figurar como partes outorgantes, o tabelião deve exigir os documentos comprobatórios da representação. As partes que comparecem em presentação ou representação devem apresentar os atos constitutivos de sua competência ou poderes (contrato social ou estatutos, com suas respectivas alterações posteriores). Os contratos sociais ou atas de assembleias devem ser fotocopiados

5. As Normas de Serviço da Corregedoria do Estado de São Paulo impõem a verificação de documento comprobatório de união estável, se houver (item 42, a, Cap. XVI).
6. Instrução Normativa RFB n. 1.634/2016, arts. 3º, 4º e 5º.

e arquivados no tabelionato, inclusive para referência e atos futuros. As normas de São Paulo exigem que os contratos apresentados sejam comprovados por certidão com prazo inferior a um ano, ou por ficha cadastral da Junta Comercial, obtida via internet, quando possível.

Quando se tratar de pessoa jurídica, a escritura deve mencionar a data do contrato social ou outro ato constitutivo, seu número na Junta Comercial ou no Registro competente, o artigo do contrato ou do estatuto social que delega a representação legal, autorização para a prática do ato e, se exigível, a ata da assembleia geral que elegeu a diretoria.

Quando houver interesses de menores ou incapazes, as escrituras públicas devem fazer menção expressa à idade e por quem assistidos ou representados, ressalvada a faculdade contida nos arts. 539 e 543 do Código Civil[7].

As procurações devem obedecer à forma pública (princípio da atração das formas) e o tabelião deve conferir os poderes inerentes para a prática do ato[8]. As normas de São Paulo estipulam que o prazo de validade da certidão não poderá exceder a 90 dias.

O tabelião deve examinar com cautela a matrícula ou transcrição imobiliária (sistema antigo), verificando o histórico dominial do imóvel e se constam ações reais e pessoais reipersecutórias e de ônus reais. A análise deve compreender quem figura como titular do bem e como as pessoas e o bem estão descritos. A apresentação das certidões de ações reais e pessoais reipersecutórias e de ônus reais, expedida pelo ofício imobiliário competente, não dispensa o alienante de declarar, sob responsabilidade civil e penal, se existem ou não ações outras[9].

As certidões de ações reais têm por objeto um pedido de tutela de direito real sobre o imóvel (ações de usucapião, demarcatórias, discriminatórias etc.). A ação reipersecutória, por sua vez, objetiva a retomada de um bem que se encontra em poder de terceiro, pelo descumprimento de uma obrigação contratual, por exemplo. As certidões relativas a ônus reais dizem respeito às restrições que incidam sobre o imóvel, que acarretam uma limitação.

Mesmo que a certidão seja positiva (indicando, por exemplo, uma penhora), não há impedimento para a lavratura da escritura[10], mas o adquirente deve ser alertado sobre a existência do ônus, e consignado no ato notarial que ele aceita o imóvel nessas condições.

Para suprir a incapacidade, relativa ou absoluta, para a alienação de bens imóveis, é necessária a autorização judicial. O tabelião deve exigir os respectivos alvarás quando as partes forem espólio, massa falida, herança jacente ou vacante, empresário ou sociedade empresária em recuperação judicial, incapazes e outros que dependem de autorização

7. Art. 539. "O doador pode fixar prazo ao donatário, para declarar se aceita ou não a liberalidade. Desde que o donatário, ciente do prazo, não faça dentro dele a declaração, entender-se-á que aceitou, se a doação não for sujeita a encargo". Art. 543. "Se o donatário for absolutamente incapaz, dispensa-se a aceitação, desde que se trate de doação pura".
8. Se a procuração for oriunda de cartório de outra comarca, deve exigir que a firma de quem subscreveu o traslado ou certidão esteja reconhecida por tabelião da sua própria comarca, onde está produzindo efeitos, ou se, passada no estrangeiro, esteja apostilada (veja o capítulo sobre procurações).
9. Decreto n. 93.240/86, art. 1º, § 3º.
10. Exceto quando a penhora for em favor do INSS, Fazenda Nacional ou União.

judicial para dispor ou adquirir imóveis ou direitos a eles relativos, bem assim nas hipóteses de sub-rogação de gravames.

Nos casos de atos praticados por pessoa em situação de curatela ou em nome da pessoa com deficiência por eventuais apoiadores, o tabelião também deve exigir alvará, termo de curatela, ou termo de acordo de decisão apoiada.

Em regra, os alvarás trazem seus prazos de validade (geralmente, 360 dias). Se o prazo não constar no instrumento, considera-se que é indeterminado.

Os pais não podem dispor dos bens imóveis dos filhos sem autorização[11]. Igualmente, os bens dos interditos não podem ser alienados pelos curadores sem autorização judicial, bem como os dos menores sob tutela (art. 1.750, do Código Civil).

Uma questão polêmica é a compra feita pelos pais aos filhos menores, de bens imóveis cujo valor seja exclusivo do menor. Uns entendem pela necessidade de alvará, outros defendem a desnecessidade. Entendemos que o tabelião somente deve fiscalizar, ainda assim superficialmente, a continência entre o valor pago e o valor de mercado do bem, buscando evitar fraudes contra o interesse do menor, e se for o caso, proceder a comunicação ao COAF.

O tabelião deve exigir, se não dispensadas pelo adquirente, as certidões referentes aos tributos municipais que incidam sobre imóvel urbano, no caso de escritura que implique a transferência de domínio, os comprovantes do pagamento de laudêmio e a prova do pagamento do imposto de transmissão devido.

Em relação aos imóveis urbanos, são exigidas as certidões referentes aos tributos que incidam sobre o imóvel; em relação aos imóveis rurais, devem ser apresentados o certificado de cadastro de imóvel rural (CCIR), emitido pelo Instituto Nacional de Colonização e Reforma Agrária (INCRA), e a prova de quitação dos últimos cinco anos do Imposto Territorial Rural (ITR) lançado[12]. Se o prazo para o seu pagamento ainda não estiver vencido, deve ser apresentado o comprovante do pagamento do ITR do exercício imediatamente anterior.

Diferentemente das certidões negativas de tributos de imóveis urbanos, que têm previsão expressa para a faculdade de dispensa pelo adquirente, assumindo a responsabilidade por eventuais débitos, os comprovantes de ITR e o certificado de cadastro de imóveis rurais não podem ser dispensados: a apresentação é obrigatória[13].

O imposto de transmissão sobre bens imóveis pode ser estadual ou municipal, conforme competência estabelecida pela Constituição Federal. Se o ato for oneroso

11. Art. 1.691 do Código Civil: Não podem os pais alienar, ou gravar de ônus real os imóveis dos filhos, nem contrair, em nome deles, obrigações que ultrapassem os limites da simples administração, salvo por necessidade ou evidente interesse da prole, mediante prévia autorização do juiz.
12. Apesar de as normas dizerem o contrário, parte da doutrina sustenta que a certidão negativa de débitos supre a apresentação de prova de quitação dos últimos cinco anos.
13. Lei n. 4.947/66, art. 22, § 1º: Sem apresentação do Certificado de Cadastro, não poderão os proprietários, a partir da data a que se refere este artigo, sob pena de nulidade, desmembrar, arrendar, hipotecar, vender ou prometer em venda imóveis rurais.

(compra e venda, dentre outros), a competência é municipal; se for não oneroso (doação ou *causa mortis*, dentre outros), a competência é do Estado[14].

O comprovante do pagamento do ITBI poderá ser recolhido posteriormente, quando a lei autorizar a efetivação do pagamento após a sua lavratura. Neste caso, há um choque entre as normas do CTN e as habitualmente fixadas pelas leis municipais e estaduais.

Quando o imóvel está sujeito à enfiteuse, dispõe o art. 3º do Decreto-lei n. 2.398/87 que, nas transações onerosas, é exigido o pagamento do laudêmio, equivalente a 5% (cinco por cento) do valor atualizado do domínio pleno do terreno da União, excluídas as benfeitorias nele construídas.

A constituição de novas enfiteuses e subenfiteuses foi vedada pelo atual Código Civil, subordinando as existentes ao Código Civil anterior[15].

O tabelião é fiscal dos tributos e responde solidariamente pelo pagamento. Por isso, deve exigir da parte com direito à isenção que obtenha declaração de tal condição junto à autoridade tributária.

A redação dos atos notariais é exclusiva do tabelião, mas ele pode indicar quando utilizar uma minuta[16]. São frequentes as minutas oferecidas pelas partes. O tabelião pode adotá-las ou recusá-las[17].

Os atos notariais devem indicar clara e precisamente a natureza do negócio jurídico e seu objeto. O tabelião deve interpretar e redigir a declaração das partes em linguagem jurídica, mas clara, distinguindo as declarações de cada uma das partes.

Se alguma delas não puder ou não souber assinar, outra pessoa capaz poderá assinar por ela, a seu rogo. Certos Estados impõem ou recomendam que seja colhida a impressão digital, com a utilização de coletores com tinta especial, prática que nos parece prudente. Em torno de cada impressão, deverá ser escrito o nome do identificado.

18.2 ESCRITURAS IMOBILIÁRIAS – REQUISITOS ESPECIAIS

As escrituras imobiliárias distinguem-se pela localização do imóvel, que pode ser urbano ou rural.

Segundo a Lei n. 4.504/64, art. 4º, I, imóvel rural é o prédio rústico de área contínua, qualquer que seja a sua localização, que se destina à exploração extrativa agrícola, pecuária ou agroindustrial, quer por meio de planos públicos de valorização, quer pela iniciativa privada.

---

14. Veja os arts. 155 e 156 da CF.
15. Art. 2.038 do Código Civil: Fica proibida a constituição de enfiteuses e subenfiteuses, subordinando-se as existentes, até sua extinção, às disposições do Código Civil anterior, Lei n. 3.071, de 1º de janeiro de 1916, e leis posteriores.
16. Em São Paulo, tal indicação é vedada pelas Normas de Serviço da CGJ.
17. Art. 6º, II, da Lei n. 8.935/94: intervir nos atos e negócios jurídicos a que as partes devam ou queiram dar forma legal ou autenticidade, *autorizando a redação* ou redigindo os instrumentos adequados, conservando os originais e expedindo cópias fidedignas de seu conteúdo; (grifo nosso)

Quanto a distinguir a característica do imóvel, rural ou urbano, fixa a lei tributária aplicável: o ITR, imposto sobre a propriedade territorial rural, de competência da União, tem como fato gerador a propriedade, o domicílio útil ou a posse de imóvel por natureza, como definido na lei civil, localização fora da zona urbana do Município. Os imóveis, no Brasil, são originariamente rurais. A câmara de vereadores de cada Município define qual é o perímetro urbano, integrando, progressivamente, as áreas rurais à cidade.

O município só pode tributar o imóvel urbano se oferecer o que dispõe o art. 32 do Código Tributário Nacional. O imposto sobre a propriedade predial e territorial urbana tem como fato gerador a propriedade, o domínio útil ou a posse de bem imóvel por natureza ou por acessão física, como definido na lei civil, localizado na zona urbana do Município. É zona urbana aquela definida na lei municipal, devendo ter ao menos dois dos seguintes melhoramentos: I – meio-fio ou calçamento, com canalização de águas pluviais; II – abastecimento de água; III – sistema de esgotos sanitários; IV – rede de iluminação pública, com ou sem posteamento para distribuição domiciliar; V – escola primária ou posto de saúde a uma distância máxima de três quilômetros do imóvel considerado.

À parte isso, a lei municipal pode considerar urbanas as áreas urbanizáveis, ou de expansão urbana, constantes de loteamentos aprovados pelos órgãos competentes, destinados à habitação, à indústria ou ao comércio, mesmo que localizados fora das zonas definidas nos termos do parágrafo anterior.

A escritura pública do **imóvel rural** deve ter a localização completa do imóvel com indicação de matrícula ou transcrição do registro imobiliário, denominação, citando com precisão os característicos e as confrontações, se possível com o georreferenciamento. A escritura pode ser feita sem que haja a especificação georreferenciada, mas o registro não poderá ocorrer.

A escritura pública do **imóvel urbano** deve indicar o número do registro ou da matrícula no Registro de Imóveis, o logradouro, número, bairro e a cidade, e, ainda, quando se tratar só de terreno, se esse fica do lado par ou do lado ímpar do logradouro, em que quadra e a que distância métrica da edificação ou da esquina mais próxima[18].

Os assentos imobiliários muitas vezes não têm a descrição completa e precisa dos imóveis, especialmente as transcrições, oriundas do sistema registral anterior à lei de registros públicos (1973). Ainda que falte a descrição completa do imóvel, é possível a lavratura da escritura, que será o documento embasador da abertura da matrícula, com os elementos do título e da transcrição anterior, desde que haja segurança na identificação do imóvel.

Se não for possível a perfeita identificação do imóvel, a parte deve proceder à retificação prevista no art. 213 da Lei n. 6.015/73.

Segundo a lei, as escrituras devem indicar o título de aquisição do alienante, mencionando-se a natureza do negócio, o instrumento, a matrícula e o registro anterior, seu número e cartório.

18. Lei n. 7.433/85, art. 3º.

Quando o negócio for realizado com autorização judicial (alvará), a escritura deve trazer todos os elementos que possam identificá-lo, tais como o número do processo, o número do alvará, o Estado e juízo em que se processa. Dispensa-se o nome do magistrado.

A apresentação da certidão de ações reais e pessoais reipersecutórias, relativas ao imóvel, e a de ônus reais, expedidas pelo Registro de Imóveis competente, cujo prazo de validade, para este fim, será de 30 (trinta) dias, não exime o alienante da declaração expressa na escritura de que o imóvel se encontra livre e desembaraçado de quaisquer ônus reais, judiciais ou extrajudiciais, e sob pena de responsabilidade civil e penal sobre a existência de outras ações reais e pessoais reipersecutórias, relativas ao imóvel, e de outros ônus reais incidentes sobre ele.

Mesmo havendo algum ônus real, judicial ou extrajudicial, é possível a lavratura da escritura pública, constando a declaração expressa sobre a sua existência e que as partes têm ciência e mesmo assim desejam realizar o negócio jurídico. Existência de hipoteca ou penhora comum não impede a lavratura do ato.

A alienação ou transferência de unidades autônomas de condomínio edilício depende de prova de quitação das obrigações condominiais do alienante[19]. A Lei n. 7.433/85, art. 2º, § 2º, considera prova de quitação a declaração feita pelo alienante ou seu procurador, sob as penas da Lei, a ser expressamente consignada nos instrumentos de alienação ou de transferência de direitos. Os débitos condominiais são obrigações *propter rem*, acompanham o bem, de modo que o tabelião deve bem aclarar o risco para o adquirente que aceita a declaração prevista na Lei n. 7.433/85.

É recomendável a apresentação de quitação de débitos condominiais firmada pelo síndico. A existência de dívidas também não obsta a lavratura do ato, desde que se observem as cautelas mencionadas.

As certidões negativas de débitos municipais, em regra, devem ser apresentadas para os negócios jurídicos que impliquem na transmissão da propriedade. Contudo, podem ser dispensadas pelo adquirente que, neste caso, responde, nos termos da lei, pelo pagamento dos débitos fiscais existentes (Decreto n. 93.240/86, art. 1º, § 2º).

O tabelião consignará no ato notarial que cientificou as partes envolvidas de que é possível obter, nos termos do art. 642-A da Consolidação das Leis do Trabalho – CLT, a Certidão Negativa de Débitos Trabalhistas – CNDT, nas seguintes hipóteses: a) alienação ou oneração, a qualquer título, de bem imóvel ou direito a ele relativo; b) partilha de bens imóveis em razão de separação, divórcio ou união estável[20].

O tabelião, antes da prática de qualquer ato notarial, consultará a Central de Indisponibilidade de Bens para verificar a existência de indisponibilidade em nome das partes envolvidas na alienação ou oneração, a qualquer título, de bem imóvel, de direitos a ele relativos ou quotas de participação no capital social de sociedades simples. Em

19. Em recente decisão, em sede de Apelação Cível n. 0019751-81.2011.8.26.0100, o Conselho Superior da Magistratura de São Paulo, de relatoria do Corregedor-Geral da Justiça, José Renato Nalini, assim decidiu: "(...) Em suma: revogada a regra do parágrafo único do artigo 4º da Lei n. 4.591/1964, a prévia comprovação de quitação dos débitos condominiais não é mais condição para transferência de direitos relativos à unidade condominial".

20. CNJ, Recomendação n. 3/2012.

todos os casos, a existência de apontamentos não obsta a lavratura da escritura, desde que conste nesta que as partes foram expressamente comunicadas da existência da ordem de indisponibilidade que poderá implicar a impossibilidade de registro do direito no Registro Imobiliário ou no Registro Civil das Pessoas Jurídicas, conforme o caso, enquanto vigente a restrição[21].

Sobre a certidão dos feitos ajuizados, tratamos dessa matéria anteriormente.

A certidão negativa de débitos municipais pode ser dispensada pelo adquirente, se responsabilizando por eventuais consequências que incidam no imóvel. É praxe imobiliária a apresentação da certidão dos tabelionatos de protesto, não prevista legalmente para a lavratura de escrituras, mas solicitada, às vezes, pelo vendedor que vende a prazo e necessita saber se o comprador é bom pagador, e quase sempre pelo comprador, pois a existência de protestos na praça pode indicar a existência ou superveniência de ações com reflexos no imóvel objeto do negócio.

A escritura deve conter o número de contribuinte dado ao imóvel pela Prefeitura Municipal ou pelo INCRA, se houver sido feito o lançamento; inexistindo este, será consignado no ato o respectivo comprovante.

A escritura também deve indicar expressamente a guia de recolhimento do imposto de transmissão, a data e, se possível, o banco recolhedor, ressalvadas as hipóteses em que a lei autorize a efetivação do pagamento do tributo após a lavratura da escritura. Se houver imunidade ou isenção, o tabelião deve consignar expressamente a certidão do ente competente no ato notarial.

Na transferência de domínio útil, as escrituras devem fazer menção ao comprovante de pagamento do laudêmio e, no caso de aforamento, ao respectivo contrato com eventuais averbações e termos de transferência, se houver. No caso de ocupação, a certidão de inscrição, fazendo remissão aos diplomas legais, Decreto-lei n. 2.398/87, art. 3º, e Decreto federal n. 95.760/88, art. 2º. O comprovante de pagamento não basta para a lavratura da escritura, as partes devem apresentar ainda a certidão de SPU autorizando a transferência. Não é possível a sua dispensa pelo adquirente; sua apresentação é cogente.

As pessoas jurídicas ou pessoas naturais empregadoras (contribuintes obrigatórias da Previdência Social), nas **transmissões** ou **onerações** de imóveis, deverão comprovar a inexistência de débitos, exceto se a pessoa jurídica (empresa) vendedora exercer exclusivamente a atividade de compra e venda de imóveis, locação, desmembramento ou loteamento de terrenos, incorporação imobiliária ou construção de imóveis destinados à venda, desde que o imóvel objeto do negócio jurídico esteja contabilmente lançado no ativo circulante, e não conste ou tenha constado do ativo permanente da empresa.

Termos genéricos como "construção civil", "indústria da construção civil" ou ainda a verificação no contrato social da existência de atividades estranhas àquelas constantes no regulamento da previdência social[22] impedem a dispensa da certidão. Se

21. Provimento CG-SP n. 13/12, Provimento CNJ n. 39/14 e Provimento CGJ-SP n. 47/16 (este incluiu quotas de participação no capital social de sociedades simples como objeto da pesquisa).
22. Portaria Conjunta PGFN/RFB n. 1.751/2014.

a empresa tiver entre seus objetivos a participação em outras sociedades, não necessita apresentar a certidão.

A comprovação da inexistência de débitos se faz pela certidão (conjunta) de débitos relativos a créditos tributários federais e à dívida ativa da união emitida via internet[23] pela Receita Federal do Brasil, relativa às contribuições sociais, consoante alíneas *a*, *b* e *c* do parágrafo único do art. 11, da Lei n. 8.212/91, às contribuições instituídas a título de substituição, e às contribuições devidas, por lei, a terceiros, inclusive inscritas em DAU (dívida ativa da União).

Esta prova de regularidade fiscal abrange a Fazenda Nacional e será efetuada mediante apresentação de certidão expedida conjuntamente pela Secretaria da Receita Federal do Brasil (RFB) e pela Procuradoria-Geral da Fazenda Nacional (PGFN), referente a todos os créditos tributários federais e à Dívida Ativa da União (DAU) por elas administrados[24].

A escritura deve conter os dados que identifiquem as certidões apresentadas, desnecessária a sua integral transcrição, e serão arquivadas.

Vale ressaltar que nas escrituras com o objetivo de retificar, ratificar ato anterior ou dar cumprimento ao compromisso de compra e venda feito por escritura pública ou particular registrado, nos quais tenham sido apresentadas as certidões negativas referidas, é dispensável nova apresentação, consignando no ato tal informação. Nos casos de falência, também são dispensáveis em decorrência da autorização judicial.

No caso de empresa extinta, com pendência ou obrigação a cumprir, o tabelião ou a parte pode verificar se a certidão negativa de débito foi apresentada à junta comercial para o encerramento da empresa, pois sua apresentação é obrigatória. Se foi apresentada, não há pendências.

Se as partes forem casadas, deve o tabelião fazer menção ao pacto antenupcial e seus ajustes (comunicabilidade de bens, por exemplo), ao número de seu registro e ao registro de imóveis onde estiver registrado.

As normas estaduais costumam exigir ou evitar que os tabeliães lavrem atos relativos a imóveis sobre os quais haja títulos anteriores não registrados, mas, se o interessado conhecer a circunstância e assumir responsabilidade pelo registro dos atos anteriores, a escritura pode ser lavrada. É providência de conveniência e cautela, visto que o tabelião executa seu serviço com obrigação de fim. Quando se trata de título visando adquirir a propriedade, é indispensável que se obtenha o registro, sob pena de se frustrar o objetivo das partes.

O tabelião deve esclarecer às partes, quando for o caso, sobre a necessidade de averbação da demolição do imóvel, alteração de cadastro de contribuinte, número do prédio, nome de rua, mencionando no título a situação antiga e a atual, mediante a apresentação dos documentos comprobatórios exigíveis.

23. Disponível em: <http://www.receita.fazenda.gov.br>. Acesso em: 30 maio 2016.
24. Portaria Conjunta PGFN/RFB n. 1.751/2014.

Na redação dos atos, os números relativos à data da escritura, ao preço e à metragem devem ser escritos por algarismos e por extenso. Quando os contratos forem exequíveis no Brasil, não poderão estipular pagamento em ouro, em moeda estrangeira[25] ou por outra forma que venha a restringir ou recusar seus efeitos o curso legal da moeda nacional, exceto nos casos previstos na lei[26].

Ainda que haja normas estaduais que determinam que o tabelião informe o motivo da dispensa da presença e das assinaturas de testemunhas instrumentárias (previstas nas Ordenações Filipinas e no art. 134 do Código Civil revogado), esta rotina é vetusta e não mais se justifica. As testemunhas instrumentárias foram abolidas pela Lei n. 6.952, de 1981, e o Código Civil atual, de 2002, não as exige no elenco de requisitos previsto no art. 215[27].

A Lei n. 14.382/2022, alterou a Lei n. 8.935/94, incluindo o § 2º no art. 7º, sendo vedada a exigência de testemunhas apenas em razão de o ato envolver pessoa com deficiência, salvo disposição em contrário.

O tabelião deve comunicar à Secretaria da Receita Federal, mediante preenchimento da "Declaração sobre Operação Imobiliária – DOI", todos os atos translativos de direitos reais (há exceções, *e.g.*, usufruto) até o último dia útil do mês seguinte à lavratura.

Esta comunicação deve constar expressamente das escrituras com a menção "Emitida DOI – Declaração sobre Operação Imobiliária, conforme Instrução Normativa da Secretaria da Receita Federal vigente".

As escrituras de instituição ou de interesse de Fundação não serão lavradas sem a intervenção do Ministério Público, mas não necessitam de qualquer autorização judicial[28]. As fundações de entidade fechada de previdência privada não têm fiscalização prévia do Ministério Público.

Os tabeliães, nos atos que praticarem, farão referência ao livro e à folha do Registro de Títulos e Documentos em que trasladadas as procurações de origem estrangeira, acompanhadas das respectivas traduções, a que tenham de reportar-se[29].

Um aspecto importante é o lucro imobiliário. O tabelião deve informar ao alienante sobre a necessidade de pagamento do eventual lucro imobiliário obtido com o negócio. O lucro é a diferença positiva entre o valor de venda e o custo de aquisição (valor pelo qual o imóvel vem sendo declarado, em reais, desde 1996 ou, no caso de imóvel adquirido a partir daquele ano, o valor pago pelo bem, sem nenhuma atualização). O lucro pode

25. No STJ, 3.ª Turma, REsp 1.323.219-RJ, j. em 27 de agosto de 2013, a Rel. Min. Nancy Andrighi relatou na decisão: "(...) Diante disso, não obstante se reconheça, na hipótese, a impossibilidade de indexação à variação cambial, tal fato não implica nulidade do contrato firmado, mas impõe que, na data do pagamento, a quantia devida em Dólares seja convertida em Reais, tendo como referência a cotação do dia da contratação, e, em seguida, atualizada segundo o índice oficial de correção monetária vigente no país".

26. Decreto-lei n. 857/69, art. 2º.

27. São exigíveis legalmente as testemunhas para o testamento ou ainda por conveniência das partes ou entes públicos (INSS) e privados (consulados).

28. Nesse sentido: Processo n. 1010235-78.2015.8.26.0100 – São Paulo – 1ª Vara de Registros Públicos – *DJe* 27-5-2015 – Ementa: Dúvida – registro de escritura de renúncia de imóvel por Fundação – autorização expressa do Ministério Público – desnecessidade de Alvará Judicial – dúvida improcedente.

29. Normas de São Paulo, cap. XVI, item 65.

ser isento ou ser diminuído por fatores de redução definidos pela Receita. As alíquotas são as seguintes, incidentes sobre o lucro[30]:

15% ganhos até cinco milhões de reais;

17,5% ganhos acima de cinco milhões de reais até dez milhões de reais;

20% ganhos acima de dez milhões de reais até trinta milhões de reais;

22,5% ganhos acima de trinta milhões de reais.

O pagamento deve ser feito, impreterivelmente, até o último dia útil do mês seguinte ao do fato gerador, ou seja, da conclusão do negócio (lavratura da escritura), mesmo que o preço não tenha sido integralmente recebido[31].

O alienante que se esquece deste prazo, aguardando para pagar o tributo na declaração de ajuste anual, arcará com a multa e outras cominações.

Na ausência de assinatura de uma das partes, o tabelião declarará incompleta a escritura, consignando as assinaturas faltantes. É proibido o fornecimento de certidão ou traslado sem ordem judicial de escritura a que falte alguma assinatura.

18.3 ESCRITURAS DE HOMOLOGAÇÃO DE PENHOR LEGAL

O novo Código de Processo Civil inovou e possibilita a homologação do penhor legal pela via notarial[32].

O penhor legal poderá ser promovido pela via extrajudicial mediante requerimento do credor a notário de sua livre escolha (CPC/2015, art. 703, § 2º).

O requerimento deverá ser instruído com:

- o contrato de locação ou a conta pormenorizada das despesas;
- a tabela dos preços;
- a relação dos objetos retidos.

Recebido o requerimento, o notário promoverá a notificação extrajudicial do devedor para, no prazo de 5 (cinco) dias, pagar o débito ou impugnar sua cobrança, alegando por escrito uma das causas previstas no art. 704[33], hipótese em que o procedimento será encaminhado ao juízo competente para decisão (art. 703, § 3º).

A notificação poderá ser procedida pessoalmente, por meio de ata notarial de notificação, por AR ou, ainda, por RTD.

30. Base legal: art. 21, Lei n. 8.981/95, alterada pela Lei n. 13.259/2016, a partir de 1º-1-2017. Até 31-12-2016, teremos as seguintes alíquotas: 15% ganhos até um milhão de reais; 20% ganhos de um milhão até cinco milhões de reais; 25% ganhos de cinco milhões de reais até vinte milhões de reais; 30% ganhos acima de vinte milhões de reais. Base legal: art. 21, Lei n. 8.981/1995, alterada pela MP n. 692/2015. Ler o Ato Declaratório Interpretativo RFB n. 3/2016 – *DOU* 29-4-2016.

31. Solução de Consulta Subsecretaria de Tributação e Contencioso, Coordenação-Geral de Tributação – ST/CCT n. 12, de 12-2-2016 – *DOU* 8-3-2016.

32. Ver os arts. 1.467 e 1.472 do CC e art. 31 da Lei n. 6.533/78, que tratam do penhor legal.

33. CPC/2015, art. 704: "A defesa só pode consistir em: I – nulidade do processo; II – extinção da obrigação; III – não estar a dívida compreendida entre as previstas em lei ou não estarem os bens sujeitos a penhor legal; IV – alegação de haver sido ofertada caução idônea, rejeitada pelo credor".

Havendo as causas previstas pelo art. 704, caberá ao credor remeter ao juízo competente para decisão.

Transcorrido o prazo sem manifestação do devedor, o notário formalizará a homologação do penhor legal por escritura notarial (art. 703, § 4º).

Esta é uma escritura esdrúxula, sem assinatura da parte notificada, apenas a do requerente e do tabelião, pois a assinatura do devedor e a do credor não são requisitos de validez e eficácia do ato[34].

A homologação notarial terá os mesmos efeitos do art. 706[35], ou seja, homologado o penhor legal, consolidar-se-á a posse do autor sobre o objeto.

Recomenda-se que cópias dos documentos apresentados sejam arquivadas no tabelionato.

34. Aliás, nem nos parece uma escritura pública. Apesar de o CPC/2015 denominar escritura pública, o ato tem a natureza de ata notarial.

35. CPC/2015, art. 706: "Homologado judicialmente o penhor legal, consolidar-se-á a posse do autor sobre o objeto".

19
Imóveis Rurais

Apesar de a maior parte da área do País ser rural, o parcelamento do solo na zona urbana faz com que as transmissões imobiliárias nestas áreas sejam muito mais frequentes do que nas rurais. Os negócios imobiliários que têm por objeto áreas rurais reúnem particularidades que merecem destaque.

O País possui pouco mais de 5 milhões de propriedades rurais, sendo cerca de 3,5 milhões com registro e 1,5 milhão em mãos de posseiros, estes tanto em terras públicas quanto em particulares[1]. 70% dos proprietários são produtores individuais. Os demais reúnem condomínios, consórcios ou união de pessoas (empresas ou parcerias).

19.1 CARACTERES GERAIS

Nas escrituras relativas a imóveis rurais, além das normas e cautelas genéricas para os atos imobiliários, devem ser observados os seguintes aspectos.

As partes devem apresentar o Certificado de Cadastro de Imóvel Rural (CCIR) (Lei n. 4.947/96, art. 22, § 1º) e a prova de quitação do imposto sobre Propriedade Territorial Rural (ITR) dos últimos cinco anos ou do ano anterior se ainda não estiver vencido (Lei n. 4.947/96, art. 22, § 3º).

A escritura deve conter o código do imóvel (constante do CCIR), o nome e a nacionalidade do detentor, a denominação e a localização do imóvel (Lei n. 4.947/96, art. 22, § 6º, redação dada pela Lei n. 10.267/2001).

Como o novo georreferenciamento implica em natural e profunda alteração da descrição do imóvel (afetando o princípio da especialidade), o regulamento da Lei n. 10.267/2001 prevê um processo simplificado de retificação. Se, no processo, as partes e os confinantes declararem **por escritura pública** que seus direitos estão preservados e inalterados, tal será uma produção antecipada de provas (o que deve acelerar o processo judicial).

O georreferenciamento necessita de memorial descritivo assinado por profissional credenciado pelo INCRA. As despesas serão custeadas pelo Poder Público em imóveis de área de até quatro módulos rurais.

Os prazos fixados para o completo georreferenciamento do território rural brasileiro são os seguintes[2]:

---

1. Censo Agropecuário, Instituto Brasileiro de Geografia e Estatística – IBGE, 2017. https://censos.ibge.gov.br/agro/2017/templates/censo_agro/resultadosagro/estabelecimentos.html, acesso em 26.04.2020, às 10 horas.
2. Decreto n. 4.449/2002, alterado pelo Decreto n. 9.311/2018.

I) Área de 5.000 ha ou mais: já é obrigatório.

II) Área de 1.000 até 5.000 ha: já é obrigatório.

III) Área de 500 a 1.000 ha: já é obrigatório.

IV) Área de 500 a 250 ha: já é obrigatório.

V) Área de 100 a 250 ha: já é obrigatório.

VI) Área de 25 a 100 ha: 20 de novembro de 2023.

VII) Área inferior a 25 ha: 20 de novembro de 2025.

O imóvel rural, em regra, não é divisível em áreas de dimensão inferior à constitutiva do módulo de propriedade rural[3]. O tabelião não poderá, sob pena de responsabilidade, lavrar escrituras de desmembramento de imóvel rural se a área a ser desmembrada e a remanescente não forem iguais ou superiores à fração mínima de parcelamento (módulo), impressa no certificado de cadastro correspondente[4].

Se a área desmembrada for contígua e unificada à outra, o ato é possível, ainda que a parte dividida seja inferior à fração mínima de parcelamento do solo, desde que a área remanescente não seja igual ou superior à fração mínima. Para fins de desmembramento de imóvel rural, deve haver autorização emitida pelo INCRA, que deve ser consignada na escritura.

Nestes casos, o tabelião deve consignar, no instrumento, o inteiro teor da autorização emitida pelo INCRA, devendo esta ser igualmente averbada à margem do registro do título no Ofício de Imóveis.

A área de reserva legal de florestas e vegetação nativa deve ser conservada com cobertura de vegetação nativa pelo proprietário do imóvel rural, possuidor ou ocupante a qualquer título, pessoa física ou jurídica, de direito público ou privado[5]. O registro da reserva legal no Cadastro Ambiental Rural (CAR) desobriga a averbação no Cartório de Registro de Imóveis.

A reserva pode ser feita em regime de condomínio, ou seja, entre mais de uma propriedade, desde que em todas seja respeitado o mínimo. Se a reserva legal estiver registrada no CAR, o tabelião deve exigir a certidão deste órgão para a correta especificação desta área nos casos de transmissão, a qualquer título, ou de desmembramento, com as exceções previstas nesta Lei[6]. A Lei n. 12.651/2012, art. 12, distingue o território do País, para fixar a reserva legal, em duas regiões: a primeira é a Amazônia Legal; a segunda são as demais áreas do País[7]. Os limites de proteção são os seguintes:

I – localizado na Amazônia Legal:

a) 80% (oitenta por cento), no imóvel situado em área de florestas;

b) 35% (trinta e cinco por cento), no imóvel situado em área de cerrado;

c) 20% (vinte por cento), no imóvel situado em área de campos gerais;

3. Lei n. 4.504/64, art. 65.
4. O art. 2º do Decreto n. 62.504/68 lista exceções a esta obrigação.
5. Lei n. 12.651/2012, art. 17.
6. Lei n. 12.651/2012, art. 18, § 4º.
7. Estas áreas não são tributáveis.

II – localizado nas demais regiões do País: 20% (vinte por cento).

Em São Paulo, o SICAR-SP[8] foi implantado antes do CAR, em âmbito estadual, pelo Decreto n. 59.261/2013, conforme previsão do Código Florestal. O SICAR é integrado à base de dados do sistema federal.

A obrigatoriedade da averbação do número de inscrição do imóvel rural no CAR/SICAR, a ser realizada mediante provocação de qualquer pessoa, fica condicionada ao decurso do prazo estabelecido no § 3º do art. 29 da Lei n. 12.651, de 25 de maio de 2012 (Cap. XX, item 10.4).

Poderão ser averbados (Cap. XX, item 123):

> "(...)
>
> b) o número de inscrição no CAR/SICAR-SP, enquanto não decorrido o prazo estabelecido no § 3º do artigo 29 da Lei n. 12.651, de 25 de maio de 2012, a partir do qual a averbação passará a ser obrigatória nos termos do subitem 10.4 acima.
>
> (...)".

As averbações referidas na alínea *b* do item 123 serão realizadas mediante provocação de qualquer pessoa (Cap. XX, item 123.1).

As averbações serão feitas de ofício pelo Oficial do Registro de Imóveis, sem cobrança de emolumentos, quando do primeiro registro e por meio do Serviço de Registro Eletrônico de Imóveis (SREI), assim que implantados os mecanismos de fluxo de informações entre a Secretaria do Meio Ambiente do Estado de São Paulo (SMA), a Companhia Ambiental do Estado de São Paulo (Cetesb) e a Associação dos Registradores Imobiliários de São Paulo (Arisp), definidos no Acordo de Cooperação Técnica que entre si celebraram (Cap. XX, item 123.1.1).

A averbação da reserva legal florestal será feita de ofício pelo Oficial do Registro de Imóveis, sem cobrança de emolumentos, por meio do Serviço de Registro Eletrônico de Imóveis (SREI), assim que o perímetro da reserva for validado pela autoridade ambiental e implantados os mecanismos de fluxo de informações entre a Secretaria do Meio Ambiente do Estado de São Paulo (SMA), a Companhia Ambiental do Estado de São Paulo (Cetesb) e a Associação dos Registradores Imobiliários de São Paulo (Cap. XX, item 123.1.2).

As averbações referidas na alínea *b* do item 125 condicionam as retificações de registro, os desmembramentos, as unificações, outros atos registrais modificativos da figura geodésica dos imóveis e o registro de servidões de passagem, mesmo antes de tornada obrigatória à averbação do número de inscrição do imóvel rural no Cadastro Ambiental Rural – CAR, salvo se realizada a averbação tratada na alínea *a* do item 123 (Cap. XX, item 123.2).

O § 3º do art. 29 da Lei n. 12.651/2012 foi alterado pela Lei n. 13.295/2016, passando a ter a seguinte redação: "A inscrição no CAR será obrigatória para todas as propriedades

8. Disponível em: <http://www.sigam.ambiente.sp.gov.br>.

e posses rurais, devendo ser requerida até 31 de dezembro de 2017, prorrogável por mais 1 (um) ano por ato do Chefe do Poder Executivo". Referida norma prorrogou a inscrição no CAR, independentemente do tamanho da propriedade rural.

O prazo para requerer a inscrição no Cadastro Ambiental Rural – CAR foi novamente prorrogado até 31 de maio de 2018, em decorrência da edição do Decreto n. 9.257, de 29 de dezembro de 2017.

Atualmente a inscrição no CAR é obrigatória e por prazo indeterminado para todas as propriedades e posses rurais, de acordo com a Lei n. 13.887/2019.

19.2 IMÓVEIS RURAIS E A PRESENÇA DE ESTRANGEIROS

O estrangeiro, pessoa física, deve possuir residência no País para adquirir área rural[9], inclusive a pessoa jurídica. **É da essência do ato a escritura pública** (Lei n. 5.709/71, art. 8º, e Decreto n. 74.965/74, art. 3º). A matéria também é tratada na Instrução Normativa INCRA n. 76/2013, que dispõe sobre a aquisição e o arrendamento de imóvel rural por pessoa natural estrangeira residente no País e pessoa jurídica estrangeira autorizada a funcionar no Brasil.

Não é demais lembrar que, em 2015, o Conselho Nacional de Justiça (CNJ) publicou o Provimento n. 43, que trata do arrendamento de imóvel rural por estrangeiro residente ou autorizado a funcionar no Brasil, bem como por pessoa jurídica brasileira da qual participe, a qualquer título, pessoa estrangeira física ou jurídica que resida ou tenha sede no exterior e possua a maioria do capital social; seguindo os preceitos estabelecidos na Lei n. 5.709/71 e seu Decreto n. 74.965/74. As escrituras relativas a imóveis rurais devem conter:

a) a apresentação e a menção aos dados do Certificado de Cadastro do Imóvel Rural – CCIR, emitido pelo Instituto Nacional de Colonização e Reforma Agrária – INCRA, e o número fornecido pela Receita Federal do Brasil – RFB, com a prova de quitação do Imposto sobre a Propriedade Territorial Rural – ITR correspondente aos últimos cinco anos;

b) o inteiro teor da autorização emitida pelo INCRA para fins de desmembramento de bem imóvel rural, quando exigível, observadas as normas legais referentes à fração mínima de parcelamento (fmp) e à reserva legal.

Segue abaixo uma tabela com os requisitos para a lavratura da escritura:

---

9. A restrição incide sobre a propriedade, abarcando, por exemplo, o usufruto. Neste sentido, Conselho Superior da Magistratura – Apelação n. 0009584-92.2012.8.26.0189 – Fernandópolis – *DJe* 4-2-2013 – Ementa: Registro de Imóveis – Dúvida julgada procedente – Negativa de registro de escritura pública de venda e compra de imóvel rural – Aquisição de usufruto por estrangeiro – Desnecessidade da autorização expedida pelo INCRA – Princípio da legalidade estrita – Recurso provido.

REQUISITOS	IMÓVEL COM ÁREA ACIMA DE 30 HECTARES	IMÓVEL COM ÁREA IGUAL OU INFERIOR A 30 HECTARES	BASE LEGAL
Certificado de Cadastro do Imóvel Rural – CCIR	Indispensável para a escritura	Indispensável para a escritura	§§ 1º e 2º, art. 22, Lei n. 4.947/66.
Imposto sobre a Propriedade Territorial Rural – ITR, correspondente aos últimos cinco exercícios	Incide e deve comprovar o pagamento. Indispensável para a escritura.	Dispensável para a escritura. – Não incide sobre pequenas glebas rurais, quando as explore, só ou com sua família, o proprietário que não possua outro imóvel. – São isentos o imóvel rural compreendido em programa oficial de reforma agrária, caracterizado pelas autoridades competentes como assentamento, que, cumulativamente, atenda a certos requisitos; e o conjunto de imóveis rurais de um mesmo proprietário, com certos limites e requisitos.	§ 3º, art. 22, Lei n. 4.947/66. Art. 21, Lei n. 9.393/96. Arts. 2º e 3º, Lei n. 9.393/96.
Declaração do Imposto sobre a Propriedade Territorial Rural (DITR)	Declaração obrigatória	Declaração não obrigatória	Instrução Normativa RFB n. 2095/2022 (anual).
Cadastro de Imóveis Rurais – CAFIR	Indispensável para a escritura	Indispensável para a escritura	Art. 4º, instrução Normativa RFB n. 1467/2014.
Cadastro Ambiental Rural – CAR	Indispensável (ao registro de imóvel), exceto se averbada a compensação de Reserva Legal	Indispensável (ao registro de imóvel), exceto se averbada a compensação de Reserva Legal	Art. 29, Lei n. 12.651/2012. Art. 6º, Decreto n. 7.830/2012.
Georreferenciamento	Dispensável (ao registro de imóvel) até 100 hectares	Dispensável (ao registro de imóvel)	Art. 10, Decreto n. 4.449/2002.

O tabelião não pode, sob pena de responsabilidade, lavrar escrituras de desmembramento de bem imóvel rural, se a área a ser desmembrada e a remanescente não forem iguais ou superiores à fração mínima de parcelamento (fmp), impressa no CCIR correspondente[10].

Não se aplica a vedação acima à alienação que se destine, comprovadamente, à anexação a outro imóvel rural confinante e desde que a área remanescente seja igual ou superior à fração mínima de parcelamento.

Também não estão sujeitos à restrição, os desmembramentos de bem imóvel, nas situações previstas no art. 2º do Decreto n. 62.504, de 8 de abril de 1968.

O tabelião, nestes casos, deverá consignar no instrumento o inteiro teor da autorização emitida pelo INCRA, a ser averbada à margem do registro do título no Registro de Imóveis.

10. Corregedoria-Geral da Justiça – Proc. n. 2014/00085474 (204/2014-E) – *DJe* 7-8-2014 – Ementa: Escritura de venda e compra – Fração ideal – Área menor que o módulo rural – Possibilidade em caso que não configura desmembramento – Recurso provido com observação. Neste caso, não era o caso típico de desmembramento, mas de venda na forma que herdaram.

A escritura deve conter, obrigatoriamente, o documento de identidade do adquirente, a prova de sua residência no território nacional e, quando for o caso, a autorização do INCRA.

Todas as autorizações são válidas por 30 dias, ou seja, a escritura deve ser lavrada neste prazo.

O estrangeiro, pessoa física, residente no país, não pode ser proprietário de imóvel que exceda 50 módulos (MEI) em área contínua ou descontínua.

A aquisição de imóvel por estrangeiro residente no País será livre, independentemente de qualquer autorização ou licença, se o imóvel não tiver área superior a três módulos, exceto se o imóvel estiver situado em área considerada indispensável à segurança nacional, caso em que será necessária autorização da Secretaria-Executiva do Conselho de Defesa Nacional (área de fronteira de 150 km e de 100 km à margem das rodovias BRs).

Se houver a aquisição de mais de um imóvel rural com área inferior a três módulos por pessoa física estrangeira residente no País, é necessária a autorização do INCRA se a soma das áreas dos imóveis pertencentes ao estrangeiro exceder a três módulos. Se **não exceder a três módulos, é desnecessária a autorização.**

A aquisição de imóvel rural entre 3 e 50 módulos (MEI) por pessoa física estrangeira impõe haver a autorização do INCRA e, se a área exceder a 20 módulos (MEI), também é necessária aprovação do projeto de exploração pelo Ministério do Desenvolvimento Agrário, ouvido o Órgão Federal competente responsável pela respectiva atividade.

A aquisição de bem imóvel rural por pessoa física estrangeira acima de 50 módulos necessita de autorização do Congresso Nacional. A presidência da República, ouvida a Secretaria-Executiva do Conselho de Defesa Nacional, vinculado ao Ministério da Defesa, ou por autorização do Congresso Nacional, pode aumentar o limite da área fixado no art. 7º do Decreto n. 74.965/74.

Os cidadãos portugueses que tenham obtido reconhecimento de igualdade de direitos e deveres pelo Ministério da Justiça não sofrem tal restrição para a aquisição de imóveis rurais[11].

O adquirente deve declarar em todos os atos que não é proprietário de outro imóvel, o que deve estar consignado expressamente na escritura pública.

A pessoa jurídica estrangeira autorizada a funcionar no Brasil, ou mesmo nacional, que seja controlada por estrangeiro somente poderá adquirir imóvel mediante aprovação do Ministério da Agricultura.

Para a aquisição de bem imóvel rural por pessoa jurídica estrangeira até 100 módulos, é necessária aprovação do projeto de exploração pelo Ministério do Desenvolvimento Agrário, ouvido o órgão federal competente responsável pelas respectivas atividades.

11. Decreto n. 70.436/72.

A aquisição de bem imóvel rural por pessoa jurídica estrangeira acima de 100 módulos necessita autorização do Congresso Nacional.

Pessoa natural estrangeira

ÁREA	PESSOA	AUTORIZAÇÃO	BASE LEGAL
Imóvel rural até 3 MEI	Pessoa natural estrangeira	Não é necessária	Art. 7º, § 1º, Decreto n. 74.965/74 c/c art. 9º, § 1º, INCRA IN n. 76/2013
Imóvel rural entre 3 e 20 MEI	Pessoa natural estrangeira	Necessária autorização do INCRA	Art. 7º, § 2º, Decreto n. 74.965/74 c/c art. 9º, INCRA IN n. 76/2013
Imóvel rural entre 20 e 50 MEI	Pessoa natural estrangeira	Necessária autorização do INCRA e aprovação de projeto de exploração pelo Ministério do Desenvolvimento Agrário, ouvido o Órgão Federal competente responsável pela respectiva atividade	Art. 7º, § 4º, Decreto n. 74.965/74 c/c art. 9º, § 4º, INCRA IN n. 76/2013
Imóvel com mais de 50 MEI	Pessoa natural estrangeira	Autorização do Congresso Nacional. O Presidente da República, ouvida a Secretaria-Executiva do Conselho de Defesa Nacional, também pode aumentar o limite da área fixado no art. 7º do Decreto n. 74.965/74	Art. 7º, § 5º, Decreto n. 74.965/74 c/c o art. 5º, INCRA IN n. 76/2013
Pessoa jurídica estrangeira, ou brasileira, com maioria de capital estrangeiro			
ÁREA	**PESSOA**	**AUTORIZAÇÃO**	**BASE LEGAL**
Imóvel rural até 100 MEI	Pessoa jurídica estrangeira, o imóvel deve ser destinado à implantação de projetos agrícolas, pecuários, industriais	Aprovação de projeto de exploração pelo Ministério do Desenvolvimento Agrário, ouvido o Órgão Federal competente responsável pelas respectivas atividades	Art. 5º, § 1º, Lei n. 5.709/71 c/c o art. 14, § 1º, INCRA IN n. 76/2013
Imóvel rural até 100 MEI	ou de colonização, vinculados aos seus objetivos estatutários		
Imóvel com mais de 100 MEI	Pessoa jurídica estrangeira	Autorização do Congresso Nacional	Art. 23, § 2º, Lei n. 8.629/93 c/c art. 6º, § 1º, INCRA IN n. 76/2013

Em São Paulo, ficou assentado "que o § 1º do artigo 1º da Lei n. 5.709/71 não foi recepcionado pela Constituição Federal de 1988. Assim, os tabeliães e os oficiais de registro estão dispensados de observarem as restrições e as determinações impostas pela Lei n. 5.709/71 e pelo Decreto n. 74.965/74, bem como do cadastramento, no Portal do Extrajudicial, em relação às pessoas jurídicas brasileiras cuja maioria do capital social se concentre em poder de estrangeiros residentes fora do Brasil ou de pessoas jurídicas com sede no exterior"[12].

A celeuma sobre a dispensa dos tabeliães e os oficiais de registro de observarem as restrições e as determinações impostas pela Lei n. 5.709/71 e pelo Decreto n. 74.965/74, oriunda do Processo n. 2010/83224 (publicados no *DJe* de 11-12-2012) que culminou no Parecer 461/12-E da Corregedoria paulista, reside no questionamento, feito pela União

12. Processo n. 2010/83224 da CGJ-SP.

e pelo INCRA, que ajuizaram a Ação Cível Originária n. 2.463, perante o STF, na qual postulam a anulação do parecer. Em 9 de julho de 2014, o eminente Ministro Relator Marco Aurélio inicialmente havia indeferido o pedido liminar que visava à suspensão dos efeitos do parecer.

O Parecer 461/12-E até então estava vigente, bem como o item 70.1 das Normas de Serviço da Corregedoria do Estado de São Paulo. Nessa ocasião, alertamos que, diante da incerteza jurídica quanto ao resultado do julgamento no Supremo Tribunal Federal, o mais prudente seria aguardar a decisão definitiva, uma vez que os notários (e os oficiais de registro) estão sujeitos às penalidades advindas do art. 15 da Lei n. 5.709/71. Como sabemos, é facultado ao tabelião de notas, no ato de qualificação notarial, com sua autonomia, autorizar ou negar a lavratura do ato[13], sempre adstrito ao princípio da legalidade, não podendo excepcionar norma vigente.

Em 1º de setembro de 2016, o eminente Ministro Relator Marco Aurélio, em nova análise, deferiu o pedido liminar que visava à suspensão dos efeitos do referido parecer, conforme o trecho: "(...) 3. Defiro a liminar pleiteada para suspender os efeitos do parecer n. 461/12-E da Corregedoria-Geral da Justiça de São Paulo, até o julgamento definitivo desta ação. (...)". Em 08/03/2021, o eminente Ministro Alexandre de Moraes pediu vista dos autos após o voto do Ministro Marco Aurélio (Relator).

Consequentemente, no Estado de São Paulo, seguem as restrições da Lei n. 5.709/71 até o julgamento definitivo da ação.

As limitações constantes na Lei n. 5.709/71 não se aplicam[14]: a) aos casos de sucessão legítima e às doações que importem adiantamento de legítima (art. 544 do Código Civil), exceto se o imóvel estiver situado em área considerada indispensável à segurança nacional. Ambos os casos, e também as aquisições por usucapião, em quaisquer de suas espécies, dependem do consentimento prévio da Secretaria-Executiva do Conselho de Defesa Nacional; b) às hipóteses de constituição de garantia real, inclusive a transmissão da propriedade fiduciária em favor de pessoa jurídica, nacional ou estrangeira; c) aos casos de recebimento de imóvel em liquidação de transação com pessoa jurídica, nacional ou estrangeira, ou pessoa jurídica nacional da qual participem, a qualquer título, pessoas estrangeiras físicas ou jurídicas que tenham a maioria do seu capital social e que residam ou tenham sede no exterior, por meio de realização de garantia real, de dação em pagamento ou de qualquer outra forma.

Os estrangeiros, pessoas físicas ou jurídicas, não podem ser proprietários de área superior a 25% da área de um município.

As pessoas estrangeiras de mesma nacionalidade não podem ser proprietárias de mais de 40% sobre os 25% supracitados, ou seja, não podem deter mais de 10% da superfície de cada município.

Em relação à vedação de aquisição de área superior a 25% da área de um município, ficam excluídas da restrição:

13. Em conformidade com os arts. 3º e 6º, inciso II, da Lei n. 8.935/94.
14. Modificada pela Lei n. 13.986, de 2020.

- as áreas inferiores a três módulos;
- as áreas que tiverem sido objeto de compra e venda, de promessa de compra e venda, de cessão ou de promessa de cessão, mediante escritura pública ou instrumento particular devidamente protocolado no registro competente, e que tiverem sido cadastradas no INCRA, em nome do promitente comprador, antes de 10 de março de 1969;

Essa restrição não existe se o estrangeiro tiver filho brasileiro, ou for casado no regime da comunhão de bens ou, ainda, se a área for inferior a três módulos.

- quando o adquirente estrangeiro tiver filho brasileiro, ou for casado com brasileira sob o regime da comunhão de bens.

As restrições previstas na Lei n. 5.709/71 e no Decreto n. 74.965/74 têm por base a fração ideal pertencente ao estrangeiro, ainda que caracterizado o condomínio *pro indiviso*.

Quando o adquirente de imóvel rural for pessoa jurídica estrangeira, ou que seja a ela equiparada, só poderá adquirir imóveis rurais quando estes se destinem à implantação de projetos agrícolas pecuários, industriais, ou de colonização vinculados aos seus objetivos estatutários. Neste caso, deve haver a aprovação pelo Ministério da Agricultura, ouvido o órgão federal competente. O prazo de validade do deferimento do pedido é de 30 dias, dentro do qual deverá ser lavrada a escritura. As sociedades anônimas rurais que se dediquem à atividade rural deverão adotar obrigatoriamente ações sob forma nominativa, situação que deve ser provada no momento da lavratura das escrituras.

Nos loteamentos rurais, a participação de brasileiros deve ser de 30%, no mínimo. O tabelião que lavrar escritura violando as normas atinentes à aquisição de imóvel rural por pessoa estrangeira e o oficial de registro de imóveis que a registrar responderão civil e criminalmente por tais atos (Lei n. 5.709/71, art. 15).

O tabelião ou o oficial de registro que permitir o desrespeito à lei está sujeito à multa de 10% sobre o valor do negócio (Lei n. 6.634/79, art. 4º), independentemente das sanções civis e penais cabíveis.

20
Compra e Venda

Nesta seção, veremos alguns aspectos de maior relevância da compra e venda presentes nas escrituras públicas.

A compra e venda de imóveis pode ser *ad corpus*, quando o comprador adquire um bem certo e determinado, independentemente da metragem do bem, ou *ad mensuram*, quando a metragem é fator essencial do negócio, ou seja, o preço é fixado com base na extensão do imóvel.

A venda de ascendente a descendente é anulável, salvo se os outros descendentes e o cônjuge do alienante[1] expressamente consintam. Esta anuência deve ser provida por todos os descendentes, não só filhos, netos e bisnetos, se houver. Todos devem ser capazes, e, se houver menores, será necessária autorização judicial para o consentimento.

As despesas de escritura e registro ficam a cargo do comprador, e a cargo do vendedor, as da tradição, salvo estipulação em contrário (art. 490 do Código Civil).

É lícita a compra e venda entre cônjuges, com relação a bens excluídos da comunhão, direito que não pode ser exercido se os bens estiverem gravados com a cláusula de incomunicabilidade (art. 499 do Código Civil).

Um condômino em coisa indivisível não pode vender a sua parte a estranhos, se outro consorte a quiser, tanto por tanto. O condômino tem o **direito de preferência** que, se não for dado, permite que o preço idêntico (ou superior) seja depositado pelo condômino interessado, que terá para si a parte vendida a estranhos. O prazo para o exercício deste direito é de 180 dias, sob pena de decadência. Por isso, nas escrituras públicas, o tabelião deve orientar os outorgantes sobre a necessidade de oferecer o direito de preferência aos demais condôminos[2].

A lei não exige que a comunicação seja expressa e seja apresentada ao tabelião. Basta a declaração, na escritura, de que o aviso foi feito e que os demais condôminos não se manifestaram. É prudente que o tabelião informe na escritura que fez tais esclarecimentos ao vendedor.

Algumas cláusulas especiais da compra e venda merecem destaque:

1) **Cláusula de retrovenda**: é a cláusula pela qual o vendedor se reserva o direito de reaver, em certo prazo, o imóvel alienado, restituindo ao comprador o preço,

1. Neste caso, exceto se o regime do casamento for o da separação de bens.
2. Entre condôminos não há direito de preferência. STJ, REsp n. 1.137.176/PR – Relator Ministro Marco Buzzi, j. em 16-2-2016.

mais as despesas por ele realizadas, inclusive as empregadas em melhoramentos do imóvel. Tem como prazo máximo três anos[3].

2) **Cláusula de preempção (ou preferência)**: é a cláusula que obriga o comprador de um bem móvel ou imóvel a oferecê-lo ao vendedor caso resolva aliená-lo, a fim de que o vendedor exerça seu direito de preferência[4]. A preempção decorre, por vezes, da lei, como é o caso dos condôminos.

3) **Cláusula resolutiva**: é a disposição que prevê a extinção do contrato por inexecução das obrigações constantes do contrato. A cláusula resolutiva **expressa** opera de pleno direito, independe de sentença judicial, podendo ocorrer pela disposição das partes. A **tácita** depende de interpelação judicial[5].

4) ***Cláusula constituti*** (constituto possessório): as partes pactuam a alteração da titularidade na posse, por prazo determinado ou indeterminado, de modo que aquele que possuía em nome próprio passa a possuir em nome alheio. A título de exemplo: na escritura de compra e venda, as partes convencionam que o vendedor permanecerá no imóvel por determinado tempo.

O pagamento do preço pode ser à vista ou diferido no tempo. Neste caso, pode ocorrer *pro solvendo*, isto é, à medida que são pagas, as parcelas vão sendo quitadas pelos respectivos comprovantes entregues pelo vendedor, ou ainda *pro soluto*, quando, apesar de as parcelas se prolongarem no tempo (normalmente garantidas por títulos de crédito, como notas promissórias), o vendedor já dá, na escritura, plena, geral e irrevogável quitação. Nesse caso, é de se presumir que o vendedor aceitou os títulos como pagamento integral do preço e, por isso, declara seu recebimento, dando-se por satisfeito.

No pagamento *pro solvendo*, há típica cláusula resolutiva, que pode ser expressa ou tácita. A propriedade somente se transmitirá quando houver a quitação total do preço. No pagamento *pro soluto*, a propriedade transmite-se imediatamente, pois se deu a quitação.

Segundo o art. 472, o distrato faz-se pela mesma forma exigida para o contrato. Dúvida recorrente de tabeliães é quanto à incidência do imposto de transmissão na escritura pública de distrato de compra e venda. As legislações tributárias municipais, em sua maioria, não tipificam o distrato como fato gerador de tributo.

Ainda que esteja registrada, Ademar Fioranelli considera possível a rescisão do contrato de compra e venda, mesmo que registrado, desde que haja a devolução do preço e pagamento do ITBI[6].

Afrânio de Carvalho observa que o distrato da compra e venda inscrita, com devolução do preço pago, importa em compra e venda regressiva, sujeitando-se aos mesmos requisitos da primeira, inclusive o pagamento do imposto de transmissão e a nova inscrição[7].

3. CC, art. 505.
4. CC, art. 513.
5. CC, art. 474.
6. Ademar Fioranelli. *Direito Registral Imobiliário*. Porto Alegre: Safe, 2001, p. 31.
7. Afrânio de Carvalho. *Registro de Imóveis*. 4. ed. Rio de Janeiro: Forense, 1998, p. 92.

Em decisão proferida na Apelação Cível n. 7.948-0/7, da Comarca de Capivari, ficou assentado o seguinte: "a hipótese é realmente, a toda evidência, de simples compra e venda do imóvel por escritura pública, que erradamente alude a 'rescisão' da compra e venda anteriormente feita entre as mesmas partes, nas posições inversas. Tendo sido registrada a primeira escritura, operou-se regularmente a transferência do domínio e a consequente exaustão do contrato de compra e venda, suscetível, desde então, da indicada 'rescisão'. É de manter-se, por isso, a determinação da sentença, de registro do título como escritura de compra e venda".

A Apelação Cível n. 067781-0/3, da Comarca de Guarulhos, teve o seguinte desfecho: "Como na venda regressiva há nova transmissão da propriedade imobiliária, incide o ITBI; assim, na espécie, a não comprovação do pagamento de tal imposto inviabiliza o registro da escritura pública de distrato, ainda que fosse interpretada como de venda inversa".

A corrente majoritária, inclusive com decisões recorrentes do Conselho Superior da Magistratura de São Paulo, entende necessário o recolhimento do imposto.

A seguir, selecionamos um rol jurisprudencial de decisões recentes que ensinam como os tribunais estão decidindo aspectos da compra e venda. **Muitas dessas decisões são utilizadas para questões de concursos.** Leia com atenção, compreenda a lógica jurídica e, se pairar dúvida, consulte o inteiro teor da decisão para seu pleno conhecimento.

20.1 JURISPRUDÊNCIA SELECIONADA

a) Tribunal de Justiça de São Paulo

TJSP – Apelação Cível n. 0037996-58.2009.8.26.0053 – São Paulo – 8ª Câmara de Direito Público – Rel. Des. Paulo Dimas Mascaretti – *DJ* 26-4-2013. Ementa: Mandado de segurança – Impetração voltada contra ato de Tabelião de Notas que exige a apresentação de certidões de regularidade fiscal como condição à lavratura de escritura definitiva de compra e venda de imóvel – Exigência que encontra fundamento nos artigos 47 e 48 da Lei n. 8.212/91 – Lei que se presume válida, posto não declarada inconstitucional no julgamento da ADI n. 394-1 invocado como fundamento da presente impetração – Hipótese em que tem lugar o procedimento de declaração de dúvida, nos termos dos arts. 198 e 296 da Lei n. 6.015/73 – Competência do Corregedor Permanente do Cartório de Registros – Precedentes deste Tribunal – Ordem denegada – Recurso improvido.

TJSP – Apelação Cível n. 0006488-44.2009.8.26.0587 – São Sebastião – 6ª Câmara de Direito Público – Rel. Des. Reinaldo Miluzzi – *DJ* 18-7-2011. Ementa: Mandado de segurança – Pedido de registro de escritura de compra e venda de imóvel – Exigência de apresentação de certidão negativa de tributos federais – Lei n. 8.212/91, artigo 47 – Admissibilidade – Segurança denegada – Recurso não provido.

b) Conselho Nacional de Justiça

Conselho Nacional de Justiça. Pedido de providências n. 0001687-12.2018.2.00.0000. Data da decisão 12.06.2018. Ementa: Tabelionato de Notas – Certidão de feitos judiciais – Impossibilidade de exigir para a lavratura de escrituras públicas relativas à alienação ou à oneração de bens imóveis – Devendo, entretanto, consignar no ato a ausência da referida certidão por vontade das partes.

c) **Conselho Superior da Magistratura de São Paulo**

Conselho Superior da Magistratura. Apelação Cível n. 1099293-82.2021.8.26.0100. DJe 10.10.2022. Ementa: Registro de imóveis – Contrato particular de compra e venda – Termos do contrato que deixam clara a existência de compra e venda – Consenso sobre a coisa, o preço e o consentimento – Valor atribuído ao bem negociado superior a 30 salários mínimos – Escritura pública obrigatória, nos termos do artigo 108 do Código Civil – Exigência mantida – Apelação a que se nega provimento.

Conselho Superior da Magistratura. Apelação Cível n. 1093315-27.2021.8.26.0100. DJe 12.05.2022. Ementa: Registro de Imóveis – Dúvida – Negativa de registro de Escritura de Compra e Venda – Transmissão de bem imóvel – ITBI – Base de cálculo – Imposto recolhido ao tempo da lavratura da escritura conforme as informações fiscais e guia de arrecadação obtidas junto ao próprio ente tributante – Modificação do valor venal constatada pelo Oficial de Registro de Imóveis dias após a lavratura da escritura que não autoriza a exigência de pagamento da diferença – Ainda que justificável a diligência do Oficial de Registro pela razoável diferença de valores e para ver afastada sua responsabilidade pessoal pelo pagamento do tributo (art. 289 da Lei n. 6.015/73, do art. 30, XI, da Lei n. 8.935/94, do art. 134, VI, do Código Tributário Nacional e dos arts. 163 e 176 do Decreto Municipal 59.579/2020), na espécie, a exigência não tem cabimento – Ao ente tributante é que cabe a revisão do lançamento, nos termos do art. 149, parágrafo único do Código Tributário Nacional – Precedente vinculante (Recurso Extraordinário com Agravo n. 1.294.969/SP – Tema n. 1124) que definiu a ocorrência do fato gerador do ITBI como sendo o registro não implica exigir complementação de valores para o caso de recolhimento antecipado do tributo e realizado com base nos dados e montantes a recolher fornecidos oficialmente pela entidade tributante – Óbice ao prosseguimento do requerimento afastado – Dúvida improcedente – Apelo provido.

Conselho Superior da Magistratura. Apelação Cível n. 1002840-80.2021.8.26.0114. DJe 10.03.2022. Ementa: Registro de Imóveis – Escritura pública de venda e compra – Mulher que adquiriu a parte ideal do imóvel pertencente ao seu marido – Bem anteriormente havido em condomínio pelos cônjuges, casados sob o regime da separação obrigatória de bens – Não incidência, no caso concreto, da presunção de comunhão decorrente da Súmula n. 377 do E. Supremo Tribunal Federal – Possibilidade de venda e compra entre cônjuges quanto aos bens particulares (art. 499 do Código Civil) – Recurso provido para julgar improcedente a dúvida e autorizar o registro do título.

Conselho Superior da Magistratura. Apelação Cível n. 1109254-86.2017.8.26.0100. DJe 12.05.2022. Ementa: Registro de Imóveis – Dúvida – Título notarial – Compra e venda – Imóvel pertencente a pessoa jurídica da qual são sócios os filhos menores do apelante – Decisão no processo de dúvida que não atinge direito de que o apelante se diga titular, ou acerca do qual possa discutir em juízo como substituto processual – Apelação que não se conhece, mantida a r. sentença, como lançada.

Conselho Superior da Magistratura. Apelação Cível n. 1081016-52.2020.8.26.0100. DJe 22.02.2022. Ementa: Registro de Imóveis – Escritura de compra e venda – Desqualificação – Imóvel inserido em área maior, objeto de transcrição – Falta de controle da disponibilidade qualitativa na transcrição – Necessidade de prévia retificação do registro de origem para adequação da descrição do imóvel e apuração da área remanescente – Óbice mantido – Nega-se provimento à apelação.

Conselho Superior da Magistratura. Apelação Cível n. 1001918-81.2021.8.26.0100. DJe 22.02.2022. Ementa: Registro de Imóveis – Apelação – Dúvida – Negativa de registro de instrumento particular de desconstituição de pessoa jurídica – Transmissão de bem imóvel com valor superior a trinta salários mínimos, ainda que realizada a título de pagamento de haveres – Necessidade de escritura pública – Inteligência do art. 108 do código civil – ITBI – Isenção ou imunidade que depende de manifestação do órgão tributante – Recurso a que se nega provimento.

Conselho Superior da Magistratura. Apelação Cível n. 1011206-80.2020.8.26.0361. DJe 22.02.2022. Ementa: Registro de Imóveis – Dúvida – Compra e Venda e Cessão de Compromisso de Compra e Venda – Escritura Pública – Impossibilidade de aferir se os anuentes-cedentes que constam da escritura pública são os compromissários compradores que constam da transcrição – Ofensa à especialidade subjetiva e ao trato consecutivo – Rogação que abrange os dois atos (o registro da compra e venda e a averbação da cessão de compromisso) – Impossibilidade de cisão, considerada a rogação dos interessados, ora recorrentes – Apelação a que se nega provimento, mantidos o óbice registral e a r. Sentença.

Conselho Superior da Magistratura. Apelação Cível n. 1001415-15.2021.8.26.0309. DJe 24.02.2021. Ementa: Registro de Imóveis – Escritura pública de compra e venda – Qualificação negativa – Questionamento a respeito da base de cálculo utilizada para recolhimento do imposto sobre transmissão de bens imóveis – ITBI – Análise pelo Oficial Registrador, na matéria concernente ao imposto de transmissão, que deve se ater ao seu recolhimento, sem alcançar o valor – Não configuração de flagrante irregularidade no recolhimento – Precedentes do C. Conselho Superior da Magistratura – Dá-se provimento à apelação para julgar a dúvida improcedente.

Conselho Superior da Magistratura. Apelação Cível n. 1086990-70.2020.8.26.0100. DJe 21.01.2021. Ementa: Registro de Imóveis – Dúvida – Apelação – Escritura pública de venda e compra – Notícia superveniente da inexistência no Livro de Notas da anterior escritura de venda e compra outorgada em favor da pessoa que figura como atual proprietária do imóvel – Ausência de nulidade de pleno direito – Registro que deve ser cancelado por meio de ação própria – Inteligência do art. 1.245, §2°, do Código Civil – Incongruência entre o estado civil do vendedor que figura na matrícula do imóvel como solteiro e na escritura de venda e compra apresentada a registro como divorciado – Necessidade de prévia averbação em respeito aos princípios da especialidade subjetiva e da continuidade – Ausência, no ponto, de pedido de averbação, prenotação e qualificação – Princípio da rogação – Desbloqueio da matrícula que deve ser buscado por meio de expediente próprio na Corregedoria Geral da Justiça – Recurso a que se nega provimento.

Conselho Superior da Magistratura. Apelação Cível n. 1016699-48.2020.8.26.0002. *DJe* 06.07.2021. Ementa: Apelação – Dúvida inversa – Negativa de registro de escritura de venda e compra – Vendedor identificado com RNE – Matrícula constando RG do proprietário – Coincidência no número de CPF e demais elementos – Inexistência de dúvida quanto à identidade da pessoa – Abrandamento do princípio da especialidade subjetiva – Recurso a que se dá provimento.

Conselho Superior da Magistratura. Apelação Cível n. 1007897-24.2021.8.26.0100. *DJe* 20.10.2021. Ementa: Registro de Imóveis – Escritura pública de promessa de compra e venda de unidade imobiliária – Impossibilidade do registro com efeito translativo da propriedade, ainda que quitado o preço – Necessidade de escritura pública definitiva – Inteligência dos arts. 108, 1.245. 1.417 e 1.418 do Código Civil – Aplicação do art. 26, § 6º, da Lei nº 6.766/79 que se restringe a loteamentos – Óbice mantido – Dúvida procedente – Recurso não provido.

Conselho Superior da Magistratura. Apelação Cível n. 1002681-62.2020.8.26.0506. *DJe* 18.06.2021. Ementa: Registro de Imóveis – Recusa de registro de escritura pública de compra e venda – Exigência de apresentação de comprovante de pagamento de ITBI referente à cessão de compromisso de compra e venda não registrado – Qualificação registral que deve estar limitada ao título apresentado – Óbice afastado – Recurso provido.

Conselho Superior da Magistratura. Apelação Cível n. 1002258-19.2020.8.26.0081. *DJe* 09.06.2021. Ementa: Registro de Imóveis – Instrumento particular de conferência de bens para integralização de capital social – Imóveis que foram avaliados pelo Município, para efeito de declaração de isenção do Imposto de Transmissão de Bens Imóveis (ITBI), com valores superiores aos atribuídos no instrumento de conferência de bens – Recusa fundada na ausência de comprovação da declaração e recolhimento do Imposto de Transmissão "Causa Mortis" e Doação (ITCMD) sobre a diferença entre a soma dos valores atribuídos aos imóveis e os da sua avaliação pelo Município – Exigência indevida – Recurso provido para julgar a dúvida improcedente.

Conselho Superior da Magistratura. Apelação Cível n. 1048180-26.2020.8.26.0100. *DJe* 26.05.2021. Ementa: Registro de Imóveis – Recusa de registro de escritura pública de compra e venda – Qualificação registral limitada ao título apresentado – Recusa descabida quanto ao controle do recolhimento de ITBI para a cessão de compromisso de compra e venda não registrado – Recurso provido.

Conselho Superior da Magistratura. Apelação Cível n. 1001439-63.2020.8.26.0443. *DJe* 26.05.2021. Ementa: Registro de Imóveis – Dúvida – Título notarial – Escritura de venda e compra – Vendedor casado no regime de comunhão universal de bens, e que recebeu o domínio a título de doação, com cláusula de incomunicabilidade – Necessidade de autorização de seu cônjuge – Hipótese que não cai em exceção ao disposto no Código Civil, art. 1.647, I – Óbice corretamente apontado – Apelação a que se nega provimento, mantendo-se a r. sentença como lançada.

Conselho Superior da Magistratura. Apelação Cível n. 1002681-62.2020.8.26.0506. *DJe* 17.03.2021. Ementa: Registro de Imóveis – Recusa de registro de escritura pública de compra e venda – Exigência de apresentação de comprovante de pagamento de ITBI referente à cessão de compromisso de compra e venda não registrado – Qualificação registral que deve estar limitada ao título apresentado – Óbice afastado – Recurso provido.

Conselho Superior da Magistratura. Apelação Cível n. 1001439-63.2020.8.26.0443. *DJe* 10.03.2021. Ementa: Registro de Imóveis – Dúvida – Título notarial – Escritura de venda e compra – Vendedor casado no regime de comunhão universal de bens, e que recebeu o domínio a título de doação, com cláusula de incomunicabilidade – Necessidade de autorização de seu cônjuge – Hipótese que não cai em exceção ao disposto no Código Civil, art. 1.647, I – Óbice corretamente apontado – Apelação a que se nega provimento, mantendo-se a r. sentença como lançada.

Conselho Superior da Magistratura. Apelação Cível n. 1001529-97.2019.8.26.0575. *DJe* 16.03.2021. Ementa: Registro de Imóveis – Escritura pública de venda e compra – Exigência de cadastro autônomo junto ao INCRA – Imóvel menor que a área mínima exigida para exploração rural – Matrícula já aberta em conformidade com as transcrições anteriores – Alienação de partes ideais pelos demais condôminos à adquirente, que se tornou titular de domínio da integralidade do imóvel – Escritura pública que reproduz o conteúdo da matrícula do imóvel – Ausência de óbice ao registro pretendido – Recurso provido para julgar a dúvida improcedente.

Conselho Superior da Magistratura. Apelação Cível n. 1065900-69.2021.8.26.0100. DJe 24.02.2021. Ementa: Registro de Imóveis – Dúvida julgada procedente – Contrato particular de compra e venda de imóvel a que atribuído valor superior a trinta salários mínimos – Obrigatoriedade de celebração do negócio jurídico por instrumento público, na forma do art. 108 do Código Civil – Não incidência, para esse efeito, do piso salarial fixado para determinadas categorias profissionais em legislação estadual – Recurso não provido.

Conselho Superior da Magistratura. Apelação Cível n. 1045783-91.2020.8.26.0100. *DJe* 22.02.2021. Ementa: Registro de Imóveis – Dúvida – Instrumento particular de constituição de sociedade empresária limitada – Integralização de capital por incapaz – Ato de transmissão do bem da pessoa física para pessoa jurídica – Indispensabilidade de autorização judicial – Recurso não provido.

Conselho Superior da Magistratura. Apelação Cível n. 1010076-09.2018.8.26.0302. *DJe* 22.01.2021. Ementa: Registro de Imóveis – Dúvida – Escritura pública de compra e venda – Hipoteca cedular e respectivos aditivos – Penhora em favor da Fazenda Nacional – Indisponibilidade dos imóveis que obsta a alienação voluntária – Negativa de registro – Precedentes deste C. Conselho Superior da Magistratura – Óbices mantidos – Nega-se provimento ao recurso.

Conselho Superior da Magistratura. Apelação Cível n. 1036475-31.2020.8.26.0100. *DJe* 16.12.2020. Ementa: Apelação – Dúvida – Recusa a transmissão da propriedade – Termo de quitação de compromisso de venda e compra que não constitui título translativo do domínio – Necessidade de título hábil – Inteligência do art. 1.417 do código civil – Promitente comprador que adquire direito à aquisição do imóvel – Aplicação restrita do art. 26, § 6º da lei n.º 6.766/79 aos casos em que o compromisso de venda e compra foi celebrado pelo próprio loteador – Inteligência do art. 167, II, item 32 da lei de registros públicos para fins específicos – Desprovimento do recurso.

Conselho Superior da Magistratura. Apelação Cível n. 1095017-76.2019.8.26.0100. *DJe* 13.11.2020. Ementa: Registro de Imóveis – Dúvida – Título notarial – Compra e venda – Prévia doação de dinheiro ao comprador para a aquisição do imóvel Indisponibilidade sobre os bens do doador – Limite da qualificação registral – Restrição que não diz respeito ao objeto nem aos figurantes da compra e venda e, portanto, não pode impedir o registro – Óbice afastado – Dá-se provimento.

Conselho Superior da Magistratura. Apelação Cível n. 1011514-45.2017.8.26.0451. *DJe* 08.10.2020. Ementa: Registro de Imóveis – Sentença que julgou procedente a dúvida suscitada para o fim de manter a recusa ao registro de escritura de venda e compra de fração ideal – Trânsito em julgado – Cancelamento da prenotação – Dúvida prejudicada – Recurso não conhecido.

Conselho Superior da Magistratura. Apelação Cível n. 1021487-53.2019.8.26.0451. *DJe* 21.09.2020. Ementa: Recurso provido – Registro de Imóveis – Dúvida – Apelação – Escritura de compra e venda de lote – Condomínio voluntário simples – Inexistência de elemento registrário a indicar descumprimento de normas urbanísticas e do projeto de loteamento – Inexistência de venda de fração ideal ou formação sucessiva de condomínio voluntário – Aquisição direta ao loteador da integralidade do imóvel por dois compradores – Descumprimento futuro de restrição convencional ou legal deve ser impugnada pelos demais proprietários do loteamento, pelo loteador ou pelo Poder Público – Desdobro não autorizado – Incidência da vedação do item 166 do Capítulo XX das NSCGJ aos casos em que haja elemento registrário indicando burla às normas urbanísticas – Ato futuro ilegal deve ter seu ingresso no registro impedido – Impossibilidade de presunção da má-fé dos adquirentes – Dúvida improcedente – Recurso provido.

Conselho Superior da Magistratura. Apelação Cível n. 1000704-89.2020.8.26.0100. *DJe* 16.06.2020. Ementa: Registro de Imóveis – Adjudicação de bem imóvel em favor do apelante – Carta de sentença extraída dos autos da ação de inventário – Autora da herança falecida no estado civil de viúva – Casamento realizado sob o regime da comunhão universal de bens – Matrícula do imóvel em que está equivocadamente qualificada como separada judicialmente – Ofensa ao princípio da continuidade – Necessidade de retificação da escritura de compra e venda registrada e de partilha da meação do imóvel cabente ao cônjuge pré-morto – Dúvida julgada procedente – Nega-se provimento ao recurso.

Conselho Superior da Magistratura. Apelação Cível n. 1002816-34.2018.8.26.0445. *DJe* 01.04.2020. Ementa: Dúvida Registral – Compra e venda de imóvel – Alienação exclusiva pelo cônjuge sobrevivente, na condição de viúvo – Propriedade registrada de forma exclusiva em nome do alienante – Casamento celebrado na Itália, antes da reforma de 1975, sob o regime da separação legal de bens – Regime de bens que obedece a lei do domicílio dos nubentes, nos termos do art. 7º, § 4º, LINDB – Separação legal de bens no sistema italiano que decorria, até 1975, da ausência de convenção em sentido contrário – Situação que não se amolda ao regime da separação legal ou obrigatória de bens do direito brasileiro, previsto no art. 1.641 do CC – Regime de separação legal que podia ser afastado pelos cônjuges por convenção válida, nos termos da legislação italiana vigente na época do casamento – Opção de um dos cônjuges de permanecer no regime da separação de bens – Eficácia ante a previsão expressa do art. 228, § 1º, da Lei italiana nº 151/1975 – Manutenção do regime de separação por opção que não traduz similitude com o regime da separação obrigatória – Situação que configura regime da separação convencional de bens – Não incidência do entendimento da Súmula 377 do STF – Bem imóvel particular alienável pela vontade exclusiva do cônjuge proprietário – Óbices afastados – Recurso provido para julgar improcedente a dúvida e determinar o registro do título.

Conselho Superior da Magistratura. Apelação Cível n. 1041488-45.2019.8.26.0100. *DJe* 31.03.2020. Ementa: Registro de Imóveis – Carta de arrematação expedida em ação de execução movida contra cessionário de compromisso de compra e venda – Princípio da continuidade – Proprietário do imóvel que foi intimado para as hastas públicas e informou não ter interesse na manutenção do domínio – Reconhecimento pelo juízo da execução, de forma expressa, da submissão do proprietário do imóvel aos efeitos da arrematação – Dúvida julgada procedente – Apelação provida.

Conselho Superior da Magistratura. Apelação Cível n. 1034896-82.2019.8.26.0100. *DJe* 31.03.2020. Ementa: Registro de imóveis – Negativa de registro de escritura de compra e venda de conjunto de vagas autônomas de garagem – Convenção de condomínio que prevê a necessidade de utilização de manobristas na garagem e permite a exploração comercial das vagas, inclusive por meio de cessão de uso temporário a terceiros não proprietários das unidades autônomas do condomínio – Características específicas do empreendimento que permitem a alienação de grupos de vagas de garagem sem vinculação às unidades comerciais – Recurso provido.

Conselho Superior da Magistratura. Apelação Cível n. 1031560-50.2018.8.26.0506. *DJe* 31.03.2020. Ementa: Registro de Imóveis – Dúvida julgada procedente – Escritura de compra e venda outorgada pela nu-proprietária e pelos usufrutuários do imóvel – Usufrutuários que tiveram seus bens declarados indisponíveis – Pretensão de registro somente da compra da nua-propriedade, mediante cisão do título que se mostra possível neste caso concreto – Recurso provido.

Conselho Superior da Magistratura. Apelação Cível n. 1003402-08.2019.8.26.0196. *DJe* 31.03.2020. Ementa: Registro de Imóveis – Dúvida julgada procedente – Escritura pública de compra e venda de dois imóveis rurais em que figura como adquirente pessoa jurídica nacional, com sócios majoritariamente estrangeiros – Submissão ao regime previsto na Lei nº 5.709/71 – Imóveis com áreas inferiores a três módulos rurais – Dispensa da autorização para a aquisição, prevista nos arts. 3º, § 1º, e 12, § 1º, inciso I, ambos da Lei nº 5.709/71, e no art. 7º, § 2º, do Decreto nº 74.965/74, incidente para pessoas físicas e condicionada à aquisição de um só imóvel – Recurso não provido.

Conselho Superior da Magistratura. Apelação Cível n. 1000358-78.2018.8.26.0272. *DJe* 31.03.2020. Ementa: Registro de Imóveis – Escritura pública de venda e compra de fração ideal – Vendedores que receberam a fração por herança e doação – Situação que não retrata desmembramento – Ausência de descrição de limites físicos da área alienada – Óbice afastado – Recurso provido.

Conselho Superior da Magistratura. Apelação Cível n. 1019680-34.2018.8.26.0224. *DJe* 09.03.2020. Ementa: Registro de Imóveis – Dúvida julgada procedente – Escritura pública de compra e venda de terreno em que consignado que os adquirentes têm ciência da existência de "área construída" que será objeto de futura regularização – Exigências consistentes na retificação do recolhimento do imposto de transmissão "inter vivos" – ITBI, ou comprovação de que não incidente sobre o valor da construção, com complementação dos emolumentos que foram objeto de depósito prévio – Princípio da rogação – Construção não descrita no título e que não teve a averbação requerida – Registro viável – Recurso provido.

Conselho Superior da Magistratura. Apelação Cível n. 1004209-31.2018.8.26.0271. *DJe* 07.10.2019. Ementa: Registro de Imóveis – Dúvida julgada procedente – Apelante que comprovou o interesse em promover o registro da escritura pública de compra e venda para que possa, na sequência, obter o registro de nova compra que contratou com a adquirente dos imóveis – Alteração da descrição dos imóveis, em razão da regularização do loteamento, que não impede o registro da escritura pública que permite que sejam identificados – Não apresentação, contudo, da guia de recolhimento do imposto de transmissão "inter vivos", o que impede o registro da compra e venda – Recurso não provido.

Conselho Superior da Magistratura. Apelação Cível n. 269.965. *DJe* 07/09/1978. Ementa: Registro de Imóveis – Dúvida – Escritura Pública de Venda e Compra – Prova do adimplemento do preço – Em nosso sistema de venda obrigatória, a entrega da coisa ou o pagamento não perfazem o negócio. São atos de execução – Nenhum embaraço se opõe ao registo do instrumento, cuja força jurídica consequente não está condicionada ao adimplemento do saldo do contrato – Registro autorizado.

Conselho Superior da Magistratura. Apelação Cível n. 1002176-74.2018.8.26.0366. *DJe* 17.09.2019. Ementa: Registro de Imóveis – Escritura de compra e venda – CND Federal. Exigência afastada, conforme atual orientação do CNJ, do CSM e nos termos das NSCGJ – Arrolamento de bens em processo administrativo fiscal – Receita Federal do Brasil – Art. 64-A da Lei nº 9.532/97 e art. 3º da Instrução Normativa/RFB 1.565/2015 – Suposta ocorrência de fraude que poderia levar à indisponibilidade do bem – Ausência de determinação legal ou administrativa de inalienabilidade – Limites da qualificação registral – Dúvida improcedente – Recurso provido.

Conselho Superior da Magistratura. Apelação Cível n. 1001687-51.2015.8.26.0363. *DJe* 28.08.2019. Ementa: Registro de Imóveis – Conferência de bens para integralização de capital social de sociedade anônima – Procuração pública outorgada pelo cônjuge – Falecimento da mandante – Regime de comunhão parcial de bens – Comunicação – Necessidade de cumprimento dos poderes outorgados – Mandato com amplos poderes de representação – Precedentes deste Eg. Conselho Superior da Magistratura – Apelação provida.

Conselho Superior da Magistratura. Apelação Cível n. 1011119-24.2017.8.26.0590. *DJe* 07.08.2019. Ementa: Registro de Imóveis – Escritura pública de compra e venda – Procuração outorgada por instrumento particular – Impossibilidade – Mandato que deve ser outorgado pela forma exigida em lei para a prática do ato – Hipótese de exceção não configurada – Recurso não provido.

Conselho Superior da Magistratura. Apelação Cível n. 1001939-02.2017.8.26.0390. *DJe* 03.07.2019. Ementa: Registro de Imóveis – Dúvida julgada procedente – Escritura de compra e venda objeto de rerratificação para alterar o comprador que passou a ser pessoa jurídica de que são sócios os adquirentes originais – Possibilidade, uma vez que a rerratificação ocorreu antes do registro do negócio jurídico – Imposto de Transmissão "inter vivos" recolhido em nome do anterior adquirente – Necessidade de comprovação do pagamento do imposto em razão da transmissão realizada para a nova adquirente – Alegação de dificuldade para a retificação da guia de recolhimento do ITBI, ou para a repetição do indébito, que não comporta solução no procedimento de dúvida que tem natureza administrativa e em que o Município não intervém – Recurso não provido.

Conselho Superior da Magistratura. Apelação Cível n. 1000279-30.2018.8.26.0198. *DJe* 03.07.2019. Ementa: Registro de Imóveis – Dúvida julgada procedente – Compromisso de compra e venda de imóvel loteado – Prova de quitação consistente em recibos outorgados pela loteadora nas folhas do carnê que emitiu para pagamento mensal das parcelas do preço – Recusa fundada na ausência de segurança jurídica dos documentos para que sejam aceitos pelo Oficial de Registro como prova de quitação – Ausência de vício formal que permita a recusa dos comprovantes de pagamento das prestações – Dever de qualificar atribuído ao Oficial de Registro de Imóveis que não comporta a recusa do título com fundamento em análise pessoal e subjetiva – Imóvel loteado – Compromisso de compra e venda registrado – Comprovação de pagamento do preço para efeito de registro da transmissão da propriedade – Art. 26, § 6º, da Lei nº 6.766/79 – Documentos juntados aos autos que não demonstram o preço total pactuado para venda e o número de parcelas previstas para seu pagamento – Recurso não provido, mas por fundamentos distintos do que foi adotado na r. sentença.

Conselho Superior da Magistratura. Apelação Cível n. 1000352-08.2018.8.26.0584. *DJe* 03.07.2019. Ementa: Registro de Imóveis – Escritura pública de compra e venda – Alienação de fração ideal de imóvel a pessoas sem vínculos – Vedação – Desdobro de lote – Registro obstado – Item. 171 das Normas de Serviço da Corregedoria Geral da Justiça – Recurso desprovido.

Conselho Superior da Magistratura. Apelação Cível n. 1007580-86.2018.8.26.0405. *DJe* 28.06.2019. Ementa: Registro de Imóveis – Escritura de compra e venda de imóvel – Substabelecimento – Procuração – Necessidade de poderes especiais – Art. 661 §1° do CPC – Recurso desprovido.

Conselho Superior da Magistratura. Apelação Cível n. 1003406-95.2018.8.26.0223. *DJe* 28.06.2019. Ementa: Registro de Imóveis – Dúvida julgada improcedente – Escritura pública de compra e venda de imóvel – Vendedora em regime de recuperação judicial – Declaração pela vendedora, na escritura pública, de que o imóvel integra seu ativo circulante – Apartamento situado em empreendimento imobiliário promovido pela vendedora que tem por atividade a comercialização de imóveis – Circunstâncias do negócio jurídico que, neste caso concreto, não demandam a autorização do Juízo da recuperação judicial para o registro da compra e venda – Recurso não provido.

Conselho Superior da Magistratura. Apelação Cível n. 1002238-39.2018.8.26.0100. *DJe* 28.06.2019. Ementa: Registro de imóveis – Falência da vendedora em data posterior ao contrato de compra e venda – Prenotação do título em data posterior à quebra – Necessidade de autorização do juízo da falência – Impossibilidade do reconhecimento de decadência ou aquisição por usucapião neste processo administrativo sob pena de violação do direito fundamental ao devido processo legal em razão do direito de terceiros – recurso não provido.

Conselho Superior da Magistratura. Apelação Cível n. 1094800-67.2018.8.26.0100. *DJe* 27.06.2019. Ementa: Registro de imóveis – Incorporação empresarial – Transmissão imobiliária sujeita ao sistema de título e modo – Escritura de compra e venda em que figura como alienante quem não é titular de domínio junto ao fólio real – Necessidade de prévia averbação da incorporação de uma pessoa jurídica pela outra e transmissão da propriedade – ITBI – Imunidade tributária que necessita de análise prévia do titular da competência tributária – Apelação não provida.

Conselho Superior da Magistratura. Apelação Cível n. 1043342-11.2018.8.26.0100. *DJe* 27.06.2019. Ementa: Registro de imóveis – Incorporação empresarial – Transmissão imobiliária sujeita ao sistema de título e modo – Compromisso de compra e venda sem aptidão causal – Transferência da propriedade – Necessidade de prévia averbação da incorporação para o registro da escritura pública de compra e venda – ITBI – Imunidade tributária que necessita de análise prévia do titular da competência tributária – Recurso não provido.

Conselho Superior da Magistratura. Apelação Cível n. 1044002-05.2018.8.26.0100. *DJe* 05.06.2019. Ementa: Registro de Imóveis – Escritura de compra e venda de imóvel – Compradora solteira que declara conviver em união estável com companheiro divorciado, sob o regime da comunhão parcial de bens – Princípio da especialidade subjetiva – Apresentação de escritura declaratória de união estável – Exigência de registro da união estável no Livro E do Registro Civil das Pessoas Naturais e no Livro nº 3 (Registro Auxiliar) do Registro de Imóveis que, no caso concreto, não se sustenta – Dúvida improcedente – Recurso não provido.

Conselho Superior da Magistratura. Apelação Cível n. 1003262-94.2017.8.26.0114. *DJe* 23.05.2019. Ementa: Registro de Imóveis – Sucessão Provisória – Ingresso do título no fólio real condicionado à sucessão definitiva – Negativa de registro da escritura de compra e venda celebrado pela viúva meeira e herdeiros em atenção ao princípio da continuidade – Formal de partilha – Documentos pessoais das partes – Apresentação ao Tabelião que não supre a omissão apontada nos títulos prenotados junto à serventia imobiliária – Manutenção dos óbices apontados pelo registrador – Dúvida julgada procedente – Apelação não provida.

Conselho Superior da Magistratura. Apelação Cível n. 1056244-85.2017.8.26.0114. *DJe* 18.03.2019. Ementa: Registro de Imóveis – Escritura de compra e venda – CND da Receita Federal – Exigência afastada, conforme atual orientação do CNJ, do CSM e nos termos das NSCGJ – Penhoras promovidas em execuções fiscais ajuizadas pela Fazenda Nacional – Documentos apresentados para o registro que somente autorizam o cancelamento da averbação de uma dessas penhoras – Impedimento para o registro – Dúvida procedente – Recurso não provido.

Conselho Superior da Magistratura. Apelação Cível n. 1033886-29.2017.8.26.0114. *DJe* 18.03.2019. Ementa: Registro de Imóveis – Escritura pública de compra e venda de imóvel – Vendedor casado sob o regime da comunhão parcial de bens ao tempo da celebração do negócio – Necessidade de anuência da esposa do vendedor ou de suprimento judicial – Óbices apresentados pelo registrador mantidos – Apelação não provida.

Conselho Superior da Magistratura. Apelação Cível n. 1027686-09.2016.8.26.0577. *DJe* 18.03.2019. Ementa: Registro de Imóveis – Dúvida inversa – Escritura pública de compra e venda de imóvel em que figura, como vendedora, pessoa jurídica – Distrato social registrado anteriormente na Jucesp que não enseja a automática extinção da personalidade jurídica da empresa – Panorama fático desenhado nos autos que permite concluir pela regularidade da representação da pessoa jurídica no título levado a registro – Óbices apresentados pela registradora que merecem ser afastados para ingresso do título no fólio real – Apelação provida.

Conselho Superior da Magistratura. Apelação Cível n. 1007331-86.2017.8.26.0271. *DJe* 18.03.2019. Ementa: Registro de Imóveis – Dúvida – Escritura pública de compra e venda de imóvel em que figura, como vendedora, pessoa jurídica – Distrato social registrado na Jucesp que não enseja a automática extinção da personalidade jurídica da empresa – Óbito da liquidante nomeada no distrato – Inventariante da sócia falecida que não tem poderes para representar a sociedade e praticar atos necessários à sua liquidação – Irregularidade na representação da pessoa jurídica – Apelação não provida.

Conselho Superior da Magistratura. Apelação Cível n. 1000237-38.2018.8.26.0664. *DJe* 18.03.2019. Ementa: Registro de Imóveis – Imóvel registrado em nome de pessoas casadas – Escritura de compra e venda celebrada somente pela mulher na condição de divorciada – Necessidade do prévio registro da partilha do imóvel havida na ação de divórcio – Princípio da Continuidade – Além disso, inscrição de várias ordens de indisponibilidade sem indicação expressa de envolver a totalidade ou metade do imóvel – Impossibilidade da consideração de situações jurídicas não inscritas no registro imobiliário – Recurso não provido.

Conselho Superior da Magistratura. Apelação Cível n. 1114495-41.2017.8.26.0100. *DJe* 07.02.2019. Ementa: Registro de Imóveis – Dúvida julgada procedente – Escritura pública de compra e venda outorgada em 28 de abril de 1969 – Falta da assinatura de uma das testemunhas instrumentais – Omissão que, neste caso concreto, não se mostra suficiente para retirar a validade e a eficácia do ato notarial em razão do conteúdo das vontades manifestadas pelas partes do negócio jurídico – Recurso provido para julgar a dúvida improcedente.

Conselho Superior da Magistratura. Apelação Cível n. 1071137-26.2017.8.26.0100. *DJe* 07.02.2019. Ementa: Registro de Imóveis – Dúvida julgada procedente – Instrumento particular de integralização de capital social – Sociedade de advogados – Sociedade simples registrada no Conselho Seccional da OAB, em cuja base territorial está sediada – Regra de exceção trazida pelo art. 64 da Lei nº 8.934/94, que não se aplica ao caso concreto – Necessidade de apresentação de escritura pública, nos termos do art. 108 do Código Civil – Recurso não provido.

Conselho Superior da Magistratura. Apelação Cível n. 0001301-68.2016.8.26.0083. *DJe* 21.11.2018. Ementa: Registro de imóveis – Dúvida julgada procedente – Instrumento particular de integralização de capital social – Sócio representado por mandatária – Procuração em que outorgados poderes para assinar e outorgar contratos de compra e venda de bens móveis e imóveis – Poderes genéricos que não autorizam a transmissão da propriedade de imóvel para integralização de capital social – Recurso não provido.

Conselho Superior da Magistratura. Apelação Cível n. 1074969-67.2017.8.26.0100. *DJe* 14.08.2018. Ementa: Registro de Imóveis – Dúvida julgada procedente – Contrato particular de compromisso de compra e venda de fração ideal vinculada a futura unidade autônoma a ser construída em imóvel sujeito ao regime de incorporação imobiliária – Adquirente menor impúbere, representada na compra e venda por seus genitores – Alegação de pagamento integral do preço do imóvel com uso de dinheiro que os genitores pouparam em favor de sua filha – Necessidade de apresentação de declaração, firmada por ambos genitores, de que houve doação, ou de apresentação de alvará judicial para a compra se a doação não tiver ocorrido – Hipoteca constituída pela incorporadora sobre todo o imóvel incorporado, para obtenção de recursos para a construção do edifício, que, uma vez declarada a doação, não configurará encargo na doação realizada – Doação, porém, que se for confirmada pelos genitores demandará a comprovação da declaração e do recolhimento do ITCMD – Recurso não provido.

Conselho Superior da Magistratura. Apelação Cível n. 1002310-25.2016.8.26.0220. *DJe* 09.08.2018. Ementa: Registro de Imóveis – Escritura pública de compra e venda de imóvel, retificada por outra escritura pública – Alvará judicial expedido pelo juízo trabalhista, autorizando a venda de imóveis de titularidade da demandada para pagamento dos demandantes – Regularidade da representação do titular de domínio, natureza jurídica e validade do negócio celebrado entre as partes definida em ação judicial, julgada definitivamente durante o curso do processamento da dúvida – Impossibilidade de rediscutir a questão na esfera administrativa – Óbices apresentados pelo registrador afastados para ingresso do título no fólio real – Apelação provida.

Conselho Superior da Magistratura. Apelação Cível n. 1038270-77.2017.8.26.0100. *DJe* 07.08.2018. Ementa: Registro de Imóveis – Dúvida julgada procedente – Escritura de compra e venda outorgada em favor da cônjuge, casada pelo regime da comunhão parcial de bens, com declaração do marido de que se trata de imóvel de propriedade reservada da mulher porque adquirido mediante sub-rogação de valores recebidos por herança – Escritura pública lavrada em 13 de março de 2017 – Herança objeto de partilha homologada em 25 de abril de 2002 – Inexistência de prova inequívoca de que o imóvel foi adquirido em sub-rogação de bem que era de propriedade exclusiva da compradora – Marido que teve os bens declarados indisponíveis por ser administrador de entidade financeira em regime de liquidação – Necessidade de autorização pelo Juízo do inquérito civil público, ou da eventual ação de falência, para atos que possam implicar em disposição de bens – Recurso não provido.

Conselho Superior da Magistratura. Apelação Cível n. 1011732-14.2017.8.26.0309. *DJe* 08.08.2018. Ementa: Registro de Imóveis – Compromisso de compra e venda – Cláusula de irretratabilidade e irrevogabilidade – Retrovenda – Dação em pagamento – Irregistrabilidade – Recurso desprovido.

Conselho Superior da Magistratura. Apelação Cível n. 1121211-55.2015.8.26.0100. *DJe* 26.07.2018. Ementa: Registro de Imóveis – Escritura de compra e venda – Outorga pela titular de domínio diretamente ao último cessionário – Menção aos cedentes intermediários – Indisponibilidade de bens decretada em relação a um dos cedentes – Óbice ao registro da escritura – Dúvida procedente – Recurso não provido.

Conselho Superior da Magistratura. Apelação Cível n. 1006193-67.2016.8.26.0482. *DJe* 31.07.2018. Ementa: Registro de Imóveis – Escritura de compra e venda – Município de Presidente Prudente – Bens desafetados e alienados por investidura – Lei Municipal nº 8.992/2015 declarada inconstitucional por violação aos art. 180, inciso VII, 144 e 117 da Constituição Estadual – Recurso provido.

Conselho Superior da Magistratura. Apelação Cível n. 1000526-04.2016.8.26.0320. *DJe* 26.07.2018. Ementa: Registro de Imóveis – Dúvida procedente – Registro de escritura de rerratificação de escritura de compra e venda já registrada – Escritura de rerratificação que altera elemento essencial do negócio jurídico já registrado – Impossibilidade – Matrícula que, ademais, encontra-se bloqueada – Acerto da decisão de primeiro grau – Apelação a que se nega provimento.

Conselho Superior da Magistratura. Apelação Cível n. 1081978-80.2017.8.26.0100. *DJe* 16.07.2016. Ementa: Registro de Imóveis – Escritura de Compra e Venda com Pacto Adjeto de Alienação Fiduciária – Casamento e divórcio no estrangeiro – Regime de bens – Sentença homologatória proferida pelo Superior Tribunal de Justiça que não alcançou o bem imóvel situado no território brasileiro – Recurso desprovido.

Conselho Superior da Magistratura. Apelação Cível n. 1020262-78.2015.8.26.0114. *DJe* 11.07.2018. Ementa: Registro de Imóveis – Compromisso de compra e venda registrado com sucessivas cessões – Negativa de ingresso de escritura de venda e compra de imóvel – Desnecessidade da anuência dos cedentes – Inexistência de afronta ao Princípio da Continuidade – Recurso provido.

Conselho Superior da Magistratura. Apelação Cível n. 1074979-14.2017.8.26.0100. *DJe* 18.06.2018. Ementa: Registro de imóveis – Dúvida julgada procedente – Contrato particular de compromisso de compra e venda de fração ideal vinculada a futura unidade autônoma a ser construída em imóvel sujeito ao regime de incorporação imobiliária – Adquirente menor impúbere, representada por seus genitores – Declaração, pelos genitores, também em escrito particular, de pagamento integral do preço do imóvel com uso de dinheiro que pouparam em favor de sua filha – Doação caracterizada – Hipoteca constituída pela incorporadora sobre todo o imóvel incorporado, para obtenção de recursos para a construção do edifício, que não configura encargo na doação realizada, o que dispensa alvará judicial para aquisição do imóvel pela donatária – Necessidade, porém, de comprovação da declaração e do recolhimento do ITCMD diante de declaração, que passou a integrar os documentos que instruem o título apresentado para registro, de que houve doação de numerário para a aquisição do imóvel – Recurso não provido.

Conselho Superior da Magistratura. Apelação Cível n. 1056522-31.2017.8.26.0100. *DJe* 18.05.2018. Ementa: Escritura de compra e venda de imóvel – Desqualificação – Imóvel que foi objeto de anterior escritura de compra e venda, já registrada – Alienante que não consta mais no fólio registral como titular de domínio – Ausência de erro no registro, visto que realizado conforme documentos apresentados à época da abertura da matrícula – Eventual ocupação errônea que somente pode ser solucionada mediante lavratura de escritura de permuta – Ata retificatória que não basta para superação do óbice – Dúvida julgada procedente – Recurso não provido, com determinação.

Conselho Superior da Magistratura. Apelação Cível n. 1007239-35.2017.8.26.0554. *DJe* 18.05.2018. Ementa: Compromisso de compra e venda – Loteamento – Prova da quitação – Prescrição – Ausência da prova inequívoca da quitação de compromisso de compra e venda – Inviabilidade do reconhecimento da prescrição em processo administrativo – Impossibilidade da aplicação das disposições normativas relativas à regularização fundiária em razão do imóvel não estar em área dessa natureza – Manutenção da qualificação registral negativa – Recurso não provido.

Conselho Superior da Magistratura. Apelação Cível n. 1001867-89.2017.8.26.0624. *DJe* 07.05.2018. Ementa: Registro de Imóveis – Dúvida julgada procedente – Cessão da incorporação imobiliária e transmissão da propriedade do imóvel ao cessionário – Contrato particular de compra e venda de dois apartamentos celebrado entre o apelante e o incorporador original que também era o anterior proprietário do imóvel – Recusa do novo incorporador em ratificar o contrato – Princípio da continuidade – Cessão dos direitos e deveres decorrentes da incorporação que não autoriza, por si só, o registro de contrato celebrado com quem não é mais proprietário do imóvel – Procedimento administrativo reunido com o procedimento de dúvida visando a declaração da nulidade do registro do contrato de compra e venda e de alienação fiduciária realizado com violação da prioridade decorrente da ordem cronológica do protocolo – Pretensão, ainda, de bloqueio de matrículas – Existência de anterior prenotação de contrato de compromisso de compra e venda apresentado pelo apelante – Competência da Corregedoria Geral da Justiça para apreciação do recurso interposto contra decisão que indeferiu cancelamento administrativo de registro, uma vez que o cancelamento se faz por ato de averbação – Disciplinar – Reclamação contra procedimento de Oficial de Registro de Imóveis que não observou prioridade decorrente da ordem cronológica de protocolos de títulos representativos de direitos reais contraditório – Competência da Corregedor Geral da Justiça – Apelação provida em parte, com determinação consistente no desapensamento dos autos e remessa do Processo nº 1001738-84.2017.8.26.0624 à Corregedoria Geral da Justiça.

Conselho Superior da Magistratura. Apelação Cível n. 1001570-93.2016.8.26.0664. *DJe* 07.05.2018. Ementa: Registro de imóveis – Penhoras e decretos de indisponibilidade que não impedem a alienação forçada – Ocorrida a alienação forçada, há, por via indireta, imediato cancelamento das penhoras e indisponibilidades pretéritas – Cancelamento direto que não é condição necessária à posterior alienação voluntária – Escritura de venda e compra que, portanto, pode ser registrada – Recurso desprovido.

Conselho Superior da Magistratura. Apelação Cível n. 1004286-05.2017.8.26.0100. *DJe* 02.05.2018. Ementa: Registro de imóveis – Escritura de Compra e Venda, em que a vendedora é representada por procuração – Outorgante falecida antes da lavratura – Prevalência, excepcionalmente, da validade do mandato, dadas as suas peculiaridades – Contrato acessório de compra e venda imobiliária, já quitado – Validade da escritura – Registro cabível – Recurso provido.

Conselho Superior da Magistratura. Apelação Cível n. 0000348-54.2015.8.26.0111. *DJe* 22.02.2018. Ementa: Registro de Imóveis – Dúvida julgada procedente – Escritura Particular de Venda e Compra de Imóvel – Questionamento das diversas exigências formuladas pelo Registrador – Pertinência do óbice relativo à especialidade subjetiva e à apresentação de certidões reais – Exigência mantida – Recurso não provido.

Conselho Superior da Magistratura. Apelação Cível n. 1000008-24.2016.8.26.0543. *DJe* 19.02.2018. Ementa: Registro de Imóveis – Escritura Pública de Venda e Compra – Desqualificação do título judicial, sob o argumento de que o imóvel está localizado em circunscrição imobiliária diversa (Itaquaquecetuba) – Comprovação de que o lote está inserido em Itaquaquecetuba – Princípio da territorialidade – Desqualificação correta – Título que deve ser apresentado no Registro de Imóveis de Itaquaquecetuba – Bloqueio de matrícula pelo Registrador – Impossibilidade – Determinação de observância do art. 214, parágrafos 1° e 2°, da Lei de Registros Públicos, com oitiva dos interessados, em virtude de se referir a imóvel pertencente a outro Município – Apelação não provida, com determinação.

Conselho Superior da Magistratura. Apelação Cível n. 1007772-35.2016.8.26.0099. *DJe* 07.02.2018. Ementa: Dúvida Inversa – Escritura pública de compra e venda de imóvel lavrada em 1994 – Adquirentes que, à época, eram menores impúberes e se fizeram representar apenas pela genitora – Ausência, ademais, de alvará judicial – Maioridade atingida por todos os adquirentes, os quais referendaram o negócio jurídico, reconhecendo que os beneficiou – Convalidação – Ausência de prejuízo às partes ou a terceiros – Ausência de ofensa a qualquer princípio registral – Possibilidade de ingresso registral – Recurso provido para esse fim.

Conselho Superior da Magistratura. Apelação Cível n. 1124381-98.2016.8.26.0100. *DJe* 19.12.2017. Ementa: Registro de imóveis – Dúvida julgada procedente – Instrumento Particular de Venda e Compra de Imóvel – Questionamento das diversas exigências formuladas pelo Registrador – Pertinência da maioria delas – Negativa de registro mantida – Recurso não provido.

Conselho Superior da Magistratura. Apelação Cível n. 1120203-09.2016.8.26.0100. *DJe* 07.12.2017. Ementa: Escritura pública de venda e compra – Desqualificação – Descrição do imóvel no título que não corresponde à descrição atual do imóvel – Violação do princípio da especialidade objetiva – Falta de anuência do último cessionário – Necessidade, sob pena de desrespeito ao princípio da continuidade – Falta de dados referentes aos titulares falecidos – Necessidade, para atendimento do princípio da continuidade – Desnecessidade de informação quanto ao número de CPF e CNPJ dos interessados, não havendo dúvida quanto a sua identificação, tendo em vista o disposto no art. 176, parágrafo 2º, da Lei de Registros Públicos – Dúvida julgada procedente – Recurso não provido.

Conselho Superior da Magistratura. Apelação Cível n. 0000349-39.2015.8.26.0111. *DJe* 10.10.2017. Ementa: Registro de Imóveis – Dúvida julgada procedente – Instrumento Particular de Venda e Compra de Imóvel – Questionamento das diversas exigências formuladas pelo Registrador – Pertinência dos óbices relativos à especialidade subjetiva e à apresentação de certidões reais – Exigências parcialmente mantidas – Recurso não provido.

Conselho Superior da Magistratura. Apelação Cível n. 0006384-83.2015.8.26.0153. *DJe* 10.10.2017. Ementa: Registro de Imóveis – Cédula de crédito comercial – Empresário individual – Empresário Individual, enquanto não providenciar constituição de EIRELI, não tem personalidade jurídica autônoma – Escrituras em que a própria empresa individual figure como titular de direitos ou obrigações, como as de compra e venda ou mútuo, não comportam registro – Recurso desprovido.

Conselho Superior da Magistratura. Apelação Cível n. 1007718-85.2016.8.26.0320. *DJe* 19.09.2017. Ementa: Registro de imóveis – Escritura de compra e venda – Estado civil do vendedor que se revela equivocado – Possibilidade de que o imóvel por ele vendido devesse ser partilhado com o ex-cônjuge – Dúvida procedente – Recurso improvido.

Conselho Superior da Magistratura. Apelação Cível n. 1001689-21.2015.8.26.0363. *DJe* 31.08.2017. Ementa: Registro de Imóveis – Conferência de bens para integralização de capital social – Dúvida julgada procedente em primeira instância – Análise das três exigências – Óbito da outorgante da procuração ocorrido entre a conferência de bens e o registro do título – Afastamento do óbice – Aplicação do artigo 674 do Código Civil – Falta de identificação dos imóveis a serem transferidos na procuração outorgada – Procuração que confere ao apelante amplos poderes para representar sua esposa, inclusive para alienação de bens – Afastamento do óbice – Precedente deste Conselho – Conferência de bens comuns do casal para integralizar participação em sociedade da qual apenas o marido se tornará sócio – Regime da comunhão parcial de bens – Participação societária que entrará na comunhão de bens, ainda que as ações fiquem em nome do recorrente – Inteligência do artigo 1.660, I, do Código Civil – Anuência suprida pelos termos da procuração e pela futura partilha da participação societária – Exigência afastada – Apelação provida, para julgar improcedente a dúvida.

Conselho Superior da Magistratura. Apelação Cível n. 1035060-44.2015.8.26.0114. *DJe* 24.08.2017. Ementa: Registro de Imóveis – Escritura de compra e venda – Outorga pela titular de domínio diretamente ao último cessionário – Existência de cessões intermediárias – Desnecessidade de anuência dos cedentes – Inexistência de afronta ao princípio da continuidade – Dúvida improcedente – Recurso provido.

Conselho Superior da Magistratura. Apelação Cível n. 0019371-42.2013.8.26.0309. *DJe* 26.05.2017. Ementa: Registro de Imóveis – Averbação de indisponibilidade que não impede a alienação forçada – Ocorrida a alienação, há cancelamento indireto das penhoras, que geraram a indisponibilidade – O cancelamento direto não é condição necessária à posterior alienação voluntária – Escritura de venda e compra que, portanto, pode ser registrada – Recurso provido.

Conselho Superior da Magistratura. Apelação Cível n. 0002290-08.2014.8.26.0160. *DJe* 23.05.2017. Ementa: Registro de imóveis – Escrituras Públicas de venda e compra – Negativa de Registro – Dúvida julgada procedente – Matrícula pretensamente cancelada – Impossibilidade dos registros, seja por ausência de suporte tabular, seja por conta da quebra do princípio da especialidade objetiva – Necessidade de retificação da área, com eventual abertura de nova matrícula – Recurso desprovido, com observação.

Conselho Superior da Magistratura. Apelação Cível n. 0009216-87.2015.8.26.0477. *DJe* 28.04.2017. Ementa: Registro de Imóveis – Recusa de ingresso de carta de arrematação – Resignação parcial e título em cópia – Dúvida prejudicada – Recurso não conhecido – Análise das exigências a fim de orientar futura prenotação – Princípio da continuidade – Arrematação dos direitos decorrentes do compromisso de compra e venda – Inexistência de inscrição desse direito no Registro de Imóveis – Necessidade de registro do título anterior a fim de viabilizar o encadeamento dos títulos – Ausência de recolhimento de tributo – ITBI que é devido pela cessão dos direitos à aquisição de bem – Óbice que encontra amparo no artigo 901, § 2º, do CPC e na atividade fiscalizatória do registrador.

Conselho Superior da Magistratura. Apelação Cível n. 0007771-13.2016.8.26.0602. *DJe* 28.04.2017. Ementa: Registro de Imóveis – Escritura pública de venda e compra de fração ideal – Elementos indicativos de parcelamento ilegal do solo – Alienações sucessivas de frações ideais do imóvel originário, com abertura de novas matrículas – Ausência de vínculo entre os coproprietários – Desqualificação registral confirmada – Registro obstado – Recurso desprovido.

Conselho Superior da Magistratura. Apelação Cível n. 0005676-66.2014.8.26.0606. *DJe* 28.04.2017. Ementa: Registro de Imóveis – Desqualificação de instrumento de cessão de compromisso de compra e venda – Resignação parcial, título em cópia e apresentação para exame e cálculo – Dúvida prejudicada – Recurso não conhecido – Análise das exigências a fim de orientar futura prenotação – Certidões de casamento de titular de direito registrado que se divorciou e contraiu novo casamento – Apresentação que preserva a especialidade subjetiva – Exigência mantida – Exibição de certidão negativa de débitos fiscais do imóvel – Dispensa – Inteligência do item 119.1. do Cap. XX das NSCGJ – Precedentes deste Conselho – Cessionária que nomeia representante no instrumento, mas o assina – Ausência de falha que justifique a desqualificação – Indicação equivocada de parte do nome de uma dos contratantes – Erro que pode ser sanado pelo próprio oficial – Aplicação analógica do artigo 213, I, "g", da Lei nº 6.015/73 – Apresentação de documento que comprove inscrição cadastral do imóvel – Preservação da especialidade objetiva – Exigência mantida – Ausência de recolhimento de tributo – ITBI que é devido pela cessão dos direitos à aquisição de bem – Óbice que encontra amparo na atividade fiscalizatória do registrador e no item 119.1. do Cap. XX das NSCGJ.

Conselho Superior da Magistratura. Apelação Cível n. 9000001-28.2015.8.26.0187. *DJe* 31.03.2017. Ementa: Registro de Imóveis – Escritura Pública de venda e compra – Negativa de Registro – Dúvida julgada procedente – Ausência de parcelamento irregular do solo – Quebra, porém, do princípio da especialidade objetiva – Necessidade de retificação da área – Recurso desprovido.

Conselho Superior da Magistratura. Apelação Cível n. 0016818-43.2015.8.26.0344. *DJe* 31.03.2017. Ementa: Registro de imóveis – Escritura de compra e venda – Conflitos entre nome e estado civil de parte dos vendedores – Afronta aos princípios da continuidade e da especialidade subjetiva – Necessidade de apresentação de certidões de casamento e óbito pleiteadas pelo sr. Oficial – Dúvida procedente – Recurso provido.

Conselho Superior da Magistratura. Apelação Cível n. 0000048-59.2016.8.26.0531. *DJe* 03.04.2017. Ementa: Registro de Imóveis – Dúvida registrária – Integralização do Capital Social por meio de certidão da JUCESP – Incidência da regra do artigo 64 da Lei n.º 8.934/1994 – Inaplicabilidade do artigo 108 do Código Civil – Impossibilidade, contudo, de cindibilidade do título – Recurso desprovido.

Conselho Superior da Magistratura. Apelação Cível n. 0011588-49.2015.8.26.0302. *DJe* 31.03.2017. Ementa: Registro de Imóveis – Desqualificação de escritura de compra e venda – Documentação apresentada juntamente com a apelação interposta contra a sentença que julgou procedente a dúvida, com a finalidade de cumprir a exigência – Impossibilidade – Dúvida prejudicada – Recurso não conhecido – Análise da exigência a fim de orientar futura prenotação. Hipoteca cedular decorrente de cédula de crédito industrial – Necessidade de prévia anuência do credor para a venda do bem onerado Artigo 51 do Decreto-Lei nº 413/69 Alienação forçada em execução trabalhista – Inaplicabilidade do artigo 51 Adjudicação em que, em princípio, o credor hipotecário não foi notificado – Aplicabilidade do artigo 1.501 do Código Civil, mantendo-se íntegra a hipoteca Venda que sucede a adjudicação – Necessidade de prévia concordância do credor hipotecário, nos moldes do artigo 51 do Decreto-Lei nº 413/69, ou do cancelamento do gravame.

Conselho Superior da Magistratura. Apelação Cível n. 0002537-08.2015.8.26.0595. *DJe* 31.03.2017. Ementa: Registro de Imóveis – Registro de escritura pública de compra e venda – Dispensa de exibição de certidão negativa de débito de IPTU e de taxas municipais – Inteligência do item 119.1. do Cap. XX das NSCGJ – Precedentes deste Conselho – Recurso provido para afastar a exigência e julgar a dúvida improcedente.

Conselho Superior da Magistratura. Apelação Cível n. 1016790-38.2015.8.26.0577. *DJe* 24.03.2017. Ementa: Registro de Imóveis – Dúvida inversa – Escrituras públicas de venda e compra – Condomínio pro-indiviso – Situação de indivisão que persiste – Ausência de elementos indicativos de divisão fática, com anuência dos condôminos – Alienações de frações ideais com medidas certas – Negócios jurídicos que mascaram transmissão de posse localizada e indevida divisão da coisa comum – Ofensa ao item 171 do Cap XX das NSCGJ e ao princípio da disponibilidade qualitativa – Pertinência da exigência relativa ao CCIR, que deve referir-se à área total do imóvel rural – Erros passados não justificam os registros pretendidos – Exclusão das exigências atinentes às certidões negativas de débitos e ao ITR (subitem 119.1 do Cap XX das NSCGJ) – Adequação da exigência referente à reserva legal florestal – Falta de pagamento dos emolumentos que não pode obstar os registros, se não houve exigência de depósito prévio – Dúvida procedente – Recurso provido.

Conselho Superior da Magistratura. Apelação Cível n. 3.499-0. *Data da Decisão* 06.08.1984. Ementa: Registro de Imóveis – Procuração em causa própria – Elementos da compra e venda – Efeito de compra e venda irrevogável – Título hábil para o registro.

Conselho Superior da Magistratura. Apelação Cível n. 1112372-41.2015.8.26.0100. *DJe* 23.01.2017. Ementa: Registro de Imóveis – Proprietários casados no regime da separação obrigatória de bens – Bem adquirido na constância da união – Escritura de compra e venda por meio da qual apenas um dos cônjuges, com a anuência do outro, vende 50% do imóvel a terceiro – Impossibilidade de registro – Aplicabilidade da Súmula 377 do STF – Comunhão que se presume – Necessidade de que ambos os consortes figurem na escritura como vendedores – Ingresso registral que desrespeitaria os princípios da continuidade e da disponibilidade – Apelação desprovida.

Conselho Superior da Magistratura. Apelação Cível n. 0005481-54.2015.8.26.0248. *DJe* 17.01.2017. Ementa: Registro de Imóveis – Dúvida – Unidade condominial – Compromisso de compra e venda que tem por objeto a fração do terreno, e, apenas indiretamente, a unidade condominial – Inviabilidade do registro – Venda, ademais, que aparenta ter sido feita antes da incorporação, em novo óbice registral – Exigência de cópias da certidão de casamento e das cédulas de RG e CPF da esposa do comprador que atende ao item 63, Capítulo XX, Tomo II, das NSCGJ – Precedentes desse Conselho – Apelação desprovida.

Conselho Superior da Magistratura. Apelação Cível n. 3000355-45.2013.8.26.0408. Data de registro: 6-3-2015. Ementa: Registro de Imóveis – Dúvida – Escritura de Compra e Venda – Alienantes representados por mandatário – Falecimento de dois dos vendedores mandantes – Mandato não extinto – Aplicação do art. 686 do Código Civil – Possibilidade de registro – Recurso provido.

Conselho Superior da Magistratura. Apelação Cível n. 1103676-50.2014.8.26.0100. Data de registro: 29-10-2015. Ementa: Registro de Imóveis – Compromisso de Compra e Venda – Imóvel alienado fiduciariamente – Necessidade de anuência da credora fiduciária – Art. 29 da Lei n. 9.514/97 – Recurso não provido.

Conselho Superior da Magistratura. Apelação Cível n. 0029136-53.2011.8.26.0100. *DJe* 17-8-2012. Ementa: Registro de Imóveis – Compromisso de compra e venda celebrado sem anuência dos demais descendentes – Negócio jurídico anulável – Interesse privado – Inviabilidade do exame da validade do contrato em processo administrativo – Necessidade de processo jurisdicional – Cabimento do registro – Recurso não provido.

Conselho Superior da Magistratura. Apelação Cível n. 376-6/7. *DOE* 24-11-2005. Ementa: Registro de Imóveis. Dúvida. Registro de escritura de compra e venda de imóvel. Vendedor que figura no registro como sendo casado pelo regime da separação de bens e consta como viúvo na escritura. Necessidade de prévia partilha do bem. Aplicação da Súmula 377 do Supremo Tribunal Federal. Recurso improvido.

Conselho Superior da Magistratura. Apelação Cível n. 1002630-12.2014.8.26.0587. Data de registro: 3-2-2016. Ementa: Registro de Imóveis – Cessão de direitos de aquisição de bem imóvel – Recusa fundada na falta de recolhimento de ITBI – Jurisprudência consolidada no STF e no STJ no sentido de que não incide ITBI sobre o compromisso de compra e venda, porque não transfere o domínio do imóvel – Raciocínio que também se aplica à cessão dos direitos do promitente comprador – Recurso provido.

Conselho Superior da Magistratura. Apelação Cível n. 0015089-03.2012.8.26.0565. *DJe* 17-10-2013. Ementa: Registro de imóveis – Escritura de compra e venda lavrada antes da averbação da indisponibilidade, mas apresentado a registro depois dela – Impossibilidade de registro até que a indisponibilidade seja cancelada por quem a decretou – *Tempus regit actum* – Precedentes do CSM – Recurso não provido.

Conselho Superior da Magistratura. Apelação Cível n. 562-6/6. *DOE* 29-1-2007. Ementa: Registro de imóveis – Escritura de compra e venda – Provável falecimento de outorgante vendedora representada por procurador e consequente extinção do mandato, que não autoriza a recusa do título – Qualificação registrária limitada ao juízo cognitivo formal – Recurso provido.

Conselho Superior da Magistratura. Apelação Cível n. 0072005-60.2013.8.26.0100. *DJe* 3-12-2014. Ementa: Registro de imóveis – Escritura de compra e venda – Aquisição de bem por menor incapaz – Origem desconhecida dos recursos – Necessidade de alvará judicial – Verificação, pelo Ministério Público e pelo órgão jurisdicional, da efetiva proteção do interesse do menor – Menor representado apenas pelo pai, sem justificativa para ausência da mãe na escritura – Impossibilidade de registro – Recurso provido.

Conselho Superior da Magistratura. Apelação Cível n. 0021235-27.2012.8.26.0576. *DJe* 29-1-2013. Ementa: Registro de Imóveis – Escritura pública de compra e venda com descrição idêntica à contida na matrícula – Necessidade de aperfeiçoamento da descrição que não impede sua individualização – Princípio da Especialidade Objetiva atendido – Existência de registros anteriores baseados na mesma descrição – Ausência de prejuízo a terceiros – Princípio da Fé Pública – Recurso provido.

Conselho Superior da Magistratura. Apelação Cível n. 951-6/1. J. em 9-12-2008. Ementa: Registro de Imóveis – Dúvida julgada procedente – Escritura de compra e venda da nua-propriedade e do usufruto de imóvel – Venda do usufruto, pelos usufrutuários, a pessoas distintas da atual nu-proprietária e, ainda, daquela que figura na escritura como nova adquirente da nua-propriedade – Impossibilidade do registro, por força do artigo 1.393 do Código Civil, que veda a cessão do usufruto por alienação – Recurso não provido.

Conselho Superior da Magistratura. Apelação Cível n. 0000294-57.2010.8.26.0372. *DJe* 22-2-2013. Ementa: Registro de Imóveis – Cessão da posição contratual de compromissos de compra e venda seguidos da celebração de contratos de compra e venda

– Possibilidade de alienação da propriedade mesmo diante do compromisso de compra e venda registrado – Diversidade dos direitos reais a par do respeito ao direito real de aquisição pelo novo proprietário – Recurso provido.

Conselho Superior da Magistratura. Apelação Cível n. 0006900-43.2010.8.26.0068. *DJe* 1º-3-2013. Ementa: Registro de Imóveis – Pessoa Jurídica Estrangeira proprietária de bem imóvel no Brasil – Necessidade da inscrição e indicação do CNPJ na Escritura Pública de Compra e Venda em conformidade à Lei dos Registros Públicos e normas administrativas incidentes – Recurso não provido.

Conselho Superior da Magistratura. Apelação Cível n. 0011878-31.2011.8.26.0132. *DJe* 23-4-2013. Ementa: Registro de Imóveis – Dúvida – Compra e venda com encargo oriundo de doação anterior – Negativa de acesso ao registro do instrumento – Art. 167, I, da Lei n. 6.015/73 – Rol taxativo – Recurso não provido.

Conselho Superior da Magistratura. Apelação Cível n. 1002630-12.2014.8.26.0587. *DJe* 16-3-2016. Ementa: Registro de Imóveis – Cessão de direitos de aquisição de bem imóvel – Recusa fundada na falta de recolhimento de ITBI – Jurisprudência consolidada no STF e no STJ no sentido de que não incide ITBI sobre o compromisso de compra e venda, porque não transfere o domínio do imóvel – Raciocínio que também se aplica à cessão dos direitos do promitente comprador – Recurso provido.

Conselho Superior da Magistratura. Apelação Cível n. 0000228-62.2014.8.26.0073. *DJe* 12-5-2015. Ementa: Registro de Imóveis – Dúvida – Escritura pública de compra e venda de imóvel prometido à venda pelo falecido – Exigência de alvará judicial autorizando a outorga – Desnecessidade, em razão da lavratura de escritura pública em que se nomeou pessoa com poderes de inventariante para cumprir as obrigações pendentes do *de cujus* – Recurso provido.

Conselho Superior da Magistratura. Apelação Cível n. 9000001-75.2012.8.26.0464. *DJe* 24-5-2013. Ementa: Registro de Imóveis – Escritura pública de compra e venda de imóvel – Inexistência de pacto antenupcial de um dos vendedores – Comparecimento da esposa recebido como mera anuência – Qualificação positiva diante da peculiaridade do caso – Recurso provido.

Conselho Superior da Magistratura. Apelação Cível n. 3002501-95.2013.8.26.0590. Data de registro: 24-10-2014. Ementa: Registro de Imóveis – Dúvida – Escritura de Compra e Venda de Imóvel – Vendedor representado pelo próprio comprador – Nulidade relativa – Inviabilidade de reconhecimento de ofício – Recurso provido.

Conselho Superior da Magistratura. Apelação Cível n. 647-6/4. *DOE* 27-4-2007. Ementa: Registro de Imóveis – Dúvida procedente – Decreto judicial tão somente de arresto não importa indisponibilidade nem inibe registro de escritura de venda e compra do respectivo bem constrito – Recurso conhecido e provido, no mérito, para o registro do título de alienação.

Conselho Superior da Magistratura. Apelação Cível n. 0019910-77.2012.8.26.0071. *DJe* 24-5-2013. Ementa: Registro de Imóveis – Escritura pública de venda e compra – Aquisição de bens imóveis para ampliação das vagas de estacionamento – Negócio jurídico relacionado com atividade-fim do Condomínio – Aprovação pela unanimidade dos condôminos presentes em assembleia – Proveito dos condôminos evidenciado – Risco de sanção administrativa – Inconveniente prático da exigência relativa ao consentimento de todos os condôminos – Instrumentalidade registral – Ausência de personalidade jurídica não é óbice, *in concreto*, ao registro – Pertinência do assento pretendido – Dúvida improcedente – Recurso provido.

Conselho Superior da Magistratura. Apelação Cível n. 0038666-47.2012.8.26.0100. *DJe* 10-7-2013. Ementa: Registro de Imóveis – Dúvida – Contrato atípico – Registro – Impossibilidade – Inobservância do art. 167, I, da Lei n. 6.015/73 – Rol taxativo – Recurso não provido.

d) Corregedoria-Geral da Justiça de São Paulo

Corregedoria-Geral da Justiça. Processo CG n. 2019/00106919. *Data da sentença* 12.09.2019. Ementa: Mandato com poderes especiais e expressos outorgado por meio de procuração pública. Compreensão da determinação dos bens e seu objeto para fins de alienação ao interpretar a procuração pública. Regularidade da escritura pública de compra e venda realizada com a utilização do mandato. Seja como for, a existência de compreensão doutrinária em conformidade ao ato praticado exclui a possibilidade de ilícito administrativo ante a independência funcional do Notário – Recurso não provido.

Corregedoria-Geral da Justiça. Recurso Administrativo n° 1003922-20.2017.8.26.0363. *Data da Sentença* 12.07.2018. Ementa: Tabelião de Notas – Insurgência recebida como recurso administrativo – Desnecessidade de outorga uxória em escritura de venda e compra – Disponente casada sob o regime da separação obrigatória – Suprimento do atual marido já judicializado – Sentença que considerou desnecessária a outorga marital e a recorrente carente de ação – Art. 1641, inciso II, do Código Civil – Imóvel adquirido antes do casamento em regime de separação – Recurso Provido.

Corregedoria-Geral da Justiça. Processo CG n. 2017/106303. *DJe* 22.05.2018. Ementa: Incidência do desconto previsto no item 1.6. (especialidade de Notas), da Lei de Emolumentos, a toda escritura pública de compra e venda que tenha por objeto lote enquadrado no parágrafo 6°, da Lei n. 6.766/79. Manutenção do entendimento da Corregedoria Geral da Justiça. Não revogação do artigo 26, parágrafo 6°, da Lei n. 6.766/79 pelo artigo 167, inciso II, 32., da Lei de Registros Públicos, com a redação dada pela Lei n. 13.465/17 – Requerimento indeferido.

Corregedoria-Geral da Justiça. Recurso Administrativo n° 1004677-67.2017.8.26.0032. *DJe* 02.10.2017. Ementa: Tabelionato de Notas – Dispensa pelo tabelião de apresentação de certidões negativas de débito emitidas pelo INSS e pela Secretaria da Receita Federal do Brasil para a lavratura de escritura de compra e venda – Admissibilidade – Inteligência do item 59.1 do Capítulo XIV das NSCGJ – Inexistência de falha do tabelião – Decretação da nulidade da escritura que não se justifica – Ausência de vício extrínseco – Parecer pelo não provimento do recurso administrativo.

Corregedoria-Geral da Justiça. Recurso Administrativo n° 1011462-85.2016.8.26.0224. *DJe* 20.03.2017. Ementa: Registro de Imóveis – Dispensa pelo tabelião de apresentação de certidões negativas de débito emitidas pelo INSS e pela Secretaria da Receita Federal do Brasil para a lavratura de escritura de compra e venda –

Admissibilidade – Inteligência do item 59.1 do Capítulo XIV das NSCGJ – Inexistência de falha do tabelião – Decretação da nulidade da escritura que não se justifica – Ausência de vício extrínseco – Parecer pelo não provimento do recurso administrativo.

Corregedoria-Geral da Justiça. Processo CG n. 2010/110943. *DJe* 18-1-2011. Ementa: Tabelião de notas. Escritura pública de compra e venda de fração ideal de imóvel. Falta de assinatura da outorgante vendedora. Deficiência do título que pode ser sanada por escritura que ratifique a anterior, expedindo-se certidões e traslados conjuntos. Precedentes desta Corregedoria-Geral. Recurso parcialmente provido.

Corregedoria-Geral da Justiça. Processo CG n. 2013/00168591. *DJe* 29-4-2014. Ementa: Tabelião de Notas – Escritura de compra e venda de imóveis – Exigência da anuência do cônjuge da vendedora, cujo casamento foi celebrado na Itália sob o regime de separação de bens por opção dos contraentes e independentemente de pacto antenupcial, de acordo com a legislação vigente – Observância ao artigo 7º, *caput*, e §4º, da Lei de Introdução ao Código Civil e artigo 32, *caput*, e §1º, da Lei de Registros Públicos – Prevalência da regra da incomunicabilidade de bens – Exigência indevida – Recurso provido.

Corregedoria-Geral da Justiça. Processo CG n. 2014/57640. *DJe* 13-10-2014. Ementa: Tabelião de Notas – Escritura definitiva de compromisso de compra e venda de imóvel – Exigência de apresentação da certidão conjunta de débitos da receita federal (PGFN) e da certidão negativa de débitos (CND) do INSS para a lavratura do ato notarial – Possibilidade – Item 59.2, do Capítulo XIV, das Normas de Serviço do Extrajudicial – Situação concreta, porém, que autoriza a dispensa da apresentação das certidões em virtude de precedentes do E. CSM – Verificação, ainda, de que os recorrentes, em verdade, prescindem de escritura pública porque a sentença proferida na ação de adjudicação compulsória já configura título hábil para apresentação no Registro de Imóveis – Recurso provido.

Corregedoria-Geral da Justiça. Processo CG n. 2014/137496. *DJe* 20-1-2015. Ementa: Tabelião de Notas – Recusa de lavratura de escritura de rerratificação de compra e venda – Requerimento formulado pelos interessados e participantes do negócio – Recusa indevida, em razão do disposto nos itens 53 e 54 do Capítulo XIV das NSCGJ – Demonstração, ademais, pela prova documental, que o valor indicado na escritura lavrada não correspondeu ao real valor da transação, e que erro efetivamente ocorreu – Recurso provido.

Corregedoria-Geral da Justiça. Processo CG n. 2012/108699. *DJe* 26-4-2013. Ementa: Reclamação – Tabelião de Notas – Cobrança de Emolumentos – Escritura de compra e venda de imóveis e de doação de dinheiro – Negócios jurídicos interligados, mas distintos – Doação de numerário, contudo, que prescinde de escritura pública para ser instrumentalizado – Incidência do item 1.6 das Notas Explicativas – Cobrança a maior configurada – Ausência de dolo ou erro grosseiro – Determinação de devolução simples, corrigida monetariamente desde o desembolso, da cobrança a maior – Recurso não provido.

Corregedoria-Geral da Justiça. Processo CG n. 2014/160607. *DJe* 6-2-2015. Ementa: Tabelionato de Notas – Escritura de compra e venda – Intervenção do Ministério Público – Desnecessidade – Inaplicabilidade das disposições do Código Civil concernentes às fundações privadas às fundações de Direito Público, às quais se aplicam as regras das autarquias – Isenção de emolumentos não contemplada em lei – Natureza de taxa – Descabimento de discussão acerca da inconstitucionalidade de lei na via administrativa – Recurso provido em parte.

Corregedoria-Geral da Justiça. Processo CG n. 2014/141140. *DJe* 14-11-2014. Ementa: Tabelião de Notas – Escritura de compra e venda – Imóvel compromissado a venda à falecida tia dos recorrentes – Exigência da apresentação de Alvará Judicial ou Formal de Partilha ou Adjudicação para a lavratura da escritura – Desnecessidade – O compromisso particular de compra e venda, registrado ou não, não impede o promitente vendedor de transferir a propriedade a terceiros – Princípios da continuidade e da legalidade observados – Recurso provido.

e) **Corregedorias Permanentes de São Paulo**

Corregedoria Permanente. 1ª Vara de Registros Públicos. Processo n. 1093175-56.2022.8.26.0100. DJe 11.10.2022. Ementa não oficial: Dúvida – Registro de Imóveis – Averbação de demanda judicial – Princípio da concentração registral (artigos 54 e 56 da Lei 13.097/2015) – Mero requerimento – Necessidade de determinação judicial expressa para a realização da averbação – Dúvida procedente.

Corregedoria Permanente. 2ª Vara de Registros Públicos. Processo n. 1089074-73.2022.8.26.0100. DJe 30.09.2022. Ementa não oficial: Pedido de Providências – Registro Civil das Pessoas Naturais – Negativa do registro de Termo Declaratório de União Estável realizado nos termos do art. 94-A da Lei 6.015/73 – Oficiala entendeu sobre a necessidade de prévia regulamentação administrativa – Pontos da matéria que merecem reflexão – Possibilidade – nesta visão inicial – tão somente do registro do termo – Remessa à Corregedoria Geral da Justiça para padronização da matéria.

Corregedoria Permanente. 1ª Vara de Registros Públicos. Processo n. 0035806-24.2022.8.26.0100. DJe 29.09.2022. Ementa não oficial: Pedido de Providências – Registro de Imóveis – Isenção – Necessidade de lei ou decisão judicial específica determinando a gratuidade – Pedido de Providências improcedente.

Corregedoria Permanente. 1ª Vara de Registros Públicos. Processo n. 1089011-48.2022.8.26.0100. DJe 20.09.2022. Ementa não oficial: Dúvida – Registro de Imóveis – Escritura de conferência de bens – Necessidade de comprovação do recolhimento do ITBI sobre a parcela do valor do imóvel que superou o montante do capital integralizado – Valor inferior ao valor venal de referência – Valor da transação que constou na escritura de venda e compra foi também utilizado na declaração de ITBI apresentada ao ente fiscal – Valor da transação não se mostra flagrantemente incorreto, notadamente diante das teses fixadas pelo Superior Tribunal de Justiça no julgamento do Recurso Especial n. 1.937.821/SP (processo paradigma do Tema n. 1.113) – Título formalmente hígido e declaração do ITBI, eventual irregularidade deve ser apurada pelo ente tributante, com discussão na via adequada, que não esta – Dúvida improcedente.

Corregedoria Permanente. 1ª Vara de Registros Públicos. Processo n. 1078412-50.2022.8.26.0100. DJe 06.09.2022. Ementa não oficial: Pedido de Providências – Registro de Imóveis – Averbação de Instrumento particular de comodato – Inexistência de supedâneo legal expresso para o ato registral pretendido – Entretanto, com o advento da Lei n. 14.382/2022, que conferiu nova redação ao artigo 246, *caput*, da Lei de Registros Públicos, os casos passíveis de averbação foram flexibilizados, possibilitando-se tal ato registral não apenas para ocorrências que, por qualquer modo, alterem o registro, como vinha sendo observado anteriormente, mas também para aquelas que repercutam de alguma forma sobre os direitos pertinentes ao imóvel – Maior concretude ao princípio da concentração, pelo qual todos os fatos, atos ou situações jurídicas devem ser tornados públicos na matrícula do imóvel a fim de que possam ser oponíveis a terceiros – Pedido de providências improcedente.

Corregedoria Permanente. 1ª Vara de Registros Públicos. Processo n. 1073660-35.2022.8.26.0100. DJe 30.08.2022. Ementa não oficial: Dúvida – Registro de Imóveis – Escritura de Venda e Compra – Exigência da apresentação de certidão de registro da escritura de união estável dos adquirentes perante o 2º Registro de Imóveis da Capital, já que domiciliados naquela circunscrição – Formalização facultativa da União Estável – Registro de escritura pública de reconhecimento da união estável não pode ser exigido para que se possibilite ingresso do título no Registro de Imóveis – Dúvida improcedente.

Corregedoria Permanente. 1ª Vara de Registros Públicos. Processo n. 1068169-47.2022.8.26.0100. DJe 16.08.2022. Ementa não oficial: Dúvida – Registro de Imóveis – Negativa do registro de escritura de compra e venda decorrente de cessão de direitos hereditários, por entender ser duplo fato gerador de tributo – Cessão que não adentrou no registro – Fato gerador que se efetiva com a efetiva transferência junto ao registro de imóveis – Fato gerador único – Dúvida improcedente.

Corregedoria Permanente. 2ª Vara de Registros Públicos. Processo n. 1031413-39.2022.8.26.0100. DJe 13.05.2022. Ementa não oficial: Tabelionato de Notas – Escritura Pública de Compra e Venda – Procuração particular recusada pelo Tabelião – Mandantes estrangeiros – País filiado à União Internacional do Notariado (UINL) – Necessidade de procuração pública, sob pena de invalidade do ato praticado – Recusa acertada.

Corregedoria Permanente. 1ª Vara de Registros Públicos. Processo n. 1021843-29.2022.8.26.0100. DJe 08.04.2022. Ementa não oficial: Registro de Imóveis – Escritura de Venda e Compra – Cláusula de Aquisição em Sub-rogação – Necessidade de anuência do cônjuge – Desnecessidade de comprovação documental, exceto se a comprovação documental da sub-rogação é alternativa necessária apenas quando houver alegação de prejuízo pelo cônjuge que não gozará da comunicação patrimonial – Não cabe ao Oficial ou a este juízo administrativo interpretar a vontade das partes ou investigar a origem dos recursos, o que é matéria reservada à esfera jurisdicional – Dúvida parcialmente precedente.

Corregedoria Permanente. 1ª Vara de Registros Públicos. Processo n. 1008913-47.2020.8.26.0100. DJe 03.04.2020. Ementa não oficial: Dúvida – Registro de Imóveis – Imóvel gravado com as cláusulas de incomunicabilidade e impenhorabilidade – Escritura de Permuta – Impossibilidade de sub-rogação automática – Necessidade de procedimento judicial – Dúvida procedente.

Corregedoria Permanente. 1ª Vara de Registros Públicos. Processo n. 1119818-56.2019.8.26.0100. *DJe* 16.01.2020. Ementa não oficial: Registro de Imóveis – Certidão de Escritura de Venda e Compra lavrada em 1985 – Exigência para apresentação da guia de recolhimento – Notário certificou o recolhimento – Fé pública – Ademais, novo recolhimento caracterizaria bis in idem e enriquecimento ilícito – Dúvida improcedente.

Corregedoria Permanente. 2ª Vara de Registros Públicos. Processo n. 1060721-28.2019.8.26.0100. *DJe* 20.09.2019. Ementa não oficial: Tabelionato de Notas – Negativa na lavratura de escritura pública de venda e compra – Exigência de apresentação da Certidões Negativas de Débitos (CND) Tributários – Faculdade exclusiva do Tabelião para dispensa da referida certidão sob sua responsabilidade – Pedido de Providências improcedente.

Corregedoria Permanente. 1ª Vara de Registros Públicos. Processo n. 1014123-16.2019.8.26.0100. *DJe* 01.04.2019. Ementa não oficial: Dúvida – Registro – Escritura pública de compra e venda – Cessão de direitos anterior realizada no divórcio – Necessidade de apresentação da partilha a fim de ser verificada a incidência ou não de imposto – Exigência legal – Dúvida procedente.

Corregedoria Permanente. 1ª Vara de Registros Públicos. Processo n. 1114803-43.2018. *DJe* 11.01.2019. Ementa não oficial: Registro de Imóveis – Dúvida – Registro – Escritura de compra e venda – ITBI – Base de cálculo – Recolhimento do tributo realizado pelo valor do negócio e não pelo valor do IPTU – Não cabe ao Oficial verificar o quantum, apenas se o imposto foi recolhido – Cabe a Prefeitura buscar a complementação em expediente próprio. Dúvida improcedente.

Corregedoria Permanente. 1ª Vara de Registros Públicos. Processo n. 1086107-94.2018. *DJe* 18.12.2018. Ementa não oficial: Dúvida – Registro de Imóveis – Compra e venda – Vendedor casado no Líbano pelo regime da separação convencional de bens – Anuência – Aplicação do art. 1647, do Código Civil – Ademais, por ser ato anulável, não cabe ao registrador impedir o acesso do título – Dúvida improcedente.

Corregedoria Permanente. 2ª Vara de Registros Públicos. Processo n. 1097737-21.2016.8.26.0100. *DJe* 29.08.2018. Ementa não oficial: Tabelionato de Notas – Escritura pública de venda e compra – Valor superior a 108 salários mínimos – Forma pública obrigatória – Procuração realizada no estrangeiro – Necessidade de a procuração seguir a forma pública – Ilícito administrativo caracterizado.

Corregedoria Permanente. 1ª Vara de Registros Públicos. Processo n. 1044002-05.2018. *DJe* 14.08.2018. Ementa não oficial: Registro de Imóveis – Escritura de Compra e Venda – Exigência de registro da união estável no registro civil e no registro de imóveis – União estável que caracteriza-se por uma situação de fato e prescinde de celebração formal – Princípio da legalidade – Ausência de impedimento – Situação verificada pelo Tabelião de Notas – Fé pública – Dúvida improcedente.

Corregedoria Permanente. 2ª Vara de Registros Públicos. Processo n. 1013462-71.2018.8.26.0100. *DJe* 11.05.2018. Ementa não oficial: Pedido de Providências – Procuração outorgada por marido e mulher – Posterior divórcio – Outorga de escritura pública com a utilização do referido mandato – Mudança de estado que inabilita o mandante a conferir os poderes, ou o mandatário para os exercer – Não ocorrência, aos menos no campo administrativo, procuração que continua hígida pois ambos continuam proprietários, em mancomunhão – Procedimento arquivado.

Corregedoria Permanente. 1ª Vara de Registros Públicos. Processo n. 1003451-80.2018.8.26.0100. *DJe* 16.03.2018. Ementa não oficial: Registro de Imóveis – Dúvida – Outorgante e outorgado representados pelos mesmos presentantes – Negócio consigo mesmo (art. 117 do Código Civil) – Anulabilidade – Inviabilidade de reconhecimento de ofício ou na via administrativa – Negócio válido e eficaz – Dúvida improcedente.

Corregedoria Permanente. 1ª Vara de Registros Públicos. Processo n. 000.04.083774-2. *DJe* 21.02.2005. Ementa não oficial: Registro de Imóveis – Escritura de Compra e Venda com cláusula resolutiva expressa – Contrato condicional e depende do pagamento das parcelas do preço – Averbação da cláusula resolutiva, com a indicação dos valores e prazos da condição – Publicização para conhecimento de terceiros – Dúvida improcedente.

Corregedoria Permanente. 1ª Vara de Registros Públicos. Processo n. 1077880-52.2017.8.26.0100. *DJe* 23.11.2017. Ementa não oficial: Registro de Imóveis – Compromisso de compra e venda – Transferência da propriedade com prova de quitação – Previsão do art. 26, §6º, da Lei 6.766/79 – Aplicação restrita aos casos em que o compromisso foi celebrado pelo próprio loteador – Aplicação da regra dos arts. 1.417 e 1.418 do Código Civil nas demais hipóteses – Caso concreto em que o compromisso foi firmado por terceiro – Necessidade de escritura de compra e venda para transferência da propriedade – Dúvida procedente.

Corregedoria Permanente. 2ª Vara de Registros Públicos. Processo n. 1064887-74.2017.8.26.0100. *DJe* 05.10.2017. Ementa não oficial: Tabelionato de Notas – Escritura de Venda e Compra e Cessão – Conforme legislação municipal, recolhimento sobre dois fatos geradores – Irresignação da parte – Dever de fiscalização do Notário – Necessidade de se buscar a via jurisdicional para afastar a incidência do tributo – Exigência mantida – Pedido de Providências improcedente.

Corregedoria Permanente. 1ª Vara de Registros Públicos. Processo n. 1056522-31.2017.8.26.0100. *DJe* 20.09.2017. Ementa não oficial: Registro de Imóveis – Indicação incorreta na escritura pública do bloco relativo ao apartamento – Ata retificativa – Alteração substancial do objeto – Impossibilidade – Instrumento inadequado – Desnecessidade de oficiar o juiz corregedor do Tabelião.

Corregedoria Permanente. 1ª Vara de Registros Públicos. Processo n. 1047695-31.2017.8.26.0100. *DJe* 13.07.2017. Ementa não oficial: Registro de Imóveis – Escritura de venda e compra – Preço vil – Qualificação registral – Simulação – Dúvida procedente.

Corregedoria Permanente. 1ª Vara de Registros Públicos. Processo n. 0006203-76.2017.8.26.0100. *Data da Sentença* 04.04.2017. Ementa não oficial: Registro de Imóveis – Pedido de Providências – Reclamação – Emolumentos – Imóvel financiado no âmbito do Sistema Financeiro da Habitação (SFH) – Valor financiado ultrapassa o teto estabelecido pelo Conselho Monetário Nacional (CMN) – Pedido indeferido.

Corregedoria Permanente. 1ª Vara de Registros Públicos. Processo n. 1000249-32.2017.8.26.0100. *DJe* 24.04.2017. Ementa não oficial: Registro – Compra e venda e Cessão – Tributo sobre a cessão – Indicação de preço sobre a cessão, caracterização de onerosidade – Incidência – Precedência.

Corregedoria Permanente. 1ª Vara de Registros Públicos. Processo n. 1004286-05.2017.8.26.0100. *DJe* 20.04.2017. Ementa não oficial: Dúvida – Registro venda e compra – Falecimento do mandante – Cessação dos poderes outorgados na procuração – Ausência de cláusula em causa própria – Dúvida procedente.

Corregedoria Permanente. 1ª Vara de Registros Públicos. Processo n. 1138840-08.2016. *DJe* 03.04.2017. Ementa não oficial: Dúvida – Registro de escritura de venda e compra – Ausência do nome da cônjuge na escritura – Violação ao princípio da continuidade – Desnecessária apresentação da cessão de direitos – Compra e venda realizada diretamente com o titular de domínio – Dúvida parcialmente procedente.

Corregedoria Permanente. 2ª Vara de Registros Públicos. Processo n. 1129863-27.2016.8.26.0100. *DJe* 30.03.2017. Ementa não oficial: Pedido de Providências – Correção de ato notarial – Ato lavrado pelo tabelião anterior – Modificação do objeto (descrição do imóvel) – Necessidade da presença de todas as partes que compareceram no ato notarial originário – Pedido indeferido.

Corregedoria Permanente. 1ª Vara de Registros Públicos. Processo n. 1005524-59.2017.8.26.0100. *DJe* 08.03.2017. Ementa não oficial: Registro de escritura de compra e venda e cessão de direitos – Não incidência do ITBI – Dúvida improcedente.

Corregedoria Permanente. 1ª Vara de Registros Públicos. Processo n. 1005169-49.2017. *DJe* 06.03.2017. Ementa não oficial: Registro escritura pública de compra e venda – Desnecessária apresentação da cessão de direitos – Não violação ao princípio da continuidade – Compra e venda realizada diretamente com o titular de domínio – Dúvida improcedente.

Corregedoria Permanente. 1ª Vara de Registros Públicos. Processo n. 1125840-38.2016.8.26.0100. *DJe* 08.02.2017. Ementa não oficial: Dúvida – Registro escritura de venda e compra – Ausência de apresentação da partilha dos bens do casal – Mancomunhão – Violação ao princípio da continuidade – Dúvida procedente.

Corregedoria Permanente. 2ª Vara de Registros Públicos. Processo n. 100.09.124349-4. *DJe* 24-3-2010. Ementa não oficial: Tabelionato de Notas. Escritura de Compra e Venda e Cessão. Cobrança. Porquanto admitida a cessão por instrumento particular, incide a aplicação das Notas Explicativas da Tabela de Custas e Emolumentos. Nota 1, item 1.6 (redução das custas e emolumentos equivalente a 40%).

Corregedoria Permanente. 1ª Vara de Registros Públicos. Processo n. 0023763-70.2013.8.26.0100. *DJe* 29-8-2013. Ementa não oficial: Dúvida – Registro de Imóveis – O imóvel adquirido mediante compra e venda e registro (CC02, arts. 481, 1.227 e 1.245) por um cônjuge então casado em regime da separação obrigatória de bens (CC 16, art. 258, par. único) é aquesto por ato oneroso e, portanto, presume-se que se tenha comunicado ao patrimônio do outro cônjuge (súmula STF 377) – Essa presunção tem de ser ilidida pelo que conste do registro, o que *in casu* não ocorre – Não basta para ilidi-la um argumento de silêncio tirado da inexistência de menção ao aquesto no inventário do cônjuge que não está inscrito como dono – Dúvida Procedente.

Corregedoria Permanente. 1ª Vara de Registros Públicos. Processo n. 0072005-60.2013.8.26.0100. *DJe* 11-3-2014. Ementa não oficial: Registro de imóveis – Dúvida – Compra e venda de imóvel por menor impúbere devidamente representado – Doação omitida no instrumento entabulado entre as partes – Desnecessidade de expedição de alvará judicial – Ato realizado no interesse do incapaz – Dever de fiscalizar o recolhimento dos impostos que não deve se sobrepor ao ato de vontade das partes – Dúvida improcedente.

Corregedoria Permanente. 1ª Vara de Registros Públicos. Processo n. 1127390-05.2015.8.26.0100. *DJe* 1º-2-2016. Ementa não oficial: Dúvida – Cessão de mais direitos de que é proprietário – Comprovação de que a cessão corresponde ao patrimônio dos outorgantes – Escritura de cessão de direitos de meação e hereditários – Possibilidade de considerar o título como escritura de compra e venda, conforme precedente – Dúvida improcedente.

Corregedoria Permanente. 1ª Vara de Registros Públicos. Processo n. 1035699-07.2015.8.26.0100. *DJe* 13-8-2015. Ementa não oficial: Dúvida inversa – Cláusula de retrovenda em dação em pagamento – Possibilidade – Aplicação subsidiária de compra e venda prevista no art. 357 C.C. – Existência de ampla regulamentação da forma de pagamento e inadimplemento – Improcedência, afastando o óbice.

Corregedoria Permanente. 1ª Vara de Registros Públicos. Processo n. 0068806-30.2013.8.26.0100. *DJe* 30-1-2014 – SP. Ementa não oficial: Dúvida – Pretensão de se registrar escritura pública de cessão de direitos de meação e hereditários referentes a um imóvel partilha do imóvel já homologada e registrada – Não há mais que se falar em direitos hereditários, mas sim de direitos reais – Escritura de cessão – Pode ser recepcionada como compra e venda – Precedentes desta Vara – Muito embora o título possa ser registrado como venda e compra, ainda há exigências a serem cumpridas (recolhimento do ITBI e apresentação da DOI), razão pela qual o título não pode, da forma como apresentado, ingressar em fólio real dúvida procedente.

Corregedoria Permanente. 1ª Vara de Registros Públicos. Processo n. 1057061-65.2015.8.26.0100. *DJe* 2-7-2015. Ementa não oficial: Registro de Imóveis – Dúvida – Registro – Escritura pública de transação – Hipótese não elencada no rol taxativo da Lei de Registros Públicos – Não observação ao princípio da continuidade – Dúvida procedente.

Corregedoria Permanente. 1ª Vara de Registros Públicos. Processo n. 0059498-04.2012.8.26.0100. *DJe* 11-7-2013. Ementa não oficial: Registro de Imóveis – Dúvida – Registro de instrumento particular de cessão da posição de devedor fiduciante – Imposto de transmissão *inter vivos*, por ato oneroso (ITBI) – Não incidência por falta de previsão na lei municipal – Dúvida improcedente.

Corregedoria Permanente. 1ª Vara de Registros Públicos. Processo n. 0049722-43.2013.8.26.0100. *DJe* 23-9-2013. Ementa não oficial: Dúvida – Escritura de venda e compra. Vendedores que se divorciaram sem proceder a partilha de bens – Bem imóvel em estado de condomínio comum, depois do término da sociedade conjugal – Exigência de comprovação de inexistência de partilha – Presentes ambos os ex-cônjuges no ato de transferência – Possibilidade do registro – Precedentes desta Vara – Dúvida improcedente.

21 Doação

Doação é o contrato no qual uma das partes, por liberalidade, transfere bens ou vantagens do seu patrimônio para outrem, que os aceita (art. 538 do Código Civil).

Característica fundamental da doação é o *animus donandi*, ou seja, o desejo do doador de realizar a liberalidade, retirando do seu patrimônio vantagens em benefício do donatário.

A doação tem particularidades próprias. Se a doação for pura, a aceitação do donatário menor é dispensada[1].

Na atividade notarial é corriqueira a doação da nua propriedade com reserva de usufruto para os doadores, ato que normalmente é feito por pais que doam a nua propriedade aos filhos e reservam para si o usufruto.

Na **doação modal**, uma pessoa doa os recursos para que outra pessoa compre um determinado bem. De novo, a frequência é de pais comprando bens imóveis em nome de seus filhos. O valor é doado ao filho, que adquire o imóvel em seu nome. Tributariamente, é importante observar que é possível haver dois tributos, pois há dois fatos geradores: o ITCMD para a doação e o ITBI para a compra e venda.

Em São Paulo, para atender os ditames do art. 1.691 do Código Civil, a jurisprudência administrativa exige que os recursos não sejam do menor e que a aquisição do bem imóvel não lhe traga prejuízos[2].

Desta forma, os doadores devem declarar que a doação é feita no melhor interesse do menor e que tem conhecimento do dever legal de zelo e proteção do patrimônio do donatário, assumindo a obrigação de responder por despesas oriundas do bem doado.

É possível, neste caso, que o doador se reserve o direito de reaver o bem em caso de falecimento do donatário. Se os doadores forem marido e mulher, a parte de um acresce à do outro em caso de falecimento. O notário deve atentar para inserir a cláusula de acréscimo quando as partes não forem casadas, mas vivem em união estável.

Outra questão que merece atenção é a declaração de justa causa na doação, informando se se trata de adiantamento da legítima ou não. Se o doador impõe as cláusulas de incomunicabilidade, inalienabilidade ou impenhorabilidade sobre a legítima, deve indicar a justa causa prevista pelo Código Civil[3].

1. CC, art. 543.
2. Apesar de o disposto legal tratar de alienação, e não de aquisição.
3. CC, art. 1.848.

A legítima é um direito pleno assegurado aos herdeiros, mas ela somente se configura com a abertura da sucessão. A doação que superar a metade do patrimônio do doador se tem por inoficiosa, limite que é observado no momento da liberalidade (CC, art. 549). Quanto à parte que exceder a legítima, no momento da doação, é nulo o ato.

O negócio jurídico nulo não é suscetível de confirmação, nem convalesce pelo decurso do tempo (CC, art. 169). Ainda assim, o STJ, Terceira Turma, no REsp 1755379/RJ, julgado em 24.09.2019 e publicado no DJe em 10.10.2019, entendeu, após acirrado debate e voto distinto de seus cinco membros, pela possibilidade de prescrição para a ação. Sugerimos a leitura integral deste REsp para aprofundar o debate sobre atos nulos e anuláveis e a possibilidade de declaração da prescrição ou decadência.

Aceito este entendimento, o prazo prescricional é de 10 anos, contados da data da celebração do negócio ou do registro do título (CC, art. 205)[4].

Em decorrência do acirrado debate, os notários, por prudência e sem imposição, devem advertir a parte de que a doação inoficiosa pode não convalescer, levando o ato à uma nulidade e insegurança jurídica. Se a doação superar a legítima, a escritura pode ser feita, mas se a situação se configurar no momento da sucessão, aquilo que exceder a legítima é nulo

O tabelião deve indicar na escritura o grau de parentesco, ou a amizade com o donatário, para, desde já, provar o *animus donandi*. É imprescindível também que o doador declare que tem bens ou renda suficiente para a sua subsistência, evitando a nulidade do ato[5]. O Código quer evitar a penúria do doador, ainda que o donatário fique com o encargo de prover a subsistência do doador enquanto este viver (*RT* 515/87).

Por isso, a doação universal só vale se houver usufruto dos referidos bens para proteger a pessoa do doador, assegurando-lhe, por conseguinte, meios de subsistência (*RT* 440/76).

O nascituro pode receber doação, desde que aceita pelos pais. Se nascer morto, caduca a doação, por ser o nascituro titular de direito sob condição suspensiva. Se tiver um instante de vida, recebe o benefício e transmite aos seus sucessores[6].

As doações feitas em contemplação de casamento futuro independem de aceitação, que se presume com a realização do casamento[7].

4. O caso julgado avaliou o suporte fático sob interpretação dos prazos do Código Civil de 2016, por isso as referências ao prazo vintenário. STJ – Terceira Turma— REsp 1755379/RJ, Rel. Ministro Moura Ribeiro, Rel. p/ Acórdão Ministro Ricardo Villas Bôas Cueva, julgado em 24.09.2019, DJe 10.10.2019. EMENTA: RECURSO ESPECIAL. DIREITO CIVIL. AÇÃO ANULATÓRIA. DOAÇÃO INOFICIOSA. PRAZO PRESCRICIONAL. TERMO INICIAL. REGISTRO DO ATO. 1. Recurso especial interposto contra acórdão publicado na vigência do Código de Processo Civil de 2015 (Enunciados Administrativos ns. 2 e 3/STJ). 2. O Superior Tribunal de Justiça há muito firmou entendimento no sentido de que, no caso de ação anulatória de doação inoficiosa, o prazo prescricional é vintenário e conta-se a partir do registro do ato jurídico que se pretende anular. Precedentes. 3. Na hipótese, tendo sido proposta a ação mais de vinte anos após o registro da doação, é de ser reconhecida a prescrição da pretensão autoral. 4. Recurso especial provido."
5. CC, art. 548.
6. CC, art. 542.
7. CC, art. 546.

No caso de promessa de doação como condição para a partilha na separação, divórcio ou extinção de união estável, pode ser exigido o contrato definitivo de doação[8].

As pessoas jurídicas de direito público podem receber doação de acordo com as restrições administrativas, e as de direito privado podem receber doações impostas pela sua natureza e pelos estatutos constitutivos.

O falido não pode fazer doações, porque se presume lesão aos credores, além de lhe faltar capacidade para o ato, pois não pode dispor de seus próprios bens, sem autorização do juízo falimentar.

A escritura de doação não exige a presença do donatário, a assinatura deste não é indispensável; é conveniente. É prática frequente nos tabelionatos de notas a presença do donatário aceitando a doação, o que agrega segurança ao negócio. O doador pode fixar prazo para que o donatário aceite ou decline da liberalidade. Se o donatário, ciente da doação, não aceitar no prazo estipulado, entender-se-á que o silêncio indica aceitação da doação, se não houver encargo.

O doador pode contratar o tabelião para, por meio de ata notarial, notificar ou chamar o donatário para que, em prazo estipulado, declare aceitar ou recusar a doação.

A doação pendente de aceitação pode ingressar no registro imobiliário, com cláusula resolutiva tácita. Quando houver prova da aceitação, esta será averbada e o bem é transferido para o patrimônio do donatário. Se houver a recusa expressa, a cláusula se resolve.

Pela **cláusula de reversão**, o doador pode estipular que os bens doados voltem ao seu patrimônio, se sobreviver ao donatário[9]. Não é possível a reversão em favor de terceiros.

O donatário pode dispor do bem para um terceiro. Contudo, a propriedade deste terceiro adquirente será resolúvel. Por consequência, se o donatário falecer antes do doador, o bem imóvel retornará ao patrimônio do doador[10], havendo perda para o terceiro adquirente.

A **cláusula de acrescer** ocorre quando há pluralidade de donatários. Segundo ela, a parte do donatário falecido acresce à parte do donatário sobrevivo. A hipótese contempla, por exemplo, cônjuges, companheiros, donatários, sobrinhos e irmãos[11].

Muito se discute na doutrina notarial a possibilidade de distrato de doação. Para alguns, por estar o contrato perfeito e acabado, inviabiliza o distrato. Outros admitem

---

8. Civil. Promessa de doação vinculada à partilha. Ato de liberalidade não configurado. Exigibilidade da obrigação. Legitimidade ativa. A promessa de doação feita aos filhos por seus genitores como condição para a obtenção de acordo quanto à partilha de bens havida com a separação ou divórcio não é ato de mera liberalidade e, por isso, pode ser exigida, inclusive pelos filhos, beneficiários desse ato. Precedentes. Recurso Especial provido (REsp 742.048/RS, Rel. Min. Sidnei Beneti, 3ª T., j. 14-4-2009, *DJe* 24-4-2009).
9. CC, art. 547.
10. Conselho Superior da Magistratura. Apelação Cível n. 0000293-93.2012.8.26.0116. *DJe* 29-1-2013. Ementa: Dúvida registral – Doação – Cláusula de reversão – Averbação na matrícula do imóvel – Dispensa de declaração de conhecimento dos interessados – Publicidade registral – Recurso provido.
11. Corrobora o nosso entendimento: Corregedoria Permanente – São Paulo – 1ª Vara de Registros Públicos. Processo n. 1110538-37.2014. *DJe* 6-2-2015. Ementa: Registro de escritura de doação – Direito de acréscimo convencional – Doação conjunta – Descaracterização de fideicomisso – Dúvida improcedente – Corregedoria Permanente – São Paulo – 1ª Vara de Registros Públicos. Processo n. 871736-3/00. J. em 22-2-2000.

o distrato na acepção do art. 112, do CC, considerando uma doação inversa, corrente a qual nos filiamos.

Num caso de doação julgado recentemente, tivemos uma decisão pragmática quanto à competência territorial do tabelião. A escritura foi lavrada e assinada pela doadora na cidade do tabelião. Contudo, a assinatura da donatária, que convalescia em hospital, foi colhida em cidade diferente daquela do tabelião. A escritura foi considerada válida, pois decorreu de situação excepcional, a internação por motivo de saúde.[12]

A seguir, colacionamos recentes decisões dos Tribunais que informam o status atual do doação na sociedade. Lembramos que muitas questões de concursos são fundadas nestas decisões.

21.1 JURISPRUDÊNCIA SELECIONADA

a) Superior Tribunal de Justiça

STJ – REsp 1.196.992 – Mato Grosso do Sul – 3ª Turma – Rel. Min. Nancy Andrighi – *DJ* 22-8-2013. Ementa: Sucessões – Recurso Especial – Meação – Ato de disposição em favor dos herdeiros – Doação – Ato *inter vivos* – Forma – Escritura Pública.

b) Tribunal de Justiça de São Paulo

TJSP – Apelação Cível n. 0002407-27.2010.8.26.0196 – São Paulo – 8ª Câmara de Direito Público – Rel. Des. Salles Rossi – *DJ* 29-3-2011. Ementa: Apelação – Alvará – Indeferimento da petição inicial – Pretensão exclusiva da curadora de obter autorização judicial à aceitação de doação de parte ideal de bem imóvel em comunhão com seu marido a um de seus filhos absolutamente incapaz – Jurisdição voluntária plenamente cabível – Impertinência à participação paterna como litisconsórcio necessário – Favorecimento ao donatário e inexistência de prejuízo a terceiro – Afastamento da extinção, sem análise de mérito – Julgamento de procedência do pedido – Sentença reformada – Recurso provido.

c) Conselho Superior da Magistratura de São Paulo

Conselho Superior da Magistratura. Apelação Cível n. 1094074-88.2021.8.26.0100. DJe 27.07.2022. Ementa: Registro de Imóveis – Dúvida – Doação – Objeto cujo valor é superior a 30 salários mínimos – Necessidade de formalização por meio de escritura pública – Inteligência do art. 108 do Código Civil – Dúvida procedente – Recurso não provido.

Conselho Superior da Magistratura. Apelação Cível n. 1112232-31.2020.8.26.0100. DJe 13.09.2021. Ementa: Registro de Imóveis – Escritura pública de divórcio e partilha de bens – Excesso de meação na partilha – Transmissão não onerosa de bem imóvel – Doação configurada – ITCMD recolhido – Inexistência de fato gerador do ITBI – Exigência de

12. TJSP – Apelação Cível n. 1003807-13.2019.8.26.0368 – Monte Alto – 8ª Câmara de Direito Privado – Rel. Des. Silvério da Silva – DJ 02.09.2022. Ementa: Apelação Cível – Ação declaratória de nulidade de escritura de doação – Doação que preservou a legítima – Escritura lavrada na área da delegação do Tabelião – Assinatura da Donatária em outra cidade, por estar internada, perante preposto que não invalida o ato notarial – Ausência de vícios de vontade na doação – Apelo desprovido.

comprovação do recolhimento do imposto municipal afastada – Recurso provido para julgar improcedente a dúvida determinando o registro do título.

Conselho Superior da Magistratura. Apelação Cível n. 1012088-83.2016.8.26.0037. DJe 25.09.2017. Ementa: Registro de Imóveis – Doação conjuntiva em favor de marido e mulher – Bem que, em virtude do direito de acrescer estabelecido no parágrafo único do artigo 551 do Código Civil, não poderia ter sido inventariado e partilhado – Desqualificação correta da escritura de inventário e partilha – Apelação não provida.

Conselho Superior da Magistratura. Apelação Cível n. 0008818-68.2012.8.26.0438. *DJe* 11-12-2013. Ementa: Registro de imóveis – Dúvida julgada procedente – Negativa de registro de escritura pública de doação – Imposição imotivada de cláusulas restritivas – Inteligência dos artigos 1.848, *caput*, e 2.042 do Código Civil – Nulidade – Cindibilidade do título – Desconsideração das limitações – Recurso provido.

Conselho Superior da Magistratura. Apelação Cível n. 669-6/4. *DOE* 20-4-2007. Ementa: Registro de Imóveis – Escritura pública de doação declarada incompleta pelo notário que lavrou o ato, por falta de assinatura de dois donatários – Aceitação presumida, em tese, viável, conforme a lei civil; mas, no caso, não admissível diante do teor das declarações constantes no corpo da escritura, que indicavam a necessidade de aceitação expressa de todos os donatários – Recurso conhecido e desprovido.

Conselho Superior da Magistratura. Apelação Cível n. 5.452-0. J. em 5-5-1986. Ementa não oficial: Registro de Imóveis – Doação – Cláusulas de incomunicabilidade e impenhorabilidade – Reserva de usufruto – Não configuração de encargos, nem a reserva de usufruto a torna modal – Recurso provido.

Conselho Superior da Magistratura. Apelação Cível n. 0000293-93.2012.8.26.0116. *DJe* 29-1-2013. Ementa: Dúvida registral – Doação – Cláusula de reversão – Averbação na matrícula do imóvel – Dispensa de declaração de conhecimento dos interessados – Publicidade registral – Recurso provido.

Conselho Superior da Magistratura. Apelação Cível n. 0011879-16.2011.8.26.0132. *DJe* 17-1-2013. Ementa: Registro de Imóveis – Escritura pública de doação de imóvel público a particular – Ofensa ao princípio da legalidade caracterizada – Falta de avaliação prévia e de autorização legislativa – Inexistência de direito adquirido a erro – Recurso não provido.

d) Corregedoria Geral de São Paulo

Corregedoria-Geral da Justiça. Processo CG n. 2015/206386. DJe 28.03.2016. Ementa: Registro de Imóveis – Qualificação negativa de título judicial – Decisão que determinou a averbação da existência de ação pauliana – Doação de parte ideal em favor das filhas – Insurgência do credor – Princípio da concentração dos atos registrais na matrícula – Sujeição ao art. 54 da Lei n. 13.097/15 – Recurso provido para determinar a averbação pretendida.

e) Corregedorias Permanentes de São Paulo

Corregedoria Permanente. 1ª Vara de Registros Públicos. Processo n. 1050799-55.2022.8.26.0100. DJe 23.06.2022. Ementa não oficial: Dúvida – Registro de Imóveis

– Escritura pública de Doação – Doação de imóvel de descendente para ascendente – Exigência de justa causa para a imposição da cláusula de incomunicabilidade – Ausência de disposição legal que incida sobre o caso concreto – Dúvida improcedente.

Corregedoria Permanente. 1ª Vara de Registros Públicos. Processo n. 1128111-44.2021.8.26.0100. DJe 18.01.2022. Ementa não oficial: Registro de Imóveis – Escritura de Doação – Doador representado por procuração – Natureza do ato incompatível com o art. 674 do Código Civil – Dúvida procedente.

Corregedoria Permanente. 2ª Vara de Registros Públicos. Processo n. 0056899-14.2020.8.26.0100. DJe 11.05.2021. Ementa não oficial: Pedido de Providências – Tabelião de Notas – Solicitação de escritura de doação sem a vênia conjugal da esposa do doador – Negócio jurídico anulável – Invalidade – Afronta a estrutura do serviço notarial no aspecto da prevenção de litígios e segurança jurídica – Serviço público notarial não se presta à realização de negócios jurídicos inválidos – Procedimento arquivado.

Corregedoria Permanente. 1ª Vara de Registros Públicos. Processo n. 1047284-17.2019.8.26.0100. DJe 10.07.2019. Ementa não oficial: Dúvida – Registro de Imóveis – Escritura de Permuta – Valores idênticos atribuído aos negócios jurídicos – Valores venais distintos – Diferença que ultrapassa o limite de isenção do ITCMD – Caracterização de doação – Dúvida procedente.

Corregedoria Permanente. 1ª Vara de Registros Públicos. Processo n. 1041937-03.2019.8.26.0100. DJe 16.05.2019. Ementa não oficial: Dúvida – Divórcio sem partilha de bens – Acordado em dividir o valor do imóvel na sentença homologada – Posterior doação ao filho por um dos ex-cônjuges de sua fração ideal – Condomínio, e não mancomunhão – Possibilidade da doação da parte ideal – Dúvida improcedente.

Corregedoria Permanente. 1ª Vara de Registros Públicos. Processo n. 583.00.2007.240561-0. DJe 21.05.2008. Ementa não oficial: Dúvida Imobiliária – Recusa de registro de pacto antenupcial com regime matrimonial de separação total de bens (legal) dispondo sobre a possibilidade de doação, alienação e transferência de bens ao cônjuge – Possibilidade ante a plena capacidade dos contratantes – Improcedência.

Corregedoria Permanente. 1ª Vara de Registros Públicos. Processo n. 000.00.607814-1. Data da Sentença 01.02.2001. Ementa não oficial: Doação Modal – Doação de numerário para aquisição de bem imóvel – Imposição de cláusulas restritivas e de reversão – Possibilidade – Dúvida improcedente.

Corregedoria Permanente. 1ª Vara de Registros Públicos. Processo n. 1056988-88.2018.8.26.0100. DJe 21.06.2018. Ementa não oficial: Registro de Imóveis – Escritura de Doação – Base de Cálculo – Inobservância do Decreto 55.002/09 – Não ocorrência – Recolhimento do tributo – Ausência de vício formal – Fiscalização que se limita em aferir o pagamento do tributo e não a exatidão de seu valor – Base de cálculo utilizada que segue entendimento aplicado em sede jurisdicional – Dúvida improcedente.

Corregedoria Permanente. 1ª Vara de Registros Públicos. Processo n. 1057875-09.2017.8.26.0100. DJe 24.07.2017. Ementa não oficial: Pedido de Providências – Registro de Imóveis – Averbação de Cancelamento de usufruto pela morte da usufrutuária – Consolidação da propriedade do bem em nome do nu proprietário – Exigência de complementação do ITCMD, calculado e recolhido sobre 2/3 do valor do bem por ocasião da doação da nua propriedade – Consolidação da propriedade que não caracteriza hipótese de incidência do tributo – Pedido providências procedente.

Corregedoria Permanente. 2ª Vara de Registros Públicos. Processo n. 1013402-35.2017.8.26.0100. DJe 28.04.2017. Ementa não oficial: Pedido de Providências – Tabelionato de Notas – Escritura de Doação – Ausência de anuência – Campo da anulabilidade – Representação arquivada com observação.

Corregedoria Permanente. 1ª Vara de Registros Públicos. Processo n. 583.00.2008.105272-6. DJe 24.06.2008. Ementa não oficial: Dúvida imobiliária – Recusa de registro de escritura de doação com cláusula de reversão – Afastamento do óbice, pois a cláusula não viola o ordenamento jurídico – Interessados maiores e capazes – Ausência prejuízo a terceiros – Improcedência.

Corregedoria Permanente. 1ª Vara de Registros Públicos. Processo n. 1126705-61.2016.8.26.0100. DJe 08.02.2017. Ementa não oficial: Dúvida – Registro de Doação com reserva de usufruto – Base de cálculo do ITCMD pelo valor venal do imóvel e não pelo valor de referência informado pela Prefeitura – Princípio da legalidade e da tipicidade tributária – Fiscalização do valor do imposto que extrapola o âmbito de atuação do Registrador – Dúvida improcedente.

Corregedoria Permanente. 1ª Vara de Registros Públicos. Processo n. 1117997-22.2016.8.26.0100. DJe 24.01.2017. Ementa não oficial: Dúvida – Registro de doação com reserva de usufruto – Certidão do Tabelião do recolhimento do imposto – Impossibilidade de exibição do recolhimento da guia – Fé pública do Tabelião – Dúvida improcedente.

Corregedoria Permanente. 2ª Vara de Registros Públicos. Processo n. 1100825-04.2015.8.26.0100. *DJe* 1º-3-2016. Ementa não oficial: Pedido de Providências – Escritura de Doação – Declaração do doador de ter outros bens suficientes para a subsistência – Desnecessidade de nominar os bens – Ato notarial regular – Representação arquivada.

Corregedoria Permanente. 2ª Vara de Registros Públicos. Processo n. 1087771-39.2013.8.26.0100. *DJe* 10-4-2014. Ementa não oficial: Tabelionato de Notas – Escritura pública de doação – Condomínio Edilício – Donatário – Qualificação notarial negativa – Ausência de personalidade jurídica – Pedido autorizativo ao Corregedor permanente – Pedido rejeitado.

Corregedoria Permanente. 1ª Vara de Registros Públicos. Processo n. 0049468-70.2013. *DJe* 28-3-2014. Ementa: Dúvida – Escritura de doação com cláusulas de impenhorabilidade, incomunicabilidade e inalienabilidade – Previsão para que terceiro anuente tenha poderes para revogar as cláusulas restritivas, quando do óbito dos doadores – Anuente não é detentor de domínio, não pode gravar o imóvel e não pode revogar cláusulas restritivas – Necessidade de retificação da escritura de doação – Dúvida procedente.

Corregedoria Permanente. 1ª Vara de Registros Públicos. Processo n. 0034288-14.2013.8.26.0100. *DJe* 16-9-2013. Ementa: Dúvida – Escritura de doação com reserva de usufruto – Doação entre ascendente e descendente – Anuente estrangeiro qualificado com CPF de sua mulher, que é brasileira. Muito embora esteja erroneamente qualificado, sua participação no negócio de doação não era exigida por lei. Basta que seu nome não conste do registro acompanhado do elemento errôneo – Casal anuente com indisponibilidade de bens decretada. Entrave que se aplica somente aos bens dos anuentes e não tem o condão de prejudicar a doação de bem que não lhes pertence, feita por pessoa contra a qual não pesa a indisponibilidade – Dúvida improcedente.

Corregedoria Permanente. 1ª Vara de Registros Públicos. Processo n. 1110538-37.2014. *DJe* 6-2-2015. Ementa: Registro de escritura de doação – Direito de acréscimo convencional – Doação conjunta – Descaracterização de fideicomisso – Dúvida improcedente.

Corregedoria Permanente. 1ª Vara de Registros Públicos. Processo n. 1096909-59.2015. *DJe* 25-11-2015. Ementa não oficial: Registro de imóveis – Escritura de doação – Usufrutuária menor impúbere – Ausência de representação da menor – Doação pura – Art. 543, CC – Desnecessidade de alvará judicial – Dúvida improcedente.

Corregedoria Permanente. 1ª Vara de Registros Públicos. Processo n. 583.00.2008.119555-9. *DJe* 24-6-2008. Doação de imóvel feita com cláusula de incomunicabilidade – Gravame que não suprime o direito de herança da viúva do donatário, porque direito de meação e de herança não se confundem – Dúvida improcedente.

Corregedoria Permanente. 1ª Vara de Registros Públicos. Processo n. 0051841-11.2012.8.26.0100. *DJe* 2-8-2013. Ementa não oficial: Registro de imóveis – Dúvida – Os donos, em sua separação judicial, doaram ou prometeram doar (*in casu*, não importa) um seu imóvel – A doação nunca foi dada a registro (LRP 73, art. 167, I, 33) – Depois, os donos permutaram esse mesmo imóvel por outro, e a respectiva escritura pública foi apresentada a registro (LRP 73, art. 167, I, 30) – A existência da doação ou da promessa de doação não é empeço, agora, para o registro da permuta – O título da permuta, apresentado antes do título de doação, tem prioridade (CC 02, arts. 1.245, § 1º, e 1.246; LRP73, arts. 185, 190, 191 e 192) – Dúvida improcedente.

Corregedoria Permanente. 1ª Vara de Registros Públicos. Processo n. 1055983-36.2015.8.26.0100. *DJe* 22-7-2015. Ementa: Registro de imóveis – Escritura de doação – Donatários menores impúberes – Falta do pai na representação dos menores – Necessidade de alvará judicial – Dúvida procedente.

22
Permuta

Os termos troca, permuta, escambo, barganha são sinônimos e exprimem o contrato no qual as partes se obrigam a prestar uma coisa por outra. Diferem da compra e venda, uma vez que nesta a prestação de uma das partes consiste na entrega de dinheiro, e a da outra consiste na entrega da coisa.

O escambo foi o primeiro tipo de contrato nos tempos primitivos; as pessoas, ou seu grupo, trocavam (ou permutavam) aquilo que era produzido em excesso.

Não há permuta se a obrigação de uma das partes consistir na prestação de serviços, o que caracteriza um contrato inominado. Podem ser objeto de troca todas as coisas que podem ser alienadas, não precisando haver uma correlação precisa de valores. Exemplo: um bem móvel por um bem imóvel.

Pode ainda a permuta ter por objeto coisa futura, por exemplo, a troca de um terreno por apartamento em um edifício que nele será construído pelo incorporador. Assim ocorre com um contrato muito frequente na área imobiliária: a permuta de fração ideal do terreno por futura área construída ou unidade[1] (permuta de coisa presente por coisa futura).

Os bens permutados podem ter valores diferentes, e para igualar o preço do negócio jurídico uma das partes pode cumprir uma fração da obrigação em dinheiro. Isso não muda a natureza jurídica do negócio para compra e venda, exceto se o valor em dinheiro representar mais que 50% do pagamento[2]. Entendemos que o que importa é o ânimo negocial das partes, posição seguida pela Secretaria da Receita Federal[3]. Não importa se o valor do bem "A" é 400 e o valor do bem "B" é 100, com uma torna em dinheiro de 300; se há menção ao negócio permuta, permuta é.

Um dos negócios mais frequentes na construção civil envolve a entrega de um terreno para uma construtora erguer um edifício numa incorporação imobiliária, recebendo, em retorno, unidades imobiliárias ou fração imobiliária futura. Neste caso, pode

---

1. Lei n. 4.591/64, art. 39: Nas incorporações em que a aquisição do terreno se der com pagamento total ou parcial em unidades a serem construídas, deverão ser discriminadas em todos os documentos de ajuste: I – a parcela que, se houver, será paga em dinheiro; II – a quota-parte da área das unidades a serem entregues em pagamento do terreno que corresponderá a cada uma das unidades, a qual deve ser expressa em metros quadrados. Parágrafo único. Deve constar, também, de todos os documentos de ajuste, se o alienante do terreno ficou ou não sujeito a qualquer prestação ou encargo.
2. Posição predominante na doutrina. Há quem defenda que a diferença não pode chegar a tanto; há quem defenda que a diferença pode ser maior; o que importa é o ânimo negocial das partes.
3. Consultas 113 a 116 da seção "Perguntas e Respostas". Disponível em: <http://idg.receita.fazenda.gov.br/orientacao/tributaria/declaracoes-e-demonstrativos/doi-declaracao-sobre-operacoes-imobiliarias/perguntas-e-respostas#Pergunta_113>. Acesso em 30 de março de 2016.

haver duas situações: na primeira, o proprietário do terreno segue nesta condição e a construtora, quando comercializar o imóvel, recebe o pagamento da unidade imobiliária, um ou mais imóveis, havendo ou não torna. A apuração dos ganhos e o consequente recolhimento do lucro imobiliário ocorrerão na data da comercialização da unidade, cujo valor será o dos imóveis recebidos, ajustado pela torna, se houver.

Na segunda situação, a construtora permuta unidades imobiliárias a serem construídas pelo terreno onde será feita a incorporação. A apuração ocorrerá no momento da comercialização das unidades imobiliárias permutadas, cujo valor individual a ser considerado será proporcional ao valor do terreno, ajustado pela torna, se houver[4].

É comum a lavratura de "escritura de compra e venda de imóvel com promessa de dação em pagamento", pela qual o adquirente do bem pretende cumprir o pagamento por meio de uma parcela em dinheiro, outra representada por um imóvel e ainda outra representada por lotes de um loteamento, por exemplo.

Trata-se, na realidade, de típica escritura de permuta com torna (ou reposição), na qual as partes permutam os imóveis, e o comprador, para igualar a permuta, repõe certo valor em dinheiro.

A torna ou reposição não precisa ser necessariamente em espécie, pode ser substituída por uma obrigação de fazer, por exemplo. Se não houver reposição, a doutrina trata como cessão a título gratuito, inclusive a Fazenda do Estado de São Paulo[5].

A permuta tem as mesmas disposições da compra e venda, com algumas diferenças: a) a prestação das partes é sempre em espécie; b) na permuta, a parte tem direito de pedir de volta o que trocou, caso não tenha recebido a contraprestação (o outro objeto). Na compra e venda isso não é possível: o descumprimento de uma das partes gera perdas e danos.

Também se aplica a evicção[6], quando atinge uma das coisas objeto do contrato.

Salvo estipulação das partes em contrário, as despesas com a escritura pública serão pagas pelas partes envolvidas no negócio, metade para cada uma, e os tributos incidentes no negócio e os respectivos registros serão por conta de cada uma das partes[7].

Quando as partes forem proprietárias em comum de mais de um imóvel e desejarem pôr fim ao condomínio, a natureza jurídica do ato não é divisão amigável, e sim permuta de frações ideais. Cada proprietário atribui ao outro, reciprocamente, as partes ideais

4. Decreto n. 3.000/99, art. 121.
5. Resposta à Consulta Tributária 21030/2019, de 06 de fevereiro de 2020. Disponibilizado no site da SEFAZ em 07/02/2020. Ementa: ITCMD – Transmissão por doação de bem imóvel urbano – Permuta – Base de cálculo. I. A permuta envolvendo imóveis de diferentes valores, realizada sem a devida compensação financeira, caracteriza uma doação. II. Por regra, a base de cálculo do imposto é o valor venal do bem, que corresponde ao efetivo valor de mercado do imóvel, não podendo ser inferior ao valor fixado para efeito de lançamento do Imposto sobre a Propriedade Predial e Territorial Urbana – IPTU. Ver também a Resposta à Consulta Tributária 15429/2017, de 25 de julho de 2017, no mesmo sentido.
6. Evicção é a perda, parcial ou total, de um bem por motivo de decisão judicial relacionada a uma causa jurídica preexistente ao contrato.
7. Em São Paulo, em caso de permuta, e pertencendo os imóveis à mesma circunscrição, serão feitos os registros nas matrículas correspondentes, sob um único número de ordem no Protocolo.

que detém em cada imóvel, de modo que cada um possa ser proprietário exclusivo de apenas um dos imóveis. Se as partes forem condôminas num único imóvel, o ato é de divisão amigável, extinguindo o condomínio civil.

Importante: a compra e venda de ascendente para descendentes é anulável, se não houver anuência dos demais descendentes. A permuta entre ascendente e descendente será anulável se o valor de troca dos bens for desigual, sem que haja o consentimento dos demais descendentes. **Para a doação, não se exige a anuência** dos descendentes, pois é obrigatória a colação na abertura da sucessão, salvo dispensa do doador.

Embora seja dominante o posicionamento sobre a taxatividade dos atos registráveis elencados nos arts. 167, inciso I, da Lei n. 6.015/73, e 1.225, do CC, preferimos uma interpretação sistêmica, entendendo juridicamente possível e registrável a **promessa de permuta**, com fulcro nos arts. 533, 1.417 e 1.418, todos do CC[8].

A Lei n. 14.382/2022 alterou o art. 167, inciso I, item 30, da Lei n. 6015/73, permitindo o registro da promessa de permuta. Esta possibilidade era controversa, celeuma que agora se encerra.

22.1 JURISPRUDÊNCIA SELECIONADA

a) Conselho Superior da Magistratura de São Paulo

Conselho Superior da Magistratura. Apelação Cível n. 1108217-82.2021.8.26.0100. DJe 24.08.2022. Ementa: Registro de Imóveis – Dúvida julgada procedente – Instrumento particular – Termos do contrato que deixam clara a existência de contrato de compromisso de permuta – Precedentes do E. Conselho Superior da Magistratura, admitindo o registro do título – Alteração legislativa que incluiu, expressamente, o compromisso de permuta no rol do art. 167, inciso I, da Lei n. 6.015/1973 – Penhora dos direitos inscritos – Possibilidade – Óbices afastados – Apelação provida, com observação.

Conselho Superior da Magistratura. Apelação Cível n. 1001733-55.2018.8.26.0615. DJe 22.02.2022. Ementa: Registro de Imóveis – Escritura pública de permuta de bens imóveis de valores venais distintos, sem torna – Acréscimo patrimonial de forma não onerosa a caracterizar doação – Ausência de comprovação de recolhimento de Imposto de Transmissão causa mortis – ITCMD ou sua isenção – Dever do Oficial de velar pelo seu recolhimento, exigindo a apresentação das respectivas guias ou prova do reconhecimento administrativo da isenção – Óbice mantido – Recurso desprovido.

Conselho Superior da Magistratura. Apelação Cível n. 0034052-29.2011.8.26.0554. *DJe* 26-2-2013. Ementa: Registro de Imóveis – Dúvida – Compromisso de permuta – Negócio jurídico com evidente feição de definitivo – Necessidade de escritura pública – Recurso não provido.

8. Não estamos sós, neste sentido: Conselho Superior da Magistratura. Apelação Cível n. 0008876-60.2011.8.26.0453. *DJe* 26-6-2013. Rel. Des. José Renato Nalini. Conselho Superior da Magistratura. Apelação Cível n. 0101195-0/5. *DOE* 18-11-2003. Rel. Des. Luiz Tâmbara.

Conselho Superior da Magistratura. Apelação Cível n. 0006797-56.2012.8.26.0071. *DJe* 26-6-2013. Ementa: Registro de Imóveis – Dúvida – Recurso de Apelação – Instrumento particular de promessa de permuta – Possibilidade de registro desde que assim caracterizado – Inocorrência no caso em exame – Contrato com rótulo de instrumento particular de promessa de permuta, mas que representa desde logo o negócio definitivo – Inexistência de obrigação de as partes declararem vontade futura ou de celebrar o contrato definitivo – Necessidade de escritura pública na forma do art. 108 do Código Civil – Recurso não provido.

Conselho Superior da Magistratura. Apelação Cível n. 0008876-60.2011.8.26.0453. *DJe* 21-10-2014. Ementa: Registro de Imóveis – Dúvida – Recurso de Apelação – Impugnação parcial e juntada de documento a destempo para cumprir exigência – Circunstâncias que prejudicam o recurso – Exame, em tese, dos óbices controvertidos para nortear futuras prenotações – Instrumento particular de promessa de permuta – Possibilidade de registro desde que assim caracterizado – Inocorrência no caso em exame – Contrato com rótulo de instrumento particular de promessa de permuta, mas que representa desde logo o negócio definitivo – Inexistência de obrigação de as partes declararem vontade futura ou de celebrar o contrato definitivo – Recurso prejudicado.

Conselho Superior da Magistratura. Apelação Cível n. 0007686-44.2014.8.26.0037. *DJe* 22-2-2013. Ementa: Registro de Imóveis – Escritura de Permuta – Indisponibilidade de um dos bens envolvidos – Impossibilidade de alienação voluntária – Art. 53, § 1º, da Lei n. 8.212/91 – Recurso não provido.

b) Corregedoria Permanente de São Paulo

Corregedoria Permanente. 1ª Vara de Registros Públicos. Processo n. 1099413-38.2015. *DJe* 28-10-2015. Ementa não oficial: Dúvida – Promessa de permuta entre incorporadoras – Inexistência de previsão legal – Exceção com interpretação restritiva, que não se aplica rol taxativo do art. 167, inciso I, da Lei de Registros Públicos – Direito de superfície – Necessidade de escritura pública – Procedência.

Corregedoria Permanente. 1ª Vara de Registros Públicos. Processo n. 0051661-58.2013.8.26.0100. *DJe* 8-1-2014. Ementa: Escritura de permuta em que se gravam as partes permutadas com cláusulas de incomunicabilidade e impenhorabilidade – A permuta é negócio jurídico oneroso que não permite a imposição de cláusulas restritivas de domínio – Tampouco se pode restringir bens próprios – Dúvida procedente.

23
Alienação Fiduciária de Coisa Imóvel

A alienação fiduciária, regulada pela Lei n. 9.514/97, é o negócio jurídico pelo qual o devedor, ou fiduciante, com o escopo de garantia, contrata a transferência ao credor, ou fiduciário, da propriedade resolúvel de coisa imóvel[1]. Ocorre o desdobramento da posse, permanecendo o credor-fiduciário na posse indireta e o devedor fiduciante na posse direta do bem.

A alienação fiduciária pode ser contratada por pessoa física ou jurídica, não sendo privativa das entidades que operam no SFI. O legislador não restringe a sua utilização, atribuindo capacidade para figurar como credor-fiduciário tanto às pessoas jurídicas quanto às físicas, diversamente do que ocorre com a alienação fiduciária de bens móveis em garantia, na qual somente as instituições financeiras podem figurar como credoras.

Trata-se de uma escritura complexa, com inúmeras cláusulas, pois a lei prevê a retomada do imóvel pelo credor em caso de inadimplemento. Em suma, o contrato deve conter: I – o valor do principal da dívida; II – o prazo e as condições de reposição do empréstimo ou do crédito do fiduciário; III – a taxa de juros e os encargos incidentes; IV – a cláusula de constituição da propriedade fiduciária, com a descrição do imóvel objeto da alienação fiduciária e a indicação do título e modo de aquisição; V – a cláusula assegurando ao fiduciante, enquanto adimplente, a livre utilização, por sua conta e risco, do imóvel objeto da alienação fiduciária; VI – a indicação, para efeito de venda em público leilão, do valor do imóvel e dos critérios para a respectiva revisão; VII – a cláusula dispondo sobre os procedimentos de que trata o art. 27[2].

É possível a cessão do crédito objeto da alienação fiduciária que implica a transferência, ao cessionário, de todos os direitos e obrigações inerentes à propriedade fiduciária em garantia. O credor não necessita avisar o devedor fiduciante sobre a cessão.

O devedor fiduciante também pode ceder seus direitos, mas com anuência expressa do credor fiduciário, assumindo o adquirente as respectivas obrigações.

O art. 51 da Lei n. 10.931/2004 possibilitou a utilização da alienação fiduciária nas obrigações em geral: "**Sem prejuízo das disposições do Código Civil, as obrigações em geral também poderão ser garantidas**, inclusive por terceiros, por cessão fiduciária de direitos creditórios decorrentes de contratos de alienação de imóveis, por caução de direitos creditórios ou aquisitivos decorrentes de contratos de venda ou promessa de venda de imóveis e **por alienação fiduciária de coisa imóvel**". (grifos nossos)

1. Lei n. 9.514/97, art. 22.
2. Lei n. 9.514/97, art. 24.

No divórcio ou na dissolução da união estável em que haja partilha de imóvel alienado fiduciariamente e um dos cônjuges, ou um dos companheiros, fica integralmente com o bem, há também a necessidade de anuência do credor fiduciário[3] (e, se a partilha for desigual, pagamento do Imposto de Transmissão de Bens Imóveis – ITBI).

Na maioria dos casos o credor não comparece e anui na partilha do divórcio ou da extinção da união estável, inviabilizando-as. Contudo, as partes podem partilhar os direitos de devedor fiduciante, possibilitando o aditamento do contrato originário junto ao credor fiduciário e levá-lo ao registro imobiliário.

23.1 JURISPRUDÊNCIA SELECIONADA

a) Conselho Superior da Magistratura de São Paulo

Conselho Superior da Magistratura. Apelação Cível n. 0039081-64.2011.8.26.0100. *DJe* 29-1-2013. Ementa: Registro de Imóveis. Instituição de bem de família voluntário pelos proprietários. Registro da escritura pública depois da alienação fiduciária do bem imóvel dado em garantia de confissão de dívida. Negócio jurídico fiduciário. Registro do título recusado. Dúvida procedente. Recurso improvido.

Conselho Superior da Magistratura. Apelação Cível n. 0024552-06.2012.8.26.0100. *DJe* 2-4-2013. Ementa: Registro de Imóveis – Cédula de Crédito Bancário garantido por Alienação Fiduciária de Bem Imóvel sacada por meio de representação – Existência de poderes expressos, mas não especiais – Art. 661, § 1º, do Código Civil – Exigência de poderes expressos e especiais – Recurso não provido.

Conselho Superior da Magistratura. Apelação Cível n. 0039081-64.2011.8.26.0100. *DJe* 29-1-2013. Ementa: Registro de Imóveis. Instituição de bem de família voluntário pelos proprietários. Registro da escritura pública depois da alienação fiduciária do bem imóvel dado em garantia de confissão de dívida. Negócio jurídico fiduciário. Registro do título recusado. Dúvida procedente. Recurso improvido.

Conselho Superior da Magistratura. Apelação Cível n. 0065836-57.2013.8.26.0100. *DJe* 8-10-2014. Ementa: Registro de imóveis – Dúvida – Contrato de locação com cláusula de vigência superior a um ano – Alienação fiduciária sobre o imóvel locado – Necessidade da anuência do credor fiduciário para o registro da locação – Artigo 37-b da Lei n. 9.514/97 – Recusa do oficial adequada – Recurso não provido.

Conselho Superior da Magistratura. Apelação Cível n. 1103676-50.2014.8.26.0100. *DJe* 20-1-2016. Ementa: Registro de imóveis – Compromisso de compra e venda – Imóvel alienado fiduciariamente – Necessidade de anuência da credora fiduciária – Art. 29 da Lei n. 9.514/97 – Recurso não provido.

b) Corregedoria Permanente de São Paulo

Corregedoria Permanente. 1ª Vara de Registros Públicos. Processo n. 0075076-07.2012.8.26.0100. *DJe* 30-7-2013. Ementa: Registro de imóveis – Pedido de providências – alienação fiduciária em garantia – a despeito do nome do instrumento particular

3. Corregedoria Permanente. 1ª Vara de Registros Públicos. Processo n. 0014550-74.2012.8.26.0100. *DJe* 12-7-2012.

(= "aditamento") *in casu* foi estipulada nova garantia, porque a dívida subjacente à alienação foi novada (CC 02, art. 360, I): afinal, mantidos o credor e o devedor originais, modificaram-se em parte os valores e os grupos e as quotas que dão à causa à dívida; além disso, extinguiram-se, em parte, certas dívidas – o caso, portanto, é de registro de nova garantia, e não de mera averbação – pedido improcedente.

Corregedoria Permanente. 1ª Vara de Registros Públicos. Processo n. 0014550-74.2012.8.26.0100. *DJe* 12-7-2012. Ementa não oficial: Registro. Escritura de Divórcio com Partilha de Bens. Partilha do bem comum com exclusividade a um dos cônjuges. Imóvel alienado fiduciariamente à CEF. Partilhável apenas o direito de fiduciante, bem como há a necessidade de anuência do ente fiduciário. Dúvida procedente.

24
PACTOS PATRIMONIAIS

Os pactos patrimoniais podem ser feitos para o casamento, conforme as previsões legais, ou para a união estável ou para o (controverso) contrato de namoro.

24.1 O PACTO PATRIMONIAL PARA O CASAMENTO

O pacto patrimonial tradicional em nosso ordenamento é o pacto antenupcial, aquele que deve preceder ao casamento, adquirindo eficácia somente se as bodas ocorrerem.

O pacto antenupcial está inserido no Livro do Direito de Família, no título que trata do direito patrimonial do Código Civil. Em vista disso, há notários que defendem a impossibilidade de o pacto patrimonial conter qualquer outra disposição que não seja a eleição de um regime de bens diverso do legal.

De fato, dispõe a lei que é lícito aos nubentes, antes de celebrado o casamento, estipular, quanto aos seus bens, o que lhes aprouver. Entre os notários há consenso, porém, de que o pacto pode e deve regular todo e qualquer direito, aceitando liberalmente as declarações de vontade dos nubentes quanto à sua relação, desde que não violem os princípios matrimoniais e a ordem pública.

Ocorre que a lei prevê o ajuste de regime de bens no pacto antenupcial, mas o princípio da autonomia da vontade permite que os nubentes ajustem sobre a sua relação tudo o mais que não for vedado por lei. Conciliar esta liberdade de ajuste, agregando as disposições no mesmo pacto antenupcial previsto em lei, é ato de lógica instrumental.

24.2 OS REGIMES DE BENS

O regime de bens legal para o casamento no Brasil é o da comunhão parcial de bens, definido no Código Civil, art. 1.658. Há exceção: é obrigatório o regime da separação de bens no casamento das pessoas que o contraírem com inobservância das causas suspensivas da celebração do matrimônio, dos nubentes maiores de 70 anos e daqueles que dependam de suprimento judicial para casar.

Temos ainda, como opcionais aos nubentes, os regimes da comunhão universal de bens, da separação de bens e da participação final nos aquestos.

A forma de adoção do regime legal é a observação feita pelo oficial de registro no próprio assento do casamento. Nos demais casos, é indispensável o pacto antenupcial celebrado por escritura pública, sob pena de nulidade.

Os regimes estão tipificados no Código Civil e apresentam-se em quatro espécies:

a) regime de comunhão parcial (art. 1.658 ao art. 1.666, do CC);

b) regime de comunhão universal (art. 1.667 ao art. 1.671, do CC);

c) regime de participação final nos aquestos (art. 1.672 ao art. 1.686, do CC);

d) regime de separação de bens (arts. 1.687 e 1.688, do CC).

Para certas pessoas, a lei impõe o regime da separação de bens (art. 1.641). São elas: a) pessoas que o contraírem com inobservância das causas suspensivas da celebração do casamento; b) pessoa maior de 70 (setenta) anos; e, c) todos os que dependerem, para casar-se, de suprimento judicial.

Nos casos das letras "a" e "c" a mutabilidade do regime de bens é factível, jamais para a letra "b".

Assim, se um dos nubentes tiver 70 anos ou mais, deverão casar-se pelo regime da separação obrigatória de bens, e com a súmula 377 do STF, de grosso modo, converte-se em parcial de bens. Esse entendimento aplica-se também às uniões estáveis, em decorrência da jurisprudência do STJ, apesar de a lei ser silente neste caso.

Se os nubentes fizerem prova da convivência anterior, antes dos 70 anos, poderão escolher regime diverso do impositivo.

Após a vigência do Código Civil de 2002, a doutrina tem debatido a subsistência da Súmula 377 do STF (inexigência de prova de esforço comum) no mundo jurídico. Uns entendem que a súmula está em pleno vigor; outros, no entanto, entendem que a súmula decaiu.

Certo é que a jurisprudência dos tribunais, inclusive do STJ, vem mantendo a incidência da Súmula 377 do STF sobre o regime da separação legal de bens.

Para nós, com a vigência do novo Código Civil, a súmula referida não mais incide sobre o regime da separação legal de bens, pois nos parece que o art. 259 do Código Civil anterior não foi recepcionado pelo atual, desaparecendo a incidência de seu comando no novo regramento civil.

Ou seja, os casamentos celebrados na vigência do Código Civil de 2002 sob o regime da separação obrigatória de bens tal súmula não se aplica – tão somente nos casamentos realizados na égide do Código Civil revogado. Devemos fazer uma releitura deste tema!

No tocante aos regimes:

O regime de comunhão parcial está disciplinado nos arts. 1.658 a 1.666 do Código Civil. O CC dispõe que estão excluídos da comunhão (art. 1.659, CC) os seguintes bens: a) os bens que cada cônjuge possuir ao casar, e os que lhe sobrevierem, na constância do casamento, por doação ou sucessão, e os sub-rogados em seu lugar; b) os bens adquiridos com valores exclusivamente pertencentes a um dos cônjuges em sub-rogação dos bens particulares; c) as obrigações anteriores ao casamento; d) as obrigações provenientes de atos ilícitos, salvo reversão em proveito do casal; e) os bens de uso pessoal, os livros e instrumentos de profissão; f) os proventos do trabalho pessoal de cada cônjuge; g) as pensões, meios-soldos, montepios e outras rendas semelhantes.

São incomunicáveis os bens cuja aquisição tenha por título uma causa anterior ao casamento (art. 1.661, CC). Ou seja, são bens particulares que devido a alguma circunstância veio a integrar o patrimônio do casal após a celebração do casamento. A aquisição foi diferida por força de condição ou termo. Casos comuns são os compromissos de compra e venda assinados antes do casamento e a outorga da escritura definitiva se deu durante o casamento.

Importante que o notário esteja atento e perquira sobre a forma de aquisição do bem, para que não gere dúvidas futuras sobre o título notarial, bem como não haja enriquecimento sem causa por parte do outro cônjuge.

Outro ponto importante são as sub-rogações. É uma substituição, os bens particulares que cada cônjuge possuía antes do casamento e podem ser substituídos por outro em seu lugar sem que haja confusão ou comunicação patrimonial. A sub-rogação serve para preservar a harmonia conjugal e a equação patrimonial originária.

E se o outro cônjuge contribuiu na aquisição do bem sub-rogado? Parece-me que o excesso à sub-rogação deverá ser partilhado por dois (art. 884, CC).

Quando o bem for adquirido com valores exclusivamente pertencentes a um dos cônjuges, tem o mesmo regramento.

O notário e seus prepostos devem esclarecer com as partes se o produto da aquisição (ou parte dele) é advindo de sub-rogação ou não, isso porque as partes, na sua maioria, são leigas e não têm conhecimentos suficientes. Esclarecida esta circunstância, o notário fará constar na escritura pública o assessoramento notarial prestado, evitando dissabores as partes e retificação (reti-rati) desnecessária do ato notarial.

Por outro lado, enuncia o CC que se comunicam os seguintes bens: a) os bens adquiridos na constância do casamento por título oneroso, ainda que só em nome de um dos cônjuges; b) os bens adquiridos por fato eventual, com ou sem o concurso de trabalho ou despesa anterior; c) os bens adquiridos por doação, herança ou legado, em favor de ambos os cônjuges; d) as benfeitorias em bens particulares de cada cônjuge; e) os frutos dos bens comuns, ou dos particulares de cada cônjuge, percebidos na constância do casamento, ou pendentes ao tempo de cessar a comunhão.

Aspecto não menos importante são as doações: se feitas ao cônjuge ou ao casal. Esta circunstância também deve ser esclarecida com o doador.

Às vezes o doador deseja contemplar apenas um dos cônjuges e se a redação notarial for mal redigida ou dúbia, o outro cônjuge poderá ser contemplado, não atendendo a vontade do doador, podendo o ato ser anulado.

Lembre-se: para a incidência do inciso (art. 1.660, III) exige-se cláusula de comunicabilidade!

No regime de comunhão parcial, presumem-se adquiridos na constância do casamento os bens móveis, quando não se provar que o foram em data anterior (art. 1.662, CC). Neste caso o pacto antenupcial poderá ser de grande valia para fixar a data e os bens móveis adquiridos por cada cônjuge.

As dívidas contraídas no exercício da administração obrigam os bens comuns e particulares do cônjuge que os administra, e os do outro na razão do proveito que houver auferido (art. 1.663, § 1º, CC).

A anuência de ambos os cônjuges é necessária para os atos, a título gratuito, que impliquem cessão do uso ou gozo dos bens comuns (art. 1.663, § 2º, CC).

Em caso de malversação (má gerência ou dilapidação) dos bens, o juiz poderá atribuir a administração a apenas um dos cônjuges (art. 1.663, § 3º, CC).

Os bens da comunhão respondem pelas obrigações contraídas pelo marido ou pela mulher para atender aos encargos da família, às despesas de administração e às decorrentes de imposição legal (art. 1.664, CC). Ambos os cônjuges respondem com o patrimônio comum.

As dívidas, contraídas por qualquer dos cônjuges na administração de seus bens particulares e em benefício destes, não obrigam os bens comuns (art. 1.666, CC).

O regime de comunhão universal é disciplinado nos arts. 1.667 a 1.671, e importa a comunicação de todos os bens presentes e futuros dos cônjuges e suas dívidas passivas.

Enquanto durar a sociedade conjugal, a propriedade e a posse dos bens são comuns.

Somente excluem-se da comunhão: a) os bens doados ou herdados com a cláusula de incomunicabilidade e os sub-rogados em seu lugar; b) os bens gravados de fideicomisso e o direito do herdeiro fideicomissário, antes de realizada a condição suspensiva; c) as dívidas anteriores ao casamento, salvo se provierem de despesas com seus aprestos, ou reverterem em proveito comum; d) as doações antenupciais feitas por um dos cônjuges ao outro com a cláusula de incomunicabilidade; e) Os bens referidos nos incisos V a VII do art. 1.659.

Queremos abordar um ponto rapidamente. A sub-rogação na universal de bens. Os bens advindos de doação ou de herança com cláusula de incomunicabilidade poderão ser objeto de sub-rogação, cujo bem não se comunicará com o outro cônjuge.

Vale lembrar que havendo cláusula de inalienabilidade, nas doações ou nos testamentos, importa em impenhorabilidade e incomunicabilidade (art. 1.911, CC e Súmula 49 do STF).

Aplicam-se também às doações antenupciais feitas por um dos cônjuges ao outro.

Nestes casos o notário também deve ficar atento e esclarecer essa situação no ato notarial.

O regime de participação final nos aquestos (= nos bens adquiridos onerosamente na constância do casamento) está regulado nos arts. 1.672 a 1.686 do CC e prevê que cada cônjuge possui patrimônio próprio, conforme dispõe o art. 1.673 do CC, e que caberá à época da dissolução da sociedade conjugal ao cônjuge direito à metade dos bens adquiridos pelos dois, a título oneroso, na constância do casamento, exceto a herança e as doações por liberalidade.

São bens próprios de cada cônjuge, aqueles anteriores ao casamento e os adquiridos na constância do casamento quando assim mencionados no título aquisitivo.

Os bens móveis podem livremente ser alienados pelo cônjuge titular sem a anuência do outro.

Quanto aos bens imóveis, serão de propriedade do cônjuge cujo nome estiver inscrito no Registro Imobiliário, salvo prova em contrário (art. 1.681, CC). Desejando alienar ou gravar de ônus reais, o cônjuge titular dos bens deverá ter a anuência do outro cônjuge.

Contudo, se no pacto antenupcial estiver convencionado a livre disposição dos bens imóveis, desde que particulares, não haverá necessidade de vênia conjugal (art. 1.656, CC).

No caso de bens adquiridos pelo trabalho conjunto, terá cada um dos cônjuges uma quota igual no condomínio ou no crédito por aquele modo estabelecido (art. 1.679, CC).

24.3 OS PACTOS ANTENUPCIAIS

Todas as pessoas capazes e ainda os maiores de 16 anos autorizados por seus representantes legais têm capacidade ativa para celebrar o pacto antenupcial. O juiz pode suprir a negativa dos representantes, autorizando o casamento e, portanto, também o pacto antenupcial.

Por óbvio, não podem pactuar regime de bens diverso as pessoas às quais a lei obriga determinado regime, como é o caso dos maiores de 70 anos de idade. Porém, é importante destacar que estas pessoas poderão realizar pacto para especificar certos direitos e deveres do regime da separação legal, desde que não infrinjam a lei, inclusive para afastar a incidência da súmula 377 do STF, podendo estabelecer pacto antenupcial mais restritivo[1].

É possível que as partes sejam representadas por procurador, que pode ser o mesmo para os dois, pois os interesses são convergentes. O instrumento deve especificar com clareza as disposições do pacto e, quando for um apenas para os dois nubentes, deve distinguir a vontade de cada um, ainda que sejam idênticas.

A procuração, em tese, não tem prazo. É prudente que o procurador não se prolongue ao formalizar o pacto, pois há normas administrativas notariais, emanadas das Corregedorias-gerais de Justiça, impondo aos tabeliães que exijam certidões atualizadas com prazo máximo de 90 dias.

O objeto do pacto antenupcial é a definição do regime de bens entre os cônjuges. Os nubentes, fundados no princípio da autonomia da vontade, podem ampliar o objeto do pacto para toda e qualquer disposição a respeito de sua vida afetiva e conjugal.

É puro o pacto antenupcial que simplesmente elege o regime de bens diverso do legal. É misto o pacto antenupcial que conjuga caracteres de vários regimes de bens ou um só com disposições especiais, exemplo do pacto para o regime da comunhão parcial de bens. Nos dois tipos, é indispensável indicar o local do primeiro domicílio conjugal, pois é na respectiva circunscrição registral que deve ser feito o registro do ato notarial.

1. REsp 1922347-PR, Rel. Min. Luis Felipe Salomão, DJ 01/02/2022.

É possível e frequente que os nubentes queiram fazer um pacto antenupcial no regime legal do casamento, o da comunhão parcial de bens, alterando, moderando, excluindo bens ou direitos, ou elegendo prazos ou condições para que bens particulares sejam comuns ou, ainda, prevendo que certos bens que seriam comuns sejam excluídos da comunhão.

A natureza da escritura é constitutiva *inter partes*, mas condicionada à realização do casamento. O registro produz a presunção de conhecimento *erga omnes*.

O registro é requisito para a eficácia perante terceiros e é feito no Livro n. 3 do cartório imobiliário do domicílio conjugal, sem prejuízo de sua averbação obrigatória no lugar da situação dos imóveis de propriedade do casal, ou dos que forem sendo adquiridos e sujeitos a regime de bens diverso do comum, com a declaração das respectivas cláusulas, para ciência de terceiros.

Os pactos antenupciais mistos são aceitos pela doutrina, mas têm alguma reserva entre os tabeliães em vista das disposições textuais do novo Código.

As partes podem dispor como "lhes aprouver", parafraseando o texto do art. 1.639 do Código Civil. Em termos de regimes, podem optar por moderações, por exemplo, informar que os bens havidos por ato oneroso após o casamento celebrado no regime da separação de bens se comunicam. É vedada a dispensa da vênia conjugal para a alienação de bens ou na participação final nos aquestos, em relação aos bens particulares.

A mais importante hipótese sobre a qual devem dispor os nubentes, mesmo nos pactos puros, é quando, no regime da comunhão parcial, algum deles tenha adquirido bem, móvel ou imóvel, com pagamento diferido no tempo desde antes do casamento e prolongando-se após o casamento. É necessário definir se a partir do casamento as parcelas serão suportadas por ambos os cônjuges e se, neste caso, o bem será em comum dos dois (e sobre que proporção) ou se as parcelas continuarão a ser pagas apenas pelo adquirente que, neste caso, será o exclusivo proprietário, e o bem será considerado como particular.

Dentre as regras mais frequentes sobre as quais podem dispor os nubentes, cito a mitigação, ampliação ou renúncia, ou a imposição de limitação temporal ou condição para os direitos previstos no Código Civil, arts. 1.642 a 1.647. É importante ressaltar que, além do registro previsto na lei de registros públicos, em virtude do princípio da boa-fé, os terceiros com quem o casal ou cada um dos cônjuges contratar devem ser esclarecidos por eles sobre as peculiaridades de seu regime de bens, sob pena de anulação dos atos.

Questão tormentosa é definir quais são as disposições absolutas da lei, pois a norma reputa nulo o ato que as contrariem (Código Civil, art. 1.655). Entendemos que o interesse individual e a autonomia da vontade limitem a proteção e ingerência estatal somente aos casos em que haja litígio. Cremos possível, portanto, que as partes planejem e estruturem a sua relação matrimonial e familiar com ampla liberdade. Neste sentido, podem definir, por exemplo, que o marido cuidará apenas da educação dos filhos, enquanto a esposa proverá recursos para a manutenção da família, ou que o poder familiar será exercido exclusivamente por um dos cônjuges, enquanto o outro estiver afastado por motivos profissionais.

Não entendemos possível a renúncia aos poderes e direitos que tem disciplina fixada na lei. Contudo, o direito de exercício, a possibilidade dos nubentes ou cônjuges construírem o seu relacionamento sobre as condições subjetivas e fáticas pessoais nos parecem passíveis de acordo.

Também controversa é a possibilidade de os nubentes renunciarem à comunhão plena de vida prevista no art. 1.511. As relações afetivas e familiares são dinâmicas, a moral se encontra em mutação constante. Pessoalmente, conhecemos mais de um casal – casado civilmente – que não vive no mesmo endereço. Há quem entenda que somente a convivência sob o mesmo teto caracteriza a comunhão plena de vida.

Para alguns casais, contudo, o acordo matrimonial ideal envolve casas separadas. Tal decisão não afeta terceiros. Os filhos, pode-se dizer, terão uma educação peculiar, mas quem pode afirmar categoricamente que tal decisão os prejudica?

Também tormentoso é permitir que os nubentes tratem dos deveres recíprocos previstos no arts. 1.566 e 1.567. Será possível aos nubentes disporem sobre a fidelidade recíproca, a vida em comum, a mútua assistência, o sustento, a guarda e a educação dos filhos, a direção da sociedade conjugal e como se dá o respeito e consideração mutuamente devidos?

Se estas questões estiverem na sua prova de **concurso**, seja cauteloso, preferindo a resposta conservadora: de que os deveres recíprocos são disposições absolutas de lei, sem possibilidade de alteração pelos nubentes.

O direito de empresa tem também reflexos nos pactos patrimoniais. Os cônjuges somente podem contratar sociedade entre si ou com terceiros se casados nos regimes da comunhão parcial de bens, da separação de bens livremente pactuada ou de participação final nos aquestos. Os regimes da separação legal e da comunhão de bens não permitem sociedade entre si, ou de ambos com terceiros. A lei deseja evitar a fraude ao regime de bens, pois ações empresariais permitiriam aos cônjuges procederem a ajustes patrimoniais de seu exclusivo interesse e, pensa a lei, prejudicial a terceiros.

O empresário casado, qualquer que seja o regime de bens, pode alienar os bens da empresa sem necessidade da autorização conjugal. Importante notar, porém, que o empresário individual deve previamente afetar os bens ao acervo empresarial, e no ato de afetação, sim, é necessária a outorga conjugal. Se não ocorrer na afetação, a outorga pode ser suprida no momento da venda ou oneração.

É possível que o pacto antenupcial disponha também sobre as promessas de doação feitas por um cônjuge ao outro em contemplação do casamento. As doações antenupciais não importam em adiantamento da legítima. As doações feitas após o casamento, sim, constituem adiantamento da legítima. Se o pacto contemplar apenas a promessa e a doação se efetivar após o casamento, haverá adiantamento da legítima.

Ressalvamos, afinal, que a definição da legalidade do objeto dos pactos patrimoniais, quando avança sobre os direitos e deveres na sociedade conjugal, é altamente controversa e deve ser tratada, no **concurso**, com conservadorismo.

Quanto ao prazo, a regra é que a eleição do pacto seja feita por prazo indeterminado, mas é possível que se faça por prazo determinado, já prevendo a mutação para outro regime há certo tempo. Neste caso, é necessária a homologação judicial, como previsto no Código Civil, art. 1.639, § 2º.

Se não ocorrer o casamento, o pacto antenupcial não adquire eficácia. As partes podem, até o casamento, alterar ou revogar o pacto anteriormente firmado por nova escritura pública.

Cremos possível também a denúncia unilateral, sob o fundamento do rompimento dos propósitos matrimoniais, o que deve ser realizado por escritura pública. É cautelar notificar o ex-nubente sobre a denúncia feita.

24.4 ALTERAÇÃO DO REGIME DE BENS

O Código Civil de 2002 inovou ao permitir aos cônjuges a alteração do regime de bens após o casamento. Aos interessados, exige-se: pedido motivado de ambos os cônjuges, ressalva dos direitos de terceiros e apuração da procedência das razões invocadas, tudo culminando com a autorização judicial.

O Código de Processo Civil de 2015 regula a alteração do regime de bens. O art. 734 informa que a alteração poderá ser requerida por ambos os cônjuges, motivadamente, expondo as razões que justificam a mudança, ressalvados os direitos de terceiros.

A lei não prevê forma para tal ato. Entendemos, pois, que a forma é livre, podendo ser feita por termo nos autos, na escritura pública ou no contrato particular, estes dois últimos, homologados pelo juiz.

As razões ensejadoras do pedido de alteração do regime de bens são de interesse exclusivo e particular dos cônjuges que as submeterão à discrição judicial. Talvez tenhamos que aguardar anos até que haja uma construção jurisprudencial sobre o assunto. Pode haver, por exemplo, interesse de um casal, casado sob o regime da comunhão de bens, em contrair sociedade entre si. Como o juiz pode apurar a procedência destas razões? Haveria homologação?

É importante notar que, na mudança do regime de bens, os cônjuges têm ampla liberdade para construírem regimes mistos, adotando caracteres oriundos de diversos regimes de bens, desde que sejam coerentes, ou dispondo sobre o que lhes aprouver.

Decorridos mais de quinze anos de vigência do Código Civil de 2002, apenas duas vezes elaboramos escrituras de alteração do regime de bens. A primeira vez, em decorrência de pedido do advogado das partes. Lavrada a escritura, foi homologada pelo juiz.

Na segunda escritura, ao contrário, o juiz determinou a um casal que propôs a ação tendente à mudança que previamente fizesse a escritura pública para posterior deliberação e homologação judicial.

A qualificação notarial foi a prevista pela Lei n. 7.433/85 com a apresentação de certidões imobiliárias, certidões de feitos ajuizados, certidões fiscais, e acrescida da apresentação facultativa das certidões de protesto do domicílio dos cônjuges.

A alteração do regime de bens é averbada na certidão de casamento dos cônjuges. A lógica registral impõe também a alteração junto ao registro imobiliário, em razão das repercussões patrimoniais, como previsto nos arts. 244 e 245 da Lei nº 6.015/73, no domicílio dos cônjuges e nos ofícios imobiliários onde tenham bens ou direitos reais.

24.4.1 Os pactos patrimoniais nas relações afetivas não matrimoniais

Trataremos a seguir dos pactos patrimoniais decorrentes da união estável e do namoro, verificando também as particularidades das relações afetivas homossexuais.

A união estável, como o casamento, é regulada por lei, geral e especial, com seus caracteres de ordem pública bem definidos. Quem não quer o regime da união estável e vive relação afetiva está compelido, para evitar o tratamento legal da união estável, a realizar um contrato de namoro, conforme a sua vontade.

Esta distinção é incipiente e novidade na seara familiar. É prudente que o candidato a **concurso** seja conservador, limitando-se ao trato da união estável.

24.5 UNIÃO ESTÁVEL

A união estável decorre da disciplina legal presente no Código Civil, arts. 1.723 e seguintes, complementada por lei especial, a Lei n. 9.278/96, e encontra também abrigo constitucional (art. 226, § 3º).

O Conselho Nacional de Justiça (CNJ), por meio do Provimento n. 37/2014, autoriza o registro de união estável no Registro Civil das Pessoas Naturais.

Tem o nosso direito um fetiche pelo litígio judicial. Em detrimento da livre determinação contratualista, a lei assume presunções a respeito dos fatos e da vontade das partes, e a doutrina, ao caracterizar a união estável como uma situação fática, entende existente a relação apenas quando se verifica como tal e somente daí pode merecer o contrato ou a declaração judicial.

A família é a base da sociedade e, por isso, tem especial proteção do Estado. O Estado reconhece e protege a união estável entre o homem e a mulher como entidade familiar. Logo, à sociedade e ao Estado deve interessar que a união estável não seja apenas uma situação fática, e sim também um contrato, uma opção de pacto afetivo, além do casamento. Assim teremos segurança jurídica e prevenção de litígios.

Os caracteres fáticos da união estável são: 1) união entre um homem e uma mulher; 2) convivência pública contínua e duradoura; 3) fito de constituir família.

O objeto do contrato é a declaração de sua existência e de seus caracteres, bem como seus reflexos familiares, patrimoniais e sucessórios.

A lei trata a união estável com princípios semelhantes ao casamento. Repito de outra forma para bem distinguir: são semelhantes, portanto, diferentes.

Os companheiros não têm o dever de fidelidade, mas, sim, o de lealdade. Se você consultar um dicionário, vai concluir que as duas expressões são sinônimas.

Os companheiros têm também os deveres de respeito e assistência, e de guarda, sustento e educação dos filhos.

Comparando os dispositivos sobre a união estável com os caracteres do casamento, conclui-se que: 1) a união estável não implica comunhão plena de vida; 2) o casamento implica direção conjunta, já a união estável possibilita a estipulação contrária; 3) o casamento implica igualdade de direitos e deveres dos cônjuges, exigência que não é feita para a união estável; 4) o casamento prevê vida em comum, a união estável, não; 5) o casamento, como a união estável, exige mútua assistência moral e material, sustento, guarda e educação dos filhos.

O regime de bens, quando os companheiros não dispuserem a respeito em contrato (para o qual se exige a forma escrita), será o da comunhão parcial de bens. Mesmo assim, a lei especial permite que os companheiros, sem contrato, disponham diversamente sobre a propriedade dos bens adquiridos onerosamente no respectivo título aquisitivo.

Para os companheiros maiores de 70 anos, impõe-se o regime da separação legal de bens. Contudo, se o início da união se deu antes do implemento dos 70 anos, é lícito aos companheiros a escolha de regime diverso, ressalvadas situações absolutamente excepcionais, em que o uso da união estável como meio de fraudar terceiros esteja às escâncaras[2].

É importante salientar que no Resp. n. 1.845.416-MS, o STJ decidiu não ser possível a retroatividade do regime de bens na união estável. Assim, se as partes iniciaram a união em 1980 e fazem a escritura de união estável elegendo regime de bens diverso do legal, os efeitos deste regime não retroagirão. Trata-se de um caso isolado, mas que pode indicar a orientação do STJ para casos semelhantes no futuro.

Outro importante precedente do STJ dispôs sobre a possibilidade dos companheiros afastarem a incidência da Súmula 377 do STF, quando um deles tenha mais de 70 anos e, portanto, sujeitos ao regime legal da separação obrigatória de bens.[3] No Recurso Especial julgado, a 4ª Turma entendeu válida a escritura de pacto antenupcial que impedia a comunhão de aquestos, informando que a companheira não seria herdeira nem teria meação. Ademais, afastou-a da inventariança dos bens do companheiro falecido.[4]

O julgado diz respeito à união estável, mas parece-nos que o entendimento é aplicável também aos nubentes que contrairão matrimônio.

Somente têm capacidade ativa para contratar a união estável as pessoas capazes e sem os impedimentos matrimoniais. Quem tem impedimento matrimonial está condenado ao concubinato.

Há tempos, o bom senso nos obrigou a desprezar tal regra lavrando a seguinte escritura pública.

Procurou-nos uma senhora casada, cujo marido desaparecera há 27 anos, deixando-a com os dois filhos para criar. Ela construiu uma relação estável com o seu companheiro, este solteiro, e vivia com ele há 26 anos sob o mesmo teto, como se casados fossem. Eles tinham, neste período, conquistado um patrimônio expressivo, graças justamente ao apoio

2. Nesse sentido: Processo nº 1000633-29.2016.8.26.0100 – Parecer 220/2016-E, Corregedoria Geral da Justiça do Estado de São Paulo.
3. STF, Súmula 377: No regime de separação legal de bens, comunicam-se os adquiridos na constância do casamento.
4. Recurso Especial nº 1.922.347 – PR (2021/0040322-7), Relator Ministro Luis Felipe Salomão. Veja a ementa adiante, em jurisprudência selecionada.

mútuo e recíproco, conjugal e familiar. Perguntamos: estas pessoas podem ou não contratar a união estável? Ao Estado e à sociedade interessa que uma relação tão pública e duradoura, com tantos reflexos familiares, patrimoniais e sucessórios, permaneça na informalidade?

Entendemos que a informalidade não lhes convinha, também não à sociedade e muito menos ao Estado, e lavramos a escritura de união estável[5].

As partes podem fazer-se representar por procuração, mesmo por um só mandatário, para realizar a escritura. A procuração deverá informar com precisão o nome dos companheiros e o regime de bens que adotam, com eventuais particularidades.

Em regra, não são necessárias testemunhas. Impõe-se respeito ao princípio da boa-fé, dando crédito ao que declaram as pessoas.

É prudente e aceitável a presença de testemunhas quando se queira agregar força probante a certos aspectos da relação, como o tempo de convivência, a vida sob o mesmo teto etc. Quando as partes declararem no pacto ou na escritura de união estável data anterior ao da celebração, as testemunhas, ou outras provas documentais, podem agregar certeza quanto ao termo de início da relação.

Para a concessão de visto temporário ou permanente, ou para autorização de permanência, ao companheiro ou companheira, em união estável, sem distinção de sexo, é conveniente que a escritura tenha ao menos duas testemunhas. Assim estarão preenchidos os requisitos fixados pelo Conselho Nacional de Imigração.

É prudente ainda o comparecimento de testemunhas, que atestem as situações fáticas relatadas pelas partes, porquanto há planos de previdência privada complementar que têm regras peculiares. Assim, para a atribuição de benefícios previdenciários, pode ser necessária a presença de testemunhas.

O contrato de união estável deve contemplar os seguintes aspectos:

1. declaração das partes de que reconhecem na sua relação afetiva uma união estável, que têm convivência pública contínua e duradoura como companheiros e que desejam constituir uma família;
2. data do início da relação: quanto mais precisa, melhor;
3. declaração das partes que reconhecem para a sua relação os direitos e deveres inscritos no art. 1.724 do Código Civil e no art. 2º da Lei n. 9.278/96. Alternativamente, as partes podem moderar ou fixar disposições complementares a respeito, mas nunca, segundo pensamos, renunciar a eles;
4. a existência de filhos exclusivos anteriores à relação e de filhos comuns dos companheiros;
5. a escolha do regime de bens, de modo puro, dentre os legalmente fixados, ou híbrido, contemplando um regime especial patrimonial;
6. o endereço residencial dos companheiros;
7. a declaração da existência de bens particulares anteriores à relação e sua descrição sumária;

5. Art. 1.723, § 1º, do Código Civil.

8. a declaração da existência e descrição de bens adquiridos por ambos os companheiros, em esforço comum;
9. a declaração de serem mutuamente dependentes economicamente para estarem aptos aos planos previdenciários público e privado.

O contrato pode contemplar ademais:

10. a possibilidade de cada companheiro ser, em relação ao outro, responsável por providências em tratamento de saúde, inclusive para a decisão de desligar equipamentos que mantêm artificialmente a vida e doar órgãos. Também a indicação do companheiro como a pessoa de confiança para manter-se no hospital, ao seu lado, em caso de perda da consciência e impossibilidade de manifestar a própria vontade;
11. uma cláusula-mandato recíproca para os atos da vida civil, cujo termo inicial é a data da perda da consciência do companheiro;
12. o contrato de gestão patrimonial recíproco, se os companheiros administram bens próprios, ou são empresários, cujo termo inicial é a data da perda da consciência do companheiro.

É possível, na escritura pública de união estável, o acréscimo do sobrenome do companheiro ao da companheira, possibilitando, dessa forma, a adoção do sobrenome comum[6].

É controversa a possibilidade de os companheiros disporem na escritura de união estável sobre a sucessão. Houve caso em que se solicitava a exclusão do regime sucessório do art. 1.790 para a submissão ao art. 1.829, pedido fundado no princípio constitucional da isonomia. Entendemos possível a pretensão, mas o advogado e tabelião deviam agir com cautela, pois as regras de direito sucessório são de ordem pública e tal pretensão pode estar fadada a ser decidida pelo juiz. Atualmente esta questão está superada pelo Recurso Extraordinário 878.694 do STF, que declarou o art. 1.790 inconstitucional.

De resto, os companheiros têm as mesmas, ou até mais, possibilidades de contemplarem as peculiaridades de sua relação e vontade do que as pessoas que se casam. A lei é mais liberal com a união estável. A construção doutrinária e jurisprudencial deve, com o tempo, definir os limites dos pactos patrimoniais dos companheiros.

É controversa a possibilidade de os companheiros dispensarem, mitigarem ou ampliarem o direito a alimentos e o direito real de habitação inscrito na lei especial, art. 7º. Entendemos possível, mas em **concursos** a melhor alternativa de resposta é o conservador "não".

Os companheiros devem adotar cautelas na contratação de bens imóveis, vez que a disciplina imposta pela lei de registros públicos pode impor-lhes problemas de difícil solução. Assim, recomenda-se a presença dos dois companheiros em todos os atos de compra, alienação ou oneração de bens imóveis, podendo um representar o outro por

6. Neste sentido, o Provimento CG n. 15/2015, Corregedoria-Geral da Justiça do Estado de São Paulo.

meio de procuração, se necessário. Na aquisição, os companheiros serão condôminos. Na alienação, comparecerão ambos dispondo dos direitos.

O contrato de união afetiva deve ser escrito, formalizado por instrumento particular ou por escritura pública. Já descrevemos as características da escritura pública e não é necessário reprisá-las. Lembramos que a força probante do instrumento notarial pode permitir melhor eficácia ao ato perante terceiros, bem como facilitar a prova em caso de litígio entre os companheiros.

O art. 734 do novo Código de Processo Civil não trata da alteração de regime de bens na união estável. A lei não exige a autorização judicial, por ser contrato[7], mas parece-nos que sua alteração deve obedecer às mesmas regras[8-9] do casamento. Tal deve ser o entendimento, pois o Superior Tribunal de Justiça vem aplicando à união estável os mesmos caracteres do casamento (são exemplos regime de bens para as pessoas com idade superior a 70 anos, outorga marital etc.).

Para a extinção consensual de união estável, o novo Código de Processo Civil impôs algumas regras. Não pode haver nascituro ou filhos incapazes fruto da relação, e devem ser aplicadas as disposições do art. 731, no que couber.

A escritura não depende de homologação judicial e constitui título hábil para qualquer ato de registro, bem como para levantamento de importância depositada em instituições financeiras.

O tabelião somente lavrará a escritura se os interessados estiverem assistidos por advogado ou por defensor público, cuja qualificação e assinatura constarão do ato notarial.

A recente modificação nas Normas da Corregedoria de São Paulo (Processo n. 2012/162147 da CGJ) admite o registro das escrituras públicas de contrato e extinção envolvendo união estável, no Livro "E", pelo Oficial do Registro Civil das Pessoas Naturais da Sede, ou, onde houver, no 1º Subdistrito da Comarca em que os companheiros têm ou tiveram seu último domicílio.

Em São Paulo a conversão da união estável não leva em conta a data de início da união constante em contrato escrito ou não[10], exceto se a união for reconhecida judicialmente[11]. Esse posicionamento, parece-nos, desprestigia a autonomia da vontade em seara que ela poderia ser privilegiada. As partes são maiores e capazes e é lícito que estabeleçam a data da união, ressalvados os direitos de terceiros.

24.5.1 Jurisprudência selecionada

a) Superior Tribunal de Justiça

STJ – REsp. 922.347-PR - 3 - 4ª Turma – Rel. Min. Luis Felipe Salomão. DJe 01.02.2022. UNIÃO ESTÁVEL SOB O REGIME DA SEPARAÇÃO OBRIGATÓRIA

7. Art. 1.725 do Código Civil.
8. Art. 473 do Código Civil.
9. Assim já decidiu o juízo da 2ª Vara da Família e Sucessões. Proc. n. 0009766-05.2013.8.26.0008.
10. Neste sentido, Proc. n. 0018995-04-2013, 2ª Vara de Registros Públicos.
11. Neste sentido, Apelação n. 0046326-29.2011.8.26.0100, Conselho Superior da Magistratura.

DE BENS. COMPANHEIRO MAIOR DE 70 ANOS NA OCASIÃO EM QUE FIRMOU ESCRITURA PÚBLICA. PACTO ANTENUPCIAL AFASTANDO A INCIDÊNCIA DA SÚMULA N. 377 DO STF, IMPEDINDO A COMUNHÃO DOS AQUESTOS ADQUIRIDOS ONEROSAMENTE NA CONSTÂNCIA DA CONVIVÊNCIA. POSSIBILIDADE. MEAÇÃO DE BENS DA COMPANHEIRA. INOCORRÊNCIA. SUCESSÃO DE BENS. COMPANHEIRA NA CONDIÇÃO DE HERDEIRA. IMPOSSIBILIDADE. NECESSIDADE DE REMOÇÃO DELA DA INVENTARIANÇA.

1. O pacto antenupcial e o contrato de convivência definem as regras econômicas que irão reger o patrimônio daquela unidade familiar, formando o estatuto patrimonial – regime de bens – do casamento ou da união estável, cuja regência se iniciará, sucessivamente, na data da celebração do matrimônio ou no momento da demonstração empírica do preenchimento dos requisitos da união estável (CC, art. 1.723).

2. O Código Civil, em exceção à autonomia privada, também restringe a liberdade de escolha do regime patrimonial aos nubentes em certas circunstâncias, reputadas pelo legislador como essenciais à proteção de determinadas pessoas ou situações e que foram dispostas no art. 1.641 do Código Civil, como sói ser o regime da separação obrigatória da pessoa maior de setenta anos (inciso II).

3. "A ratio legis foi a de proteger o idoso e seus herdeiros necessários dos casamentos realizados por interesse estritamente econômico, evitando que este seja o principal fator a mover o consorte para o enlace" (REsp 1689152/SC, Rel. Ministro Luis Felipe Salomão, Quarta Turma, julgado em 24.10.2017, DJe 22.11.2017).

4. Firmou o STJ o entendimento de que, "por força do art. 258, § único, inciso II, do Código Civil de 1916 (equivalente, em parte, ao art. 1.641, inciso II, do Código Civil de 2002), ao casamento de sexagenário, se homem, ou cinquentenária, se mulher, é imposto o regime de separação obrigatória de bens. Por esse motivo, às uniões estáveis é aplicável a mesma regra, impondo-se seja observado o regime de separação obrigatória, sendo o homem maior de sessenta anos ou mulher maior de cinquenta" (REsp 646.259/RS, Rel. Ministro Luis Felipe Salomão, Quarta Turma, julgado em 22.06.2010, DJe 24.08.2010).

5. A Segunda Seção do STJ, em releitura da antiga Súmula n. 377/STF, decidiu que, "no regime de separação legal de bens, comunicam-se os adquiridos na constância do casamento, desde que comprovado o esforço comum para sua aquisição" EREsp 1.623.858/MG, Rel. Ministro Lázaro Guimarães (Desembargador convocado do TRF 5ª região), Segunda Seção, julgado em 23.05.2018, DJe 30.05.2018), ratificando anterior entendimento da Seção com relação à união estável (EREsp 1171820/PR, Rel. Ministro Raul Araújo, Segunda Seção, julgado em 26.08.2015, DJe 21.09.2015).

6. No casamento ou na união estável regidos pelo regime da separação obrigatória de bens, é possível que os nubentes/companheiros, em exercício da autonomia privada, estipulando o que melhor lhes aprouver em relação aos bens futuros, pactuem cláusula mais protetiva ao regime legal, com o afastamento da Súmula n. 377 do STF, impedindo a comunhão dos aquestos.

7. A mens legis do art. 1.641, II, do Código Civil é justamente conferir proteção ao patrimônio do idoso que está casando-se e aos interesses de sua prole, impedindo

a comunicação dos aquestos. Por uma interpretação teleológica da norma, é possível que o pacto antenupcial venha a estabelecer cláusula ainda mais protetiva aos bens do nubente septuagenário, preservando o espírito do Código Civil de impedir a comunhão dos bens do ancião. O que não se mostra possível é a vulneração dos ditames do regime restritivo e protetivo, seja afastando a incidência do regime da separação obrigatória, seja adotando pacto que o torne regime mais ampliativo e comunitário em relação aos bens.

8. Na hipótese, o de cujus e a sua companheira celebraram escritura pública de união estável quando o primeiro contava com 77 anos de idade – com observância, portanto, do regime da separação obrigatória de bens –, oportunidade em que as partes, de livre e espontânea vontade, realizaram pacto antenupcial estipulando termos ainda mais protetivos ao enlace, demonstrando o claro intento de não terem os seus bens comunicados, com o afastamento da incidência da Súmula n. 377 do STF. Portanto, não há falar em meação de bens nem em sucessão da companheira (CC, art. 1.829, I).

9. Recurso especial da filha do de cujus a que se dá provimento. Recurso da ex-companheira desprovido.

STJ – REsp 954.567-PE – 3ª Turma – Rel. Min. Massami Uyeda – J. em 10-5-2011. Ementa: Direito das sucessões – Recurso especial – Pacto antenupcial – Separação de bens – Morte do varão – Vigência do novo Código Civil – Ato jurídico perfeito – Cônjuge sobrevivente – Herdeiro necessário – Interpretação sistemática.

STJ – REsp 646.259-RS – 4ª Turma – Rel. Min. Luis Felipe Salomão – *DJ* 24-8-2010. Ementa: Direito de Família. União Estável. Companheiro Sexagenário. Separação Obrigatória de Bens. Art. 258, parágrafo único, inciso II, do Código Civil de 1916.

STJ – REsp 1.424.275-MT – 3ª Turma – Rel. Min. Paulo de Tarso Sanseverino – *DJ* 16-12-2014. Ementa: Ação de nulidade de ato jurídico c/c nulidade de registro – União Estável – Venda de imóvel a terceiro de boa-fé – Outorga uxória – Desnecessidade – Negociação válida – Sentença mantida – Recurso conhecido e improvido.

Neste sentido, Informativo STJ n. 554 – Direito Civil. Alienação, sem consentimento do companheiro, de bem imóvel adquirido na constância da união estável. *A invalidação da alienação de imóvel comum, fundada na falta de consentimento do companheiro, dependerá da publicidade conferida à união estável, mediante a averbação de contrato de convivência ou da decisão declaratória da existência de união estável no Ofício do Registro de Imóveis em que cadastrados os bens comuns, ou da demonstração de má-fé do adquirente.* REsp 1.424.275-MT, Rel. Min. Paulo de Tarso Sanseverino, j. em 4-12-2014, *DJe* 16-12-2014.

STJ – REsp 1.173.931 – Rio Grande do Sul – 3ª Turma – Rel. Min. Paulo de Tarso Sanseverino – *DJ* 28-10-2013. Ementa: Direito civil – Família – União estável – Regime de bens – Comunhão parcial de bens – Valorização de cotas sociais.

b) Tribunal de Justiça de Santa Catarina

TJSC. Apelação Cível n. 2015.026497-8. J. em 8-8-2015. Ementa: Ação de Dissolução de União Estável – Partilha de Bens – Contrato de convivência intercorrente firmado quase 3 (três) anos após o início da união – Previsão contratual de retroatividade do regime de separação absoluta de bens – Efeito *ex tunc* das disposições patrimoniais – Possibilidade.

c) **Conselho Superior da Magistratura de São Paulo**

Conselho Superior da Magistratura. Apelação Cível n. 0046326-29. 2011.8.26.0100. *DJe* 10-1-2013. Ementa: Registro Civil – Conversão de união estável em casamento iniciada antes do convivente atingir os setenta anos de idade – Possibilidade do registro do casamento sob o regime de comunhão parcial de bens na especificidade do caso concreto – Recurso provido.

d) **Corregedoria Permanente de São Paulo**

Corregedoria Permanente. 1ª Vara de Registros Públicos. Processo n. 1127933-08.2015.8.26.0100. *DJe* 16-3-2016. Ementa não oficial: Registro de Imóveis – Averbação – Bem exclusivo – Casamento celebrado na Itália sob o regime de separação de bens por opção dos contraentes e independentemente de pacto antenupcial, de acordo com a legislação vigente – Observância ao artigo 7º, *caput* e § 4º, da Lei de Introdução ao Código Civil e artigo 32, *caput* e § 1º, da Lei de Registros Públicos – Incomunicabilidade de bens – Averbação deferida.

24.6 O CONTRATO DE NAMORO

O contrato de namoro, novidade oriunda da necessidade e vontade de fugir dos efeitos da união estável, é controverso na doutrina.

Alguns o consideram um nada jurídico, porque lhe faltaria validade jurídica. Por visar o afastamento de um fato jurídico que seria inafastável, a configuração da união estável não teria validade. Há quem sustente até mesmo a ilegalidade do contrato, pois teria por objetivo fraudar lei imperativa, aparte ter objeto indeterminável.

Outros veem no contrato de namoro apenas a confluência de declarações, não bastante para criar um contrato, pois o ajuste de namoro não criaria, modificaria ou extinguiria direitos e obrigações. Segundo esta posição, as declarações de duas pessoas sobre o seu namoro não teriam o condão de afastar os efeitos da união estável.

Entendemos que o contrato de namoro é negócio jurídico válido quando celebrado por pessoas capazes. O objeto é regular as relações afetivas. As partes interessadas no contrato de namoro não têm por objetivo fraudar lei imperativa, no caso as disposições sobre a união estável. Elas claramente desejam simplesmente afastar a incidência dos efeitos previstos por esta lei. Lembramos, finalmente, que a lei permite às partes estipular contratos atípicos, observadas as normas gerais fixadas no Código Civil.

Em recente decisão, o Superior Tribunal de Justiça, Resp 1.454.643-RJ, Rel. Min. Marco Aurélio Bellizze (*DJe* 9-3-2015), delineou a distinção entre **entidade familiar** e **namoro qualificado**:

"2. Não se denota, a partir dos fundamentos adotados, ao final, pelo Tribunal de origem (por ocasião do julgamento dos embargos infringentes), qualquer elemento que evidencie, no período anterior ao casamento, a constituição de uma família, na acepção jurídica da palavra, em que há, necessariamente, o compartilhamento de vidas e de esforços, com integral e irrestrito apoio moral e material entre os conviventes. A só projeção da formação de uma família, os relatos das expectativas da vida no exterior com o namorado, a coabitação, ocasionada, ressalta-se, pela contingência e interesses particulares de cada qual, tal como esboçado pelas instâncias ordinárias, afiguram-se insuficientes à verificação da *affectio maritalis* e, por conseguinte, da configuração da união estável. 2.1. O propósito de constituir família, alçado pela lei de regência como requisito essencial à constituição da união estável – a distinguir, inclusive, esta entidade familiar do denominado "namoro qualificado" –, não consubstancia mera proclamação, para o futuro, da intenção de constituir uma família. É mais abrangente. Esta deve se afigurar presente durante toda a convivência, a partir do efetivo compartilhamento de vidas, com irrestrito apoio moral e material entre os companheiros. É dizer: a família deve, de fato, restar constituída. 2.2. Tampouco a coabitação, por si, evidencia a constituição de uma união estável (ainda que possa vir a constituir, no mais das vezes, um relevante indício), especialmente se considerada a particularidade dos autos, em que as partes, por contingências e interesses particulares (ele, a trabalho; ela, pelo estudo) foram, em momentos distintos, para o exterior, e, como namorados que eram, não hesitaram em residir conjuntamente. Este comportamento, é certo, revela-se absolutamente usual nos tempos atuais, impondo-se ao Direito, longe das críticas e dos estigmas, adequar-se à realidade social. 3. Da análise acurada dos autos, tem-se que as partes litigantes, no período imediatamente anterior à celebração de seu matrimônio (de janeiro de 2004 a setembro de 2006), não vivenciaram uma união estável, mas sim um namoro qualificado, em que, em virtude do estreitamento do relacionamento projetaram para o futuro – e não para o presente –, o propósito de constituir uma entidade familiar, desiderato que, posteriormente, veio a ser concretizado com o casamento. 4. Afigura-se relevante anotar que as partes, embora pudessem, não se valeram, tal como sugere a demandante, em sua petição inicial, do instituto da conversão da união estável em casamento, previsto no art. 1.726 do Código Civil. Não se trata de renúncia como, impropriamente, entendeu o voto condutor que julgou o recurso de apelação na origem. Cuida-se, na verdade, de clara manifestação de vontade das partes de, a partir do casamento, e não antes, constituir a sua própria família. A celebração do casamento, com a eleição do regime de comunhão parcial de bens, na hipótese dos autos, bem explicita o termo a partir do qual os então namorados/noivos, maduros que eram, entenderam por bem consolidar, consciente e voluntariamente, a relação amorosa vivenciada para constituir, efetivamente, um núcleo familiar, bem como comunicar o patrimônio haurido. A cronologia do relacionamento pode ser assim resumida: namoro, noivado e casamento. E, como é de sabença, não há repercussão patrimonial decorrente das duas primeiras espécies de relacionamento. 4.1. No contexto dos autos, inviável o reconhecimento da união estável compreendida, basicamente, nos dois anos anteriores ao casamento, para o único fim de comunicar o bem então adquirido exclusivamente pelo requerido. Aliás, a aquisição de apartamento, ainda que tenha se destinado à residência dos então namorados, integrou, inequivocamente, o projeto do casal de, num futuro próximo, constituir efetivamente a família por meio do casamento. Daí, entretanto, não advém à namorada/noiva direito à meação do referido bem. 5. Recurso especial provido, na parte conhecida. Recurso especial adesivo prejudicado".

O contrato de namoro regula as relações afetivas de duas pessoas fixando critérios, ou meramente impondo limites, aos reflexos familiares, patrimoniais e sucessórios. Pode ser contratado por duas pessoas capazes, de qualquer sexo.

O que já dissemos sobre as liberdades permitidas às partes no contrato de união estável se aplica ao contrato de namoro.

24.7 UNIÃO ESTÁVEL OU PACTO DE CONVIVÊNCIA HOMOAFETIVA

As escrituras afetivas de casais homossexuais são uma realidade no tabelionato de notas. A justiça preventiva que realiza o tabelião, dando guarida à vontade das partes em celebrar os seus contratos, constitui um dilema: até onde inovar e avançar sem que isso represente a antítese da atividade notarial, a insegurança jurídica?

As escrituras homoafetivas surgiram e se intensificaram desde 2001, quando as Instruções Normativas ns. 25/2000, 50/2001 e 57/2001 do INSS garantiram alguns direitos previdenciários aos companheiros homossexuais, especialmente os benefícios de pensão por morte e auxílio-reclusão. Uma das formas de provar a relação é a escritura pública na qual se declare a dependência econômica das partes.

Nossa Constituição Federal indica entre os seus objetivos fundamentais construir uma sociedade livre, justa e solidária e promover o bem de todos, sem preconceitos de origem, raça, sexo, cor, idade ou quaisquer outras formas de discriminação.

Além de objetivo, é um direito fundamental concreto. Todos são iguais perante a lei, sem distinção de qualquer natureza, garantindo-se aos brasileiros e aos estrangeiros a inviolabilidade do direito à vida, à liberdade, à igualdade, à segurança e à propriedade. Neste sentido, a decisão do Supremo Tribunal Federal nos autos da Ação Direta de Inconstitucionalidade (ADI) n. 4.277 e da Arguição de Descumprimento de Preceito Fundamental (ADPF) n. 132, que reconheceu a união estável homossexual e, inclusive, a possibilidade de sua conversão em casamento perante o oficial do registro civil.

O Conselho Nacional de Justiça (CNJ) aprovou a Resolução n. 175/2013, que dispõe sobre a habilitação, celebração de casamento civil, ou de conversão de união estável em casamento, entre pessoas de mesmo sexo. Pela resolução, é vedada às autoridades competentes a recusa de habilitação, celebração de casamento civil ou de conversão de união estável em casamento entre pessoas de mesmo sexo.

É evidente a força destes mandamentos, que devem ser respeitados e buscados por todos. Com base neles, a escritura pública de união ou de convivência afetiva é elaborada.

Os afetos do mesmo sexo, porém, padecem mais de preconceitos familiares e sociais e podem merecer também uma proteção especial quando as partes queiram ou necessitem de privacidade sobre as suas escolhas afetivas. Em outras palavras, muitas famílias ainda se opõem às opções sexuais, e muitos homossexuais ainda desejam manter-se "no armário". Em consequência, a atividade notarial deve procurar garantir aos companheiros o direito de serem reconhecidos como tal, em caso de doença, incapacidade ou morte do outro, e a privacidade.

As escrituras homoafetivas devem conter os mesmos itens das demais escrituras afetivas. Deve-se ressaltar que, quando haja oposição familiar à relação, mesmo que de colaterais, é importante incluir cláusulas que indiquem o companheiro como a pessoa eleita para acompanhar o outro em caso de hospitalização e tratamento de saúde, bem como ser responsável por toda e qualquer decisão de caráter médico, inclusive desligar equipamentos que mantêm a vida e decidir sobre a doação de órgãos. A disposição deve ser expressa também em afastar os parentes, possibilitando ao companheiro que esteja são plena autonomia na condução das ações em caso de conflito entre as suas decisões e as de familiares.

Também a cláusula-mandato recíproca se impõe, nestes casos, para que o companheiro, mesmo em caso de perda da consciência do enfermo, possa dar andamento, seja a providências comezinhas da vida cotidiana, seja a outras mais complexas, como a administração provisória dos demais interesses da pessoa.

Se os companheiros ou um deles, ou delas, for empresário ou administrador de bens, deve ser incluído também um contrato acessório de representação patrimonial, cujo termo inicial é a perda da consciência ou até mesmo da capacidade do companheiro ou companheira inabilitada.

Também a inclusão de testemunhas é conveniente para prova adicional às próprias declarações dos companheiros ou companheiras de determinados fatos da vida afetiva e social das partes.

A definição do regime de bens segue as mesmas regras já indicadas neste trabalho para as uniões estáveis. Da mesma forma, é importante incluir a obrigação de comparecimento para a rescisão da relação ou a possibilidade de denúncia unilateral em caso de falta ou recusa de um dos companheiros ou companheiras.

25
TESTAMENTO PÚBLICO

No Brasil, a sucessão pode ser legítima ou testamentária.

Quando uma pessoa nada declara sobre a sua sucessão, sobre o destino de seus bens e direitos para depois de sua morte, a sucessão se regulará por previsões genéricas fixadas na lei, a denominada sucessão legítima.

Quando a pessoa deseja regular especialmente a sua sucessão, evitando a generalidade da lei, ou moderando-a para a sua situação especial, deve fazer um testamento.

As disposições legais genéricas da lei sobre a sucessão envolvem os seguintes conceitos basilares:

1. **Princípio da *saisine***: o ordenamento assume que, no momento da morte de uma pessoa, a sua herança é transmitida aos herdeiros legítimos e testamentários (art. 1.784). Ainda que não detenham a posse ou possam exercer seus direitos, ou que não tenham título algum para exercer o direito, os herdeiros já têm o domínio.

2. **A herança é uma universalidade imóvel**: a herança, ou seja, todos os bens e direitos que compõem o patrimônio do morto, é uma universalidade imóvel (art. 80, II). Isto significa que, mesmo que haja uma atribuição testamentária individualizando a propriedade dos bens, enquanto não se executar o testamento, realizar o inventário e a partilha, o herdeiro não pode exercer domínio sobre seu bem específico. A herança defere-se como um todo unitário, ainda que vários sejam os herdeiros. Até a partilha, o direito dos coerdeiros quanto à propriedade e posse da herança é indivisível e se regula pelas normas relativas ao condomínio (art. 1.791, parágrafo único).

3. **Herdeiros necessários**: a lei considera que certas pessoas são herdeiras necessárias, ou seja, têm direito a receber ao menos metade da herança. Assim, se existirem herdeiros necessários, o testador só pode dispor por testamento da metade da herança em seu testamento (art. 1.789).

São herdeiros necessários **somente** os descendentes, os ascendentes e o cônjuge[1] (art. 1.845). Pertence a eles, de pleno direito, a metade dos bens da herança, parte que é denominada "legítima" (art. 1.846). A legítima é a metade do valor dos bens existentes na abertura da sucessão (momento da morte da pessoa), abatidas as dívidas e as despesas do funeral, adicionando-se, em seguida, o valor dos bens sujeitos a colação, ou seja, aqueles bens que foram doados em vida para os seus herdeiros necessários (filhos, netos etc.).

1. "Descendentes" envolve filhos, netos, bisnetos etc. "Ascendentes" envolve pais, avós, bisavós etc. A classe mais próxima exclui a seguinte, isto é, se houver filhos, herdam estes, excluídos os netos; se houver pais, herdam estes, excluídos os avós.

4. **Ordem da vocação hereditária:** a lei fixa uma ordem pela qual as pessoas são chamadas à sucessão. Em primeiro lugar, herdam os descendentes, em concorrência com o cônjuge sobrevivente que for casado no regime da comunhão parcial de bens (e desde que o autor da herança tenha deixado bens particulares), ou da separação convencional de bens, ou de aquestos[2]. Em segundo lugar, se não houver descendentes, a herança é deferida aos ascendentes, em concorrência com o cônjuge (seja qual for o regime de bens, não importa). Após, em terceiro lugar, se não houver descendentes e ascendentes, herda necessariamente o cônjuge sobrevivente (mais uma vez, seja qual for o regime de bens, não importa).

Se não houver descendentes, ascendentes ou cônjuges, herdam os colaterais, que, ressalte-se, não são herdeiros necessários.

Entre os companheiros, a ordem estava fixada no art. 1.790, declarado inconstitucional pelo STF (Recurso Extraordinário 878.694). Não há distinção sucessória entre cônjuges e companheiros, ambos agora sob a égide do art. 1.829.

25.1 TESTAMENTO

O testamento é o único ato pelo qual uma pessoa pode disciplinar assuntos, patrimoniais ou não, para serem eficazes após a sua morte[3]. A lei veda que se disponha sobre assuntos sucessórios por meio de outros atos, por contratos ou declarações que não contenham as solenidades do testamento. Os atos são nulos, não produzem nenhum efeito.

Dispõe o Código Civil, art. 426, que a herança de pessoa viva não pode ser objeto de contrato. Veda-se a *pacta corvina*, o contrato fundado na expectativa da morte de alguém. Controversa é a caracterização da renúncia à herança de pessoa viva. Não há doutrina sobre o assunto, mas as opiniões que colhemos, sempre muito conservadoras em questões sucessórias, são no sentido de caracterizar a renúncia de pessoa viva como ato nulo. Divergimos, entendemos possível, mas, no concurso, seja conservador.

Testamento é o ato no qual uma pessoa declara a sua vontade para destinar os seus bens e disciplinar aspectos patrimoniais e afetivos de sua sucessão. É a manifestação de última vontade de uma pessoa, para ser cumprida depois de sua morte.

O testamento é feito em vida, para regular aspectos do patrimônio e do afeto de alguém após a morte. Quando feito, é ato válido, mas ineficaz. A eficácia nasce quando ocorre a morte do testador.

O testamento é ato solene, somente é válido se seguidas as formalidades fixadas na lei.

Os caracteres principais do testamento são os seguintes:

a) é ato personalíssimo, privativo do autor da herança: não pode ser feito por procuração;

2. Ou seja, não é herdeiro o cônjuge casado no regime da comunhão (universal) de bens ou no regime da separação legal (obrigatória) de bens fixado pelo art. 1.640, parágrafo único.
3. Pelo codicilo, um documento mais singelo, e sem formalidades, uma pessoa pode dispor de bens de pequeno valor, de caráter afetivo ou agradecido.

b) constitui negócio jurídico unilateral;

c) é ato solene;

d) é ato gratuito, mas pode conter condições;

e) é ato essencialmente revogável (art. 1.969);

f) é ato *causa mortis*: produz efeitos somente após a morte do testador.

Há duas classes de testamento, os ordinários e os especiais.

Os **testamentos ordinários** são: a) público; b) cerrado; c) particular ou hológrafo. Os **testamentos especiais** são: a) marítimo; b) aeronáutico; c) militar.

Neste livro, vamos tratar do testamento público e da aprovação do testamento cerrado.

25.1.1 Testamento público

O **testamento público** é aquele que se reveste das formalidades previstas em lei. São as seguintes (art. 1.864):

> I – ser escrito por tabelião ou por seu substituto legal em seu livro de notas, de acordo com as declarações do testador, podendo este servir-se de minuta, notas ou apontamentos;
>
> II – lavrado o instrumento, ser lido em voz alta pelo tabelião ao testador e a duas testemunhas, a um só tempo; ou pelo testador, se o quiser, na presença destas e do oficial;
>
> III – ser o instrumento, em seguida à leitura assinado pelo testador, pelas testemunhas e pelo tabelião.

Pensar em testamento é pensar em planejar e regular a sucessão. Todos morremos. A lei prevê efeitos para a nossa sucessão, mas permite também que nós próprios, mediante testamento, regulemos especialmente o destino de nossos afetos e de nosso patrimônio, fixando condições, protegendo os bens da herança para que beneficiem as pessoas que entendemos merecerem tal proteção.

O testamento é conhecido como o ato de última vontade, mas a expressão é mais figurativa do que real. É possível testar a partir dos 16 anos, e a grande maioria dos testadores não está à beira da morte quando manifesta a chamada última vontade. O que as pessoas buscam por meio do testamento é planejar a própria sucessão.

O planejamento sucessório pode envolver situações pacíficas ou potencial ou claramente litigiosas. A função notarial busca sempre o acordo de vontades, é preventiva e pacificadora e assim deve ser exercida, mesmo nos testamentos de pessoas com situações familiares conflituosas. O tabelião está a serviço da vontade do testador, que deve traduzir, mediante disposições legítimas que evitem conflitos após a morte do testador ou, ao menos, disposições que declarem claramente a sua última vontade, sem margem para dúvidas.

O testamento é o ato notarial mais solene, pois envolve a presença do testador, do tabelião e de duas testemunhas[4], que juntas, em tempo contínuo e sem intervalos, devem cumprir os requisitos legais do ato.

4. Despicienda e perigosa a inclusão de mais testemunhas. A lei exige duas. Podem ser mais? Claro, mas numa eventual contestação ao ato, quanto à capacidade testamentárias, em especial o discernimento do testador, a presença de mais testemunhas do que as previstas pode indicar um conluio para afirmar o que não existe.

É possível que o testador mantenha dois ou mais testamentos, para serem interpretados em conjunto, seja no mesmo Estado ou país, seja em diversos locais, até no exterior.

25.1.1.1 Capacidade testamentária

Capacidade testamentária ativa é o conjunto de elementos que a lei exige para que alguém faça um testamento. Têm capacidade ativa para testar todas as pessoas capazes e as maiores de 16 anos, que tenham pleno discernimento das coisas, nacionais ou estrangeiras (art. 1.860).

Por exclusão, não podem testar os absolutamente incapazes, as pessoas interditas, as pessoas jurídicas, os que não tiverem pleno discernimento à época do testamento e aqueles que, por causa transitória ou permanente, não puderem exprimir sua vontade (art. 4º, III).

O maior de 16 anos tem capacidade ativa para testar, sem necessidade de estar representado, autorizado ou emancipado por seus pais. Como pode testar, pode ser admitido como testemunha do testamento de outra pessoa.

A expressão "pleno discernimento" pode ser entendida como lucidez, clareza de ideias e capacidade para, igualmente, manifestar à vontade claramente. Se o tabelião não entender o testador, não pode haver testamento. A pessoa que age de modo estranho, afetado, brincalhão, irônico, sarcástico, cínico, irritado, bravo ou alegre **tem capacidade** para testar. As características de comportamento ou o humor de uma pessoa evidentemente afetam o seu julgamento, mas não o pleno discernimento.

A Lei n. 13.146/2015 trouxe severas mudanças sobre a teoria da incapacidade. Parece-nos que para a atividade notarial, incide o art. 215 do Código Civil, em consonância com o art. 85 do referido Estatuto. Assim, o tabelião deve verificar se o testador que possui deficiência pode exprimir claramente a sua vontade para o testamento; se não exprimir, o ato deverá ser negado.

A verificação da capacidade para testar é feita pelo tabelião e pelas duas testemunhas. Se não houver certeza unânime destes três, o testamento não pode se realizar. Mesmo que o tabelião decida pela capacidade, se uma das testemunhas não estiver segura o testamento deve ser obstado.

Portanto, as testemunhas testamentárias não são meramente instrumentárias. Elas participam do ato verificando com o tabelião a identidade e a capacidade do testador, bem como o cumprimento das formalidades legais do ato.

O testamento público não precisa ser confirmado em juízo pelo tabelião ou pelas testemunhas. Ele tem plena executividade, bastando para o seu cumprimento que seja registrado em juízo após a morte do testador[5]. Mas, eventualmente, tabelião e testemunhas podem ser chamados para dizer e confirmar em juízo aquilo que presenciaram e que foi formalizado na cédula testamentária, hipótese que subverte a fé

5. CPC, art. 736.

pública e por isso só tem sentido se o juízo necessitar de esclarecimento não levado à cédula testamentária.

O pleno discernimento envolve, além da lucidez, o livre-arbítrio. A pessoa deve ter liberdade plena sobre a sua vontade e o seu destino. Significa que não pode estar coagida ou induzida, física, intelectual ou afetivamente.

Identificar qualquer uma destas máculas é tarefa do tabelião e das testemunhas. Via de regra, é simples, pois a coação é evidente. O induzimento, contudo, é situação sutil, delicada, muitas vezes obliterada pelo afeto, pela proteção, pelas relações familiares. Quando evidenciado, o induzimento deve impedir a lavratura do testamento[6]. Não há problema que testador e beneficiário estejam presentes juntos no momento do testamento, o que, com frequência ocorre com casais. A situação é de harmonia e somente se detectarem, o tabelião e as testemunhas, sinais de subordinação ou de indução de uma parte sobre a outra, o testador deve ser separado.

A idade provecta, a velhice, não macula a capacidade da pessoa. Constitui um desrespeito à pessoa humana o preconceito sobre o discernimento e a plena capacidade de pessoas idosas.

Há tabeliães que exigem de certas pessoas idosas (acima de 70 anos, ou de 80 anos) prévio atestado médico de sanidade mental para testarem. Não é formalidade exigida pela lei tampouco indica cautela ou temperança. Pode constituir mero preconceito contra o idoso. Por outro lado, quando o testador temer a contestação posterior de seu testamento, o atestado médico recente indica uma prudência e espanca controvérsia, corroborando a capacidade intelectual do testador.

O testador que, preventivamente, mune-se de um atestado médico indicando a sua capacidade mental pode ter suas razões, e o atestado, neste caso, pode ser informado no testamento ou simplesmente entregue à pessoa de confiança do testador, para que seja apresentado em juízo se houver contestação ao testamento. As relações familiares, seus conflitos e suas implicações econômicas, nunca devem ser subestimadas.

Muitas vezes, o testador está no hospital e sob o efeito de medicamentos. Esta é uma situação comum entre testadores. A pessoa se esquece de (ou se recusa) pensar na morte e suas consequências e, quando se vê isolada em um quarto, cercada de médicos e remédios, à beira de um tratamento ou de uma cirurgia, lembra-se de que precisa testar.

O testador que está hospitalizado ou sob o efeito de medicamentos não deixa de ter, via de regra, pleno discernimento. Um bate-papo sobre generalidades, a profissão do testador, os eventos da semana ou as ilusões da novela, uma conversinha pequena já denuncia a pessoa medicada e alterada a ponto de não poder testar.

Negar ou temer o testamento de um enfermo é um grave atentado profissional. Atinge a pessoa interessada em um momento de fragilidade e nega-lhe um direito civil. O momento clássico do testamento é o leito de morte. Depois do tabelião, a última confissão com o capelão.

6. Em nossa experiência de mais de 2.000 testamentos, somente deixamos de lavrar testamentos quatro vezes por evidente falta de discernimento dos testadores. A coação e o induzimento nunca foram detectados.

O Código Civil não se expressa sobre o testamento do mudo ou do impedido de falar por problemas vocais, prevendo especialmente os testamentos dos surdos e cegos. O analfabeto somente pode testar pela forma pública, pois é a única forma ordinária de testamento que admite a assinatura a rogo (art. 1.865).

A doutrina é quase unânime em exigir que o testador se expresse de "viva voz". A lei não faz tal exigência. Nem mesmo o Código de 1916 exigia isso quando determinava que o testamento deveria ser escrito de acordo com o ditado ou as declarações do testador. A expressão "ditado" certamente refere-se à oralidade, mas declarações podem ser feitas oralmente, ou também por escrito, ou até mesmo por sinais.

O atual Código Civil é mais claro sobre a possibilidade de as declarações não serem orais, pois informa que o testador pode "servir-se de minuta, notas ou apontamentos". Esta é uma questão controversa e abordada por nós porque pode ser tema de questões objetivas ou discursivas em **concurso**. Se você tiver que optar por uma alternativa, lembre-se de que a doutrina é quase unânime em defender a necessidade de as declarações serem feitas de "viva voz". Nossa opinião, porém, é de desnecessidade.

O surdo e o cego podem fazer testamento. O inteiramente surdo, se for alfabetizado, lerá o seu testamento. Se não for, escolherá alguém para ler em seu lugar.

Ao cego somente é permitido o testamento público, que lhe será lido em voz alta duas vezes, uma pelo tabelião, outra por uma das testemunhas escolhida pelo testador.

O testador pode ser estrangeiro e expressar-se em outro idioma, desde que o tabelião compreenda e redija o ato em língua nacional. A manifestação do testador por intermédio de intérprete ou tradutor, ainda que juramentado, é controversa. Entendemos que é possível.

A incapacidade posterior do testador não invalida o testamento feito enquanto ele estava capaz, tampouco a capacidade posterior torna válido um testamento feito por um incapaz (art. 1.861).

A **capacidade testamentária passiva** é a capacidade de receber herança por testamento.

Todas as pessoas físicas, nacionais ou estrangeiras, têm capacidade de receber herança por testamento, inclusive incapazes, sejam menores ou interditos, lúcidos ou loucos, livres ou aprisionados.

Também podem herdar os ainda não concebidos ao tempo do testamento, mas devem estar concebidos ao tempo da abertura da sucessão. Se o concebido fenecer, deixar de nascer, a disposição testamentária é caduca, ou seja, não produz efeitos.

Algumas pessoas estão impedidas de receber por testamento. São elas (art. 1.801): I – a pessoa que escreveu o testamento a pedido do testador, seu respectivo cônjuge ou companheiro e os seus ascendentes e irmãos; II – as testemunhas do testamento; III – o concubino do testador casado, salvo se este, sem culpa sua, estiver separado de fato do cônjuge há mais de cinco anos; IV – o tabelião, civil ou militar, ou o comandante ou escrivão que lavrar ou aprovar o testamento.

As disposições testamentárias a favor destas pessoas são nulas, mesmo que sejam simuladas por ato oneroso, ou feitas mediante interposta pessoa. A lei presume que são interpostos os ascendentes, os descendentes, os irmãos e o cônjuge ou companheiro da pessoa proibida de suceder por testamento (art. 1.802).

É lícita a disposição a favor do filho do concubino e do testador (art. 1.803).

Também não podem suceder as pessoas indicadas no art. 1.814 do Código Civil. São excluídos da sucessão os herdeiros ou legatários que: I – houverem sido autores, coautores ou partícipes de homicídio doloso, ou tentativa, contra a pessoa de cuja sucessão se tratar, seu cônjuge, companheiro, ascendente ou descendente; II – houverem acusado caluniosamente em juízo o autor da herança ou incorrerem em crime contra a sua honra, ou de seu cônjuge ou companheiro; III – por violência ou meios fraudulentos, inibirem ou obstarem o autor da herança de dispor livremente de seus bens por ato de última vontade.

As pessoas jurídicas, nacionais ou estrangeiras, também têm capacidade de herdar por testamento, bastando que existam ou que venham a existir por disposição do testador sob a forma de fundação. Se já estiverem extintas, não há personalidade e, portanto, capacidade. A disposição testamentária a favor da empresa extinta é caduca. Enquanto não se ultimar a falência, a empresa tem capacidade.

No Brasil, os animais não têm capacidade ativa para suceder. A pessoa que quiser proteger um animal de estimação pode dispor a favor de uma pessoa com a condição de que trate e cuide do animal. O beneficiário da disposição é a pessoa, e não o animal.

O testador pode, antevendo a pré-morte ou comoriência do herdeiro ou legatário, declarar o seu substituto (CC, art. 1.799, I, II e III).

O *trust*, instrumento de planejamento sucessório largamente utilizado no exterior para grandes fortunas, pode ser também moldado no Brasil, por meio da constituição de renda (art. 803), até o limite da parte disponível.

25.1.1.2 Testemunhas

O testamento público deve ser feito com duas testemunhas. Duas: nenhuma a mais nem a menos. O ato é solene; portanto, permitir a presença de mais ou menos testemunhas no ato implica em infração à forma prevista, o que pode terminar em nulidade do ato.

O Código Civil de 2002 é omisso quanto à capacidade e aos impedimentos para as testemunhas do testamento. Assim, deve ser aplicada a regra geral das incapacidades para testemunhar prevista no art. 228, adaptando-se.

Apesar da remansosa tendência jurisprudencial de salvar as disposições de última vontade, mesmo quando haja falhas formais, o descumprimento de alguma das solenidades, a falta de taxatividade quanto aos impedimentos das testemunhas pode levar a controvérsias desnecessárias e prejudiciais à segurança jurídica. Neste aspecto, é frequente que as testemunhas testamentárias sejam amigos pessoais dos testadores e há quem entenda que isso as eivaria de suspeição. Entendemos que não, escorados na longa história dos instituto que sempre permitiu a presença de amigos, desde que não beneficiados no testamento, tampouco os respectivos familiares.

Não podem ser admitidos como testemunhas: I – os menores de dezesseis anos; II – revogado; III – revogado; IV) o interessado no testamento; V – os cônjuges, os ascendentes, os descendentes e os colaterais, até o terceiro grau do testador ou de quaisquer herdeiros, por consanguinidade ou afinidade.

Estes impedimentos devem ser aferidos no momento do testamento. Se uma testemunha, posteriormente, vir a contrair matrimônio com um herdeiro ou legatário, não se invalida o ato, ou a disposição, por conta disso.

O analfabeto não pode ser testemunha, pois não sabe ler e não pode ter certeza do que está escrito no instrumento[7].

Também não devem ser testemunhas os prepostos do tabelião, pois o rompimento do contrato de trabalho pode deixar ressentimentos potencialmente ruinosos para o testamento[8].

Segundo Venosa, os impedimentos testemunhais, no que se refere aos testamentos, devem ser vistos *cum granum salis*. Não há nulidade fixada pelo novo Código, como havia no Código de 1916. Portanto, não se pode ter por irremediavelmente perdido o testamento pela participação de uma das pessoas indicadas no art. 228[9].

25.1.1.3 Objeto do testamento e disposições testamentárias

O testamento conterá disposições patrimoniais ou não patrimoniais, indicando herdeiros ou legatários.

Pode ser objeto do testamento a disposição de certo e determinado, como o imóvel, o automóvel, as disponibilidades financeiras, os depósitos em conta corrente, as cotas empresariais, os direitos, até mesmo as expectativas de direito do testador.

Não são objeto do testamento, nem devem integrar o inventário, as importâncias de seguro de vida e previdência. Estas decorrem dos respectivos planos e contratos, tendo neles a indicação dos beneficiários. Não obstante, é comum a disposição de seguros e benefícios previdenciários no testamento. Neste caso, devem ter correspondência com as disposições contratuais e, no que conflitarem, estão sujeitas à interpretação das companhias seguradoras ou previdenciárias.

As disposições patrimoniais são fixadas pela atribuição de herança ou legado para alguém.

Herança é a totalidade ou uma fração do patrimônio do testador.

Legado é a atribuição de coisa certa e determinada a alguém. Assim, exemplificando, o testador pode deixar a sua herança para três sobrinhos, em partes iguais. Ou deixar, como legado, o imóvel A para o sobrinho X, o imóvel B para o sobrinho Y. Uma questão para **concurso**: o que é pré legatário ou legatário precípuo? É o herdeiro legítimo, com direito aos bens que integram o seu quinhão hereditário, e é também beneficiado com um ou mais legados.

---

7. Venosa, Silvio de Salvo. *Direito civil*. 4. ed. v. VII, p. 194.
8. De opinião contrária, Venosa, 2004, p. 194.
9. Venosa, Silvio de Salvo. *Direito civil*. 4. ed. v. VII, p. 193.

O objeto da herança não necessita existir no patrimônio do testador no momento do testamento. É preciso que exista no momento da sucessão, e, se não existir, a disposição estará caduca.

É possível dispor sobre coisa alheia no momento do testamento, que deve constar do patrimônio do testador no momento da sucessão. Pode-se legar coisa móvel, que será determinada pelo gênero ou pela espécie ("lego o automóvel que possuir quando falecer"). Se o testador se referir à coisa da qual tenha apenas uma fração, a disposição se terá como desta quantia.

A deixa pode ser também de coisa determinada, mas incerta ("o equivalente a safra de açúcar" da fazenda X no ano de 2011), ou de coisa incerta, mas determinada ("os bens imóveis que eu adquirir em 2012").

O testador pode legar créditos ou direitos presentes ou futuros, quitar as dívidas do herdeiro, ou perdoar aquelas em que seja o credor. Pode constituir renda (art. 803) a favor de alguém ou de uma instituição, ou legar alimentos.

Pode partir a propriedade, legando o usufruto para um e a nua propriedade para outrem. O prazo do usufruto pode ser determinado; mas, se não o for, será tido como vitalício.

O testador pode dar a certos herdeiros o privilégio de escolherem, por primeiro, os bens que comporão os respectivos quinhões.

O testador pode indicar os bens e valores que devem compor os quinhões hereditários de seus herdeiros, deliberando ele próprio a partilha, inclusive dos quinhões da legítima, que prevalecerá, salvo se o valor dos bens não corresponder às quotas estabelecidas (art. 2.014). Neste sentido, é importante a redação do testamento dispor com clareza os quinhões que serão oriundos da parte disponível e os que integrarão a parte legítima de cada herdeiro.

As disposições testamentárias também podem ser não patrimoniais. A mais clássica destas é o reconhecimento de filho (art. 1.609, III), mas pode haver outras: as disposições sobre o próprio corpo do testador (art. 14); as disposições sobre funeral, sepultura e atos religiosos (art. 1.998); a nomeação de tutor para filhos menores (art. 1.634, IV) e a indicação de curador especial para os bens da herança (art. 1.733, § 2º); a revogação de testamento anterior (art. 1.969); a nomeação de testamenteiros (art. 1.976); a reabilitação do indigno (art. 1.818); a instituição de bem de família (art. 1.711); a imposição de cláusulas restritivas como a inalienabilidade, incomunicabilidade ou a impenhorabilidade (arts. 1.848 e 1.911); a dispensa de colação (art. 2.006); a criação de uma fundação (art. 62); uma confissão etc.

As disposições testamentárias não podem ser objeto de retificação ou aditamento por outro ato, ainda que mero erro evidente, tais como grafia em nomes, dados numéricos de bens[10] etc.

10. Corregedoria-Geral da Justiça. São Paulo. Processo CG n. 2011/126638. J. em 1º-3-2012. Ementa: Tabelião de Notas – Escritura pública (testamento) – Retificação – Impossibilidade – Necessidade da lavratura de novo ato notarial com a participação das mesmas partes – Precedentes – Negado provimento ao recurso.

25.1.1.4 Espécies de disposições testamentárias

As disposições testamentárias podem ser: 1) puras e simples; ou 2) condicionais; ou 3) modais ou com encargo; ou ainda 4) motivadas ou por certa causa. Vejamos:

1) **Pura e simples:** a disposição testamentária pura e simples é a que produz seus efeitos na abertura da sucessão, investindo prontamente os beneficiados em seus direitos, sem estar atrelada a qualquer condição ou encargo.

2) **Condicional:** a disposição testamentária condicional é a que exige, para sua eficácia, um evento futuro e incerto (art. 121). A condição pode ser suspensiva, se suspende a ocorrência da disposição ou o exercício do direito até que ela, a condição, se perfaça. Se ocorrer a morte do herdeiro testamentário antes do implemento da condição, haverá caducidade da disposição. Ex.: o herdeiro A recebe o legado X quando completar o curso superior.

3) **Modal ou com encargo:** é a condição que impõe ao herdeiro o cumprimento de uma obrigação. Ex.: construir uma escola com a herança. Não é possível deixar a herança para alguém, obrigando-a a deixar para uma terceira pessoa. Isso caracteriza o fideicomisso que, praticamente, é vedado no direito brasileiro[11].

4) **Motivada ou por certa causa:** é a condição na qual o testador motiva a liberalidade, em geral, a título de amizade ou agradecimento.

25.1.1.5 Substituições hereditárias

Substituição é a indicação de certa pessoa, ou várias, para recolher a herança, ou o legado, se o nomeado faltar ou recusar. Pode ocorrer em caso de premoriência, comoriência, exclusão (por indignidade ou falta de legitimação), renúncia ou não implemento da condição imposta pelo testador. Num exemplo, "deixo para meu filho José o imóvel X, e, se houver premoriência ou comoriência, devem herdar os meus netos, filhos de José, em partes iguais".

A substituição pode ser: a) vulgar ou b) fideicomissária.

A **substituição vulgar** ocorre quando o testador designa uma ou mais pessoas para ocupar o lugar do herdeiro, ou legatário, que não quiser ou recusar o benefício.

Subdivide-se em: a) simples (ou singular), b) coletiva (ou plural) e c) recíproca.

A **substituição simples (ou singular)** ocorre quando é indicado apenas um substituto. A **substituição coletiva (ou plural)** ocorre quando é indicado mais de um substituto, que serão chamados em conjunto. A **substituição recíproca** ocorre quando são indicados dois ou mais beneficiários, determinando o testador que reciprocamente se substituam (CC, art. 1.948).

A **substituição fideicomissária** ocorre quando o testador indica uma pessoa e, desde logo, determina um substituto, a quem a primeira pessoa deve repassar a herança, ou legado, depois de certo tempo, condição ou sua morte.

---

11. Só se permite a favor dos ainda não concebidos (CC, art. 1.952).

Também denominada **fideicomisso**, a substituição fideicomissária somente pode ser instituída sobre a metade disponível e está praticamente extinta no Brasil, pois o Código Civil de 2002 somente a permite "em favor dos não concebidos ao tempo da morte do testador" (art. 1.952). Assim, o fideicomisso somente pode ser feito a favor da prole eventual, hipótese de maior apelo demográfico do que de paz de espírito do testador e segurança jurídica. Se ao tempo da morte do testador já houver nascido o fideicomissário, este adquire a propriedade dos bens fideicomitidos, convertendo-se em usufruto o direito do fiduciário (parágrafo único).

No fideicomisso, há o **fideicomitente**, que é o testador, o **fiduciário** (ou gravado), que é a pessoa de confiança do testador que recebe a herança ou legado em primeiro lugar, e o **fideicomissário**, o destinatário final da disposição.

Há o **fideicomisso vitalício** quando o testador determina a substituição após a morte do fiduciário. Será o **fideicomisso a termo** quando ocorrer em momento prefixado pelo testador, ou teremos o **fideicomisso condicional** se depender do implemento de condição resolutiva.

Direitos e deveres do fiduciário: é titular de propriedade restrita e resolúvel (CC, art. 1.953), detém todos os direitos inerentes ao domínio, deve conservar e repassar a coisa, proceder ao inventário dos bens gravados (art. 1.953, parágrafo único), prestar caução de restituí-los, se exigida (art. 1.593, parágrafo único).

Direitos e deveres do fideicomissário: ajuizar medidas cautelares de conservação dos bens, antes de verificada a substituição, como titular de direito eventual; exigir que o fiduciário proceda ao inventário dos bens gravados e preste caução de restituí-los (art. 1.593, parágrafo único), salvo se, dispensado pelo testador, receber a parte que o fiduciário acrescer, em qualquer tempo (art. 1.596); responder pelos encargos da herança que ainda restarem, ao sobrevir à sucessão (art. 1.957); renunciar à herança ou ao legado, o que acarreta a caducidade do fideicomisso (art. 1.955); receber a herança ou o legado se o fiduciário recusar, salvo disposição em contrário do testador (art. 1.954).

É nulo o fideicomisso instituído sobre a legítima ou que ultrapasse o segundo grau (CC, art. 1.959).

25.1.1.6 Deserdação

O testador pode deserdar, ou seja, excluir de sua sucessão o herdeiro necessário, desde que o faça por disposição testamentária fundamentada em uma das causas previstas em lei.

Somente se deserda herdeiro necessário. Não se deserda os colaterais ou qualquer outra pessoa que não seja herdeira necessária. Para deixar de contemplar essas pessoas, basta fazer testamento a favor de outras.

São requisitos da deserdação: a) haver herdeiros necessários (art. 1.961); b) ser feita em testamento válido (art. 1.964); c) que o testador declare expressamente a causa prevista em lei (arts. 1.962, 1.963 e 1.964); d) que os herdeiros proponham a ação ordinária buscando a declaração judicial da deserdação.

A deserdação pode ser motivada pelas causas previstas no art. 1.814 ou por uma das hipóteses dos arts. 1.962, 1.963 ou 1.964.

No art. 1.814 estão fixadas, *numerus clausus*, as causas de indignidade que motivam a deserdação de qualquer herdeiro necessário. São excluídos da sucessão as pessoas que: I) houverem sido autores, coautores ou partícipes de homicídio doloso, ou tentativa deste, contra a pessoa de cuja sucessão se tratar, seu cônjuge, companheiro, ascendente ou descendente; II) que houverem acusado caluniosamente em juízo o autor da herança ou incorrerem em crime contra a sua honra, ou de seu cônjuge ou companheiro; III) por violência ou meios fraudulentos inibirem ou obstarem o autor da herança de dispor livremente de seus bens por ato de última vontade.

Não basta que o testador acuse os deserdados destes fatos. Eles devem ser objeto de sentença transitada em julgado para operarem a deserdação.

Em todos os casos do art. 1.814 pode se operar a deserdação de descendentes, ascendentes ou cônjuge.

Além dessas, há outras hipóteses especiais. Os descendentes podem ser excluídos da sucessão também por: I) ofensa física; II) injúria grave; III) relações ilícitas com a madrasta ou com o padrasto; IV) desamparo do ascendente em alienação mental ou grave enfermidade (art. 1.962).

Os ascendentes podem ser excluídos da sucessão quando ajam contra o testador com: I) ofensa física; II) injúria grave; III) relações ilícitas com a mulher ou companheira do filho ou a do neto, ou com o marido ou companheiro da filha ou o da neta; IV) desamparo do filho ou neto com deficiência mental ou grave enfermidade.

Note-se que o incesto não é causa de deserdação, omissão grave do legislador.

Em nossa experiência, verificamos que os casos de deserdação são raríssimos. Todas as que fizemos foram fundadas nos arts. 1.961 ou 1.962, tendo como fundamento a injúria grave ou o desamparo dos pais pelos filhos, ou vice-versa.

Injúria é a ofensa física ou moral que atinge e fere a pessoa em desrespeito ao seu decoro, à sua honra, aos seus bens ou à sua vida. É uma ofensa à subjetividade da pessoa e deve ser considerada em face do que sente o ofendido. O testador que se declara injuriado por determinada ação de um herdeiro necessário obriga este a provar que a ação ou omissão não foi injuriosa; já, os herdeiros beneficiados com a deserdação devem provar a injúria.

O desamparo no momento da doença é o motivo mais claro e que permite ser provado com facilidade. O testador que, enfermo, no hospital ou em sua residência, clama pela presença e amparo do herdeiro, sem receber resposta, ou pior, recebendo notícia de que o herdeiro se alegra com a dor ou antecipação dos benefícios hereditários, tem prova concreta do desamor, do desprezo que motiva a deserdação.

25.1.1.7 Efeitos da deserdação

Os efeitos da deserdação são personalíssimos, atingem somente o herdeiro excluído. Os descendentes ou ascendentes do excluído herdam por direito de representação.

25.1.1.8 Revogação do testamento

O testamento é ato essencialmente revogável. O testador pode revogá-lo quando e onde quiser, sem precisar indicar o motivo. Não é necessário que a revogação seja feita pelo mesmo tabelião que lavrou o testamento. O testamento feito num lugar pode ser revogado em qualquer outro, mesmo no exterior.

Tem-se por nula a cláusula na qual alguém declare o seu testamento irrevogável, pois a liberdade de testar é de ordem pública. Há uma só exceção: é irrevogável o testamento na parte em que o testador reconhecer filho (CC, art. 1.610).

O testamento pode ser revogado pelos mesmos modo e forma como pode ser feito (CC, art. 1.969). Um testamento público pode ser revogado por outro público, mas também por um cerrado, ou por um particular, ou ainda por um testamento especial, seja marítimo, aeronáutico ou militar, e vice-versa.

A revogação pode ser:

a) plena ou total, quando retira totalmente a validade do testamento;

b) parcial, quando desconstitui somente algumas cláusulas, mantendo outras (CC, art. 1.970 e parágrafo único);

c) expressa, que resulta de declaração inequívoca do testador manifestada em ato específico de revogação ou em novo testamento;

d) tácita, quando o testador não declara que revoga o anterior, mas há incompatibilidade entre as disposições do antigo com um novo testamento;

e) em caso de dilaceração ou abertura do testamento cerrado, pelo testador ou por outrem (CC, art. 1.972).

25.1.1.9 Rompimento do testamento

Existem situações da vida, retratadas fartamente na literatura e nas artes cênicas, de pluralidade familiar ou de filhos havidos no casamento ou fora dele, às vezes sem que o próprio testador, ou testadora, saiba de sua existência. É o homem que em viagem se relaciona com uma mulher com a qual perde o contato, mas que lhe dá um filho; ou a mãe que presume o filho morto, sem que esteja.

Sobrevindo descendente sucessível ao testador, que não o tinha ou não o conhecia quando testou, rompe-se o testamento em todas as suas disposições, se esse descendente sobreviver ao testador (CC, art. 1.973). Há a presunção legal de que o testador não teria disposto de seus bens em testamento se soubesse da existência do descendente.

Portanto, não convém ao testador omitir descendentes para preservar outros (da família legítima ou não). O melhor é declarar que tem conhecimento da possibilidade de ter filhos e dispor somente da parte disponível a favor daqueles de seu interesse. Assim, o testamento se tem por salvo (art. 1.975, parte final).

É possível também que o testador, ao testar, ignore que um de seus herdeiros necessários, tais como ascendentes ou cônjuge, esteja vivo (CC, art. 1.974). Também neste caso, o testamento rompe-se, podendo o testador, se desconfiar da possibilidade de estar vivo, testar somente sobre a parte disponível.

25.1.1.10 Cláusulas restritivas

O testador pode impor as cláusulas restritivas de inalienabilidade, incomunicabilidade ou impenhorabilidade para um ou vários bens da herança, ou para a totalidade da herança, bem como para seus frutos e rendimentos e os bens que se sub-rogarem no lugar dos bens herdados.

As cláusulas podem ser impostas por prazo certo ou em caráter vitalício. A cláusula de inalienabilidade implica impenhorabilidade e incomunicabilidade (art. 1.911).

A imposição das cláusulas sobre a legítima exige a indicação de uma justa causa (art. 1.848). A doutrina é ainda incipiente e incerta sobre o que constitui uma justa causa, pois este requisito é inovação do Código de 2002. Entendemos que o testador pode querer proteger os seus herdeiros de negócios ou relações que dilapidem o patrimônio, proteger seu tronco familiar e os negócios tipicamente familiares (incomunicabilidade e impenhorabilidade). A inalienabilidade, porém, requer mais: requer o intuito de proteger um herdeiro sem discernimento das coisas, um incapaz, o filho com problemas com drogas, jogos ou gastador contumaz.

Importante ressaltar que a imposição das cláusulas sobre a parte disponível, ainda que esta seja a totalidade da herança, não exige a indicação da justa causa.

Somente por autorização judicial e havendo justa causa, podem ser alienados os bens gravados, convertendo-se o produto em outros bens, que ficarão sub-rogados nos ônus dos primeiros (art. 1.848, § 2º). A extinção ou o cancelamento é possível excepcionalmente e diante do caso concreto por decisão judicial[12].

25.1.1.11 Testamenteiro

Testamenteiro é quem tem o dever de executar o testamento, fiscalizando que a vontade do testador seja fielmente cumprida.

O testamenteiro é uma pessoa física indicada pelo testador, no ato ou posteriormente, até mesmo por codicilo. Pessoa jurídica não pode ser testamenteira. Se o testador não indicar, o juiz deve fazê-lo (art. 1.984). Podem ser indicadas uma ou várias pessoas para que ajam em conjunto ou separadamente, uma na falta da outra.

O testamenteiro não precisa estar presente ao ato, mas pode ser pessoa que esteja. Podem ser testamenteiros uma das testemunhas do testamento ou o advogado do testador, sem problema se estiver presente ao ato, ou o próprio tabelião[13]. Também podem ser testamenteiros, e é conveniente que sejam, um dos herdeiros legítimos ou instituídos ou todos eles.

O testamenteiro tem direito a uma remuneração, livremente fixada pelo testador, que pode também dispensar tal benefício. Se a remuneração não for fixada pelo testa-

12. STJ. REsp 1158679-MG. Rel. Min. Nancy Andrighi. 3ª Turma. *DJe* 15-4-2011. Ementa: Direito das Sucessões. Revogação de cláusulas de inalienabilidade, incomunicabilidade e impenhorabilidade impostas por testamento. Função social da propriedade. Dignidade da pessoa humana. Situação excepcional de necessidade financeira. Flexibilização da vedação contida no art. 1.676 do CC/16. Possibilidade.
13. A lei não veda.

dor, o juiz deve fazê-lo, com limite de 5% da herança, levando-se em conta o valor da herança e o trabalho de execução do testamento, o que se denomina **vintena**. A vintena é prevista no art. 1.987 do Código Civil.

O testador pode conferir a posse dos bens da herança ao testamenteiro, mas somente se não houver cônjuge sobrevivente, descendentes e ascendentes, ou se estes não a quiserem ou não puderem exercê-la. Toca a estes, preferencialmente, a posse e a administração da herança (art. 1.977).

25.2 TESTAMENTO CERRADO

O testamento cerrado é uma forma testamentária em extinção. É conhecido como **testamento secreto**, pois a ninguém, nem mesmo ao tabelião que o aprova, é dado conhecer o seu conteúdo.

O testamento cerrado só pode ser feito por quem saiba e possa ler; é escrito e assinado pelo testador, em português ou qualquer outro idioma, ou por alguém a seu rogo. Pode ser escrito mecanicamente desde que o redator e o testador rubriquem todas as páginas.

Tem como requisitos: I) o testador deve apresentar a cédula ao tabelião na presença de duas testemunhas; II) o testador declara que aquele é o seu testamento e quer que seja aprovado pelo tabelião; III) o tabelião deve lavrar, no mesmo momento, o auto de aprovação, na presença das duas testemunhas, e lê este auto de aprovação ao testador e testemunhas; IV) o auto de aprovação deve ser assinado pelo tabelião, pelas testemunhas e pelo testador. Ao conferir o testamento, o tabelião não deve ler o seu conteúdo, mas deve ressalvar a existência de eventuais rasuras no auto de aprovação, inutilizando na cédula os eventuais espaços em branco.

Após o auto de aprovação, o tabelião lacra a cédula em um envelope e o costura, furando-o em quatro ou cinco pontos. Sobre a costura deve apor um lacre.

O testamento é entregue para o testador. O tabelião não fica com cópia, nem pode arquivar o testamento.

Depois, o tabelião lançará no seu livro uma nota com o nome do testador e sua qualificação, o lugar, dia, mês e ano em que o testamento foi aprovado e entregue, dando fé. Esta nota pode ser feita sem a presença do testador e das testemunhas e será subscrita apenas pelo tabelião.

Falecido o testador, o testamento será apresentado ao juiz, que o abrirá e o fará registrar, ordenando que seja cumprido, se não achar vício externo que o torne eivado de nulidade ou suspeito de falsidade (art. 1.875). O testamento cerrado somente pode ser aberto na presença do juiz[14]. Se for rompido o lacre do tabelião, ainda que por alguém de boa-fé, será nulo.

14. CPC, art. 1.125.

25.3 CODICILO

Codicilo é qualquer documento escrito que disponha sobre bens de pequena monta do testador para a sua sucessão. Tem por objeto, em geral, destinar bens afetivos, joias de pequeno valor, cartas, móveis etc. para determinadas pessoas.

O valor do bem será aferido pelo valor total do patrimônio. Assim, um milionário que deixe o carro para o seu motorista, dispõe sobre bem, para ele, de pequena monta. Para uma pessoa que não tenha muito patrimônio, o valor de um automóvel é expressivo e não permite a deixa em codicilo.

Por codicilo é possível também fazer disposições importantes, como substituir o testamenteiro, reabilitar o indigno e reconhecer filho.

O testamento, sob qualquer forma, revoga o codicilo quando disponha sobre os bens ali indicados. O codicilo não revoga o testamento válido.

25.4 PLANEJAMENTO PATRIMONIAL SOCIETÁRIO – BREVE NOTA

Uma importante decisão do Departamento Nacional de Registro Empresarial e Integração – DREI (Recurso n. 14022.116144/2022-57) considerou válida a cláusula de contrato social da empresa que dispõe sobre a destinação das quotas empresariais na ocorrência do falecimento de um sócio.

Escorada na DREI n. 81/2020, item 4.5, o Departamento considerou acertado o entendimento do Plenário da Junta Comercial do Rio de Janeiro que entendeu válida a cláusula que previa a alienação automática de quotas após a morte de um dos sócios, interpretando que o art. 1.028, I, do Código Civil, permite a forma própria para a liquidação das quotas do sócio falecido.

Esta possibilidade permite um planejamento sucessório quanto às quotas sociais, dando segurança e estabilidade às empresas.

No testamento, é conveniente que o testador informe sobre o acordo de quotistas ou acionistas, sem necessidade de revelá-lo, para que os herdeiros conheçam como serão pagos estes direitos. Prevalece a autonomia e liberdade privada no âmbito empresarial, reforçada pela Lei n. 13.874/2019 (Lei da Liberdade Econômica), o que se coaduna com as disposições de última vontade.

25.5 JURISPRUDÊNCIA SELECIONADA

a) Tribunal de Justiça de Minas Gerais

APELAÇÃO CÍVEL N. 1.0342.15.012463-0/001 – EMENTA: AÇÃO DECLARATÓRIA DE RECONHECIMENTO DE MATERNIDADE E PATERNIDADE SOCIOAFETIVA POST MORTEM – VÍNCULO AFETIVO COMPROVADO – MANIFESTAÇÃO DE VONTADE EXPRESSA EM TESTAMENTO PÚBLICO – FILIAÇÃO RECONHECIDA – SENTENÇA REFORMADA – RECURSO PROVIDO. 1. Nos termos do art. 1.593, do Código Civil, o parentesco pode ser natural ou civil, não se fundando apenas no critério da consanguinidade, mas podendo advir da relação socioafetiva. 2. O reconhecimento, em Testamento Público, cuja validade não foi questionada, somado às demais provas da existência do vínculo emocional e afetivo, inerentes à relação de filho, autoriza a declaração da filiação socioafetiva dos falecidos (pai e mãe) em relação à autora. 3. Sentença reformada. 4. Recurso provido. 04.08.2022.

AC: 10058080337064001 Três Marias, Relator: Ana Paula Caixeta, Data de Julgamento: 04.08.2022, Câmaras Especializadas Cíveis / 4ª Câmara Cível Especializada, Data de Publicação: 09.08.2022. EMENTA: APELAÇÃO CÍVEL – DIREITO DAS SUCESSÕES – NULIDADE DE TESTAMENTO – VÍCIOS NÃO COMPROVADOS – TESTAMENTO PÚBLICO – PRESUNÇÃO DE VERACIDADE – IMPROCEDÊNCIA DO PEDIDO. – O testamento público goza de fé pública e presunção de veracidade a respeito da manifestação de última vontade emitida pelo de cujus – Ausente comprovação de vício do consentimento ou vícios sociais improcede a pretensão de invalidação do testamento – Se não houve comprovação inequívoca do excesso na manifestação de vontade por parte do testador, até porque, na petição inicial, nem sequer foi indicado qual seria o patrimônio sujeito à partilha em inventário, observando-se as disposições do arts. 1.966 e seguintes do CC/2002, não se pode falar em redução de disposições – Comprovado que o testador mantinha união estável no momento da elaboração do testamento, cabível a nomeação da companheira como herdeira testamentária e testamenteira.

AC: 10461960031890001 Ouro Preto, Relator: Paulo Rogério de Souza Abrantes (JD Convocado), Data de Julgamento: 01.09.2022, Câmaras Especializadas Cíveis / 8ª Câmara Cível Especializada, Data de Publicação: 06.09.2022. EMENTA: APELAÇÃO CÍVEL – DIREITO DAS SUCESSÕES – TESTAMENTO – ABERTURA E REGISTRO – VIA ADEQUADA – CELERIDADE E ECONOMIA PROCESSUAL – ROMPIMENTO – NASCIMENTO DE NOVO HERDEIRO APÓS O TESTAMENTO – ART. 1.750 DO CC/16 - EFICÁCIA DO TESTAMENTO – HERDEIROS EXISTENTES – PRECEDENTES DO STJ – SENTENÇA REFORMADA – APELO PROVIDO Embora a ação de registro, arquivamento e cumprimento de testamento se trate de procedimento de jurisdição voluntária destinada apenas à avaliação das formalidades externas do testamento, dada sua cognição precária, como o processo já está em tramitação há mais de 25 anos e todas as partes interessadas estão devidamente representadas, nada impede que a discussão sobre a validade do testamento se dê nesta sede, em observância aos princípios da economia e da celeridade processual. O artigo 1.750 do Código Civil/1916 (art. 1.973 do Código Civil atual) trata do rompimento do testamento por disposição legal, espécie de revogação tácita pela superveniência de fato que retira a eficácia da disposição patrimonial, tratando-se, pois, de medida extrema. Segundo a doutrina, a interpretação do art. 1.750 do CC/16 é de que o rompimento do testamento deve ser aplicável apenas nos casos em que, ao tempo de sua realização, o de cujus não tivesse prole ou não a conhecesse, de forma que a superveniência de um herdeiro induziria uma mudança completa da possibilidade de livre disposição testamentária. De acordo com precedentes do STJ, "constitui condição estabelecida no art. 1.750 do Código Civil, para se romper o testamento, não possuir ou não conhecer o testador, ao tempo do ato de disposição, qualquer descendente sucessível, de sorte que se ele já tinha outros, o surgimento de um novo herdeiro não torna inválido o testamento de bens integrantes da parte disponível". Como, no caso, ao tempo do testamento o de cujus já tinha três filhos, o nascimento de um quarto filho em data posterior não induz o rompimento do testamento, devendo, apenas, ser limitadas as disposições testamentárias. Preliminar rejeitada. Apelo provido.

a) Tribunal de Justiça de São Paulo

Apelação Cível n. 4002960-61.2013.8.26.0079. EMENTA Não oficial: 3ª Câmara de Direito Privado. Sucessões. Testamento cerrado. Testadora com sequelas físicas em decorrência de AVC. Aposição de impressão digital e assinatura a rogo no testamento. Válido. 29.04.2022.

Apelação Cível n. 1021037-74.2021.8.26.0602 – Sorocaba – 8ª Câmara de Direito Privado – Rel. Des. Alexandre Coelho – DJ 04.10.2022. EMENTA: TESTAMENTO – WHATSAPP – INVALIDADE – Caso em que um paciente de Covid-19 estava internado em hospital e nesta condição teria enviado mensagem de whatsapp para o grupo de sua família, dispondo sobre seus bens – Sentença que não admitiu a validade do suposto testamento e rejeitou o pedido de abertura, registro e cumprimento de testamento – Inconformismo – Rejeição – Exigência legal de que o denominado testamento excepcional do art. 1.879 do CC contenha a descrição das circunstâncias que dispensariam as formalidades do testamento particular – Dispensa de testemunhas que deve ter motivo bastante – Caso concreto em que o testador tinha atendentes e médicos a sua volta e que poderiam servir de testemunhas da declaração de sua última vontade – Destinatários da mensagem que não são testemunhas – Sentença mantida – NEGARAM PROVIMENTO AO RECURSO.

26

Diretiva Antecipada de Vontade ou Testamento Vital

Por acidente ou por debilitação da saúde, milhares de pessoas, todos os anos, submetem-se aos desígnios do destino. Inconscientes, por vezes em estado de coma prolongado, não são hábeis para manifestar a vontade. Uma vida, os afetos, suas ramificações de relações e direitos e deveres, bens, negócios, planos, tudo fica suspenso.

Nestes períodos, a vontade da pessoa submetida a tratamento, quanto a sua própria vida e saúde, é substituída pelas decisões técnicas médicas. Quando estes profissionais enfrentam algum dilema moral ou ético, consultam a família. O paciente não tem voz e vontade.

Essa realidade afeta os tabeliães, que são chamados a responder a questões angustiantes as quais não estão habituados: o tratamento de saúde, as ações médicas permitidas e as vedadas, as possibilidades de prolongamento da vida ou de atenção e mitigação da dor e do sofrimento.

Uma dessas soluções é um instituto novo, o testamento vital, agora implementado no Brasil por meio de norma do Conselho Federal de Medicina, que preferiu denominar de Diretivas Antecipadas de Vontade (DAV)[1].

As diretivas antecipadas de vontade, ou testamento vital, caracteriza-se como um contrato unilateral, gratuito ou oneroso, personalíssimo, *intuitu personae*, consensual e essencialmente revogável.

O limite da liberdade da pessoa é o dever que tem o médico de usar todos os meios disponíveis de diagnóstico e tratamento, cientificamente reconhecidos e a seu alcance, em favor do paciente[2]. É vedado ao médico abreviar a vida do paciente, ainda que a pedido deste ou de seu representante legal. Mas, nos casos de doença incurável e terminal, deve o médico oferecer todos os cuidados paliativos disponíveis sem empreender ações diagnósticas ou terapêuticas inúteis ou obstinadas, levando sempre em consideração a vontade expressa do paciente ou, na sua impossibilidade, a de seu representante legal[3].

O novo Código de Ética Médica permite, portanto, a ortotanásia, ou seja, a morte digna, sem o sofrimento decorrente de medicamentos ou procedimentos médicos que

1. Código de Ética Médica aprovado pela Resolução CFM n. 2.217/2018, de 01 de novembro de 2018, que dispõe sobre as diretivas antecipadas de vontade dos pacientes (Dos Princípios Fundamentais, incisos XXI e XXII), e ainda nos artigos 31 e 41. Esta norma (*soft law*), do Conselho Federal de Medicina, normatiza os procedimentos médicos, possibilitando ao paciente vetar aqueles contrários à sua vontade.
2. Res. CFM n. 1.931/2009, art. 32.
3. Res. CFM n. 1.931/2009, art. 41.

podem prolongar a vida por mais tempo, mas sem qualidade, sem prazer de viver ao paciente, sem dignidade.

A compreensão de alguns conceitos médicos é essencial ao entendimento do tema[4]:

- **Ortotanásia**: nos casos de doença incurável e terminal, o tratamento médico oferece todos os cuidados paliativos disponíveis, sem empreender ações diagnósticas ou terapêuticas inúteis ou obstinadas, levando sempre em consideração a vontade expressa do paciente ou, na sua impossibilidade, a de seu representante legal.
- **Distanásia**: quando o médico adota todos os meios disponíveis de diagnóstico e tratamento, cientificamente reconhecidos e a seu alcance, em favor do paciente, mantendo-o vivo, ainda que com uso de aparelhos e quaisquer procedimentos a seu alcance.
- **Eutanásia**: a morte boa, em geral se refere à morte provocada a alguém, que a requer por padecer de uma enfermidade incurável e que provoca grande dor física ou moral, com a finalidade de abreviar o seu sofrimento (FARIAS, 2007).

Ao contrário do testamento tradicional e como sugere a etimologia, o testamento vivo, ou testamento vital, ou testamento em vida, é um documento com as decisões de uma pessoa a respeito de seu tratamento médico e seus eventuais efeitos para valer na oportunidade em que esta pessoa não possa mais manifestar a vontade, mas ainda e enquanto viva estiver.

Em São Paulo, a pioneira Lei Estadual n. 10.241/99, conhecida como Lei Mário Covas, pois foi editada quando o governador sofria do câncer que veio a matá-lo, dispõe sobre os direitos dos usuários dos serviços e das ações de saúde no Estado. Por ela, é permitido ao paciente recusar tratamentos dolorosos ou extraordinários para tentar prolongar a vida, bem como optar pelo local de morte (art. 2º, XXIII e XXIV), alternativa que permite inclusive a remoção do paciente para local onde a eutanásia seja permitida.

No Brasil, o testamento é ato solene e revogável pelo qual uma pessoa dispõe de seus bens para depois de sua morte. O ato deve obedecer criteriosamente à forma prevista no CC/2002 (arts. 1.862 e s.). Não há no direito pátrio o testamento para valer em vida.

Sem previsão legal, o ordenamento jurídico brasileiro aceita as disposições ou diretivas antecipadas de vontade, ou testamento vital, com base na liberdade geral de contratar, na autonomia da vontade.

Entendemos possível a realização de tais atos com fundamento nos princípios constitucionais e civis.

Dentre os princípios constitucionais aplicáveis, temos o direito à vida (art. 5º, *caput*), à liberdade de ação e ao princípio da legalidade, consubstanciados na máxima "ninguém será obrigado a fazer ou deixar de fazer alguma coisa senão em virtude de lei" (art. 5º, II), à liberdade de pensamento (art. 5º, IV), o direito à integridade física (art. 5º, III) e, finalmente, o direito à liberdade de crença e religião (art. 5º, VI). Todos estes princípios e direitos fundamentam a possibilidade de alguém precaver-se e antecipar

4. Deixo de contextualizar conceitos polêmicos como o suicídio assistido ou a eutanásia ativa ou passiva, pois o objeto deste estudo é mais a proteção e a garantia de direitos civis do que o trato da fronteira moral e penal.

decisões a respeito de sua saúde, vida privada e seus negócios por meio de diretivas antecipadas de vontade.

Temos também o princípio da dignidade da pessoa humana (art. 1º, III, da CF/88), o que garante, parece-nos, o direito a um tratamento compatível com as crenças e os valores individuais e também a uma morte digna.

O Código Médico visa a evitar a dor e o sofrimento, propiciando uma morte digna, que deve ser entendida sob os aspectos objetivo e subjetivo. A vida parece não ser uma escolha individual. Existente, o Direito a protege, obstando moralmente a pessoa ao suicídio, e criminalizando o auxílio a ele (art. 122 do CP). Sob este aspecto objetivo, nossa cultura protege a vida sobretudo, negando a morte e o direito a ela.

É de destacar que o Código Civil tangencia o assunto, quando permite ao enfermo ou ao portador de deficiência física requerer um curador para cuidar de todos ou alguns de seus negócios ou bens (art. 1.780). Se ele não puder se manifestar, qualquer das pessoas a que se refere o art. 1.768 também podem requerer: pais, cônjuge, qualquer parente, tutores ou curadores e o Ministério Público.

Pelo art. 107 do CC/2002, que contempla o princípio da ampla liberdade da forma dos atos jurídicos, a validade das declarações de vontade não depende de forma especial, senão quando a lei expressamente a exigir. Segundo o art. 425 do CC/2002, é lícito o contrato atípico, observadas as normas gerais fixadas pelo ordenamento.

Para a validade dos atos jurídicos, a lei exige agente capaz, objeto lícito e forma prevista ou não proibida pela lei (art. 104).

A forma pode ser pública ou particular. Dentre estas, sobressai a previsão do Conselho Federal de Medicina que aceita a disposição *ad verbis* reduzida a termo no prontuário médico do paciente.

Quanto ao tempo, pode ser fixado por prazo determinado ou indeterminado. Legislações de outros países estabelecem um prazo máximo, como Portugal, que fixou em cinco anos. Entendemos que, a exemplo do testamento tradicional, o testamento vital possa ser feito por prazo indeterminado, ressalvada a possibilidade de alteração ou revogação a qualquer tempo.

26.1 CONTEÚDO DO ATO

A maioria das normas estrangeiras somente prevê que o testamento vivo contenha disposições referentes ao tratamento de saúde e procedimentos necrológicos. Preferimos seguir o exemplo de algumas províncias do Canadá, onde o testamento vivo corresponde a um *power of attourney*, isto é, uma procuração com elenco de poderes sobre a saúde e negócios do mandante.

Isto porque as relações "médico e paciente" são apenas um dos elementos da vida de uma pessoa em tratamento de saúde. Há também que disciplinar o correr da vida, as relações ordinárias, os afetos e os negócios que prosseguem enquanto a pessoa é tratada, consciente ou inconsciente.

Por isso, o doente ou mesmo qualquer pessoa que, sadia, deseje prevenir-se quanto a fatalidades, deve dispor sobre seu tratamento, sobre as relações familiares e a continuidade de seus negócios, inclusive no tocante ao patrimônio.

Além das disposições relativas à saúde, a principal cláusula acessória que pode integrar a diretiva antecipada de vontade é o mandato. Tal disposição é essencial quando a pessoa seja empresária ou tenha negócios que demandem uma regular e contínua administração.

Quando alguém recebe de outrem poderes para, em seu nome, praticar atos ou administrar interesses, temos o mandato (art. 653 do CC/2002).

No caso das diretivas antecipadas de vontade e da cláusula mandato, é essencial observar que a perda da capacidade de manifestar a vontade é o termo inicial para a eficácia da disposição. Trata-se de um mandato atípico cuja eficácia inicia-se com a perda da capacidade de manifestar à vontade.

O Código Civil prescreve que o mandato se extingue pela interdição de uma das partes ou pela mudança de estado que inabilite o mandante a conferir os poderes, ou o mandatário para exercê-los (art. 682, II e III). A cláusula mandato de uma diretiva antecipada de vontade inicia-se justamente nestes casos, invertendo a premissa legal: o mandato cessa quando a parte tenha restabelecida a capacidade de manifestar a sua vontade.

O mandato deverá conter os poderes gerais de administração, podendo conter ainda muitos dos poderes especiais, como receber e dar quitação, prometer vender e comprar, vender ou comprar, transigir etc.

É possível que as diretivas antecipadas de vontade sejam manifestadas por quem detém a representação da pessoa. Apesar de se caracterizar como personalíssimo, entendemos possível que o menor, a pessoa que necessita de apoiador, o tutelado ou o curatelado, sejam representados por seus representantes legais, entes designados justamente para velar pelos interesses destas pessoas, dentre os quais se sobressai, sem dúvida, o direito à dignidade. Entendemos possível tal representação, inclusive no ato do testamento[5].

5. A Lei Brasileira de Inclusão, Lei n. 13.146/2015, determina esse cuidado.

27
Separação e Divórcio, Inventário e Partilha

A Lei n. 11.441, de 4 de janeiro de 2007, delegou nova competência para os notários: a lavratura de inventários e partilhas e de separações e divórcios pode ser feita por escritura notarial, desde que observados os requisitos legais. Agora, a Lei n. 13.105/2015 (Código de Processo Civil) passa a regular a matéria[1].

A lei atende ao anseio da população em geral, que reclama mais simplicidade e celeridade no processo de separação ou de divórcio, que era mais complexo do que o procedimento para contrair núpcias.

O processo judicial, é verdade, algumas vezes prolonga o abalo moral dos envolvidos em tais demandas, devido aos seus procedimentos e trâmites. A nova lei é uma lei procedimental: ela permite que os atos de separação, divórcio, extinção de união estável, inventário ou partilha sejam realizados pela via notarial. Não se aplicam, pois, as disposições do procedimento judicial. O "processo", melhor dizendo, o procedimento é, agora, notarial, sujeito às normas e costumes da atividade tabelioa.

De fato, não há justificativa para obrigar postular na via jurisdicional a extinção de pacto realizado por mera declaração de vontades (o casamento e a união estável), sem o condão de prejudicar terceiros. Tal procedimento contraria inclusive a lógica jurídica, pela qual a dissolução de um ato deve ser realizada pelos mesmos meios de sua elaboração.

A lei segue a tendência mundial de retirar do Judiciário os atos de jurisdição voluntária, para acelerá-los e simplificá-los. Trata-se da desjudicialização, termo novo que já se incorpora ao meio jurídico, no Brasil e também no exterior.

Quando houver consenso das partes, ao Estado interessa apenas a verificação da legalidade. A via notarial é mais célere, menos burocrática e com menor custo. No caso do Brasil, a lei quer, também, desafogar a Justiça, concentrando-a na jurisdição litigiosa.

Os requisitos são: as partes devem ser plenamente capazes, haver consenso mútuo, inexistência de testamento e de filhos menores e assistência de advogado. A falta de um destes requisitos impede a tutela notarial.

É de ressaltar a importante inovação decorrente da alteração das normas de São Paulo – numa interpretação consentânea (em harmonia com a *ratio legis*) da Lei n. 11.441/2007 – passou-se a admitir a lavratura de escritura de inventário e partilha nos casos de **testamento revogado ou caduco** ou quando houver decisão judicial, com trânsito em julgado, declarando a **invalidade do testamento**[2]. Com o advento do novo Código de Processo Civil, a Corregedoria-Geral da Justiça editou o Provimento n. 37/2016, que,

1. Art. 610, § 1º, do novo Código de Processo Civil.
2. Item 130 das Normas de Serviço.

além das hipóteses acima, autorizou a realização de inventário e partilha notarial com **testamento válido**, desde que autorizado pelo juízo sucessório.

A atuação notarial não se submete às regras do processo judicial. Permanece a possibilidade de escolha do tabelião pelas partes. Assim, pode a escritura ser lavrada no Rio Grande do Sul, ainda que o autor da herança tenha falecido em São Paulo e os bens a partilhar estejam localizados em Curitiba.

A escritura notarial é o instrumento hábil, dispensada qualquer intervenção judicial (semelhante ao formal de partilha ou mandado judicial) para atos registrais imobiliários e de registro civil das pessoas naturais, inclusive para a transferência de bens e direitos, e para a efetivação de todos os atos necessários para as transferências de bens móveis e levantamento de valores em instituições financeiras[3] (bem assim, das verbas previstas na Lei n. 6.858/80), tais como: departamentos de trânsito, junta comercial, registro civil de pessoas jurídicas, instituições financeiras, companhias telefônicas etc.

Segue também vigente e possível que os herdeiros capazes façam partilha amigável, por escritura pública, termo nos autos, ou escrito particular, homologado pelo juiz[4]. Neste caso, pode haver testamento.

Já havia aí autorização para que a partilha fosse feita por escritura pública, quando os herdeiros fossem capazes (o consenso de vontades é requisito de toda escritura) e estivessem de acordo com o ato notarial, e pela leitura cristalina do referido dispositivo, não dependendo de homologação judicial.

É imperioso salientar a possibilidade de fazer a partilha amigável (art. 2.015), entre maiores e capazes, com testamento e homologada judicialmente. Procede à realização da partilha de bens do espólio com atribuição dos quinhões e valores, inclusive aqueles constantes do testamento, homologando-a judicialmente.

Este caso não é cerebrino: tivemos um caso em que a partilha amigável com testamento foi feita desta forma e foi homologada pelo juiz.

As partes ficam facultadas à opção pela via judicial ou extrajudicial. Optando pela via extrajudicial, os herdeiros podem pedir a suspensão do processo ou a desistência da via judicial, para promoção da via extrajudicial. Não é necessário o deferimento do pedido de desistência ou suspensão pelo juízo, bastando o arquivamento do protocolo de comunicação sobre a opção escolhida pelos herdeiros.

A presença de advogado ou defensor público na lavratura das escrituras de inventário e partilha, separação ou divórcio é requisito obrigatório. O advogado constituído pelas partes não precisa apresentar a procuração de seus constituintes, já que acompanhará todo o procedimento notarial e no final assinará o ato com os herdeiros, posto que a assinatura do advogado configura a procuração *apud acta*.

O ato notarial deve consignar a qualificação do advogado e o número de registro na Ordem dos Advogados do Brasil. É recomendável que o tabelião consulte a base

3. CPC/2015, art. 610, § 1º.
4. CC, art. 2.015 (redação idêntica à do art. 1.773 do Código Civil de 1916).

de dados do referido órgão para verificar se o advogado está regularmente habilitado para o exercício de suas funções e verificar a autenticidade da carteira de identidade profissional. Se houver algum impedimento ou suspensão, o advogado não pode atuar no ato.

Um advogado pode assistir todas as partes ou cada uma pode constituir seu próprio advogado. Como dissemos, não há necessidade de outorga de procuração para a constituição do assistente jurídico.

Vale ressaltar que no inventário e partilha o mandatário pode acumular a condição de assistente jurídico, por não haver impedimento legal[5]. Pode atuar também em causa própria, na qualidade de herdeiro e assistente jurídico. No divórcio, o regramento não foi alterado no CNJ, permanecendo a restrição. Em São Paulo, é permitido o mandatário acumular a condição de assistente jurídico no divórcio e na extinção de união estável[6].

Para evitar a captação predatória de mercado, é vedado ao tabelião indicar advogado às partes, as quais devem buscar profissionais de sua confiança para a assessoria no ato notarial. Se as partes não dispuserem de condições econômicas para contratar advogado, o tabelião deve recomendar-lhes a Defensoria Pública, onde houver, ou, na sua falta, a Seccional da Ordem dos Advogados do Brasil.

As partes podem ser representadas por procuração, a qual deve conter poderes expressos e específicos para serem representadas no ato notarial. Não basta a procuração com poderes gerais, pois os atos de separação, divórcio, extinção de união estável, inventário ou partilha exorbitam a mera administração, havendo a necessidade de os poderes serem expressos e especiais.

A procuração outorgada para escrituras de inventário e partilha tem alguns requisitos que devem ser observados: I) conter o nome do autor da herança; II) conter a data de falecimento; III) conter poderes para realizar a necessária partilha de bens, aceitar a inventariança com seus respectivos encargos, concordar ou não com cálculos, avaliações e a respectiva partilha, renunciar, ceder, receber, passar recibos e dar quitações etc.

Nos casos de escrituras de divórcio (separação ou extinção de união estável), também devem constar da procuração a declaração do outorgante de que não tem filhos menores ou incapazes, não estar em estado gravídico e eventuais ajustes sobre a pensão alimentícia[7], o nome etc.

O prazo recomendável para utilização de procurações lavradas em território nacional nas escrituras de divórcio (ou separação) é de 30 dias. Se lavrada no exterior, este prazo é estendido para 90 dias[8].

5. Alteração promovida pela Resolução CNJ n. 179, de 3-10-2013.
6. Suprimido a vedação do item 88.2 das Normas de Serviço.
7. No Estado de São Paulo, a forma de cobrança foi exarada no Proc. n. 2014/123740, da Corregedoria-Geral da Justiça, e ficou assentado que: quando não houver fixação de prazo, multiplica-se o valor da parcela por 12. Se houver fixação de prazo, multiplica-se o valor da parcela pela quantidade de parcelas.
8. As recomendações são do CNJ.

27.1 AS POLÊMICAS SOB A ÉGIDE DA LEI N. 11.441/2007

Decorridos mais de quinze anos da lei[9], alguns temas ainda despertam dúvida no meio jurídico.

Questão controversa diz respeito à possibilidade de as partes movimentarem contas bancárias, disporem de recursos para fazer face às necessidades dos herdeiros, antes de ultimada a partilha. É natural que a viúva, ou o viúvo, necessite de recursos, às vezes para suprir as básicas necessidades alimentares.

Na via judicial é pacífica a possibilidade de mexer nos depósitos, mediante alvará do juiz. Trata-se de um ato ordinatório, permitindo aos herdeiros o exercício da disponibilidade da herança, mesmo antes da partilha.

Com frequência também, nos inventários, surge a necessidade de movimentar valores para custear despesas com a conservação de bens, com o pagamento de impostos ou mesmo para fruição da renda. Algumas heranças lastreadas em bens imóveis implicam em elevados custos de manutenção e, não raro, os herdeiros são obrigados a dispor de um ou mais bens para poderem pagar o imposto de transmissão *mortis causa*.

Optando as partes pelo inventário notarial, parece-nos possível ao tabelião, mediante pedido motivado de todos os herdeiros e de seu advogado, solicitar ao gerente do banco, por ofício, a liberação dos valores ou o pagamento de tributos incidentes no ato notarial. Tal medida deve ter caráter excepcional, até porque, com rito tão célere, o inventário e a partilha por escritura pública podem ser concluídos regularmente sem a necessidade da prévia utilização dos recursos. Esta possibilidade é, ressalte-se, controversa. Em São Paulo, é admissível o inventário com partilha parcial, embora vedada a sonegação de bens no rol inventariado, justificando-se a não inclusão dos bens arrolados na partilha.

Em 22 de abril de 2022, o CNJ aprovou a Resolução n. 452, que alterou o art. 11 da Resolução n. 35/2007, possibilitando ao inventariante nomeado representar o espólio na busca de informações bancárias e fiscais necessárias à conclusão de negócios essenciais para a realização do inventário e no levantamento de quantias para pagamento do imposto devido e dos emolumentos do inventário. A nomeação de inventariante será considerada o termo inicial do procedimento de inventário. Parece-nos que esta disposição provoca também reflexos tributários em face das Fazendas Públicas estaduais, sendo a data da escritura de nomeação de inventariante o termo inicial para a contagem dos prazos tributários. Entretanto, esta é uma questão controversa, dependente da interpretação das procuradorias das Fazendas estaduais ou, finalmente, do Poder Judiciário.

Outra polêmica diz respeito à tradição perniciosa de algumas leis brasileiras impedirem, declarando nulos, os atos de alienação de bens cujos proprietários tenham dívidas com a Fazenda Pública. A existência de ônus ou gravames (como dívidas, penhoras,

9. Revogada tacitamente pela Lei n. 13.105/2015, Código de Processo Civil.

lançamentos das fazendas públicas) não deve impedir a disposição do bem, em especial o regular processamento do inventário e partilha.

A Resolução CNJ n. 35/2007 (art. 22, g) e as Normas de São Paulo (item 118, g) exigem a certidão negativa de tributos. Mas qual ou quais?

A Portaria Conjunta PGFN/RFB n. 1.751/2014, em seu art. 17, II, dispensa a comprovação de regularidade fiscal nos atos relativos à transferência de bens envolvendo a arrematação, a desapropriação de bens imóveis e móveis de qualquer valor, bem como nas ações de usucapião de bens móveis ou imóveis nos procedimentos de inventário e partilha decorrentes de sucessão *causa mortis*.

A confusa redação deixa claro que é possível a dispensa dessas certidões.

Os provimentos ns. 08 e 13 de 2021, da Corregedoria Geral da Justiça de São Paulo, suprimiram itens das normas que impediam a lavratura da escritura pública quando houvessem débitos tributários municipais e da receita federal (certidões positivas fiscais municipais ou federais) e que exigiam a apresentação da certidão negativa conjunta da Receita Federal do Brasil e PGFN. Parece-nos melhor assim, pois o Fisco deve buscar seus créditos pela via adequada.

A certidão de tributos municipais, em tese, pode ser dispensada pelas partes com base no Decreto n. 93.240/86.

Ademais, o novo Código de Processo Civil dispõe que a existência de dívida para com a Fazenda Pública não impede a partilha, desde que o seu pagamento esteja devidamente garantido (art. 654, parágrafo único). Não há razão para tratar diversamente o inventário e partilha notarial.

A liberdade de dispor dos bens é decorrência do direito de propriedade, constitucionalmente previsto. Parecem-nos excessivas as normas que impedem o exercício do direito de propriedade, condicionando-o à existência desta ou daquela certidão.

A lavratura da escritura não prejudica direitos de terceiros ou credores, ou, mais importante, da Fazenda Pública, posto que, se os ônus estiverem inscritos na forma da legislação, acompanham os bens. Evidentemente, tais restrições devem ser objeto de compensação entre os herdeiros, que a deduzirão de seus quinhões. Assim, entendemos que os débitos tributários (certidões positivas fiscais municipais ou federais) não podem impedir a lavratura da escritura pública, mas devem ser consignados no instrumento.

Este ano (2022), a partir de decisão inovadora da 2ª Vara de Família e Sucessões de Taubaté, alguns Estados passaram a permitir o inventário e partilha, mesmo com herdeiros menores, desde que a partilha seja igualitária, sem prejuízo aos menores.[10] Com a decisão, notamos uma tendência dos operadores do Direito em ampliar o inventário perante tabelião ainda que haja presença de menores, respeitados os direitos sucessórios.

10. TJSP, 2ª Vara de Família e Sucessões de Taubaté-SP, Processo n. 1016082-28.2021.8.26.0625.

27.2 JURISPRUDÊNCIA SELECIONADA

a) Superior Tribunal de Justiça

REsp n. 1.984.242 – Rio Grande do Sul – 2ª Turma – Rel. Min. Mauro Campbell Marques – DJ 14.02.2022. EMENTA: Tributário. Recurso Especial. ITCMD. valores recebidos por beneficiário de plano VGBL individual – Vida gerador de benefício livre, em decorrência da morte do segurado. Natureza de seguro de vida. Não incidência do ITCMD. Recurso Especial não provido.

AgInt no AREsp: 1813193 SP 2021/0009528-4, Relator: RAUL ARAÚJO, Data de Julgamento: 20.09.2021, T4 – QUARTA TURMA, Data de Publicação: DJe 15.10.2021. EMENTA: AGRAVO INTERNO NO AGRAVO EM RECURSO ESPECIAL. AGRAVO DE INSTRUMENTO. DIREITO DE FAMÍLIA. CONTRATO DE PREVIDÊNCIA PRIVADA. VGBL. NATUREZA DE APLICAÇÃO FINANCEIRA. SUJEIÇÃO À PARTILHA. REVISÃO. IMPOSSIBILIDADE. INCIDÊNCIA DAS SÚMULAS 5 E 7 DO STJ. AGRAVO INTERNO NÃO PROVIDO. 1. Na hipótese, o Tribunal de origem, após a análise do contrato de VGBL firmado e dos elementos fático-probatórios dos autos, concluiu que a movimentação financeira se mostra incompatível com previdência privada, tomando forma de verdadeira aplicação financeira, o que autoriza a partilha dos valores depositados. A modificação de tal entendimento é inviável no âmbito estreito do recurso especial, a teor do disposto nas Súmulas 5 e 7 do STJ. 2. Agravo interno a que se nega provimento.

REsp: 1984847 MG 2022/0034249-0, Data de Julgamento: 21.06.2022, T3 – TERCEIRA TURMA, Data de Publicação: DJe 24.06.2022. EMENTA: CIVIL E PROCESSUAL CIVIL. DIREITO DAS SUCESSÕES. PARTILHA DE DIREITOS POSSESSÓRIOS SOBRE ÁREAS RURAIS NÃO ESCRITURADAS. AUTONOMIA ENTRE O DIREITO DE PROPRIEDADE E O DIREITO POSSESSÓRIO SOBRE BENS IMÓVEIS. EXPRESSÃO ECONÔMICA DO DIREITO POSSESSÓRIO QUE PODE SER OBJETO DE TUTELA. PARTILHA DO DIREITO POSSESSÓRIO. RESOLUÇÃO PARTICULAR DA QUESTÃO EM RELAÇÃO AOS HERDEIROS COM POSTERIOR RESOLUÇÃO DA QUESTÃO FUNDIÁRIA. POSSIBILIDADE. 1- Ação proposta em 13.12.2018. Recurso especial interposto em 13.09.2021 e atribuído à Relatora em 14.03.2022. 2 – O propósito recursal é definir se é admissível, em ação de inventário, a partilha de direitos possessórios sobre bens imóveis alegadamente pertencentes ao falecido e que não se encontram devidamente escriturados. 3 – Não apenas de propriedades formalmente constituídas é composto o acervo partilhável em razão do falecimento do autor da herança, na medida em que existem bens e direitos com indiscutível expressão econômica que, por vícios de diferentes naturezas, não se encontram legalmente regularizados ou formalmente constituídos sob a titularidade do falecido. 4 – Diante da autonomia existente entre o direito de propriedade e o direito possessório, a existência de expressão econômica do direito possessório como objeto de partilha e a existência de parcela significativa de bens que se encontram em situação de irregularidade por motivo distinto da má-fé dos possuidores, é possível a partilha de direitos possessórios sobre bens imóveis não escriturados. 5- A partilha imediata dos direitos possessórios permite resolver, em caráter particular, a questão que decorre da sucessão hereditária, relegando-se a um segundo momento a discussão acerca da regularidade e da formalização da propriedade sobre os bens inventariados. Precedente. 6- Na hipótese, dado que a exclusão da partilha dos direitos sobre as terras se deu apenas ao fundamento de que seria impossível a partilha de áreas não escrituradas, impõe-se que, afastado esse óbice, seja determinado o regular prosseguimento da ação de inventário a fim de que seja apurada a existência dos direitos possessórios e a qualidade da posse alegadamente exercida, dentre outras questões relevantes para o reconhecimento do eventual direito a ser partilhado. 7 – Recurso especial conhecido e provido, a fim de, afastado o óbice à partilha apontado no acórdão recorrido, determinar seja dado regular prosseguimento à ação de inventário.

b) Tribunal de Justiça do Distrito Federal

Processo N. APELAÇÃO CÍVEL 0707196-66.2018.8.07.0005. 4ª Turma Cível. Relator Desembargador JAMES EDUARDO OLIVEIRA. EMENTA: DIREITO PROCESSUAL CIVIL. INVENTÁRIO REQUERIDO POR CÔNJUGE CASADO SOB O REGIME DE SEPARAÇÃO OBRIGATÓRIA DE BENS. FALTA DE INTERESSE PROCESSUAL. INVENTÁRIO E PARTILHA REALIZADOS ANTERIORMENTE PELOS HERDEIROS EXTRAJUDICIALMENTE. AÇÃO DE ANULAÇÃO JULGADA IMPROCEDENTE. EXTINÇÃO DO INVENTÁRIO MANTIDA. I. Cônjuge que foi casado com o autor da herança sob o regime da separação obrigatória de bens não tem interesse processual para requerer inventário e partilha na hipótese em que estes foram realizados pelos herdeiros extrajudicialmente. II. Transitada em julgado a sentença que julgou improcedente a ação de anulação do inventário e da partilha feitos por escritura pública, deve ser confirmada a extinção do inventário judicial por falta de interesse processual. III. Eventual direito do cônjuge sobrevivente à meação dos bens adquiridos na constância do casamento deve ser demandado em sede própria. IV. Recurso conhecido e desprovido.

28
Inventário e Partilha

A seguir, tratamos das principais características dos atos notariais de inventário e partilha.

28.1 CONSENSO ENTRE AS PARTES

Para a lavratura da escritura de inventário e partilha as partes envolvidas devem ser maiores e capazes.

As partes no inventário são: a viúva ou o viúvo meeiro, os herdeiros[1] e seus eventuais cônjuges ou companheiros, os quais devem ter capacidade plena. A emancipação de algum herdeiro permite a promoção do inventário e da partilha.

O ato notarial pode ser realizado se o autor da herança era menor ou incapaz.

Sem consenso entre as partes não há, e nunca houve, ato notarial. Todos devem estar de acordo com os cálculos, as avaliações e a respectiva partilha, a eleição do inventariante e, na escritura de divórcio (separação ou extinção de união estável), sobre o ajuste da pensão alimentícia[2], eventual partilha de bens e o nome. Se alguma das partes esboçar alguma discordância do conteúdo do ato, a escritura não deve ser lavrada e as partes devem promover o inventário via judicial.

28.2 INEXISTÊNCIA DE TESTAMENTO

Outro requisito é a inexistência de testamento. A informação da existência de testamento é fornecida pela Central Notarial de Serviços Eletrônicos Compartilhados – CENSEC, instituída pelo Provimento n. 18, de 28 de agosto de 2012, mantida e operada pelo Colégio Notarial do Brasil – Conselho Federal e publicada sob o domínio www.censec.org.br, que emite – a pedido das partes com a apresentação da certidão de óbito e pagamento da taxa – documento com a informação positiva ou negativa de testamento. Se não houver tal central, é válida a declaração das partes de que desconhecem a existência de testamento.

Se houve testamento, mas foi revogado expressamente, é possível a realização do inventário e partilha pela via notarial. Se o testamento não foi revogado expressamen-

1. Incluindo os herdeiros por representação, estirpe ou cabeça ou credor.
2. Aguardaremos como os tribunais vão decidir sobre a possibilidade de prisão civil – tipificada no art. 911 e parágrafo único c/c o § 3º do art. 528, ambos do CPC/2015 – com base na escritura pública de separação, divórcio ou extinção de união estável.

te, mas perdeu o sentido, por exemplo, pela morte do herdeiro ou legatário, também é possível o ato notarial. Porém, isso é controverso; no concurso, verifique o que dizem as normas de serviço do tribunal local e, na dúvida, opte pela impossibilidade de eleger a via notarial.

Quando houver testamento inválido ou manifestamente caduco, não é possível que o inventário e a partilha ocorram pela via notarial. É necessária a intervenção judicial para a declaração de invalidade ou caducidade do testamento, aí possibilitando a realização do ato notarial. Com isso, a sucessão correrá de acordo com a ordem hereditária prevista em lei (*ab intestato*), como se o testamento nunca tivesse existido juridicamente.

Nos casos de escritura de inventário e partilha com testamento revogado ou caduco, ou quando houver decisão judicial com trânsito em julgado, declarando a invalidade do testamento, o tabelião solicitará, previamente, a certidão do testamento e, constatada a inexistência de disposição reconhecendo filho ou qualquer outra declaração irrevogável, poderá lavrar a escritura pública de inventário e partilha. Se houver disposições de caráter irrevogável no testamento, a escritura será obstada e o inventário deverá ser feito pela via judicial.

Como dito acima, a Corregedoria-Geral da Justiça de São Paulo editou o Provimento n. 37/2016 e inovou o direito, autorizando a realização de escritura de inventário e partilha com testamento, desde que expressamente autorizado pelo juízo sucessório competente, nos autos do procedimento de abertura e cumprimento do testamento[3].

Inicialmente, o herdeiro testamentário, por seu advogado, peticionará ao juízo sucessório requerendo[4]: i) a abertura, ou registro e cumprimento para o testamento cerrado, ou registro e cumprimento para o testamento público ou, ainda, confirmação, registro e cumprimento para o testamento particular (inclusive para as espécies especiais); e ii) a realização do inventário e partilha na via notarial.

Em relação ao testamento cerrado, não havendo nenhum vício externo que o torne suspeito de nulidade ou falsidade, o juiz o abrirá e mandará o escrivão ler na presença do apresentante que, em seguida, fará o termo de abertura e eventuais notas circunstanciais.

O Ministério Público será ouvido e, não restando dúvidas a serem esclarecidas, o juiz mandará registrar, arquivar e cumprir o testamento.

Feito o registro e atendidos os requisitos do art. 610, § 1º, do CPC/2015, o juiz autorizará a realização do inventário e da partilha extrajudicial, devendo o tabelião seguir as disposições testamentárias, que serão fiscalizadas pelo testamenteiro nomeado, se houver[5]. O tabelião deve arquivar o ato judicial autorizatório.

No caso de testamento público, basta o interessado apresentar o traslado ou a certidão, solicitando ao juiz que ordene o seu cumprimento, observando-se sempre a análise de eventuais nulidades, a manifestação do Ministério Público, o registro e a autorização do juízo sucessório para a realização do ato notarial.

3. Em 15/10/2019, a 4ª turma do STJ, no julgamento do REsp 1.808.767/RJ, confirmou que o inventário pode ser feito na via extrajudicial mesmo quando houver testamento, desde que este seja registrado prévia e judicialmente.
4. Art. 1.875, CC.
5. O testamenteiro poderá ser dispensado da prestação de contas, se as partes assim acordarem.

A publicação do testamento particular será requerida pelo interessado e os herdeiros que não tiverem requerido a publicação do testamento serão intimados. Verificada a presença dos requisitos da lei e ouvido o Ministério Público, o juiz confirmará o testamento[6]. Aplicam-se esses requisitos ao codicilo e aos testamentos marítimo, aeronáutico, militar e nuncupativo.

Se o tabelião verificar alguma circunstância que indique, não obstante a autorização do juízo sucessório, eventual impossibilidade de realização do ato notarial, poderá negar sua lavratura ou submeter a questão ao juiz corregedor permanente.

28.3 ADVOGADO

A presença do advogado na escritura é obrigatória, e a sua ausência causa a nulidade do ato. As partes devem contratar advogado regularmente habilitado na OAB, segundo a sua confiança, para que lhes assista e preste todas as informações jurídicas atinentes à sucessão durante o procedimento notarial.

Como dissemos, o advogado pode atuar para uma só das partes, tendo cada uma o seu próprio causídico, ou para todas em comum.

O advogado não é mero coadjuvante no ato; tem a responsabilidade civil, penal e profissional sobre a sua atuação. Na escritura de inventário e partilha deve proceder à correção da partilha e de seus valores de acordo com a lei, verificar os aspectos legais e tributários sobre os bens imóveis e móveis, orientar os herdeiros sobre a necessidade de levar os bens recebidos à colação, exceto se houver a sua dispensa expressa. No divórcio (separação ou extinção de união estável), também deve assessorar e aconselhar os seus constituintes, em especial sobre os efeitos do divórcio, do ajuste da pensão alimentícia, da partilha de bens, se houver, e do nome.

Há doutrinadores que entendem que a exigência de advogado é desnecessária. Isso porque o tabelião é um profissional do direito, cuja função é regida pelos princípios da juridicidade e imparcialidade, de modo que não há razão para exigir a presença de outro profissional do direito para a realização de um ato jurídico em que todos são maiores e capazes e estão de acordo sobre o conteúdo do ato. O próprio tabelião é o profissional do direito apto a dar todo o suporte jurídico necessário para a boa realização do ato[7].

Entendemos que o advogado é indispensável para a harmonia destes interesses. O conhecimento de peças e técnicas jurídicas fica secundado pelo talento e racionalidade na defesa dos interesses de cada uma das partes e de todas elas, ao mesmo tempo. Encontrado o equilíbrio, aí sim emerge o advogado da assistência procedimental.

Cabe ao tabelião formalizar a vontade das partes, conferindo fé pública e autenticidade aos instrumentos. Enquanto o advogado trabalha pela Justiça (Constituição Federal, art. 133), o tabelião opera com a fé pública e atendendo aos interesses das partes

6. Art. 1.879, CC.
7. BRANDELLI, Leonardo. *Teoria geral do direito notarial*, p. 418.

e do Estado (CF, art. 236). Como agente público, o tabelião também vela pela família (CF, art. 226) e tributos devidos.

Há, portanto, a união de dois profissionais em busca da segurança jurídica. Este trabalho conjunto, aliás, não é novidade. A prática demonstra que, também quanto aos testamentos, esta parceria sempre ocorreu. São raras as partes que comparecem a um tabelionato de notas para lavrarem testamento sem estarem assessoradas por um advogado. Muitas vezes, o mesmo sucede quanto às escrituras imobiliárias.

28.4 TEMPO DO FALECIMENTO E DA SUCESSÃO

A data do falecimento do autor da herança determina a aplicação da ordem de vocação hereditária, bem como o recolhimento ou a isenção de tributos. Importante salientar que a Lei n. 11.441/2007[8] tem aplicação independentemente da data do falecimento do *de cujus*. Se não foi promovido o inventário de uma pessoa falecida antes de 2007, ano da Lei n. 11.441, as partes podem – preenchidos os requisitos legais – eleger a via notarial. No entanto, estão sujeitas às eventuais penalidades decorrentes da demora, como a multa e os juros do imposto de transmissão.

A data de falecimento é importante para definir a legislação aplicável para a ordem de vocação hereditária e a partilha de bens. Se o falecimento ocorreu na vigência do Código Civil de 1916, esta é a lei aplicável à sucessão na escritura de inventário e partilha; se o óbito ocorreu na vigência do Código Civil de 2002, o tabelião deve aplicar este regramento.

Como há diferença de tratamento sucessório entre os dois códigos, isso se reflete no inventário e na partilha. Por isso, deve haver cautela e aplicação da lei correta.

Outro assunto que merece atenção é a maioridade e a capacidade dos herdeiros em relação ao tempo do falecimento do autor da herança. Se na data do óbito os herdeiros eram menores ou incapazes e na data de realização do ato notarial são maiores e capazes, deixou de existir o óbice legal, que até então havia, e a escritura de inventário e partilha pode ser realizada.

28.5 O PEDIDO

O tabelião não age de ofício. As partes devem requerer ao tabelião a lavratura da escritura de inventário e partilha. É recomendável que o advogado apresente as primeiras declarações, que conterão os dados e a qualificação do autor da herança, a qualificação dos herdeiros e eventual cônjuge ou companheiro, a relação de direitos e obrigações e o esboço da partilha, para que não haja desentendimentos e incorreções.

8. Leia-se Lei n. 13.105/2015.

28.6 A QUALIFICAÇÃO E OS DADOS DO AUTOR DA HERANÇA

A escritura pública de inventário e partilha deve conter[9]:

1. **qualificação completa do autor da herança;**
2. **regime de bens do casamento;**
3. **pacto antenupcial e seu registro imobiliário, se houver;**
4. **dia e lugar em que faleceu o autor da herança**[10]**;**
5. **data da expedição da certidão de óbito, livro, folha, número do termo e unidade de serviço em que consta o registro do óbito;**
6. **declaração dos herdeiros, sob as penas da lei, de que o autor da herança não deixou testamento e outros herdeiros;**
7. **idade das partes.**

As partes e respectivos cônjuges devem estar, na escritura, nomeados e qualificados com indicação de nacionalidade, profissão, idade, estado civil, regime de bens, data do casamento, pacto antenupcial e seu registro imobiliário, se houver, número do documento de identidade, número de inscrição no CPF/MF, domicílio e residência.

Os cônjuges dos herdeiros devem comparecer ao ato de lavratura da escritura pública de inventário e partilha quando houver renúncia ou algum tipo de partilha que importe em transmissão, exceto se o casamento se der sob o regime da separação de bens.

O viúvo ou os herdeiros podem estar representados, no inventário e partilha extrajudicial, por procuração formalizada por instrumento público com poderes especiais.

Entendemos que o herdeiro pode ser emancipado para a realização do ato, mas esta circunstância é controversa[11].

A indicação da idade das partes é esdrúxula e letra morta nos atos notariais. Contudo, já tivemos uma escritura devolvida por zelosa registradora paulista. A norma se presta para "pegadinha" em concurso. Por isso, fique atento.

28.7 NOMEAÇÃO DE INVENTARIANTE

Nas escrituras de inventário e partilha as partes devem eleger uma pessoa para representar o espólio, com poderes de inventariante, perante entes públicos ou privados, bem como para o cumprimento de obrigações pendentes deixadas pelo *de cujus*. Não vemos impedimento legal para a nomeação de dois inventariantes (inventário uno ou conjunto), se as partes assim ajustarem e concordarem.

---

9. Resolução 35 do CNJ, art. 20.
10. A partir de 2020 as Normas da Corregedoria de São Paulo exigem para a aplicação da legislação competente, no caso de inventário extrajudicial de falecido estrangeiro (art. 10 LINDB), quanto aos bens situados no Brasil, deve ser apresentada ao Notário a certidão consular do teor e vigência da lei à época do óbito ou da própria certidão.
11. Nosso entendimento foi corroborado pela Recomendação CNJ n. 22/2016, que recomenda aos Tabelionatos de Notas que procedam a realização de inventário, partilha, separação consensual, divórcio consensual e extinção consensual de união estável, quando houver filhos ou herdeiros emancipados.

A nomeação não precisa seguir a ordem prevista no art. 617 do novo Código de Processo Civil. Como há consenso entre as partes, elas soberanamente decidem quem será designado para tal mister.

É possível, previamente à escritura de inventário e partilha, a lavratura de escritura de compromisso e nomeação de inventariante, na qual comparecem o viúvo, ou a viúva, todos os herdeiros e o respectivo advogado. Essa pode ser uma providência necessária para representar o espólio perante bancos para levantamento de saldos, cumprimento de obrigações prementes, dentre outras situações.

A Fazenda Estadual do Estado de São Paulo impõe penalidade se o inventário e arrolamento não for requerido (protocolado) dentro do prazo de 60 (sessenta) dias da abertura da sucessão, cujo imposto (ITCMD) será calculado com acréscimo de multa equivalente a 10% (dez por cento) do valor do imposto; se o atraso exceder a 180 (cento e oitenta) dias, a multa será de 20% (vinte por cento), com acréscimo de multa por não recolhimento, no percentual de 0,33% por dia de atraso, limitado a 20%. Ou seja, o atraso poderá corresponder a 40% de multa.

A contagem do prazo de sessenta dias é tanto para os inventários judiciais, quanto para os extrajudiciais.

No campo judicial, é corriqueiro pedir a abertura de inventário judicial em sessenta dias da abertura da sucessão, sendo necessário, apenas, as primeiras declarações. No campo extrajudicial, esse prazo, às vezes, é muito exíguo, pois trata-se de ato único – precede a lavratura de escritura pública de inventário e partilha, a apresentação das primeiras declarações, toda a gama de documentos, a produção da minuta, sua aprovação pelas partes e advogado e, ao final, a lavratura da escritura de inventário e partilha.

No Processo n. 2016/82279, perante a Corregedoria-Geral da Justiça do Estado de São Paulo, afigurou-se possível a lavratura do ato em duas etapas. A primeira, a nomeação de inventariante, onde as partes e respectivos cônjuges devem estar, na escritura, nomeados e qualificados (nacionalidade, profissão, idade, estado civil, regime de bens, data do casamento, pacto antenupcial e seu registro imobiliário, se houver, número do documento de identidade, número de inscrição no CPF/MF, domicílio e residência). Na segunda etapa, a lavratura da escritura de inventário e partilha; inclusive editou-se o Provimento CG n. 55/2016[12] nesse sentido.

A ideia era ter a data de lavratura da nomeação de inventariante como termo inicial do procedimento de inventário extrajudicial, semelhante à data de protocolização da petição inicial no inventário judicial.

Contudo, o sistema da Fazenda Estadual não dispõe de campo para o lançamento da data de protocolização para o inventário extrajudicial, deixando a norma sem aplicação prática.

12. Item 106.2. A nomeação de inventariante será considerada o termo inicial do procedimento de inventário extrajudicial; item 106.3. Para a lavratura da escritura de nomeação de inventariante será obrigatória a apresentação dos documentos previstos no item 115 deste Capítulo.

Como dito anteriormente, a Resolução CNJ n 452/2022 veio reforçar que a nomeação de inventariante é considerada o termo inicial do procedimento de inventário extrajudicial. Ainda, possibilita ao inventariante nomeado representar o espólio na busca de informações bancárias e fiscais necessárias à conclusão de negócios essenciais para a realização do inventário e no levantamento de quantias para pagamento do imposto devido e dos emolumentos do inventário. Esperemos que a Fazenda estadual busque a adequação do sistema em harmonia com a nova regulamentação nacional.

28.8 O RECONHECIMENTO DE UNIÃO ESTÁVEL NO INVENTÁRIO

Quando o autor da herança e a viúva, ou viúvo, são casados, a certidão de casamento é o documento que prova o vínculo jurídico entre ambos. Tratando-se de união estável, pode ser necessário fazer prova do vínculo, se não houver outros herdeiros.

A ausência de prova documental não inibe as partes de eleger a via notarial para a realização de inventário e partilha. Havendo consenso entre os herdeiros quanto ao direito à sucessão do companheiro, ou companheira, ele será parte no inventário, no qual será reconhecida consensualmente a união estável.

O inventário de pessoa falecida que vivia em união homoafetiva pode e deve ser feito, pois, com o julgamento da ADI n. 4.277 e da ADPF n. 132, o STF estendeu os efeitos da união estável heterossexual às uniões homoafetivas. Assim, todos os efeitos da primeira união serão aplicados à segunda, e o inventário será feito sob as bases do art. 1.829 do CC, observando-se os requisitos do art. 610, §§ 1º e 2º, do CPC/2015.

Deste modo, a meação do companheiro, ou companheira, também será reconhecida na escritura pública, com todos os herdeiros e interessados na herança concordes.

Se não houver consenso, há necessidade de ação judicial, inclusive se o autor da herança não deixar outro sucessor – nos casos de inventário e adjudicação.

A celeuma encontrava-se no art. 1.790 do Código Civil, que tratava da sucessão dos companheiros na união estável. Estava em curso na Corte Especial do Superior Tribunal de Justiça incidente da inconstitucionalidade dos incisos III e IV do art. 1.790 do Código Civil, editado em 2002, que inovou o regime sucessório dos conviventes em união estável[13].

A questão gerou intenso debate doutrinário e jurisprudencial. O ministro relator Luis Felipe Salomão, em seu voto, declarou a inconstitucionalidade dos referidos incisos.

Contudo, a Egrégia CORTE ESPECIAL do Superior Tribunal de Justiça, conhecendo do incidente, por maioria, não conheceu da arguição de inconstitucionalidade. Permanecendo controverso o art. 1.790[14].

13. STJ – REsp 1.135.354 (registro 2009/0160051-5), Relator Min. Luis Felipe Salomão, 4ª T.
14. STF, AI no Recurso Especial 1.135.354-PB (2009/0160051-5), Rel. Ministro Teori Albino Zavascki, acórdão de 3-10-2012.

Em abril de 2015, no STF, o Ministro Luís Roberto Barroso atribuiu repercussão geral ao tratamento sucessório diferenciado pelo Código Civil, no Recurso Extraordinário n. 878.694/MG.

Em maio de 2017, o Supremo Tribunal Federal encerrou o julgamento e declarou a inconstitucionalidade do art. 1.790 do Código Civil. Assim, com a retirada do sistema do art. 1.790, o companheiro passa a figurar ao lado do cônjuge na ordem de sucessão legítima (art. 1.829).

O relator Min. Roberto Barroso, em seu voto, modulou os efeitos da decisão, conforme trecho a seguir:

> "(...)
>
> 68. Por fim, é importante observar que o tema possui enorme repercussão na sociedade, em virtude da multiplicidade de sucessões de companheiros ocorridas desde o advento do CC/2002. Assim, levando-se em consideração o fato de que as partilhas judiciais e extrajudiciais que versam sobre as referidas sucessões encontram-se em diferentes estágios de desenvolvimento (muitas já finalizadas sob as regras antigas), entendo ser recomendável modular os efeitos da aplicação do entendimento ora afirmado. Assim, com o intuito de reduzir a insegurança jurídica, entendo que a solução ora alcançada deve ser aplicada apenas aos processos judiciais em que ainda não tenha havido trânsito em julgado da sentença de partilha, assim como às partilhas extrajudiciais em que ainda não tenha sido lavrada escritura pública.
>
> (...)
>
> Afigura-nos razoável que a inconstitucionalidade do art. 1.790 do Código Civil aplica-se aos inventários extrajudiciais ocorridos depois da decisão, ou seja, impõe-se o art. 1.829 do mesmo Código aos inventários solicitados depois da decisão, inclusive aqueles pendentes de lavratura depois dela".

Ainda que não haja herdeiros necessários, tendo a companheira prova escrita da união estável (escritura pública ou contrato particular com firmas reconhecidas ou com registro em títulos e documentos) a via notarial é elegível, sem a necessidade do comparecimento de colaterais para o reconhecimento da união estável.

28.9 BENS

Quanto aos bens:

1. se imóveis, o tabelião deve exigir prova de domínio por certidão de propriedade atualizada;

2. se imóvel urbano, basta menção à sua localização e ao número da matrícula (art. 2º, Lei n. 7.433/85);

3. se imóvel rural, descrever e caracterizar tal como constar no registro imobiliário, havendo, ainda, necessidade de apresentação e menção na escritura do Certificado de Cadastro do INCRA e da prova de quitação do imposto territorial rural;

4. em caso de imóvel descaracterizado na matrícula, por desmembramento ou expropriação parcial, o tabelião deve recomendar a prévia apuração do remanescente antes da realização da partilha;

5. se o imóvel estiver em construção, ou com aumento de área construída, sem prévia averbação no registro imobiliário, é recomendável a apresentação de documento comprobatório expedido pela prefeitura e, se a lei exigir, CND do INSS;

6. se imóvel demolido, com alteração de cadastro de contribuinte, de número do prédio e de nome de rua, mencionar no título a situação antiga e a atual, mediante apresentação do respectivo comprovante;

7. se móvel, apresentar documento comprobatório de domínio e valor, se houver, e descrevê-los com os sinais característicos;

8. direitos e posse são suscetíveis de inventário e partilha e deve haver precisa indicação quanto à sua natureza, além de determinados e especificados;

9. semoventes são indicados por número, espécies, marcas e sinais distintivos;

10. dinheiro, joias, objetos de ouro e prata e pedras preciosas são indicados com especificação da qualidade, peso e importância;

11. ações e títulos também devem ter as devidas especificações;

12. dívidas ativas devem ser especificadas, inclusive com menção a datas, títulos, origem da obrigação, nomes dos credores e devedores;

13. ônus incidentes sobre os imóveis não constituem impedimento para a lavratura da escritura pública;

14. a cada bem do espólio deve corresponder o respectivo valor atribuído pelas partes, além do valor venal, quando imóveis ou veículos automotores.

28.10 PARTILHA DE BENS

A partilha de bens deve necessariamente obedecer à legislação vigente na data de falecimento do autor da herança. Se o falecido era casado, há necessidade de perquirir sobre a existência de bens particulares e comuns para distinguir o que é meação e o que é herança.

Na partilha notarial, importa o consenso das partes, mas podem ser adotados os critérios atinentes à partilha judicial, quais sejam: I – a máxima igualdade possível quanto ao valor, à natureza e à qualidade dos bens; II – a prevenção de litígios futuros; III – a máxima comodidade dos coerdeiros, do cônjuge ou do companheiro, se for o caso (CPC/2015, art. 648).

A partilha dos bens obedece aos quinhões legais, mas a qualificação dos bens fica a critério dos herdeiros. Pode ser feita de modo igual, quando os herdeiros recebem quinhões iguais e valores idênticos de cada bem, ou desigual, quando alguns herdeiros recebem quinhões e valores diferentes de uns ou de todos os bens. Quando todos os herdeiros recebem o mesmo quinhão, o valor chama-se partilha igualitária. Do contrário, chama-se partilha desigual ou desigualitária.

Se um herdeiro receber mais que outro, há necessidade de aquele que recebeu menos ceder parte de seus direitos da herança para o herdeiro que recebeu o quinhão maior.

A cessão pode ser a título gratuito, quando não há contraprestação, havendo incidência tributária do ITCMD (competência estadual). Ou a título oneroso, quando há contraprestação, geralmente em dinheiro, e incidência tributária do ITBI (competência municipal).

O novo Código de Processo Civil inovou ao possibilitar a qualquer dos herdeiros o exercício antecipado dos direitos de usar e de fruir de determinado bem, desde que autorizado pelo juiz e com a condição de que, ao término do inventário, tal bem integre a cota desse herdeiro. Parece-nos que tal direito pode ser atribuído também no inventário notarial.

Pelo art. 672 do CPC/2015, continua possível a cumulação de inventários para a partilha de heranças de pessoas diversas quando houver: I – identidade de pessoas entre as quais devam ser repartidos os bens; II – heranças deixadas pelos dois cônjuges ou companheiros; III – dependência de uma das partilhas em relação à outra.

Na partilha, a base de cálculo dos emolumentos será o maior valor entre o atribuído pelas partes e o venal (em algumas cidades, o valor venal de referência). No inventário e na partilha, exclui-se da base de cálculo o valor da meação do cônjuge sobrevivente.

A Lei n. 12.587/2012, no § 2º do art. 12-A, prevê que, em caso de falecimento de permissionário de serviço público, como o taxista, o direito à exploração de tal serviço é transferido a seus sucessores legítimos, nos termos dos arts. 1.829 e s. do Código Civil. Como se trata de permissão do poder público, que não admite negócio, não se atribui valor econômico.

A partilha com testamento será feita conforme a vontade do testador. Se houver herdeiros necessários, o tabelião deve verificar se a legítima foi respeitada e, se não foi, propor aos herdeiros (necessários e testamentários) a redução da disposição testamentária. Caso o testador tenha determinado o pagamento de vintena, ou se o testamenteiro não for herdeiro, antes da partilha, o inventário deverá atender a este pagamento. Se não houver consenso, o inventário será remetido para a via judicial.

28.11 SOBREPARTILHA, PARTILHA PARCIAL E CORREÇÃO DE PARTILHA JUDICIAL

O art. 669 do novo Código de Processo Civil estabelece que ficam sujeitos à sobrepartilha os bens:

1. **sonegados;**
2. **da herança descobertos após a partilha;**
3. **litigiosos, assim como os de liquidação difícil ou morosa;**
4. **situados em lugar remoto da sede do juízo onde se processa o inventário.**

Os bens litigiosos e os situados em lugar remoto serão reservados à sobrepartilha sob a guarda e administração do inventariante com autorização dos herdeiros.

Neste sentido, o art. 2.022 do Código Civil dispõe que ficam sujeitos à sobrepartilha os bens sonegados e quaisquer outros bens da herança de que se tiver ciência após a partilha.

E, segundo o art. 2.021, quando parte da herança consistir em bens remotos do lugar do inventário, litigiosos, ou de liquidação morosa ou difícil, pode-se proceder, no prazo legal, à partilha dos outros, reservando-se aqueles para uma ou mais sobrepartilhas, sob a guarda e a administração do mesmo ou diverso inventariante e o consentimento dos herdeiros.

Desse modo, nos inventários e nas partilhas, já findos com bens pendentes de partilha, as partes podem optar pela via notarial, mesmo que o herdeiro, hoje maior e capaz, fosse menor ou incapaz ao tempo do óbito ou do processo judicial.

Na escritura de sobrepartilha, o tabelião deve consignar os dados (número do livro e folhas) da escritura de inventário e partilha feita na via notarial e os dados do processo (número, juízo etc.) do inventário judicial.

Serão realizadas tantas sobrepartilhas quantas forem necessárias. Não há limite legal ou temporal.

A partilha parcial é possível em casos específicos, como no caso de liquidação difícil ou morosa. Os bens não partilhados, quando possível, devem ser indicados no ato notarial, para evitar a pecha de sonegação.

Em São Paulo, é autorizado o inventário com partilha parcial, vedada a sonegação de bens no rol inventariado, justificando-se a não inclusão dos bens arrolados na partilha.

Se houver erros ou inconsistências em partilhas judiciais, as partes podem retificar a partilha e ratificar os demais elementos do formal judicial, preenchidos os requisitos legais (Lei n. 11.441/2007[15]) e observadas eventuais incidências tributárias.

Assim decidiu o juiz corregedor de Mairiporã, Estado de São Paulo, no Processo de Dúvida n. 0005467-28.2014.8.26.0338, no qual o oficial de registro de imóveis da comarca obstou o registro do formal de partilha por entender que a retificação do formal por escritura pública não tinha previsão legal. Consignou o juiz:

> "Com respeito à opinião exarada pelo Sr. Oficial Registrador, a qual foi acompanhada pelo Ministério Público, não vejo nos autos razão para a não efetivação do registro da retificação do formal de partilha judicial por meio da escritura pública encartada aos autos.
>
> Sabidamente, é possível, e de ocorrência comum, uma situação de erro, omissão, ou imperfeição presente em partilha homologada em processo de inventário ou arrolamento.
>
> Em tal situação, quando o respectivo Formal de Partilha ou Carta de Sentença for efetivamente apresentado ao oficial de registro de imóveis, no processo de qualificação registrária, a imperfeição pode vir a ser percebida e, diante de tal situação, enquanto não superada, não será permitido o acesso ao registro imobiliário e a efetiva transmissão da propriedade do bem imóvel partilhado.
>
> A situação assume maior gravidade quando, por desídia do interessado ou outra causa, o registro do título somente for buscado muito tempo depois da conclusão do processo judicial. Nesta ocasião, o processo poderá estar arquivado, o que dificulta ainda mais o movimentar da máquina judiciária para a correção dos erros ou omissões verificados tardiamente.
>
> De regra, a necessidade de alteração do formal pode se caracterizar como sobrepartilha ou mera retificação.
>
> O legislador previu no art. 1.040 do novo Código de Processo Civil a possibilidade da realização de sobrepartilha para o acréscimo de bens ou direitos ao inventário.

15. Leia-se Lei n. 13.105/2015.

No uso de suas atribuições, o Conselho Nacional de Justiça, por meio da Resolução n. 35, definiu claramente a competência do tabelião para realizar sobrepartilhas.

Por sua vez, para retificação dos erros verificados na descrição dos bens, previsão do art. 1.028 do CPC/2015, o instrumento adequado, de regra, é o aditamento retificativo, que sempre se fez no seio do processo, sob a exclusiva dependência da tutela do juiz do feito.

Resta analisar, tão somente, a forma como esta deverá ocorrer para adquirir a eficácia necessária. Trata-se de uma questão fundamental, pois o respeito à forma prescrita para o ato é requisito de validade deste.

Ao meu sentir, por analogia à possibilidade da sobrepartilha por escritura pública, é razoável, a partir do início da vigência da Lei n. 11.441, de 4 de janeiro de 2007, admitir-se a possibilidade de retificação da partilha do mesmo modo que se faz a própria partilha, ou seja, por escritura pública que, em caso de retificação, será de aditamento retificativo à partilha realizada.

Se, a partir da vigência da Lei n. 11.441/2007, que inegavelmente tem caráter procedimental, a escritura pública lavrada em tabelionato é forma capaz de efetivar partilha entre maiores e capazes, quando entre todos os interessados existir consenso, ela também será apta à realização de sobrepartilhas, como expressamente afirma o Conselho Nacional de Justiça (art. 25 da Resolução n. 35), e também para retificações de partilhas.

Na medida em que a Lei n. 11.441/2007 conferiu ao tabelião, por meio da realização de escritura pública, capacidade para praticar atos tipicamente processuais, conferindo-lhe competência para a realização de inventários e separações, exigindo, entretanto, em exceção à regra geral da atividade notarial, como condição de validade do ato e para maior segurança jurídica, a assistência de advogado, implicitamente atribuiu à escritura pública capacidade de rescindir e, evidentemente, de alterar e retificar partilhas e atos em que a sentença existente seja meramente homologatória da vontade dos interessados.

Contrariamente a tais argumentos, seria possível argumentar que, a teor do disposto no já citado art. 1.028 do novo Código de Processo Civil, toda e qualquer emenda deve ser feita, necessariamente, nos mesmos autos de inventário e que, portanto, não seria possível o uso de escritura pública para qualquer espécie de retificação de inventário ou partilha. Este dispositivo, entretanto, deve ser interpretado de maneira flexível e em consonância com os objetivos da Lei n. 11.441/2007 e de todo esforço que se realiza na atualidade para tornar a justiça mais ágil e acessível ao cidadão. Essa foi a interpretação do Conselho Nacional de Justiça e do Grupo de Estudos criado pela C.G.J. de São Paulo, ao fazer constar expressamente que sobrepartilha é possível ser realizada por meio de escritura pública.

Em suma, uma escritura pública, a partir da vigência da Lei n. 11.441/2007, quando todas as partes interessadas forem maiores e capazes e entre elas existir consenso, se apresenta como um meio adequado para a necessária retificação da partilha efetivada com erro ou imperfeição."

28.12 ADJUDICAÇÃO

A sucessão prevê que, havendo um só herdeiro com direito à totalidade da herança, não haverá partilha, lavrando-se a escritura de inventário e adjudicação dos bens. A existência de credores do espólio não impede a realização da adjudicação por escritura pública.

28.13 DOCUMENTOS NECESSÁRIOS

Na lavratura da escritura devem ser apresentados os seguintes documentos:

1. **certidão de óbito do autor da herança;**
2. **documento de identidade oficial e CPF das partes e do autor da herança;**

3. certidão comprobatória do vínculo de parentesco dos herdeiros;

4. certidão de casamento do cônjuge sobrevivente e dos herdeiros casados[16-17] e pacto antenupcial, se houver;

5. certidão de propriedade de bens imóveis e direitos a eles relativos;

6. documentos necessários à comprovação da titularidade dos bens móveis e direitos, se houver;

7. certidão negativa de tributos;

8. certificado de Cadastro de Imóvel Rural (CCIR);

9. certidão negativa conjunta da Receita Federal e PGFN[18];

10. certidão comprobatória da inexistência de testamento[19].

Os documentos apresentados no ato da lavratura da escritura devem ser originais ou em cópias autenticadas, salvo os de identidade das partes, que sempre são originais[20].

28.14 DECLARAÇÕES ESPECIAIS

Constará do ato notarial a menção ou declaração dos herdeiros de que o autor da herança não deixou testamento e outros herdeiros, sob as penas da lei.

No corpo da escritura deve haver menção de que "ficam ressalvados eventuais erros, omissões ou os direitos de terceiros".

Há necessidade de emissão da DOI (Declaração de Operação Imobiliária).

28.15 INVENTÁRIO NEGATIVO

É admissível o inventário negativo quando o viúvo ou os herdeiros necessitam fazer prova de alguma circunstância, como quando o viúvo deseja contrair novo matrimônio e não deseja a incidência do art. 1.641, I, afastando a causa suspensiva, ou deseja encerrar a inscrição do CPF do *de cujus* junto à Receita Federal ou quando o herdeiro deseja limitar a sua responsabilidade à força da herança.

---

16. Em São Paulo as normas dispõem que as certidões de nascimento, casamento e óbito, destinadas a comprovar o estado civil das partes e do falecido, assim como a qualidade dos herdeiros, não terão prazo de validade, salvo em relação aos herdeiros maiores que se declararem solteiros, caso em que as certidões de nascimento deverão ser posteriores à data do óbito do autor da herança.
17. As certidões de casamento dos sucessores deverão comprovar o seu estado civil na data da abertura da sucessão, bem como o estado civil na data da escritura pública de inventário quando for promovida a renúncia, ou cessão da herança no todo ou em parte.
18. Em São Paulo, esta exigência foi suprimida das normas.
19. Exigência nos Estados onde há central de testamentos. Onde não houver, a certidão negativa pode ser substituída por declaração dos herdeiros e viúvo, ou viúva, sob as penas da Lei.
20. Quando os herdeiros não encontrarem o RG ou outro documento de identificação do *de cujus*, é possível solicitar junto ao Instituto de Identificação uma certidão contendo o número do Registro Geral (RG).

28.16 RECUSA DO TABELIÃO

O tabelião pode se negar a lavrar a escritura de inventário ou partilha se houver fundados indícios de fraude ou em caso de dúvidas sobre a declaração de vontade de algum dos herdeiros, fundamentando a recusa por escrito.

Se algum dos herdeiros não estiver convicto do teor do ato notarial, o tabelião pode obstar a realização do ato até que o herdeiro manifeste claramente a concordância sobre os termos e dizeres da escritura de inventário e partilha.

Se houver divergência entre a declaração das partes e os documentos apresentados, ou suspeitas de fraudes, ou outro vício jurídico, o tabelião também pode negar-se à lavratura do ato, informando às partes os motivos.

28.17 QUESTÃO TRIBUTÁRIA

Na sucessão é devido o imposto de transmissão *causa mortis*, salvo se houver isenção na legislação estadual. O primeiro passo é saber a data do óbito para aplicar a lei estadual vigente à época do falecimento.

Com a lei, é mister verificar os procedimentos para a declaração do imposto e consequente recolhimento do tributo. Em alguns Estados, há a necessidade de homologação pela Fazenda Estadual dos valores constantes no esboço partilhável. No Estado de São Paulo, a Fazenda repassou essa tarefa diretamente ao tabelião, sendo desnecessária a homologação fazendária, exceto para tabeliães situados em outros Estados.

Em muitos Estados, é indispensável a homologação prévia da minuta notarial pela Fazenda Pública local, o que atrasa muito o ato notarial.

Normas administrativas informam que o recolhimento dos tributos incidentes deve anteceder a lavratura da escritura[21]. Contudo, o tabelião deve observar a legislação tributária estadual aplicável ao tema.

Vale lembrar que o tabelião é responsável pela fiscalização do recolhimento do tributo, arquivando a certidão ou outro documento emitido pelo fisco, fazendo-se expressa indicação a respeito na escritura pública.

Vamos seguir tratando deste tema, sob a perspectiva da legislação do Estado de São Paulo, onde para os óbitos ocorridos até 31 de dezembro de 2000 tem aplicação a Lei Estadual n. 9.591/66. Esta Lei foi alterada pela Lei n. 3.199/81.

A principal questão é a alíquota a ser aplicada. Os óbitos ocorridos entre 1° de janeiro de 1967 e 22 de dezembro de 1981 têm a alíquota de 2%.

No parágrafo único do art. 11, está estabelecido que nas transmissões *causa mortis* e doações *inter vivos*, entre ascendentes e descendentes, inclusive os filhos adotivos, ou entre cônjuges, o imposto será pago com a redução de 30% (trinta por cento).

21. Resolução 35 do CNJ.

Com o advento da Lei n. 3.199/81, este parágrafo único foi suprimido do artigo; portanto, não se aplica mais a redução de 30% para os óbitos ocorridos a partir de 23 de dezembro de 1981.

Em todas as situações deve-se aplicar a multa de 20%, conforme disposto no parágrafo único do art. 27 da Lei n. 9.591/66.

Até 31 de dezembro de 2000, aplica-se a Lei Estadual n. 9.591/66, alterada pela Lei n. 3.199/81. De 1º de janeiro até 31 de dezembro de 2001, aplica-se a Lei Estadual n. 10.705/2000. E a partir de 1º de janeiro de 2002, aplica-se a Lei Estadual n. 10.705/2000, alterada pela Lei n. 10.992/2001 e o Decreto Regulamentador n. 46.665, de 1º de abril de 2002.

Assim, a orientação para o recolhimento é:

1. Óbitos ocorridos entre 1º de janeiro de 1967 e 22 de dezembro de 1981 têm a alíquota de 2%, com redução de 30% se ocorrer entre ascendentes, descendentes ou entre cônjuges, e aplicação de 20% de multa.

2. Óbitos ocorridos entre 23 de dezembro de 1981 e 31 de dezembro de 2000 têm a aplicação da alíquota de 4% acrescida da multa de 20%.

3. Óbitos ocorridos entre 1º de janeiro de 2001 e 31 de dezembro de 2001 têm a aplicação da alíquota de 4% acrescida da multa de 20%.

4. Óbitos ocorridos a partir de 1º de janeiro de 2002 têm a aplicação da alíquota de 4% acrescida da multa de 20%, se o atraso exceder a 180 (cento e oitenta) dias, mais juros de 0,33% por dia de atraso, limitados a 20% (vinte por cento).

A Secretaria da Fazenda do Estado de São Paulo fixou novas regras para o lançamento da declaração e pagamento do ITCMD (Imposto de Transmissão *Causa Mortis* ou Doação) nos atos realizados nos tabelionatos de notas impondo prazos e multas. O sistema eletrônico faz todo o cálculo do tributo, sem possibilidade que o tabelião interfira.

O sistema de prazos, multa e juros no Estado de São Paulo pode ser sumarizado na seguinte tabela:

Prazo *	O que fazer?	Desconto	Atualização monetária	Multa	Juros de mora	Prazo para pagamento
Até 60 dias	Informar dados pessoais e plano da partilha Lançar e confirmar os bens a inventariar	5%	Sim, se houver mudança da UFESP – 5º dia útil do ano	Não há	Não há	Até 90 dias da data do óbito. A Fazenda decide a data
De 61 a 90 dias	Informar dados pessoais e plano da partilha Lançar e confirmar os bens a inventariar	5%	Sim, se houver mudança da UFESP – 5º dia útil do ano	10%	Não há	Até 90 dias da data do óbito. A Fazenda decide a data

Prazo *	O que fazer?	Desconto	Atualização monetária	Multa	Juros de mora	Prazo para pagamento
De 91 a 180 dias	Informar dados pessoais e plano da partilha Lançar e confirmar os bens a inventariar	Não há	Sim, se houver mudança da UFESP – 5º dia útil do ano	10%	Não há	Até 180 dias da data do óbito. A Fazenda decide a data
De 181 a 210 dias	Informar dados pessoais e plano da partilha Lançar e confirmar os bens a inventariar	Não há	Sim, se houver mudança da UFESP – 5º dia útil do ano	2 0 % + 0,33% a.d. até 20%	Sim. SELIC + 1% a.m.	Prazo é diário. A Fazenda emite a guia
De 211 dias em diante	Informar dados pessoais e plano da partilha Lançar e confirmar os bens a inventariar	Não há	Sim, se houver mudança da UFESP – 5º dia útil do ano	2 0 % + 20%	Sim. SELIC + 1% a.m.	Prazo é mensal. A Fazenda emite a guia
* A contar da data da morte do autor da herança						

28.18 CONSIDERAÇÕES FINAIS

Os eventuais erros constantes na escritura pública podem ser retificados desde que haja o consentimento de todos os interessados, podendo inclusive constituir o próprio inventariante na escritura de inventário como mandatário, prevendo tal ato. Os erros podem ser quanto às partes, aos bens, ao plano de partilha, sobre valores ou outras declarações provenientes das partes.

Os erros materiais podem ser corrigidos pelo próprio tabelião ou a requerimento de qualquer das partes (ou de seu procurador) por anotação à margem do ato notarial ou, não havendo espaço, por ato notarial autônomo e com anotação remissiva.

A participação de defensor público não isenta as partes do recolhimento de imposto de transmissão, que tem legislação própria a respeito do tema.

As escrituras de inventário e partilha e separação e divórcio decorrentes da aplicação do novo Código de Processo Civil podem ser gratuitas na seara extrajudicial, quando a parte for hipossuficiente.

A gratuidade da justiça compreende os emolumentos devidos a notários ou registradores em decorrência da prática de registro, averbação ou qualquer outro ato notarial necessário à efetivação de decisão judicial ou à continuidade de processo judicial no qual o benefício tenha sido concedido (art. 98, § 1º, IX). Havendo dúvida fundada quanto ao preenchimento dos pressupostos para a concessão da gratuidade, o notário ou registrador, após praticar o ato, pode requerer, ao juízo competente, a revogação total ou parcial do benefício ou a sua substituição pelo parcelamento[22]. Neste caso, o beneficiário será citado para, em 15 (quinze) dias, manifestar-se sobre o requerimento.

A gratuidade é para os atos judiciais, cuja efetividade dependa de registro ou ato notarial. A solicitação da gratuidade feita diretamente ao tabelião depende de lei[23].

O cessionário de direitos hereditários pode promover o inventário extrajudicial, mesmo na hipótese de cessão de parte do acervo, desde que todos os herdeiros estejam presentes e concordes. Se a cessão for de parte da massa, os demais herdeiros devem comparecer na escritura de inventário e partilha. Se houver a cessão integral do acervo, é possível a adjudicação para o cessionário, desde que na cessão haja poderes suficientes para a finalização do inventário e partilha do espólio em nome dos herdeiros.

É desnecessária a autorização do INCRA, na sucessão legítima, para aquisição de imóvel rural por estrangeiro (art. 2º, Lei n. 5.709/71). Se o imóvel estiver situado em área considerada indispensável à segurança nacional, que depende do assentimento prévio da Secretaria-Executiva do Conselho de Defesa Nacional (art. 7º, Lei n. 5.709/71), faz-se necessária a autorização.

É vedada a lavratura de escritura pública de inventário e partilha referente a bens localizados no exterior[24].

28.19 JURISPRUDÊNCIA SELECIONADA

Conselho Superior da Magistratura. Apelação Cível n. 1023035-86.2021.8.26.0114. DJe 04.10.2022. Ementa: Registro de Imóveis – Escritura pública de inventário e partilha de bens – Sucessão testamentária – Cindibilidade do título – Excesso de quinhão na partilha com reposição pecuniária – Ausência de transmissão onerosa de bem imóvel – Inexistência de fato gerador do imposto de transmissão inter vivos – ITBI – Óbice afastado – Recurso provido.

Conselho Superior da Magistratura. Apelação Cível n. 1001772-70.2020.8.26.0263. DJe 24.02.2021. Ementa: Registro de Imóveis – Dúvida – Partilha causa mortis – Escritura pública – Renúncia por herdeiros contra os quais pesavam indisponibilidades decorrentes de ordens jurisdicionais – Indisponibilidades que, entretanto, não impunham aos herdeiros o dever de aceitar a herança – Apelação a que se dá provimento para, afastado o óbice e reformada a r. sentença, permitir os registros almejados.

Conselho Superior da Magistratura. Apelação Cível n. 1001328-44.2020.8.26.0584. DJe 24.02.2021. Ementa: Registro de imóveis – Escritura pública de inventário e partilha – Cessão da meação da viúva meeira e instituição de usufruto – Divisão entre meação e herança por meio de constituição de usufruto e transmissão da nua propriedade –

22. Para nós, há erro técnico na terminologia: "ao juízo competente para decidir questões notariais ou registrais", e o adequado, numa interpretação sistêmica, é: "ao juízo competente" – que emanou a concessão da gratuidade, requerendo o tabelião a este juízo, a revogação total ou parcial do benefício; do contrário, a disposição legal estará fadada à inaplicabilidade, diante do conflito de competência entre a esfera judicial e administrativa.

23. Art. 98, § 7º, do CPC/2015.

24. Resolução 35 CNJ, art. 25.

Apresentação de guia de recolhimento do ITCMD – Dúvida improcedente – Recurso provido para afastar a exigência.

Conselho Superior da Magistratura. Apelação Cível n. 1003428-85.2020.8.26.0223. DJe 09.06.2021. Ementa: Registro de Imóveis – Apelação – Dúvida – Negativa de registro de formal de partilha expedido em inventário – Ausência de menção à meação do cônjuge supérstite – Acerto do óbice registrário – Meação que integra a comunhão – Indivisibilidade – Necessidade de partilha – Recurso não provido.

Conselho Superior da Magistratura. Apelação Cível n. 96.477-0/3. DJe 13.03.2003. Ementa: Registro de Imóveis – Dúvida julgada improcedente – Formal de Partilha – Pretendido registro parcial e relativo ao quinhão de apenas um herdeiro – Não há como manter um estado de indivisão limitado – Registro inviável – Recurso desprovido.

Conselho Superior da Magistratura. Apelação Cível n. 1006929-86.2019.8.26.0577. DJe 27.10.2020. Ementa: Registro de Imóveis – Dúvida – Antecipação da Tutela Recursal – Indeferimento – Óbito da titular de domínio – Recebimento de imóveis pelo companheiro por sucessão hereditária – Possibilidade – Escritura de inventário e adjudicação lavrada sem a participação dos demais interessados na herança – Óbice ao registro configurado – Dúvida procedente – Nega-se provimento ao recurso interposto.

Conselho Superior da Magistratura. Apelação Cível n. 1016689-35.2019.8.26.0100. DJe 19.06.2020. Ementa: Registro de Imóveis – Dúvida julgada procedente – Formal de partilha representativo de transmissão de domínio de bem imóvel – Manifestação favorável da Fazenda Estadual nos autos do inventário – Plano de partilha acordado entre os herdeiros alterado posteriormente – Dever do Oficial de Registro de Imóveis de exigir a comprovação do pagamento do imposto devido pelo negócio jurídico celebrado entre os herdeiros – Prova que, no caso concreto, não integra os documentos que compõem o título a ser registrado – Apelação não provida.

Conselho Superior da Magistratura. Apelação Cível n. 1001441-21.2019.8.26.0426. DJe 27.04.2020. Ementa: Registro de Imóveis – Formal de Partilha – Recusa do oficial com fundamento na irregularidade de recolhimento de tributos – Ausência de anuência da Fazenda do Estado quanto ao ITCMD – Discordância quanto à base de cálculo do ITCMD – Exigência de recolhimento de ITBI por conta de partilha desigual de alguns dos imóveis transmitidos – Exigências afastadas – Dever de fiscalização do Oficial de Registros que se limita à existência do recolhimento do tributo autolançado, bem como da razoabilidade da base de cálculo – Precedentes – Fazenda Pública ciente do autolançamento do ITCMD nos autos do arrolamento, sem impugnação – Impossibilidade de recusa ao registro da transmissão causa mortis – Fiscalização do recolhimento do ITBI limitado a fatos geradores ocorridos na base territorial do registrador – Partilha do imóvel localizado em Patrocínio Paulista em frações iguais aos herdeiros, afastando a incidência de ITBI – Impossibilidade de recusa por eventual fato gerador e obrigação de pagamento do tributo a município diverso daquele em que se localiza o imóvel sob atribuição do registrador – Partilha desigual ocorrida em outro município, que deverá ser objeto de fiscalização pelo Oficial daquela base territorial – Dúvida afastada – Recurso provido para determinar o registro do formal de partilha na matrícula nº 2.953 do Registro de Imóveis de Patrocínio Paulista.

Conselho Superior da Magistratura. Apelação Cível n. 1124580-52.2018.8.26.0100. DJe 07.10.2019. Ementa: Registro de Imóveis – Formal de partilha – Dúvida julgada procedente – Registro Paroquial – Declaração relativa à posse dos bens imóveis – Ausência de título de domínio – Apelação não provida.

Conselho Superior da Magistratura. Apelação Cível n. 1000506-36.2018.8.26.0128. DJe 21.01.2019. Ementa: Registro de Imóveis – Formal de Partilha – Ausência de comprovação de recolhimento de Imposto de Transmissão causa mortis – ITCMD – Dever do Oficial de velar pelo seu recolhimento, exigindo a apresentação das respectivas guias, o que não ocorreu em relação a todos os herdeiros – Ausência de discussão quanto ao acerto do cálculo, mas sim ao não recolhimento do tributo, mesmo em valor supostamente inferior ao devido – Cindibilidade do título – Impossibilidade – Indeterminação do que tenha sido partilhado e a quem – Recurso desprovido.

Conselho Superior da Magistratura. Apelação Cível n. 0014119-11.2017.8.26.0344. DJe 20.08.2018. Ementa: Registro de Imóveis – Dúvida – Registro de formal de partilha – Transmissão de parte ideal de imóveis à viúva – Partilha que recai sobre a totalidade dos bens – Qualificação negativa do título – Acerto do óbice apresentado pelo registrador – Recurso não provido.

Conselho Superior da Magistratura. Apelação Cível n. 1005161-58.2016.8.26.0019. DJe 08.04.2019. Ementa: Registro de Imóveis – Sobrepartilha realizada por escritura pública – Reconhecimento de dívidas incontroversas pela meeira e herdeiros – Necessidade de reserva de bens e indicação do valor das dívidas – Incidência do artigo 663 do Código de Processo Civil no âmbito da partilha judicial e extrajudicial por se tratar de norma cogente – Recurso não provido.

Conselho Superior da Magistratura. Apelação Cível n. 0005393-17.2018.8.26.0634. DJe 09.03.2020. Ementa: Registro de Imóveis – Procedimento de dúvida – Inventário extrajudicial por companheira sobrevivente que é qualificada como único herdeira – União estável declarada em escritura pública – Recusa de registro fundada exclusivamente na condição de única herdeira da companheira, com base na regulação administrativa do ato, prevista no item 112, do Cap. XVI das NSCGJ, e art. 18, da Resolução CNJ 35/2007 – Regime sucessório dos companheiros igualado ao dos cônjuges, a partir da declaração de inconstitucionalidade material do art. 1.790, CC, com repercussão geral (RE 646.721/RS) – Impossibilidade de se dar tratamento distinto ao companheiro em relação ao cônjuge em matéria sucessória, incluindo-se aí regras limitativas do procedimento de inventário judicial ou extrajudicial – Ausência de norma legal a indicar a impossibilidade de inventário extrajudicial ao companheiro sobrevivente caso não existam herdeiros concorrentes, considerando o teor do art. 1.829, CC e do art. 610, § 1º, CPC, desde que comprovada a união estável por escritura pública ou por sentença declaratória anterior – Eficácia da escritura de união estável para comprovar a continuidade da união estável até sua extinção pela morte, cabendo a eventual interessado em demonstrar sua inexistência ou cessação a iniciativa de derrubar a presunção decorrente da declaração, por meio de ação judicial, em homenagem ao princípio da boa-fé – Registro da declaração de união estável que só é necessário para se impor seus efeitos a terceiros, o que não ocorre quando a parte interessada adere aos efeitos da declaração dos companheiros

– Declaração do inventariante sobre a inexistência de outros herdeiros que produz efeitos tanto na esfera judicial quanto na extrajudicial, não havendo perquirição ativa de demais legitimados à sucessão ante a declaração limitada – Impossibilidade de se imobilizar a transmissão sucessória a aguardar manifestação de possíveis interessados em recolher a herança que, por presunção decorrente da declaração de união estável, é do companheiro sobrevivente – Recurso provido para determinar o registro do título.

Conselho Superior da Magistratura. Apelação Cível n. 1004533-95.2018.8.26.0505. DJe 09.03.2020. Ementa: Registro de Imóveis – Escritura Pública de Inventário e Partilha Extrajudicial – Falecida proprietária casada no regime da separação obrigatória de bens – Bem adquirido na constância do casamento – Cônjuges falecidos – Inventário da falecida esposa por meio do qual a totalidade do imóvel é partilhada – Impossibilidade de registro – Aplicabilidade da Súmula 377 do STF – Cabimento da retificação do título – Apelação não provida.

Conselho Superior da Magistratura. Apelação Cível n. 1003886-73.2018.8.26.0223. DJe 25.09.2019. Ementa: Registro de Imóveis – Dúvida inversa – Inventário extrajudicial – União estável formalizada por escritura pública com atribuição da propriedade exclusiva de imóvel em favor do companheiro falecido – Inaptidão da disposição para subtrair do companheiro supérstite sua condição de herdeiro universal, à falta de descendentes e ascendentes vivos – Regime sucessório dos conviventes definido por entendimento firmado pelo E. STF, em repercussão geral, a reconhecer a inconstitucionalidade do art. 1.790 do CC 2002 – Desnecessária aquiescência dos colaterais para a lavratura de escritura pública de inventário e adjudicação do único imóvel integrante do monte mor – Presumível subsistência da união estável formalizada até a abertura da sucessão – Ausência de impugnação ou indícios de dissolução de fato da relação de convivência, expressamente referida por um dos irmãos do de cujus, declarante do óbito – Recurso não provido.

Conselho Superior da Magistratura. Apelação Cível n. 1005906-21.2018.8.26.0099. DJe 17.06.2019. Ementa: Registro de imóveis – Dúvida julgada procedente – Escritura pública de inventário e partilha de bens – Autor da herança casado pelo regime da separação obrigatória de bens – Imóvel adquirido em condomínio entre o autor da herança e sua esposa – Partilha somente aos filhos, em decorrência de doação formulada pela viúva – Possibilidade – Divergência na escritura pública entre os valores dos bens doados e os indicados para justificar a isenção da obrigação de declarar o ITCMD – Necessidade de comprovação da declaração e recolhimento do imposto, ou de demonstração de sua isenção – Recurso não provido, mas por fundamento distinto do adotado na r. sentença.

Conselho Superior da Magistratura. Apelação Cível n. 1004863-65.2018.8.26.0223. DJe 18.03.2019. Ementa: Registro de Imóveis – Ação de extinção de condomínio – Qualificação registral – Situação de universalidade dos bens, com necessidade de que seja inventariada a totalidade do patrimônio comum – Cônjuge que é proprietário de 1/5 do imóvel casado em regime de comunhão universal de bens – Falecimento da esposa – Necessidade de realização de seu inventário e partilha – Existência de filhos comuns – Recurso desprovido.

Conselho Superior da Magistratura. Apelação Cível n. 1035377-16.2017.8.26.0100. DJe 18.03.2019. Ementa: Registro de Imóveis – Dúvida inversa julgada improcedente – Escritura pública de inventário e partilha de bens, com reconhecimento de união estável mantida pela autora da herança – Imóvel adquirido durante a união estável na proporção de 80% pela autora da herança e 20% pelo companheiro – Atribuição, na partilha, da totalidade do imóvel ao companheiro sobrevivente – Possibilidade porque a partilha foi promovida em conjunto por todos os herdeiros e pelo companheiro sobrevivente que reconheceram estar o imóvel sujeito, em sua totalidade, ao regime legal da comunhão parcial de bens – Recurso não provido.

Conselho Superior da Magistratura. Apelação Cível n. 1101111-45.2016.8.26.0100. DJe 26.07.2018. Ementa: Registro de Imóveis – Formal de Partilha – Herdeiros que se declararam como mantenedores de uniões estáveis – Princípio da especialidade subjetiva – Herdeiros que devem ser qualificados com as indicações de seus estados civis – Necessidade, ainda, de apresentação das anuências dos respectivos companheiros com as declarações de uniões estáveis, uma vez que, no presente caso concreto, não participaram da ação de inventário – Dúvida procedente, mas por fundamento distinto daquele adotado pelo Sr. Oficial de Registro de Imóveis para a recusa do registro – Recurso não provido, com determinação.

Conselho Superior da Magistratura. Apelação Cível n. 1000151-26.2017.8.26.0204. DJe 26.07.2018. Ementa: Dúvida – Registro de Imóveis – Decisão da Juíza Corregedora Permanente que afastou óbice ao registro de formal de partilha e reconheceu a extensão da gratuidade da Justiça a todos os herdeiros – Apelação interposta pelo Registrador – Inteligência do artigo 202 da Lei 6.015/73 e do item 41.6 do Capítulo XX das Normas de Serviço – Ilegitimidade recursal do Registrador – Emolumentos que devem ser objeto de reclamação, não sendo passíveis de análise em sede de dúvida – Inteligência dos arts. 29 e 30 da Lei Estadual 11.331/02 – Recurso não conhecido.

Conselho Superior da Magistratura. Apelação Cível n. 1000306-43.2017.8.26.0361. DJe 11.07.2018. Ementa: Registro de imóveis – Formais de partilha e escritura pública de sobrepartilha – Especialidade objetiva – Descrição do imóvel nos títulos que não se coaduna à existente na matrícula – Necessidade de retificação dos títulos – Afronta aos princípios da especialidade objetiva e da continuidade – Um dos formais de partilha levados a registro apresenta, ademais, percentual equivocado do quinhão a ser partilhado – Necessidade de retificação – Sobrepartilha por escritura pública que não basta à solução do problema – Quinhão que estava consolidado ao tempo da abertura da sucessão, não havendo que se falar em soma de quinhões advindos da genitora e do genitor do de cujus – Inaplicabilidade, por fim, do art. 213, § 13, da LRP, à hipótese – Recurso não provido.

Conselho Superior da Magistratura. Apelação Cível n. 1101111-45.2016.8.26.0100. Data da Sentença 10.04.2018. Ementa: Registro de Imóveis – Formal de Partilha – Herdeiros que se declararam como mantenedores de uniões estáveis – Princípio da especialidade subjetiva – Herdeiros que devem ser qualificados com as indicações de seus estados civis – Necessidade, ainda, de apresentação das anuências dos respectivos companheiros com as declarações de uniões estáveis, uma vez que, no presente caso concreto, não participaram da ação de inventário – Dúvida procedente, mas por fundamento distinto daquele adotado pelo Sr. Oficial de Registro de Imóveis para a recusa do registro – Recurso não provido, com determinação.

Conselho Superior da Magistratura. Apelação Cível n. 1036633-91.2017.8.26.0100. DJe 07.05.2018. Ementa: Registro de imóveis – Recusa ao ingresso de escritura pública de inventário pela falta de prévias inscrições das partilhas de bens de titulares de domínio que se casaram e se separaram ou divorciaram – Registro do novo título que pressupõe a atualização dos estados civis dos proprietários – Especialidade subjetiva – Averbações de divórcio e de separação que dependem, porém, da apresentação de escritura pública ou de carta de sentença – Inteligência do subitem 14 da letra “b” do item 11 do Capítulo XX das NSCGJ – Inscrições prévias obrigatórias das partilhas de bens decorrentes da separação e do divórcio – Afastamento – Inteligência da nota ao subitem 14 da letra “b” do item 11 do Capítulo XX das NSCGJ – Averbação de dissolução da sociedade conjugal que pode ser feita independentemente da partilha de bens – Recurso provido, com observação.

Conselho Superior da Magistratura. Apelação Cível n. 0001207-39.2016.8.26.0498. DJe 04.05.2018. Ementa: Registro de imóveis – Ação de inventário/arrolamento envolvendo mais de um falecido – Sentença homologatória de partilhas sucessivas – Impossibilidade de registro – Princípio da continuidade – Óbice mantido – Recurso desprovido.

Conselho Superior da Magistratura. Apelação Cível n. 1036558-52.2017.8.26.0100. DJe 02.05.2018. Ementa: Registro de imóveis – Carta de Sentença – Partilha de Bens – Dúvida procedente – Necessidade de correção do plano de partilha para constar a partilha dos direitos aquisitivos dos fiduciantes e não a partilha do imóvel propriamente dito – Indispensabilidade da anuência do credor fiduciário, na forma do art. 29 da Lei 9.514/97 – Carta de sentença que deve ser aditada porque o plano de partilha se encontra incompleto – Apelação não provida.

Conselho Superior da Magistratura. Apelação Cível n. 1005304-64.2015.8.26.0445. DJe 02.05.2018. Ementa: Registro de imóveis – Inventário extrajudicial – Falecido casado sob o regime da separação obrigatória de bens – Viúva que não tem a situação jurídica de herdeira – Necessidade de sua participação no inventário extrajudicial ante a condição de interessada em virtude de ser potencial titular do direito real de habitação – Recurso não provido.

Conselho Superior da Magistratura. Apelação Cível n. 1006915-68.2016.8.26.0590. DJe 19.04.2018. Ementa: Registro de Imóveis – Dúvida inversa – Formal de Partilha – Imóvel doado em favor do autor da herança e sua mulher, casados pelo regime da comunhão universal de bens, além de três outros donatários – Posterior falecimento do único donatário que era casado – Pretensão, pela viúva, de atribuição de quinhões separados do imóvel em seu favor e em favor de seu marido, de forma a que cada um tivesse o equivalente a 20% do imóvel – Interpretação que não encontra respaldo na escritura pública de doação e em seu registro – Dúvida procedente, com manutenção da recusa do registro do título – Recurso não provido.

Conselho Superior da Magistratura. Apelação Cível n. 1002012-92.2014.8.26.0126. DJe 27.02.2018. Ementa: Registro de Imóveis – Formal de Partilha – Divergência no nome da falecida – Afronta aos princípios da continuidade e da especialidade subjetiva – Dúvida procedente – Apelação desprovida.

Conselho Superior da Magistratura. Apelação Cível n. 1000450-24.2017.8.26.0100. DJe 30.01.2018. Ementa: Dúvida – Ausência de impugnação de todos os itens da nota de devolução – Dúvida prejudicada – Recurso não provido – Registro de Imóveis – Emolumentos – Escritura de inventário e partilha – Pretensão de averbação com gratuidade – Impossibilidade – Ausência de previsão legal – Interpretação restritiva – Isenção de emolumentos apenas restrita às hipóteses legais – Pedido de providências prejudicado – Recurso não provido.

Conselho Superior da Magistratura. Apelação Cível n. 1015351-23.2015.8.26.0405. DJe 22.01.2018. Ementa: Registro de Imóveis – Formal de partilha – Divisão amigável de herança com preterição do art. 1.790 do CC – Partilha que se orientou pela regra do art. 1.829, I, do CC – Companheira/inventariante excluída da sucessão – Registrabilidade de título judicial que, apesar da acesa controvérsia sobre a incidência da norma do art. 1.790 do CC, independe de controle de constitucionalidade – Exigência de aditamento do título em contradição com os limites do juízo de qualificação – Desqualificação ofensiva ao conteúdo da sentença judicial – Ressalva feita na sentença, em referência a eventuais erros, omissões e aos direitos de terceiro, não oportuniza a impugnada recusa – Não compete ao Registrador a sindicância de suposto erro de direito – Dúvida improcedente – Inscrição do título determinada – Recurso provido.

Conselho Superior da Magistratura. Apelação Cível n. 0003920-58.2015.8.26.0615. DJe 30.10.2017. Ementa: Formal de Partilha – Partilha incompatível com o instrumento particular de cessão de direitos hereditários, também homologado nos autos do inventário, porque este incluiu herdeira que, posteriormente, renunciou a seu quinhão hereditário – Homologação de cessão de direitos hereditários que previa lavratura de escritura pública para formalizar a permuta de imóveis – Partilha registrada e cessão de direitos hereditários recusada – Princípio da continuidade – Dúvida julgada procedente – Recurso não provido.

Conselho Superior da Magistratura. Apelação Cível n. 1101560-03.2016.8.26.0100. DJe 11.10.2017. Ementa: Registro de Imóveis – Dúvida – Impugnação parcial da nota de devolução – Dúvida prejudicada – Recurso não conhecido – Registro de imóveis – Formal de Partilha – Falta de dados qualificativos do titular de domínio e dos cedentes intermediários – Especialidade subjetiva – Mitigação Segurança jurídica não atingida – Compromissos de compra e venda antigos – Suficiente identificação dos últimos cedentes, de quem o imóvel foi herdado – Regra de transição prevista no art. 176, parágrafo 2º, da Lei n. 6.015/73 – Recurso não conhecido.

Conselho Superior da Magistratura. Apelação Cível n. 0001561-55.2015.8.26.0383. DJe 04.09.2017. Ementa: Registro de Imóveis – Formal de Partilha – Desqualificação do título judicial, exigindo-se CCIR – Correta exigência – Inteligência dos arts. 176, parágrafo 1º, II, da LRP, art. 22, parágrafos 1º e 2º, da Lei 4.947/66 e item 59 do Capítulo XX do Tomo II das NSCGJ – Apelação não provida.

Conselho Superior da Magistratura. Apelação Cível n. 1105416-72.2016.8.26.0100. DJe 31.08.2017. Ementa: Formal de partilha – Desqualificação – Descrição do imóvel que não corresponde à descrição contida nas transcrições do Registro de Imóveis – Ofensa ao princípio da especialidade objetiva – Dúvida julgada procedente – Recurso não provido.

Conselho Superior da Magistratura. Apelação Cível n. 0000063-04.2016.8.26.0539. DJe 21.06.2017. Ementa: Registro de Imóveis – Escritura Pública de inventário e partilha – Ofensa aos princípios da legalidade e da especialidade objetiva – CCIR com dados desatualizados, em desacordo com o resultado de retificação averbada na matrícula do bem imóvel há mais de quatro anos – Exigência de atualização pertinente – Erros pretéritos não justificam outros – Reconhecimento do desacerto das exigências ligadas ao ITR – Desnecessidade de exibição de certidões negativas de débitos relativas a tributos despegados do ato registral intencionado – Dúvida procedente – Recurso desprovido, com observação.

Conselho Superior da Magistratura. Apelação Cível n. 1060800-12.2016.8.26.0100. DJe 20.07.2017. Ementa: Registro de Imóveis – Recusa de ingresso de formal de partilha por falta de recolhimento de ITBI – Valor do patrimônio imobiliário dividido desigualmente entre os herdeiros – Hipótese de incidência prevista no artigo 2º, VI, da Lei do Município de São Paulo n. 11.154/91 – Exigência descabida – Quinhões que devem ser analisados como um todo para fins de incidência de imposto – Inocorrência de transmissão "inter vivos" de imóvel por ato oneroso – Inaplicabilidade do artigo 289 da Lei n. 6.015/73 e do inciso XI do artigo 30 da Lei n. 8.935/94 – Apelação provida.

Conselho Superior da Magistratura. Apelação Cível n. 1007661-93.2015.8.26.0161. DJe 12.04.2017. Ementa: Registro de Imóveis – Formal de partilha – Não comprovação do pagamento do imposto sobre herança – Inadmissibilidade do exame da prescrição e da decadência tributárias no processo de dúvida – Pertinência da exigência atacada pelo interessado – Dúvida procedente – Recurso desprovido.

Conselho Superior da Magistratura. Apelação Cível n. 1027173-17.2016.8.26.0100. DJe 20.03.2017. Ementa: Registro de Imóveis – Proprietária casada no regime da separação obrigatória de bens – Bem adquirido na constância da união – Cônjuges falecidos – Escritura de inventário da falecida esposa por meio da qual a totalidade do imóvel é partilhada – Impossibilidade de registro – Aplicabilidade da Súmula 377 do STF – Comunhão que se presume – Necessidade de prévia inscrição do formal de partilha extraído do inventário do falecido marido, no qual sua parte no imóvel será dividida – Alegação de prescrição da ação de sonegados – Matéria estranha ao procedimento de dúvida – Apelação desprovida.

Conselho Superior da Magistratura. Apelação Cível n. 1000990-04.2016.8.26.0037. DJe 31.01.2017. Ementa: Registro de Imóveis – Dúvida julgada procedente, impedindo-se o registro de Escritura Pública de Inventário, sob o fundamento de que Espólio não é parte capaz – Escritura que peca pela falta de clareza – Os Espólios não são parte – Cuida-se, na verdade, de dois inventários numa só escritura, o que se verifica, inclusive, do recolhimento de dois impostos – Desnecessidade de remessa à via judicial – Recurso provido, para ingresso do título.

Conselho Superior da Magistratura. Apelação Cível n. 1004659-02.2015.8.26.0037. DJe 27.01.2017. Ementa: Registro de Imóveis – Dúvida inversa – Escritura pública de inventário – Juízo negativo de qualificação registral – Indispensabilidade de prévia retificação bilateral – Erro na abertura da matrícula que compromete direitos de terceiros – Inadmissibilidade da correção de ofício – Ofensa ao princípio da continuidade registral – Dúvida procedente – Recurso desprovido.

Conselho Superior da Magistratura. Apelação Cível n. 0016743-28.2013.8.26.0100. *DJe* 20-5-2014. Ementa: Registro de Imóveis – Registro de escritura de inventário e partilha – Interessada que, ao tempo do falecimento de sua mãe, era casada sob o regime de comunhão universal – Estado civil que não constou da escritura, com consequente ausência de comparecimento do cônjuge – Desnecessidade desse comparecimento, uma vez que não houve ato de disposição de bens – Sentença reformada – Dúvida julgada improcedente.

Conselho Superior da Magistratura. Apelação Cível n. 0000974-65.2011.8.26.0062. *DJe* 8-11-2012. Ementa: Registro de Imóveis – Escritura Pública de Inventário e Partilha – Existência de União Estável – Necessidade de se inventariar a totalidade dos bens havidos em comunhão na união estável – Universalidade de Direitos – Recurso não provido.

Conselho Superior da Magistratura. Apelação Cível n. 0002604-73.2011.8.26.0025. *DJe* 5-11-2012. Registro de Imóveis – Escritura de Inventário e Partilha – Questionamento sobre o valor do imposto recolhido pela parte – Regra de direito tributário – Restrição ao exame da regularidade formal das exigências legais pelo Registrador – Recurso provido.

Conselho Superior da Magistratura. Apelação Cível n. 9000001-94.2012.8.26.0296. *DJe* 30-9-2013. Ementa: Registro de Imóveis – Dúvida – Escrituras públicas de inventário e partilha e de renúncia de herança – Falecimento do herdeiro antes da aceitação da herança – Direito de renúncia à herança – Faculdade que passa ao herdeiro do herdeiro falecido, desde que aceite a herança deste (CC 1.809, parágrafo único) – Recurso não provido com determinação.

Conselho Superior da Magistratura. Apelação Cível n. 0025959-80.2012.8.26.0477. *DJe* 19-12-2014. Ementa: Registro de imóveis – Escritura de cessão de direitos hereditários e inventário extrajudicial – Monte Mor composto por um único imóvel – ITCMD e ITBI devidamente recolhidos – Possibilidade de ingresso no fólio real, registrando-se primeiramente a transferência aos herdeiros, conforme partilha que se extrai da escritura, e depois a adjudicação ao cessionário – Recurso provido.

Corregedoria-Geral da Justiça. Processo CG n. 439/2021-E. Data do parecer 02.12.2021. Ementa: Tabelionato de Notas – Falta de consulta à Central Nacional de Indisponibilidade de Bens quanto a herdeiro renunciante – Ponto em que é controversa a incidência da norma – Precedente do Conselho Superior da Magistratura – Inexistência de ilícito administrativo – Inconveniência de expedição de regra específica sobre o tema – Parecer pelo não provimento do recurso.

Corregedoria-Geral da Justiça. Processo CG n. 2017/00176764. Data do parecer 05.09.2017. Ementa: Emolumentos – Gratuidade – Concessão dos benefícios da gratuidade em inventário – Pretensão de extensão da medida para registro de contratos particulares de compra e venda de imóveis – A concessão dos benefícios da justiça gratuita em demanda judicial estende-se ao registro imobiliário, com relação a títulos judiciais a serem registrados. Não, porém, quanto a contratos particulares de compra e venda de imóveis. Possibilidade de o Sr. Registrador condicionar os registros ao depósito prévio dos emolumentos, tal como previsto no art. 13 da Lei Estadual 11.331/02 e no item 69 do Capítulo XIII das NSCGJ – Ausência de falta funcional a ser investigada – Recurso desprovido.

Corregedoria-Geral da Justiça. Processo CG n. 2017/00137937. Data do parecer 05.09.2017. Ementa: Cartório de Notas – Sugestão de limitação à publicidade de informações relativas a inventários extrajudiciais – Descabimento – Publicidade que rege toda a atividade notarial – Aplicação analógica dos itens 93 e 152 do Capítulo XIV das Normas de Serviço – Via extrajudicial que constitui mera opção dos interessados – Parecer desta E. Corregedoria Geral da Justiça – Proposta novamente rejeitada.

Corregedoria-Geral da Justiça. Processo CG n. 2016/174255. DJe 25.10.2016. Ementa: Procedimento Administrativo – Tabelionato de Notas – Tabeliã que lavra escritura pública de inventário com base unicamente em declarações de filhos do primeiro casamento do de cujus – Certidão de óbito que mencionava união estável mantida pelo falecido ao tempo do óbito, inclusive com nome de sua companheira – Declaração de óbito, aliás, prestada por filha do primeiro casamento do de cujus – Tabeliã que haveria de exigir a presença da companheira ao ato, ou remeter as partes às vias judiciais, em caso de eventual dissenso acerca da existência da união estável mencionada na certidão de óbito – Item 112, Capítulo XIV, Tomo II, das NSCGJ – Não compete à Tabeliã decidir por si acerca da incidência do art. 1.790 do CC à espécie, afastando direitos sucessórios da companheira – Partes que podem ter firmado contrato de união estável, prevendo regime de comunhão universal – Ademais, a consonância do art. 1790 do CC à Lei Maior está sob julgamento do Excelso Pretório, com sete votos pela inconstitucionalidade da norma até o momento – Falta administrativa caracterizada – Recurso desprovido.

Corregedoria-Geral da Justiça. Processo CG n. 2016/204317. DJe 06.03.2017. Ementa: Tabelionato de Notas – Consulta formulada por tabelião acerca do alcance da nota explicativa 3.1.1 da tabela dos Cartórios de Notas instituída pela Lei Estadual nº 11.331/02 – Nota explicativa que, em relação à escritura de partilha, aplica-se apenas àquela lavrada nos termos do artigo 2.015 do Código Civil – Aplicação do item 78.2 do Capítulo XIV das NSCGJ para o cálculo dos emolumentos concernentes às escrituras de separação e divórcio seguidos de partilha e do item 78.3 do Capítulo XIV das NSCGJ para o cálculo dos emolumentos relativos às escrituras de inventário e partilha (Lei nº 11.441/07) – Uniformização do entendimento administrativo, na forma do artigo 29, § 2º, da Lei Estadual nº 11.331/02 – Regramento em caráter geral e normativo. Pleito formulado pelo Colégio Notarial do Brasil – Seção São Paulo, no sentido de incluir o valor da meação do cônjuge sobrevivente na base de cálculo dos emolumentos relativos à lavratura de escritura de inventário e partilha – Meação devida ao cônjuge supérstite, que não caracteriza transmissão de bens, mas mera atribuição daquilo que já lhe pertencia – Ausência de partilha – Emolumentos que, além disso, são cobrados com a exclusão do valor da meação há uma década sem indício de prejuízo aos tabeliães – Parecer pelo indeferimento do pedido.

Corregedoria-Geral da Justiça. Processo n. 2015/50558. *DJe* 22-5-2015. Ementa: Tabelião de Notas – Escritura pública de inventário e partilha – Espólio, que não detém capacidade, não pode ser parte na escritura, quanto mais diante da presença de interessados menores – Pena de repreensão bem aplicada – Sentença mantida.

Corregedoria Permanente. 2ª Vara de Registros Públicos. Processo n. 0028927-35.2021.8.26.0100. DJe 22.03.2022. Ementa não oficial: Tabelionato de Notas – Escritura de Inventário e Partilha – Herdeiros domiciliados no exterior sem domicílio no Brasil – Procuração particular – Impossibilidade.

Corregedoria Permanente. 1ª Vara de Registros Públicos. Processo n. 1119149-32.2021.8.26.0100. DJe 16.12.2021. Ementa não oficial: Registro de Imóveis – Escritura de Inventário e Partilha – Súmula 377/STF – Releitura pelo STJ – Esforço comum na aquisição deve ser comprovado – Dúvida improcedente.

Corregedoria Permanente. 2ª Vara de Registros Públicos. Processo n. 1094372-80.2021.8.26.0100. DJe 01.10.2021. Ementa não oficial: Tabelionato de Notas – Escritura de Inventário e Partilha – Incapaz como único herdeiro – Autorização à Vara de Registros Públicos ou à Vara de Família e Sucessões – Participação obrigatória do Ministério Público – Recusa formal efetuada pelo Senhor Tabelião fundamentada na Lei e nas Normativas que regem a matéria – Óbice mantido.

Corregedoria Permanente. 1ª Vara de Registros Públicos. Processo n. 1078933-29.2021.8.26.0100. DJe 27.08.2021. Ementa não oficial: Registro de Imóveis – Escritura pública de inventário e partilha dos bens – Distribuição desigual dos bens imóveis – Reposição com outros bens móveis integrantes do espólio, de modo que respeitados os quinhões devidos a cada um dos herdeiros – ITBI indevido – Dúvida improcedente.

Corregedoria Permanente. 2ª Vara de Registros Públicos. Processo n. 0019715-87.2021.8.26.0100. DJe 23.08.2021. Ementa não oficial: Tabelionato de Notas – Inventário e Partilha – Presentação – Procuração particular autenticada oriunda de Portugal – Invalidade – Necessidade de Procuração pública – Óbice mantido.

Corregedoria Permanente. 1ª Vara de Registros Públicos. Processo n. 1026910-09.2021.8.26.0100. DJe 10.05.2021. Ementa não oficial: Dúvida – Registro de Imóveis – Escritura de Inventário e Partilha – Herdeiro renunciante – Indisponibilidade em nome dele – Renúncia à herança tem efeitos ex-tunc, não tendo que se falar em indisponibilidade da parcela dos imóveis que cabia ao suscitado – Dúvida improcedente.

Corregedoria Permanente. 1ª Vara de Registros Públicos. Processo n. 1017751-42.2021.8.26.0100. DJe 08.04.2021. Ementa não oficial: Dúvida – Registro de Imóveis – Inventário e partilha – Desigualdade nos quinhões imobiliários – Universalidade do patrimônio – Divisão equânime – Dúvida improcedente.

Corregedoria Permanente. 1ª Vara de Registros Públicos. Processo n. 1096523-87.2019.8.26.0100. DJe 06.11.2019. Ementa não oficial: Registro de Imóveis – Dúvida – Escritura de Inventário e Partilha – Reconhecimento pelos herdeiros de que o imóvel é bem particular – Ausência de notícia no título aquisitivo – Impossibilidade – Súmula 377 – Dúvida procedente.

Corregedoria Permanente. 2ª Vara de Registros Públicos. Processo n. 1004232-68.2019.8.26.0100. DJe 04.06.2019. Ementa não oficial: Tabelionato de Notas – Escritura de Inventário e Partilha – Exigência para apresentação de certidão de casamento do "de cujus" e viúva, casados no Líbano – Documento extraviado – Impossibilidade de afastar a exigência normativa – Efeitos jurídicos conexos – Recusa acertada pelo Tabelião.

Corregedoria Permanente. 1ª Vara de Registros Públicos. Processo n. 1008588-09.2019.8.26.0100. DJe 07.03.2019. Ementa não oficial: Dúvida – Registro de Imóveis – Escritura de Inventário e Partilha – Herdeiro renunciante – Indisponibilidade em nome dele – Cabe ao credor buscar os meios necessários para satisfazer o seu crédito – Escritura técnica e juridicamente perfeita – Compete ao Oficial analisar os elementos extrínsecos ao título, ou seja o aspecto formal, conforme previsto no artigo 214 da Lei de Registros Públicos – Dúvida improcedente.

Corregedoria Permanente. 1ª Vara de Registros Públicos. Processo n. 1079195-18.2017.8.26.0100. DJe 08.01.2019. Ementa não oficial: Registro de Imóveis – Registro – Escritura de Inventário e Partilha – Herdeiro com indisponibilidade de bens – Renúncia à herança – Bens da genitora falecida que não ingressaram na esfera patrimonial do herdeiro renunciante – Eventual burla deve ser aventada pelos credores – Dúvida improcedente.

Corregedoria Permanente. 1ª Vara de Registros Públicos. Processo n. 1034251-91.2018.8.26.0100. DJe 20.06.2018. Ementa não oficial: Registro de Imóveis – Escritura de Inventário e Adjudicação – Indisponibilidade – Transmissão da propriedade ex vi legis – Registro que tem mero caráter declarativo – Permanência da indisponibilidade; desnecessidade de cancelamento – Dúvida improcedente.

Corregedoria Permanente. 1ª Vara de Registros Públicos. Processo n. 1018190-58.2018.8.26.0100. DJe 25.04.2018. Ementa não oficial: Registro de Imóveis – Escritura de inventário e partilha – Legítima – Companheiro – Herdeiro necessário – Testamento dispondo 100% do patrimônio a terceiros – Decisão ao presente caso concreto dos autos – Aguardando uniformização da jurisprudência – Dúvida improcedente.

Corregedoria Permanente. 1ª Vara de Registros Públicos. Processo n. 1029812-37.2018.8.26.0100. DJe 20.04.2018. Ementa não oficial: Registro de Imóveis – Escritura Pública de Inventário e Partilha – Exigência dos requisitos do inciso II, do art. 653, do Código de Processo Civil – Resolução CNJ nº 35/2017 – Forma eleita pelas partes maiores e capazes, com a assistência jurídica do advogado – Dúvida improcedente.

Corregedoria Permanente. 1ª Vara de Registros Públicos. Processo n. 1080622-50.2017.8.26.0100. DJe 04.09.2017. Ementa não oficial: Registro de Imóveis – Registro – Inventário e Partilha – Partilha atribuída a filha da companheira – Presunção de comunicabilidade em razão do registro, independentemente da data do compromisso de venda e compra, se este não estiver registrado – Necessidade de partilha dos 50% do companheiro – Ofensa ao princípio da continuidade – Dúvida procedente.

Corregedoria Permanente. 2ª Vara de Registros Públicos. Processo n. 0038644-81.2015.8.26.0100. *DJe* 4-2-2016. Ementa não oficial: Escritura de Inventário e Partilha – Pedido de dispensa de legalização de certidão de óbito – Alegação de morosidade e custos no trâmite – Substituição pela declaração das partes – Documento indispensável – Pedido indeferido.

Corregedoria Permanente. 2ª Vara de Registros Públicos. Processo n. 0057201-87.2013.8.26.0100. *DJe* 3-12-2013. Ementa: Escritura de Inventário e Partilha – Cessão total do acervo hereditário – Desnecessidade da presença do(s) herdeiro(s) cedente(s) – Na hipótese de cessão parcial, todos os herdeiros deverão estar presentes e concordes – Uniformidade normativa – Capital.

Corregedoria Permanente. 1ª Vara de Registros Públicos. Processo n. 1098303-38.2014.8.26.0100. *DJe* 26-11-2014. Ementa: Dúvida – Registro de escritura de inventário e partilha de imóvel – Qualificação negativa – Divergência entre a numeração do RG constante na antiga escritura e na matrícula – Mero erro material – Comprovação documental – Inexistência de prejuízo a terceiros – Princípio da legitimidade ou da presunção de veracidade – Dúvida improcedente.

Corregedoria Permanente. 1ª Vara de Registros Públicos. Processo n. 1105541-74.2015.8.26.0100. *DJe* 22-2-2016. Escritura pública de inventário e partilha – Testamento – Caducidade – Permissão das Normas de Serviço – Imposição de cláusulas restritivas sem justa causa, neste caso, deve ser revista judicialmente – Dúvida procedente.

Corregedoria Permanente. 1ª Vara de Registros Públicos. Processo n. 1086253-43.2015. *DJe* 7-10-2015. Ementa: Dúvida – Comunhão parcial de bens – Sucessão – Bens particulares – Interpretação do art. 1.829, I, CC – Concorrência do cônjuge com os descendentes apenas quanto aos bens particulares – Viúva não incluída na partilha do bem particular – Procedência.

Corregedoria Permanente. 1ª Vara de Registros Públicos. Processo n. 1120996-16.2014.8.26.0100. *DJe* 20-1-2015. Ementa: 1ª VRP/SP: Registro de escritura de inventário e adjudicação – Alegada necessidade de ação de reconhecimento de união estável ante a ausência de outros herdeiros – Existência de declaração de união estável firmada pelos cônjuges que supre a via judicial – Dúvida improcedente.

29
Divórcio, Separação e Extinção de União Estável

Outra novidade trazida pela Lei n. 11.441/2007[1] é a possibilidade de as partes se divorciarem ou se separarem por escritura pública. Mais recentemente, a regulação da extinção da união estável pelo novo Código de Processo Civil.

A Lei n. 12.874/2013 possibilita às autoridades consulares brasileiras celebrarem a separação e o divórcio consensuais de brasileiros no exterior.

Quando as partes forem maiores e capazes e não houver filhos menores, podem celebrar divórcios, separações e extinção de uniões estáveis consensuais por escritura pública, independentemente de homologação judicial, servindo de título hábil[2] para os registros públicos (registro de imóveis ou registro civil das pessoas naturais), entes públicos (p. ex., INSS) ou privados (p. ex., bancos) etc.

Havia controvérsia quando existia nascituro: se era possível ou não a realização da escritura pública de divórcio ou separação[3]. Parte da doutrina entendia pela possibilidade, inclusive nós, e outra se manifestava pela impossibilidade. Recentemente, o art. 733 do CPC/2015, que trata de divórcio, separação e extinção de união estável, vedou a realização de ato notarial se houver nascituro.

Não se admite separação de corpos consensual por escritura pública. Contudo, as partes podem solicitar a lavratura de ata notarial para fixar a data da separação de fato ou aclarar outras providências, por exemplo, consignar a impossibilidade de convívio em comum, afastando consequentemente o abandono de lar.

A Lei n. 11.441/2007 nada mencionou sobre a dissolução da união estável. No entanto, nada obstava que as partes celebrassem escritura de dissolução de união estável prevendo os efeitos patrimoniais, inclusive sobre a partilha de bens. Algumas normas administrativas vinculam a aplicação dos requisitos da Lei n. 11.441/2007 às dissoluções de uniões estáveis.

Se durante a união estável um dos companheiros adquiriu bem imóvel que consta no registro imobiliário apenas em seu nome, há comunicação patrimonial com o outro companheiro, exceto se as partes viviam em regime da separação de bens. Na dissolução desta união estável, ambos eram concordes, o imóvel fica em condomínio, sendo neces-

---

1. Leia-se Lei n. 13.105/2015.
2. CPC/2015, art. 733, § 1º.
3. As partes devem declarar ao tabelião sobre a inexistência de gravidez do cônjuge virago ou desconhecimento acerca desta circunstância. Não é dado ao tabelião exigir a apresentação de qualquer exame médico (Resolução CNJ n. 220/2016 e Provimento CGJ-SP n. 21/2016).

sário o registro da partilha. O CPC/2015 regulamenta a matéria, impondo os mesmos requisitos da separação e divórcio à extinção da união estável.

A Emenda Constitucional n. 66 trouxe robusta mudança nos requisitos para lavratura de escritura de divórcios. Os prazos para o divórcio foram extintos (a conversão da separação em divórcio exigia o prazo de um ano, o divórcio direto exigia o prazo de dois anos) e consequentemente as suas comprovações (na conversão, o prazo era comprovado por meio da certidão; no divórcio direto, por meio de duas testemunhas) também o foram.

A celeuma instaurou-se na extinção ou não do instituto da separação e do prazo. Para alguns a separação deixou de existir com a referida emenda, para outros o instituto da separação ainda persiste, pois o Código Civil não foi expressamente revogado. Há ainda a dúvida sobre a necessidade de prova do prazo constante do art. 1.574, pois a emenda foi silente em relação ao prazo nas separações[4].

O CPC/2015 encerra a discussão, pois prevê expressamente a possibilidade da separação consensual por escritura pública.

Quanto ao prazo, igualmente não mais subsiste para os divórcios.

São permitidos o divórcio direto e a conversão da separação em divórcio, dispensada a apresentação de certidão atualizada do processo judicial, bastando a certidão da averbação da separação no assento de casamento. Na conversão, as partes podem manter ou alterar as disposições originárias.

29.1 QUALIFICAÇÃO

As partes devem estar nomeadas e qualificadas na escritura com: 1. nacionalidade; 2. profissão; 3. estado civil; 4. regime de bens; 5. data do casamento; 6. pacto antenupcial e seu registro imobiliário, se houver; 7. número do documento de identidade; 8. número de inscrição no CPF/MF; e 9. domicílio e residência.

A presença das partes pode ser dispensada na lavratura de escritura pública de separação e divórcio, sendo representadas por mandatário constituído, em cuja procuração pública deve haver os poderes especiais, com a descrição das cláusulas essenciais e prazo de validade de trinta dias. É vedada a acumulação de funções de procurador e de advogado das partes. A procuração lavrada no exterior pode ter prazo de validade de até noventa dias.

Os prazos supracitados descritos constam da Resolução 35 do CNJ e estão em descompasso com a lei e com a praxe notarial. A observância desses prazos é para a utilização da procuração, e não como requisito de validade; aliás, a lei não exige tal período para a validade do ato jurídico, sendo arbitrária a exigência. No **concurso**, vale a norma estabelecida pelo CNJ.

4. A Resolução CNJ n. 220/2016 exige o prazo de um ano: "Art. 47. São requisitos para lavratura da escritura pública de separação consensual: a) um ano de casamento; (...)". O Provimento CGJ-SP n. 40/2012, atualizado pelo Prov. n. 56/2019 suprimiu tal exigência, e o Provimento n. 21/2016 confirmou a supressão.

29.2 INEXISTÊNCIA DE FILHOS MENORES, NASCITURO E DO CONSENSO ENTRE AS PARTES

A existência de filhos menores e nascituros obsta a lavratura do ato notarial. Para a lavratura da escritura de divórcio ou separação, as partes não podem ter filhos menores, incapazes, ou nascituro, cuja circunstância será expressamente declarada no ato.

As partes devem declarar ao tabelião sobre a inexistência de gravidez do cônjuge virago ou desconhecimento acerca desta circunstância[5]. Não é dado ao tabelião exigir a apresentação de qualquer exame médico. A emancipação viabiliza a lavratura do ato[6]. A lei veda somente se houver prole comum, ou seja, se um dos cônjuges ou companheiros tiver filhos menores, com outra pessoa, é possível o divórcio ou a separação ou a extinção da união estável.

Neste tema, as normas de serviço de São Paulo, seguem as normas gaúchas e permitem a lavratura de escrituras públicas de separação e divórcio consensuais (e extinção de união estável), se comprovada a resolução prévia e judicial de todas as questões referentes aos filhos menores (guarda, visitas e alimentos).

Não é demais ressaltar que os divorciandos ou separandos devem ser maiores para a realização do ato notarial, mesmo que sua capacidade já seja plena em vista do casamento. Ambos devem estar de acordo com os termos do divórcio ou da separação; a falta de consenso obsta a lavratura da escritura.

29.3 ADVOGADO

Igualmente nas escrituras de inventário e partilha, no divórcio, na separação ou na extinção de união estável, exige-se a presença do advogado, que pode ser comum, inclusive com o dever de assessorar e aconselhar os envolvidos no ato sobre o firme propósito do divórcio ou da separação, seus efeitos e demais termos.

A escritura deve conter a declaração expressa das partes de que foram cientificadas das consequências da separação, do divórcio e da extinção da união estável, inclusive no firme propósito de pôr fim à sociedade conjugal ou ao vínculo matrimonial sem hesitação ou possibilidade de reconciliação.

29.4 APRESENTAÇÃO DOS DOCUMENTOS

Para a lavratura da escritura pública de separação e de divórcio consensuais, devem ser apresentados: 1. certidão de casamento ou contrato de união estável, se houver; 2. documento de identidade oficial e CPF/MF; 3. pacto antenupcial, se houver; 4. certidão de nascimento ou outro documento de identidade oficial dos filhos absolutamente capazes, se houver; 5. certidão de propriedade de bens imóveis e direitos a eles relativos; e 6. documentos necessários à comprovação da titularidade dos bens móveis e direitos, se houver.

5. Resolução CNJ n. 220/2016 e Provimento CGJ-SP n. 21/2016.
6. Ressaltamos que os temas são polêmicos e merecem cautela.

29.5 CARACTERES GENÉRICOS DO ATO NOTARIAL

As partes devem declarar ao tabelião, no ato da lavratura da escritura, que não têm nascituro, filhos comuns, ou, havendo, neste caso, que são absolutamente capazes, indicando seus nomes e as datas de nascimento, podendo inclusive tratar da pensão alimentícia ou da sua dispensa, da partilha de bens e do uso do nome.

A fixação da pensão deve trazer regras claras, tais como o valor mensal, o prazo, se houver, a forma de reajuste, a data e forma de pagamento. Conforme mencionado, a pensão também pode ser convencionada para o filho maior.

Posteriormente é permitida, por consenso das partes, a alteração ou retificação das cláusulas de obrigações alimentares ajustadas na separação e no divórcio por escritura pública.

As partes podem pactuar sobre o uso do nome. Podem continuar a utilizar o nome de casado, ou passar novamente a utilizar o nome de solteiro. Se optarem pela utilização do nome de casado, posteriormente, podem unilateralmente, por escritura pública, com assistência de advogado, voltar a usar o nome de solteiro. Assim, um dos cônjuges pode, após a separação ou o divórcio, a qualquer tempo, alterar o nome, retirando o sobrenome familiar oriundo do outro cônjuge, sem necessidade da presença e anuência do outro.

Havendo bens a serem partilhados na escritura, distinguir-se-á o que é do patrimônio individual de cada cônjuge, se houver, do que é do patrimônio comum do casal, conforme o regime de bens, constando isso do corpo da escritura. As regras da partilha na separação, no divórcio e na extinção de união estável seguirão as regras da partilha em inventário, no que couber.

As partes podem separar, divorciar ou extinguir a sociedade conjugal de fato sem necessidade de partilharem os bens. É facultado às partes optarem partilhar os bens, ou resolverem sobre a pensão alimentícia, em momento posterior, em escritura autônoma.

Pendente a partilha, os ex-cônjuges e os ex-conviventes passam de meeiros para condôminos, podendo, neste caso, alienar conjuntamente os bens sem a necessidade de realizarem a partilha.

Na partilha em que houver transmissão de propriedade do patrimônio individual de um cônjuge ao outro, ou na partilha desigual do patrimônio comum, pode haver incidência tributária, conforme disponha a lei estadual ou municipal. Se houver excesso de meação atribuível a um dos cônjuges, é imprescindível a cessão de direitos, que pode ser feita no próprio ato.

O art. 35-A da Lei n. 11.977/2009 prevê que, nas hipóteses de dissolução de união estável, separação ou divórcio, o título de propriedade do imóvel adquirido no âmbito do PMCMV – Plano habitacional Minha Casa, Minha Vida, na constância do casamento ou da união estável, com subvenções oriundas de recursos públicos será partilhado e registrado em nome da mulher ou a ela transferido, independentemente do regime de bens aplicável, excetuados os casos que envolvam recursos do FGTS.

29.6 RECUSA DO TABELIÃO

O tabelião pode se negar a lavrar a escritura de separação, divórcio ou extinção de união estável se houver fundados indícios de fraude à lei, de prejuízo a um dos cônjuges ou em caso de dúvidas sobre a declaração de vontade, fundamentando a recusa por escrito.

29.7 RESTABELECIMENTO DA SOCIEDADE CONJUGAL

O restabelecimento da sociedade conjugal pode ser feito por escritura pública, ainda que a separação tenha sido judicial. Neste caso, é necessária e suficiente a apresentação de certidão da sentença de separação ou da averbação da separação no assento de casamento.

A sociedade conjugal não pode ser restabelecida com modificações, por exemplo, do regime de bens, devendo ser restaurada nas mesmas condições em que fora constituída. Na escritura pública de restabelecimento deve constar, de modo expresso, que em nada prejudicará o direito de terceiros, adquirido antes e durante o estado de separado, seja qual for o regime de bens.

No restabelecimento, as partes podem estar representadas por mandatário, desde que a procuração seja pública com poderes especiais. Estas procurações têm o prazo máximo de 30 dias, quando elaboradas no País, ou 90 dias, quando provenientes do exterior.

É recomendável na escritura pública de restabelecimento os procedimentos seguintes:

1. constar que as partes foram orientadas sobre a necessidade de apresentação de seu traslado no registro civil do assento de casamento, para a averbação devida;
2. anotar o restabelecimento à margem da escritura pública de separação consensual, quando esta for de sua serventia, ou, quando de outra, comunicar o restabelecimento, para a anotação necessária na serventia competente; e
3. comunicar o restabelecimento ao juízo da separação judicial, se for o caso. Há debate entre os tabeliães de notas sobre a possibilidade do restabelecimento da sociedade conjugal havendo filho menor, incapaz ou nascituro. A lei é silente. Entendemos pela possibilidade, uma vez que o restabelecimento da sociedade não interfere na proteção ou nos direitos do filho menor, incapaz ou nascituro. Justamente ao contrário, vem restabelecer o laço de família, o afeto entre pais e filho; fortalecer os hábitos familiares, tudo em prol do melhor interesse deles, cumprindo integralmente o comando do art. 227 da Constituição Federal.

29.8 CONSIDERAÇÕES FINAIS

O tabelião deve fazer constar nas escrituras públicas de restabelecimento a menção expressa de que a realização do ato não prejudica direitos de terceiros, adquiridos antes ou durante o estado de separado, seja qual for o regime de bens[7].

7. Art. 1.577, parágrafo único, do Código Civil.

Nas escrituras de separação, divórcio e extinção de união estável, as partes devem ser orientadas sobre a necessidade de apresentação de seu traslado ao registro civil no qual foi lavrado o assento de casamento, ou no livro "E", nos casos de união estável[8], para a averbação devida.

Para o atendimento das partes em escrituras de separação, divórcio ou extinção de união estável, o tabelionato deve dispor de uma sala ou um ambiente reservado e discreto, onde as partes se sintam à vontade.

29.9 JURISPRUDÊNCIA SELECIONADA

Conselho Superior da Magistratura. Apelação Cível n. 1112232-31.2020.8.26.0100. DJe 13.09.2021. Ementa: Registro de Imóveis – Escritura pública de divórcio e partilha de bens – Excesso de meação na partilha – Transmissão não onerosa de bem imóvel – Doação configurada – ITCMD recolhido – Inexistência de fato gerador do ITBI – Exigência de comprovação do recolhimento do imposto municipal afastada – Recurso provido para julgar improcedente a dúvida determinando o registro do título.

Conselho Superior da Magistratura. Apelação Cível n. 1019196-32.2020.8.26.0100. DJe 17.11.2020. Ementa: Dúvida – Registro de Imóveis – Imóvel registrado em nome do casal divorciado – Regime da comunhão de bens – Divórcio não averbado – Partilha não registrada – Posterior acordo, em ação de execução de alimentos, de dação em pagamento pelo ex-marido em favor da ex-esposa – Carta de sentença qualificada negativamente – Exigência de prévia partilha do imóvel comum – Mancomunhão – Não configuração da propriedade em condomínio apenas em razão do divórcio, sequer averbado na matrícula – Violação ao princípio da continuidade registral – Necessidade de atribuição da propriedade exclusiva, ainda que em partes ideais, a cada um dos ex-cônjuges – Pedido de cindibilidade do título para registro apenas da aquisição do terreno que não dispensa a prova de pagamento do ITBI – Dúvida julgada procedente – Nega-se provimento à apelação.

Conselho Superior da Magistratura. Apelação Cível n. 1041937-03.2019.8.26.0100. DJe 11.03.2020. Ementa: Divórcio consensual sem partilha de bens – Bem imóvel em mancomunhão – Impossibilidade de alienação antes da partilha por não configurada propriedade em condomínio – Violação do princípio da continuidade – Inviabilidade do registro da doação da metade ideal realizada por um dos antigos cônjuges pena da violação ao princípio da continuidade – Recurso provido.

Conselho Superior da Magistratura. Apelação Cível n. 1007800-29.2018.8.26.0197. DJe 09.03.2020. Ementa: Registro de Imóveis – Dúvida – Negativa do registro de carta de sentença extraída de procedimento pré-processual, que redundou no divórcio por composição amigável, homologada pelo CEJUSC, com partilha de bem imóvel que coube exclusivamente à apelante. Impossibilidade – Recurso desprovido.

8. Provimento CNJ n. 37/2014, que dispõe sobre o registro da união estável no Registro Civil das Pessoas Naturais.

Conselho Superior da Magistratura. Apelação Cível n. 1041935-33.2019.8.26.0100. DJe 14.10.2019. Ementa: Divórcio consensual sem partilha de bens – Bem imóvel em mancomunhão – Impossibilidade de alienação antes da partilha por não configurada propriedade em condomínio – Violação do princípio da continuidade – Inviabilidade do registro de doação da metade ideal realizada por um dos antigos cônjuges – Pena da violação ao princípio da continuidade – Recurso provido.

Conselho Superior da Magistratura. Apelação Cível n. 1002090-51.2018.8.26.0642. DJe 14.10.2019. Ementa: Registro de imóveis – Partilha de bens em divórcio – Homologação judicial – Impossibilidade de exigência concernente à manifestação da fazenda pública acerca do recolhimento do ITCMD em razão da divisão ter obedecido o limite da meação de cada cônjuge e não haver indícios de inconsistência na atribuição de valores – Recurso provido.

Conselho Superior da Magistratura. Apelação Cível n. 1001801-53.2018.8.26.0114. DJe 03.07.2019. Ementa: Registro de Imóveis – Titulares de domínio que preservam a qualidade de comunheiros – Hipótese que não se equipara à situação em que há condomínio de bens – Escritura pública que, independentemente da nomenclatura atribuída, instrumenta ato de partilha de bens do casal após o divórcio – Necessidade de observância dos requisitos da Resolução n. 35 do CNJ e das disposições trazidas pelas NSCGJ – Dúvida julgada procedente – Recurso não provido, com determinação.

Conselho Superior da Magistratura. Apelação Cível n. 1067171-21.2018.8.26.0100. DJe 28.06.2019. Ementa: Registro de Imóveis – Dúvida julgada procedente – Partilha realizada em ação de divórcio – Imposto de transmissão "inter vivos" – Apartamento e vaga de garagem atribuídos para a apelante – Partilha desigual, com previsão de pagamento de quantia em dinheiro, ao divorciando, para a reposição do valor correspondente à sua meação na totalidade dos bens comuns – Necessidade de comprovação da declaração e do recolhimento do imposto de transmissão "inter vivos", ou de decisão judicial em que reconhecida a sua não incidência – Recurso não provido.

Conselho Superior da Magistratura. Apelação Cível n. 1022494-17.2016.8.26.0506. DJe 12.07.2018. Ementa: Dúvida – Ausência de impugnação de todos os itens da nota de devolução – Dúvida prejudicada – Recurso não conhecido – Registro de imóveis – Imprescindibilidade de prévia manifestação da Fazenda Pública e prévio recolhimento, se o caso, de imposto de transmissão (ITBI ou ITCMD), relativo a partilha de bens em divórcio – Impossibilidade de ingresso registral – Recurso não conhecido.

Conselho Superior da Magistratura. Apelação Cível n. 2.595-0. J. em 1º.08.1983. Ementa não oficial: Registro de Imóveis – Até a partilha, com efeito, a meação e a herança são partes ideais e, nada obsta a que "tais partes se definam como sendo o usufruto e a nua-propriedade", sem que tal implique em doação, pois, diversamente, não passa de "simples atribuição das partes ideais" – Recurso provido.

Conselho Superior da Magistratura. Apelação Cível n. 9000002-75.2013.8.26.0577. *DJe* 05.05.2014. Ementa: Registro de imóveis – Dúvida julgada procedente, impedindo-se o registro de escritura de divórcio e partilha de bens – Recolhimento do ITCMD – Questão de natureza tributária – Não cabe ao Oficial do Registro a análise do valor dos bens imóveis partilhados, para fins de determinação de recolhimento do imposto – Recurso provido, para que a escritura seja registrada.

Corregedoria-Geral da Justiça. Recurso Administrativo n. 0024525-47.2017.8.26.0100. Data de aprovação do parecer 15.02.2018. Ementa: Registro de Imóveis – Cobrança de emolumentos – Escritura de divórcio e partilha de bens – Cálculo elaborado sobre o valor total do bem partilhado – Item 78.2 do Capítulo XIV das NSCGJ – Cobrança acertada – Possibilidade de averbação apenas do divórcio reconhecida pelo registrador – Arquivamento do feito pela Juíza Corregedora Permanente – Recurso não provido.

Corregedoria-Geral da Justiça. Processo CG n. 2016/204317. DJe 06.03.2017. Ementa: Tabelionato de Notas – Consulta formulada por tabelião acerca do alcance da nota explicativa 3.1.1 da tabela dos Cartórios de Notas instituída pela Lei Estadual n. 11.331/02 – Nota explicativa que, em relação à escritura de partilha, aplica-se apenas àquela lavrada nos termos do artigo 2.015 do Código Civil – Aplicação do item 78.2 do Capítulo XIV das NSCGJ para o cálculo dos emolumentos concernentes às escrituras de separação e divórcio seguidos de partilha e do item 78.3 do Capítulo XIV das NSCGJ para o cálculo dos emolumentos relativos às escrituras de inventário e partilha (Lei n. 11.441/07) – Uniformização do entendimento administrativo, na forma do artigo 29, § 2º, da Lei Estadual n. 11.331/02 – Regramento em caráter geral e normativo. Pleito formulado pelo Colégio Notarial do Brasil – Seção São Paulo, no sentido de incluir o valor da meação do cônjuge sobrevivente na base de cálculo dos emolumentos relativos à lavratura de escritura de inventário e partilha – Meação devida ao cônjuge supérstite, que não caracteriza transmissão de bens, mas mera atribuição daquilo que já lhe pertencia – Ausência de partilha – Emolumentos que, além disso, são cobrados com a exclusão do valor da meação há uma década sem indício de prejuízo aos tabeliães – Parecer pelo indeferimento do pedido.

Corregedoria-Geral da Justiça. Processo n. 2014/150568. *DJe* 07.01.2015. Ementa: Registro Civil das Pessoas Naturais – Averbação de separação consensual, feita no Tabelião de Notas – Possibilidade – Recurso provido.

Corregedoria Permanente. 1ª Vara de Registros Públicos. Processo n. 1073633-52.2022.8.26.0100. *DJe* 23-8-2022. Ementa não oficial: Dúvida – Registro de Imóveis – Escritura de Divórcio e Partilha – Excesso de meação – Quinhões igualados por valor de bens móveis e com valor em conta bancária – Legislação municipal que determina a tributação do excesso de valor nos bens imobiliários – Impossibilidade de afastar a lei – Dúvida procedente.

Corregedoria Permanente. 1ª Vara de Registros Públicos. Processo n. 1008323-02.2022.8.26.0100. *DJe* 24.03.2022. Ementa não oficial: Registro de Imóveis – Divórcio judicial – Excesso de meação – Cláusula indenizatória – Reposição onerosa mediante pagamento parcelado realizado após o divórcio, o que caracteriza o fato gerador do ITBI – Dúvida procedente.

Corregedoria Permanente. 2ª Vara de Registros Públicos. Processo n. S/D. DJe 26.11.2021. Ementa não oficial: Dúvida – Registro de Imóveis – Novo posicionamento

– Escritura de Divórcio Consensual – Extinção do regime de bens, de modo que a comunhão patrimonial se transforma em condomínio – Averbação da alteração do estado civil, podendo os ex-cônjuges dispor do patrimônio comum independentemente de partilha e sem violação ao princípio da continuidade – Dúvida improcedente.

Corregedoria Permanente. 2ª Vara de Registros Públicos. Processo n. 1079435-36.2019.8.26.0100. DJe 02.10.2019. Ementa não oficial: Pedido de Providências – Registro de Imóveis – Negócio jurídico de Alienação Fiduciária pactuado quando uma das partes era solteiro – Exigência de carta de sentença oriunda do divórcio – Alegação de comunicação do bem em razão do pagamento das parcelas durante o matrimônio – Obrigação contraída quando solteiro não se comunica – Ausência de elementos que demostrem o esforço comum – Pedido de Providências procedente.

Corregedoria Permanente. 2ª Vara de Registros Públicos. Processo n. 1041937-03.2019.8.26.0100. DJe 16.05.2019. Ementa não oficial: Dúvida – Divórcio sem partilha de bens – Acordado em dividir o valor do imóvel na sentença homologada – Posterior doação ao filho por um dos ex-cônjuges de sua fração ideal – Condomínio, e não mancomunhão – Possibilidade da doação da parte ideal – Dúvida improcedente.

Corregedoria Permanente. 2ª Vara de Registros Públicos. Processo n. 1036558-52.2017.8.26.0100. DJe S/D. Ementa não oficial: Registro – Divórcio judicial com Partilha de Bens – Partilha do bem comum com exclusividade a um dos cônjuges – Imóvel alienado fiduciariamente – Partilhável apenas os direitos de fiduciante – Necessidade de anuência do ente fiduciário – Dúvida procedente.

Corregedoria Permanente. 1ª Vara de Registros Públicos. Processo n. 1048935-26.2015.8.26.0100. *DJe* 24.07.2015. Ementa: Dúvida – Divórcio sem partilha de bens – Intenção dos ex-cônjuges em dividir o valor do imóvel na sentença homologada – Condomínio, e não mancomunhão – Possibilidade de venda de parte ideal – Improcedência.

Corregedoria Permanente. 1ª Vara de Registros Públicos. Processo n. 1091898-83.2014.8.26.0100. *DJe* 05.11.2014. Ementa: Registro de escritura pública de divórcio – Qualificação negativa partilha com atribuição de imóvel exclusivamente para a suscitada – Óbice concernente à necessidade de cancelamento do bem de família – Ausência de previsão legal – Dissolução da sociedade conjugal não extingue o bem de família – Desejo expresso de continuidade do instituto – Dúvida improcedente.

30
Modelos

30.1 TRASLADO E CERTIDÃO ELETRÔNICOS

30.1.1 Traslado Notarial Digital (e-notariado)

(texto do ato)

O presente traslado, redigido e assinado digitalmente por ______________, sob a forma de documento eletrônico mediante processo de certificação digital disponibilizado pela ICP-Brasil, nos termos da Medida Provisória nº 2200-2/2001 e do Provimento CNJ nº 100/2020, do Conselho Nacional de Justiça, devendo, para sua validade, ser conservado em meio eletrônico como prova de sua autoria e integridade.

Matrícula Notarial Eletrônica: ________

Consulte a validade do ato notarial em www.docautentico.com.br/valida

30.1.2 Traslado Notarial Digital (ato em papel)

(texto do ato)

O presente traslado, redigido e assinado digitalmente por __________, __________, sob a forma de documento eletrônico mediante processo de certificação digital disponibilizado pela ICP-Brasil, nos termos da Medida Provisória nº 2200-2/2001 e do Provimento CNJ nº 100/2020, do Conselho Nacional de Justiça, devendo, para sua validade, ser conservado em meio eletrônico como prova de sua autoria e integridade.

Consulte a validade do ato notarial em www.docautentico.com.br/valida

30.1.3 Certidão Notarial Digital

Com fundamento no artigo 6º, inciso II, da Lei 8.935/94, a pedido da parte interessada, certifico que revendo os livros existentes neste Tabelionato, encontrei o ato lavrado no Livro ______, às páginas _______ e seguinte(s). A presente certidão, escrita e assinada digitalmente por ___________, _______, é reprodução autêntica do ato notarial, do que dou fé, sob a forma de documento eletrônico mediante processo de certificação digital disponibilizado pela ICP-Brasil, nos termos da Medida Provisória nº 2200-2/2001 e do Provimento CNJ nº 100/2020, do Conselho Nacional de Justiça, devendo, para sua validade, ser conservado em meio eletrônico como prova de sua autoria e integridade.

Consulte a validade do ato notarial em www.docautentico.com.br/valida
(texto do ato)
Emolumentos:
(Cidade, data de expedição da certidão)

30.1.4 Certidão Notarial em Resumo Digital

Com fundamento no art. 6º, inc. II, da Lei 8.935/94 e art. 19, da Lei 6.015/73, a pedido da parte interessada conforme quesitos, certifico que revendo os livros de atos notariais deste Tabelionato, encontrei a ______________, lavrada em ________, no Livro _______, às páginas _______, e como segue em resumo, conforme quesitos. Esta certidão assinada digitalmente por ______________, é reprodução parcial autêntica do ato notarial, dou fé, sob a forma de documento eletrônico mediante processo de certificação digital disponibilizado pela ICP-Brasil, nos termos da Medida Provisória nº 2200-2/2001 e do Provimento CNJ nº 100/2020, Conselho Nacional de Justiça, devendo, para sua validade, ser conservado em meio eletrônico como prova de sua autoria e integridade.
Consulte a validade do ato notarial em www.docautentico.com.br/valida
(texto do ato)
Emolumentos:
(Cidade, data de expedição da certidão)

30.2 MATERIALIZAÇÃO (AUTENTICAÇÃO DE CÓPIA DE DOCUMENTO ELETRÔNICO)

30.2.1 Impresso no tabelionato

O 26º Tabelião de Notas de São Paulo autentica esta cópia em papel de um documento eletrônico disponível no sítio (www...) que está conforme ao documento acessado e verificado. Dou fé. São Paulo, (data), (hora).

____

(Nome)

(Cargo)

Este ato para a sua validade contém o selo de autenticidade. R$ 0,00 por página.

30.2.2 Impresso pela parte

O 26º Tabelião de Notas de São Paulo autentica que o código de verificação desta cópia em papel de um documento eletrônico disponível no sítio (www...) resultou válido. Dou fé. São Paulo, (data), (hora).

Código de Controle/Confirmação: (número)

____

(Nome)

(Cargo)

Este ato para a sua validade contém o selo de autenticidade. R$ 0,00 por página.

30.2.3 Assinado digitalmente

O 26º Tabelião de Notas de São Paulo autentica esta cópia em papel de um documento eletrônico assinado digitalmente. Reconheço a autenticidade da assinatura digital de (nome), cujo *hash* da chave é (número *hash*). Dou fé. São Paulo, (data), (hora).

____

(Nome)

(Cargo)

Este ato para a sua validade contém o(s) selo(s) de autenticidade.
Autenticação: R$ 0,00 por página.
Reconhecimento de assinatura: R$ 0,00.

30.3 ATOS DE AUTENTICAÇÃO DE CÓPIAS E DE ASSINATURAS

30.3.1 Autenticação

Autentico esta cópia que está conforme ao documento a mim apresentado. Dou fé. São Paulo, (data).

____

(Nome)

(Cargo)

30.3.2 Reconhecimento de firma por semelhança

Reconheço e dou fé **por semelhança** a assinatura de: (nome parte). São Paulo, (data).

____

(Nome)

(Cargo)

30.3.3 Reconhecimento de firma autêntica

Reconheço e dou fé como autêntica a firma de: (nome parte). São Paulo, (data).

____

(Nome)

(Cargo)

30.3.4 Reconhecimento de firma autêntica (Termo de confirmação de Identidade, Capacidade e a Autoria para Reconhecimento de Firma por Autenticidade - TEC)

Reconheço e dou fé, como autêntica, a assinatura de: (nome parte), por meio de videoconferência realizada no sistema e-Notariado. São Paulo, (data).

____

(Nome)

(Cargo)

30.3.5 Reconhecimento de sinal público

Reconheço e dou fé por semelhança o sinal público de: (nome parte). São Paulo, (data).

____

(Nome)

(Cargo)

30.3.6 Reconhecimento por abono

Reconheço e dou fé, por abono de (nome do diretor), a assinatura de: (nome parte). São Paulo, (data).

____

(Nome)

(Cargo)

Obs.: Algumas normas administrativas admitem este tipo de reconhecimento em certas situações. No documento, ao lado da assinatura da parte, constará a declaração do diretor do presídio que aquela assinatura é de fulano, bem como o carimbo próprio da unidade prisional.

30.4 CARTA DE SENTENÇA NOTARIAL

30.4.1 Divórcio

ATA NOTARIAL DE CARTA DE SENTENÇA

TERMO DE ABERTURA

CARTA DE SENTENÇA

Processo n.: (NNNNNNN-DD.AAAA.J.TR.OOOO)

Classe – Assunto: (Divórcio Consensual) – Direito Civil

Juiz(a): (nome juiz)

Vara: (vara)

Requerente: (nome requerente)

Requerido: (nome requerido)

Com fundamento no art. 6º, inciso III, da Lei n. 8.935/94, e no Cap. XVI das Normas de Serviço da CGJ de São Paulo, itens 214 a 219, a pedido da parte interessada, verifico nos autos do processo judicial (NNNNNNN-DD.AAAA.J.TR.OOOO), formado com (quantidade) peças, a ordem do juiz (nome juiz) para que se cumpra a sentença que transitou em julgado.

Em vista disso, expeço a presente CARTA DE SENTENÇA que, além deste termo de abertura e do termo de encerramento, contém _______ páginas, todas autenticadas por este tabelião, com os seguintes documentos:

I – petição inicial;

II – procurações outorgadas pelas partes;
III – decisões que tenham deferido o benefício da assistência judiciária gratuita;
IV – plano de partilha, se houver;
V – manifestação da Fazenda do Estado de São Paulo;
VI – manifestação do Município;
VII – sentença homologatória;
VIII – certidão de transcurso de prazo sem interposição de recurso (trânsito em julgado).
IX – peças processuais indicadas e requeridas pelo interessado que se mostram indispensáveis ou convenientes ao cumprimento da ordem.

O(a) MM. Juiz(a) de Direito, Dr(a). (nome magistrado(a)), manda que se cumpra e guarde esta **CARTA DE SENTENÇA** como se contém e declara, rogando às autoridades deste país que lhe deem inteiro cumprimento e justiça. Dou fé.

(cidade, data)

____

(Nome)

(Cargo Tab. ou Sub.)

(peças)

ATA NOTARIAL DE CARTA DE SENTENÇA

TERMO DE ENCERRAMENTO E CONFERÊNCIA

CARTA DE SENTENÇA

Processo n.:	(NNNNNNN-DD.AAAA.J.TR.OOOO)
Classe – Assunto:	(Divórcio Consensual) – Direito Civil
Juiz(a):	(nome juiz)
Vara:	(vara)
Requerente:	(nome requerente)
Requerido:	(nome requerido)

Nada mais havendo para ser autenticado na presente **CARTA DE SENTENÇA**, constituída por ________ páginas autenticadas dos autos do processo acima, encerro. Dou fé.

(Cidade, data)

____

(Nome)

(Cargo Tab. ou Sub.)

Emolumentos:
Certidão e Autenticação
Total: R$...

30.4.2 Inventário e partilha

ATA NOTARIAL DE CARTA DE SENTENÇA
TERMO DE ABERTURA
FORMAL DE PARTILHA

Processo n.: (NNNNNNN-DD.AAAA.J.TR.OOOO)
Classe – Assunto: (Inventário) – Inventário e Partilha
Juiz(a): (nome juiz)
Vara: (vara)
Requerente: (nome primeiro requerente)
Inventariado: (nome primeiro espólio)

Com fundamento no art. 6º, inciso III, da Lei n. 8.935/94, e no Cap. XVI das Normas de Serviço da CGJ de São Paulo, itens 214 a 219, a pedido da parte interessada, verifico nos autos do processo judicial (NNNNNNN-DD.AAAA.J.TR.OOOO), formado com (quantidade) peças, a ordem do juiz (nome juiz) para que se cumpra a sentença que transitou em julgado.

Em vista disso, expeço o presente **FORMAL DE PARTILHA** que, além deste termo de abertura e do termo de encerramento, contém ______ páginas, todas autenticadas por este tabelião, com os seguintes documentos:

I – petição inicial;
II – procurações outorgadas pelas partes;
III – decisões que tenham deferido o benefício da assistência judiciária gratuita;
IV – certidão de óbito;
V – plano de partilha;
VI – termo de renúncia, se houver;
VII – escritura pública de cessão de direitos hereditários, se houver;
VIII – auto de adjudicação, assinado pelas partes e pelo juiz, se houver;
IX – manifestação da Fazenda do Estado de São Paulo;
X – manifestação do Município;
XI – sentença homologatória da partilha;
XII – sentença ou decisão a ser cumprida;
XIII – certidão de transcurso de prazo sem interposição de recurso (trânsito em julgado).
XIV – peças processuais indicadas e requeridas pelo interessado que se mostram indispensáveis ou convenientes ao cumprimento da ordem.

O(a) MM. Juiz(a) de Direito, Dr(a). (nome magistrado(a)), manda que se cumpra e guarde este **FORMAL DE PARTILHA** como se contém e declara, rogando às autoridades deste país que lhe deem inteiro cumprimento e justiça. Dou fé.

(Cidade, data)

____

(Nome)
(Cargo Tab. ou Sub.)
(peças)

ATA NOTARIAL DE CARTA DE SENTENÇA
TERMO DE ENCERRAMENTO E CONFERÊNCIA

FORMAL DE PARTILHA

Processo n.:	(NNNNNNN-DD.AAAA.J.TR.OOOO)
Classe – Assunto:	(Inventário) – Inventário e Partilha
Juiz(a):	(nome juiz)
Vara:	(vara)
Requerente:	(nome primeiro requerente)
Inventariado:	(nome primeiro espólio)

Nada mais havendo para ser autenticado no presente FORMAL DE PARTILHA, constituído por ______ páginas autenticadas dos autos do processo acima, encerro. Dou fé.

(Cidade, data)

____

(Nome)

(Cargo Tab. ou Sub.)

(peças)

Emolumentos:
Certidão e Autenticação
Total: R$...

30.4.3 Autenticação das peças da carta de sentença

Autenticação processo papel

O 26º Tabelião de Notas de São Paulo autentica esta cópia que está conforme ao documento a mim apresentado. Dou fé. São Paulo, (data).

____

(Nome)
(Cargo)

Este ato para a sua validade contém o selo de autenticidade. R$ 0,00 por página.

Autenticação processo digital

O 26º Tabelião de Notas de São Paulo autentica esta cópia em papel de um documento eletrônico disponível no sítio http://www.tjsp.jus.br que está conforme ao documento acessado, mediante aposição de senha pelo interessado, sem que eu visse, e verificado, dou fé. São Paulo, (data), (hora).

____

(Nome)

(Cargo)

Este ato para a sua validade contém o selo de autenticidade. R$ 0,00 por página.

30.5 ATAS NOTARIAIS

30.5.1 Ata de autenticação eletrônica – Internet

Objeto: verificação de fatos na rede mundial de computadores – Internet

SAIBAM todos os que virem esta ata notarial que aos______ dias do mês______ do ano de______ (_____/_____/____), às____h____min____seg, na cidade de__________, Estado de __________, República Federativa do Brasil, no _____. Tabelionato de Notas de _________, eu, __________, tabelião, recebo a solicitação verbal de **ZEUS**, nacionalidade, profissão, estado civil, portador da cédula de identidade RG n. ______-SSP/_____ , inscrito no CPF-MF sob n. ______.______.______-______, domiciliado e residente na cidade de_________, Estado de__________, na Rua__________, n. ___ , bairro ___________, CEP _______-_______. Reconheço a identidade do presente e sua capacidade para o ato, dou fé. Através da conexão telefônica ao provedor que atende este Tabelionato, acesso os sítios (páginas ou *sites*) da rede de comunicação **INTERNET**, a seguir mencionados e verifico o seguinte: **PRIMEIRO**: A partir das_____h_____min _____seg, a pedido do solicitante, acesso o endereço eletrônico www. xxxxxxxx.com.br e, em seguida, e de forma automática, o provedor me remete para o endereço eletrônico https://www.xxxxxxxx.com.br/, no qual constato haver os textos e imagens a seguir impressos (correspondente às imagens n. 01, 02 e 03 impressas nesta ata, do que dou fé). **SEGUNDO**: Nada mais havendo, pede-me o solicitante para arquivar os arquivos eletrônicos e imprimir as imagens das páginas acessadas nesta ata notarial, o que faço, imprimindo-as em cores. Para constar, lavro a presente ata, para os efeitos dos arts. 405 e 374, inciso IV, do Código de Processo Civil, de acordo com a competência exclusiva que me conferem a Lei n. 8.935, de 18 de novembro de 1994, em seus incisos III dos arts. 6º e 7º e o art. 384 do Código de Processo Civil. Ao final, esta ata é lida pelo solicitante, achada conforme e assinada por ele e por mim.

Solicitante(s) assina(m)

Escrevente(s) assina(m)

Tab. ou Sub. assina

Obs.: Seguem as imagens impressas das telas capturadas.

Assinada pelo solicitante. Dou fé.

Emolumentos: R$ 000,00

30.5.2 Ata de mensagens em aplicativo WhatsApp

Objeto: verificação da existência de mensagem de texto em aplicativo WhatsApp

SAIBAM todos os que virem esta ata notarial que aos______ dias do mês______ do ano de ______ (_____/_____/____), às ____ h ____ min ____seg, na cidade de __________, Estado de _________, República Federativa do Brasil, no _____. Tabelionato de Notas de _________, eu, __________, tabelião, recebo a solicitação verbal de **ZEUS**, nacionalidade, profissão, estado civil, portador da cédula de identidade RG n. ________-SSP/______, inscrito no CPF-MF sob n. _____._____._____-_____, domiciliado e residente na cidade de ________, Estado de ________, na Rua ______, n. ___, bairro ______, CEP _______-_______. Reconheço a identidade do presente e sua capacidade para o ato, dou fé. Neste Tabelionato, pedira-me a solicitante para verificar e autenticar os seguintes fatos. Assim faço, verifico e presencio o seguinte: **PRIMEIRO**: A partir das _____h_____min, o solicitante me exibe um aparelho de telefone móvel (celular), no qual constato haver os seguintes dados: marca ___, modelo ______, número de série ________ e IMEI ______. **SEGUNDO** – Na sequência, a pedido do solicitante, no referido aparelho, acesso o aplicativo denominado "WhatsApp", ato que faz surgir uma tela com diversas guias com nomes e textos próprios. Dentre estas, a pedido do solicitante, acesso a guia denominada "________", ato que faz surgir uma tela com diversos balões de fala em formatos reduzidos, nas cores verde e branco, segundo informa o solicitante, os balões de fala na cor verde representam mensagens enviadas e os balões de fala na cor branco representam mensagens recebidas. Após, a pedido do solicitante, verifico haver dois balões de fala, localizados abaixo da data "XX DE XXX DE 20XX", cujos textos neles constantes transcrevo fielmente a seguir, inclusive com eventuais erros do vernáculo: "(balão de fala branco) ______; 10:00" e "(balão de fala verde) ______; 10:10", conforme pode ser aferido pela fotografia que tiro e imprimo sob o nº 1 nesta ata, do que dou fé. **Nada mais houve**. Para constar, lavro a presente ata, para os efeitos dos arts. 405 e 374, inciso IV do Código de Processo Civil, de acordo com a competência exclusiva que me conferem a Lei nº 8.935, de 18/11/1994, em seus incisos III, dos arts. 6º e 7º e o art. 384 do Código de Processo Civil. Ao final, esta ata é lida pelo solicitante, achada conforme e assinada por ele e por mim. Escrita pelo escrevente autorizado _____ e assinada pelo Tabelião Substituto _____. Dou fé.

30.5.3 Ata de autenticação eletrônica – *E-mail*

Objeto: verificação da existência de mensagem eletrônica – *E-mail*

S A I B A M todos os que virem esta ata notarial que aos ____ dias do mês de ____ do ano de ____ (___/___/___), na cidade de ______, Estado de ______, República Federativa do Brasil, neste ____. Tabelionato de ________, eu, ________, tabelião substituto, lavro a presente ata notarial em decorrência da solicitação verbal de **AFRODITE**, nacionalidade, profissão, estado civil, portadora da cédula de identidade RG n. ________-SSP/____, inscrita no CPF-MF sob n. ____.____.____-____, domiciliada e residente na cidade de _______, Estado de ________, na Rua ________, n. ____, bairro ________, CEP ____-____. No dia ____do mês de ____ do ano de ____ (____/____/____), pedira-me a solicitante para verificar e autenticar os seguintes fatos. Assim faço, comparecendo em diligência à empresa denominada **CINE SA**, situada nesta Capital, na Rua ________, n. ____, bairro _______. Neste local, nesta data, entre as _____h_____min (_____) e _____h_____min (____), verifico e presencio o seguinte: **PRIMEIRO**: Inicialmente, a solicitante me solicita esta ata para constatar a existência de uma mensagem eletrônica (*e-mail*) no computador de uso profissional de **TÍCIO OLIVEIRA**, nacionalidade, profissão, estado civil, capaz, portador da cédula de identidade RG n. _______-SSP/____, inscrito no CPF-MF sob n. ____.____.____-____, presente ao ato e cuja identidade e capacidade reconheço em vista do documento de identidade que me é apresentado. **SEGUNDO**: Às ____h____min, é-me apresentado um computador marca______, modelo______, com número de série______. Neste computador, a pedido da solicitante, acesso o programa denominado "Outlook Express", cujo ícone de acesso está localizado na "Área de Trabalho". **TERCEIRO**: Aberto o aludido programa, constato haver no canto esquerdo um índice com diversas expressões que possibilitam o acesso a outros arquivos de mensagens. Dentre estas, a pedido da solicitante, clico e acesso a expressão "Caixa de entrada" e, em seguida, um arquivo se abre e nele constato haver diversas mensagens eletrônicas. Dentre estas, pede-me a solicitante para clicar e acessar a mensagem denominada nos campos: "De", "Assunto" e Recebido", respectivamente: "______", "______" e "____/____/____ ____:____". Assim procedo, tendo o programa aberto a mensagem eletrônica, na qual constato haver os textos a seguir impressos (correspondente à imagem n. 01, do que dou fé). **QUARTO**: Por derradeiro, pede-me a solicitante para clicar sobre a expressão "Arquivo" localizada na guia superior do programa "Outlook Express". Assim faço e, em seguida, e de forma automática, abre-se um índice com dez expressões. Dentre estas, pede-me a solicitante para clicar na expressão "Propriedades", tendo o programa aberto uma nova janela em formato reduzido. Nesta janela, a pedido da solicitante, clico sobre a aba denominada "Detalhes", na qual constato haver o seguinte texto, que é transcrito fielmente, inclusive com as expressões idiomáticas estrangeiras, os eventuais erros deste vernáculo e no qual preencho os espaços em branco com hifens e pontos (-.-.-.-.):

"Return-Path: (atas@Ynotas.com.br).-

Delivered-To: atas@Ynotas.com.br-.-.--.

Received: (qmail 30760 invoked from network); 7 Dec 2007 16:45:34 -0000-.-.-.-.-

Received: from unknown (HELO atasnotariais) (atas@Ynotas.com.br@.............
0.192)-.-.-.-.-.

by gasec.Ynotas.com.br with SMTP; 7 Dec 2007 16:45:34 -0000-.--.-.-.-.-.-.-.-.-.-.

Message-ID: (004f01c838f1$344f1190$c000a8c0@atasnotariais) -.-.-.-.-.-.-.-.-.-.

From: "__________" (atas@Ynotas.com.br)-.-

To: "__________" (atas@Ynotas.com.br)-.-

Subject: modelo -.

Date: Fri, 7 Dec 2007 14:49:59 -0200-.-

MIME-Version: 1.0-.

Content-Type: multipart/alternative;-.-

boundary="--=_NextPart_000_004C_01C838E0.7077AC60" -.-.-.-.-.-.-.-.-.-.-.-.-.

X-Priority: 3-.-

X-MSMail-Priority: Normal -.-

X-Mailer: Microsoft Outlook Express 6.00.2900.3138-.-.-.-.-.-.-.-.-.-.-.-.-.-.-.-.-.-.

Disposition-Notification-To: "________" (atas@Ynotas.com.br)-.-.-.-.-.-.-.-.-.-.-
X-MimeOLE: Produced By Microsoft MimeOLE V6.00.2900.3198-.-.-.-.-.-.-.-.-.-.-
X-Antivirus: avast! (VPS 071108-0, 08/11/2007), Outbound message-.-.-.-.-.-.-.-.-.-.
X-Antivirus-Status: Clean -.
X-Antivirus: avast! (VPS 071108-0, 08/11/2007), Inbound message-.-.-.-.-.-.-.-.-.-.-
X-Antivirus-Status: Clean" (correspondente à imagem n. 02, do que dou fé). QUINTO: Nada mais havendo, pede-me a solicitante para arquivar os arquivos eletrônicos e imprimir as imagens das telas do programa supra-acessado nesta ata notarial, o que faço, imprimindo-as em cores. Nada mais havendo, pede-me a solicitante para arquivar os arquivos eletrônicos e imprimir as imagens das páginas acessadas nesta ata notarial, o que faço, imprimindo-as em cores. Para constar, lavro a presente ata, para os efeitos dos arts. 405 e 374, inciso IV, do Código de Processo Civil, de acordo com a competência exclusiva que me conferem a Lei n. 8.935, de 18 de novembro de 1994, em seus incisos III dos arts. 6º e 7º e o art. 384 do Código de Processo Civil. Ao final, esta foi em lida em voz alta, achada conforme e assinada pela solicitante e por mim. Dou fé.

Solicitante(s) assina(m)

Escrevente(s) assina

Tab. Sub. assina

Obs.: Seguem as imagens impressas das telas capturadas.

Assinada pelo(s) solicitante(s). Dou fé.

Emolumentos: R$ 000,00

30.5.4 Ata de autenticação eletrônica – SMS

Objeto: verificação da existência de mensagem de texto em telefone móvel (celular)

S A I B A M todos os que virem esta ata notarial que aos ____ dias do mês de____ do ano de ____ (____/____/____), às ____h____min, na cidade de ________, Estado de ________, República Federativa do Brasil, no ____. Tabelionato de Notas de ______, eu, ________, tabelião substituto, recebo a solicitação verbal da empresa denominada **ÁGUA LITORAL LTDA.**, com sede nesta Capital, na Rua ________, n. ____, conjunto ____, bairro ________ (CEP ____-____), inscrita no CNPJ/MF sob n. ________/______-____, com o seu contrato social consolidado e registrado na JUCESP sob o n. ________, cujas fotocópias autenticadas ficam arquivadas nestas notas em pasta própria, neste ato representado na forma da cláusula ____. do seu contrato social, por sua representante, **ARES**, nacionalidade, profissão, estado civil, portador da cédula de identidade RG n. _______-SSP/____, inscrito no CPF-MF sob n. ____.____.____-____, domiciliado e residente na cidade de ________, Estado de ________, na Rua ________, n. ____, bairro ________, CEP ____-____. Reconheço a identidade do presente e sua capacidade para o ato, dou fé. A seguir, pede-me a solicitante para verificar e autenticar os seguintes fatos: **PRIMEIRO**: A solicitante me declara que solicita esta ata para constatar a existência de quatro mensagens de texto num telefone móvel (celular) simplesmente apresentado. **SEGUNDO**: Às ____h____min, a solicitante me apresenta um aparelho de telefone móvel (celular) marca _______, no qual constato haver uma etiqueta fixada no interior do referido aparelho com número de série_______. **TERCEIRO**: A pedido da solicitante, acesso a expressão "Menu", localizada ao lado direito. Uma nova tela se abre e nela constato haver diversos ícones com funções próprias. Dentre estes, pede-me a solicitante para acessar o ícone denominado "Mensagem". Assim faço, uma nova tela se abre e nela constato haver diversas expressões. Dentre estas, pede-me a solicitante para clicar e acessar a expressão "Caixa de entrada". Assim faço, uma nova tela se abre e nela constato haver diversas mensagens. Dentre estas, pede-me a solicitante para clicar e acessar as seguintes mensagens, denominadas a saber: "X", "Y", "XX" e "YY". Assim faço, em primeiro, clico e acesso a mensagem denominada "X", na qual constato haver o seguinte texto, que é transcrito fielmente, inclusive com eventuais erros do vernáculo: "_______". **QUARTO**: Em segundo, clico e acesso a mensagem denominada "Y", na qual constato haver o seguinte texto, que é transcrito fielmente, inclusive com eventuais erros do vernáculo: "_______". **QUINTO**: Em terceiro, clico e acesso a mensagem denominada "XX", na qual constato haver o seguinte texto, que é transcrito fielmente, inclusive com eventuais erros do vernáculo: "_______". **SEXTO**: Em quarto, clico e acesso a mensagem denominada "YY", na qual constato haver o seguinte texto, que é transcrito fielmente, inclusive com eventuais erros do vernáculo: "_______". **SÉTIMO**: Por fim, a pedido da solicitante, comparece **ZEFIRO**, nacionalidade, profissão, estado civil, capaz, portador da cédula de identidade RG n. _______-SSP/____, inscrito no CPF-MF sob n. ____.____.____-____, domiciliado e residente na cidade de ________, Estado de ________, na Rua ________, n. ____, bairro _______, CEP ____-____, e declara, sob as penas da lei, que enviou por meio da internet as mensagens adrede mencionadas para o aparelho acima citado e que é titular do número telefônico 11 ____-____. *Nada mais*. Para constar, lavro a presente ata, para os efeitos dos arts. 405 e 374, inciso IV, do Código de Processo Civil, de acordo com a competência exclusiva que me conferem a Lei n. 8.935, de 18 de novembro de 1994, em seus incisos III dos arts. 6º e 7º e o art. 384 do Código de Processo Civil. Ao final, esta ata é lida em voz alta, achada conforme e assinada pelo solicitante e por mim. Dou fé. Escrita pelo tabelião substituto _______. Dou fé.

Solicitante(s) assina(m)
Escrevente(s) assina(m)
Tab. Sub. assina
Emolumentos: R$ 000,00

30.5.5 Ata de declaração

Objeto: declaração

S A I B A M todos os que virem esta ata notarial que aos ____ dias do mês de ____ do ano de ____ (__/__/____), em diligência à Rua ______, n. ____, ____. andar, bairro ______, às ____h____min, recebo a solicitação verbal de EROS, nacionalidade, profissão, estado civil, portador da cédula de identidade RG n. ______-SSP/____, inscrito no CPF-MF sob n. ___.___.___-__, domiciliado e residente na cidade de ______, Estado de ______, na Rua ______, n. ____, bairro ______, CEP ____-___. Reconheço a identidade do presente e sua capacidade para o ato, dou fé. E, por ele, sob as responsabilidades **civil** e **criminal** me foi dito que deseja fazer a seguinte declaração que passo a narrar: **PRIMEIRO**: Seu paciente, **ANTEROS**, portador do documento de identidade RG n. ___.___.____IFP-____ e CPF/MF sob n. ___.___.___-__, é portador de ______. **SEGUNDO**: Para tal enfermidade é indicado o transplante de ______ a realizar-se o mais breve possível, pelo risco de progressão da doença. **TERCEIRO**: Tendo em vista a longa espera na lista para transplante com doador-cadáver, é indicado o transplante de ______ intervivos. **QUARTO**: Não foi encontrado nenhum doador entre os familiares de **ANTEROS**. **QUINTO**: Foi avaliado **DEIMOS**, nacionalidade, profissão, estado civil, capaz, portador da cédula de identidade RG n. ______-SSP/____, inscrito no CPF-MF sob n. ___.___.___-__, o qual é considerado apto do ponto de vista físico e laboratorial para a doação do órgão. **SEXTO**: Conhece os termos da Lei n. 9.434/1997, bem como o teor dos arts. 9º e 10 da referida Lei. **SÉTIMO**: Fez todos os aconselhamentos sobre a cirurgia de transplante e dos riscos do procedimento para o doador e o receptor, bem como a não garantia de êxito em relação ao resultado da cirurgia. Para constar, lavro a presente ata, para os efeitos dos arts. 405 e 374, inciso IV, do Código de Processo Civil, de acordo com a competência exclusiva que me conferem a Lei n. 8.935, de 18 de novembro de 1994, em seus incisos III dos arts. 6º e 7º e o art. 384 do Código de Processo Civil. Ao final, esta ata é lida em voz alta, achada conforme e assinada pelo solicitante e por mim. Dou fé.

Solicitante(s) assina(m)

Escrevente(s) assina(m)

Tab. Sub. assina

Emolumentos: R$ 000,00

30.5.6 Ata de presença, com assistente técnico

Objeto: verificação da coleta de material para fins de identificação genética e de fluidos biológicos

S A I B A M todos os que virem esta ata notarial que aos ____ dias do mês de ____ do ano de ____ (__/__/____), na cidade de ______, Estado de ______, República Federativa do Brasil, neste ____. Tabelionato de Notas de ______, eu,

________, tabelião substituto, lavro a presente ata notarial em decorrência da solicitação verbal de FOBOS, nacionalidade, profissão, estado civil, portador da cédula de identidade RG n. ________-SSP/____, inscrito no CPF-MF sob n. ____.____.____-____, domiciliado e residente na cidade de ________, Estado de ________, na Rua ________, n. ____, bairro ________, CEP ____-____. Reconheço a identidade do presente e sua capacidade para ato, dou fé. Inicialmente, o solicitante me declara que solicita esta ata, em representação da empresa denominada **CADEIRAS COMÉRCIO E INDÚSTRIA**, situada nesta Capital, na Rua dos ____, n. ____, ____. andar, bairro ________ (CEP ____-____). No dia ____ do mês de ____ do ano de ____ (____/____/____), pedira-me o solicitante para verificar e autenticar os seguintes fatos. Assim faço, comparecendo em diligência à Rua dos XX, n. XX, X. andar – Bairro XX (CEP XXXXX-XXX). Neste local, nesta data, entre as ____h____min (____) e as ____h____min (____), verifico e presencio o seguinte: **PRIMEIRO**: Por contratação feita pela empresa **CADEIRAS COMÉRCIO E INDÚSTRIA**, comparece **NÁIADES**, nacionalidade, profissão, estado civil, capaz, portadora da cédula de identidade RG n. ________-SSP/____, inscrita no CPF-MF sob n. ____.____.____-____, como declara, de profissão biomédica, cuja identidade e capacidade reconheço em vista do documento de identidade que me é apresentado. **SEGUNDO**: Após, pede-me o solicitante para verificar a coleta de material para fins de identificação genética e de fluidos biológicos e a presença das pessoas neste ato. **TERCEIRO**: Certifico e dou fé que estão presentes a este ato as seguintes pessoas: **NÁIADES**, já identificada, **FOBOS**, portador da cédula de identidade RG n. ________-SSP/____, **ANTEROS**, portador da cédula de identidade RG n. ________-SSP/____, **CRONOS**, portador da cédula de identidade RG n. ________-SSP/____, e **URANO**, portador da cédula de identidade RG n. ________-SSP/____, cujas identidades e capacidades reconheço em vista dos documentos de identidade que me são apresentados. **QUARTO**: Após, nos dirigimos até uma sala, segundo informa o solicitante, denominada "sala da diretoria executiva", onde me é apresentada uma cadeira com eixo de giro na cor predominante amarela, na qual constato haver uma etiqueta fixada no dorso inferior, com os dados XX. **QUINTO**: Nesta cadeira, mais precisamente sobre o tecido, constato haver manchas de aproximadamente 2 e 4 centímetros de comprimento. **SEXTO**: Após, a biomédica se prepara para a coleta do material (das manchas) com equipamentos e materiais próprios. Em seguida, com um bisturi, a biomédica faz duas incisões e retira dois pedaços do tecido de aproximadamente 1,5 e 4 centímetros e os coloca dentro de um tubo próprio, cujo fecho é de rosca. Após, a biomédica faz mais uma incisão e retira um pedaço do tecido de uma mancha mais clara, com aproximadamente 1,5 centímetro e coloca-o dentro de outro tubo, cujo fecho também é de rosca. **SÉTIMO**: A pedido da biomédica, o solicitante rubrica as duas etiquetas de papel fixadas nos tubos e, em seguida, ela apõe sobre essas etiquetas fita adesiva transparente. Por fim, os dois tubos são acondicionados em uma caixa de papel apropriada e lacrada com fita adesiva, aponho meu sinal público entre a fita e a caixa. *Nada mais*. Para constar, lavro a presente ata, para os efeitos dos arts. 405 e 374, inciso IV, do Código de Processo Civil, de acordo com a competência exclusiva que me conferem a Lei n. 8.935, de 18 de novembro de 1994, em seus incisos III dos arts. 6º e 7º e o art. 384

do Código de Processo Civil. Ao final, esta ata é lida em voz alta, achada conforme e assinada pelo solicitante, juntamente com a biomédica e por mim. Dou fé.

Solicitante(s) assina(m)

Escrevente(s) assina(m)

Tab. Sub. assina

Emolumentos: R$ 000,00

30.5.7 Ata para usucapião

I – **Finalidade:** Atestar a posse e outros requisitos para a usucapião extrajudicial.

II – **Tabelionato:** República Federativa do Brasil, SP, São Paulo, Praça João Mendes, n. 42, 1º andar, no 26º Tabelionato de Notas de São Paulo.

III – **Data:** (data lavratura)

IV – **Partes presentes ao ato:**

4.1) **Solicitantes:** (qualificação do solicitante) e (qualificação do cônjuge), a seguir indicados como Solicitantes.

4.1.1) Endereço eletrônico: (indicar) ou não há.

4.2) **Advogado(a):** (qualificação do advogado), a seguir indicado como Advogado.

4.2.1) Endereço eletrônico: (indicar) ou não há.

4.3) **Engenheiro(a):** (qualificação do engenheiro), com ART/CREA – Anotação de Responsabilidade Técnica sob n. (número anotação) e RRT/CAU – Registro de Responsabilidade Técnica sob n. (número registro), a seguir indicado como Responsável Técnico.

4.3.1) Endereço eletrônico: (indicar) ou não há.

4.4) **Proprietários:** (qualificação dos proprietários e qualificação dos cônjuges), a seguir indicados como Proprietários.

4.4.1) Endereço eletrônico: (indicar) ou não há.

4.5) **Confrontantes:**

(qualificação do confrontante 1), a seguir indicado como Confrontante 1.

4.5.1) Endereço eletrônico: (indicar) ou não há.

(qualificação do confrontante 2), a seguir indicado como Confrontante 2.

4.5.2) Endereço eletrônico: (indicar) ou não há.

(qualificação do confrontante Fundos), a seguir indicado como Confrontante Fundos.

4.5.3) Endereço eletrônico: (indicar) ou não há.

V – **Solicitação:** Os solicitantes requerem:

5.1) Atestar o tempo de posse no imóvel situado na (endereço do imóvel), adiante descrito;

5.2) Atestar a existência do contrato particular de cessão de posse de seus antecessores;

5.3) Verificar a existência do imóvel e da construção que fizeram no imóvel;

5.4) Verificar a existência de benfeitorias que fizeram, em especial, a construção de um muro;

5.5) Ouvir as declarações dos confrontantes sobre a sua posse;

5.6) Receber as declarações, planta e memorial descritivo realizados pelo Responsável Técnico.

VI – Fundamento legal: Usucapião constitucional e legal: (modalidade e fundamento legal da usucapião).

VII – Imóvel usucapiendo: (descrever o imóvel), que fica arquivada neste tabelionato.

7.1) (qualificação dos titulares do imóvel) ou Não há.

7.2) **Registro Imobiliário:** Referido imóvel está descrito e caracterizado na (matrícula ou transcrição), conforme se verifica pela certidão do Ofício de Registro Imobiliário desta Cidade, emitida em (data), cuja cópia fica arquivada neste tabelionato.

7.3) Este imóvel encontra-se lançado no cadastro da prefeitura deste Município sob n. (número), em nome dos solicitantes. Uma cópia do lançamento do IPTU – Imposto Predial e Territorial Urbano, em nome dos solicitantes, ano (ano), fica arquivada neste Tabelionato.

7.4) O valor atribuído pela prefeitura para este imóvel é de R$ (valor).

VIII – Constatação primeira: (data lavratura) neste tabelionato, verifiquei e dou fé dos seguintes fatos:

8.1) Declarações dos solicitantes: Os solicitantes declaram, sob responsabilidade civil e penal:

8.1.1) Residem no imóvel descrito desde (data início resid.), tendo a posse plena, exercida diretamente, com a intenção de serem donos (*animus domini*);

8.1.2) Receberam a posse de (nome do cedente da posse), nesta data (data recebimento posse), tendo ali estabelecido a sua moradia, de forma mansa, pacífica e contínua;

8.1.3) Não são proprietários, cada um deles ou os dois, de imóvel urbano;

8.1.4) Atribuem a este imóvel, para fins de usucapião, o valor de R$ (valor atribuído para fins de usucapião).

8.2) Origem e tempo da posse: Os solicitantes me apresentam um contrato particular de cessão de posse, firmado por eles e por (nome cedente), (qualificar), em (data cessão posse). Neste contrato, verifico haver declarações de (nome do cedente) informando que tomou posse deste imóvel em (data receb. posse cedente), tendo ali estabelecido a sua moradia de forma mansa, pacífica e contínua, cedendo-a aos solicitantes por ato oneroso.

8.3) Contas de consumo: Os solicitantes me apresentam as seguintes contas de consumo que têm como consumidores um dos dois: (listar contas de consumo) (contas de luz emitidas pela Eletropaulo), com vencimento e quitadas, a primeira em (data início) e a última em (data término).

8.4) **Declarações dos proprietários**: Os proprietários declaram, sob responsabilidade civil e penal:

8.4.1) Não impugnam e consentem ao pedido dos solicitantes de reconhecimento da usucapião do imóvel descrito no item VII desta ata;

8.5) **Declarações do Confrontante 1**: O Confrontante 1 declara, sob responsabilidade civil e penal:

8.5.1) Reside no endereço indicado na sua qualificação desde (data início resid.), tendo sido vizinho de (nome do vizinho) e, desde (início), dos solicitantes;

8.5.2) Conhece os solicitantes desde esta data e garante que ambos ali têm a sua moradia, os quais possuem a posse plena, exercida diretamente por eles, com a intenção de serem donos (*animus domini*) e de forma mansa, pacífica e contínua, desde (data início);

8.5.3) Ajudou os solicitantes a construírem uma laje e um muro;

8.5.4) Reconhece os solicitantes como titulares deste imóvel e aceita os limites indicados na planta apresentada pelo Responsável Técnico.

8.6) **Declarações do Confrontante 2**: O Confrontante 2 declara, sob responsabilidade civil e penal:

8.6.1) Reside no endereço indicado na sua qualificação desde (data início resid.), tendo sido vizinho de (nome do vizinho) e, desde (início), dos solicitantes;

8.6.2) Conhece os solicitantes desde esta data e garante que ambos ali têm a sua moradia, os quais possuem a posse plena, exercida diretamente por eles, com a intenção de serem donos (*animus domini*) e de forma mansa, pacífica e contínua, desde (data início);

8.6.3) Informa que os solicitantes construíram uma laje e um muro;

8.6.4) Reconhece os solicitantes como titulares deste imóvel e aceita os limites indicados na planta apresentada pelo Responsável Técnico.

8.7) **Declarações do Confrontante Fundos**: O Confrontante Fundos, sob responsabilidade civil e penal:

8.7.1) Reside no endereço indicado na sua qualificação desde (data início resid.), tendo sido vizinho de (nome do vizinho) e, desde (início), dos solicitantes;

8.7.2) Conhece os solicitantes desde esta data e garante que ambos ali têm a sua moradia, os quais possuem a posse plena, exercida diretamente por eles, com a intenção de serem donos (*animus domini*) e de forma mansa, pacífica e contínua, desde (data início);

8.7.3) Informa que os solicitantes construíram uma laje e um muro;

8.7.4) Reconhece os solicitantes como titulares deste imóvel e aceita os limites indicados na planta apresentada pelo Responsável Técnico.

8.8) **Declarações do responsável técnico**: O Responsável Técnico declara, sob responsabilidade civil, penal e técnica que:

8.8.1) Elaborou o memorial descritivo e planta do imóvel usucapiendo que contém as seguintes características:

– Medidas perimetrais (descrever medidas P), perfazendo a área total de m², com ponto de amarração (descrever), tendo como confrontantes (descrever).

IX – Constatação segunda: Na (data lavratura), entre (horas e minutos) e as (horas e minutos) (hora legal brasileira), em diligência na Rua dos Primos, 8, São Paulo, SP, verifiquei e dou fé dos seguintes fatos:

9.1) Existe o imóvel usucapiendo, conforme indicado pelos solicitantes e pelo memorial descritivo. Tirei duas fotos externas (fotos 1 e 2) e quatro internas (fotos 3, 4, 5, 6), as quais podem ser aferidas pelas imagens que faço e imprimo em cores nesta ata notarial;

9.2) O imóvel tem as características de moradia familiar que tem, em sua frente, um muro contínuo que o separa da calçada de pedestres.

9.3) Os solicitantes lá estavam, com as chaves das duas portas externas.

X – Certidões e documentos apresentados e arquivados: Recebi, conferi e dou fé da apresentação dos seguintes documentos apresentados, que ficam arquivados nestas Notas em cópia digital:

10.1) Documentos de identificação e estado civil das partes indicadas, exceto as certidões de casamento do(s) Proprietário(s), do Confrontante 1, Confrontante 2, Confrontante Fundos, do Responsável Técnico e do advogado;

10.2) Planta e memorial descritivo assinados pelo Responsável Técnico;

10.3) Certidão do Ofício de Registro Imobiliário deste Município;

10.4) Lançamento do IPTU – Imposto Predial e Territorial Urbano, para o ano de 2015;

10.5) Lançamento do valor atribuído pelo Município, nesta data, para o imóvel usucapiendo;

10.6) Contrato particular de direitos de posse firmado pelos solicitantes e por um José Rodrigues em 16-6-2009;

10.7) As contas de consumo de eletricidade emitidas pela Eletropaulo e quitadas, a primeira vencida em 2-7-2009 e a última em 2-7-2015;

10.8) Seis fotos do imóvel usucapiendo;

10.9) Certidões negativas dos distribuidores cíveis da Justiça Estadual e Federal em nome dos solicitantes, (eventuais antecessores) e titulares de domínio, se houver.

XI – Declaração do responsável técnico: Concorda que as suas declarações e referências ao memorial descritivo e à planta do imóvel usucapiendo feitas nesta ata notarial são fiéis.

XII – Declaração do advogado: Sob responsabilidade profissional, civil e criminal, diz que concorda com os procedimentos realizados e estão de acordo com lei e que os fatos narrados estão de acordo com a solicitação feita nesta ata notarial.

XIII – Declaração dos proprietários: Os proprietários concordam que os fatos narrados estão de acordo com o que conhecem e com os demais termos desta ata notarial.

XIV – Declaração dos confrontantes: Os Confrontantes 1, 2 e Fundos concordam que os fatos narrados estão de acordo com o que conhecem e com os demais termos desta ata notarial.

XV – Declaração das partes: Os solicitantes concordam que os fatos narrados estão de acordo com o que conhecem e com os demais termos desta ata notarial.

15.1) Declaram que desconhecem a existência de ação possessória ou reivindicatória em trâmite envolvendo o imóvel usucapiendo.

XVI – Declaração de todas as partes: Todos declaram que esta ata foi lida integralmente a eles, cujos termos foram explicados pelo tabelião ou por seu escrevente. O ato foi integralmente compreendido por cada um, nada tendo a opor sobre a certeza do que aqui se expõe.

16.1) **Aconselhamento notarial:** As partes foram esclarecidas sobre as normas legais e os efeitos probatórios atinentes a esta constatação, em especial sobre as normas legais citadas nesta ata, declarando não ter restado dúvida e dando-se por satisfeitas.

XVII – Declarações do tabelião:

17.1) **Configuração da posse:** Diante dos elementos probatórios elencados, **atesto** a configuração da posse *ad usucapionem*, na espécie (modalidade da usucapião) e o tempo total da posse sobre o imóvel usucapiendo é de (anos) e (meses).

17.2) **Autenticação:** Reconheço a identidade e estado civil dos presentes, à vista dos respectivos documentos de identidade e do registro civil apresentados, bem como suas capacidades para o ato.

17.3) **Normas legais:** Foram cumpridas as exigências constantes da Lei Federal n. 6.015/73, arts. 216-A e seguintes. Esta ata é lavrada conforme previsão do Código de Processo Civil, art. 384, e da Lei n. 8.935/94, incisos III dos arts. 6º e 7º, bem como das demais normas atinentes ao serviço notarial.

17.4) Cientificou às partes que a declaração de domínio decorre de procedimento próprio perante o Oficial de Registro competente.

17.5) Informou às partes que a dúvida registral somente poderá ser suscitada por elas próprias.

17.6) Cientificou às partes que a ata notarial é um dos requisitos para a declaração de domínio perante o Oficial de Registro competente.

17.7) Informou às partes que a prestação de declaração falsa nesta ata notarial configura crime de falsidade sujeito às penas da lei.

17.8) Os seguintes escreventes participaram da elaboração deste ato, procedendo com a constatação de fatos, orientação das partes, coleta de informações e documentos, elaboração e impressão do texto, coleta de assinaturas e arquivamento: (nome completo) e (nome completo).

17.9) **Fé notarial:** Dou fé das declarações contidas neste instrumento, dos documentos apresentados e arquivados, ou não, das autenticações feitas e de que a ata foi lida e assinada pelo(s) solicitante(s).

Escreventes: (nome esc. resp).

Tabelião/Substituto: (Nome tab./sub. ass.)

Emolumentos: R$ 000,00

Obs.: Para a ata, o comparecimento de advogado e engenheiro não é obrigatório, bem como o do proprietário e dos confrontantes.

30.5.8 Ata para adjudicação compulsória

I – Finalidade: Atestar o inadimplemento da obrigação de outorgar ou receber o título definitivo de propriedade e outros requisitos para a adjudicação compulsória.

II– Tabelionato: República Federativa do Brasil, SP, São Paulo, Praça João Mendes, nº 42, 1º andar, no 26º Tabelionato de Notas de São Paulo.

III – Data: ___________

IV – Partes presentes ao ato:

4.1) Solicitantes: ____________________ e ____________________, a seguir indicados como Solicitantes.

4.1.1) Endereço eletrônico: ____________________ ou não há.

4.2) Advogado(a): ____________________, a seguir indicado como Advogado.

4.2.1) Endereço eletrônico: ____________________ou não há.

V - Solicitação: Os solicitantes requerem:

5.1) Identificar o imóvel;

5.2) Atestar a existência do instrumento de promessa de compra e venda ou de cessão ou de sucessão;

5.3) Atestar o pagamento integral do preço;

5.4) Atestar o inadimplemento, caracterizado pela não celebração do título definitivo de transmissão da propriedade plena;

5.5) Atestar a inexistência de litígio envolvendo o contrato do promessa de compra e venda do imóvel objeto da contratação;

5.6) Atestar o pagamento do Imposto sobre a Transmissão de Bens Imóveis (ITBI).

VI - Fundamento legal: Código Civil, art. 1.418 e Lei nº 6.015/1973, art. 213-B.

VII - Imóvel objeto da adjudicação: ____________________, [cep: ______], no ___º Subdistrito - bairro ________, no município de ____________________, inscrito no __________º Ofício Imobiliário da cidade de __________, descrito e caracterizado na matrícula nº ____________________, que fica arquivada neste tabelionato.

7.1) Titulares do imóvel: ____________________.

7.2) Cessionários: ____________________ ou não há.

7.3) Registro imobiliário competente: Referido imóvel está descrito e caracterizado na ____________________, conforme se verifica pela certidão do Ofício de Registro Imobiliário da Cidade de __________, emitida em ________, cuja cópia fica arquivada neste tabelionato.

7.4) Este imóvel encontra-se lançado no cadastro da prefeitura deste Município sob nº __________ em nome dos solicitantes. Uma cópia do lançamento do IPTU, Imposto sobre a propriedade territorial urbana, em nome dos solicitantes, ano _______, fica arquivada neste Tabelionato.

7.5) O valor atribuído pela prefeitura para este imóvel é R$ ____________________.

7.6) Atribuem a este imóvel, para fins de adjudicação compulsória, o valor de R$ ________.

VIII - Autenticação fática e documental: ____________ neste Tabelionato, verifiquei e dou fé dos seguintes fatos:

8.1) Declarações dos solicitantes: Os solicitantes declaram, sob responsabilidade civil e penal:

8.1.1) Residem no imóvel descrito desde ________;

8.1.2) Receberam em ____________, toda a posse, domínio, direitos, ações e obrigações, direitos estes até então exercidos sobre o imóvel pelos ____________, correndo por conta destes, todos os impostos, taxas e demais despesas incidentes sobre o imóvel;

8.2) Instrumento contratual: É apresentado o ____________, datado de ________, no qual verifico constar os Solicitantes como promitentes compradores / promitentes cessionários e ________________, como promitentes vendedores / promitentes cedentes , tendo por objeto o imóvel descrito no item **VII** desta ata, prometido à venda pelo preço certo de R$ ____________, de cujo contrato não consta cláusula de arrependimento.

8.3) Atos ordinários pré pedido de adjudicação: Os solicitantes declaram que tentaram contato com ________________ por meio telefônico, e-mail ________________, para a outorga (ou receber) o título definitivo de propriedade, sem sucesso. Apresentam ____________ (indicar documentos).

8.4) Caracterização do inadimplemento: Através do ____________ (nome do documento) quitado, celebrado em ________ e não registrado no Ofício Imobiliário competente até esta data, os Solicitantes se comprometeram a adquirir de ____________ a vender para ____________, acima qualificado, o imóvel mencionado descrito e caracterizado no item **VII** desta ata.

8.4.1) Não tendo os Solicitantes obtido até a presente data a escritura definitiva de compra e venda do imóvel descrito, como lhes foi prometido ____________ (compra ou venda), enviaram no endereço ____________ do promitente vendedor ________________ ou comprador ____________ correspondência ____________ (número de registro) com cópia de recebimento ____, que foi entregue em ________, às ________, para ____________, convocando-o para que comparecesse neste Tabelião, nesta data, às ________, para o fim de outorga da respectiva escritura de compra e venda do imóvel aos Solicitantes.

8.4.2) Os Solicitantes aguardaram por ____________ (colocar o tempo de espera) a presença do promitente vendedor que não compareceu.

8.4.3) Assim, verifico e atesto, neste ato, a presença dos promitentes compradores, ora Solicitantes, e a ausência do promitente vendedor neste Tabelião de notas no dia e hora acima indicados.

8.5) Quitação do preço: Os solicitantes apresentam os comprovantes de pagamento com datas de vencimento em ____________ a ______, indicando o integral pagamento do preço.

OU

Apresentam também documento com a quitação da promessa de compra de venda.

8.6) **Inexistência de litígio**: À vista das certidões, atesto a inexistência de litígio em ação proposta na comarca da situação do imóvel e no domicílio dos Solicitantes e dos promitentes vendedores envolvendo o imóvel objeto identificado nesta ata.

8.6.1) **Inexistência protesto de letras e títulos**: À vista das certidões, atesto a inexistência de protesto inscrito no tabelião de protesto da comarca da situação do imóvel e do domicílio dos Solicitantes e dos promitentes vendedores envolvendo o contrato ou tendo por objeto o imóvel identificado nesta ata.

8.7) **Tributo**: Atesto o pagamento do Imposto sobre a Transmissão de Bens Imóveis (ITBI), arquivando cópia autenticada da guia neste Tabelionato.

8.8) **Central de Indisponibilidades**: Negativa - ___________ (inserir códigos);

8.9) **Certidão Negativa de Débitos Trabalhistas: Negativa** - ___________ (inserir códigos);

IX) **Diligência até o imóvel**: Na ___________ (inserir dados), entre ___________ (inseri dados e minutos) e as ___________ (inseri dados e minutos) (hora legal brasileira), em diligência na Rua dos Primos, 8, São Paulo, SP, verifiquei e dou fé dos seguintes fatos:

9.1) Existe o imóvel a ser adjudicado, conforme indicado pelos solicitantes. Tirei duas fotos externas (fotos 1 e 2) e quatro internas (fotos 3, 4, 5, 6), as quais podem ser aferidas pelas imagens que faço e imprimo em cores nesta ata notarial;

9.2) O imóvel tem as características de moradia familiar que tem, em sua frente, um muro contínuo que o separa da calçada de pedestres.

9.3) Os solicitantes lá estavam, com as chaves das duas portas externas.

X - Certidões e documentos apresentados e arquivados: Recebi, conferi e dou fé da apresentação dos seguintes documentos apresentados, que ficam arquivados nestas Notas em cópia digital, no protocolo deste ato:

10.1) Documentos de identificação e estado civil dos Solicitantes e do(a) advogado(a);

10.2) Certidão do Ofício de Registro Imobiliário competente;

10.3) Lançamento do IPTU - Imposto predial e territorial urbano, para o ano de ______ (inserir ano);

10.4) Lançamento do valor atribuído pelo Município, nesta data, para o imóvel adjudicado;

10.5) Instrumento particular / público de promessa de venda ou de cessão firmado pelos Solicitantes e pelo _______________ (Nome completo do promitente-vendedor ou cedente) em ______ (inserir data);

10.6) Cópia da correspondência enviada;

10.7) Cópia dos comprovantes de pagamento das parcelas contratuais;

10.8) Cópia da quitação do contrato;

10.9) Certidões negativas dos distribuidores Cível da Justiça Estadual e Federal em nome dos Solicitantes (eventuais antecessores) e dos promitentes vendedores (eventuais antecessores), do local do imóvel e do domicílio dos Solicitantes e dos promitentes vendedores;

10.10) Certidões negativas dos tabeliães de protesto em nome dos Solicitantes (eventuais antecessores) e dos promitentes vendedores (eventuais antecessores), do local do imóvel e do domicílio dos Solicitantes e dos promitentes vendedores;

10.11) Cópia do comprovante de pagamento do Imposto sobre a Transmissão de Bens Imóveis (ITBI).

XI - Declaração do(a) advogado(a): Sob responsabilidade profissional, civil e criminal, diz que concorda com os procedimentos realizados, os quais estão de acordo com a lei e que os fatos narrados estão de acordo com a solicitação feita nesta ata notarial.

XII - Declaração das partes: Os solicitantes concordam que os fatos narrados estão de acordo com o que conhecem e com os demais termos desta ata notarial.

12.1) Declaram que desconhecem a existência de ação possessória ou reivindicatória em trâmite envolvendo o imóvel descrito no item VII.

XIII - Declaração de todas as partes: Todos declaram que esta ata foi lida integralmente a eles, cujos termos foram explicados pelo tabelião ou por seu escrevente. O ato foi integralmente compreendido por cada um, nada tendo a opor sobre a certeza do que aqui se expõe.

13.1) **Aconselhamento notarial:** As partes foram esclarecidas sobre as normas legais e os efeitos probatórios atinentes a esta constatação, em especial sobre as normas legais citadas nesta ata, declarando não ter restado dúvida e dando-se por satisfeitas.

XIV - Declarações do Tabelião:

14.1) **Autenticação:** Reconheço a identidade e estado civil dos presentes, a vista dos respectivos documentos de identidade e do registro civil apresentados, bem como suas capacidades para o ato.

14.2) **Normas legais:** Foram cumpridas as exigências constantes da Lei Federal nº 6.015/73, art. 216-B e seguintes. Esta ata é lavrada conforme previsão do Código de Processo Civil, art. 384, e da Lei 8.935/94, incisos III dos artigos 6º e 7º, bem como das demais normas atinentes ao serviço notarial.

14.3) Cientificou às partes que a declaração de domínio decorre de procedimento próprio perante o Oficial de Registro competente.

14.4) Informou às partes que a dúvida registral somente poderá ser suscitada por elas próprias.

14.5) Cientificou às partes que a ata notarial é um dos requisitos obrigatórios para o deferimento adjudicatório do domínio perante o Oficial de Registro competente, não tendo o valor de confirmar ou estabelecer a propriedade.

14.6) Informou às partes que a prestação de declaração falsa nesta ata notarial configura crime de falsidade sujeito às penas da lei.

14.7) Os seguintes auxiliares e escreventes participaram da elaboração deste ato, procedendo com a constatação de fatos, orientação das partes, coleta de informações e documentos, elaboração e impressão do texto, coleta de assinaturas e arquivamento: ______________________ (nome completo) e ______________________ (nome completo).

14.9) **Fé notarial:** Dou fé das declarações contidas neste instrumento, dos documentos apresentados e arquivados, ou não, das autenticações feitas e de que a ata foi lida e assinada pelo(s) solicitante(s).

Escreventes: (nome esc. resp).

Tabelião/Substituto: (Nome tab./sub. ass.)

Emolumentos: R$ 000,00

30.6 PROCURAÇÕES

30.6.1 Procuração Pública (Geral)

I – **Local:** República Federativa do Brasil, SP, São Paulo, Praça João Mendes, n. 42, 1º andar, no 26º Tabelionato de Notas de São Paulo.

II – **Data:** (data lavratura).

III – **Mandante:** (qualificar mandante).

IV – **Procurador:** (qualificar procurador).

V – **Finalidade:** Geral.

VI – **Validade:** Prazo indeterminado.

VII – **Onerosidade:** Não.

VIII – **Área de representação:** Brasil e exterior.

IX – **Poderes:** Amplos, gerais e ilimitados poderes para o fim especial de gerir e administrar todos os seus bens e haveres, presentes ou futuros.

9.1) **Negociais:** Comprar, vender, compromissar, ceder, permutar, prometer comprar, vender ou ceder, hipotecar, arrendar, locar, dividir, dar e receber em pagamento ou penhor, demarcar, incorporar ou de qualquer outra forma adquirir, onerar, gravar e alienar bens móveis, imóveis, automóveis, telefones, créditos, direitos, quotas, ações, títulos e demais efeitos; assinar, aceitar doações, outorgar, inclusive escritura de renúncia de usufruto, anuir, rescindir, retificar e ratificar instrumentos públicos ou particulares, provisórios ou definitivos, inclusive assinar escrituras de conferência de bens; estabelecer preços, prazos, juros, multas, modo e local de pagamento e demais condições, mesmo penais; receber tudo o que lhe for devido, em quaisquer bancos, entidades financeiras, securitárias ou previdenciárias, inclusive PIS – Programa de Integração Social, FGTS – Fundo de Garantia do Tempo de Serviço e aposentadoria; pagar o que deve, passar recibos, dar e aceitar quitações; receber e transmitir posse, domínio, direitos e ações; responder e obrigar pela evicção legal; autorizar registros e averbações; dar e aceitar característicos e confrontações; assumir compromissos e obrigações, contrair empréstimos e financiamentos, confessar dívidas.

(9.1.1) Contém os poderes especiais (art. 661, §1º, do Código Civil) em relação a todos e quaisquer bens imóveis do mandante.

9.2) Representá-lo perante quaisquer repartições públicas federais, estaduais e municipais, autarquias, concessionários de serviços públicos, serviços notariais e registrais, quaisquer empresas públicas ou privadas, em especial Correios e Telégrafos, concessionários e em especial operadoras de telefonia, provedores, permissionários de serviços públicos, de serviços de água, esgoto, luz, gás, IPESP, INSS, INCRA, juntas comerciais, delegacias fiscais, institutos, bancos e entidades financeiras, públicas ou privadas, sistema financeiro da habitação e imobiliário e seus agentes financeiros, institutos e empresas de previdência ou securitização e onde mais for preciso, tudo assinando, promovendo ou requerendo, juntando e desentranhando documentos, holerites, assinar formulários e requerimentos, prestar informações e esclarecimentos, acompanhar processos administrativos, pagar as taxas devidas, aceitar recibos e quitações.

9.3) **Empresariais:** Constituir sociedades simples ou empresárias em nome do mandante, assinando todos e quaisquer contratos, distratos e alterações contratuais, bem como representá-lo na qualidade de dirigente; representá-lo na qualidade de sócio das empresas em que faça ou venha a fazer parte, podendo de conformidade com o contrato social das empresas, praticar todos os atos atribuídos ao mandante, nas condições e nos limites especificados do contrato, representando-o em todos os atos, contratos e assinaturas, como se o próprio mandante fosse, limitados os seus atos apenas pelo que for vedado no contrato social.

9.4) **Bancários:** Abrir, movimentar e encerrar contas e cadernetas, mesmo de poupança ou conta corrente que o mandante possui em conjunto ou separadamente em quaisquer estabelecimentos bancários, previdenciários ou securitários, inclusive no Banco do Brasil S/A, Caixa Econômica Federal, Banco Santander Brasil, Banco Itaú Unibanco, Banco Bradesco S/A, em quaisquer de seus órgãos ou departamentos, requisitar saldos, extratos e talões de cheques, solicitar e definir senhas e códigos de acesso, atuar pessoalmente ou via eletrônica, dar ordens e contraordens, reconhecer saldos, emitir, assinar, aceitar, avalizar, endossar, sacar, descontar, caucionar, reformar, registrar e protestar cheques, ordens de pagamento, letras de câmbio, notas promissórias e demais títulos de crédito; receber e resgatar notas promissórias; assinar e resgatar previdência privada; assinar e endossar cheques de viagem, prestar fianças, efetuar aplicações de capitais em nome do mandante em qualquer modalidade financeira, inclusive de renda fixa, ações, fundos mútuos, cadernetas de poupança etc., fazer remessas de numerários para o mandante no exterior.

9.5) **Condominiais, acionistas e quotistas:** Representá-lo em assembleias ou reuniões de acionistas, quotistas e condôminos, votar e ser votado, aprovar ou impugnar contas e relatórios, assinar livros, termos e atas, mesmo fiscais.

9.6) ***Ad Judicia*:** Representá-lo em juízo ou fora dele, constituir advogados e estipular honorários, bem como destituí-los com os poderes da cláusula *ad judicia* para o foro em geral, em qualquer juízo, instância ou tribunal, propor contra quem de direito as ações competentes e defendê-lo nas contrárias, seguindo umas e outras até final decisão, usar dos recursos legais cabíveis e acompanhando-os, podendo, para tanto, transigir, desistir, confessar, acordar, firmar termos e compromissos, dar e receber quitação, reivindicar, notificar e demais necessários, receber citação, intimação ou notificação judicial ou extrajudicial, mesmo inicial.

9.7) **Substabelecimento**: Pode substabelecer, no todo ou em parte, com ou sem reserva de iguais poderes. Se o procurador substabelecer sem reserva de poderes, tal ato configurará a renúncia por este procurador, dos poderes aqui indicados, permanecendo responsável perante o mandante, pelos atos praticados pelo novo procurador.

X – Documentos: São apresentados e ficam arquivados em cópia digital os seguintes documentos:

10.1) Documentos de identidade e estado civil das partes;

10.2) Central de Indisponibilidades: Negativa – (códigos).

XI – Declaração do mandante: A escritura foi lida e compreendida por mim (nós). Concordo(amos) integralmente com o teor deste ato, autorizando a sua redação, outorgando e assinando-a.

XII – Declaração do mandatário: O mandatário não está presente (ou o mandatário aceita os poderes aqui conferidos).

XIII – Declarações do tabelião:

13.1) **Autenticação**: Reconheço a identidade e o estado civil do(s) presente(s), à vista dos respectivos documentos de identidade e do registro civil apresentados, bem como sua(s) capacidade(s) para o ato.

13.2) Foram cumpridas as exigências documentais constantes da Lei federal n. 7.433, de 18 de dezembro de 1985, tal como regulamentada pelo Decreto n. 93.240/86 e pelas Normas de Serviço da Corregedoria-Geral de Justiça do Estado de São Paulo.

13.3) **Aconselhamento notarial**: As partes foram esclarecidas sobre as normas legais e os efeitos atinentes a este negócio, em especial sobre os artigos citados nesta escritura, declarando que as compreenderam e dando-se por satisfeitas com este serviço notarial.

13.4) **Escreventes**: Na lavratura desta escritura, participaram os escreventes abaixo indicados praticando as seguintes ações: recepção e aconselhamento das partes, identificação e verificação da capacidade, qualificação legal, elaboração do ato e sua redação, diligências indispensáveis ou convenientes ao ato, coleta de assinaturas.

13.5) **Fé notarial**: Dou fé das declarações contidas neste instrumento, dos documentos apresentados e arquivados, ou não, das autenticações feitas e de que a escritura foi assinada pelas partes presentes.

Mandante(s) assina(m)

Procurador(es) assina(m) (se estiver presente, recomendável que assine)

Escrevente(s) assina(m)

Tab. Sub. assina

Emolumentos: R$ 000,00

30.6.2 Procuração Pública (Bancária)

Procurador: (nome outorgado)
Mandante: (nome outorgante)
Finalidade: Movimentação de Contas

Válida até (validade)

S A I B A M todos os que virem esta escritura pública de mandato que (data lavratura), em São Paulo, SP, República Federativa do Brasil, nesta Notaria, perante mim, escrevente autorizado(a) pelo Tabelião, compareceu como mandante (qualificar outorgante). Reconheço a identidade do presente e sua capacidade para o ato, do que dou fé. E por ele me foi dito que por esta escritura pública de mandato, nos termos de direito, nomeia e constitui seu bastante procurador, (qualificar procurador). Confere a este procurador amplos, gerais e ilimitados poderes para o fim especial de representá-lo perante o (nome do banco), agência (número da agência), podendo movimentar a conta corrente n. (número da conta corrente), dele mandante, requisitar saldos, extratos, talões de cheques, dar ordens, contraordens, reconhecer saldos, emitir, assinar, aceitar, avalizar, endossar, sacar, depositar, descontar, caucionar, registrar e protestar cheques, ordens de pagamento, letras de câmbio, notas promissórias e demais títulos de crédito e documentos de dívida; solicitar e definir senhas e códigos de acesso, atuar pessoalmente ou via eletrônica, enfim, praticar todos os demais atos necessários ao fiel cumprimento do presente mandato. ASSIM diz, pede e lavro a presente que, lida em voz alta, acha em tudo conforme, aceita, outorga e assina. Dou fé.

Mandante(s) assina(m)

Procurador(es) assina(m) (se estiver presente, recomendável que assine)

Escrevente(s) assina(m)

Tab. Sub. assina

Emolumentos: R$ 000,00

30.6.3 Procuração Pública (*Ad Judicia*)

I – Local: República Federativa do Brasil, SP, São Paulo, Praça João Mendes, n. 42, 1º andar, no 26º Tabelionato de Notas de São Paulo.

II – Data: (data lavratura).

III – Mandante: (qualificar mandante).

IV – Procurador: (qualificar procurador).

V – Finalidade: *Ad judicia*.

VI – Validade: Prazo indeterminado.

VII – Onerosidade: Sim.

VIII – Área de representação: Brasil e exterior.

IX – Poderes:

9.1) Amplos poderes para o foro em geral com a cláusula *ad judicia*, para exercê-los em qualquer juízo, instância ou tribunal, mesmo administrativa, propor contra quem de direito as ações competentes e defendê-lo nas contrárias, seguindo umas e outras até o final da decisão, usando dos recursos legais cabíveis e acompanhando-os, podendo, para tanto, receber citação inicial, reconhecer a procedência do pedido, renunciar a direitos, transigir, desistir, confessar, acordar, firmar termos e compromissos, dar e receber quitação, especialmente para propor e acompanhar, até final decisão, a ação de alimentos em face de (ação).

9.2) **Substabelecimento:** Pode substabelecer, no todo ou em parte, com ou sem reserva de iguais poderes. Se o procurador substabelecer sem reserva de poderes, tal ato configurará a renúncia por este procurador, dos poderes aqui indicados, permanecendo responsável perante o mandante, pelos atos praticados pelo novo procurador.

X – Documentos: São apresentados e ficam arquivados em cópia digital os seguintes documentos:

10.1) Documentos de identidade e estado civil das partes;

10.2) Central de Indisponibilidades: Negativa – (código *hash*).

XI – Declaração do mandante: A escritura foi lida e compreendida por mim (nós). Concordo(amos) integralmente com o teor deste ato, autorizando a sua redação, outorgando e assinando-a.

XII – Declaração do mandatário: O mandatário não está presente (ou o mandatário aceita os poderes aqui conferidos).

XIII – Declarações do Tabelião:

13.1) **Autenticação:** Reconheço a identidade e o estado civil do(s) presente(s), à vista dos respectivos documentos de identidade e do registro civil apresentados, bem como sua(s) capacidade(s) para o ato.

13.2) Foram cumpridas as exigências documentais constantes da Lei federal n. 7.433, de 18 de dezembro de 1985, tal como regulamentada pelo Decreto n. 93.240/86 e pelas normas de Serviço da Corregedoria-Geral de Justiça do Estado de São Paulo.

13.3) **Aconselhamento notarial:** As partes foram esclarecidas sobre as normas legais e os efeitos atinentes a este negócio, em especial sobre os artigos citados nesta escritura, declarando que as compreenderam e dando-se por satisfeitas com este serviço notarial.

13.4) **Escreventes:** Na lavratura desta escritura, participaram os escreventes abaixo indicados praticando as seguintes ações: recepção e aconselhamento das partes, identificação e verificação da capacidade, qualificação legal, elaboração do ato e sua redação, diligências indispensáveis ou convenientes ao ato, coleta de assinaturas.

13.5) **Fé notarial:** Dou fé das declarações contidas neste instrumento, dos documentos apresentados e arquivados, ou não, das autenticações feitas e de que a escritura foi assinada pelas partes presentes.

Mandante(s) assina(m)
Procurador(es) assina(m) (se estiver presente, recomendável que assine)
Escrevente(s) assina(m)
Tab. Sub. assina
Emolumentos: R$ 000,00

30.6.4 Procuração Pública (Administrar Empresa)

Procurador: (outorgado)
Mandante: (outorgante)
Finalidade: Administrar Empresa

Válida até (validade)

S A I B A M todos os que virem esta escritura pública de mandato que (data lavratura), em São Paulo, SP, República Federativa do Brasil, nesta Notaria, perante mim, escrevente autorizado(a) pelo Tabelião, comparece como mandante, (mandante), com sede (endereço), inscrita no CNPJ sob n. (inscr. CNPJ), com seu Contrato Social datado de (data contrato), registrado na Junta Comercial do Estado de São Paulo sob n. (n. registro) em (reg. JUCESP), neste ato representada conforme determina a (cláusula) de seu contrato social por seu administrador. Reconheço a identidade do presente e sua capacidade para o ato, do que dou fé. E, pelo mandante, na forma representada, me foi dito que, por esta escritura pública de mandato, nos termos de direito e como disposto no art. 1.018 do Código Civil, nomeia e constitui seu bastante procurador, (qualificar procurador). Confere a este procurador amplos, gerais e ilimitados poderes para gerir e administrar os negócios do mandante, representando-o nos atos e nos contratos de seu interesse, comprar e vender mercadorias, receber tudo que a qualquer título lhe for devido, pagar o que dever, passar recibos, dar e aceitar quitações, estabelecer preços, prazos, juros, multas, modo e local de pagamento e demais condições, mesmo penais; representando-a perante quaisquer repartições públicas federais, estaduais ou municipais, autarquias, Junta Comercial, serviços notariais ou registrais, concessionários de serviços públicos, Correios, delegacias fiscais e onde mais for preciso, tudo assinando, promovendo, requerendo, retirando, recebendo, pagando, dando e aceitando recibos e quitações, reclamando contra os indevidos, apresentando recursos e defesas em qualquer instância administrativa, dando vistas e cientes, juntando e desentranhando documentos; requerer isenção de direitos, receber a restituição de importâncias e de direitos pagos indevidamente e dar quitação, assinar termos de responsabilidade; abrir, movimentar e encerrar contas em quaisquer instituições financeiras ou de crédito, ou a elas equiparadas, inclusive no Banco do Brasil S/A, Banco Safra S/A, Caixa Econômica Federal ou outras, firmar os respectivos contratos de abertura de contas, requisitar saldos, extratos e talões de cheques, dar ordens e contraordens, reconhecer saldos, emitir, assinar, aceitar, endossar, sacar, descontar, caucionar, reformar, protestar quaisquer documentos de dívida, em especial, mas não limitada a cheques, ordens de pagamento, faturas, duplicatas, notas fiscais e demais títulos de crédito; assinar livros, termos e atas, mesmo fiscais; assinar toda a documentação referida em lei relativa ao FGTS – Fundo de Garantia do Tempo de Serviço e PIS – Programa de Integração Social, inclusive a relativa a abertura, movimentação e encerramento de contas vinculadas "AM"; admitir e demitir empregados consoante as leis trabalhistas, fixar salários e normas de trabalho, anotar e assinar Carteiras de Trabalho e Previdência Social; representá-lo perante o Ministério do Trabalho e da Previdência Social e suas Delegacias, INSS, órgãos de classe, sindicatos, Justiça do Trabalho em todas as suas instâncias e onde mais for preciso, tudo assinando, promovendo, requerendo, fazendo acordos e servindo como preposto perante os mesmos órgãos; constituir mandatários com amplos poderes para o foro em geral com a cláusula *ad judicia*, para exercê-los em qualquer juízo, instância ou tribunal, propor contra quem de direito as ações competentes e defendê-lo nas contrárias, seguindo umas e outras até final decisão, usando dos recursos legais cabíveis e acompanhando-os, podendo, para tanto, receber citação inicial, reconhecer a procedência do pedido, renunciar a direitos, transigir, desistir, confessar, acordar, firmar termos e compromissos, dar e receber quitação, enfim, praticar todos os demais atos indispensáveis ao cabal desempenho deste mandato, inclusive substabelecer (prazo). **ASSIM** diz, pede e lavro a presente que, lida em voz alta, acha em tudo conforme, aceita, outorga e assina. Dou fé.

Representante(s) assina(m)

Procurador(es) assina(m) (se estiver presente, recomendável que assine)

Escrevente(s) assina(m)
Tab. Sub. assina
Emolumentos: R$ 000,00

30.6.5 Procuração Pública (Venda de Imóvel)

I – Local: República Federativa do Brasil, SP, São Paulo, Praça João Mendes, n. 42, 1º andar, no 26º Tabelionato de Notas de São Paulo.

II – Data: (data lavratura).

III – Mandante: (qualificar mandante).

IV – Procurador: (qualificar procurador).

V – Finalidade: Venda de imóvel.

VI – Validade: Prazo indeterminado.

VII – Onerosidade: Não.

VIII – Área de representação: Brasil e exterior.

IX – Imóvel: (descrição do imóvel), CEP (n. CEP), no (n. subdistrito). Subdistrito – (bairro do subdistrito), descrito e caracterizado na matrícula n. (n. matrícula), do (n. do oficial). Oficial de Registro de Imóveis de (cidade do registro de imóveis), (estado).

X – Poderes:

10.1) Especiais para vender, compromissar a venda, permutar, ceder e transferir direitos ou obrigações, anuir ou de qualquer outra forma alienar, a quem convier, pelo preço e pelas condições que convencionar.

10.2) Assinar e outorgar as escrituras que forem necessárias, públicas ou particulares, provisórias ou definitivas, receber, passar recibos e dar quitações, estipular cláusulas e condições, estabelecer preços, forma e local de pagamento, assinar recibos de sinal e princípio de pagamento, transmitir posse, domínio, direitos e ações, dar característicos, metragens e confrontações, autorizar registros e averbações, responder pela evicção legal.

10.3) Retificar, ratificar, rescindir.

10.4) Representá-lo perante quaisquer repartições públicas federais, estaduais e municipais, autarquias, concessionários de serviços públicos, serviços notariais e registrais, permissionários de serviços públicos, de serviços de água, esgoto, luz, gás e onde mais for preciso, tudo assinando, promovendo ou requerendo, juntando e desentranhando documentos, assinar formulários e requerimentos, prestar informações e esclarecimentos, acompanhar processos administrativos, pagar os tributos, taxas e emolumentos devidos, aceitar recibos e quitações, enfim, praticar todos os atos necessários ao fiel cumprimento do presente mandato.

10.5) *Ad Judicia*: Representá-lo em juízo ou fora dele em causas conexas com o imóvel objeto deste instrumento, constituir advogados e estipular honorários, bem como destituí-los com os poderes da cláusula *ad judicia* para o foro em geral, em qualquer Juízo, instância ou tribunal, mesmo administrativos, propor contra quem de direito as ações competentes e defendê-lo nas contrárias, seguindo umas e outras até final decisão, usar dos recursos legais cabíveis e acompanhando-os, podendo, para tanto, transigir, desistir, confessar, acordar, firmar termos e compromissos, dar e receber quitação, reivindicar, notificar e o demais necessário, receber citação, intimação ou notificação judicial ou extrajudicial, mesmo inicial, suscitar dúvida registral.

10.6) **Substabelecimento**: Pode substabelecer, no todo ou em parte, com ou sem reserva de iguais poderes. Se o procurador substabelecer sem reserva de poderes, tal ato configurará a renúncia por este procurador, dos poderes aqui indicados, permanecendo responsável perante o mandante, pelos atos praticados pelo novo procurador.

XI – Documentos: São apresentados e ficam arquivados em cópia digital os seguintes documentos:

11.1) Documentos de identidade e estado civil das partes;

11.2) Central de Indisponibilidades: Negativa – (código *hash*);

11.3) Certidão de propriedade da matrícula (matrícula) do (n. ofício) Ofício Imobiliário da cidade de (cidade), (UF).

XII – Declaração do mandante: A escritura foi lida e compreendida por mim (nós). Concordo(amos) integralmente com o teor deste ato, autorizando a sua redação, outorgando e assinando-a.

XIII – Declaração do mandatário: O mandatário não está presente (ou o mandatário aceita os poderes aqui conferidos).

XIV – Declarações do tabelião:

14.1) **Autenticação:** Reconheço a identidade e estado civil do(s) presente(s), à vista dos respectivos documentos de identidade e do registro civil apresentados, bem como sua(s) capacidade(s) para o ato.

14.2) Foram cumpridas as exigências documentais constantes da Lei federal n. 7.433, de 18 de dezembro de 1985, tal como regulamentada pelo Decreto n. 93.240/86 e pelas Normas de Serviço da Corregedoria-Geral de Justiça do Estado de São Paulo.

14.3) **Aconselhamento notarial:** As partes foram esclarecidas sobre as normas legais e os efeitos atinentes a este negócio, em especial sobre os artigos citados nesta escritura, declarando que as compreenderam e dando-se por satisfeitas com este serviço notarial.

14.4) **Escreventes:** Na lavratura desta escritura, participaram os escreventes abaixo indicados praticando as seguintes ações: recepção e aconselhamento das partes, identificação e verificação da capacidade, qualificação legal, elaboração do ato e sua redação, diligências indispensáveis ou convenientes ao ato, coleta de assinaturas.

14.5) **Fé notarial:** Dou fé das declarações contidas neste instrumento, dos documentos apresentados e arquivados, ou não, das autenticações feitas e de que a escritura foi assinada pelas partes presentes.

Mandante(s) assina(m)

Procurador(es) assina(m) (se estiver presente, recomendável que assine)

Escrevente(s) assina(m)

Tab. Sub. assina

Emolumentos: R$ 000,00

30.7 ESCRITURAS PÚBLICAS

30.7.1 Escritura Pública de Compra e Venda (Apartamento)

Vendedor: (nome do vendedor)

Comprador: (nome do comprador)

Valor Venda: (valor da venda CAB)

Valor Fiscal: (valor venal CAB)

I – Local: República Federativa do Brasil, SP, São Paulo, Praça João Mendes, n. 42, 1º andar, no 26º Tabelionato de Notas de São Paulo.

II – Data: (data lavratura).

III – Partes:

(1) vendedor, (qualificar vendedor);

(2) comprador, (qualificar comprador).

IV – Representação ou mandado judicial:

Comprador: Não há. (Ou comprador: nome e qualificação do procurador ou administrador. Procuração Contrato Social: Cartório, Cidade, UF, Livro, folhas, data de expedição/ artigo do contrato social que autoriza.)

Vendedor: Não há. (Ou vendedor: nome e qualificação do procurador ou administrador. Procuração/Contrato Social: Cartório, Cidade, UF, Livro, folhas, data de expedição/artigo do contrato social que autoriza.)

V – Objeto: O vendedor é legítimo proprietário do seguinte imóvel:

UF: (Unidade da Federação) **Município:** (município) CEP: (n. CEP)

Matrícula: (n. matrícula) **Ofício imobiliário:** (ofício imobiliário)

Imóvel: (descrição do imóvel sem confrontações, a menos que seja necessário para registro).

Contribuinte: (contribuinte) **Valor fiscal:** (valor venal) **Data:** (data da emissão do valor venal).

Outros dados do objeto: (incluir outros dados ou a expressão "não há").

Título aquisitivo: (natureza do negócio jurídico), (instrumento público ou particular), (Registro).

VI – Preço: (preço do negócio).

VII – Pagamento: (forma de pagamento).

VIII – Quitação: O vendedor dá plena, geral e irrevogável quitação do pagamento.

IX – Negócio: Compra e venda de unidade condominial.

X – Transmissão: O vendedor transfere o domínio do objeto descrito ao comprador.

XI – Posse, direitos e ações: O vendedor transmite ao comprador a posse, os direitos e ações (ajustar a posse se for posterior à lavratura da escritura).

XII – Tributos:

ITBI: (valor do ITBI).

Data do recolhimento: (data do recolhimento).

DOI – Declaração sobre Operações Imobiliárias: emitida.

XIII – Documentos: São apresentados e ficam arquivados em cópia digital os seguintes documentos:

(1) Documentos de identidade e estado civil das partes;

(2) Certidão de propriedade do imóvel – (data expedição);

(3) Guia de pagamento do ITBI;

(4) Certidão negativa de tributos imobiliários emitida pela Prefeitura do Município de (cidade) por processo informatizado – internet, às (hora):(minuto):(segundo) do dia (dia)/(mês/(ano) (hora e data de Brasília/DF), com código de controle n. ____.____.____.____;

(5) Certidão Negativa de Débitos Trabalhistas do vendedor – n. (n. da certidão), (data da expedição), (horário da expedição);

(6) Central de Indisponibilidades: Negativa – (códigos);

(7) Certidão Negativa de Débitos – (código *hash*).

XIV – Declarações:

(1) Declarações do vendedor:

(1.1) Não é empregador, não está sujeito às exigências da Lei n. 8.212/91, bem como nos dispositivos do Regulamento da Previdência Social, aprovado pelo Decreto n. 3.048/99 e posteriores alterações.

(1.2) O objeto do negócio está livre de ônus reais fiscais e outros judiciais ou extrajudiciais, inexistindo em relação a ele ações reais e pessoais reipersecutórias (Decreto federal n. 93.240/86, art. 1º, §§ 2º e 3º).

(1.3) O objeto do negócio está quite com todas as suas despesas condominiais.

(1.4) **Outras declarações:** Não há.

(2) Declarações do comprador:

(2.1) Dispensa as certidões fiscais e as certidões de feitos ajuizados e se responsabiliza por eventuais débitos de impostos e taxas incidentes sobre o imóvel (Decreto federal n. 93.240/86, art. 1º, §§ 2º e 3º).

(2.2) Recebe a posse do imóvel e se responsabiliza por sua guarda, conservação e tributos a partir da data da posse.

(2.3) **Outras declarações:** Não há.

(3) Declarações das partes:

(3.1) Autorizam o tabelião a representá-los e a proceder a quaisquer averbações decorrentes de alteração dos dados constantes no ofício imobiliário e provadas por documentos oficiais, inclusive as previstas pela Lei n. 6.015/73, art. 246 e parágrafos;

(3.2) Solicitam e autorizam o oficial de registro imobiliário a proceder a todos e quaisquer atos, averbações e registros necessários;

(3.3) Compreendem a informação do tabelião de que a dúvida registral somente poderá ser suscitada por elas próprias;

(3.4) A escritura foi lida e compreendida, sem que restassem dúvidas sobre o ato e seus efeitos. Concordam integralmente com o teor deste ato, autorizando a sua redação, outorgando e assinando-a;

(3.5) **Outras declarações:** Não há.

XV – Declarações do tabelião:

(1) **Autenticação:** Reconheço a identidade e estado civil dos presentes, à vista dos respectivos documentos de identidade e do registro civil apresentados, bem como suas capacidades para o ato.

(2) O tabelião informou às partes que, segundo a Lei n. 7.433/85, com a redação dada pela Lei n. 13.097/2015, não poderão ser opostas situações jurídicas não constantes da matrícula no cartório do registro de imóveis, inclusive para fins de evicção, ao

terceiro de boa-fé que adquirir ou receber em garantia direitos reais sobre o imóvel, ressalvados o disposto nos arts. 129 e 130 da Lei n. 11.101/2005, e as hipóteses de aquisição e extinção da propriedade que independam de registro de título de imóvel. Por este motivo, não se apresentam as certidões de feitos ajuizados.

(3) Foram cumpridas as exigências documentais constantes da Lei federal n. 7.433, de 18 de dezembro de 1985, tal como regulamentada pelo citado Decreto n. 93.240/86 e pelas Normas de Serviço da Corregedoria-Geral de Justiça do Estado de São Paulo.

(4) As partes foram cientificadas que podiam obter a prévia Certidão Negativa de Débitos Trabalhistas (CNDT), nos termos do art. 642-A da CLT, com a redação dada pela Lei n. 12.440/2011, o que foi feito.

(5) Informou às partes que a propriedade decorre do registro no ofício exclusivo, orientando-as a registrarem esta escritura.

(6) Informou às partes que a dúvida registral somente poderá ser suscitada por elas próprias.

(7) **Aconselhamento notarial:** As partes foram esclarecidas sobre as normas legais e os efeitos atinentes a este negócio, em especial sobre os artigos citados nesta escritura, declarando que as compreenderam e dando-se por satisfeitas com este serviço notarial.

(8) **Escreventes:** Na lavratura desta escritura, participaram os escreventes abaixo indicados praticando as seguintes ações: recepção e aconselhamento das partes, identificação e verificação da capacidade, qualificação legal, elaboração do ato e sua redação, diligências indispensáveis ou convenientes ao ato, coleta de assinaturas.

(9) **Fé notarial:** Dou fé das declarações contidas neste instrumento, dos documentos apresentados e arquivados, ou não, das autenticações feitas e de que a escritura foi assinada pelas partes presentes.

Parte(s) assina(m)

Escrevente(s) assina(m)

Tab. Sub. assina

Emolumentos: R$ 000,00

30.7.2 Escritura Pública de Compra e Venda (Multipropriedade)

Vendedor: (nome do vendedor)

Comprador: (nome do comprador)

Valor Venda: (valor da venda)

Valor Fiscal: (valor venal)

I – Local: República Federativa do Brasil, SP, São Paulo, Praça João Mendes, n. 42, 1º andar, no 26º Tabelionato de Notas de São Paulo.

II – Data: (data lavratura).

III – Partes:

(1) **Vendedor**, (qualificar vendedor);

(2) **Comprador**, (qualificar comprador).

IV – Representação ou mandado judicial:

Comprador: Não há. (Ou comprador: nome e qualificação do procurador ou administrador. Procuração Contrato Social: Cartório, Cidade, UF, Livro, folhas, data de expedição/ artigo do contrato social que autoriza.)

Vendedor: Não há. (Ou vendedor: nome e qualificação do procurador ou administrador. Procuração/Contrato Social: Cartório, Cidade, UF, Livro, folhas, data de expedição/artigo do contrato social que autoriza.)

V – Objeto: O vendedor é legítimo proprietário da seguinte unidade periódica:

UF: (Unidade da Federação) **Município**: (município) **CEP**: (n. CEP)

Matrícula do imóvel: (n. matrícula) **Ofício imobiliário**: (ofício imobiliário)

Matrícula da unidade periódica: (n. matrícula)

5.1. Unidade periódica: (descrever somente se não houver matrícula)

5.2. Período da propriedade: (informar o período de propriedade)

5.3. Tipo da propriedade: (informar o tipo de propriedade)

Contribuinte: (contribuinte) **Valor fiscal**: (valor venal) **Data**: (data da emissão do valor venal).

Outros dados do objeto: (incluir outros dados ou a expressão "não há").

Título aquisitivo: (natureza do negócio jurídico), (instrumento público ou particular), (Registro).

VI – Preço: (preço do negócio).

VII – Pagamento: (forma de pagamento).

VIII – Quitação: O vendedor dá plena, geral e irrevogável quitação do pagamento.

IX – Negócio: Compra e venda de unidade periódica (fração de tempo).

X – Transmissão: O vendedor transfere o domínio do objeto descrito ao comprador.

XI – Posse, direitos e ações: O vendedor transmite ao comprador a posse, os direitos e ações (ajustar a posse se for posterior à lavratura da escritura).

XII – Tributos:

ITBI: (valor do ITBI).

Data do recolhimento: (data do recolhimento).

DOI – Declaração sobre Operações Imobiliárias: emitida.

XIII – Documentos: São apresentados e ficam arquivados em cópia digital os seguintes documentos:

(1) Documentos de identidade e estado civil das partes;

(2) Certidão de propriedade do imóvel – (data expedição);

(3) Guia de pagamento do ITBI;

(4) Certidão negativa de tributos imobiliários emitida pela Prefeitura do Município de (cidade) por processo informatizado – internet, às (hora):(minuto):(segundo)

do dia (dia)/(mês/(ano) (hora e data de Brasília/DF), com código de controle n. ______.______._______._______;

(5) Certidão Negativa de Débitos Trabalhistas do vendedor – n. (n. da certidão), (data da expedição), (horário da expedição);

(6) Central de Indisponibilidades: Negativa – (códigos);

(7) Certidão Negativa de Débitos – (código *hash*).

XIV – Declarações:

(1) Declarações do vendedor:

(1.1) Não é empregador, não está sujeito às exigências da Lei n. 8.212/91, bem como nos dispositivos do Regulamento da Previdência Social, aprovado pelo Decreto n. 3.048/99 e posteriores alterações;

(1.2) O objeto do negócio está livre de ônus reais fiscais e outros judiciais ou extrajudiciais, inexistindo em relação a ele ações reais e pessoais reipersecutórias (Decreto federal n. 93.240/86, art. 1º, §§ 2º e 3º);

(1.3) O objeto do negócio está quite com todas as suas despesas condominiais.

(1.4) **Outras declarações:** Não há.

(2) Declarações do comprador:

(2.1) Dispensa as certidões fiscais e as certidões de feitos ajuizados e se responsabiliza por eventuais débitos de impostos e taxas incidentes sobre o imóvel (Decreto federal n. 93.240/86, art. 1º, §§ 2º e 3º);

(2.2) Recebe a posse do imóvel e se responsabiliza por sua guarda, conservação e tributos a partir da data da posse;

(3) Declarações do comprador sobre a multipropriedade:

(3.1) O comprador deverá informar esta alienação e sua qualificação ao administrador do condomínio em multipropriedade "XXXX";

(3.2) O comprador tem ciência dos direitos e das obrigações do multiproprietário, conforme incisos I a IV, do art. 1.358-I e I a IX, do art. 1.358-J, ambos do Código Civil;

(3.3) O comprador respeitará e fará cumprir todas as determinações constantes da convenção do condomínio em multipropriedade "XXXX".

(3.3) **Outras declarações:** Não há.

(4) Declarações das partes:

(4.1) Autorizam o tabelião a representá-los e a proceder a quaisquer averbações decorrentes de alteração dos dados constantes no ofício imobiliário e provadas por documentos oficiais, inclusive as previstas pela Lei n. 6.015/73, art. 246 e parágrafos;

(4.2) Solicitam e autorizam o oficial de registro imobiliário a proceder a todos e quaisquer atos, averbações e registros necessários;

(4.3) Compreendem a informação do tabelião de que a dúvida registral somente poderá ser suscitada por elas próprias;

(4.4) A escritura foi lida e compreendida, sem que restassem dúvidas sobre o ato e seus efeitos. Concordam integralmente com o teor deste ato, autorizando a sua redação, outorgando e assinando-a;

(4.5) **Outras declarações:** Não há.

XV – Declarações do tabelião:

(1) **Autenticação:** Reconheço a identidade e estado civil dos presentes, à vista dos respectivos documentos de identidade e do registro civil apresentados, bem como suas capacidades para o ato.

(2) **O tabelião informou que:**

(2.1) A multipropriedade é o regime de condomínio em que cada um dos proprietários de um mesmo imóvel é titular de uma fração de tempo, à qual corresponde a faculdade de uso e gozo, com exclusividade, da totalidade do imóvel, a ser exercida pelos proprietários de forma alternada.

(2.2) A transferência do direito de multipropriedade e a sua produção de efeitos perante terceiros não depende da anuência ou da cientificação dos demais multiproprietários.

(2.3) Não há direito de preferência na alienação de fração de tempo, salvo se estabelecido no instrumento de instituição ou na convenção do condomínio em multipropriedade em favor dos demais multiproprietários ou do instituidor do condomínio em multipropriedade.

(2.4) O comprador será solidariamente responsável com o alienante pelas obrigações, caso não obtenha a declaração de inexistência de débitos referente à fração de tempo no momento de sua aquisição.

(3) Com fundamento na Lei n. 7.433/85, com a redação dada pela Lei n. 13.097/2015, não poderão ser opostas situações jurídicas não constantes da matrícula no cartório do registro de imóveis, inclusive para fins de evicção, ao terceiro de boa-fé que adquirir ou receber em garantia direitos reais sobre o imóvel, ressalvados o disposto nos arts. 129 e 130 da Lei n. 11.101/2005, e as hipóteses de aquisição e extinção da propriedade que independem de registro de título de imóvel. Por este motivo, não se apresentam as certidões de feitos ajuizados.

(4) Foram cumpridas as exigências documentais constantes da Lei federal n. 7.433, de 18 de dezembro de 1985, tal como regulamentada pelo citado Decreto n. 93.240/86 e pelas Normas de Serviço da Corregedoria-Geral de Justiça do Estado de São Paulo.

(5) As partes foram cientificadas que podiam obter a prévia Certidão Negativa de Débitos Trabalhistas (CNDT), nos termos do art. 642-A da CLT, com a redação dada pela Lei n. 12.440/2011, o que foi feito.

(6) Informou às partes que a propriedade decorre do registro no ofício exclusivo, orientando-as a registrarem esta escritura.

(7) Informou às partes que a dúvida registral somente poderá ser suscitada por elas próprias.

(8) **Aconselhamento notarial:** As partes foram esclarecidas sobre as normas legais e os efeitos atinentes a este negócio, em especial sobre os artigos citados nesta escritura, declarando que as compreenderam e dando-se por satisfeitas com este serviço notarial.

(9) **Escreventes:** Na lavratura desta escritura, participaram os escreventes abaixo indicados praticando as seguintes ações: recepção e aconselhamento das partes, identificação e verificação da capacidade, qualificação legal, elaboração do ato e sua redação, diligências indispensáveis ou convenientes ao ato, coleta de assinaturas.

(10) **Fé notarial:** Dou fé das declarações contidas neste instrumento, dos documentos apresentados e arquivados, ou não, das autenticações feitas e de que a escritura foi assinada pelas partes presentes.

Parte(s) assina(m)
Escrevente(s) assina(m)
Tab. Sub. assina
Emolumentos: R$ 000,00

30.7.3 Escritura Pública de Compra e Venda (Imóvel Rural)

Vendedor: (nome do vendedor)
Comprador: (nome do comprador)
Valor Venda: (valor da venda CAB)
Valor Fiscal: (valor venal CAB)

S A I B A M todos os que virem esta escritura pública que (data lavratura), em São Paulo, SP, República Federativa do Brasil, no 26º Tabelionato de Notas, perante mim, escrevente autorizado pelo Tabelião, comparecem as partes entre si, justas e contratadas: como **vendedor** (qualificar vendedor) e como **comprador** (qualificar comprador). Reconheço a identidade dos presentes e suas capacidades para o ato, do que dou fé. A seguir as partes me declaram o seguinte: **PRIMEIRO: OBJETO** – O vendedor é legítimo proprietário do seguinte imóvel: (descrição do imóvel), CEP (n. CEP), no (n. subdistrito). Subdistrito – (bairro do subdistrito), no Município de (município), (estado), inscrito no (n. ofício). Ofício Imobiliário da cidade de (cidade), descrito e caracterizado na matrícula n. (n. matrícula). **SEGUNDO: PROCEDÊNCIA** – O imóvel foi adquirido por (forma de aquisição) feita a (nome do transmitente), nos termos da escritura lavrada no (n. tabelião). Tabelionato de Notas (local tabelião), Livro n. (livro), fls. n. (folha), em (data da lavratura) e registrada sob n. (n. registro), na matrícula n. (n. da matrícula), do (oficial). Ofício de Registro de Imóveis (local ofício). **TERCEIRO: DISPONIBILIDADE** – O vendedor declara que o objeto do negócio está livre de ônus reais fiscais e outros judiciais ou extrajudiciais, inexistindo em relação a ele ações reais e pessoais reipersecutórias, o que é declarado para os efeitos do Decreto federal n. 93.240/86, art. 1º, §§ 2º e 3º. **QUARTO: MUNICÍPIO** – Este imóvel está cadastrado pelo Instituto Nacional de Colonização e Reforma Agrária – INCRA por meio do n. (n. cadastro INCRA), denominado (nome chácara/fazenda), área total de (área em ha) ha, área tributável de (área tributável ha) ha, da terra nua de (valor terra nua), área aproveitável de (área aproveitável) ha, valor tributável de (valor tributável), área utilizada de (área utilizada) ha, alíquota de (alíquota em %) %, grau de utilização de (grau de utilização) %, imposto calculado de (valor imposto calculado), conforme declaração do ITR para o exercício de (ano do ITR), expedido pelo Ministério da Fazenda, em (data da expedição do MF). **QUINTO: PREÇO E PAGAMENTO** – O objeto descrito é vendido pelo preço certo de (valor extenso), já integralmente recebido do comprador, motivo por que lhe é dada plena quitação. **SEXTO: TRANSMISSÃO** – Assim, o vendedor transfere o domínio do objeto descrito ao comprador, negócio que se complementará com o registro desta escritura no ofício imobiliário. O vendedor, desde já, transmite ao comprador a posse, os direitos e ações. **SÉTIMO: TRIBUTOS** – O imposto sobre transmissão de bens imóveis e de direitos a eles relativos (ITBI), devido pela presente, no valor de (valor do ITBI), foi recolhido na agência bancária. O vendedor declara que não sendo empregador, não está sujeito às exigências da Lei n. 8.212/91, bem como nos dispositivos do Regulamento da Previdência Social, aprovado pelo Decreto n. 3.048/99 e posteriores alterações. O comprador dispensa as certidões fiscais e as certidões de feitos ajuizados e se responsabiliza por eventuais débitos de impostos e taxas incidentes sobre o imóvel *retro* descrito, de conformidade com o Decreto federal n. 93.240/86, art. 1º, §§ 2º e 3º. **OITAVO: DOCUMENTOS** – (1) Foram cumpridas as exigências documentais constantes da Lei federal n. 7.433, de 18 de dezembro de 1985, tal como regulamentada pelo citado Decreto n. 93.240/86 e pelas Normas de Serviço da Corregedoria-Geral de Justiça do Estado de São Paulo. (2) As partes foram cientificadas pelo tabelião que podiam obter a prévia Certidão Negativa de Débitos Trabalhistas (CNDT), nos termos do art. 642-A da CLT, com a redação dada pela Lei n. 12.440/2011, o que foi feito. As certidões ficam arquivadas em meio eletrônico neste Tabelionato. (3) Recebi, conferi e dou fé da apresentação dos documentos de identificação, estado civil e representação das partes, que ficam arquivados neste Tabelionato juntamente com os seguintes documentos: (3.1) Certidão de propriedade da matrícula n. (n. de matrícula), expedida em (data expedição); (3.2) A guia de pagamento do ITBI citada, autenticada mecanicamente em (data autenticação); (3.3) Certidão Negativa de Débitos Relativos ao Imposto sobre a Propriedade Territorial Rural, extraída pelo Ministério da Fazenda – Procuradoria-Geral da Fazenda Nacional – Secretaria da Receita Federal do Brasil, por acesso direto deste Tabelião, por meio de processo informatizado (via internet), às (horas): (minutos): (segundos) do dia (dia) de (mês) de (ano), válida até (dia val.) de (mês val.) de (ano val.), com base na Instrução Normativa RFB n. 735, de 2 de maio de 2007, com seu código de controle: ______.______.______.______; (3.4) Fotocópia autenticada do CCIR 2010/2011/2012 – Certificado de Cadastro de Imóvel Rural; (3.5) Fotocópia autenticada da última DITR – Declaração do Imposto sobre a Propriedade Rural; (3.6) Fotocópia autenticada dos comprovantes de quitação do imposto sobre a propriedade territorial rural dos últimos 5 (cinco) anos; (3.7) Certidão Negativa de Débitos Trabalhistas em nome de (nome), sob n. (n. da certidão), expedida em (data da expedição), às (horário da expedição), válida até (data de validade) – 180 (cento e oitenta) dias, contados da data de sua expedição. Esta certidão é expedida por meio de processo informatizado – internet – e com base no art. 642-A da Consolidação das Leis do Trabalho, acrescentado pela Lei n. 12.440, de 7 de julho de 2011, e na Resolução Administrativa n. 1.470/2011 do Tribunal Superior do Trabalho, de 24 de agosto de 2011. (4) A consulta à Central de Indisponibilidades, exigida pelo Prov. CNJ 39/2014, resultou negativa para as partes envolvidas na alienação ou oneração sob o(s) código(s) (código *hash*). NONO: OUTRAS DISPOSIÇÕES – (1) O tabelião informou às partes que, segundo a Lei n. 7.433/85, com a redação dada pela Lei n. 13.097, de 19 de janeiro de 2015, não poderão ser opostas situações jurídicas não constantes da matrícula no cartório do registro de imóveis, inclusive para fins de evicção, ao terceiro de boa-fé que adquirir ou receber em garantia direitos reais sobre o imóvel, ressalvados o disposto nos arts. 129 e 130 da Lei n. 11.101, de 9 de fevereiro de 2005, e as hipóteses de aquisição e extinção da propriedade que independam de registro de título de imóvel. Por esse motivo, não se apresentam as certidões de feitos ajuizados. (2) As partes foram esclarecidas pelo tabelião sobre as normas legais e os efeitos atinentes a este negócio, em especial sobre os artigos citados nesta escritura. Ao final, as partes me declaram que concordam com esta escritura, autorizando o tabelião e o oficial do registro de imóveis competente a proceder a todos e quaisquer atos, registros ou averbações necessárias. Emitida a DOI – Declaração sobre Operações Imobiliárias – conforme previsão legal. Assim dizem, pedem e lavro a presente escritura, que feita e lida, aceitam, outorgam e assinam. Dou fé.

Parte(s) assina(m)
Escrevente(s) assina(m)
Tab. Sub. assina
Emolumentos: R$ 000,00

30.7.4 Escritura Pública de Compra e Venda (Alienação Fiduciária – Apartamento)

Vendedor: (nome do vendedor)
Comprador: (nome do comprador)
Valor Venda: (R$ 000,00)
Valor Venal: (R$ 000,00)

S A I B A M todos os que virem esta escritura pública que (data lavratura), em São Paulo, SP, República Federativa do Brasil, no 26º Tabelionato de Notas, perante mim, escrevente autorizado pelo Tabelião, comparecem as partes entre si, justas e contratadas: como **vendedor** e posteriormente como **credor fiduciário** na alienação fiduciária em garantia, daqui em diante designado simplesmente por **vendedor** (qualificação empresa), (representantes da empresa), e de outro lado, inicialmente como **comprador** e posteriormente, como **devedor fiduciante** na alienação fiduciária, em garantia, doravante designado simplesmente por **comprador**, (qualificar comprador). Reconheço a identidade dos presentes e suas capacidades para o ato, do que dou fé. A seguir as partes me declaram o seguinte: PRIMEIRO: DA COMPRA E VENDA – (1.1) OB-

JETO – O vendedor é legítimo proprietário do seguinte imóvel: **um apartamento** (descrição do imóvel), CEP (n. CEP), no (n. subdistrito). Subdistrito – (bairro do subdistrito), **e uma vaga de garagem** (descrição da vaga), CEP (n. CEP), no (n. do subdistrito). Subdistrito – (bairro do subdistrito), no Município de (município), (estado), inscrito no (n. ofício) Ofício Imobiliário desta cidade, descrito e caracterizado na matrícula n. (n. matrícula). **(1.2) PROCEDÊNCIA** – O imóvel foi adquirido por (forma de aquisição) feita a/por (nome do transmitente), nos termos da escritura lavrada no (n. tabelião). Tabelionato de Notas (local tabelião), Livro n. (livro), fls. n. (folha), em (data da lavratura) e registrada sob n. (n. registro), na matrícula n. (n. de matrícula), do (oficial). Ofício de Registro de Imóveis (local ofício). **(1.2.1)** Por meio de um instrumento particular de compromisso de venda e compra, firmado em (data do compromisso), posteriormente aditado em (data aditamento), não registrado, o **vendedor** se comprometeu a vender ao **comprador** que, por sua vez, obrigou-se a adquirir o imóvel acima caracterizado pelo preço de **R$** (valor do compromisso), valor histórico à época do contrato de compromisso. **(1.3) DISPONIBILIDADE** – O **vendedor** declara que o objeto do negócio está livre de ônus reais fiscais e outros judiciais ou extrajudiciais, inclusive de despesas condominiais em atraso, inexistindo em relação a ele ações reais e pessoais reipersecutórias, o que é declarado para os efeitos do Decreto federal n. 93.240/86, art. 1º, §§ 2º e 3º. **(1.4) MUNICÍPIO** – Este imóvel está cadastrado pela prefeitura do município de (município), pelo contribuinte n. (n. contribuinte), com o valor venal para o exercício de (ano exercício) de (valor venal). **(1.5) PREÇO E PAGAMENTO** – O saldo devedor, oriundo do compromisso é, nesta data, de (saldo devedor) e será pago na forma adiante fixada. O objeto descrito é vendido pelo preço certo de (valor por extenso), dos quais (valor por extenso apartamento) correspondem ao apartamento e (valor por extenso garagem) correspondem à vaga de garagem, já integralmente recebido do comprador, motivo por que lhe é dada plena quitação. **(1.6) FORMA DE PAGAMENTO** – O preço será pago em (n. de parcelas) parcelas com vencimento programado para o dia (dia do vencimento) de cada mês. Haverá reajustes anuais de acordo com a variação do Índice de Custo da Construção de São Paulo – ICC-SP, publicado pela Fundação Getúlio Vargas, tomando-se como primeira variação a publicada no mês seguinte ao da celebração desta escritura; **(1.6.1)** O saldo devedor do preço, para todos os efeitos desta escritura, será aquele apurado a partir de (data de apuração), acrescendo-se as atualizações monetárias legalmente previstas e os juros previstos para cada parcela que compõe o preço e abatendo-se os pagamentos das prestações ou das amortizações extraordinárias, excluídas as penalidades eventualmente incorridas pelo **comprador**; **(1.6.2)** O saldo devedor de cada parcela, para todos os efeitos desta escritura, será aquele apurado a partir do 1. dia do próximo mês, acrescendo-se mensalmente e anualmente as atualizações monetárias e os juros previstos para cada parcela e abatendo-se os pagamentos das prestações ou das amortizações extraordinárias, excluídas as penalidades eventualmente incorridas pelo **comprador**, e os juros das prestações ou amortizações antecipadas; **(1.6.3)** Os resíduos das prestações, ou as diferenças apuradas entre o saldo devedor do preço e a soma das prestações vincendas descontados os juros não incorridos, deverão ser liquidados pelo **comprador** anualmente no mês seguinte ao de aniversário da presente escritura; (1.6.4) A periodicidade anual para reajustamento das prestações e para a cobrança dos resíduos poderá ser alterada para manter o equilíbrio econômico financeiro do presente negócio, devendo ser menor, se ocorrer; (1.6.5) Na hipótese de inaplicabilidade de qualquer dos índices acima, as partes elegem como substitutivo, pela ordem, o Índice Geral de Preços de Mercado – IGPM, publicado pela Fundação Getúlio Vargas, o Índice Nacional de Preços ao Consumidor – INPC, publicado pelo Instituto Brasileiro de Geografia e Estatística – IBGE, o Custo Unitário Básico – CUB, publicado pelo Sindicato da Indústria e Comércio da Construção Civil – SINDUSCON ou o Índice Geral de Preços – Disponibilidade Interna – IGP-DI, publicado pela Fundação Getúlio Vargas, que, se utilizado, o será a partir do mês da inaplicabilidade do anterior, devendo a comunicação da substituição ter caráter meramente ratificatório; (1.6.6) Na hipótese de desconhecimento de qualquer variação dos índices contratados, por falta de publicação, fica facultado ao **vendedor** o direito de estimá-la, devendo fazer o ajuste do valor cobrado a maior ou a menor, no mês seguinte ao da publicação; (1.6.7) Fica assegurado ao **comprador** o direito de liquidar antecipadamente uma ou mais prestações, desde que estejam liquidadas todas as anteriores e seja aplicada a cada uma delas a atualização monetária *pro rata data* desde o dia seguinte ao desta escritura até o dia da liquidação; (1.6.8) Todas as parcelas deverão ser liquidadas por compensação bancária ou, opcionalmente, na sede do **vendedor**; (1.6.9) Ficam vedados pagamentos parciais ou de prestações fracionadas mediante o simples depósito, identificado ou não, em conta bancária do **vendedor** ou mediante qualquer outra forma diversa da estipulada na cláusula anterior; (1.6.10) As partes adotam como premissas contratuais os princípios constitucionais de respeito ao direito adquirido e ao ato jurídico perfeito (art. 5º, inciso XXXVI), de modo que não se aplicará ao negócio qualquer norma superveniente, ainda que visando a congelamento ou deflação, total ou parcial, do saldo devedor ou do valor de cada parcela. (1.7) TRANSMISSÃO – Assim, o vendedor transfere o domínio do objeto descrito ao comprador, em caráter *ad corpus*, negócio que se complementará com o registro desta escritura no ofício imobiliário. O vendedor, desde já, transmite ao comprador a posse, os direitos e as ações. SEGUNDO: DA ALIENAÇÃO FIDUCIÁRIA EM GARANTIA – Em garantia do pagamento da parcela do preço aludida no item 1.5 e fiel cumprimento de todas as obrigações, contratuais ou legais, o **comprador** aliena ao **vendedor**, em caráter fiduciário, o imóvel referido no item 1.1, nos termos e para os efeitos dos arts. 22 e seguintes da Lei n. 9.514, de 1997. (2.1) A garantia fiduciária ora contratada abrange o imóvel referido no item 1.1 e todas as acessões, melhoramentos, construções e instalações que lhe forem acrescidos e vigorará pelo prazo necessário à quitação integral da dívida e seus respectivos encargos, inclusive reajuste monetário, e permanecerá íntegra até o **comprador** cumprir integralmente todas as demais obrigações contratuais ou legais vinculadas ao presente negócio; (2.2) O **comprador**, já como titular do domínio por força da compra e venda que antecede esta alienação fiduciária em garantia, declara, expressamente, que o imóvel se encontra livre e desembaraçado de quaisquer ônus reais, judiciais ou extrajudiciais, e, sob responsabilidade civil e criminal, que desconhece a existência de ações reais e pessoais reipersecutórias relativas ao imóvel ou de outros ônus reais sobre ele incidentes e que, não sendo empregador, não está sujeito às exigências da Lei n. 8.212/91 e seu regulamento; (2.3) O **comprador** é o único e exclusivo responsável pelo pagamento de todas as despesas decorrentes da presente compra e venda com pacto adjeto de alienação fiduciária em garantia, inclusive aquelas relativas aos distribuidores forenses, municipalidade, emolumentos e custas notariais e de registro, bem como ao imposto sobre a transmissão de bens imóveis – ITBI; (2.4) O **comprador** concorda e está ciente que esta garantia poderá ser cedida ou transferida, no todo ou em parte, hipótese em que a propriedade fiduciária do imóvel objeto da garantia será transmitida ao novo proprietário ou credor, ficando este sub-rogado em todos os direitos, ações e privilégios, inclusive seguros; (2.5) Mediante o registro do contrato de alienação fiduciária ora celebrado estará constituída a propriedade fiduciária em nome do **vendedor**, e efetiva-se o desdobramento da posse, tornando-se o **comprador** possuidor direto e o **vendedor** possuidor indireto do imóvel objeto da garantia fiduciária. (2.6) A posse indireta em que fica investido o **vendedor** manter-se-á enquanto o **comprador** não concluir o pagamento do preço e obrigações acessórias, obrigando-se o **comprador** a manter, conservar e guardar o imóvel, pagar pontualmente todos os impostos, taxas e quaisquer outras contribuições ou encargos que incidem ou venham a incidir sobre o imóvel ou que seja inerente à garantia, tais como contribuições devidas ao condomínio, de utilização do edifício e outros eventos; (2.7) Se, eventualmente, o **vendedor** pagar algum dos encargos inerentes ao imóvel ou à garantia, o **comprador** deverá reembolsá-lo, dentro de trinta (30) dias, contados do recebimento de sua comunicação, observadas as mesmas penalidades moratórias em consequência de eventual inadimplemento; (2.8) Qualquer acessão ou benfeitorias (úteis, voluntárias ou necessárias) que o **comprador** deseje efetuar, às suas exclusivas expensas, deverá ser comunicada ao **vendedor**, e integrará o imóvel e seu valor para fins de realização de leilão extrajudicial; (2.9) O **comprador**, como possuidor direto do imóvel, poderá locá-lo a terceiros, caso em que se obriga, sob pena de vencimento antecipado da dívida, a incluir no contrato de locação que o locatário tem ciência inequívoca quanto às seguintes disposições: a) a propriedade fiduciária em nome do **vendedor**; b) ao fato de eventual indenização por benfeitorias (qualquer que seja sua natureza) integrar, para todos os efeitos, o valor do lance vencedor em leilão; c) ao direito de eventual indenização por benfeitorias (qualquer que seja a sua natureza) somente poder ser pleiteado perante o **comprador**, como locador; d) a sua sujeição aos efeitos da ação de reintegração de posse prevista no art. 30 da Lei n. 9.514/97, independentemente de sua intimação ou citação; e) a inexistência de seu direito de preferência ou de continuidade da locação, ocorrendo a consolidação da plena propriedade em nome do **vendedor** ou a alienação do imóvel a terceiros em leilão público extrajudicial; f) na eventualidade de oposição à locação pelo **vendedor**, como proprietário fiduciário, este e seus sucessores não estarão obrigados a respeitar a locação. (2.10) O **comprador**, quando solicitado, deverá entregar ao **vendedor** cópia do contrato de locação; (2.11) O **comprador** poderá transmitir os direitos deste negócio, desde que haja prévia e expressa anuência do **vendedor**, e que o adquirente se sub-rogue integralmente em todos os direitos e obrigações previstos nesta escritura; (2.12) No prazo de trinta (30) dias a contar da data da liquidação da dívida, será fornecido o respectivo termo de quitação, sob pena de multa equivalente a 0,5% (meio por cento) ao mês, ou a fração, sobre o valor referido no item 1.5, atualizado monetariamente de acordo com o índice previsto nesta escritura em favor do **comprador**; (2.13) Com o termo de quitação, o **comprador** averbará o cancelamento do registro da propriedade fiduciária, consolidando, assim, na sua pessoa, a plena propriedade do imóvel; (2.14) O **comprador**, por tê-lo alienado fiduciariamente em garantia, não poderá constituir ônus sobre o imóvel, que, por tal razão, não é penhorável; b) o **vendedor** não poderá constituir ônus sobre o imóvel, que, por tal razão, não é penhorável, pois constitui patrimônio de afetação, vinculado exclusivamente ao financiamento objeto do presente negócio. **TERCEIRO: DA MORA E DO INADIMPLEMENTO** – A mora do **comprador** no cumprimento das obrigações pecuniárias assumidas nesta escritura acarretará a responsabilidade pelo pagamento das seguintes penalidades: a) atualização monetária, de acordo com os critérios previstos neste instrumento; b) multa moratória de 2% (dois por cento) sobre o valor das prestações vencidas e não pagas, atualizadas monetariamente; c) juros de mora de 12% (doze por cento) ao ano, ou fração, calculados dia a dia, que incidirão sobre o valor das prestações vencidas e não pagas, atualizadas monetariamente; d) despesas de intimação. (3.1) Decorridos 30 (trinta) dias, contados do vencimento de cada prestação, o **vendedor** poderá iniciar o procedimento de intimação e, mesmo que não concretizado, o **comprador**, pretendendo purgar sua mora, deverá fazê-lo com o pagamento das prestações vencidas e não pagas e as que se vencerem no curso da intimação, que incluem os juros compensatórios contratados, a multa e os juros de mora, os demais encargos e despesas de intimação, inclusive tributos e contribuições condominiais; (3.2) A mora do **comprador** será notificada mediante intimações com prazo de quinze (15) dias para sua purgação; (3.3) O simples pagamento da prestação, sem atualização monetária e sem os demais acréscimos moratórios, não exonerará o **comprador** da responsabilidade de liquidar tais obrigações, continuando em mora para todos os efeitos legais e contratuais; (3.4) O procedimento de intimação obedecerá aos seguintes requisitos: a) a intimação será requerida pelo **vendedor**, ou seu cessionário, ao oficial delegado do serviço de registro de imóveis, indicando o valor vencido e não pago e as penalidades moratórias; b) a diligência de intimação será realizada pelo oficial delegado do serviço de registro de imóveis da circunscrição imobiliária onde se localizar o imóvel, podendo, a critério deste oficial, vir a ser realizada por seu preposto ou por meio do serviço de registro de títulos e documentos do município da situação do imóvel, ou do domicílio de quem deva recebê-la, ou ainda pelos Correios, com aviso de recebimento a ser firmado pessoalmente pelo **comprador** ou por quem deva receber a intimação; c) quando, por duas vezes, o oficial de registro de imóveis ou de registro de títulos e documentos ou o serventuário por eles credenciado houver procurado o intimando em seu domicílio ou residência sem o encontrar, deverá, havendo suspeita motivada de ocultação, intimar qualquer pessoa da família ou, em sua falta, qualquer vizinho de que, no dia útil imediato, retornará ao imóvel, a fim de efetuar a intimação, na hora que designar, aplicando-se subsidiariamente o disposto nos arts. 252, 253 e 254 da Lei no 13.105, de 16 de março de 2015 (Código de Processo Civil); d) nos condomínios edilícios ou outras espécies de conjuntos imobiliários com controle de acesso, a intimação de que trata a letra "c" poderá ser feita ao funcionário da portaria responsável pelo recebimento de correspondência; e) a intimação será feita pessoalmente ao **comprador** ou a seu representante legal ou a procurador regularmente constituído; f) se o destinatário da intimação se encontrar em local incerto e não sabido, situação certificada pelo oficial delegado do serviço de registro de imóveis ou pelo de títulos e documentos, competirá ao primeiro promover sua intimação por edital com prazo de dez (10) dias, contados da primeira divulgação publicada por três dias, ao menos, em um dos jornais de maior circulação no local do imóvel ou noutro de comarca de fácil acesso, se, no local do imóvel, não houver imprensa com circulação diária; (3.5) Purgada a mora, perante o serviço de registro de imóveis, convalescerá o contrato de alienação fiduciária, caso em que, nos três dias seguintes, o oficial entregará ao **vendedor** as importâncias recebidas do **comprador**; (3.6) Eventual diferença entre o valor objeto da purgação da mora e o devido no dia da purgação deverá ser pago pelo **comprador** juntamente com a primeira ou a segunda parcela subsequente; (3.7) Se o **comprador** deixar de purgar a mora no prazo assinalado, o oficial do Registro de Imóveis certificará este fato e, à vista da comprovação do pagamento do imposto de transmissão de bens imóveis (ITBI), promoverá o registro da consolidação da propriedade em nome do **vendedor**. **QUARTO: DO LEILÃO EXTRAJUDICIAL** – O imóvel cuja propriedade, deixando de ser resolúvel, consolidou-se em nome do **vendedor**, por força da mora não purgada e transformada em inadimplemento absoluto, deverá ser alienado pelo **vendedor** a terceiros, com observância dos procedimentos previstos na Lei n. 9.514/97, como a seguir se explica: a) a alienação far-se-á sempre por público leilão, extrajudicialmente; b) o primeiro público leilão será realizado dentro de 30 (trinta) dias, contados da data do registro da consolidação da plena propriedade em nome do **vendedor**, e o imóvel deverá ser ofertado pelo valor para este fim estabelecido neste instrumento e indicado no item 1.5; b.1) Caso o valor do imóvel convencionado para o leilão seja inferior ao utilizado pelo órgão competente como base de cálculo para a apuração do imposto sobre transmissão *inter vivos*, exigível por força da consolidação da propriedade em nome do **vendedor**, este último será o valor mínimo para efeito de venda do imóvel no primeiro leilão; c) após a averbação da consolidação da propriedade fiduciária no patrimônio do **vendedor** e até a data da realização do segundo leilão, é assegurado ao **comprador** o direito de preferência para adquirir o imóvel por preço correspondente ao valor da dívida, somado aos encargos e despesas de que trata os §§ 2º e 2º-B, do art.27, Lei n. 9.514/97; d) o segundo público leilão, se necessário, será realizado dentro de quinze (15) dias, contados da data do primeiro público leilão, devendo o imóvel ser ofertado ser igual ou superior ao valor da dívida, das despesas, dos prêmios de seguro, dos encargos legais, inclusive tributos, e das contribuições condominiais; e) o público leilão (primeiro ou segundo) será anunciado mediante edital único com prazo de dez (10) dias, contados da primeira divulgação, publicado por três dias, ao menos, em um dos jornais de maior circulação no local do imóvel, ou noutro de comarca de fácil acesso, se, no local do imóvel, não houver imprensa com circulação diária; f) o **vendedor**, já como seu titular de domínio pleno, transmitirá o domínio e a posse, indireta e direta, do imóvel ao arrematante vencedor. (4.1) Para fins do leilão extrajudicial, as partes adotam os seguintes conceitos: a) valor do imóvel é aquele estabelecido pelas partes para esta compra e venda, incluindo o valor das benfeitorias necessárias, executadas a expensas do **comprador**, obedecidos os demais requisitos previstos nesta escritura, com a atualização monetária de acordo com a variação percentual acumulada pelo mesmo índice e periodicidade que atualizem o valor do saldo devedor do **comprador** a partir desta data, ou do efetivo dispêndio (quanto às benfeitorias necessárias, desde que tenham sido executadas obedecidos os requisitos estabelecidos nesta escritura) até a data da realização do público leilão (primeiro ou segundo); b) valor da dívida, o equivalente à soma das seguintes quantias: b.1) valor do saldo devedor do **comprador**, nele incluídas as parcelas, atualizadas monetariamente até o dia da consolidação da plena propriedade na pessoa do **vendedor** e acrescidas das penalidades moratórias e despesas abaixo elencadas; b.2) contribuições devidas ao condomínio vencidas e não pagas à data do leilão; b.3) despesas de água, luz e gás (valores vencidos e não pagos à data do leilão); b.4) Imposto Predial e Territorial Urbano – IPTU e outros tributos ou contribuições eventualmente incidentes (valores vencidos e não pagos à data do leilão); b.5) taxas de ocupação, fixadas em 1,5% (um e meio por cento) do preço por mês de fruição do imóvel e 5% (cinco por cento) do preço ao ano, ou fração, a título de depreciação, atualizado pelo mesmo índice aqui pactuado, e devidas desde o primeiro dia subsequente ao da consolidação da plena propriedade na pessoa do **vendedor**; b.6) Contribuição provisória sobre movimentação financeira – CPMF, ou qualquer outra contribuição social ou tributo com idêntico fato gerador incidente sobre todos os pagamentos efetuados pelo **vendedor**, em decorrência da intimação e da alienação em leilão extrajudicial e da entrega de qualquer quantia ao **comprador**; b.7) custeios dos reparos necessários à reposição do imóvel em idêntico estado ao quando foi entregue ao **comprador**, a menos que ele já o tenha devolvido em tais condições ao **vendedor** ou ao adquirente no leilão extrajudicial; b.8) Imposto de transmissão pago pelo **vendedor** em decorrência da consolidação da plena propriedade pelo inadimplemento do **OUTORGADO**; b.9) despesas com publicação dos editais do leilão extrajudicial e comissão de leiloeiros, esta na base de 5% (cinco por cento) sobre o valor do imóvel ou lance vencedor, se houver. (4.2) Se o maior lance oferecido no primeiro leilão for inferior ao valor do imóvel, será realizado o segundo leilão e, se superior, o **vendedor** entregará ao **comprador** a importância que sobejar, como adiante estipulado; (4.3) No segundo leilão: a) será aceito o maior lance oferecido, desde que igual ou superior ao valor da dívida, como conceituado nesta escritura, hipótese em que, nos cinco (5) dias subsequentes ao integral e efetivo recebimento, o **vendedor** entregará ao **comprador** a importância que sobejar, como adiante estipulado; b) poderá ser recusado o maior lance oferecido, desde que inferior ao valor da dívida, caso em que a dívida perante o **vendedor** será considerada extinta e exonerado o **vendedor** da obrigação de restituição ao **comprador** de qualquer quantia a que título for; b.1) extinta a dívida, no prazo de cinco (5) dias a contar da data da realização do segundo leilão, o **vendedor** disponibilizará ao **comprador** o termo de extinção da obrigação; (4.4) Também será extinta a dívida se não houver licitante no segundo leilão; (4.5) Se, em primeiro ou segundo leilão, sobejar importância a ser restituída ao **comprador**, o **vendedor** colocará a diferença a sua disposição, nela incluído o valor da indenização de benfeitorias; (4.6) O **vendedor** manterá em seus escritórios, à disposição do **comprador**, a correspondente prestação de contas pelo período de doze (12) meses, contados da realização do leilão (primeiro ou segundo); (4.7) O **comprador** deverá restituir o imóvel livre e desimpedido de pessoas e coisas, sob pena de pagamento ao **vendedor**, ou àquele que tiver adquirido o imóvel em leilão, da penalidade diária de (valor da penalidade), sem prejuízo de sua responsabilidade pelo pagamento: a) de todas as despesas de condomínio, água, luz e gás incorridas após a data da realização do público leilão; b) de todas as despesas necessárias à reposição do imóvel ao estado em que recebeu; c) perdas e danos decorrentes do impedimento; (4.8) Não ocorrendo a desocupação do imóvel no prazo e na forma ajustados, o **vendedor**, seus cessionários ou sucessores, ou o adquirente do imóvel em leilão, poderão requerer a reintegração de sua posse, sendo concedida, liminarmente, a ordem judicial de desocupação no prazo máximo de sessenta (60) dias, desde que comprovada, mediante certidão da matrícula do imóvel, a consolidação da plena propriedade em nome do **vendedor**, ou do registro do contrato celebrado em decorrência do leilão, conforme quem seja o autor da ação de reintegração de posse, cumulada com cobrança do valor da pena diária de ocupação e demais despesas previstas neste contrato; (4.9) O **comprador** tem ciência inequívoca quanto à dispensa de sua intimação pessoal sobre a data de realização do leilão extrajudicial, razão pela qual, se houver interesse em seu acompanhamento, poderá solicitar, por escrito, informações junto ao **vendedor**, sem prejuízo da continuidade plena do leilão extrajudicial. **QUINTO: TRIBUTOS** – O imposto sobre transmissão de bens imóveis e de direitos a eles relativos (ITBI), devido pela presente, no valor de (valor ITBI), foi recolhido ao (banco). Todos os tributos incidentes sobre o imóvel até a data da imissão do **comprador** na posse correm por conta do **vendedor**, ainda que venham a ser lançados ou cobrados futuramente; já os que forem lançados e devidos a partir desta data são de exclusiva responsabilidade do **comprador**. O **comprador** dispensa as certidões fiscais e as certidões de feitos ajuizados e se responsabiliza por eventuais débitos de impostos e taxas incidentes sobre o imóvel *retro* descrito, de conformidade com o Decreto federal n. 93.240/86, art. 1º, § 2º. **SEXTO: OUTRAS DISPOSIÇÕES** – (6.1) Neste ato, o **comprador** ratifica os termos das vistorias preliminares e definitiva do imóvel e eventuais áreas comuns, anteriormente assinados por ele; (6.2) A tolerância por qualquer dos contratantes quanto a algum atraso, omissão da outra parte no cumprimento das obrigações ajustadas nesta escritura, ou a não aplicação, na ocasião oportuna, das cominações fixadas, não acarretará o cancelamento das penalidades, nem dos poderes ora conferidos, podendo ser aplicadas aquelas e exercidos estes, a qualquer tempo, caso permaneçam as causas. Esse ajuste prevalecerá ainda que a tolerância ou a não aplicação das cominações ocorra repetidas vezes, consecutivas ou alternadamente; (6.3) A ocorrência de uma ou mais hipóteses acima referidas não implicará precedente, novação ou modificação de quaisquer disposições desta escritura, as quais permanecerão íntegras e em pleno vigor, como se nenhum favor houvesse ocorrido; (6.4) As obrigações constituídas nesta escritura são extensivas e obrigatórias aos herdeiros, sucessores e cessionários ou promitentes cessionários dos contratantes; (6.5) O **comprador**, na hipótese de serem mais de um, qualificados no introito, mútua e reciprocamente, constituem-se procuradores um do outro, para fins de receber citações, intimações e interpelações de qualquer procedimento, judicial ou extrajudicial, decorrente da presente escritura pública, de modo que, realizada a citação ou a intimação, na pessoa de qualquer um deles, estará completo o quadro citatório; **(6.6)** Além dos casos previstos nesta escritura e dos contidos na lei, a dívida vencer-se-á automaticamente e antecipadamente também pelos seguintes motivos: a) se as obrigações não forem cumpridas nas épocas próprias e se o **comprador** faltar ao adimplemento de qualquer prestação, ou de qualquer outra quantia por ele devida em decorrência desta escritura; b) em caso de insolvência do **comprador**; c) se não forem mantidos em dia os pagamentos de todos os tributos, impostos, taxas ou quaisquer outras contribuições condominiais, lançadas ou atinentes ao imóvel; d) se forem prestadas informações ou declarações falsas nesta escritura; e) se o **comprador**, sem anuência do **vendedor**, ceder ou transferir seus direitos e obrigações decorrentes desta escritura ou ceder, emprestar, prometer vender, alienar o imóvel ou constituir sobre o mesmo qualquer ônus, seja de que natureza for; f) se ocorrer a distribuição de ação desapropriatória; g) se o **comprador** não tiver o imóvel em perfeito estado de conservação, segurança e habitabilidade, ou realizar, sem o prévio e expresso consentimento do **vendedor**, obras de demolição, alteração ou acréscimo, que comprometam a manutenção ou a realização da garantia; h) se houver infração a qualquer cláusula da presente escritura; **(6.7)** Na hipótese de desapropriação do imóvel, total ou parcial, o **vendedor**, como proprietário, ainda que em caráter resolúvel, será o único e exclusivo beneficiário da justa e prévia indenização paga pelo poder desapropriante; **(6.8)** Se o valor da justa e prévia indenização, pelo **vendedor**, for: a) superior ao valor da dívida, tal como definida nesta escritura para fins do leilão extrajudicial, a importância que sobejar será entregue ao **comprador**, na forma prevista; b) inferior ao valor da dívida, tal como definida nesta escritura para fins do leilão extrajudicial, a dívida perante o **vendedor** será extinta, exonerado o **vendedor** da obrigação de restituição ao **comprador** de qualquer quantia, a que título for; **(6.9)** O **comprador** se obriga a comunicar ao **vendedor** qualquer mudança de seu estado civil; **(6.10)** Correm por conta do **comprador** todas as despesas de tabelião de notas e de registro de imóveis decorrentes desta escritura, bem como o imposto sobre transmissão de bens imóveis (ITBI); **(6.11)** Fica eleito o foro central de São Paulo, SP, com exclusão de qualquer outro, por mais privilegiado que seja, como o único competente para dirimir eventuais dúvidas decorrentes deste negócio e desta escritura; **(6.12)** Este ajuste consubstancia e finaliza todas as tratativas prévias, escritas ou não, entre eles mantidas, razão pela qual são consideradas totalmente cumpridas. **SÉTIMO: DOCUMENTOS** – Foram cumpridas as exigências documentais constantes da Lei federal n. 7.433, de 18 de dezembro de 1985, tal como regulamentada pelo citado Decreto n. 93.240/86 e pelas Normas de Serviço da Corregedoria-Geral de Justiça do Estado de São Paulo. "A Certidão Negativa de Débitos do IPTU, exigida pela Lei n. 11.154/91, com redação dada pela Lei n. 14.256/2006, deixa de ser apresentada por força da decisão proferida na Apelação Cível n. 994.08.217573-0, da 12ª Câmara de Direito Público do TJSP, em 15-12-2010." As partes foram cientificadas pelo tabelião que podiam obter a prévia Certidão Negativa de Débitos Trabalhistas (CNDT), nos termos do art. 642-A da CLT, com a redação dada pela Lei n. 12.440/2011, o que foi feito. As certidões ficam arquivadas em meio eletrônico neste Tabelionato. São apresentados e ficam arquivados neste Tabelionato os seguintes documentos: (7.1) Certidão de propriedade da matrícula n. (n. de matrícula), expedida em (data expedição); (7.2) A guia de pagamento do ITBI citada, autenticada mecanicamente em (data da autenticação); (7.3) Procuração apresentada por (outorgante/outorgado), expedida em (data de expedição); (7.4) Substabelecimento apresentado por (outorgante/outorgado), expedido em (data expedição); (7.5) Contrato Social, datado de (data contrato) e última alteração, datada de (data alteração); (7.6) Certidão Negativa de Débitos – CND, expedida pelo Instituto Nacional do Seguro Social – INSS, sob o n. (número), emitida em (data da emissão), válida por 60 dias da data da emissão, cuja verificação de validade foi efetuada via internet por este tabelionato; (7.7) Certidão de Quitação de Tributos Federais Administrados pela Secretaria da Receita Federal n. (número), expedida no dia (data emissão), com validade até (data validade), cuja verificação de validade foi efetuada via internet por este tabelionato; (7.8) Certidão Negativa de Débitos Trabalhistas em nome de (nome), sob n. (n. da certidão), expedida em (data da expedição), às (horário da expedição), válida até (data de validade) – 180 (cento e oitenta) dias, contados da data de sua expedição. Esta certidão é expedida por processo informatizado – internet – e com base no art. 642-A da Consolidação das Leis do Trabalho, acrescentado pela Lei n. 12.440, de 7 de julho de 2011, e na Resolução Administrativa n. 1.470/2011 do Tribunal Superior do Trabalho, de 24 de agosto de 2011. **OITAVO: DECLARAÇÕES FINAIS** – As partes foram esclarecidas pelo tabelião sobre as normas legais e os efeitos atinentes a este negócio, em especial sobre os artigos citados nesta escritura. Ao final, as partes me declaram que concordam com esta escritura, autorizando o tabelião e o oficial do registro de imóveis competente a proceder a todos e quaisquer atos, registros ou averbações necessárias. Emitida a DOI – Declaração sobre Operações Imobiliárias – conforme previsão legal. Assim dizem, pedem e lavro a presente escritura, que feita e lida, aceitam, outorgam e assinam. Dou fé.

Parte(s) assina(m)

Escrevente(s) assina(m)

Tab. Sub. assina

Emolumentos: R$ 000,00

30.7.5 Escritura Pública de Doação (residencial)

Doador:	(nome doador)
Donatário:	(nome donatário)
Valor Doação:	(R$ 000,00)
Valor Avaliação:	(R$ 000,00)

I – Local: República Federativa do Brasil, SP, São Paulo, Praça João Mendes, n. 42, 1º andar, no 26º Tabelionato de Notas de São Paulo.

II – **Data:** (data lavratura).

III – **Partes:**

(1) **Doador,** (qualificar doador);

(2) **Donatário,** (qualificar donatário).

IV – **Representação ou mandado judicial:**

Doador: Não há. (Ou comprador: nome e qualificação do procurador ou administrador. Procuração/Contrato Social: Cartório, Cidade, UF, Livro, folhas, data de expedição/artigo do contrato social que autoriza.)

Donatário: Não há. (Ou vendedor: nome e qualificação do procurador ou administrador. Procuração/Contrato Social: Cartório, Cidade, UF, Livro, folhas, data de expedição/artigo do contrato social que autoriza.)

V – **Objeto:** O doador é legítimo proprietário do seguinte imóvel:

UF: (Unidade da Federação) **Município:** (município) CEP: (n. CEP)

Matrícula: (n. da matrícula) **Ofício imobiliário:** (ofício imobiliário)

Imóvel: (descrição do imóvel sem confrontações, a menos que seja necessário para registro)

Contribuinte: (contribuinte)

Valor fiscal: (valor venal)

Data: (data da emissão do valor venal)

Outros dados do objeto: (incluir outros dados ou a expressão "não há")

Título aquisitivo: (natureza do negócio jurídico), (instrumento público ou particular), (Registro n.).

VI – **Valor atribuído:** (valor atribuído para efeitos fiscais).

VII – **Negócio:** Doação de unidade residencial.

VIII – **Doação:** Possuindo o doador outros bens e meios necessários à sua sobrevivência, **DOA**, ao donatário, seu (grau de parentesco).

IX – **Transmissão:** O doador transfere o domínio do objeto descrito ao donatário.

X – **Posse, direitos e ações:** O doador transmite ao donatário a posse, os direitos e ações (ajustar a posse se for posterior à lavratura da escritura).

XI – **Tributos:**

ITCMD: (valor do ITCMD)

Data do recolhimento: (data do recolhimento)

(escolher entre a incidência ou a isenção, apagando o parágrafo que não interessar)

O imposto sobre transmissão *causa mortis* e de doação de quaisquer bens imóveis e de direitos a eles relativos (**ITCMD**) **deixa de ser recolhido** em virtude de a presente doação enquadrar-se na **isenção prevista** na Lei estadual n. 10.705, de 28 de dezembro de 2000, Capítulo II, inciso II, art. 6°, *a*, alterada pela Lei n. 10.992, de 21 de dezembro de 2001, e regulamentada pelo Decreto estadual n. 46.655, de 1° de abril de 2002, e posteriores alterações. O donatário declara não ter recebido do doador outro bem, móvel ou imóvel, a título de doação, no âmbito judicial ou extrajudicial, do doador acima indicado, nos termos do art. 18 da Portaria CAT – 15, de 6 de fevereiro de 2003, Anexo XV, e, portanto, a doação, neste ano, não ultrapassa o limite legal de 2.500 UFESPS, ou seja, (valor da isenção).

XII – DOI – Declaração sobre Operações Imobiliárias: Emitida.

XIII – Documentos: São apresentados e ficam arquivados em cópia digital os seguintes documentos:

(1) Documentos de identidade e estado civil das partes;

(2) Certidão de propriedade do imóvel – (data expedição);

(3) Guia de pagamento do ITCMD;

(4) Certidão negativa de tributos imobiliários emitida pela Prefeitura do Município de (cidade) por processo informatizado – internet, às (hora):(minuto):(segundo) do dia (dia)/(mês/(ano) (hora e data de Brasília/DF), com código de controle n. ______._____.______.______;

(5) Certidão Negativa de Débitos Trabalhistas do vendedor – n. (n. da certidão), (data da expedição), (horário da expedição);

(6) Central de Indisponibilidades: Negativa – (código *hash*) ;

(7) Certidão Negativa de Débitos (Lei n. 11.154/91, com redação dada pela Lei n. 14.256/2006): (n. da certidão).

XIV – Declarações:

(1) Declarações do doador:

(1.1) A doação é feita da parte disponível (arts. 2.005 e 2.006 do Código Civil) e respeitada a legítima (art. 549 do Código Civil).

(1.2) Não é empregador, não está sujeito às exigências da Lei n. 8.212/91, bem como nos dispositivos do Regulamento da Previdência Social, aprovado pelo Decreto n. 3.048/99 e posteriores alterações.

(1.3) O objeto do negócio está livre de ônus reais fiscais e outros judiciais ou extrajudiciais, inexistindo em relação a ele ações reais e pessoais reipersecutórias (Decreto federal n. 93.240/86, art. 1º, §§ 2º e 3º).

(1.4) Não há contra ele nenhum feito ajuizado, fundado em ações reais ou pessoais reipersecutórias e que o mesmo está quite com todas as despesas com relação ao imóvel ora doado.

(1.5) Outras declarações: Não há.

(2) Declarações do donatário:

(2.1) Dispensa as certidões fiscais e as certidões de feitos ajuizados e se responsabiliza por eventuais débitos de impostos e taxas incidentes sobre o imóvel (Decreto federal n. 93.240/86, art. 1º, §§ 2º e 3º).

(2.2) Recebe a posse do imóvel e se responsabiliza por sua guarda, conservação e tributos a partir da data da posse.

(2.3) Outras declarações: Não há.

(3) **Declarações das partes:**

(3.1) Autorizam o tabelião a representá-los e a proceder a quaisquer averbações decorrentes de alteração dos dados constantes no ofício imobiliário e provadas por documentos oficiais, inclusive as previstas pela Lei n. 6.015/73, art. 246 e parágrafos.

(3.2) Solicitam e autorizam o oficial de registro imobiliário a proceder a todos e quaisquer atos, averbações e registros necessários.

(3.3) Compreendem a informação do tabelião de que a dúvida registral somente poderá ser suscitada por elas próprias.

(3.4) A escritura foi lida e compreendida, sem que restassem dúvidas sobre o ato e seus efeitos. Concordam integralmente com o teor deste ato, autorizando a sua redação, outorgando e assinando-a.

(3.5) **Outras declarações:** Não há.

XV – Declarações do tabelião:

(1) **Autenticação:** Reconheço a identidade e o estado civil dos presentes, à vista dos respectivos documentos de identidade e do registro civil apresentados, bem como suas capacidades para o ato.

(2) O tabelião informou às partes que, segundo a Lei n. 7.433/85, com a redação dada pela Lei n. 13.097, de 19 de janeiro de 2015, não poderão ser opostas situações jurídicas não constantes da matrícula no cartório do registro de imóveis, inclusive para fins de evicção, ao terceiro de boa-fé que adquirir ou receber em garantia direitos reais sobre o imóvel, ressalvados o disposto nos arts. 129 e 130 da Lei n. 11.101, de 9 de fevereiro de 2005, e as hipóteses de aquisição e extinção da propriedade que independam de registro de título de imóvel. Por este motivo, não se apresentam as certidões de feitos ajuizados.

(3) Foram cumpridas as exigências documentais constantes da Lei federal n. 7.433, de 18 de dezembro de 1985, tal como regulamentada pelo citado Decreto n. 93.240/86 e pelas Normas de Serviço da Corregedoria-Geral de Justiça do Estado de São Paulo.

(4) Os doadores foram esclarecidos pelo tabelião que a doação eventualmente superior à metade do patrimônio dos doadores é nula e insuscetível de convalidamento.

(5) As partes foram cientificadas que podiam obter a prévia Certidão Negativa de Débitos Trabalhistas (CNDT), nos termos do art. 642-A da CLT, com a redação dada pela Lei n. 12.440/2011, o que foi feito.

(6) Informou às partes que a propriedade decorre do registro no ofício exclusivo, orientando-as a registrarem esta escritura.

(7) Informou às partes que a dúvida registral somente poderá ser suscitada por elas próprias.

(8) **Aconselhamento notarial:** As partes foram esclarecidas sobre as normas legais e os efeitos atinentes a este negócio, em especial sobre os artigos citados nesta escritura, declarando que as compreenderam e dando-se por satisfeitas com este serviço notarial.

(9) **Escreventes:** Na lavratura desta escritura, participaram os escreventes abaixo indicados praticando as seguintes ações: recepção e aconselhamento das partes, identificação e verificação da capacidade, qualificação legal, elaboração do ato e sua redação, diligências indispensáveis ou convenientes ao ato, coleta de assinaturas.

(10) **Fé notarial:** Dou fé das declarações contidas neste instrumento, dos documentos apresentados e arquivados, ou não, das autenticações feitas e de que a escritura foi assinada pelas partes presentes.

Parte(s) assina(m)

Escrevente(s) assina(m)

Tab. Sub. assina

Emolumentos: R$ 000,00

30.7.6 Escritura Pública de Permuta (com reposição)

Primeiro Permutante:	(nome primeiro Permutante)
Segundo Permutante:	(nome segundo Permutante)
Valores:	(R$ 000,00)

S A I B A M todos os que virem esta escritura pública que (data lavratura), em São Paulo, SP, República Federativa do Brasil, no 26º Tabelionato de Notas, perante mim, escrevente autorizado pelo Tabelião, comparecem as partes entre si, justas e contratadas: como **primeiro Permutante**, (qualificar primeiro Permutante), e, como **segundo Permutante**, (qualificar segundo Permutante). Reconheço a identidade dos presentes e suas capacidades para o ato, do que dou fé. A seguir as partes me declaram o seguinte: **PRIMEIRO: IMÓVEL 1** – O primeiro Permutante é legítimo proprietário do seguinte imóvel: (descrição do imóvel), CEP (n. CEP), no (n. subdistrito). Subdistrito – (bairro do subdistrito), no município de (município), (estado), inscrito no (n. ofício). Ofício Imobiliário desta cidade, descrito e caracterizado na matrícula n. (n. matrícula). **SEGUNDO: IMÓVEL 2** – O segundo Permutante é legítimo proprietário do seguinte imóvel: (descrição do imóvel 2), CEP (n. CEP 2), no (n. subdistrito 2). Subdistrito – (bairro do subdistrito 2), no município de (município 2) , (estado 2), inscrito no (n. ofício 2). Ofício Imobiliário desta cidade, descrito e caracterizado na matrícula n. (n. matrícula 2). **TERCEIRO: PROCEDÊNCIA** – Os imóveis foram adquiridos da seguinte forma: a) IMÓVEL 1: por (forma de aquisição) feita a (nome do transmitente), nos termos da escritura lavrada no (n. tabelião). Tabelionato de Notas (local tabelião), Livro n. (livro), fls. n. (folha), em (data da lavratura) e registrada sob n. (n. registro), na matrícula n. (n. matrícula), do (oficial). Ofício de Registro de Imóveis (local ofício), b) IMÓVEL 2: por (forma de aquisição 2) feita a (nome do transmitente 2), nos termos da escritura lavrada no (n. tabelião 2). Tabelionato de Notas (local tabelionato 2), Livro n. (livro 2), folhas n. (folha 2), em (data de lavratura 2) e registrada sob n. (n. registro 2), na matrícula n. (n. matrícula 2), do (oficial 2). Ofício de Registro de Imóveis (local ofício 2). **QUARTO:**

DISPONIBILIDADE – Os permutantes declaram que os imóveis objetos do negócio estão livres de ônus reais fiscais e outros judiciais ou extrajudiciais, inclusive de despesas condominiais em atraso, inexistindo em relação a eles ações reais e pessoais reipersecutórias, o que é declarado para os efeitos do Decreto federal n. 93.240/86, art. 1º, §§ 2º e 3º. **QUINTO: MUNICÍPIO** – Esses imóveis estão cadastrados pela prefeitura do município de (município), respectivamente pelos contribuintes n. (n. contribuinte imóvel 1) e (n. contribuinte imóvel 2), com os valores venais para o exercício de (ano exercício) de (valor venal 1) para o imóvel 1 e (valor venal 2) para o imóvel 2. **SEXTO: PERMUTA** – Os permutantes **PERMUTAM** os referidos imóveis para que fique pertencendo ao primeiro Permutante o imóvel descrito no item segundo, ou seja, (descrever apenas imóvel), e ao segundo Permutante o imóvel descrito no item primeiro, ou seja, (descrever apenas imóvel). **SÉTIMO: VALOR** – Os permutantes estimam ditos imóveis em (valor total da permuta), correspondendo (valor do imóvel 1) ao imóvel descrito no item primeiro e (valor do imóvel 2) ao imóvel descrito no item segundo. **OITAVO: TRANSMISSÃO** – Assim, os permutantes transferem respectivamente, um ao outro, o domínio dos objetos descritos, negócio que se complementará com o registro desta escritura no ofício imobiliário. Os permutantes, desde já, transmitem a posse, os direitos e ações dos respectivos imóveis. Os permutantes dão-se mútua e recíproca quitação. **NONO: REPOSIÇÃO** – A diferença de valores entre os imóveis permutados, no montante de (diferença), já foi paga anteriormente pelo primeiro Permutante ao segundo Permutante, pelo que é dada plena, geral e irrevogável quitação. **DÉCIMO: TRIBUTOS** – Os impostos sobre a transmissão de bens imóveis e de direitos a eles relativos (ITBI), devidos pela presente, nos valores de (valor do ITBI) para o imóvel 1 e (valor do ITBI 2) para o imóvel 2, foram recolhidos na agência bancária. Os permutantes declaram que, não sendo empregadores, não estão sujeitos às exigências da Lei n. 8.212/91, bem como nos dispositivos do Regulamento da Previdência Social, aprovado pelo Decreto n. 3.048/99 e posteriores alterações. Os permutantes dispensam as certidões fiscais e as certidões de feitos ajuizados e se responsabilizam por eventuais débitos de impostos e taxas incidentes sobre os imóveis *retro* descritos, de conformidade com o Decreto federal n. 93.240/86, art. 1º, §§ 2º e 3º. **DÉCIMO PRIMEIRO: DOCUMENTOS** – São apresentados e ficam arquivados neste Tabelionato os seguintes documentos: (1) Certidão de propriedade da matrícula n. (n. de matrícula), expedida em (data expedição); (2) Certidão de propriedade da matrícula n. (n. de matrícula 2), expedida em (data de expedição 2); (3) As guias de pagamento dos ITBI citados, autenticadas mecanicamente em (data autenticação); (4) Certidão Negativa de Débitos Trabalhistas do permutantes n. (n. da certidão), (data da expedição), (horário da expedição); (5) Central de Indisponibilidades: Negativa – (código *hash*); (6) Certidão negativa de tributos imobiliários emitida pela Prefeitura do Município de (cidade) por processo informatizado – internet, às (hora):(minuto):(segundo) do dia (dia)/(mês/(ano) (hora e data de Brasília/DF), com código de controle n.______. ______.______.______. **DÉCIMO SEGUNDO: OUTRAS DISPOSIÇÕES** – (1) O tabelião informou às partes que, segundo a Lei n. 7.433/85, com a redação dada pela Lei n. 13.097, de 19 de janeiro de 2015, não poderão ser opostas situações jurídicas não constantes da matrícula no cartório do registro de imóveis, inclusive para fins de evicção, ao terceiro de boa-fé que adquirir ou receber em garantia direitos reais sobre o imóvel, ressalvados o disposto nos arts. 129 e 130 da Lei n. 11.101, de 9 de fevereiro de 2005, e as hipóteses de aquisição e extinção da propriedade que independam de registro de título de imóvel. Por este motivo, não se apresentam as certidões de feitos ajuizados. (2) As partes foram esclarecidas pelo tabelião sobre as normas legais e os efeitos atinentes a este negócio, em especial sobre os artigos citados nesta escritura. (3) Foram cumpridas as exigências documentais constantes da Lei federal n. 7.433, de 18 de dezembro de 1985, tal como regulamentada pelo citado Decreto n. 93.240/86 e pelas Normas de Serviço da Corregedoria-Geral de Justiça do Estado de São Paulo. (4) As partes foram cientificadas que podiam obter a prévia Certidão Negativa de Débitos Trabalhistas (CNDT), nos termos do art. 642-A da CLT, com a redação dada pela Lei n. 12.440/2011, o que foi feito. Ao final, as partes me declaram que concordam com esta escritura, autorizando o tabelião e o oficial do registro de imóveis competente a proceder a todos e quaisquer atos, registros ou averbações necessárias. Emitida a DOI – Declaração sobre Operações Imobiliárias – conforme previsão legal. Assim dizem, pedem e lavro a presente escritura, que, feita e lida, aceitam, outorgam e assinam. Dou fé.

Parte(s) assina(m)

Escrevente(s) assina(m)

Tab. Sub. assina

Emolumentos: R$ 000,00

30.7.7 Escritura Pública de Instituição e Cessão Onerosa de Direito Real de Laje

Instituidor cedente: (nome)
Instituído cessionário: (nome)
I – Local: República Federativa do Brasil, SP, São Paulo, Praça João Mendes, n. 42, 1º andar, no 26º Tabelionato de Notas de São Paulo.

II – Data: (data de lavratura)

III – Partes:

1) **Instituidor cedente**, (qualificação instituidor).

2) **Instituído cessionário**, (qualificação instituído).

IV - Representação ou mandado judicial:

1) Instituidor cedente: Não há ou há (qualificar).

2) Instituído cessionário: Não há ou há (qualificar).

V – Negócio: Instituição e cessão onerosa do direito real de laje.

VI – Objeto: O instituidor cedente legítimo proprietário do seguinte imóvel:

UF: (unidade da federação) **Município:** (município) **CEP:** (número CEP)

Matrícula: (número) **Ofício imobiliário:** (cartório)
Imóvel: (descrever)
Contribuinte: (número contribuinte) **Valor fiscal:** (valor venal) **Data:** (data de emissão)
Outros dados do objeto: (incluir outros dados) ou Não há.
Título aquisitivo: (descrever)

VII – Construção-Base: A construção-base que permanecerá na propriedade da INSTITUIDORA-CEDENTE é a seguinte: (descrever)
Matrícula: (número) **Ofício imobiliário:** (cartório)
Contribuinte: (número)
Valor fiscal: (valor venal) **Data:** (data de emissão)

VIII – Laje (Unidade imobiliária autônoma): A unidade imobiliária autônoma de laje que ora se institui e é cedida é a seguinte: (descrever)
Contribuinte: (número contribuinte) **Valor fiscal:** (valor venal) **Data:** (data de emissão)

IX – Preço: (valor do negócio).

X – Pagamento: (forma de pagamento).

XI – Quitação: instituidor cedente dá plena, geral e irrevogável quitação do pagamento.

XII – Instituição: O instituidor cedente institui o direito real de laje para a unidade autônoma construída no Pavimento Superior descrita e caracterizada no item "VIII" da presente escritura no estado em que se encontra.

XIII – Cessão – O instituidor cedente cede ao **instituído cessionário** o direito real de laje e a unidade autônoma construída no Pavimento Superior descrita e caracterizada no item "VIII" da presente escritura no estado em que se encontra.

XIV – Transmissão: O **instituidor cedente** cede ao **instituído cessionário** a posse, direitos e ações.

XV – Direitos e obrigações: Nos termos do art. 1.510-C do Código Civil, o **instituidor cedente** e o **instituído cessionário** acordam que as despesas necessárias à conservação e fruição das partes que sirvam a todo o edifício e ao pagamento de serviços de interesse comum serão partilhadas entre o proprietário da construção-base e o titular da laje na proporção de 50% para cada um, aplicando-se no que couber as normas relativas aos condomínios edilícios.

XVI – Direito de preferência: O **instituído cessionário** foi advertido que, na eventual e futura cessão do direito real de laje com alienação da unidade autônoma ora adquirida, deverá ser observado o direito de preferência do titular da construção-base, nos termos do art. 1.510-D do Código Civil.

XVII – Tributos:
ITBI: (valor ITBI).
Data do recolhimento: (data do recolhimento)

DOI – Declaração Sobre Operações Imobiliárias: emitida.

XVIII – **Documentos**: São apresentados e ficam arquivados em cópia digital os seguintes documentos:

(1) Documentos de identidade e estado civil das partes;

(2) Certidão de propriedade do imóvel – (data de emissão);

(3) Guia de pagamento do ITBI;

(4) Certidão negativa de tributos imobiliários emitida pela Prefeitura do Município de (cidade) por processo informatizado – internet, às (hora):(minuto):(segundo) do dia (dia)/(mês/(ano) (hora e data de Brasília/DF), com código de controle n. ______._______._______._______;

(5) Certidão Negativa de Débitos Trabalhistas do instituidor cedente – – n. (número da certidão), (horário de expedição);

(6) Certidão Negativa de Débitos Trabalhistas do instituído cessionário – n. (número da certidão), (data de expedição), (horário de expedição);

(7) Central de Indisponibilidades: Negativa – (códigos *hash*).

XIX – **Declarações:**

(1) **Declarações do instituidor cedente: 1.1** – Não é empregador, não está sujeito às exigências da Lei n. 8.212/91, bem como nos dispositivos do Regulamento da Previdência Social, aprovado pelo Decreto n. 3.048/99 e posteriores alterações. **1.2** – O objeto do negócio está livre de ônus reais fiscais e outros judiciais ou extrajudiciais, inexistindo em relação a ele ações reais e pessoais reipersecutórias (Decreto federal n. 93.240/1986, art. 1º, § 3º). **1.3 – Outras declarações:** Não há.

(2) **Declarações do instituído cessionário: 2.1** – Dispensa as certidões fiscais e as certidões de feitos ajuizados e se responsabiliza por eventuais débitos de impostos e taxas incidentes sobre o imóvel (Decreto federal n. 93.240/86, art. 1º, § 2º). **2.2** – Recebe a posse do imóvel e se responsabiliza por sua guarda, conservação e tributos a partir da data da posse. **2.3 – Outras declarações:** Não há.

(3) **Declarações das partes: 3.1** – Têm ciência de que a instituição do direito real de laje não implica a atribuição de fração ideal de terreno ao titular da laje ou a participação proporcional em áreas já edificadas. **3.2** – Autorizam o tabelião a representá-los e a proceder a quaisquer averbações decorrentes de alteração dos dados constantes no ofício imobiliário e provadas por documentos oficiais, inclusive as previstas pela Lei n. 6.015/73, art. 246 e parágrafos; **3.3** - Solicitam e autorizam o oficial de registro imobiliário a proceder a todos e quaisquer atos, averbações e registros necessários, **em especial a abertura de matrícula própria para a unidade autônoma mencionada (Código Civil, art. 1.510-A, § 3º), bem como as averbações necessárias;** **3.4** – Compreendem a informação do tabelião de que a dúvida registral somente poderá ser suscitada por elas próprias; **3.5** – A escritura foi lida e compreendida, sem que restassem dúvidas sobre o ato e seus efeitos. Concordam integralmente com o teor deste ato, autorizando a sua redação, outorgando e assinando-a; **3.6 – Outras declarações:** Não há.

XX – Declarações do Tabelião:

(1) **Autenticação:** Reconheço a identidade e estado civil dos presentes, à vista dos respectivos documentos de identidade e do registro civil apresentados, bem como suas capacidades para o ato.

(2) O tabelião informou às partes que, segundo a Lei n. 7.433/85, com a redação dada pela Lei n. 13.097, de 19 de janeiro de 2015, não poderão ser opostas situações jurídicas não constantes da matrícula no cartório do registro de imóveis, inclusive para fins de evicção, ao terceiro de boa-fé que adquirir ou receber em garantia direitos reais sobre o imóvel, ressalvados o disposto nos arts. 129 e 130 da Lei n. 11.101, de 9 de fevereiro de 2005, e as hipóteses de aquisição e extinção da propriedade que independam de registro de título de imóvel. Por este motivo, não se apresentam as certidões de feitos ajuizados.

(3) Foram cumpridas as exigências documentais constantes da Lei federal n. 7.433, de 18 de dezembro de 1985, tal como regulamentada pelo citado Decreto n. 93.240/86 e pelas normas de Serviço da Corregedoria Geral de Justiça do Estado de São Paulo.

(4) As partes foram cientificadas que podiam obter a prévia Certidão Negativa de Débitos Trabalhistas (CNDT), nos termos do art. 642-A da CLT, com a redação dada pela Lei n. 12.440/2011, o que foi feito.

(5) Informou às partes que a dúvida registral somente poderá ser suscitada por elas próprias.

(6) **Aconselhamento notarial:** As partes foram esclarecidas sobre as normas legais e os efeitos atinentes a este negócio, em especial sobre os artigos citados nesta escritura, declarando que as compreenderam e dando-se por satisfeitas com este serviço notarial.

(7) **Escreventes:** Na lavratura desta escritura, participaram os escreventes abaixo indicados praticando as seguintes ações: recepção e aconselhamento das partes, identificação e verificação da capacidade, qualificação legal, elaboração do ato e sua redação, diligências indispensáveis ou convenientes ao ato, coleta de assinaturas.

(8) **Fé notarial:** Dou fé das declarações contidas neste instrumento, dos documentos apresentados e arquivados, ou não, das autenticações feitas e de que a escritura foi assinada pelas partes presentes.

Parte(s) assina(m) Escrevente(s) assina(m) Tab. Sub. assina

Emolumentos: R$ 000,00

30.7.8 Escritura de Pacto Antenupcial (Regime da Separação de Bens)

I – **Local:** República Federativa do Brasil, SP, São Paulo, Praça João Mendes, n. 42, 1º andar, no 26º Tabelionato de Notas de São Paulo.

II – **Data:** (data lavratura).

III – **Partes:**

(1) (qualificar primeiro nubente).

(2) (qualificar segundo nubente).

IV – Ato jurídico: Pacto antenupcial.

V – Regime de bens: Separação de bens (art. 1.687 do Código Civil).

VI – Declarações das partes:

(1) Os nubentes adotam o regime da mais completa e absoluta **SEPARAÇÃO DE BENS** de todos os bens, os direitos e as eventuais dívidas que os contraentes possuem, bem como todos e quaisquer bens, direitos e dívidas que eles venham a adquirir no futuro, no Brasil ou no exterior, seja a que título for, oneroso ou gratuito, e independentemente da espécie, natureza ou origem deles, incluindo-se aqueles decorrentes de doação ou sucessão, do trabalho de qualquer dos contraentes, bem como os frutos, rendimentos, dividendos, bonificações, valorizações ou benfeitorias pertinentes ao patrimônio particular de cada contraente, sem que, para tanto, sejam necessárias quaisquer prestações de contas.

(2) Serão incomunicáveis os bens e os direitos já existentes, assim como os aquestos. Qualquer bem ou direito de cada uma das partes não responderá, em hipótese alguma, por dívidas, débitos, hipotecas, penhoras, avais, arrestos, fianças, ônus ou gravames de qualquer natureza do outro nubente, em nenhum momento.

(3) **Domicílio:** O primeiro domicílio conjugal dos contraentes será nesta capital, na Rua (nome da rua), n. (número), apartamento (número), ficando autorizado o Oficial do Registro de Imóveis competente a proceder a todos os atos que se fizerem necessários à perfeita consecução da presente escritura, após o matrimônio.

(4) As disposições deste pacto refletem fielmente a vontade dos contraentes, pelo que, eventual nulidade, anulabilidade ou ineficácia de qualquer cláusula ou previsão deverá ser interpretada da forma mais restrita possível, de modo que não afete as demais.

(5) Quaisquer tolerâncias dos contraentes na exigência dos seus direitos ou com relação aos atos do outro não será interpretada como renúncia, novação, retratação ou perdão do que aqui se pactua.

(6) A escritura foi lida e compreendida, sem que restassem dúvidas sobre o ato e seus efeitos. Concordam integralmente com o teor deste ato, autorizando a sua redação, outorgando e assinando-a.

(7) **Outras declarações:** Não há.

VII – Documentos: São apresentados e ficam arquivados em cópia digital: (1) documentos de identidade dos nubentes; (2) certidão de casamento matriculada sob n. (matrícula casamento), expedida pelo Oficial de Registro Civil das Pessoas Naturais do (n. do subdistrito). Subdistrito, (nome do subdistrito), com a averbação do divórcio (do nubente/da nubente).

VIII – Declarações do tabelião:

(1) **Autenticação:** Reconheço a identidade e o estado civil dos presentes, à vista dos respectivos documentos de identidade e do registro civil apresentados, bem como suas capacidades para o ato.

(2) **Base legal:** Código Civil, art. 1.639.

(3) Foram cumpridas as exigências documentais constantes da Lei federal n. 7.433, de 18 de dezembro de 1985, tal como regulamentada pelo citado Decreto n. 93.240/86 e pelas Normas de Serviço da Corregedoria-Geral de Justiça do Estado de São Paulo.

(4) **Regime de bens:** Código Civil, art. 1.687. Os bens de cada cônjuge permanecerão na administração exclusiva e respectiva de cada um, podendo ser livremente alienados ou gravados pelo proprietário.

(5) **Registro:** As partes foram esclarecidas sobre a necessidade do registro do pacto antenupcial no Ofício de Registro Imobiliário do primeiro domicílio dos nubentes após a realização do casamento.

(6) **Aconselhamento notarial:** As partes foram esclarecidas sobre as normas legais e os efeitos atinentes a este negócio, em especial sobre os artigos citados nesta escritura, declarando que as compreenderam e dando-se por satisfeitas com este serviço notarial.

(7) **Escreventes:** Na lavratura desta escritura, participaram os escreventes abaixo indicados praticando as seguintes ações: recepção e aconselhamento das partes, identificação e verificação da capacidade, qualificação legal, elaboração do ato e sua redação, diligências indispensáveis ou convenientes ao ato, coleta de assinaturas.

(8) **Fé notarial:** Dou fé das declarações contidas neste instrumento, dos documentos apresentados e arquivados, ou não, das autenticações feitas e de que a escritura foi lida e assinada pelas partes presentes.

Parte(s) assina(m)
Escrevente(s) assina(m)
Tab. Sub. assina
Emolumentos: R$ 000,00

30.7.9 Escritura Pública de União Estável (Regime da Comunhão Parcial de Bens)

I – Local: República Federativa do Brasil, SP, São Paulo, Praça João Mendes n. 42, 1º andar, no 26º Tabelionato de Notas de São Paulo.

II – Data: (data lavratura).

III – Partes:

(1) (qualificação do 1. companheiro).
(2) (qualificação do 2. companheiro).

IV – Ato jurídico: União estável – convivência *more uxório* com intenção duradoura, de conhecimento público e prazo indeterminado.

V – Início da união: (data do início da convivência).

VI – Nomes: Companheira: Inalterado (ou) (nome da companheira). Companheiro: Inalterado (ou) (nome do companheiro).

VII – Regime de bens: Comunhão parcial de bens (arts. 1.658 e 1.725 do Código Civil). Este regime vigora desde (data do início da união) (ou outra data escolhida).

VIII – Primeiro domicílio: Rua (nome da rua), n. (número), bairro (bairro), São Paulo, SP.

IX – Representação e poderes em caso de morte: Os companheiros outorgam-se reciprocamente poderes para, em caso de falecimento, o companheiro ou companheira sobrevivente obter junto a qualquer médico, clínica ou hospital a integralidade de seu prontuário médico, solicitar cópias ou obter quaisquer outras informações sobre seu tratamento de saúde e as causas da morte, em conformidade com o Código de Ética Médica vigente, art. 102, e com o Parecer CFM n. 6/2010 e eventuais alterações posteriores.

X – Declarações das partes:

(1) Comparecem e declaram que estão em perfeitas condições mentais e sem qualquer constrangimento ou induzimento.

(2) **Dependência econômica**: Contribuirão cada um com suas receitas para a vida em comum e familiar, sendo, portanto, mutuamente dependentes econômicos e beneficiários de convênio médico, pecúlio, pensões ou qualquer outra forma de auxílio para as quais eles conviventes contribuam ou venham a contribuir inclusive junto ao Instituto Nacional de Seguro Social – INSS.

(3) **Bens**: (nome do convivente) é possuidor e proprietário do (descrição do imóvel). (nome do convivente 2) não possui bens em seu nome.

(4) Se houver conversão em casamento, o regime de bens será o da comunhão parcial de bens.

(5) Caso ocorra algum acidente ou moléstia grave que impeça um dos companheiros de expressar sua vontade a respeito do tratamento e de providências médicas ou legais atinentes à sua saúde e vida, o companheiro que estiver são decidirá sobre as seguintes situações: a) o hospital de internação ou assistência; b) administração dos bens (como se casados fossem); c) em caso de morte, o direito à pensão para o convivente sobrevivente; d) garantia, caso um deles seja internado na UTI, de acompanhá-lo, como se membro da família fosse.

(6) As declarações e avenças constantes nesta escritura têm por objetivo expurgar de quaisquer desentendimentos o relacionamento dos companheiros, de forma a preservar o franco e bom entendimento hoje existente entre eles. Os companheiros desejam uma convivência em bases sólidas, harmônicas e duradouras, visando a construir um relacionamento afetivo e familiar verdadeiro e harmonioso.

(7) Exceto pela liberdade mútua e exclusiva de cada um dos companheiros em romper a união estável, as declarações, ajustes e acordos celebrados pela presente escritura são em caráter irrevogável e irretratável, obrigando-se os companheiros e seus sucessores pelo bom e fiel cumprimento das presentes estipulações, em todos os seus expressos termos.

(8) A escritura foi lida e compreendida, sem que restassem dúvidas sobre o ato e seus efeitos. Concordam integralmente com o teor deste ato, autorizando a sua redação, outorgando e assinando-a.

(9) Outras declarações: Não há.

XI – Declarações do tabelião:

(1) **Autenticação:** Reconheço a identidade e estado civil dos presentes, à vista dos respectivos documentos de identidade e do registro civil apresentados, bem como suas capacidades para o ato.

(2) **Base legal:** Constituição Federal, art. 226, § 3º; Código Civil, art. 1.723; e Lei n. 9.278, de 10 de maio de 1996.

(3) Foram cumpridas as exigências documentais constantes da Lei federal n. 7.433, de 18 de dezembro de 1985, tal como regulamentada pelo citado Decreto n. 93.240/86 e pelas Normas de Serviço da Corregedoria-Geral de Justiça do Estado de São Paulo.

(4) **Regime de bens:** Código Civil, art. 1.725. Serão responsáveis pelas dívidas e pelas obrigações um do outro, contraídas a qualquer título, durante a união. Os bens que sobrevierem ao casal, na constância da união, serão comunicáveis, exceto nas hipóteses estabelecidas em lei.

(5) **Registro:** É possível o registro desta escritura pública no Livro "E" do Oficial do Registro Civil das Pessoas Naturais localizado onde os companheiros têm o seu domicílio (CNJ, Provimento n. 37, art. 2º). Esse registro produzirá efeitos patrimoniais entre os companheiros, não prejudicando terceiros que não tiverem participado da escritura pública (CNJ, Provimento n. 37, art. 5º).

(6) Não poderá ser promovido o registro da união estável de pessoas casadas, ainda que separadas de fato, exceto se separadas judicialmente ou extrajudicialmente, ou se a declaração da união estável decorrer de sentença judicial transitada em julgado.

(7) O registro não produz os efeitos da conversão da união estável em casamento.

(8) Qualquer dos companheiros, isoladamente, poderá dissolver esta união estável por denúncia unilateral, se houver recusa do outro companheiro em fazer a rescisão.

(9) **Aconselhamento notarial:** As partes foram esclarecidas sobre as normas legais e os efeitos atinentes a este negócio, em especial sobre os artigos citados nesta escritura, declarando que as compreenderam e dando-se por satisfeitas com este serviço notarial.

(10) **Escreventes:** Na lavratura desta escritura, participaram os escreventes abaixo indicados praticando as seguintes ações: recepção e aconselhamento das partes, identificação e verificação da capacidade, qualificação legal, elaboração do ato e sua redação, diligências indispensáveis ou convenientes ao ato, coleta de assinaturas.

(11) **Fé notarial:** Dou fé das declarações contidas neste instrumento, dos documentos apresentados e arquivados, ou não, das autenticações feitas e de que a escritura foi lida e assinada pelas partes presentes.

Parte(s) assina(m)

Escrevente(s) assina(m)

Tab. Sub. assina

Emolumentos: R$ 000,00

30.7.10 Escritura de União Estável (Homoafetiva)

S A I B A M todos os que virem esta escritura pública que (data lavratura), em São Paulo, SP, República Federativa do Brasil, no 26º Tabelionato de Notas, perante mim, escrevente autorizado(a) pelo Tabelião, comparecem como **companheiras**, (qualificação das companheiras). Reconheço a identidade das presentes e suas respectivas capacidades para o ato, do que dou fé. Então, por elas, me foi dito o seguinte: **PRIMEIRO: DO FUNDAMENTO LEGAL** – As companheiras invocam o Código Civil, art. 1.723, com interpretação fixada pelo Supremo Tribunal Federal nos autos da Ação Direta de Inconstitucionalidade (ADI) n. 4277 e da Arguição de Descumprimento de Preceito Fundamental (ADPF) n. 132, e demais princípios constitucionais aplicáveis, em especial os da igualdade, o da liberdade, do qual decorre também o princípio da autonomia da vontade, e o da dignidade da pessoa humana. **SEGUNDO: DA UNIÃO ESTÁVEL** – As companheiras vivem em **união estável** e mantêm uma **convivência pública contínua e duradoura** como uma **entidade familiar** desde (tempo de convivência). Por esta escritura, consagram mutuamente a vontade de manterem-se unidas, como entidade familiar permanente fundada sobre o amor (aqui é possível incluir outros valores que as partes queiram declarar) e o desejo de constituir família. **TERCEIRO: PACTO PATRIMONIAL – (3.1) Regime de bens:** Adotam para esta união estável o regime (regime adotado). Este regime vigora desde o início da convivência. **(3.2) Bens particulares anteriores à união estável:** São bens particulares de cada companheira, adquiridos antes desta união estável, os seguintes bens: (nome da companheira). 1): (descrever os bens). (nome da companheira). 2): (descrever os bens). **(3.3) Bens comuns:** As companheiras adquiriram, após o início da união estável que ora declaram, os seguintes bens: (descrever os bens – declarar se os bens adquiridos são comuns ou pertencem a um só companheiro e respectivas proporções). **QUARTO: DEPENDÊNCIA ECONÔMICA E FINS PREVIDENCIÁRIOS** – Contribuem cada uma com suas receitas para a vida em comum e familiar, sendo, portanto, mutuamente dependentes econômicas e beneficiárias de convênio médico, pecúlio, pensões ou qualquer outra forma de auxílio para as quais elas, companheiras, contribuam ou venham a contribuir, inclusive com o Instituto Nacional do Seguro Social – INSS e (descrever a previdência privada). **QUINTO: DECLARAÇÃO ANTECIPADA DE VONTADE EM CASO DE TRATAMENTO MÉDICO OU INCAPACIDADE** – Caso ocorra algum acidente ou moléstia grave que impeça uma das companheiras de expressar a sua vontade a respeito do tratamento e de providências médicas ou legais atinentes à sua saúde e vida, a companheira que estiver sã decidirá sobre as seguintes situações: a) o hospital de internação ou assistência; b) todo e qualquer procedimento de tratamento de saúde ou hospitalar, inclusive podendo autorizar ou restringir a doação ou a recepção de sangue e órgãos ou a amputação de membros de seu corpo; c) quem poderá acompanhar o paciente em caso de internação, inclusive no acesso à UTI ou qualquer outro setor de tratamento intensivo; d) sendo declarado por junta médica o quadro irreversível de melhora e, ainda, esgotadas todas as possibilidades de vida sem a ajuda de aparelhos, autorizar que sejam desligados os equipamentos que a mantêm viva, mantendo apenas a nutrição e hidratação artificial (Código de Ética Médica, art. 41, parágrafo único); e) administração dos bens, como se casadas fossem; f) em caso de morte, o direito de indicar como se dará o destino do corpo e as exéquias. SEXTO: MANDATO – Se uma das companheiras estiver impossibilitada de manifestar a sua vontade, elege (parentesco e nome do eleito) para decidir tudo o que seja relativo ao seu tratamento médico, às disposições relativas de sua saúde e vida, inclusive podendo autorizar o desligamento de aparelhos ou a suspensão e a interrupção de tratamentos degradantes ou inúteis, o que será apurado segundo decisão de seu mandatário. Este mandato deve sobrepor-se ou, mesmo, excluir o rol previsto no Código Civil, art. 12, parágrafo único, quando colidentes. SÉTIMO: DIREITOS SUCESSÓRIOS – Quanto aos direitos sucessórios, invocam a incidência do art. 1.829 do Código Civil, sem prejuízo de outras disposições testamentárias que venham a fazer. OITAVO: DO SIGILO DA VIDA PRIVADA – Esta escritura de união estável diz respeito estritamente à vida privada de ambas, motivo pelo qual solicitam ao tabelião que mantenha o sigilo, conforme dever imposto pela Constituição Federal, art. 5º, inciso X, e Lei n. 8.935/94, art. 30, inciso VI, expedindo certidões deste ato somente às próprias partes, a pessoas por elas autorizadas ou por ordem judicial. NONO: Em caso de dissolução desta união estável, por qualquer motivo, exceto a morte, as companheiras se obrigam a distratar a presente união estável com inventário do patrimônio em comum, créditos e débitos presentes e futuros e partilha dos bens. ASSIM dizem, pedem e lavro a presente que, lida em voz alta, acham em tudo conforme, aceitam, outorgam e assinam. Dou fé.

Parte(s) assina(m)

Escrevente(s) assina(m)

Tab. Sub. assina

Emolumentos: R$ 000,00

30.7.11 Escritura de Namoro

I – Local: República Federativa do Brasil, SP, São Paulo, Praça João Mendes, n. 42, 1º andar, no 26º Tabelionato de Notas de São Paulo.

II – Data: (data lavratura).

III – Partes:

(1) (qualificar namorada).

(2) (qualificar namorado).

IV – Ato jurídico: Escritura pública de namoro.

V – Declarações das partes:

(1) **Início:** Os outorgantes mantêm entre si um relacionamento afetivo que caracterizam como namoro, ou seja, uma relação fundada no amor, em progressão de conhecimento mútuo, desde (data de início). Os outorgantes não têm, no momento, o objetivo de constituir família ou união estável, tendo o interesse exclusivo de manter o relacionamento amoroso sem nenhum vínculo familiar ou sucessório.

(2) Os outorgantes entendem e concordam que este relacionamento afetivo de namoro pode prolongar-se por anos, sem que se altere a relação de namoro. Assim,

acordam que somente a habilitação para o casamento ou uma nova escritura pública assinada por ambos será modificadora da relação.

(3) Se, apesar da vontade dos namorados, em decorrência do decurso do tempo, ou qualquer outro motivo, for proclamada por juízo ou tribunal a união estável, convencionam que o regime de bens a vigorar entre eles será o da **SEPARAÇÃO ABSOLUTA DE BENS**, inclusive quanto aos rendimentos e dividendos oriundos das rendas pessoais de trabalho ou investimentos advindos após o início do namoro.

(4) As disposições desta escritura refletem fielmente a vontade dos namorados, pelo que, eventual nulidade, anulabilidade ou ineficácia de qualquer cláusula ou previsão deverá ser interpretada da forma mais restrita possível, de modo que não afete as demais.

(5) Qualquer tolerância dos namorados na exigência dos seus direitos ou com relação aos atos do outro não será interpretada como renúncia, novação, retratação ou perdão do que aqui se pactua.

(6) A escritura foi lida e compreendida, sem que restassem dúvidas sobre o ato e seus efeitos. Concordam integralmente com o teor deste ato, autorizando a sua redação, outorgando e assinando-a.

(7) **Outras declarações:** Não há.

VI – Documentos: São apresentados e ficam arquivados em cópia digital: (1) documentos de identidade dos namorados; (2) certidão de casamento matriculada sob n. (matrícula casamento), expedida pelo Oficial de Registro Civil das Pessoas Naturais do (n. do subdistrito). Subdistrito, (nome do subdistrito), com a averbação do divórcio (do nubente/da nubente).

VII – Declarações do tabelião:

(1) **Autenticação:** Reconheço a identidade e estado civil dos presentes, à vista dos respectivos documentos de identidade e do registro civil apresentados, bem como suas capacidades para o ato.

(2) **Base legal:** Constituição Federal, art. 5º, incisos II e X, e Código Civil, art. 21.

(3) Os namorados foram cientificados que, apesar da vontade mútua aqui declarada, um juízo poderá interpretar a relação de modo diverso.

(4) **Aconselhamento notarial:** As partes foram esclarecidas sobre as normas legais e os efeitos atinentes a este negócio, em especial sobre os artigos citados nesta escritura.

(5) **Escreventes:** Na lavratura desta escritura, participaram os escreventes abaixo indicados praticando as seguintes ações: recepção e aconselhamento das partes, identificação e verificação da capacidade, qualificação legal, elaboração do ato e sua redação, diligências indispensáveis ou convenientes ao ato, coleta de assinaturas.

(6) **Fé notarial:** Dou fé das declarações contidas neste instrumento, dos documentos apresentados e arquivados, ou não, das autenticações feitas e de que a escritura foi lida e assinada pelas partes presentes.

Parte(s) assina(m)

Escrevente(s) assina(m)

Tab. Sub. assina

Emolumentos: R$ 000,00

30.7.12 Escritura de Testamento (com herdeiro necessário)

S A I B A M todos os que virem esta escritura pública que (data lavratura), às (hora lavratura extenso), nesta cidade de São Paulo, SP, República Federativa do Brasil, no 26º Tabelionato de Notas, instalado à Praça João Mendes, n. 42, 1º andar, perante mim, **Paulo Roberto Gaiger Ferreira**, tabelião, e das duas testemunhas adiante nomeadas e no final assinadas, comparece como testador (qualificação de testador). Juntamente com as testemunhas, reconheço a identidade do presente e sua capacidade para o ato. E na presença destas testemunhas convocadas para este ato pelo testador, (nome testador), que está em seus perfeitos juízo e discernimento, claro entendimento e livre de toda e qualquer coação, sugestão ou induzimento, segundo o meu parecer e o das testemunhas, do que dou fé, me diz que faz o seu testamento declarando o seguinte: I) É natural de (local de nascimento), onde nasceu (data de nascimento); II) É filho de (nome dos pais), (vivos); III) É (Foi) casado com (nome cônjuge) sob o regime da (regime de bens); IV) Tem os seguintes filhos: (nome dos filhos); V) Ele testador, por ocasião de sua morte, deixa a totalidade da parte disponível de sua herança para (nome e qualificação do herdeiro); VI) **Substituição**: Se o herdeiro testamentário pré-falecer, ou houver comoriência com o testador, deverá substituí-lo na herança (substituto); VII) **Representação e poderes em caso de morte**: O testador outorga poderes para o seu cônjuge e seus filhos para, em caso de seu falecimento, em conjunto ou isoladamente, obterem junto a qualquer médico, clínica ou hospital a integralidade de seu prontuário de saúde, solicitarem cópias de documentos ou outras informações sobre o seu tratamento de saúde e as causas da morte, em conformidade com o Código de Ética Médica vigente, art. 88, e com o Parecer CFM n. 6/2010 e eventuais alterações posteriores; VIII) Nomeia para seu testamenteiro o herdeiro instituído e o dá por abonado em juízo e fora dele. Assim tem por feito o seu testamento, que considera bom, firme e valioso, revogando desde já em todos os seus termos qualquer outro anteriormente feito. Certifico haver sido observadas e cumpridas todas as formalidades prescritas pelo art. 1.864 do Código Civil. Assim diz, pede e lavro a presente escritura que, feita e lida por este tabelião, aceita, outorga e assina na presença das testemunhas que são: (qualificação de testemunha 1) e (qualificação de testemunha 2), ambas reconhecidas como as próprias em vista dos documentos de identidade apresentados e cuja capacidade eu reconheço. Escrita pelo tabelião. Dou fé.

Testador(a) assina

Testemunhas assinam

Tab. Sub. assina

Emolumentos: R$ 000,00

30.7.13 Escritura Pública de Diretivas Antecipadas de Vontade e Outras Disposições

PRIMEIRO – LOCAL: República Federativa do Brasil, São Paulo, SP, no ....

SEGUNDO – DATA: ....

TERCEIRO – DECLARANTE: Comparece como declarante (NOME) (QUALIFICAÇÃO)

QUARTO – OBJETO: Declarar a vontade a respeito dos direitos do corpo, da personalidade, da opção pela morte natural ou induzida sem sofrimento na eventualidade de estar em um quadro irreversível de sua saúde física ou psíquica, e sem possibilidade de manifestar a sua vontade. Orientar os profissionais médicos, clínicas ou hospitais sobre as suas escolhas relativas aos procedimentos diagnósticos e terapêuticos, e para as situações clínicas irreversíveis e terminais, determinando ao médico os tratamentos que admite ou que devam ser evitados, como a realização de procedimentos diagnósticos e terapêuticos desnecessários, propiciando ao declarante todos os cuidados paliativos apropriados, evitando a dor e o sofrimento físico, moral e espiritual.

QUINTO – FUNDAMENTOS CONSTITUCIONAIS E LEGAIS: O declarante informa que, no exercício de sua autonomia, prevista na Constituição Federal (princípio implícito no art. 5º), busca preservar a sua dignidade como previsto pela Constituição Federal (art. 1º, inciso III), evitar e proibir o tratamento desumano (art. 5º, inciso III) ou que não queira (Código Civil, art. 15). Tem como fundamento, também, o Código de Ética Médica aprovado pela Resolução CFM n. 1.931, de 24 de setembro de 2009, que dispõe sobre as diretivas antecipadas de vontade dos pacientes (Dos Princípios Fundamentais, incisos XXI e XXII), e ainda pela Resolução CFM n. 1.995, de 9 de agosto de 2012.

SEXTO – VALORES E DESEJOS: O declarante informa que seus valores e desejos para a última parte de sua vida ou para a situação de perda da cognição são os seguintes: a) Entende que a morte é um fato da vida e aceita seu fim; b) Não deseja sofrer nos momentos finais da vida nem tampouco permanecer vivo em estado de doença ou demência que não lhe permita reconhecer os seus filhos e outras pessoas de sua relação; c) Prefere estar em sua casa, junto aos seus familiares; d) Aceita que a sua morte seja induzida para atender a estes valores; e) Viver estado de saúde com moléstia irreversível, sem a perspectiva de cura e com dor ou dependente de aparelhos, ou no denominado estado vegetativo persistente, ou ainda, com quadro de demência irreversível, significaria, para ele, a negação de sua vida, de sua dignidade, de sua honra, da imagem que deseja ter em vida e na posteridade; f) Deseja que sejam realizados todos e quaisquer procedimentos cuja finalidade seja prover conforto e amenizar a dor ou angústia, garantindo um final de vida tranquilo e digno; g) Confia no procurador a seguir indicado, informando que as decisões dele devem se sobrepor às de quaisquer membros de sua família ou amigos.

SÉTIMO – DECISÕES E ORIENTAÇÕES SOBRE O TRATAMENTO MÉDICO E O FIM DA VIDA: Se dois médicos entenderem que o declarante padece de uma das seguintes situações: VII.1 – Doença terminal, incurável e irreversível, sem perspectiva de cura ou de melhora, ou VII.2 – Demência em estado avançado e irreversível ou de uma enfermidade degenerativa do sistema nervoso ou muscular, em fase avançada e irreversível, pelas quais o declarante não esteja mais vivendo com lucidez ou afetividade com seus familiares, ou VII.3 – Estado vegetativo persistente, condição que a Medicina tem uma grande certeza de irreversibilidade, determina os procedimentos e medicamentos que não devem ser administrados ou realizados: a) Ressuscitação cardiopulmonar, entendida como a abstenção da equipe de saúde em reanimar o declarante caso pare de respirar e seu coração pare de bater; b) Respiração artificial; c) Grandes procedimentos cirúrgicos; d) Diálise; e) Quimioterapia; f) Radioterapia; g) Pequenas cirurgias que não oferecerão ao declarante cura, conforto ou alívio da dor; h) Exames invasivos; i) Antibióticos; j) Nutrição e hidratação artificiais, pois o declarante sabe que a Medicina já comprovou que em graus avançados de doenças terminais o paciente não sente fome nem sede e, muitas vezes, podem trazer mais desconforto; k) Outros: O procurador a seguir indicado poderá decidir sobre outras situações de saúde em que as diretrizes de saúde devam ser seguidas. Por outro lado, nas mesmas situações acima indicadas, o declarante deseja e autoriza que a sua vida seja abreviada pelos meios legais existentes, autorizando a ortotanásia e, a critério de suas procuradoras, a sua remoção para país que autorize a morte assistida.

OITAVO – MANDATO – PROCURADORA PARA CUIDADOS DE SAÚDE QUANDO NÃO PUDER SE MANIFESTAR OU NO FIM DA VIDA: Se for constatada alguma das três situações clínicas acima indicadas e se o declarante estiver impossibilitado de manifestar a sua vontade, nomeia e constitui como sua procuradora nos termos e limites informados neste ato: (NOME E QUALIFICAÇÃO) com telefone para contato nº (11) .... e e-mail .....@......

Se esta procuradora não for localizada, estiver incapacitada de tomar decisões ou se recusar a substituir o declarante, indica como substituta, com os mesmos poderes: (NOME E QUALIFICAÇÃO) com telefone de contato (11) ..... e e-mail ...@.....

8.1 – Poderes: Confere à procuradora poderes para decidir tudo o que seja relativo ao seu tratamento médico, às disposições relativas à sua saúde e vida. Esta procuradora deverá agir nos estritos termos deste ato, ou quando haja omissão, segundo os seus próprios critérios, podendo autorizar o desligamento de aparelhos ou a suspensão e interrupção de tratamentos degradantes ou inúteis, o que será apurado segundo decisão da própria procuradora. 8.2 – Este mandato deve sobrepor-se ou, mesmo, excluir o rol previsto no Código Civil, art. 12, parágrafo único, quando colidentes. 8.3 – A procuradora não poderá revogar ou expressar-se contra a vontade aqui manifestada. Pode e deve sanar dúvidas que porventura existam, decidir sobre a interrupção do esforço terapêutico e sobre questões não tratadas pelo declarante.

NONO – OUTRAS DISPOSIÇÕES DE SAÚDE: 9.1 – O declarante determina que sejam realizados todos e quaisquer procedimentos cuja finalidade seja prover conforto e amenizar a dor ou angústia, garantindo um final de vida tranquilo e digno. 9.2 – Material genético: O declarante autoriza a utilização de seu material genético para tratamento de seus familiares. 9.3 – Doação de órgãos: O declarante autoriza a doação de seus órgãos; 9.4 – Declaração aos familiares e amigos: Estas diretivas devem ser fielmente seguidas a despeito da opinião ou certeza dos familiares e amigos sobre a vontade ou princípios do declarante, ainda que segundo eles decorram de manifestações suas, por mais nobres que sejam os sentimentos contrários das pessoas ou mesmo que sobrevenham dificuldades de qualquer natureza. 9.5 – Local da morte: Diante da irreversibilidade do quadro médico, o declarante deseja ser levado para casa, a fim de desfrutar os últimos momentos de vida junto à família e no seu lar.

DÉCIMO – DIRETRIZES PARA A EQUIPE DE SAÚDE: 10.1 – Ciência: Este documento foi feito por uma pessoa em pleno gozo de sua capacidade civil, perante tabelião de notas com fé pública, de acordo com a Constituição e as leis brasileiras. O declarante conhece a Resolução 1995/2012 do Conselho Federal de Medicina, que lhe dá a faculdade de recusar procedimentos médicos que tenham a finalidade apenas de prolongar a vida biológica, sem garantir-lhe a qualidade de vida. 10.2 – Objeção de consciência: Se algum membro da equipe de saúde se utilizar de seu direito à objeção de consciência e, portanto, não puder cumprir as disposições aqui previstas por razão moral ou religiosa, deve encaminhar o declarante para outro profissional a fim de que estas diretivas sejam fielmente cumpridas.

DÉCIMO PRIMEIRO – PRAZO E REVOGAÇÃO: Estas diretivas antecipadas de vontade devem vigorar por prazo indeterminado. O declarante foi informado pelo tabelião que pode revogar esta diretiva antecipada de vontade a qualquer tempo e em qualquer local, perante tabelião ou por forma particular.

DÉCIMO SEGUNDO – MANDATO E PODERES EM FACE DE MÉDICOS, CLÍNICAS, HOSPITAIS E NECROTÉRIO: O declarante outorga poderes para as mandatárias já indicadas para, quando de seu falecimento, obter junto a qualquer médico, clínica ou hospital a integralidade de seu prontuário médico, solicitar cópias de documentos ou outras informações sobre o seu tratamento de saúde e as causas da morte, em conformidade com o Código de Ética Médica vigente, art. 102, e com o Parecer CFM nº 6/10 e eventuais alterações posteriores. Este procurador tem poderes também para agir visando a autorizar necropsia ou autópsia, ou, se possível, vedá-las, autorizar o transporte de seus restos mortais e liberar o corpo de hospitais ou necrotérios para os funerais.

DÉCIMO TERCEIRO – Poderes para a administração patrimonial: Se o declarante estiver impossibilitado de manifestar a sua vontade, ainda que não tenha sido declarada a sua interdição, ou mesmo que se tenha interditado o declarante, indica como seus procuradores (NOME E QUALIFICAÇÃO), investindo-os dos poderes a seguir outorgados, para gestores de seus negócios e patrimônio. Confere aos procuradores amplos, gerais e ilimitados poderes para o fim especial de gerir e administrar todos seus bens e haveres, presentes ou futuros, comprar, vender, compromissar, ceder, permutar, prometer comprar, vender ou ceder, doar, hipotecar, arrendar, locar, dividir, dar e receber em pagamento ou penhor, demarcar, incorporar ou de qualquer outra forma adquirir, onerar, gravar e alienar bens móveis, imóveis, automóveis, telefones, créditos, direitos, quotas, ações, títulos e demais efeitos; assinar, aceitar doações, outorgar, inclusive escritura de renúncia de usufruto, escritura definitiva decorrente de compromisso de compra e venda quitado, anuir, rescindir, retificar e ratificar instrumentos públicos ou particulares, provisórios ou definitivos, inclusive assinar escrituras de conferência de bens; estabelecer preços, prazos, juros, multas, modo e local de pagamento e demais condições, mesmo penais; receber tudo o que lhe devido, inclusive PIS - Programa de Integração Social, FGTS - Fundo de Garantia por Tempo de Serviço e aposentadoria; pagar o que dever, passar recibos, dar e aceitar quitações; receber e transmitir posse, domínio, direitos e ações; responder e obrigar pela evicção legal; autorizar registros e averbações; dar e aceitar característicos e confrontações; assumir compromissos e obrigações, contrair empréstimos e financiamentos, confessar dívidas; efetuar aplicações de capitais em nome do mandante em qualquer modalidade financeira, inclusive de renda fixa, ações, fundos mútuos, cadernetas de poupança etc., fazer remessas de numerários para o mandante no exterior; representá-lo perante quaisquer repartições públicas federais, estaduais e municipais, autarquias, concessionários de serviços públicos, serviços notariais e registrais, quaisquer empresas públicas ou privadas, em especial Correios e Telégrafos, concessionários e em especial operadoras de telefonia, provedores, permissionários de serviços públicos, de serviços de água, esgoto, luz, gás, IPESP, INSS, INCRA, FUNRURAL, empresas de seguro, juntas comerciais, delegacias fiscais, institutos, Caixas Econômicas Federal e Estaduais, sistema financeiro da habitação e imobiliário e seus agentes financeiros, institutos e empresas de previdência e onde mais for preciso, tudo assinando, promovendo ou requerendo, juntando e desentranhando documentos, holerites, assinar formulários e requerimentos, prestar informações e esclarecimentos, acompanhar processos administrativos, pagar as taxas devidas, aceitar recibos e quitações; constituir sociedades simples ou empresárias em nome da mandante, assinando todos e quaisquer contratos, distratos e alterações contratuais e estatutárias, bem como representá-lo na qualidade de dirigente das mesmas; representá-lo na qualidade de sócio ou acionista das empresas em que faça ou venha a fazer parte, podendo de conformidade com o contrato social ou estatuto das referidas empresas, praticar todos os atos que o mesmo atribui ao mandante, nas condições e nos limites lá especificados, representando-o em todos os atos ou negócios jurídicos como se o próprio mandante fosse, limitados seus atos apenas pelo que for vedado no contrato social ou estatuto; abrir, movimentar e encerrar contas e cadernetas, mesmo de poupança ou conta corrente que o mandante possui em conjunto ou separadamente em quaisquer estabelecimentos bancários, inclusive no Banco do Brasil S/A, Banco Bradesco S.A., Banco Santander S.A, ou em quaisquer de seus órgãos ou departamentos, requisitar saldos, extratos e talões de cheques, solicitar e definir senhas e códigos de acesso, atuar pessoalmente ou via eletrônica, dar ordens e contraordens, reconhecer saldos, emitir, assinar, aceitar, avalizar, endossar, sacar, descontar, caucionar, reformar, registrar e protestar cheques, ordens de pagamento, letras de câmbio, notas promissórias e demais títulos de crédito; assinar e endossar cheques de viagem, prestar fianças, representá-lo em assembleias ou reuniões de acionistas, quotistas e condôminos, votar e ser votado, aprovar ou impugnar contas e relatórios, assinar livros, termos e atas, mesmo fiscais; receber e resgatar notas promissórias; representá-lo em juízo ou fora dele, constituir advogados e estipular honorários, bem como destituí-los com os poderes da cláusula "ad-judicia" para o foro em geral, em qualquer Juízo, instância ou tribunal, propor contra quem de direito as ações competentes e defendê-lo nas contrárias, seguindo umas e outras até final decisão, usar dos recursos legais cabíveis e acompanhando-os, podendo para tanto, transigir, desistir, confessar, acordar, firmar termos e compromissos, dar e receber quitação, reivindicar, notificar e o demais necessário, receber citação intimação ou notificação judicial ou extrajudicial, mesmo inicial. Poderá praticar, enfim, todos os atos necessários ao fiel cumprimento do presente mandato, inclusive substabelecer, no todo ou em parte, com ou sem reserva de iguais poderes para si, declarando expressamente que todos os poderes ora conferidos, poderão ser exercidos em todo o território brasileiro ou em qualquer país do exterior. O presente mandato possui validade indeterminada.

DÉCIMO QUARTO – OUTRAS DISPOSIÇÕES DE CARÁTER GERAL: 14.1 – Autorização de acesso: O declarante autoriza os procuradores acima indicadas, ... ou ....., ademais de seus filhos e outros familiares a realizarem todos os atos necessários para adentrarem na sua residência, inclusive com arrombamento de portas e outras aberturas, quando sob exclusivo critério do familiar ou representante, entendam que seja necessária tal providência em defesa de sua saúde, integridade física ou qualquer outro direito de sua personalidade. 14.2 – Condição de validade e término dos mandatos - Os mandatos contidos neste documento têm como termo inicial a mudança de estado que inabilite o declarante a manifestar a sua vontade e exercer seus direitos de personalidade ou quaisquer atos da vida, condição que marca o seu início. Assim, não se confunda este termo inicial com o termo final previsto no Código Civil, art. 682, inc. III. O declarante declara que este mandato cessará quando houver uma das seguintes condições: a) morte; b) retorno do declarante ao pleno discernimento para os atos da vida. 14.3 – Doação de órgãos: O declarante deseja e autoriza que todos os seus órgãos que possam ser aproveitados em outras pessoas sejam doados. 14.4 – EXÉQUIAS: O declarante determina que o seu corpo seja cremado após a sua morte. O destino de suas cinzas pode ser escolhido por seus filhos, sugerindo o declarante que as misturem nas areias da praia de Ipanema, sob o morro Dois Irmãos. O declarante solicita que a sua vontade seja cumprida com o mais absoluto rigor, sem qualquer possibilidade de sepultamento do seu corpo, qualquer que seja o motivo que venha a ser alegado, ficando a escolha da casa crematória a critério de seus filhos ou procuradoras.

DÉCIMO QUINTO – DECLARAÇÕES FINAIS DO DECLARANTE: O tabelião esclareceu-me sobre os princípios e normas legais citadas nesta escritura, tendo eu compreendido tudo sem restar qualquer dúvida. A escritura foi lida integralmente para mim e está conforme a minha vontade. Rubrico cada página deste documento e assino ao final.

DÉCIMO SEXTO – DECLARAÇÕES DO TABELIÃO: Atesto que identifiquei o declarante por seu documento de identidade tendo qualificado seu estado civil, profissão e endereço por suas declarações. Reconheço a capacidade do declarante. Fé notarial: Dou fé das declarações contidas neste instrumento, dos documentos apresentados e arquivados, ou não, e das autenticações que faço.

DÉCIMO SÉTIMO – AUTORES: Escrita pelo escrevente ____________________ e assinada pelo ____________________.

30.7.14 Escritura Pública de Diretivas Antecipadas de Vontade e Outras Disposições[1]

PRIMEIRO – LOCAL: República Federativa do Brasil, São Paulo, SP, no 26º Tabelionato de Notas, sito na Praça Dr. João Mendes, 42, 1º ao 3º andar.

SEGUNDO – DATA: ______________________.

TERCEIRO – DECLARANTE: ______________________

QUARTO – OBJETO: Declarar a vontade a respeito dos direitos do corpo, da personalidade, da opção pela morte natural ou induzida sem sofrimento na eventualidade de estar em um quadro irreversível de sua saúde física ou psíquica, e sem possibilidade de manifestar a sua vontade. Orientar os profissionais médicos, clínicas ou hospitais sobre as suas escolhas relativas aos procedimentos diagnósticos e terapêuticos, e para as situações clínicas irreversíveis e terminais, determinando ao médico os tratamentos que admite ou que devam ser evitados, como a realização de procedimentos diagnósticos e terapêuticos desnecessários, propiciando ______________________ declarante todos os cuidados paliativos apropriados, evitando a dor e o sofrimento físico, moral e espiritual.

QUINTO – FUNDAMENTOS CONSTITUCIONAIS E LEGAIS: ______________________ declarante informa que, no exercício de sua autonomia, prevista na Constituição Federal (princípio implícito no art. 5º), busca preservar a sua dignidade como previsto pela Constituição Federal (art. 1º, inciso III), evitar e proibir o tratamento desumano (art. 5º, inciso III) ou que não queira (Código Civil, art. 15). Tem como fundamento, também, o Código de Ética Médica aprovado pela Resolução CFM n. 2.217/2018, de 01 de novembro de 2018, que dispõe sobre as diretivas antecipadas de vontade dos pacientes (Dos Princípios Fundamentais, incisos XXI e XXII), e ainda nos artigos 31 e 41.

SEXTO – VALORES E DESEJOS: ______________________ declarante informa que seus valores e desejos para a última parte de sua vida são os seguintes: a) Entende que a morte é um fato da vida e aceita seu fim; b) Não deseja sofrer nos momentos finais da vida; c) Prefere estar em sua casa, junto aos seus familiares; d) Aceita que a sua morte seja induzida para atender a estes valores; e) Viver estado de saúde com moléstia irreversível, sem a perspectiva de cura e com dor ou dependente de aparelhos, ou no denominado estado vegetativo persistente, ou ainda, com quadro de demência irreversível, significaria, para ______________________, a negação de sua vida, de sua dignidade, de sua honra, da imagem que deseja ter em vida e na posteridade; f) Deseja que sejam realizados todos e quaisquer procedimentos cuja finalidade seja prover conforto e amenizar a dor ou angústia, garantindo um final de vida tranquilo e digno; g) Confia no procurador a seguir indicado, informando que as decisões dele devem se sobrepor às de quaisquer membros de sua família ou amigos.

SÉTIMO – DECISÕES E ORIENTAÇÕES SOBRE O TRATAMENTO MÉDICO E O FIM DA VIDA: Se dois médicos entenderem que o declarante padece de uma das seguintes situações: VII.1 – Doença terminal, incurável e irreversível, sem perspectiva

1. DAV Saúde, não há aspecto negocial ou patrimonial.

de cura ou de melhora, ou VII.2 – Demência em estado avançado e irreversível ou de uma enfermidade degenerativa do sistema nervoso ou muscular, em fase avançada e irreversível, pelas quais o declarante não esteja mais vivendo com lucidez ou afetividade com seus familiares, ou VII.3 – Estado vegetativo persistente, condição que a Medicina tem uma grande certeza de irreversibilidade, determina os procedimentos e medicamentos que não devem ser administrados ou realizados: a) Ressuscitação cardiopulmonar, entendida como a abstenção da equipe de saúde em reanimar o declarante caso pare de respirar e seu coração pare de bater; b) Respiração artificial; c) Grandes procedimentos cirúrgicos; d) Diálise; e) Quimioterapia; f) Radioterapia; g) Pequenas cirurgias que não oferecerão o declarante cura, conforto ou alívio da dor; h) Exames invasivos; i) Antibióticos; j) Nutrição e hidratação artificiais, pois o declarante sabe que a Medicina já comprovou que em graus avançados de doenças terminais o paciente não sente fome nem sede e, muitas vezes, podem trazer mais desconforto; k) Outros: O procurador a seguir indicado poderá decidir sobre outras situações de saúde em que as diretrizes de saúde devam ser seguidas.

OITAVO – MANDATO – PROCURADOR PARA CUIDADOS DE SAÚDE NO FIM DA VIDA: Se for constatada alguma das três situações clínicas acima indicadas e se ________________ declarante estiver impossibilitado de manifestar a sua vontade, nomeia e constitui ________________ seus procuradores nos termos e limites informados neste ato:

________________ (qualificação do procurador, inclusive telefones de contato).

Se este procurador não for localizado, estiver incapacitado de tomar decisões ou se recusar a substituir ________________ (nome dos declarantes), indica como substituto, com os mesmos poderes:

________________ (qualificação do procurador, inclusive telefones de contato).

8.1 – Poderes: Confere ao procurador poderes para decidir tudo o que seja relativo ao seu tratamento médico, às disposições relativas à sua saúde e vida. Este procurador deverá agir nos estritos termos deste ato, ou quando haja omissão, segundo os seus próprios critérios, podendo autorizar o desligamento de aparelhos ou a suspensão e interrupção de tratamentos degradantes ou inúteis, o que será apurado segundo decisão do próprio procurador. **8.2 –** Este mandato deve sobrepor-se ou, mesmo, excluir o rol previsto no Código Civil, art. 12, parágrafo único, quando colidentes. **8.3 –** O procurador não poderá revogar ou expressar-se contra a vontade aqui manifestada. Pode e deve sanar dúvidas que porventura existam, decidir sobre a interrupção do esforço terapêutico e sobre questões não tratadas pelo declarante. **8.4 – Condição de validade e término dos mandatos** – Os mandatos contidos neste documento têm como termo inicial a mudança de estado que inabilite o declarante a manifestar a sua vontade e exercer seus direitos de personalidade ou quaisquer atos da vida, condição que marca o seu início. Assim, não se confunda este termo inicial com o termo final previsto no Código Civil, art. 682, inc. III. O declarante declara que este mandato cessará quando houver uma das seguintes condições: a) morte; b) retorno do declarante ao pleno discernimento para os atos da vida.

NONO - OUTRAS DISPOSIÇÕES DE SAÚDE: 9.1 – O determina que sejam realizados todos e quaisquer procedimentos cuja finalidade seja prover conforto e amenizar a dor ou angústia, garantindo um final de vida tranquilo e digno. 9.2 – **Gravidez**: Se porventura for constatada gravidez, todos os procedimentos devem ser tomados para salvar o feto, inclusive com a suspensão destas diretivas. Após o nascimento, ou perda do feto, as diretrizes previstas devem ser aplicadas. 9.3 – **Material genético**: O declarante (não) autoriza a utilização de seu material genético para tratamento de seus familiares. 9.4 – **Possibilidade de fecundação**: O (não) autoriza a utilização de seu sêmen, já depositado em banco próprio, para fecundação com óvulo de sua esposa, podendo a gestação ser feita por outra pessoa, desde que familiar, até o prazo de dois anos. 9.5 – **Declaração aos familiares e amigos**: Estas diretivas devem ser fielmente seguidas a despeito da opinião ou certeza dos familiares e amigos sobre a vontade ou princípios o declarante, ainda que segundo eles decorram de manifestações suas, por mais nobres que sejam os sentimentos contrários das pessoas ou mesmo que sobrevenham dificuldades de qualquer natureza. 9.6 – **Local da morte**: Diante da irreversibilidade do quadro médico, o declarante deseja ser levado para casa, a fim de desfrutar os últimos momentos de vida junto à família e no seu lar.

DÉCIMO – DIRETRIZES PARA A EQUIPE DE SAÚDE: 10.1 – **Ciência**: Este documento foi feito por uma pessoa em pleno gozo de sua capacidade civil, perante tabelião de notas com fé pública, de acordo com a Constituição e as leis brasileiras. O declarante conhece a Resolução 2.217/2018 do Conselho Federal de Medicina, que lhe dá a faculdade de recusar procedimentos médicos que tenham a finalidade apenas de prolongar a vida biológica, sem garantir-lhe a qualidade de vida. 10.2 – **Objeção de consciência**: Se algum membro da equipe de saúde se utilizar de seu direito à objeção de consciência e, portanto, não puder cumprir as disposições aqui previstas por razão moral ou religiosa, deve encaminhar o declarante para outro profissional a fim de que estas diretivas sejam fielmente cumpridas.

DÉCIMO PRIMEIRO – PRAZO E REVOGAÇÃO: Estas diretivas antecipadas de vontade devem vigorar por prazo indeterminado. O declarante foi informado pelo tabelião que pode revogar esta diretiva antecipada de vontade a qualquer tempo e em qualquer local, perante tabelião ou por forma particular.

DÉCIMO SEGUNDO – DECLARAÇÕES FINAIS DO DECLARANTE: O tabelião esclareceu-me sobre os princípios e normas legais citadas nesta escritura, tendo eu compreendido tudo sem restar qualquer dúvida. A escritura foi lida integralmente para mim e está conforme a minha vontade. Rubrico cada página deste documento e assino ao final.

DÉCIMO TERCEIRO – DECLARAÇÕES DO TABELIÃO: Atesto que identifiquei o declarante por seu documento de identidade tendo qualificado seu estado civil, profissão e endereço por suas declarações. Reconheço a capacidade o declarante. Fé notarial: Dou fé das declarações contidas neste instrumento, dos documentos apresentados e arquivados, ou não, e das autenticações que faço.

DÉCIMO QUARTO – AUTORES: Escrita pelo escrevente ______________ (nome) e assinada pelo ______________ (cargo).

30.7.15 Escritura de Inventário e Partilha do Espólio de (nome do falecido)

I – Local: República Federativa do Brasil, SP, São Paulo, Praça João Mendes, n. 42, 1º andar, no 26º Tabelionato de Notas de São Paulo.

II – Data: (data lavratura).

III – Partes:

3.1) Viúva(o) meeira(o): (qualificação da viúva).

3.2) Herdeiros filhos: (qualificação dos filhos).

3.3) Advogado(a): (qualificação do advogado).

IV – Declarações Iniciais: Então, pelas partes, acompanhadas de seu(sua) advogado(a) constituído(a), me foi requerido sejam feitos o inventário e a partilha dos bens deixados pelo falecimento de (nome do falecido) e declaram o que segue.

V – Do Autor da Herança:

5.1) Qualificação: (nome do falecido) era (nacionalidade), (profissão), portador da cédula de identidade RG (número e órgão expedidor), inscrito no CPF/MF sob n. (n. do CPF), era filho de (nome do pai) e (nome da mãe) e nasceu em (cidade de nascimento), (estado), no dia (data do nascimento).

5.2) Estado Civil: O autor da herança era casado em (única/segunda) núpcias, sob o regime da (regime de bens) com (nome da esposa), acima qualificada(o), em (data do casamento), conforme certidão de casamento n. (termo), Livro B-(livro), fls. (folhas), expedida pelo Oficial de Registro Civil das Pessoas Naturais do (n. do subdistrito). Subdistrito – (subdistrito), desta Capital, razão pela qual é sua(seu) meeira(o).

5.3) Falecimento: Faleceu no dia (data do falecimento), em (cidade), e residia em (cidade residência), (endereço), conforme certidão de óbito expedida aos (data de expedição do óbito), pelo Oficial do Registro Civil das Pessoas Naturais do (n. do subdistrito). Subdistrito – (nome do subdistrito), desta Capital, registrado no Livro C-(livro), fls. (folhas), termo n. (n. do termo).

VI – Da inexistência de testamento: O autor da herança não deixou testamento, tendo sido apresentada a informação negativa de existência de testamento expedida pelo Colégio Notarial do Brasil – seção de São Paulo, responsável pelo Registro Central de Testamentos do Estado de São Paulo emitida aos (data da expedição da certidão). As partes declaram desconhecer a existência de qualquer testamento do autor da herança.

VII – Herdeiros: De seu casamento com (nome esposa), o autor da herança possuía (número de filhos) filhos, (nome dos filhos), que são seus únicos herdeiros.

VIII – Nomeação de inventariante: De comum acordo, os herdeiros nomeiam inventariante do espólio de (nome falecido), a(o) viúva(o) meeira(o) (nome da(o) viúva(o)), nos termos do art. 617 do Código de Processo Civil, conferindo-lhe todos os poderes que se fizerem necessários para representar o espólio em juízo ou fora dele, podendo praticar todos os atos de administração dos bens que possam eventualmente estar fora deste inventário e que serão objeto de futura sobrepartilha, nomear advogado em nome do espólio, ingressar em juízo, ativa ou passivamente, constituir mandato com poderes gerais e especiais, podendo enfim praticar todos os atos que se fizerem necessários à defesa do espólio e do cumprimento de suas eventuais obrigações formais, tais como outorga de escrituras de imóveis já vendidos e quitados, inclusive receber e dar quitação. O inventariante tem também poderes para, em nome de todas as partes, solicitar e assinar eventuais escrituras de retirratificação deste ato. O presente mandato é conferido por prazo indeterminado. A(O) nomeada(o) declara que aceita este encargo, prestando compromisso de cumprir eficazmente seu mister, comprometendo-se desde já, a prestar contas aos herdeiros, se por eles solicitadas. A(O) inventariante declara estar ciente da responsabilidade civil e criminal pela declaração de bens e herdeiros e pela veracidade de todos os fatos aqui relatados.

IX – Bens: No momento da sucessão, o autor da herança tinha os bens a seguir descritos.

9.1) Bens particulares: O autor da herança possuía os seguintes bens particulares:

9.1.1) Bens imóveis: A) (descrição do imóvel), CEP (n. CEP), no (n. subdistrito). Subdistrito – (bairro do subdistrito), no município de (município), (estado), inscrito no (n. ofício). Oficial de Registro de Imóveis de (local registro A), descrito e caracterizado na matrícula n. (n. matrícula). **A.1) Aquisição:** O imóvel foi adquirido pelo autor da herança e sua(seu) mulher(marido), em (data de aquisição A1), pelo valor de (valor da aquisição A1), conforme consta no (n. do registro na matrícula A1) da matrícula n. (n. da matrícula A1) do (n. do registro A1) Oficial de Registro de Imóveis (local do registro A1). **A.2) Cadastro e Valor:** O imóvel encontra-se cadastrado na Prefeitura do Município de (município A1), sob n. (contribuinte A1), com valor venal atribuído para o exercício de (ano A1) de (valor venal A1). As partes atribuem a este imóvel, para fins fiscais, o valor de (valor atribuído A1 – fins fiscais).

9.1.2) Bens móveis: (descrever os bens móveis).

9.2) Bens do casal: O autor da herança possuía, em comum com sua(seu) esposa(marido), os seguintes bens:

9.2.1) Bens imóveis: A) (descrição do imóvel A), CEP (n. CEP A), no (n. subdistrito A). Subdistrito – (bairro do subdistrito A), no município de (município A), (estado A), inscrito no (n. ofício A). Oficial de Registro de Imóveis (local registro A), descrito e caracterizado na matrícula n. (n. matrícula A). **A.1) Aquisição:** O imóvel foi adquirido pelo autor da herança e sua(seu) mulher(marido), em (data de aquisição A), pelo valor de (valor da aquisição A), conforme consta no (n. registro na matrícula A) da matrícula n. (número da matrícula A) do (número do registro A) Oficial de Registro de Imóveis (local do registro A). **A.2) Cadastro e Valor:** O imóvel acha-se cadastrado na Prefeitura do Município de (município A), sob n. (contribuinte A), com valor venal atribuído para o exercício de (ano A) de (valor venal A). As partes atribuem a este imóvel, para fins fiscais, o valor de (valor atribuído A – fins fiscais). **B)** (descrição do imóvel B), CEP (n. CEP B), no (n. subdistrito B). Subdistrito – (bairro do subdistrito B), no município de (município B), (estado B), inscrito no (n. ofício B). Oficial de Registro de Imóveis (local do registro B), descrito e caracterizado na matrícula n. (n. matrícula B). **B.1) Aquisição:** O imóvel foi adquirido pelo autor da herança e sua(seu) mulher(marido), em (data de aquisição 2), pelo valor de (valor da aquisição 2), conforme consta no (n. registro na matrícula 2) da matrícula n. (número da matrícula 2) do (número do registro 2) Oficial de Registro de Imóveis (local do registro 2). **B.2) Cadastro e Valor:** O imóvel acha-se cadastrado na Prefeitura do Município de (município 2), sob n. (contribuinte 2), com valor venal atribuído para o exercício de (ano 2) de (valor venal 2). As partes atribuem a este imóvel, para fins fiscais, o valor de (valor atribuído – fins fiscais 2). C) (descrição do imóvel rural), CEP (n. CEP C), no (n. subdistrito C). Subdistrito – (bairro do subdistrito C), no município de (município C), (estado C), inscrito no (n. ofício C). Oficial de Registro de Imóveis de (local de registro C), descrito e caracterizado na matrícula n. (n. matrícula C). **C.1) Cadastro:** O imóvel acha-se matriculado sob n. (matrícula rural) do (número do registro – rural). Oficial de Registro de Imóveis de (local do registro – rural), está cadastrado pelo Instituto Nacional de Colonização e Reforma Agrária – INCRA por meio do n. (número cadastro INCRA), denominado (nome chácara/fazenda), com módulo fiscal de (módulo fiscal), conforme CCIR (Certificado de Cadastro de Imóvel Rural) relativo aos anos de 2003, 2004 e 2005, sob n. (número CCIR), expedido pelo Ministério da Fazenda, em (data da expedição pelo MF) com número da Secretaria da Receita Federal (número da receita), área total de (área em ha) ha, área tributável de (área tributável ha) ha, valor da terra nua de (valor terra nua), área aproveitável de (área aproveitável) ha, valor tributável de (valor tributável), área utilizada de (área utilizada) ha, alíquota de (alíquota em %) %, grau de utilização de (grau de utilização) %, imposto calculado de (valor imposto calculado) conforme declaração do ITR para o exercício de (ano do ITR). **C.2) Aquisição e Avaliação:** Este imóvel foi adquirido pelo(a) autor(s) da herança e sua(seu) mulher(marido), em (data aquisição imóvel rural), pelo valor de (valor aquisição imóvel rural), conforme (número registro na matrícula – rural) da matrícula n. (número matrícula rural) do (número do registro de imóveis). Registro e Imóveis de (local do registro – rural), (estado – rural), e as partes avaliam para efeitos fiscais em (valor atribuído pelas partes – efeitos fiscais – rural).

9.2.2) Bens Móveis: D) Automóvel: (marca), combustível (combustível), cor (cor), placa (placa), categoria particular, ano de fabricação (ano fabricação), modelo (ano modelo), chassis (chassis), inscrito no RENAVAM sob número (n. RENAVAM), licenciado pelo DETRAN (**CIRETRAN – DEMUTRAN etc.**), de (órgão da licença), no município de (município), avaliado pela FIPE – Fundação Instituto de Pesquisas Econômicas pelo valor de (valor avaliação). **E) Saldo Bancário e Aplicações Financeiras:** E1) No (banco), agência (agência), na conta corrente n. (número conta corrente), o saldo de (saldo) e mais aplicações financeiras vinculadas à referida conta, no total de (valor total das aplicações). E2) No Banco (banco 2), agência (agência 2), na conta poupança n. (conta poupança), o saldo de (saldo poupança). F) (descrever outros bens). G) Direito à Restituição de Imposto de Renda de (ano), ano-base (ano), no valor de (valor da restituição).

X – Débitos e obrigações: O autor da herança, na ocasião da abertura de sua sucessão, não possuía débitos e obrigações.

XI – Monte-mor: O total do monte-mor é de (informar soma de todos os créditos) assim distribuídos:

11.1) Bens particulares: (informar soma dos bens particulares);

11.2) Bens do casal: (informar soma dos bens comuns).

XII – Colação: O cônjuge supérstite e os demais herdeiros perguntados pelo tabelião sobre a existência de doações anteriores que devam ser trazidas à colação declararam não haver.

XIII – Partilha: O total dos bens e haveres do espólio monta em (valor total dos bens). A(O) viúva(o) e os demais herdeiros, todos concordes, ajustam a partilha assim:

13.1) Bens particulares: Os bens particulares são atribuídos aos filhos herdeiros assim: a) Para (nome do filho 1), o valor de (valor filho 1); **b)** Para (nome do filho 2), o valor de (valor ao filho 2).

13.2) Bens do casal: Os bens do casal são partilhados assim:

13.2.1) Meação da(o) viúva(o): À(Ao) viúva(o) meeira(o) caberá uma quota parte ideal de metade do patrimônio líquido, correspondente ao valor de (valor do patrimônio destinado à(ao) viúva(o)).

13.2.2) Herança dos filhos: A cada um dos (número dos filhos – herdeiros) filhos caberá (parte cabível aos filhos) do patrimônio líquido, correspondente ao valor de (valor do quinhão de cada um), para cada um(uma).

XIV – Do pagamento dos quinhões: A(O) viúva(o) e os demais herdeiros, todos concordes, ajustam o pagamento dos quinhões assim:

14.1) A(O) viúva(o), (nome da(o) viúva(o) meeira(o)), receberá em pagamento de sua meação a metade ideal de cada um dos imóveis mencionados no item (número do item), letras A, B e C, nos valores de (valor do imóvel A), (valor do imóvel B) e (valor do imóvel C), o automóvel (marca do automóvel) mencionado no item (item do automóvel), no valor de (valor do automóvel), o direito de receber a restituição de imposto de renda mencionado no item (n. item), no valor de (valor da restituição IRPF) e mais (valor recebido em dinheiro) em dinheiro, totalizando o valor de (valor total da(o) meeira(o));

14.2) O herdeiro (nome do herdeiro) receberá uma (parte recebida 2) parte dos bens imóveis mencionado no item (número do item 2), letras A, B e C, nos valores de (valor do imóvel A), (valor do imóvel B) e (valor do imóvel C) e mais (valor em dinheiro 2) em dinheiro, totalizando o seu quinhão o valor de (valor total do filho 1);

14.3) O herdeiro (nome do herdeiro 3) receberá uma (parte recebida 3) parte dos bens imóveis mencionado no item (número do item 3), letras A, B e C, nos valores de (valor do imóvel A), (valor do imóvel B) e (valor do imóvel C), e mais (valor em dinheiro 3) em dinheiro, totalizando o seu quinhão o valor de (valor total filho 2);

14.4) O herdeiro (nome do herdeiro 4) receberá uma (parte recebida 4) parte dos bens imóveis mencionado no item (número do item 4), letras A, B e C, nos valores de (valor do imóvel A), (valor do imóvel B) e (valor do imóvel C) e mais (valor em dinheiro 4) em dinheiro, totalizando o seu quinhão o valor de (valor total do filho 3).

XV – Tributos: ITCMD (Imposto de Transmissão *Causa Mortis* e Doação): As partes apresentaram a declaração de bens isentos e tributáveis do imposto *causa mortis*, conforme disciplina a Secretaria da Fazenda do Estado de São Paulo, e o respectivo imposto de transmissão foi recolhido no dia (data do recolhimento ITCMD), na rede Bancária, conforme guia de valores de (valores das guias). Este Tabelião atesta a veracidade dos valores dos bens e dos direitos informados na respectiva declaração, como determinam as Normas Administrativas da Secretaria da Fazenda Estadual (Decreto estadual n. 56.693/2011 e posterior regulamentação).

XVI – Certidões e documentos apresentados e arquivados: Os documentos apresentados ficam arquivados nestas notas em cópia digital. Recebi, conferi e dou fé da apresentação dos documentos de identificação, estado civil e representação das partes, que ficam arquivados neste Tabelionato juntamente com os seguintes documentos:

16.1) Documentos de identidade e estado civil do autor da herança e das partes;

16.2) Certidão de propriedade dos imóveis mencionados no item (número do item dos imóveis), matrícula n. (n. matrícula 1), letra A, matrícula n. (n. matrícula 2), letra B, matrícula n. (n. matrícula 3), letra C;

16.3) Certificado de propriedade do veículo mencionado no item (número do item do automóvel);

16.4) Extratos bancários das contas mencionadas no item (número do item dos extratos);

16.5) Cópia autenticada da declaração do Imposto de Renda;

16.6) Cópia autenticada do título do crédito mencionado no item (item do título de crédito);

16.7) Certidão negativa de tributos municipais: **Imóvel Letra A:** (horas):(minutos):(segundos) do dia (dia)/(mês)/(ano), código de controle n. (número); **Imóvel Letra B:** (horas 2):(minutos 2):(segundos 2) do dia (dia 2)/(mês 2)/(ano 2), código de controle n. (número); **Imóvel Letra C:** Certidão Negativa de Débitos Relativos ao Imposto sobre a Propriedade Territorial Rural – (horas 3):(minutos 3):(segundos 3) do dia (dia 3) de (mês 3) de (ano 3), válida até (dia 3 val.) de (mês 3 val.) de (ano 3 val.), com seu código de controle (número);

16.8) Cópia autenticada do CCIR 2011/2012/2013/2014/2015 imóvel letra C, item (n. item imóvel rural);

16.9) Cópia das declarações do ITR (ano do ITR) – imóvel letra C, item (n. item ITR);

16.10) Cópias autenticadas dos 5 (cinco) últimos pagamentos do ITR;

16.11) Certidão Negativa de Débitos Relativos aos Tributos Federais e à Dívida Ativa da União – (horas 4):(minutos 4):(segundos 4), (dia 4)/(mês 4)/(ano 4), válida até (dia 4 val.)/(mês 4 val.)/(ano 4 val.), código de controle da certidão (1). (2). (3). (4);

16.12) Certidão negativa de testamento;

16.13) Guia(s) de ITCMD;

16.14) Certidão Negativa de Débitos Trabalhistas em nome de (nome), sob n. (n. da certidão), expedida em (data da expedição), às (horário da expedição), válida até (data de validade) (Consolidação das Leis do Trabalho, art. 642-A e Resolução Administrativa n. 1.470/2011 do TST, de 24 de agosto de 2011);

16.15) Central de Indisponibilidades: Negativa – (código *hash*).

XVII – DOI: Emitida a DOI – Declaração sobre Operações Imobiliárias – conforme previsão legal.

XVIII – Declaração das partes:

18.1) Esta escritura foi lida e compreendida por nós. Concordamos integralmente com o teor deste ato, autorizamos a sua redação, outorgamos e assinamos.

18.2) Autorizam o tabelião e os oficiais dos registros de imóveis competentes a procederem a todos e quaisquer atos, registros ou averbações necessárias.

18.3) Os imóveis ora partilhados se encontram livres e desembaraçados de quaisquer ônus, dívidas, tributos de quaisquer naturezas e débito condominial.

18.4) Não existem feitos ajuizados fundados em ações reais ou pessoais reipersecutórias que afetem os bens e os direitos partilhados.

18.5) O autor da herança não era, e eles(as) próprios(as) não são empregadores(as) rurais ou urbanos(as) e não estão sujeitos(as) às prescrições da lei previdenciária em vigor.

18.6) **Variação de aplicações financeiras, contas bancárias, parcelas de devolução do imposto de renda e outros quaisquer valores**: se houver variação no rendimento de aplicações financeiras, contas bancárias, devolução do imposto de renda ou crédito de outros quaisquer valores do autor da herança nas contas bancárias mencionadas neste inventário, as partes autorizam o inventariante a fazer a indispensável redução ou majoração dos valores partilhados em idêntica proporção da partilha realizada. O inventariante é investido nos poderes necessários a este fim, podendo sacar os títulos ou os valores eventualmente existentes em instituições financeiras ou não e nos bancos autorizados pela Secretaria da Receita Federal.

XIX – Declarações do advogado: Pelo(a) advogado(a), (nome do advogado), me foi dito, sob responsabilidade profissional, civil e criminal, que assessorou e aconselhou seus constituintes, tendo conferido a correção da partilha e seus valores de acordo com a Lei.

XX – Declarações do tabelião:

20.1) **Autenticação**: Reconheço a identidade e estado civil dos presentes, à vista dos respectivos documentos de identidade e do registro civil apresentados, bem como suas capacidades para o ato.

20.2) Este tabelião esclareceu os herdeiros sobre o art. 1.992 do Código Civil que diz o seguinte: "**O herdeiro que sonegar bens da herança**, não os descrevendo no inventário quando estejam em seu poder, ou, com o seu conhecimento, no de outrem, ou que os omitir na colação, a que os deva levar, ou que deixar de restituí-los, **perderá o direito que sobre eles lhe cabia**".

20.3) Informou às partes que, segundo a Lei n. 7.433/85, com a redação dada pela Lei n. 13.097, de 19 de janeiro de 2015, não poderão ser opostas situações jurídicas não constantes da matrícula no cartório do registro de imóveis, inclusive para fins de evicção, ao terceiro de boa-fé que adquirir ou receber em garantia direitos reais sobre o imóvel, ressalvados o disposto nos arts. 129 e 130 da Lei n. 11.101, de 9 de fevereiro de 2005, e as hipóteses de aquisição e extinção da propriedade que independam de registro de título de imóvel. Por esse motivo, não se apresentam as certidões de feitos ajuizados. Ainda assim, o tabelião recomenda que as partes obtenham as certidões de feitos ajuizados, o que foi dispensado pelas partes.

20.4) Ficam ressalvados os eventuais erros, omissões ou direitos de terceiros.

20.5) As partes receberam juntamente com o traslado desta escritura os documentos necessários para a lavratura deste ato, exceto aqueles cujo arquivamento é exigido por lei.

20.6) Foram cumpridas as exigências documentais constantes da Lei federal n. 7.433, de 18 de dezembro de 1985, tal como regulamentada pelo citado Decreto n. 93.240/86 e pelas Normas de Serviço da Corregedoria-Geral de Justiça do Estado de São Paulo.

20.7) As partes foram cientificadas que podiam obter a prévia Certidão Negativa de Débitos Trabalhistas (CNDT), nos termos do art. 642-A da CLT, com a redação dada pela Lei n. 12.440/2011, o que foi feito.

20.8) Informou às partes que a propriedade decorre do registro no ofício exclusivo, orientando-as a registrarem esta escritura.

20.9) Informou às partes que a dúvida registral somente poderá ser suscitada por elas próprias.

20.10) **Aconselhamento notarial:** As partes foram esclarecidas sobre as normas legais e os efeitos atinentes a este negócio, em especial sobre os artigos citados nesta escritura, declarando que as compreenderam e dando-se por satisfeitas com este serviço notarial.

20.11) **Escreventes:** Na lavratura desta escritura, participaram os escreventes abaixo indicados praticando as seguintes ações: recepção e aconselhamento das partes, identificação e verificação da capacidade, qualificação legal, elaboração do ato e sua redação, diligências indispensáveis ou convenientes ao ato, coleta de assinaturas.

20.12) **Fé notarial:** Dou fé das declarações contidas neste instrumento, dos documentos apresentados e arquivados, ou não, das autenticações feitas e de que a escritura foi lida e assinada pelas partes presentes.

Parte(s) assina(m)

Escrevente(s) assina(m)

Tab. Sub. assina

Emolumentos: R$ 000,00

30.7.16 Escritura de Indicação e Compromisso de Inventariante do Espólio de (nome do espólio)

I – Local: República Federativa do Brasil, SP, São Paulo, Praça João Mendes, n. 42, 1º andar, no 26º Tabelionato de Notas de São Paulo.

II – Data: (Data lavratura).

III – Partes:

3.1) A(o) **viúva(o) meeira(o)**, (qualificação da(o) viúva(o)),

3.2) Os **herdeiros filhos**, (qualificação dos filhos).

3.3) **Advogado(a)**, (qualificação do(a) advogado(a)).

IV – Autenticação do tabelião: Reconheço as identidades dos presentes à vista de seus documentos de identidade apresentados e suas capacidades para o ato, do que dou fé.

V – Declarações Iniciais: Então, pelas partes, acompanhadas de seu(sua) advogado(a) constituído(a), me foram requeridos a escritura de inventário e partilha e o compromisso de inventariante do espólio de (nome do falecido). Para tanto, declaram o que segue.

VI – Do (autor) da herança:

6.1) Qualificação: (nome do falecido) era (nacionalidade), (profissão), portador da cédula de identidade RG n. (número e órgão expedidor), inscrito no CPF/MF sob n. (número do CPF), era filho de (nome do pai) e (nome da mãe) e nasceu em (cidade de nascimento), (estado), no dia (data do nascimento).

6.2) Estado civil: O autor da herança era casado em (únicas/segundas) núpcias, sob o regime da (regime de bens) com (nome da esposa), acima qualificada(o), em (data do casamento), conforme certidão de casamento n. (termo), Livro B-(livro), fls. (folhas), expedida pelo Oficial de Registro Civil das Pessoas Naturais do (número). Subdistrito – (nome do subdistrito), desta Capital, razão pela qual é sua(seu) meeira(o).

6.3) Falecimento: Faleceu no dia (data do falecimento), em (cidade), e residia em (cidade de residência), (endereço), conforme certidão de óbito expedida aos (data de expedição do óbito), pelo Oficial do Registro Civil das Pessoas Naturais do (número). Subdistrito – (nome do subdistrito), desta Capital, registrado no Livro C-(livro), fls. (folhas), termo n. (número do termo).

VII – Da inexistência de testamento: O autor da herança não deixou testamento, tendo sido apresentada a informação negativa de existência de testamento expedida pelo Colégio Notarial do Brasil – seção de São Paulo, responsável pelo Registro Central de Testamentos do Estado de São Paulo emitida aos (data da expedição da certidão). As partes declaram desconhecer a existência de qualquer testamento do autor da herança.

VIII – Herdeiros: De seu casamento com (nome esposa), o autor da herança possuía (número de filhos) filhos, (nome dos filhos), que são seus únicos herdeiros.

IX – Nomeação de inventariante: Nos termos do art. 617 do Código de Processo Civil, de comum acordo, a viúva e os herdeiros nomeiam inventariante do espólio de (nome falecido), a(o) viúva(o) meeira(o) (nome da(o) viúva(o)), conferindo-lhe todos os poderes que se fizerem necessários para representar o espólio em juízo ou fora dele, podendo praticar todos os atos de administração dos bens do espólio e que serão objeto de futura partilha, nomear advogado em nome do espólio, ingressar em juízo, ativa ou passivamente, constituir mandato com poderes gerais e especiais, requerer extratos e obter toda e qualquer informação sobre as disponibilidades financeiras e outros ativos, mobiliários ou imobiliários do autor da herança, podendo enfim praticar todos os atos que se fizerem necessários à defesa do espólio e do cumprimento de suas eventuais obrigações formais, tais como outorga de escrituras de imóveis já vendidos e quitados, inclusive receber e dar quitação.

X – Aceite: O(A) nomeado(a) declara que aceita este encargo, prestando compromisso de cumprir eficazmente seu mister, comprometendo-se, desde já, a prestar contas à viúva e aos herdeiros, se por eles solicitado. O(A) inventariante declara estar ciente da responsabilidade civil e criminal pela declaração de bens e herdeiros e pela veracidade de todos os fatos aqui relatados. O(A) inventariante está dispensado(a) de prestar caução.

XI – Certidões e documentos apresentados e arquivados: Os documentos apresentados ficam arquivados nestas Notas em cópia digital. Recebi, conferi e dou fé da apresentação dos documentos de identificação, estado civil e representação das partes, que ficam arquivados neste Tabelionato juntamente com os documentos de identificação do autor da herança e da Certidão negativa de testamento.

(Caso haja procuração, mencionar os dados de expedição e validade.)

XII – Declarações do advogado: Pelo(a) advogado(a), me foi dito, sob responsabilidade profissional, civil e criminal, que assessorou e aconselhou seus constituintes, tendo conferido os termos da presente.

XIII – Declarações Finais:

13.1) Este tabelião esclareceu os herdeiros sobre o art. 1.992 do Código Civil que diz o seguinte: "O herdeiro que sonegar bens da herança, não os descrevendo no inventário quando estejam em seu poder, ou, com o seu conhecimento, no de outrem, ou que os omitir na colação, a que os deva levar, ou que deixar de restituí-los, **perderá o direito que sobre eles lhe cabia**";

13.2) As partes receberam juntamente com o traslado desta escritura os documentos necessários para a lavratura deste ato, exceto aqueles cujo arquivamento é exigido por lei;

13.3) As partes foram esclarecidas pelo tabelião sobre as normas legais e os efeitos atinentes a este ato, em especial sobre os artigos citados nesta escritura.

XIV – Declaração das partes: Esta escritura foi lida e compreendida por nós. Concordamos integralmente com o teor deste ato, autorizamos a sua redação, outorgamos e assinamos.

XV – Autores: Escrita pelo(s) escrevente(s) (nome esc. resp.). Assinada pelo (cargo esc. ass.) (nome esc. ass.).

XVI – Assinaturas das partes: As assinaturas das partes foram realizadas perante um dos escreventes autores.

XVII – Fé notarial: Dou fé das declarações contidas neste instrumento, dos documentos apresentados e arquivados, ou não, e das autenticações que faço.

30.7.17 Escritura de Inventário Negativo do Espólio de (nome do falecido)

I – Local: República Federativa do Brasil, SP, São Paulo, Praça João Mendes, n. 42, 1º andar, no 26º Tabelionato de Notas de São Paulo.

II – Data: (data lavratura).

III – Partes:

3.1) Viúva(o) meeira(o): (qualificação da viúva).

3.2) Herdeiros filhos: (qualificação dos filhos).

3.3) Advogado(a): (qualificação do advogado(a)).

IV – Declarações iniciais: Então, pelas partes, acompanhadas de seu(sua) advogado(a) constituído(a), me foi requerido seja feito o inventário negativo de (nome do falecido) e declaram o que segue.

V – *De cujus*:

5.1) Qualificação: (nome do falecido) era (nacionalidade), (profissão), portador da cédula de identidade RG (número e órgão expedidor), inscrito no CPF/MF sob n. (número do CPF), era filho de (nome do pai) e (nome da mãe) e nasceu em (cidade de nascimento), (estado), no dia (data do nascimento).

5.2) Estado civil: O falecido era casado em (únicas/segundas) núpcias, sob o regime da (regime de bens) com (nome da esposa), acima qualificada(o), em (data do casamento), conforme certidão de casamento n. (termo), Livro B-(livro), fls. (folhas), expedida pelo Oficial de Registro Civil das Pessoas Naturais do (n. do subdistrito). Subdistrito – (subdistrito), desta Capital.

5.3) Falecimento: Faleceu no dia (data do falecimento), em (cidade), e residia em (cidade de residência), (endereço), conforme certidão de óbito expedida aos (data de expedição do óbito), pelo oficial do registro civil das pessoas naturais do (n. do subdistrito). Subdistrito – (subdistrito), desta Capital, registrado no Livro C- (livro), fls. (folhas), termo n. (n. do termo).

VI – Da inexistência de testamento: O falecido não deixou testamento, tendo sido apresentada a informação negativa de existência de testamento expedida pelo Colégio Notarial do Brasil – Seção de São Paulo, responsável pelo Registro Central de Testamentos do Estado de São Paulo emitida aos (data da expedição da certidão). As partes declaram desconhecer a existência de qualquer testamento do falecido.

VII – Herdeiros: De seu casamento com (nome esposa), o falecido possuía (número de filhos) filhos, (nome dos filhos), que são seus únicos herdeiros.

VIII – Nomeação de inventariante: De comum acordo, os herdeiros nomeiam inventariante do espólio de (nome falecido), a(o) viúva(o) meeira(o) (nome da(o) viúva(o)), nos termos do art. 617 do Código de Processo Civil, conferindo-lhe todos os poderes que se fizerem necessários para representar o espólio em juízo ou fora dele, podendo praticar todos os atos de administração dos bens que possam eventualmente estar fora deste inventário e que serão objeto de futura sobrepartilha, nomear advogado em nome do espólio, ingressar em juízo, ativa ou passivamente, constituir mandato com poderes gerais e especiais, podendo enfim praticar todos os atos que se fizerem necessários à defesa do espólio e do cumprimento de suas eventuais obrigações formais, tais como outorga de escrituras de imóveis já vendidos e quitados, inclusive receber e dar quitação. O inventariante tem também poderes para, em nome de todas as partes, solicitar e assinar eventuais escrituras de retirratificação deste ato. O presente mandato é conferido por prazo indeterminado. A(O) nomeada(o) declara que aceita este encargo, prestando compromisso de cumprir eficazmente seu mister, comprometendo-se desde já, a prestar contas aos herdeiros, se por eles solicitadas. A(O) inventariante declara estar ciente da responsabilidade civil e criminal pela declaração de bens e herdeiros e pela veracidade de todos os fatos aqui relatados.

IX – Inexistência de bens: O(A) viúvo(a) meeiro(a) e o herdeiro declaram, sob responsabilidade civil e penal, que no momento da abertura da sucessão, o *de cujus* não possuía bens.

X – Débitos e obrigações: O *de cujus*, na ocasião da abertura de sua sucessão, não possuía débitos e obrigações.

XI – Colação: O herdeiro perguntado pelo tabelião sobre a existência de doações anteriores que devam ser trazidas à colação declarou não haver.

XII – Certidões e documentos apresentados e arquivados: Os documentos apresentados ficam arquivados nestas notas em cópia digital. Recebi, conferi e dou fé da apresentação dos documentos de identificação, estado civil e representação das partes, que ficam arquivados neste Tabelionato juntamente com os seguintes documentos:

12.1) Documentos de identidade e estado civil do(a) autor(a) da herança, da(o) viúva(o) e do(a) advogado(a);

12.2) Certidão Conjunta Negativa de Débitos Relativos a Tributos Federais e à Dívida Ativa da União, expedida pela Secretaria da Receita Federal, às (horas 4):(minutos 4):(segundos 4) do dia (dia 4)/(mês 4)/(ano 4), válida até (dia 4 val.)/(mês 4 val.)/(ano 4 val.), com código de controle da certidão (1). (2). (3). (4);

12.3) Certidão negativa de testamento;

12.4) Certidão Negativa de Débitos Trabalhistas em nome de (nome), sob n. (n. da certidão), expedida em (data da expedição), às (horário da expedição), válida até (data de validade) – 180 (cento e oitenta) dias, contados da data de sua expedição. Esta certidão é expedida por processo informatizado – internet – e com base no art. 642-A da Consolidação das Leis do Trabalho, acrescentado pela Lei n. 12.440, de 7 de julho de 2011, e na Resolução Administrativa n. 1.470/2011 do Tribunal Superior do Trabalho, de 24 de agosto de 2011;

12.5) **Central de indisponibilidades:** Negativa – (código *hash*).

XIII – Declaração das partes:

13.1) Esta escritura foi lida e compreendida por nós. Concordamos integralmente com o teor deste ato, autorizamos a sua redação, outorgamos e assinamos.

13.2) Autorizam o tabelião e os oficiais dos registros de imóveis competentes a procederem a todos e quaisquer atos, registros ou averbações necessárias.

13.3) O autor da herança não era, e eles(as) próprios(as) não são, empregadores(as) rurais ou urbanos(as) e não estão sujeitos(as) às prescrições da lei previdenciária em vigor.

XIV – Declarações do advogado: Pelo(a) advogado(a), (nome do advogado), me foi dito, sob responsabilidade profissional, civil e criminal que assessorou e aconselhou seus constituintes, tendo conferido o presente inventário negativo.

XV – Declarações do tabelião:

15.1) **Autenticação**: Reconheço a identidade e o estado civil dos presentes, à vista dos respectivos documentos de identidade e do registro civil apresentados, bem como suas capacidades para o ato.

15.2) Este tabelião esclareceu os herdeiros sobre o art. 1.992 do Código Civil que diz o seguinte: "**O herdeiro que sonegar bens da herança**, não os descrevendo no inventário quando estejam em seu poder, ou, com o seu conhecimento, no de outrem, ou que os omitir na colação, a que os deva levar, ou que deixar de restituí-los, **perderá o direito que sobre eles lhe cabia**".

15.3) Ficam ressalvados os eventuais erros, omissões ou direitos de terceiros.

15.4) As partes receberam juntamente com o traslado desta escritura os documentos necessários para a lavratura deste ato, exceto aqueles cujo arquivamento é exigido por lei.

15.5) Foram cumpridas as exigências documentais constantes da Lei federal n. 7.433, de 18 de dezembro de 1985, tal como regulamentada pelo citado Decreto n. 93.240/86 e pelas Normas de Serviço da Corregedoria-Geral de Justiça do Estado de São Paulo.

15.6) As partes foram cientificadas que podiam obter a prévia Certidão Negativa de Débitos Trabalhistas (CNDT), nos termos do art. 642-A da CLT, com a redação dada pela Lei n. 12.440/2011, o que foi feito.

15.7) **Aconselhamento notarial**: As partes foram esclarecidas sobre as normas legais e os efeitos atinentes a este negócio, em especial sobre os artigos citados nesta escritura, declarando que as compreenderam e dando-se por satisfeitas com este serviço notarial.

15.8) **Escreventes**: Na lavratura desta escritura, participaram os escreventes abaixo indicados praticando as seguintes ações: recepção e aconselhamento das partes, identificação e verificação da capacidade, qualificação legal, elaboração do ato e sua redação, diligências indispensáveis ou convenientes ao ato, coleta de assinaturas.

15.9) **Fé notarial**: Dou fé das declarações contidas neste instrumento, dos documentos apresentados e arquivados, ou não, das autenticações feitas e de que a escritura foi lida e assinada pelas partes presentes.

Parte(s) assina(m)
Escrevente(s) assina(m)
Tab. Sub. assina
Emolumentos: R$ 000,00

30.7.18 Escritura de Separação Consensual com Partilha de Bens

Outorgantes e reciprocamente outorgados: (nome das partes)
Advogado(a): (nome do(a) advogado(a))

S A I B A M todos os que virem esta escritura pública que (data lavratura), em São Paulo, SP, República Federativa do Brasil, no 26º Tabelionato de Notas, perante mim, escrevente autorizado(a) pelo Tabelião, comparecem, **como partes**, o primeiro outorgante e reciprocamente outorgado (qualificar o primeiro outorgante), adiante denominado simplesmente outorgante, e, como segunda outorgante e reciprocamente outorgada (qualificar a segunda outorgante), adiante denominada simplesmente outorgante. Comparece, também, como advogado(a), (qualificar o(a) advogado(a)). Reconheço a identidade dos presentes e suas respectivas capacidades para o ato, do que dou fé. Então, pelas partes, acompanhadas de seu(sua) advogado(a) constituído(a), me foi dito que desejam realizar a sua separação consensual. **PRIMEIRO:** Os outorgantes contraíram matrimônio no dia (data), conforme assento feito sob n. (número), às fls. (folhas), do livro (livro), nos termos da certidão emitida em (data de emissão e prazo), do Registro Civil das Pessoas Naturais do (número subdistrito). Subdistrito – (nome do subdistrito), (município do registro civil) sob o regime patrimonial da (regime de bens), a qual fica arquivada nestas notas na pasta própria. **SEGUNDO: DOS FILHOS** – Os outorgantes não possuem filhos comuns menores ou incapazes. **TERCEIRO: DOS REQUISITOS DA DISSOLUÇÃO DO MATRIMÔNIO** – Não desejando mais os outorgantes manter a sociedade conjugal, declaram, de sua espontânea vontade, livre de qualquer coação, sugestão ou induzimento, o seguinte: (3.1) A convivência matrimonial entre eles tornou-se intolerável, não havendo possibilidade de reconciliação; (3.2) O prazo legal de um ano de casados já transcorreu, o que lhes permite obter a separação consensual; (3.3) A separação que ora requerem preserva os interesses dos cônjuges e não prejudica o interesse de terceiros. **QUARTO: DO ACONSELHAMENTO E ASSISTÊNCIA JURÍDICA** – Pelo(a) advogado(a) constituído(a) pelos dois outorgantes, foi dito que, tendo ouvido ambas as partes, aconselhado e advertido das consequências da separação, propôs a reconciliação. As partes recusaram a proposta de reconciliação e declararam perante o(a) advogado(a) e este tabelião estarem convictas de que a dissolução da referida sociedade conjugal é a melhor decisão para ambos. **QUINTO: DA SEPARAÇÃO** – Assim, em cumprimento ao pedido e à vontade dos outorgantes, atendidos os requisitos legais, em especial os arts. 1.574 do Código Civil e 733 do Código de Processo Civil, pela presente escritura fica dissolvida a sociedade conjugal entre eles, que passam a ter o estado civil de separados consensualmente. **SEXTO: EFEITOS DA SEPARAÇÃO CONSEN-**

SUAL – Em decorrência desta separação ficam extintos os deveres de fidelidade recíproca e coabitação, bem como o regime de bens. Permanecem ainda os deveres de mútua assistência, educação dos filhos, respeito e consideração mútuos. **SÉTIMO: DO NOME DAS PARTES** – A esposa volta a adotar o seu nome de solteira, qual seja, (nome de solteira). **OITAVO: DA PENSÃO ALIMENTÍCIA** – Os outorgantes estabelecem que o primeiro outorgante pagará à segunda outorgante uma pensão mensal de (valor da pensão), não reajustável, que deverá ser depositada no dia (dia) de cada mês, devendo o depósito ser efetuado diretamente na conta da segunda outorgante, no Banco (banco), agência (agência), conta corrente n. (conta corrente), sob pena de multa de (valor da multa) por dia, pelo período de um ano, quando então será extinta. A primeira pensão deverá ser depositada no dia (dia) de (mês) próximo. **NONO: DOS BENS DO CASAL** – Os outorgantes e reciprocamente outorgados adquiriram, durante seu casamento, os seguintes bens comuns, que totalizam o valor de (valor total dos bens): **(9.1)** (descrever imóvel 1), situado no Município de (município 1), (estado 1), matriculado sob n. (matrícula 1) no Registro de Imóveis de (local registro 1), (estado 1), cadastrado pela Prefeitura do Município de (município prefeitura 1), pelo contribuinte n. (contribuinte 1), com valor venal para o exercício de (exercício 1) de (valor venal 1), sendo que os outorgantes atribuem a este imóvel, para fim desta partilha, o valor de (valor atribuído pelas partes 1); **(9.2)** (descrever o imóvel 2), situado no Município de (município 2), (estado 2), matriculado sob n. (matrícula 2) no Registro de Imóveis de (local registro 2), (estado 2) , cadastrado pela Prefeitura do Município de (município prefeitura 2), pelo contribuinte n. (contribuinte 2), com valor venal para o exercício de (exercício 2) de (valor venal 2) sendo que os outorgantes atribuem a este imóvel, para fim desta partilha, o valor de (valor atribuído pelas partes 2); **(9.3)** Saldo de aplicações financeiras no Banco (banco), agência (agência), no valor de (valor da aplicação); **DÉCIMO: DA PARTILHA** – Os outorgantes resolvem partilhar seus bens comuns, da seguinte forma: **(10.1) Ao primeiro outorgante** caberão os seguintes bens: (bens do primeiro outorgante), totalizando seu quinhão o valor de (valor total 1º); **(10.2) À segunda outorgante** caberão os seguintes bens: (bens da segunda outorgante), totalizando seu quinhão, o valor de (valor total 2ª); **(10.3)** Tendo em vista que os valores dos quinhões atribuídos importam na totalidade do patrimônio e são idênticos, não haverá reposições. Pela partilha dos bens, as partes se outorgam mútua e reciprocamente a irrevogável e plena quitação. Para melhor compreensão da partilha, veja-se a tabela que acompanha a escritura. **DÉCIMO PRIMEIRO: DO IMPOSTO DE TRANSMISSÃO** – Em virtude de os quinhões serem idênticos, não havendo reposição gratuita ou onerosa, não há incidência de ITBI ou ITCMD. **DÉCIMO SEGUNDO: DAS DECLARAÇÕES DAS PARTES** – As partes declaram que: **(12.1)** Os imóveis ora partilhados se encontram livres e desembaraçados de quaisquer ônus, dívidas, tributos de quaisquer naturezas e débito condominial; **(12.2)** Não existem feitos ajuizados fundados em ações reais ou pessoais reipersecutórias que afetem os bens e direitos partilhados. **(12.3)** Não são empregadores rurais ou urbanos e não estão sujeitas às prescrições da lei previdenciária em vigor. **DÉCIMO TERCEIRO: (13.1)** As partes afirmam sob responsabilidade civil e criminal que os fatos aqui relatados e declarações feitas são a exata expressão da verdade; **(13.2)** As partes declaram que o cônjuge virago não se encontra em estado gravídico, ao que saibam. **DÉCIMO QUARTO:**

DOCUMENTOS – São apresentados e ficam arquivados neste Tabelionato os seguintes documentos: (14.1) Certidão de propriedade da matrícula n. (n. de matrícula), expedida em (data expedição); (14.2) Certidão de propriedade da matrícula n. (n. de matrícula 2), expedida em (data expedição 2); (14.3) A guia de pagamento do ITBI OU ITCMD citada, autenticada mecanicamente em (data autenticação); (14.4) Certidão negativa de tributos imobiliários emitida pela Prefeitura do Município de (cidade) por processo informatizado – internet, às (hora):(minuto):(segundo) do dia (dia)/(mês/(ano) (hora e data de Brasília/DF), com código de controle n. _____._____._____._____; (14.5) Procuração apresentada por (outorgante ou outorgado), expedida em (data expedição – prazo). **DÉCIMO QUINTO: OUTRAS DISPOSIÇÕES** – As partes afirmam sob responsabilidade civil e criminal que os fatos aqui relatados e declarações feitas são a exata expressão da verdade. O tabelião informou às partes que, segundo a Lei n. 7.433/85, com a redação dada pela Lei n. 13.097, de 19 de janeiro de 2015, não poderão ser opostas situações jurídicas não constantes da matrícula no cartório do registro de imóveis, inclusive para fins de evicção, ao terceiro de boa-fé que adquirir ou receber em garantia direitos reais sobre o imóvel, ressalvados o disposto nos arts. 129 e 130 da Lei n. 11.101, de 9 de fevereiro de 2005, e as hipóteses de aquisição e extinção da propriedade que independam de registro de título de imóvel. Por este motivo, não se apresentam as certidões de feitos ajuizados. As partes foram orientadas pelo tabelião sobre a necessidade de apresentação de seu traslado no registro civil do assento de casamento para a necessária averbação. As partes requerem e autorizam o Oficial de Registro Civil das Pessoas Naturais do (número subdistrito). Subdistrito – (local do subdistrito), (município do registro) a efetuar a averbação necessária para que conste a presente separação consensual, passando as partes ao estado civil de separadas. Requerem ainda aos Oficiais de Registro de Imóveis competentes a efetuarem os registros e as averbações necessárias. As partes foram esclarecidas pelo tabelião sobre as normas legais e os efeitos atinentes a este ato, em especial sobre os artigos citados nesta escritura, requerendo, como previsto na Lei n. 8.935/94, art. 30, VI, confidencialidade a respeito desta escritura. Este tabelião defere o pedido, informando às partes que o ato e esta escritura não têm sigilo, conforme art. 42 da Resolução n. 35 do Conselho Nacional de Justiça. Emitida a DOI – Declaração sobre Operações Imobiliárias – conforme previsão legal. ASSIM dizem, pedem e lavro a presente escritura que, lida em voz alta, acham em tudo conforme, aceitam, outorgam e assinam. Escrita pelo(a) escrevente (nome esc. resp.) e assinada pelo (cargo esc. ass.) (nome esc. ass.). Dou fé.

30.7.19 Escritura Pública de Restabelecimento de Sociedade Conjugal

Outorgantes e reciprocamente outorgados: (nome das partes)
Assistente jurídico: (nome do advogado)

S A I B A M todos os que virem esta escritura pública que em (data), em São Paulo, SP, República Federativa do Brasil, no 26º Tabelionato de Notas, perante mim, escrevente autorizado pelo Tabelião, comparecem, **como partes**, o primeiro outorgante e reciprocamente outorgado (qualificar o primeiro outorgante), adiante denominado simplesmente outorgante, e, como segunda outorgante e reciprocamente outorgada (qualificar a segunda outorgante), adiante denominada simplesmente outorgante. Comparece também, como assistente jurídico, (qualificar advogado). Reconheço a identidade dos presentes e suas respectivas capacidades para o ato, do que dou fé. Então, pelas partes, acompanhadas de seu advogado constituído, o ora assistente jurídico, me foi dito que desejam realizar o restabelecimento de sua sociedade conjugal. PRIMEIRO: Os outorgantes contraíram matrimônio no dia (data), conforme assento feito sob n. (número), às fls. (folhas), do Livro (livro), nos termos da certidão emitida em (data da emissão prazo), do Registro Civil das Pessoas Naturais do (número subdistrito). Subdistrito – (nome do subdistrito), (município do registro civil), sob o regime patrimonial da (regime de bens), a qual fica arquivada nestas notas na pasta própria. SEGUNDO: DOS FILHOS – Os outorgantes não possuem filhos comuns. TERCEIRO: DA SEPARAÇÃO – Por sentença proferida pelo MM. Juiz de direito, (nome do juiz), em (data da sentença), processo n. (número do processo), regularmente transitado em julgado, os outorgantes e reciprocamente outorgados se separaram consensualmente, voltando a separanda a usar o nome de solteira, ou seja, (nome de solteira), cuja averbação encontra-se à margem do termo sob número (n. termo av.), Livro B-(livro av.), às fls. (folhas av.), em data de (data da averbação da separação), expedida pelo Oficial de Registro Civil das Pessoas Naturais do (número do subdistrito) – (nome do subdistrito). QUARTO: DO ACONSELHAMENTO E ASSISTÊNCIA JURÍDICA – Pelo assistente jurídico, advogado constituído pelos dois outorgantes, foi dito que, tendo ouvido ambas as partes, aconselhado e advertido das consequências deste ato, propôs a reconciliação. As partes em comum acordo aceitaram a proposta de reconciliação e declararam perante o assistente jurídico e este Tabelião estarem convictas de que desejam o restabelecimento da sociedade conjugal, que é a melhor solução para ambos. QUINTO: DO RESTABELECIMENTO – Assim, em cumprimento ao pedido e vontade dos outorgantes e reciprocamente outorgados, atendidos os requisitos legais, pela presente escritura, nos termos dos arts. 1.577 do Código Civil e 733 do Código de Processo Civil, fica **restabelecida a sociedade conjugal dos outorgantes e reciprocamente outorgados**, que passam a ter o estado civil de casados no regime da (regime de bens), na vigência da Lei n. 6.515/77. SEXTO: DO NOME DAS PARTES – A esposa volta a adotar o seu nome de casada, qual seja, (nome de casada). SÉTIMO: DOS BENS – As partes declaram ter, nesta data, os seguintes bens particulares: (nome do primeiro outorgante): (descrever os bens); (nome da segunda outorgante): (descrever os bens). OITAVO: DECLARAÇÕES DAS PARTES – Os outorgantes e reciprocamente outorgados declaram expressamente sob as penas da lei e responsabilidade civil e criminal que o presente restabelecimento da sociedade conjugal em nada prejudica o eventual direito de terceiros, adquirido antes ou durante o estado civil de separados, conforme dispõe o parágrafo único do art. 1.577 do Código Civil. NONO: OUTRAS DISPOSIÇÕES – As partes afirmam sob responsabilidade civil e criminal que os fatos aqui relatados e declarações feitas são a exata expressão da verdade. As partes foram orientadas pelo tabelião sobre a necessidade de apresentação do traslado desta escritura no registro civil do assento de casamento para a necessária averbação. As partes requerem e autorizam o Oficial de

Registro Civil das Pessoas Naturais do (número subdistrito). Subdistrito – (local do subdistrito), (município do registro) a efetuar a averbação necessária para que conste o presente restabelecimento de sociedade conjugal, passando as partes ao estado civil de casadas. As partes foram esclarecidas pelo tabelião sobre as normas legais e os efeitos atinentes a este ato, em especial sobre os artigos citados nesta escritura. ASSIM dizem, pedem e lavro a presente escritura que, lida em voz alta, acham em tudo conforme, aceitam, outorgam e assinam. Escrita pelo escrevente (nome esc. resp.) e assinada pelo (cargo esc. ass.) (nome esc. ass.). Dou fé.

30.7.20 Escritura de Divórcio Consensual com Partilha de Bens

I – **Local**: República Federativa do Brasil, SP, São Paulo, Praça João Mendes, n. 42, 1º andar, no 26º Tabelionato de Notas de São Paulo.

II – **Data**: (data lavratura).

III – **Partes**:

3.1) **Divorciando** (qualificação do divorciando),

3.2) **Divorcianda** (qualificação da divorcianda).

3.3) **Advogado(a)**: (qualificação do advogado).

IV – **Declarações iniciais**: Então, pelas partes, acompanhadas de seu(sua) advogado(a) constituído(a), me foi dito que desejam realizar o seu divórcio consensual e partilha dos bens.

V – **Casamento**: Contraíram matrimônio no dia (data), conforme assento feito sob n. (número assento), às fls. (folhas), do livro (livro), nos termos da certidão emitida em (data da emissão – prazo de 90 dias), do Registro Civil das Pessoas Naturais do (n. subdistrito). Subdistrito – (subdistrito), sob o regime patrimonial da (regime de bens), a qual fica arquivada nestas notas na pasta própria.

VI – **Filhos**: Os outorgantes não possuem filhos comuns.

VII– **Requisitos do divórcio**: Por motivos pessoais não desejam mais permanecer casadas e declaram, de sua espontânea vontade, livre de qualquer coação, sugestão ou induzimento, que desejam realizar o seu divórcio consensual. Declaram ainda que o divórcio que ora requerem e realizam preserva os interesses dos cônjuges e não prejudica o interesse de terceiros.

VIII – **Aconselhamento e assistência jurídica**: Pelo(a) advogado(a) constituído(a) pelos dois outorgantes, foi dito que, tendo ouvido ambas as partes, aconselhou e advertiu das consequências do divórcio. As partes declararam perante o(a) advogado(a) e este tabelião estarem convictas de que a dissolução do casamento é a melhor solução para ambas.

IX – **Divórcio**: Assim, em cumprimento ao pedido e vontade dos outorgantes, atendidos os requisitos legais, pela presente escritura, nos termos do art. 733 do Código de Processo Civil e da Emenda Constitucional n. 66, de 13 de julho de 2010, fica dissolvido o vínculo conjugal entre eles, que passam a ter o estado civil de divorciados.

X – Efeitos do divórcio: Em decorrência deste divórcio ficam extintos todos os deveres do casamento, exceto os deveres em relação aos filhos.

XI – Nome das partes: A esposa volta a adotar o seu nome de solteira, qual seja: (nome de solteira).

XII – Pensão alimentícia: O direito a alimentos não será exercido por nenhum dos outorgantes em razão de terem meios próprios suficientes para se manterem.

XIII – Bens: Adquiriram, durante seu casamento, os seguintes bens comuns, que totalizam o valor de (valor total dos bens): A) (descrição do imóvel A), CEP (n. CEP A), no (n. subdistrito A). Subdistrito – (bairro do subdistrito A), no Município de (município A), (estado A), inscrito no (n. ofício A). Oficial de Registro de Imóveis desta cidade, descrito e caracterizado na matrícula n. (n. matrícula A). **A.1) Aquisição:** O imóvel foi adquirido pelas partes em (data de aquisição A), pelo valor de (valor da aquisição A), conforme consta no (n. registro na matrícula A) da matrícula n. (n. da matrícula A) do (n. do registro A) Oficial de Registro de Imóveis (local do registro A). **A.2) Cadastro e Valor:** O imóvel acha-se cadastrado na Prefeitura do Município de (município A), sob n. (contribuinte A), com valor venal atribuído para o exercício de (ano A) de (valor venal A). As partes atribuem a este imóvel, para fins fiscais, o valor de (valor atribuído A – fins fiscais). B) (descrição do imóvel B), CEP (n. CEP B), no (n. subdistrito B). Subdistrito – (bairro do subdistrito B), no Município de (município B), (estado B), inscrito no (n. ofício B). Oficial de Registro de Imóveis desta cidade, descrito e caracterizado na matrícula n. (n. matrícula B). **B.1) Aquisição:** O imóvel foi adquirido pelas partes, em (data de aquisição 2), pelo valor de (valor da aquisição 2), conforme consta no (n. registro na matrícula 2) da matrícula n. (n. da matrícula 2) do (n. do registro 2) Oficial de Registro de Imóveis (local do registro 2). **B.2) Cadastro e Valor:** O imóvel acha-se cadastrado na Prefeitura do Município de (município 2), sob n. (contribuinte 2), com valor venal atribuído para o exercício de (ano 2) de (valor venal 2). As partes atribuem a este imóvel, para fins fiscais, o valor de (valor atribuído – fins fiscais 2). C) (descrição do imóvel rural), CEP (n. CEP C), no (n. subdistrito C). Subdistrito – (bairro do subdistrito C), no Município de (município C), (estado C), inscrito no (n. ofício C). Oficial de Registro de Imóveis de (local de registro C), descrito e caracterizado na matrícula n. (n. matrícula C). **C.1) Cadastro:** O imóvel acha-se matriculado sob n. (matrícula rural) do (n. do registro – rural). Oficial de Registro de Imóveis de (local do registro – rural), está cadastrado pelo Instituto Nacional de Colonização e Reforma Agrária – INCRA por meio do n. (número cadastro INCRA), denominado (nome chácara/fazenda), com módulo fiscal de (módulo fiscal), conforme CCIR (Certificado de Cadastro de Imóvel Rural) relativo aos anos de (anos do CCIR), sob n. (n. CCIR), expedido pelo Ministério da Fazenda, em (data da expedição pelo MF) com número da Secretaria da Receita Federal (n. da receita), área total de (área em ha) ha, área tributável de (área tributável em ha) ha, valor da terra nua de (valor terra nua), área aproveitável de (área aproveitável) ha, valor tributável de (valor tributável), área utilizada de (área utilizada) ha, alíquota de (alíquota em %) %, grau de utilização de (grau de utilização) %, imposto calculado de (valor imposto calculado) conforme declaração do ITR para o exercício de (ano do ITR). **C.2) Aquisição e Avaliação:** Este imóvel foi adquirido pelo autor(a) da herança e sua(seu) mulher(marido), em (data aquisição imóvel rural), pelo valor de (valor aquisição imóvel rural), conforme (n. registro na matrícula – rural) da matrícula n. (n. matrícula rural) do (n. do registro de imóveis). Registro e Imóveis de (local do registro – rural), (estado – rural), e as partes avaliam para efeitos fiscais em (valor atribuído pelas partes – efeitos fiscais rural). **D) Automóvel:** (marca), combustível (combustível), cor (cor), placa (placa), categoria particular, ano de fabricação (ano fabricação), modelo (ano modelo), chassis (chassis), inscrito no RENAVAM sob n. (n. RENAVAM), licenciado pelo DETRAN (**CIRETRAN – DEMUTRAN** etc.) de (órgão da licença), no Município de (município), avaliado pela FIPE – Fundação Instituto de Pesquisas Econômicas pelo valor de (valor avaliação). **E) Saldo Bancário e Aplicações Financeiras:** Saldo de aplicações financeiras no Banco (banco), agência (agência), no valor de (valor da aplicação).

XIV – Partilha: Os outorgantes resolvem partilhar seus bens comuns, da seguinte forma:

14.1) **Ao primeiro outorgante** caberão os seguintes bens: (bens do primeiro outorgante), totalizando seu quinhão o valor de (valor total 1º).

14.2) **À segunda outorgante** caberão os seguintes bens: (bens da segunda outorgante), totalizando seu quinhão o valor de (valor total 2ª).

14.3) Tendo em vista que os valores dos quinhões atribuídos importam na totalidade do patrimônio e são idênticos, não haverá reposições. Pela partilha dos bens, as partes se outorgam mútua e reciprocamente a irrevogável e plena quitação.

XV – Tributos:

15.1) **ITCMD (Imposto de Transmissão *Causa Mortis* e Doação):** As partes apresentaram a declaração de bens isentos e tributáveis do imposto de doação, conforme disciplina da Secretaria da Fazenda do Estado de São Paulo e o respectivo imposto de transmissão foi recolhido no dia (data do recolhimento ITCMD), na rede bancária, conforme guia de valores de (valores das guias). Este Tabelião atesta a veracidade dos valores dos bens e dos direitos informados na respectiva declaração, como determinam as Normas Administrativas da Secretaria da Fazenda Estadual (Decreto estadual n. 56.693/2011 e posterior regulamentação) (ou) (Em virtude de os quinhões serem idênticos, não havendo reposição gratuita ou onerosa, não há incidência de ITBI ou ITCMD.)

15.2) **DOI – Declaração sobre Operações Imobiliárias:** Emitida.

XVI – Certidões e documentos apresentados e arquivados: Os documentos apresentados ficam arquivados nestas notas em cópia digital:

16.1) Documentos de identidade e estado civil das partes;

16.2) Certidões de propriedade dos imóveis expedidas em (data expedição);

16.3) Certificado de propriedade do veículo;

16.4) Extratos bancários das contas;

16.5) Cópia autenticada da declaração do Imposto de Renda;

16.6) Cópia autenticada do título do crédito;

16.7) Certidão negativa de tributos municipais: **Imóvel letra A:** (hora):(minuto):(-segundo) do dia (dia)/(mês)/(ano), código de controle n. (número); **Imóvel letra B:** (hora 2):(minutos 2):(segundos 2) horas do dia (dia 2)/(mês 2)/(ano 2), código de controle n. (número); **Imóvel letra C:** Certidão Negativa de Débitos Relativos ao Imposto sobre a Propriedade Territorial Rural – (hora 3):(minutos 3):(segundos 3) do dia (dia 3) de (mês 3) de (ano 3), válida até (dia 3 val.) de (mês 3 val.) de (ano 3 val.), com seu código de controle: (número);

16.8) Cópia autenticada do CCIR 2011/2012/2013/2014/2015 imóvel letra C, item (n. item imóvel rural);

16.9) Cópia das declarações do ITR (ano do ITR) – imóvel letra C, item (n. item ITR);

16.10) Cópia autenticada dos 5 (cinco) últimos pagamentos do ITR;

16.11) Certidão Negativa de Débitos Relativos aos Tributos Federais e à Dívida Ativa da União – (hora 4):(minutos 4):(segundos 4), (dia 4)/(mês 4)/(ano 4), válida até (dia 4 val.)/(mês 4 val.)/(ano 4 val.), código de controle da certidão (1). (2). (3). (4);

16.12) Guia de ITCMD;

16.13) Central de Indisponibilidades: Negativa – (código *hash*);

16.14) Certidão Negativa de Débitos Trabalhistas em nome de (nome), sob n. (n. da certidão), expedida em (data da expedição), às (horário da expedição), válida até (data de validade) (Consolidação das Leis do Trabalho, art. 642-A, e Resolução Administrativa n. 1.470/2011 do TST, de 24 de agosto de 2011).

XVII – Declarações das partes:

17.1) As partes recusaram a reconciliação.

17.2) As partes declaram que o cônjuge virago não se encontra em estado gravídico, ao que saibam.

17.3) Os imóveis ora partilhados se encontram livres e desembaraçados de quaisquer ônus, dívidas, tributos de quaisquer naturezas e débito condominial.

17.4) Não existem feitos ajuizados fundados em ações reais ou pessoais reipersecutórias que afetem os bens e direitos partilhados.

17.5) Não são empregadores rurais ou urbanos e não estão sujeitos às prescrições da lei previdenciária em vigor.

17.6) Afirmam **sob responsabilidade civil e criminal** que os fatos aqui relatados e declarações feitas são a exata expressão da verdade.

17.7) Requerem e autorizam o Oficial de Registro Civil das Pessoas Naturais do (n. do subdistrito). Subdistrito – (subdistrito), (município do registro civil) a efetuar a averbação necessária para que conste o presente divórcio consensual, passando as partes ao estado civil de divorciadas.

17.8) Requerem ainda aos Oficiais de Registro de Imóveis competentes a efetuarem os registros e as averbações necessárias.

17.9) Requerem, como previsto na Lei n. 8.935/94, art. 30, inciso VI, confidencialidade a respeito desta escritura.

17.10) A escritura foi lida e compreendida, sem que restassem dúvidas sobre o ato e seus efeitos. Concordam integralmente com o teor deste ato, autorizando a sua redação, outorgando e assinando-a.

XVIII – Declarações do tabelião:

18.1) **Autenticação:** Reconheço a identidade e estado civil dos presentes, à vista dos respectivos documentos de identidade e do registro civil apresentados, bem como suas capacidades para o ato.

18.2) O tabelião informou às partes que, segundo a Lei n. 7.433/85, com a redação dada pela Lei n. 13.097, de 19 de janeiro de 2015, não poderão ser opostas situações jurídicas não constantes da matrícula no cartório do registro de imóveis, inclusive para fins de evicção, ao terceiro de boa-fé que adquirir ou receber em garantia direitos reais sobre o imóvel, ressalvados o disposto nos arts. 129 e 130 da Lei n. 11.101, de 9 de fevereiro de 2005, e as hipóteses de aquisição e extinção da propriedade que independam de registro de título de imóvel. Por este motivo, não se apresentam as certidões de feitos ajuizados.

18.3) Foram cumpridas as exigências documentais constantes da Lei federal n. 7.433, de 18 de dezembro de 1985, tal como regulamentada pelo citado Decreto n. 93.240/86 e pelas Normas de Serviço da Corregedoria-Geral de Justiça do Estado de São Paulo.

18.4) Cientificou as partes de que podiam obter a prévia Certidão Negativa de Débitos Trabalhistas (CNDT), nos termos do art. 642-A da CLT, com a redação dada pela Lei n. 12.440/2011, o que foi feito.

18.5) Orientou sobre a necessidade de apresentação do traslado desta escritura no registro civil do assento de casamento para a necessária averbação.

18.6) Informou às partes que o ato e esta escritura não têm sigilo (CNJ, Resolução n. 35, art. 42).

18.7) Esclareceu sobre as normas legais e os efeitos atinentes a este negócio, em especial sobre os artigos citados nesta escritura.

18.8) **Escreventes:** Na lavratura desta escritura, participaram os escreventes abaixo indicados praticando as seguintes ações: recepção e aconselhamento das partes, identificação e verificação da capacidade, qualificação legal, elaboração do ato e sua redação, diligências indispensáveis ou convenientes ao ato, coleta de assinaturas.

18.9) **Fé notarial:** Dou fé das declarações contidas neste instrumento, dos documentos apresentados e arquivados, ou não, das autenticações feitas e de que a escritura foi lida e assinada pelas partes presentes.

Parte(s) assina(m)

Escrevente(s) assina(m)

Tab. Sub. assina

Emolumentos: R$ 000,00

30.7.21 Escritura de Extinção de União Estável

I – **Local:** República Federativa do Brasil, SP, São Paulo, Praça João Mendes, n. 42, 1. andar, no 26. Tabelionato de Notas de São Paulo, em diligência na Rua Joaquim Floriano n. 72, conjunto 145, Itaim Bibi.

II – **Data:** (data lav.)

III – **Partes:**

3.1) (qualificar o primeiro outorgante).

3.2) (qualificar a segunda outorgante).

3.3) **Advogada:** (qualificar a advogada).

IV – **Declarações iniciais:** Então, pelas partes, acompanhadas de sua advogada constituída, me foi dito que desejam realizar a sua extinção de união estável.

V – **Constituição da união:** Em (data) iniciaram uma união estável de convivência pública, contínua e duradoura, sob o regime da (regime de bens), constituindo, assim, uma entidade familiar, reconhecida como tal pela Lei n. 9.278, de 10 de maio de 1996, que veio a regular o § 3º do art. 226 da Constituição Federal, conforme consta na escritura declaratória de união estável lavrada no (número). Tabelião de Notas desta Capital, em (data), Livro (número), fls. (número).

VI – **Filhos:** Os outorgantes não possuem filhos comuns.

VII – **Aconselhamento e assistência jurídica:** Pela advogada constituída pelos dois outorgantes foi dito que, tendo ouvido ambas as partes, aconselhou e advertiu das consequências da extinção da união estável. As partes declararam perante a advogada e este tabelião estarem convictas de que a extinção da união estável é a melhor solução para ambos.

VIII – **Efeitos da dissolução:** Em decorrência desta dissolução ficam extintos todos os deveres da união.

IX – **Pensão alimentícia:** As partes, de livre e espontânea vontade, renunciam ao direito à prestação de pensão alimentícia, de maneira irrevogável e irretratável, por possuírem bens e meios próprios suficientes para se manterem.

X – **Bens:** As partes declaram não possuir bens a serem partilhados. Reconhecem, ainda, não haver qualquer crédito ou direito de um em relação ao outro (ou descrever partilha).

XI – **Certidões e documentos apresentados e arquivados:** Os documentos apresentados ficam arquivados nestas notas em cópia digital:

11.1) Documentos de identidade das partes e escritura declaratória de união estável.

XII – **Declarações das partes:**

12.1) As partes declaram que a companheira não se encontra em estado gravídico, ao que saibam.

12.2) Afirmam **sob responsabilidade civil e criminal** que os fatos aqui relatados e declarações feitas são a exata expressão da verdade.

12.3) A escritura foi lida e compreendida, sem que restassem dúvidas sobre o ato e seus efeitos. Concordam integralmente com o teor deste ato, autorizando a sua redação, outorgando e assinando-a.

XIII – Declarações do tabelião:

13.1) **Autenticação**: Reconheço a identidade e o estado civil dos presentes, à vista dos respectivos documentos de identidade apresentados, bem como suas capacidades para o ato.

13.2) Foram cumpridas as exigências documentais constantes da Lei federal n. 7.433, de 18 de dezembro de 1985, tal como regulamentada pelo citado Decreto n. 93.240/86 e pelas Normas de Serviço da Corregedoria-Geral de Justiça do Estado de São Paulo.

13.3) Esclareceu sobre as normas legais e os efeitos atinentes a este ato, em especial sobre os artigos citados nesta escritura, bem como o art. 733 do Código de Processo Civil.

13.4) **Registro**: Se houve o registro da escritura de união estável no Livro "E" do Oficial do Registro Civil das Pessoas Naturais localizado onde os companheiros tinham o seu domicílio (CNJ, Provimento n. 37, art. 2º), as partes devem proceder a averbação da presente extinção no referido Oficial do Registro Civil das Pessoas Naturais (CNJ, Provimento n. 37, art. 7º, § 1º).

13.5) **Escrevente**: Na lavratura desta escritura, participou a escrevente abaixo indicada praticando as seguintes ações: recepção e aconselhamento das partes, identificação e verificação da capacidade, qualificação legal, elaboração do ato e sua redação, diligências indispensáveis ou convenientes ao ato, coleta de assinaturas.

13.6) **Fé notarial**: Dou fé das declarações contidas neste instrumento, dos documentos apresentados e arquivados, ou não, das autenticações feitas e de que a escritura foi lida e assinada pelas partes presentes.

Escrita pelo(a) escrevente (nome esc. resp.) e assinada pelo (cargo esc. ass.) (nome esc. ass.). Dou fé.

30.7.22 Ata Retificativa

S A I B A M todos os que virem esta ata que (data lavratura), em São Paulo, SP, República Federativa do Brasil, no 26º Tabelionato de Notas, eu, (nome escrevente), tabelião substituto, lavro a presente ata retificativa para declarar expressamente e sob as penas da Lei o seguinte: **PRIMEIRO**: Por escritura lavrada nestas Notas, em (data da escritura), no Livro (n. do livro), às fls. (n. página), ainda não registrada, (nome outorgantes), vendeu(venderam) a (nome do outorgado) o imóvel matriculado sob n. (n. matrícula) no (n. oficial) Ofício de Registro de Imóveis de (local). **SEGUNDO**: Para viabilizar o ingresso da escritura no registro imobiliário competente, realizamos a necessária e consequente ata retificativa, exclusivamente para deixar expresso que (texto correto). **Isenta de emolumentos e tributos, conforme nota 9.3 do anexo da Lei n. 11.331/2002.** Do que para constar, foi lavrada a presente ata retificativa. Dou fé.

Escrevente(s) assina(m)

Tab. Sub. assina

Emolumentos: R$ 000,00

30.7.23 Escritura Pública de Retificação e Ratificação

S A I B A M todos os que virem esta escritura pública que (data lavratura), em São Paulo, SP, República Federativa do Brasil, no 26º Tabelionato de Notas, perante mim, escrevente autorizado pelo Tabelião, comparecem as partes entre si, justas e contratadas, como outorgantes e reciprocamente outorgados: **1**) (qualificação dos outorgantes) e **2**) (qualificação dos outorgados). Reconheço a identidade dos presentes e suas capacidades para o ato, do que dou fé. Então, me dizem eles que por escritura lavrada nestas notas, em (data da escritura a retificar), no livro (livro), às fls. (folhas), ainda não registrada, o primeiro nomeado vendeu ao segundo nomeado o imóvel matriculado sob n. (n. da matrícula), no (n. registro de imóveis). Serviço de Registro de Imóveis desta Capital. Pela presente escritura, eles vêm retificar como de fato ora retificam a citada escritura, para declarar que (inserir o que deseja retirratificar) e não como consta naquela escritura. Retificada a escritura nesta parte, ratificam-na em todos os seus demais termos e dizeres, autorizando o oficial do registro de imóveis competente a proceder todos os registros e averbações necessárias. Assim dizem, pedem e lavro a presente escritura que, lida e achada conforme, aceitam, outorgam e assinam. Dou fé.

Parte(s) assina(m)
Escrevente(s) assina(m)
Tab. Sub. assina
Emolumentos: R$ 000,00

Referências

(Destacadas com *** as obras que recomendamos como essenciais para o estudo visando a aprovação em concurso público.)

AHUALLI, Tânia Mara; BENACCHIO, Marcelo (Coords.); SANTOS, Queila Rocha Carmona dos (Org.) *Direito Notarial e Registral*: homenagem às Varas de Registros Públicos da Comarca de São Paulo. São Paulo: Quartier Latin, 2016.

ALMEIDA JUNIOR, João Mendes. *Órgãos da fé pública*. São Paulo: Saraiva, 1963.

ALVES, José Carlos Moreira. *Direito romano*. 4. ed., rev. e acrescentada. Rio de Janeiro: Forense, 1978. v. 4.

AMARAL, Sylvio do. *Falsidade documental*. 4. ed., rev., atual. e complementada por Ovídio Rocha Barros Sandoval. Campinas: Milennium, 2000.

ARMELLA, Cristina Noemí (Directora). *Tratado de derecho notarial, registral e inmobiliario*. Buenos Aires: Villela, 1998. t. II.

ARRUDA ALVIM. *Manual de direito processual civil*. 10. ed. São Paulo: RT, 2006. v. 2.

ASSUMPÇÃO, Letícia Franco Maculan. *Função notarial e de registro*: concurso público, regime jurídico e responsabilidade civil. Porto Alegre: Núria Fabris Ed., 2011.

ASSUMPÇÃO, Letícia Franco. *A usucapião extrajudicial após a Lei 13465/2017 e a escritura de justificação notarial*. Disponível em: <http://www.notariado.org.br/index.php?pG=X19leGliZV9ub3RpY2lh-cw==&in=MTAxMzE=>. Acesso em: 13 out. 2017.

AZEVEDO, José Mário Junqueira de. *Manual dos tabeliães*. São Paulo: Saraiva, 1975.

BRANDELLI, Leonardo. Atas notariais. In: BRANDELLI, Leonardo (Coord.). *Ata notarial*. Porto Alegre: Sergio Antonio Fabris Editor, 2004.

*** BRANDELLI, Leonardo. *Teoria geral do direito notarial*. São Paulo: Saraiva, 2011.

BRITO, Rodrigo Azevedo Toscano de. *Incorporação imobiliário à luz do CDC*. São Paulo: Saraiva, 2002.

BUENO, Eduardo. *A coroa, a cruz e a espada* – lei, ordem e corrupção no Brasil-Colônia. Rio de Janeiro: Objetiva, 2006.

BUENO, Eduardo. *Náufragos, traficantes e degredados:* as primeiras expedições ao Brasil. Rio de Janeiro: Objetiva, 2006.

BUENO, Eduardo. *A viagem do descobrimento:* a verdadeira história da expedição de Cabral. Rio de Janeiro: Objetiva, 2006.

*** CAHALI, José Francisco; HERANCE FILHO, Antônio; ROSA, Karen Regina Rick; FERREIRA, Paulo Roberto G. *Escrituras públicas* – separação, divórcio, inventário e partilhas consensuais – análise civil, processual civil, tributária e notarial. 2. ed. São Paulo: RT, 2008.

CAMPILONGO, Celso Fernandes. *Função social do notariado*: eficiência, confiança e imparcialidade. São Paulo: Saraiva, 2014.

CARNELUTTI, Francesco. *Lezione di diritto processuale civile*. Padova: Cedam, 1926. v. 1. Apud SANTOS, Sandra Aparecida Sá dos. *A inversão do ônus da prova*. 2. ed., rev., atual. e ampliada. São Paulo: RT, 2006.

*** CASSETARI, Christiano. *Separação, divórcio e inventário por escritura pública* – teoria e prática. 5. ed. São Paulo: Método, 2012.

CASTRO, Sylvio Brantes de. *Novo manual dos tabeliães (teoria e prática)*. 4. ed., comentada, aumentada e atualizada. São Paulo: Edições e publicações Brasil, 1960.

CENEVIVA, Walter. A ata notarial e os cuidados que exige. In: BRANDELLI, Leonardo (Coord.). *Ata notarial*. Porto Alegre: Sergio Antonio Fabris Editor, 2004.

CHIOVENDA, Giuseppe. *Instituições de direito processual civil*. 2. ed. São Paulo: Saraiva, 1965. v. 3.

COELHO, Rita de Cássia Mello. *Divórcio e inventário* – procedimentos extrajudiciais. Porto Alegre: Nuria Fabris, 2012.

CRESPÍ, José Antonio Carbonell. *Los documentos de voluntades anticipadas*. Valencia: Tirant lo Blanch, 2010.

DE PLÁCIDO E SILVA, O. J. *Vocabulário jurídico*. 21. ed., atualizada por Nagib Slaibi Filho e Gláucia Carvalho. Rio de Janeiro: Forense, 2003.

DECKERS, Eric. *Função notarial e deontologia*. Coimbra: Almedina, 2005.

DEL GUERCIO NETO, Arthur, Lucas Barelli et. al. *O direito notarial e registral em artigos*. São Paulo: YK Ed., 2018. v. I.

DELGADO, Mário Luiz e ALVES, Jones Figueiredo (Coords.) et. al. *Novo código civil, questões controvertidas*: responsabilidade civil. São Paulo: Método, 2006.

DICIONÁRIO JURÍDICO. Academia Brasileira de Letras Jurídicas. 7. ed. Rio de Janeiro: Forense Universitária, 2001.

DINAMARCO, Cândido Rangel. *Instituições de direito processual civil*. 5. ed. São Paulo: Malheiros, 2006. v. 3.

DIP, Ricardo. Certidões integrais do registro imobiliário: da prevalência do meio reprográfico. *Revista de Direito Imobiliário*. Disponível em: <www.irib.org.br/rdi/rdi21-037.asp>. Acesso em: 1º jun. 2012.

DIP, Ricardo. *Registro de imóveis (princípios)*. São Paulo: Editora Primus, 2017. t. I.

EGUREN, Rafael Arnáiz. In: DIP, Ricardo (Coord.). *Estudos em homenagem a Gilberto Valente da Silva*. Porto Alegre: Safe, 2005.

*** ERPEN, Décio Antonio. A atividade notarial e registral: uma organização social pré-jurídica. *Revista de Direito Imobiliário*. São Paulo: Revista dos Tribunais, 1995.

ESCUTI, Ignacio A. *Títulos de crédito*: letra de cambio, pagaré y cheque obligación cambiaria letra hipotecaria y "securitización" pagarés hipotecario y prendario endoso garantías cheques común y de pago diferido (ley 24.452) acciones y excepciones régimen internacional. 4. ed., actualizada y ampliada. Buenos Aires: Astrea, 1995.

FARIAS, Gisela. *Muerte voluntaria*. Buenos Aires: Editorial Astrea, 2007.

FERREIRA, Aurélio Buarque de Holanda. *Novo Aurélio século XXI*: o dicionário da língua portuguesa. 3. ed., totalmente revista e ampliada. Rio de Janeiro: Nova Fronteira, 1999.

FERREIRA, Paulo Roberto G. O papel está morto. *Revista de Direito Imobiliário*, São Paulo: RT, n. 50, ano 24, jan./jun. 2001.

FERREIRA, Paulo Roberto G. O sigilo profissional do notário no Brasil. *Revista de Direito Notarial*, São Paulo: Quartier Latin, n. 1, ano 1, jul./set. 2009.

*** FERREIRA, Paulo Roberto G.; RODRIGUES, Felipe Leonardo. *Ata notarial* – doutrina, prática e meio de prova. São Paulo: Quartier Latin, 2010.

FIGUEIREDO, Ivanildo. *Aquisição de imóveis por estrangeiro*. Disponível em: <http://www.anoregms.org.br/index.php?p=detalhe_noticia&id=2029>. Acesso em: 24 jun. 2012.

FIGUEIREDO, Ivanildo. *Direito imobiliário*. São Paulo: Atlas, 2010.

FIGUEIREDO, Ivanildo. *Teoria crítica da empresa*. São Paulo: IASP, 2018.

FIORANELLI, Ademar. *Usufruto e bem de família* – Estudos de direito registral imobiliário. São Paulo: Quinta editorial, 2013.

FIRMO DA SILVA, Antonio Augusto. *Compêndio de temas sobre direito notarial*. São Paulo: [s.n.], 1977.

*** FOLLMER, Juliana. *A atividade notarial e registral como delegação do Poder Público*. Porto Alegre: Norton Editor, 2004.

GALEANO, Eduardo. *12 de octubre, el "descubrimiento" de América y la historia oficial*... Disponível em: <http://www.cronicadigital.cl/modules.php?name=News&file= print&sid=5644>. Acesso em: 3 dez. 2007.

GATTARI, Carlos Nicolás. *Manual de derecho notarial*. 2. ed. Buenos Aires: Depalma, 2004.

GATTARI, Carlos Nicolás. *Práctica notarial:* donación dación en pago el notario, creador de derecho. 2. ed. Buenos Aires: Depalma, 1996. v. 4.

GONÇALVES, Luiz da Cunha. *Princípios de direito civil luso-brasileiro*. São Paulo: Max Limonad, 1951. v. 1.

HERANCE FILHO, Antonio. *Manual da DOI*. São Paulo: INR, 2015.

JUSTINIANUS, Flavius Petrus Sabbatius. *Institutas do imperador Justiniano*. Tradução de J. Cretella Jr. e Agnes Cretella. São Paulo: RT, 2000.

KOLLET, Ricardo Guimarães. *Manual do tabelião de notas para concursos e profissionais*. Rio de Janeiro: Forense, 2008.

LOPES, João Batista. *A prova no direito processual civil*. 3. ed., rev., atual. e ampl. São Paulo: RT, 2007.

LOUREIRO FILHO, Lair da Silva e LOUREIRO, Claudia Regina Magalhães. Notas e registros públicos. São Paulo: Saraiva Editora, 2004.

MARINONI, Luiz Guilherme; ARENHART, Sergio Cruz. *Curso de processo civil*. 6. ed. São Paulo: RT, 2007. v. 2.

MARINS, Graciela Iurk. *Produção antecipada de prova*. São Paulo: RT, 2004.

MARQUES, José Frederico. *Instituições de direito processual civil*. Atualizada e complementada por Ovídio Rocha Barros Sandoval. Campinas: Milennium, 2000. v. 3.

MARTINS, Cláudio. *Direito notarial:* teoria e técnica. Fortaleza: Imprensa Universitária da Universidade Federal do Ceará, 1974.

MATOS, Juliana Aparecida. *Tabelionato de notas: a ascensão jurídica e social do serviço notarial na comunidade*. Porto Alegre: Norton ed., 2010.

MEIRA, Sílvio Augusto de Bastos. *Curso de direito romano:* história e fontes. São Paulo: Saraiva, 1975.

MELLO, Marcos Bernardes de. *Teoria do fato jurídico:* plano da existência. 12. ed. São Paulo: Saraiva, 2003.

MENDES, Lamartine Bizarro. Documentoscopia. In: TOCHETTO, Domingos (Org.). *Tratado de perícias criminalísticas*. Porto Alegre: Sagra Luzzatto, 1999.

MESSINEO, Francesco. *Manual de derecho civil y comercial:* apéndice legislativo – índices generales. Buenos Aires: Ediciones Jurídicas Europa – América, 1979. t. VIII.

MESSINEO, Francesco. *Manual de derecho civil y comercial:* doctrinas generales. Buenos Aires: Ediciones Jurídicas Europa – América, 1979. t. II.

MESSINEO, Francesco. *Manual de derecho civil y comercial:* introducción Código Civil italiano. Buenos Aires: Ediciones Jurídicas Europa – América, 1979. t. I.

MIRON, Rafael Brum. *Notários e registradores no combate à lavagem de dinheiro.* Rio de Janeiro: Lumen Juris, 2018.

MODANEZE, Jussara Citroni; TIERI, Perla Caroline Gargalac; TIERI, Thomaz Mourão. *Curso & Concurso* – Direito Notarial e Registral. São Paulo: Saraiva, 2011.

MONIZ DE ARAGÃO, Egas Dirceu. *Exegese do Código de Processo Civil.* Rio de Janeiro: Aide, 1984. v. 4, t. I.

NEGRÃO, Theotonio; GOUVÊA, José Roberto Ferreira. *Código de Processo Civil e legislação processual em vigor.* 35. ed. São Paulo: Saraiva, 2003.

NERI, I. Argentino. *Hechos y derechos en el instrumento público.* La Plata: Ed. Universidad Notarial Argentina, 1968.

NERI, I. Argentino. *Hechos y derechos en el instrumento público.* La Plata: Ed. Universidad Notarial Argentina, 1968.

*** NERI, I. Argentino. *Tratado teórico y práctico de derecho notarial:* parte general. 1. ed., 2. tir. Buenos Aires: Depalma, 1980. v. 1.

NERI, I. Argentino. *Tratado teórico y práctico de derecho notarial:* instrumentos. 1. ed., 2. tir. Buenos Aires: Depalma, 1980. v. 2.

NERI, I. Argentino. *Tratado teórico y práctico de derecho notarial:* escrituras y actas. 1. ed., 2. tir. Buenos Aires: Depalma, 1980. v. 3.

NERY JUNIOR, Nelson e NERY, Rosa Maria de Andrade. *Código de processo civil comentado.* 16. ed., rev., atual. e ampl. São Paulo: RT, 2016.

O ESTADO DE S. PAULO. *Manual de redação e estilo.* Organizado e editado por Eduardo Martins. São Paulo, 1990.

ORLANDI NETO, Narciso. A ata notarial e os cuidados que exige. In: BRANDELLI, Leonardo (Coord.). *Ata notarial.* Porto Alegre: Sergio Antonio Fabris Editor, 2004.

*** PELOSI, Carlos A. *El documento notarial.* 1. ed., 3. tir. Buenos Aires: Astrea, 1997.

POISL, Carlos Luiz. *Em testemunho da verdade:* lições de um notário. Porto Alegre: Sergio Antonio Fabris Editor, 2006.

PONDÉ, Eduardo Bautista. *Tríptico notarial:* naturaleza jurídica de la fe notarial, fe de individualización, y no fe de conocimiento el notario no es funcionario público. Buenos Aires: Depalma, 1977.

PONTES DE MIRANDA. *Comentários ao Código de Processo Civil:* tomo IV: arts. 282 a 443. 3. ed., rev. e aumentada por Sergio Bermudes. Rio de Janeiro: Forense, 1997.

PONTES DE MIRANDA. *Comentários ao Código de Processo Civil:* tomo V: arts. 444 a 475. 3. ed., revista e aumentada por Sergio Bermudes. Rio de Janeiro: Forense, 1997.

PONTES DE MIRANDA. *Comentários ao Código de Processo Civil:* tomo IV: arts. 282 a 443. 3. ed., rev. e aumentada por Sergio Bermudes. Rio de Janeiro: Forense, 1997.

PONTES DE MIRANDA. *Tratado de direito privado:* tomo I: parte geral, introdução, pessoas físicas e jurídicas. 2. ed., atualizada por Vilson Rodrigues Alves. Campinas: Bookseller, 2000.

RAWLS, John. *A Theory of Justice*. 6. ed., rev. Massachusetts: Harvard, 2003.

REVISTA NOTARIUS INTERNATIONAL 3-4/2001. Deustches Notar-institut, Wüurburg, Alemanha, 2003.

RODRIGUES, Felipe Leonardo. *A ata notarial e os arquivos digitais*. *Diário das Leis Imobiliário – DLI*, v. 12, 2005.

RODRIGUES, Felipe Leonardo; CAMPOS, José Fernando dos Santos. O *reconhecimento de firma, letra, chancela e da autenticação de Cópias. Disponível em:* <http://www.notariado.org.br/artigos/flr02.htm>. Acesso em: 1º jun. 2012.

RODRÍGUEZ, Cristina de Amunátegui. *Incapacitación y mandato*. Madrid: Ed. La Ley, 2008.

SAMPAIO, Rogério Marrone de Castro. *Direito civil:* contratos. 5. ed. São Paulo: Atlas, 2004. v. 2.

SANCHEZ, Cristina López. *Testamento vital y voluntad del paciente*. Sevilla: Dyckinson S.L., 2003.

SANTOS, Jacintho Ribeiro dos. *Manual dos tabeliães*. Rio de Janeiro: Jacintho Ribeiro dos Santos, 1919.

SANTOS, Moacyr Amaral. *Primeiras linhas de direito processual civil*. 11. ed. São Paulo: Saraiva, 1987. v. 2.

SANTOS, Sandra Aparecida Sá dos. *A inversão do ônus da prova*. 2. ed., rev., atual. e ampl. São Paulo: RT, 2006.

SARMENTO FILHO, Eduardo Sócrates Castanheira. *Direito registral imobiliário*. Curitiba: Juruá, 2018. v. I.

SARMENTO FILHO, Eduardo Sócrates Castanheira. *Direito registral imobiliário*. Curitiba: Juruá Editora, 2018. v. II.

SCHNEIER, Bruce. *Mentirosos e Desajustados*. Viabilizando a confiança que a sociedade precisa para prosperar. Rio de Janeiro: Alta Books, 2014.

SIDOU, J. M. Othon. In: *Dicionário jurídico da Academia Brasileira de Letras Jurídicas*. 7. ed. Rio de Janeiro: Forense Universitária, 2001.

SILVA, João Teodoro da. Ata notarial. In: BRANDELLI, Leonardo (Coord.). *Ata notarial*. Porto Alegre: Sergio Antonio Fabris Editor, 2004.

SILVA, José Afonso da. *Curso de direito constitucional positivo*. 29. ed., rev. e atual. São Paulo: Malheiros, 2007.

SILVA, Ovídio Batista da. *Curso de processo civil*. 6. ed. São Paulo: RT, 2002. v. 1.

SIRI GARCIA, Julia. *Cuestiones de técnica notarial en materia de actas*. 5. ed., actualizada. Montevideo: Asociación de Escribanos del Uruguay, 2000.

TENA ARREGUI, Rodrigo. *El documento notarial*. Su valor añadido y el valor económico de la seguridad jurídica. Disponível em: <http://www.elnotario.com/egest/noticia.php?id=772&seccion_ver=0>. Acesso em: 4 jan. 2007.

TERESA, Luis Carral y De. *Derecho notarial y derecho registral*. 9. ed. México: Porrúa, 1986.

THEODORO JUNIOR, Humberto. A garantia fundamental do devido processo legal e o exercício do poder de cautela no direito processual, *Revista dos Tribunais*, São Paulo, v. 665, 11-22 mar. 1991.

THEODORO JUNIOR, Humberto. *Comentários ao novo Código Civil*. Rio de Janeiro: Forense, 2003. v. 3, t. 2.

THEODORO JUNIOR, Humberto. *Curso de direito processual civil*. 44. ed. Rio de Janeiro: Forense, 2006. v. 1.

TORQUATO, Luis Francisco Avolio. *Provas ilícitas, interceptações telefônicas e gravações clandestinas*. 2. ed. São Paulo: RT, 1999.

TORTAJADA, Patricia Escribano. *El patrimonio protegido de las personas con discapacidad*. Valencia: Tirant lo Blanch, 2012.

*** VELOSO, Zeno. *Direito hereditário do cônjuge e do companheiro*. São Paulo: Saraiva, 2011.

VELOSO, Zeno. *Direito hereditário do cônjuge e do companheiro*. São Paulo: Saraiva, 2010.

*** VELOSO, Zeno. *Testamento de acordo com a Constituição de 1988*. Belém: Cejup, 1993.

VENOSA, Sílvio de Salvo. *Direito civil*. 4. ed. São Paulo: Atlas, 2004. v. VII.

VENOSA, Sílvio de Salvo. *Direito civil:* teoria geral das obrigações e dos contratos. São Paulo: Atlas, 2004.

ZINNY, Mario Antonio. *El acto notarial:* dación de fe. 2. ed., corregida y ampliada. Buenos Aires: Depalma, 2000.

ZINNY, Mario Antonio. *Fé Pública Notarial (Dación de fe)*. Trad. Daisy Ehrhardt. Rio de Janeiro: Lumen Juris, 2018.